U0515653

中國近代期刊彙刊·第二輯

# 新民叢報

十
（陸拾壹—陸拾捌號）

中華書局

明治三十一年十二月廿七日（第三種郵便物認可）

# 新民叢報

## 第參年第拾參號

（原第六十一號）

本號要目



光緒三十年十二月十五日　明治三十八年一月二十日

每月二回朔望日發行

飲冰室主人新著

# 中國之武士道

高等小學及中學教科用

現已出書 定價每本大洋三角半

今日欲起中國之衰不可不取軍國民主義稍有識者皆能言之矣然欲養成全國風氣其基礎必在學校教育而此種精神非徒理論所能感發也故莫如取歷史上之人物為之模範以鼓舞之而他社會之偉人又不如本社會之偉人其感化力尤大此又史學之通義也飲冰主人以編纂國史之暇先成一編以傳記體敍述先民八十餘人之武德而加以贊評以發揮其精神自敍一篇發明古代武士信仰之條件二十事復有蔣氏智由一敍言大勇之義楊氏一敍言生死之理皆有關係之文字也此編以作學校教科不徒適於精神教育而已其優美高尚之文學亦可補現在各校國文一科之缺點也即學校以外之人亦宜各手一編常置座右以資策勵

總發行所 上海廣智書局 發賣所 內地各書坊 橫濱新民社


八三六二

# 新民叢報第參年第拾參號目錄（原第六十一號）

報資及郵費價目表

| 報資及郵費價目表 | 全年 廿四冊 | 半年 十二冊 | 零售 |
|---|---|---|---|
| 報資 | 五元 | 二元六角 | 二角五分 |
| 日本來申郵費 | 二角四分 | 一角二分 | 一分 |
| 滬輪已通之地郵費 | 四角八分 | 二角四分 | 二分 |
| 內地郵費 | 一元四角四分 | 七角二分 | 六分 |
| 四川、雲南、陝西、貴州、山西、甘肅等省郵費 | 二元八角八分 | 一元四角四分 | 一角二分 |
| 日本各地每冊郵費一仙 | | | |

廣告價目表

| 洋裝一頁 | 洋裝半頁 |
|---|---|
| 十元 | 六元 |

惠登廣告至少以半頁起算刊費先惠論前加倍欲登長年半年者價皆面議從減

編輯兼發行者 馮紫珊
印刷者 陳侶笙
發行所 橫濱山下町百六十番 新民叢報社
上海發行所 四馬路老巡捕房對面 新民叢報支店
印刷所 橫濱山下町百六十番 新民叢報活版部

大同學校秋季兵操圖(其一)

大同學校秋季兵操圖(其二)

論說

# 錢論

觀雲

昔宋岳武穆有言曰。不惜死。不愛錢天下太平矣。今觀北盟會編繫年要錄（百三十七卷）兩書皆載飛奉詔傳令班師。軍士應時皆南鄉。旂靡轍亂不整。飛望之口呿而不能合。良久曰。豈非天乎。夫岳軍號稱强兵然士卒之惜死猶若此以是可略見宋人之人心宜乎遂不能當金元之入寇而中原土地乃爲北方蠻族人所腥羶武穆蓋深悉其病根而言之而自宋後至今將千年欲道人心之癥結仍不出乎武穆之兩語然則惜死愛錢其眞爲我國最深之遺傳性也

則有一問題於此。曰此兩事件之中。我國今日之人心。爲命重於錢乎。抑錢重於命乎。余則直答之曰錢重於命吾聞今之論者有言曰西洋人者權利的人民也爲爭權利則不顧其生命支那人者貨利的人民也爲爭貨利則不顧其生命又以近數年來之

風潮而舉其事實則殺身之人尙有之而破家之人未之有聞是固錢重於命比較之顯然者矣（近日滿洲戰爭之地多有不避槍彈而盜取戰爭後死傷軍人之服物者又有受雇爲偵探及受雇爲密輸入者均不免有性命之危而願有人爲之此亦錢重於命之證）夫各國當變法之時富者之投棄帑藏而顧國家之急難以爲其黨人之運動費者何限故能生發風雲才與財相濟而後事有所憑藉而底於成若我國則數年來之有志改革者亦既絕叫。於口舌之間而人人赤手空拳遭社會之漠視此非必其人之稍涉浮浪而投錢者之或有所顧慮也即有誠足鏤金石信足誓山河不出而與人謀則已出而與人謀其爲國人所冷淡也如一雖欲起而行彳亍蹩躠仍不能不坐而談以終以是知國事之一無可爲而枯窘閉塞至於此極其原尙不在無人而在無錢其無錢則以發於國人有錢者不肯出錢之一惡根性也

則猶有一問題於此。曰今日而欲興起我中國。將重在有不惜命之人乎。抑重在有不惜錢之人乎。余則直答之曰首重在有不惜錢之人夫非謂今日作事之不能不有賴於不惜命之人也謂夫無不惜錢之人則雖有不惜命之人而仍歸無用耳昔歐洲之某王。問於某名臣曰。今日戰爭。當以何物爲最要乎。某名臣曰。錢也。王復問曰。然則其

次以何爲最要乎某名臣復曰錢也王又問曰然則又其次以何爲最要乎某名臣沈思良久復答曰錢也一時傳以爲名言拿破崙用兵一生至其晚年歎曰戰爭之勝負者金錢之多寡而已夫古今時變而事殊昔之作事者不必多得錢也得人而已可以起彼以金鐵此以金鐵即不然而彼以金鐵此以木石亦足以相當但有不惜命者勝耳故陳涉之徒揭竿斬木遂亡强秦亦處於彼之時勢然也若至今日則竿木之徒起則仆耳雖千百陳涉其何能爲雖然時勢之與人事相競相伴而日同進步者也甲進一級則乙亦進一級其進步之程度等則能力亦相等而所謂兩不等不相敵之難題可去故以人力滅人力決不能滅去一事而其事爲前古歷史上之所有者仍爲後世歷史上之所有此偶或滅去而若此事之不再出現者則以進化之度不能兩線均一而常必有先後之差至於積久仍必有一齊一之時於是甲不能以有何等之可恃而獨强即乙亦不至於一無何等之可恃而獨弱而欲補此强弱不同等之度而使之同其所憑藉以爲補之之道者以今日言之無他第一則錢是也

則猶有一疑問於此曰以中國人之錢其不足以供救起中國之用乎曰是斷不然夫

日俄之將戰也。人或多以日本國小。恐不免陷於財力之不足。即日本亦自慮此。然自開戰之後。其國民之獻納軍資者。數百千萬。日接於耳。若自百萬以下。數十萬數萬者。指不勝屈。而明治三十八年之豫算。至達九億圓之巨額。而國民曾毫無恐懼之心。夫日本人之出錢若是其踴躍者。彼非為救亡國也。不過擴充其國勢而益鞏固其基礎耳。然而全國之輿論以為是所以永國家之命脈者。雖巨帑決非足惜。由此以推。以茨巢漏舟岌岌其殆之中國。其形勢之急難。既千萬倍於日本。即喚起一國不惜瀝肝膽盡汗血而散財以救國難之義俠性。亦當千萬倍於日本。使果如是。則中國之新債決不如今日中國之艱難。亦決不如今日。而有英雄出焉。不難因人心之所嚮而圖事機。而氣象亦從而發生。必不得謂中國事之無可為也。何以成事。曰人。何以濟人。曰財。財耳財耳。事業由此而成。功名由此而立者也。且夫天下之所謂大利。又寧有過於建立國家者乎。雖投若何之帑藏以購之。決不得嫌其高價。而十億焉。而百億焉。而千億焉。而萬億焉。億億焉。即引而愈上至于無限之巨。苟有可以挽回我陸沈之山河。而獄色河聲仍屬漢家之物。則我種人前途之福祚。正未有盡。又豈有何物之足以動吝惜焉。

此其義亦至淺近而易解然而觀我國人殆不可謂能知此義者其力之不足以出錢者無論力足以出錢而欲其顧國家之危難而有以應之非特不可望其罄所有而請自隗始但求其能出十之一而不可得焉又求其能出百之一而不可得焉又求其能出千之一萬之一而亦不可得焉相率以保守身家不拔一毛爲宗旨昔人有言上帝謂下民曰吾萬物皆可以予爾雖然必有代價夫欲救國而無代價此其事之不可能固昭然易明矣然而我國人固非概不知欲有國也設進而與之謀曰吾儕盍造一新國彼聞之者亦欲攘臂雀躍而來前又進而與之謀曰其出錢則徘徊退縮遷延觀望而避耳此寧非至可笑之事耶且夫在數年以前不必其人之別有何等之學問何等之道德但能言維新言變法者已寥寥若晨星而足稱爲一世之俊傑今則維新變法已成爲普通之名詞而人人解道然則時勢進步之速已明告吾人以今入實行之時代而非屬能言之時代矣而果事欲實行其入手所逢着者即爲錢之一字有是則東風發而百草生盎然見春氣焉無是則英雄亦無用武之地徒仰屋興歎而已夫以我國人鄙嗇慳靳之性質假令改而處於日本之位置恐日俄之戰雖有東鄉黑木之將

敢死爭先之士亦且以無國人之後援士氣爲之不揚因而累及戰爭之不能奏功而國勢可復返局促退嬰之中由是以言以我國民之性質雖使居興盛之國而猶足以致衰亡況乎屬衰亡之國又焉能望其致興盛也孟子所謂由今之道無變今之俗雖與之天下不能一朝居者此之謂也夫欲知我國人致國家瀕於衰亡之性質果何在乎亦在此不出錢而已矣

且夫天下事固未嘗不可爲也雖今之論者或曰某事以某之故故不可爲也某事又以某之故故不可爲也顧以余思之其果事不可爲乎抑爲之之尙未盡其道而非事之不可爲乎以愚鈍若余則所謂事不可爲之理由尙苦於不能發見而所謂爲之之尙未盡其道本無眞實之力深遠之謀而徒以淺嘗猝試而致敗者其證迹顯然然則不於爲之之道再求其進步而但以稍一試驗輒畏阻而以爲不可爲此適足表襮我國人之無忍耐力耳夫一大事之顯現於世界其初固未有不經失敗又失敗又又失敗而後乃僅能以告成功人但覩其成功之易而不知以失敗之磨礪乃受其敎訓者實多蓋人之爲一事也方其始未能深知此事之性質爲何如故其料算必淺其布置亦

必疏而於其料算之所不周布置之所不到冥昧之中本留一罅隙而敗象即從此而發生至於經驗久而事之曲折與人之智慮相磋相磨而一一發見其有可以解免救避之處而後知事本不難直緣吾前者能力之未至故見以爲難耳夫當爲野人之世。但謀一避風雨之法。亦覺其甚難。或棲於森林之中。或出以草木之葉覆其首。而終不免有淋漓浸潤之姿。野人蓋嘗以是爲至苦。而以爲是固無可設法者。然至今日。宮室之制成。則視避風雨之事。直最易而不足道。雖然。世變日進者也。世變進而困難之事亦俱之日進但覺前之一困難方去而後之一困難又來於是時時有若事無可爲之一境橫居於吾人之目前而其實皆以人智之到達而消釋初未嘗有一眞無可爲之事顧於此有一大辨別在則在知其難而不爲與知其難而必爲知其難而不爲則前此困難中所受種種之教益皆歸於無用而所謂失敗者乃眞失敗知其難而必爲則鍥之不已金石爲開思之不已鬼神來告吾人之所貴乎有毅力有堅志者其效用乃正顯於此時且夫天下事固未有孰爲眞難孰爲眞易者也苟能如吾之所意料則無一事不可視爲易而時變之來千態萬狀又無一事不有困難之相會決非吾人區區之智所得而撰擇爲吾人但能定一當爲之事而終身以智力赴之以求達其目的而已故能成甲事者則乙之事亦必成能成乙事者則丙之事亦必成若因甲事不成改而爲乙乙事不成又改而爲丙而不知甲乙丙之實狀其難易亦正相等輾轉改變則輾轉窮途而已且使天下事果皆有易而無難則人類之智能直無由資以進步而所謂英雄亦毫無價値之可言吾人正當歡迎此困難之來前而制而勝之不勝則不已以試驗吾人人類智力之果有限量與否而決不可生畏難就易之心不以吾人之智力征服事變而反以事變征服吾人之智力也使語言而果有當則吾謂吾國今日不能以前此之事之有失敗而斷爲事無可爲直當斷爲爲之之尚未盡其道果能爲之盡其道則一蹶一醒然再接再厲乃天下事勝負直未定耳雖然非有一財力問題爲之先則一切無可措手且以財力未充之故而强勉爲之則爲之之道亦恐終有所不能盡故夫今日而欲救國則錢直居首要吃重之位置矣

歷史者所以永偉人之性質而留模範於後人者也故於歷史上有芳馨之事往往能喚起後人之倣傚心其影響遂接續於古今界而不紀蓋人之所以日進於智慧道德

者當其初必非爲全社會之普通性而必有一二人也爲之先繼起而復繼起發揮光大而遂成爲風俗故曰。人者好模倣的動物也又模倣而好競勝的動物也設無此競勝之模倣性則社會必永無進化之一日顧持是說而合諸我國今日之人心則多有不可解者夫我國出錢之事於古代遺最好之模範而今日尙深留印象於吾人之腦性者不有令尹子文毀家以紓楚國之難之事乎當日楚之所謂國難者決非如吾今日之甚而楚之地與人又不如吾今日之大且多以區區之楚遭逢危難而已有若子文其人者出則今日之爲子文者當何限而毀家者又當何限諒必有千萬人而不足多而古以子文爲奇今則以爲無可奇古以毀家爲難而今則以爲非所難矣然而今果何如非特欲求有多數之子文能自毀其家而不可見也但求有一子文以繼我歷史上毀家紓國之一芳躅亦聊足慰吾人饑渴之思而乃懷思古人徒掩卷而留餘香而根觸吾人以古今人常不相及之悲其感慨爲何如耶且夫國家當太平之時則凡爲社會之個人者決當自完其個人之界限而初不必有犧牲一家之事然而當危急之秋不然今者毀家則可望救國不毀家則不能救國已處於不能兩全之勢而不可不擇而出其一途使我國人而果擇而出於毀家救國之一途乎國存則家可復興雖毀其家猶未毀也彼子文者未聞以毀家之故遂見其子孫之流而爲餓莩也夫且身與國俱榮而贏得一毀家紓難之美名以長耀光彩於人間即不然而財爲外物有聚必有散不過遲早間耳與其惡散孰若善散與其爲無名之散孰若爲有名之散今各國多有以散財之一問題。費種種之攷案。而求其有一至善消去之法。使其能爲我國人而遭逢今日之時勢吾知散財之第一法決無有過於救國家之難者當必歡欣拍手以爲今乃得遭逢千載一時一散財之大機會矣抑我中國固重儒教則且舉儒教中之人物蓋子貢所稱爲多財者也余觀古書有載其事者曰。衛端木叔者子貢之世也。藉其先貲。家累萬金。奉養之餘。先散之宗族。宗族之餘。次散之邑里。邑里之餘。乃散之一國。行年六十。氣幹將衰。棄其家事。都散其庫藏珍寶車服。一年之中盡焉。不爲子孫留財。段干生聞之曰。端木叔達人也。德過其祖矣。其所行也。其所爲也。衆意所驚。而誠理所取。衛之君子。多以禮教自持。固未足以得此人之心也。是亦我先民之美談芳規也而況處今日之時勢散財以救國家於義更有所不能辭耶雖然吾知吾國人之必不出此夫不出於此途則必出於保守其家坐視國亡而不之救矣抑國亡矣其家果能終保與否此我輩所欲研究之一問題然我國人智慮之長又必不能及此如燕之巢於幕上幕已焚而未及巢則固啁哳啁啾而以爲至樂也亦惟有至于覆巢破卵而已此所以但欲保家而不知保國至於國之既亡而其家亦終不能保者蓋前途必至之結果也

今我國人所期期而不解者保家必先保國之一義也此欲一一徵明以事例而剖解其理由固非此篇所能賅而但欲擧一說以相詰曰若果不保國而可以保家則歐美日本各國必日言國家主義而其人民至有以爲國家之大事犧牲其所有而不悔者其人可謂至愚而我中國人乃可謂天下之智民矣然試思之其果歐美日本人愚乎抑中國人民之智識尙不能至知有國家之程度乎恐稍明事理者所能斷今夫藏珍寶於其家而外無墻垣此其危險固我國人之所及知也然而國家者非他即保衛身家之一外墻垣也人知夫有家而無墻垣之爲害而不知有家而無國之爲害此所謂知有二五而不知一十者也且我國人亦嘗擧地球人民貧富之現象而一研究其本

原平曰凡國家衰弱者其人民日貧凡國家強盛者其人民日富此不必概徵之全地球諸國也。但舉太平洋兩岸之國。以中國與日本言之。自甲午以後至今十年自庚子以後至今四年我中國全國經濟界之消退者若何日本全國經濟界之增長者若何日本歲入自甲午清日戰爭以前僅八千萬圓內外不逮一億至甲午以後急增至達二億圓而明治三十六年之歲入至三億圓又三十七年之貿易總額至六億九千餘萬圓夫日本經濟界之增長有詳明統計之可檢而中國經濟界之消退不能窺其壁壘而但於人民之間見大家之落而為中戶中戶之落而為貧民貧民之化而為盜賊而現出一慘淡愁黯之景使能編一統計必有令我國人魂膽俱碎者蓋經濟界消退之速度直為自有中國以來所未有其勢若迅潮之退俄頃間而一落尋丈使此境而再閱十年數十年試默思中國已為若何之景象耶夫全國經濟界之增長則個人之經濟界亦隨之而增長全國經濟界之消退則個人之經濟界亦伴之而消退雖其始或有若干之個人暫不受時勢之影響而輾轉循環一國之大勢必相平準猶之一人之生理然氣血盛而全體俱榮氣血虧而全體俱衰故言富者必以全國之消長為本未有個人別體之經濟界能自離於全國總體經濟界之外而能絕其關繫者也夫僅此數年之間日本之經濟界若是其增長而中國之經濟界若是其衰退者此無他日本以國家强盛之故而人民受其福中國以國家削弱之故而人民蒙其禍其事理實至淺近而易見然則我國人至此豈尚不知造國家之爲急耶且我國人守此不出錢爲惟一之宗旨然其究竟果能一不出錢否乎吾見今日者某某有捐明日者某某有捐明日者某某又有捐而官府敲剝胥吏勒索果長無國家則此苛政之苦況必日甚一日其境况殆有不可思議者我國人於當出錢者則不出於當抗而不出錢者則不抗而不能不出均之出錢而不投之於急公好義之處而委之於勢迫刑驅之下恐金銀有知亦當起而哭所遭之不幸而出錢者之事理顚倒雖欲不謚爲蠢民而不可得也

然則吾人對於富而能出錢者不能不尊之重之而表揚之對於富而不肯出錢者不能不鄙之賤之而貶斥之或曰是可以爲道德乎曰可夫富而肯出錢者是仁人也善人也慷慨者也熱誠者也愛國者也愛種者也當今日之國勢對於其祖宗對於其子孫而能自完其責任者也我民族正賴有是人吾從而賢之其功其德固有可賢之之理在也富而不肯出錢者是鄙夫也細人也慳吝者也貪慾者也害國者也害種者也

當今日之國勢對於其祖宗對於其子孫不能自盡其責任者也我民族不欲有是人吾從而誅之其罪其惡固有可誅之之理在也昔釋迦以人民慳嗇有錢不布施爲招三刼之一以仁慈若釋迦而猶痛惡之若是是則進富而仁者而貶富而不仁者固不得爲不道德矣且夫吾人社會之功罪案尤不能不視乎其時勢之所急而定例若有洪水之患則能平水土者其首功也有桀紂之患則能除暴君者其首功也而當今日則以能救國爲首功而救國之事首莫要於出錢故能出錢爲今日之第一功可也不然吾人欲以淚救國而不能欲以血救國而不得欲以智救國而智且困於無所施欲以力救國而力且困於無所用福澤氏者日本維新時代之一傑士今人人所知者福澤氏固唱拜金主義者也（當日以福澤氏爲拜金宗之開山上人以慶應義塾爲拜金宗之傳道場）夫福澤氏竭力以振興公衆之事業其唱拜金主義決非爲利已而然蓋曾見夫辦事之不能不有錢而出錢者之可貴故置錢爲第一位而計數之由今以思英雄之用心固昭然其若揭也雖然福澤氏以運動日本之社會能得錢以辦事而成其志若使所遇者爲中國人亦且窮而無所施其技是則凡英雄之成功固非一人之力之所能成而實全社會之力而使之成之

也。噫。我。中。國。不。知。自。何。時。以。來。而。此。愛。錢。之。一。習。慣。深。入。於。人。心。久。而。成。爲。國。俗。人。人。但。自。顧。其。身。家。中。之。一。小。我。而。不。復。顧。有。社。會。中。之。一。大。我。而。手。握。金。銀。以。坐。送。神。州。之。陸。沈。將。令。後。之。人。致。亡。國。之。歷。史。而。得。發。見。其。一。理。由。曰。凡。人。民。之。愛。錢。者。亡。國。之。一。大。原。因。也。蓋。觀。於。猶。太。人。與。中。國。人。而。信。（猶太人以亡國之故而愛錢中國以愛錢之故而亡國其原理大不同此篇不及徵猶太亡國後之歷史而詳論之但舉其愛錢性質有一相同之點而已）

（完）

# 論中國自食力派思想之發生

觀雲

論語載荷篠丈人之言曰。四體不勤。五穀不分。孰爲夫子。吾人讀此數語知丈人實抱有一種特具之理想決不當視與尋常言語一律。未幾而當孟子時。果有許行其人者出。以並耕之說。特立標幟於周季學界之中。吾人於論語孟子得此前後兩家隱約間之消息。於是益欲探此學派之源流。而攷漢書藝文志述農家云。

神農二十篇（六國時諸子疾時怠於農業道耕農事託之神農師古曰劉向別錄云疑李悝及商君所說） 野老十七篇（六國時在齊楚間應劭曰年老居田野相民之耕種故號野老） 宰氏十七篇 董安國十六篇 尹都尉十四篇 趙氏五篇 氾勝之十八篇 王氏六篇 祭癸一篇 右農九家百一十四篇

農家者流。蓋出於農稷之官。播百穀。勸耕桑。以足衣食。故八政一曰食。二曰貨。孔子曰。所重民食。此其所長也。及鄙者爲之。以爲無所事聖王。師古曰言不須聖王天下自治欲使君臣竝耕。誖上下之序。

此神農二十篇其無許行之說否乎抑野老十七篇其無荷蓧丈人之說否乎今固不可攷特吾人於此有一事之可信焉曰農家者流固與儒墨名法爲同時所發生之學說是也則試進求其當時可屬於農家之人物而但即孔孟之門弟子亦似有傳聞其說者請略徵之論語載樊遲請學稼樊遲請學圃此決非貿貿然以農工園藝之事詢聖人蓋實含有自食其力之意而抱有農家者流一種之思想者也又孟子載彭更趙注彭更孟子弟子問曰後車數十乘從者數百人以傳食於諸侯不以泰乎又曰士無事而食不可也又曰梓匠輪輿其志將以求食也君子之爲道也其志亦將以求食與呂氏春秋不屈篇匡章高注匡章孟子弟子謂惠子於魏王之前曰蝗螟農夫得而殺之奚故爲其害稼也今公行者數百乘步者數百人少者數十乘步者數十人此無耕而食者其害稼亦甚矣彭更匡章蓋亦抱有自食力之理想者其言與荷蓧丈人許行蓋有隱隱相通之故特樊遲彭更匡章從孔孟游踰有時欲發舒其素所信仰之意見而爲孔孟之理所折遂

不能堅持其前說而許行以挺特之姿其思想最爲高廻卓絕託言神農以神其說而又有陳相等疏扶而後先之一時乃與孟子對壘而開論戰之場。許行固亦九流中之人傑也哉

許行之言直以農爲人羣萬事惟一之本原人人自耕而食其力即人人自治而初無勞乎人君之事即或有所爲君而君亦耕而自食其力則君臣上下一體並等果如是也其時爲之民者既但知出作入息而爲之君者。亦高拱而苦其身之太閒而當習勤勞於田間故曰饔飧而治此誠上下至簡質之風俗而許行胸中即浮如是景象之一理想國者也雖然令爲君而亦須自耕此若揭之爲許行之創制乎則人可持古代人君無如此之事以相難而其說或至於不能行於是許行復有以完其理曰爾獨不見神農乎神農蓋即並耕之君而留後世凡爲人君者之一典型則折衷古義而人自不能不服其說蓋事之創始則難收功而託古則易爲力許行之揭櫫神農與儒家之揭櫫堯舜其所取之術蓋同夫許行既以農爲其學說之一本源則道德之標準亦不能不以農而定今觀許行之評滕君曰。今也滕有倉廩府庫。則是厲民而以自養也。惡得

賢夫文公固許行之徒所贊不絕於口者曰聞君行仁政曰聞君行聖人之政是亦聖人也曰則誠賢君也何以結末之一評語曰惡得賢蓋許行之徒以爲文公在當時之人君中固可稱爲賢然進而以許行之學說繩之不能不在貶斥之列蓋許行所定之道德律即以能自食其力者爲善而以不自食其力者爲惡此即許行之所謂道無論道其所爲道或非吾之所謂道要自不能不付以道之名故其徒亦以合許行之學說與否區別之爲聞道未聞道也許行之說或不僅如孟子中所記載而止然即以孟子中所記載而觀之已自成爲特立之一學派觀許行當日由楚之滕已有其徒數十人與之俱行度其他之信道者尚多而又新得陳相等之景從其門弟子之勢力已非寡弱又許子衣褐其徒亦衣褐此爲許行學派衣冠之一標識又捆屨織席負耒耜亦其門徒中特示區別於人之處使許行之道得行其結果之良否別論要之我二千數百年之社會其風尚必與今日大異自許行一龍象之大弟子陳相爲孟子所敗其學說之勢力衰弱而系統幾熄後之人雖或具此理想其持論遠不及許行之高無復敢以自食其力爲政治道德根本之原理者劉向以李悝商鞅爲農家然觀漢書食貨志

載李悝之言。不過盡地力以爲富國之本。非可與許行並論者。惟商鞅則實以民能自食其力與否而定賞罰。固可謂自許行之後。持食力說之最堅悍者。今畧採商君書之言。

墾令篇　無以外權爵任與官。則民不貴學。又不賤農。民不貴學則愚。愚則無外交。無外交則國勉農而不偷。民不賤農。則國安不殆。（中畧）祿厚而稅多食口衆者。敗農者也。則以其食口之數。賤而重使之。則辟淫游惰之民。無所於食。民無所於食。則必農矣。使商無得糴。農無得糶。農無得糶。則窳惰之農勉疾。商不得糴。則多歲不加樂。多歲不加樂。則饑寒無裕利。無裕利則商怯。商怯則欲農。（中畧）農戰篇　凡人主之所以勸民者。官爵也。國之所以興者。農戰也。今民求官爵。皆不以農戰。而以巧言虛道。善爲國者。其教民也。皆作壹而得官爵。民見上利之從壹孔出也。則作壹。今境內之民。皆曰農戰可避。而官爵可得也。是故豪傑皆可變業。務學詩書。事商賈。爲技藝。皆以避農戰。則粟焉得無少。而兵焉得無弱也。（中畧）農戰之民千人。而有詩書辯慧者一人焉。千人者皆怠於農戰矣。農戰之民百人。而有技藝者一人焉。百人者皆怠於農戰矣。國待農戰而安。主待農戰而尊。（中畧）詩書禮樂善修仁廉辯慧。國有十者。必削必貧。（中畧）今夫螟螣蚼蠋。春生秋死。一出而民數年不食。今一人耕而百人食之。此其爲螟螣蚼蠋亦大矣。雖有詩書。鄉一束。家一員。獨無益於治也。故先王反之於農戰。故曰百人農一人居者王。十人農一人居者彊。半農半居者危。（中畧）民見言談游士事君之可以尊身也。商賈之可以富家也。技藝之足以餬口也。則必避農。是以聖人作壹摶之國。作壹一歲者十歲彊。作壹十歲者百歲彊。作壹百歲者千歲疆。今世主皆憂其國之危。而彊聽說者。說者得意。道路曲辯。輩輩成羣。紛紛焉。小民樂之。故其民農者寡而游食者衆。衆則農者殆。農者殆則土地荒。學者成俗。則民舍農從事於談說。高言僞議。舍農游食而以言相高也。此貧國弱兵之教也。（中略）說民篇 辯慧。亂之贊也。禮樂。淫佚之徵也。慈仁。過之母也。任舉。姦之鼠也。八者有羣。民勝其政。國弱。（中略）靳令篇 六蝨。曰禮樂。曰詩書。曰修善。曰孝弟。曰誠信。曰貞廉。曰仁義。曰非兵。曰羞戰。國有是者。上無使農戰。必貧至削。（中略）

其略如是。蓋秦之所以有天下。由孝公開其基。而孝公實用商鞅之政策者。商鞅之經當日天下之大勢也。以爲三晉民多而土少。秦則民少而土不闢。又察秦之所以不能得志於諸侯之故。其言曰。夫秦之所患者。興兵而伐。則國家貧。安居而農。則敵得休息。故三世戰勝。而天下不服。於是合此兩觀念而定一改革之政策。曰招徠三晉之民。使三晉民少而力弱。秦民多而土闢。而以故秦事敵（按所謂故秦者即秦之土民也）新民作本（按所謂新民者即由三晉招徠之客民也）故曰。兵雖百宿於外。竟內不失須臾之時。商鞅以此政見實行。而遂見秦之富彊。其貽澤至於始皇而有天下。秦之有天下。蓋實可謂商鞅行政之大結果也。而吾人於商鞅行政之時。發見實與儒教爲敵。而欲鋤去之之一事實。蓋商鞅治國。務使國之民除兵之外。無一非農。其書中屢言所謂作壹。作壹孔者。蓋欲統一於農。以農爲本。而戰爲其用耳。除農與戰之外。於其國而見有事詩書禮樂談孝弟信廉之人即鞅所視爲游手好閒無事而食虛辯偸惰以害耕而國家刑罰之必當首及者也。令人以燔書歸罪於秦始皇然燔書之事實爲商鞅而非始皇是有徵也。韓非子和氏篇商君教秦孝公燔詩書而明法令。禁游宦之民。而顯耕戰之士。孝公行之。主以尊安國以富彊。其云孝公行之。蓋已實行而孝公之實行此事則商鞅教之也。秦自孝公而後歷代皆沿用商鞅之政策彼始皇李斯亦不過本商鞅之遺教而反覆行之而已。然始皇燔書人皆視爲中國史一大案件而商鞅之燔書多湮沒而不知此無他當商鞅時其所燔者不過秦一國之書而無大關係於中國之事。至始皇則統一六國一燔書而中國之書無不燔故遂見爲非常之大事要不過以其所處地位殊異之故。人遂若有見有不見耳。夫許行以口舌之戰而爲孟子所敗而商鞅乃以政治上之實力敗儒家。此可謂儒家農家一大戰爭之歷史遙遙互有勝負。自嬴秦之王氣告終而商鞅之法其勢力亦與之俱盡。然後人之持此理想者。亦時有所聞。如漢之鼂錯蓋亦其一人也。然觀錯之言。以爲法律賤商人。商人已富貴。尊農夫。農夫已貧賤。此不過以重農之故而欲排除

商人已耳視商鞅之重農而仇詩書禮樂屏黜儒教許行之重農而欲使君民竝耕則錯之思想在自食力派中其範圍固已隘矣

（未完）

# 俄羅斯革命之影響

中國之新民

（參觀本報五八、五九、六〇、號雜評門）

電燈滅瓦斯竭船塢停鐵局徹電綫斫鐵道掘軍廠焚報館歇匕首現炸彈裂君后逃輦轂塞警察騷兵士集日無光野盈血飛電劇目全球撟舌於戲俄羅斯革命！於戲全地球唯一之專制國遂不免於大革命！

## （一）革命之原因

俄羅斯所以革命所以不能不革命者。其原因甚複雜。今綜舉之。

（一）俄羅斯有所謂貴族階級者握全國之土地所有權其餘農民皆等奴隸近雖稍改其度然特權仍懸殊經濟上種種不平是故革命

(二)俄羅斯以希臘教爲國教其不奉國教者無完全之權利宗教上種種不平是故革命

(三)俄羅斯國內包含無數種族除斯拉夫本種外於東部有韃因人韃靼人蒙古人卡爾蔑人等於西部有波蘭人芬蘭人德意志人西班牙人等大率不能享完全之權利種族上種種不平是故革命

(四)以上所述全國中異階級異宗教異種族之各分子所以不能調和統合皆緣無代表各分子公意之總機關一切之不平皆起於政治上之種種不平是故革命

此其總原因也持此以讀全俄數十年來之歷史則千端萬緒皆緣此以爲動也

(二)革命之動機及其方針

最遠動機一　俄羅斯僻處歐東與全世界歷史上大勢關係絕少世界史活動之舞臺俄國自昔未得列席也故十八世紀末美國獨立法國革命之兩大役其影響絲毫不波及俄羅斯逮拿破侖以四十萬大軍來侵竭全國之力僅乃拒之於是世界觀念漸

發達一八一五年聯軍伐拿破侖俄人與焉遠征將士覩西歐自由習俗薰習傳染新思想漸以輸入拿破侖一役之於俄國猶十字軍一役之於西歐也其年有所謂「阿爾沙羅文學會」者始出現俄國最初之革命動機實源於是

最遠動機二 一八二五年尼古剌第一即位行絕對嚴酷之專制政治有「鐵沙」（俄語謂皇曰沙）之名人民益顚沛無所控愬及動力漸起革命文學盛於時矣

第一期民黨之方針 各國政局之變遷罔不由二三文豪引其發而衍其瀾俄國亦然其革命運動之第一期即文學鼓吹期也初外國思想之輸入俄羅斯者最初為羅馬的森 Romancissn（譯言羅馬文學派近世史初期之文學也）有格里坡德夫者著一小說名曰「智慧與憂患」實為俄國近世文學之先河其後比圭黎（德國大哲或譯黑智兒）派之唯心哲學輸入思潮又為之一變一八三〇年間此種哲理殆瀰漫全國一八四五年文豪高盧著一小說名曰「死人寫」隸農之苦況一八四七年文豪繙格尼弗著一小說名曰「獵人日記」寫中央俄羅斯農斬農民之境遇一八四八年文豪耶爾貞著一小說名曰「誰之罪」發揮社會主義一八五六年俄京發刊一叢報名曰「現代人」其明年發刊一日報名曰「俄語」

文豪渣尼斜威忌著一小說名曰「如之何」以厭世之悲觀聳動全國一八六一年各軍人之持立憲主義者發刊一雜報名曰「大俄羅斯」其明年耶爾貞發刊一日報名曰「鐘」蓋十餘年所以孕育全俄之新理想者惟文學最有力焉俄國有耶爾貞渣尼斜威忌諸賢猶法國之有孟德斯鳩盧梭福祿特爾也

次遠動機一　尼古剌第一以鐵以火馳驟其民其直接以灌溉此革命之樹而發榮滋長之者既已有年及亞歷山大第二復間接以揚其燄亞歷第二號稱大彼得以來之曠代英主若解放隸農也俄國前此。舉國殆皆行隸農制度。每土地權之轉移。則耕其土地之農夫。亦隨而轉移。一八六一年。亞歷第二下詔解放之。新得自由之人民。凡二千五百萬人。　若改正司法制度也俄國前此司法制度。率與今日之中國相類。至亞歷第二改正之。（一）劃司法權與行政權之界限。保法官之獨立。（二）一切臣民。在法律之前。皆平等。無門地貴賤之差。（三）公開法廷。一切不得秘密曖昧。（四）設陪審官。（五）裁判官以選舉任之。此實采用歐西法治國之精神也。　若設立地方議會也俄國自一七八五年。（加沙鄰第二在位時）始於各地方有自治之團體。然純然以貴族組織之。一八六四年。亞歷第二始布地方議會之法令。命各階級各出代表人。今日所行制度是也。又一八七九、一八八〇、一八八一、三年間。亞歷第二凡三度集各地方議會之代表人於京師。諮詢國政。其時去國會之設立者幾希、　凡諸大舉百年間歐洲英斷之令主未或先之乃其結果不如其所期非惟不能買人民之驩心而反以叢舉國之怨望史家謂彼時改革之阻力政府與人民兩有罪焉信哉言也法人波流氏所著「俄羅斯帝國」俄史中之最良者也。其論此事云。「解放隸農時。所以全國失望者。其第一原因。在希望太奢。責效太速。當時舉國上下。皆以爲此令一布。則人民無量之幸福。當可湧現。然實際不能如其所期。於是政府與國民皆大失望。此等現象。在幼稚時代必有之。法國大革命之前後。其經驗矣。俄比諸法。其幼稚更甚。自信力更大。故其失望亦更甚也。云云。又云。亞歷第二之諸改革。皆不調和。不統一。其始也。顧頭失尾。扶東倒西。支離滅裂。其繼也。則敷衍因循。而盡失其精神。此所以益買民人之怨也。云云。此皆實際家言。今日中國言國事者。不可不深鑑之。　而人民激昂之程度既日漲一日於是亞歷第二之改革益獎厲革命之動機燎原之勢自玆成矣

**第二期民黨之方針**　歷山第二在位二十六年（一八五五年即位一八八一年被刺）其間民黨之方針凡三變其始專以遊說煽動爲事今就革命史之全體論之命爲第二期自一八四九年尼古剌捕志士三十三人下獄處刑禁人民留學外國其本國大學學生亦限額三百名並禁讀哲學書及他國之報章於是自外國歸之學生熱心橫溢以爲著書作報之力不能普及也乃相率微服變名入農民社會職工社會及軍人社會現身設法隨機開導一八六〇年學生等在彼得堡及墨斯科立一團體名曰「自修俱樂部」一八六二年彼得堡有號稱中央革命委員者傳檄全國其餘各地紛紛響應一八七三年同時並起之秘密團體凡十三所要其事業皆出於演說煽動革命黨勢力之膨脹實自此時

第三期民黨之方針　彼之遊說煽動也其目的何在曰暴動質而言之則起革命軍是也彼等劬瘁於煽動既歷年所謂其機將熟於是謀此目的之實行一八六三年波蘭稱兵柏格年募義勇兵助之不成是爲革命黨執武器以向政府之始其後十餘年間各地暴動之事皆一歲數見乃至十數見然憑藉微弱不足以當政府之一靡擲無量頭顱無量心力無量金錢曾不能動政府之豪末於是方針乃不得不一變

第四期民黨之方針　自一八七〇年彌澄夫立一民意會決議廢平和的革命手段專取陰謀之鐵血主義實惟虛無黨暗殺論之嚆矢然其勢猶未盛及一八七六年秘密紅十字會會長狄拉羅弗極言黨論不一久誤方針耗時費財而事終不一就實爲民黨最大之缺點時諸黨員既久經閱歷屢遭失敗人人固已注目於此最後之一著得狄氏提倡黨論遂定自茲以往專以短小精悍之手鎗神聖不可侵犯之炸彈爲對待民賊獨一無二之法門自一八七七年以還每歲刺殺憲兵警察警察長裁判官第三局長內務大臣乃至其他各階級之官吏者亦一歲數見乃至十數見此道也幾爲彼等最後之方針持之至今日不衰（參觀本報第四十四十一合本論俄羅斯虛無黨篇）

**次遠動機二**　亞歷第二之改革。雖不慊於人心。然使其平和以徐圖進步。則所生惡果或不至如彼其甚也。乃不忍於民間少數之冒譟。襲前代之覆轍。欲以威力撲滅之。一八六六年。乃別立所謂第三局者。司特別之警察裁判。專以對付國事犯。此第三局者。殆全立於法律範圍之外。是所謂以火濟火也。自玆以往。民間志士。荆天棘地。殆無所容。一八七四年。復申游學外國之禁。一年之內。以國事犯名義被捕者。殆數百人。以爲常民黨之組織日逾進。政府之法網亦日逾密。於是一八七九年民意黨開大會議宣告亞歷第二死刑。派出實行委員。一八八一年。遂有閱兵遇害之事。於是虛無黨達於全盛之點。聲勢動天下。

**最近動機一**　自亞歷第二遇害後二十餘年間。亞歷第三以憂忡死。今皇尼古拉第二游日本。亦曾遇刺。民黨所執暗殺方針。日日進行。勢力益以彌滿。今避冗不具述。語今次事變。則導火線實爲米爾士奇。而米爾士奇之得政。由布黎威之遇刺。故布黎威實本役一切密之近因也。先是西歷六月間。芬蘭人傳檄四方。掊擊政府官吏。檄文末二語云。殺波布里哥夫。（芬蘭總督也）殺布黎威。檄後二十日而波氏死。更兩月而布氏死。布氏者亞歷第二被刺後爲警察總監旋任芬蘭事務長官前年任內務大臣近二十年來搜捕黨人使全國戰栗者此人也奪芬蘭人自治之國會使芬蘭人鋌而走險者此人也今次之動機全俄爲主動而芬蘭人爲前茅自布黎威血光既迸識者蚤知其前途之愈接愈厲未有終極矣而果也繼其後者米爾士奇也

**最近動機二**　其最近動機之最有力者尤在日俄戰爭此盡人所能知也俄國累代之從事侵略也不徒出於擴張版圖之野心而已蓋將以此爲尾閭以洩人民怨毒之氣於域外夫眞愛國之士値國家有外競常能明閱墻禦侮之義不肯太與政府爲難俄廷知其然也乃利用之以爲專制政治之護符以此對於上流有智識之社會此其政策之一也又冀藉戰勝之威得以眩惑國民使其尊沙如帝天愛沙如父母之心常有所養而日以盛以此對於低級無教育之社會又其政策之一也故俄國之對外侵略雖謂之消極的而非積極的焉可也今茲日俄之役頑固黨所以悍然主戰者猶前志也庸詎知事與願違實際之日本非猶夫俄人幻想之日本相持一年以來蝎蹶於徵調疲敝於經濟既已使全國騷然人人感切膚之痛怨政府之非計猶復一敗再敗

三四敗海軍全殲陸軍屢卻屏息於窮北之一隅上流有智識者流既嘩然責政府之黷兵誤國低級無教育者流前此信賴政府尊仰聖沙之心亦一落千丈更非以空華巧舌所能挽回夫是以萬弩並發百川齊決毅然莫之能禦也

第五期民黨之方針　此次民黨對於政府之戰略與前此數十年間所執者其性質截然不同即前此爲秘密之陰謀今次爲堂堂正正之要請也前此主動者爲極端急激無勢力之青年今次主動者爲老成持重有位望之各地方議會代表人也今且不避駢枝略言俄國地方議會之性質以供參考俄國地方議會之權限甚廣而甚不正確自亞歷第二始許各省以自治權據其法令所規定則地方議會不徒於行政上有大勢力而已又得指派其地之治安裁判官其力直及於司法範圍其他若慈善事業及農業商業工業等地方上有形無形之萬事皆得支配之法人波留謂就表面觀之則俄國地方自治之權限舉歐洲各國莫與京也乃按諸實際有大不然者議會一切決議必呈申於該屬之地方官（省議會呈總督。縣議會呈知縣。他類推。）地方官意見不同發回再議再議可決則地方官不得阻止此各國所同也雖然在俄國則地方官雖不阻止然猶必再呈於內務大臣得其畫諾乃能施行而其爭議最終之裁判所則樞密院也以此一端而議會勢力之基礎全然無著矣又其議事之報告非經地方官許可則不能公布以此之故議會往往不能得輿論之後援無復與地方官抗爭之勇氣而人民與議會隔膜不親切之弊亦自茲起及亞歷第二之末年更令各議會之幹事員其任免悉經地方官之手於是議會殆爲官吏之奴隸又其對於中央政府雖有申呈獻替之權而所陳者祗限於本地方諸事務若夫全國之政治問題非所得提議也（前月墨斯科市會以會之決議請立憲。俄皇斥責之謂。非其分所應言。即指此也。）以是之故地方議會之爲物既已若告朔餼羊名實不相應固已久矣雖然波留氏既有言謂俄國之地方議會今雖跼蹐萎徵若無生氣然使俄國政治將來有進於自由之一日則其發起之者必自地方議會也（波氏著書在距今十五年前）果也今次竟以地方議會之資格之名義演此活劇

最近動機三　去歲陽歷十月新內務大臣米爾士奇就任其發表政見既以調和君民之爭爲第一義十一月遂召集各地方議會之代表人於舊京墨斯科關於行政改良案欲有所諮詢諸代表人遂乘此機提出立憲之要求全國諸市會和之各以決議

迫政府使俄廷能鑑時變予國民以滿足之改革而附之以確實之保證則數十年之妖雲怪霧倏忽消滅在茲時也其時歐美諸國無不以手加額謂俄羅斯政界今後將復見天日者乃未幾而禁公開會議之詔令頒未幾而維持專制政體之宣言出嗚呼俄國民遂出於最後之手段嗚呼俄廷遂毆其國民使不得不出於最後之手段

民黨最後之方針　民黨最後之方針則以全國善良市民爲主動而以有學識有地位者爲之後援也質而言之則全國種種階級之人爲協同一致的運動也農也工也商也學生也軍人也地方紳士也乃至貴族中之一部分也政治家也法律家也文學家也溫和派也急激派也萬喙一聲萬腔一心各應其地位認其義務相扶相助以共向於一目的嗚呼自一八一五年以來凡一世紀間經無量志士仁人之心力之眼淚之頸血從無形上有形上直接上間接上所摩盪所淬厲所致誨所研鍊而始有今日嗚呼俄國民始有今日嗚呼俄政府亦有今日

（未完）

本文目的在論此役之影響惟不得不敍列前事以爲前提今限於篇幅未能一次全錄次號乃入正文讀者諒焉　著者識

時局

# 國聞雜評

## 自由乎？死乎？（飲冰）

譆譆！出出!! 俄國革命!!!

自陽歷去年十一月十九日俄國各地方議會始開聯合會於舊都。閱一月至十二月十九日而有俄皇否認立憲之事。更閱一月。至今年正月十九日而有冬宮爆裂彈及舉國大同盟罷工之事。人有恒言曰改革事業如轉巨石於危崖非達其最終之目的地不止觀於俄國最近現狀而益信

前此各地方議會以極平和極秩序之舉動求政體根本之改革。乃俄皇欲以一紙無責任之詔書鎮壓之。而詔書中於其要求之主點所謂開國會出代議士者。無一語提及也。夫俄之王室。自累世以來。未嘗有能堅明約束者。雖有仁言。其不足以靖狂熱之

民情既昭昭矣。而况乎所謂仁言者。復不慊於衆也。於是乎俄人遂不得不出最後之手段。

正月十八日路透電云（記載皆用陽歷下同）

聖彼得之鐵工。有同盟罷工之舉。其他諸職工應之。現輟業者已五萬人。政府之彌華河船塢工程亦已停工

此事現初起。但其中似有才智之士。以極巧妙之組織法指揮之。殆將釀一大事。

同日電又云。

現調査各工塲停工人數。共七萬五千內外。

二十日路透電云。

俄國之工人及其他各團體與夫社會黨之代表者。共一千五百人。以正月十八日公然開會議於俄京。決議三條。請願於政府。

一　請許人民以完全之權利

二　請立補助貧民之法案。

三　請除資本家壓抑勞傭之特別威權。

此外如言論集會自由之保障。下級人民教育之普及。國務大臣之責任。所得稅之改正等。各子目。皆備述之。

云云。

由此觀之俄國此次之同盟罷工。與近年來歐美各國所起之同盟罷工其性質大有所異。即其所爭者非生計上之問題而政治上之問題也質而言之則此次之罷工革命的罷工也同日電又云

現各種商業家擬悉相率加入於此同盟罷工。

尋常之罷工。大率勞力者與資本家相角。今則資本家勞力者爲協同一致之運動焉此實一特別之現象也。而以船塢工程停止故。於海軍前途大有影響。以鐵工停止故。於軍事全體之前途皆大有影響。此實足以制俄廷頑黨之死命者也路透電謂其有巧妙之組織誠哉巧妙

此方面之風潮方澎湃而未有已。乃同時復有冬宮爆裂彈之事

正月二十日路透電云。

俄國每年例以本月十九日舉行大祭。俄皇俄后及外交團諸員皆臨焉。昨日舉此典之時。冬宮（譯者案冬宮者俄國最著名之離宮俄皇所常御也）對岸發祝砲。內一砲實以石榴開花炸彈向冬宮轟擊其炸片一落於俄皇前。距寶座僅十五步。其一片斃警官一名。其一片傷牧師一名。其他諸片將冬宮窗櫺及他物盡皆

自由乎？死乎？

齏碎。當下將發砲部隊之兵卒。全數逮捕。

其日俄國半官報論此事謂由兵隊之偶誤。非有他意。而與法諸國各報皆謂此舉出於暗殺之陰謀毫無可疑。果也二十二日柏林電報云。

現在祝砲事件經已爲嚴重之審訊蓋確出於陰謀云。

而俄皇已於翌日避地他徙矣。二十日路透電云。

俄皇去聖彼得堡往沙士哥西羅宮止焉。

其後之形勢何如。二十一日路透電云。

聖彼得堡情形日急一日。現在以電燈局煤燈局之職工罷業故。全市皆爲之黑暗。市民競購買蠟燭以代之。……政府印刷局亦罷工。……各新聞報館者罷工。今日全市無一新聞紙。……兵器廠所有工人悉散去……沿路鐵道之工人悉散去。鐵路爲之不通行

二十二日上午電云。

今日大牧師嘉般氏率領四十萬人伏闕上書。其書殆可稱天下古今最悲壯最切直之大文。其大略云『今者人民被侮被辱。純然立於奴隸之地位。政府鞭箠驅騾之用吾民力於所不能堪。我等非人而牛馬也。我等居此盜賊官吏壓制之下。忍而待之。

者日復一日年復一年今實忍之無可忍與其永沈此苦海不如死之爲樂也。今者全國人民。之止痛痈獨一無二。曰參政權而已。今某等瀝血誠伏斧鑕以匍匐哀訴於我皇若不得請願畢命於皇宮前之廣塲云云。又全市民皆紛紛持各色之旗大書曰我所擇者只有兩途自由乎？墳墓乎？其中一部分之急激派。沿街大呼。曰無政府萬歲！無政府萬歲！

同日下午電云。

俄廷調軍隊五萬鎮壓市民。直發鎗射擊。市民皆不持武器故死傷狼籍。首領嘉般氏死焉（編者案其後電云負傷耳。想未死也）。其奉命實行攻擊市民者哥薩克騎兵也。至步兵大率表同情於市民倒戈向政府步兵之死傷者亦三百人云……現俄廷飛檄各省調集全國軍隊從事鎮壓

二十三日電報云。市民至尼古拉士橋。軍隊擊之。市民告兵卒曰。俄國獨非公等之國耶何苦戕同胞。萬口同聲。其言哀以壯。步

自由乎？死乎？

兵立刻拋鎗惟哥薩克暴戾殊甚。現市中到處戰鬥。婦女小兒死傷尤夥。哀號詈罵之聲。沸然盈耳。入夜全市慘憺。人民皆舍家逃亡。賸有軍隊露營雪中而已。

又云。俄國公報謂本日之變。死者七十六人。傷者二百三十三人。實欺人之言也。頃據確實調查。死者當在千五百乃至二千。傷者當在四千乃至五千。

又云。頃俄京施行戒嚴令皇太后已逃去皇帝亦不知所在

二十一、二十二等日之騷動。其騷動者僅私人之職工而已。至是而軍隊之關係起。前此所執者。仍平和手段也。至是而戰爭之狀起。二十三日下午電報云。

又云。西巴士特波爾海軍工場火起……工場中罷業者四萬人。持武器由哥爾彼那進於聖彼得堡。

又云。

黑海艦隊水兵八千人起革命的暴動 俄廷召軍隊拒之。軍隊無肯發砲者

又云。俄京附近鐵路八英里被掘。……華爾梭附近停車場大火起。前此暴動者僅在聖彼得堡及其附近耳不兩日而蔓延於全國二十四日電云。

墨斯科之同盟罷業繼起全市之電燈煤氣燈皆滅黑暗一如聖彼得堡。哥里那亦有暴動者萬餘人與之響應全市諸製造所皆停閉。……淮爾納罷工亦繼起。

二十五日電云。

波蘭之拉特模地方大起革命……哥烏那省全省罷工。……阿秩沙 西巴士特波爾 卡爾哥弗 奇士彌弗諾大市皆大動搖……波蘭之埒志地方大起革命俄國之駐防軍今為民黨所包圍。

二十六日電云。

芬蘭全境亦亂其首都海士科市民五千人與警官生大衝突。

又云。

自由乎？死乎？

國聞雜評

里巴島之**海軍倉庫**大火起里華爾之**陸軍倉庫**亦然

又云。**奉天之俄軍**以糧食不足寒衣不具。**將謀叛亂**形勢極危急云

由是觀之。此事之影響。直及於戰局。奉天軍之果與祖國民黨有關係否。今未能明言。要之同時並起。事出有因也。

俄廷之所以對付民黨者則何如。二十四日柏林電云。聖彼得堡今純然變爲戰場。且軍隊大半不袒政府。雖然俄廷猶**決意用強硬手段**謂藉專制之威嚴。必可以始終鎮壓之。

二十五日柏林電云。俄皇命內務大臣德黎潑夫（譯者案自米爾士奇辭職後本命域提氏代之域提亦辭。故以德氏代。）爲聖彼得堡總督此官乃新設者其職權甚廣代俄皇專斷一切**殆如假皇帝**云

同日倫敦電云。俄皇現仍**不知所在**或云在沙士哥西羅。或云在卡的拿。或云在哥滋黑圭黎。或云**在某河船中**。惟聞本日開御前會議。會議**始終持鎮壓策云**……俄廷諸臣。多有不以俄皇之逃匿爲然者。

又云。新總督德黎潑夫下嚴命命各工人速復業。否則放逐之於村落。不許復在帝都云。

又云。頃逮捕懷抱自由主義之知名士凡大學之教師報館之主筆法廷之法律家共數十人文豪麥占哥爾奇與焉。（譯者案哥爾奇者。俄國近數年來新出現之小說家。與托爾斯泰齊名者。）

二十六日電云。墨斯科警察長徧張告示云。此次同盟罷工之運動。實出於英日兩國之陰謀。罷工者所恃以爲養。皆由英國陰接濟之。勸人民勿爲所愚云云……英國公使聞此謗言。直與俄政府爲激烈之交涉。迫其速行辯正。又要求特派戍兵保護英國使館。

又云。

自由乎？死乎？

俄皇頃頒溫旨慰諭工人謂將定減少作工時刻之法律且爲確實之保證又對於彼等所要求將細加審議酌量採行……又聞俄皇有欲引見職工代表人十二名之說

民間之所以準備對付政府者何如二十四日倫敦電云。

昨夜有大律師三百五十人開臨時法律會議其決議如左。

一　與彼同盟罷工者協同一致

二　對於政府誅戮無辜之舉爲絕對的抗議

三　爲此事須抗爭之於法廷

四　募捐款以接濟同盟罷工者

二十五日電云。

嘉般氏徧發函檄於全國聲討俄皇之罪謂我國民不可不萬衆一心以圖報復云云。（記者案據此電則嘉般氏實未死也。）

歐洲各國對於此役之感情何如連日各地電報云。

全歐各國。殆無不以此事爲一大事。諸報館皆表同情於俄民無一袒俄廷者內中與俄同盟之**法國激昂特甚**其報紙大率謂市民不持武器爲平和之要求俄廷以强暴手段待之實無理之甚云云。又某新聞紙謂俄太后俄皇爲坡篚那士德夫之傀儡日被玩弄於股掌上。至今迷夢不醒。實屬可憐。

比利時素表同情於俄。今次亦大加非難。其新聞紙多以俄皇此次之出奔與一七九一年法王路易第十六之出奔相比較　比國人民憤俄廷舉動既極。本月二十三日晚至有在俄國公使館門前爲示威運動以表敵意者警官彈壓。僅乃無事。

各國紛紛募義捐以卹俄國被難之民

各國中惟德國對於此事視之稍冷淡。

此最近一旬間俄國變亂之大概情形也。其間更有一事。與此事有間接之關繫者。二十四日電報云。

俄國頑固黨首領宗教總監坡篚那士德夫抱病危篤命在旦夕

或謂此魔若去則俄國政界前途將生大影響云。雖然。此恐非一二人之問題而全部之問題也。果以一人去而全部爲動。則亦我輩爲俄民所禱祀以求耳。

嗚呼！痛!! 嗚呼！慘!! 俄國革命!!! 嗚呼！壯!! 嗚呼！烈!! 俄國革命!!! 自由乎

自由乎？死乎？

國聞雜評

？死乎？二者殆必居一於是吾儕更拭目以觀其後。

# 俄京聚衆事件與上海聚衆事件（飲冰）

當俄京聚衆事件如火如荼之際。同時我上海有因俄水兵殺人案聚衆抗議之事。問者曰，俄京事件與上海事件其目的之大小相萬也其範圍之廣狹相萬也其組織之疏密相萬也其實力之強弱相萬也子提以並論子無恥矣應之曰。正以其目的大小相萬範圍廣狹相萬組織疏密相萬實力強弱相萬故不得不並論之吾雖恥吾烏得已

無論何種之政府其中必有幾分焉爲輿論所左右故曰輿論者最後之戰勝此微獨自由政體之國有然即專制政體之國亦有然也輿論而敗者必其未能成爲輿論或成矣而不堅持不旋踵而失輿論之資格者也吾於上海事件略見之。

彼事件自其發端伊始上海道未嘗爲輿論之聲援也其後乃加入焉何以故以一月前上海之民氣儼然具有輿論之資格故而上海以外之官吏若南洋大臣若外務部

若駐俄公使乃至凡與此案有關係者始終未嘗一爲聲援何以故輿論僅限於上海上海以外無輿論故逮最後之今日則上海輿論與夫加入輿論之上海道殆全歸失敗何以故無實力以盾其後氣一竭而輿論之資格已消失故玆事雖小可以喻大要之我國人未知輿論之性質與其作用也今毋論他事且語此案此案被戕之人甯波籍也顧甯波非他中國之地也甯波人非他中國國民也使有他縣他府或他省之人而殺甯波人則可以曰此甯波人也今殺之者爲與我異國之俄羅斯人則我輩所知者殺中國人耳甯波不甯波非所宜言也而公憤之起惟限於甯波一部分之人是我國對於同胞感情薄弱之表徵也輿論所以無力者一也此事之起在上海顧其事非上海之事中國之事也上海一隅以外更無或表同情及上海之輿論以爲之後援輿論所以無力者二也此猶細故也我輩當思彼俄兵何以能殺人何以殺人而我莫致誰何以我政府之無力也我政府何以無力以官吏之腐敗政體之不適於時勢也我今不欲爲死者伸奇冤則已不欲爲未死者謀安全則已苟其欲之則僅與俄艦俄領抗不得也僅與上海及南京之長官抗不得也根本的救治必在政府現政府之生

命與吾民之生命今既不兩立前此言之猶或謂爲空言今見東三省之事而信也見周生有（被殺人之姓名）之案而益信也現政府若長存立則四萬萬人人皆可爲周生有故今欲救未死之周生有則必求得一地位焉可以爲我四萬萬人將來生命之保證者其機關全在政府不向於政府而有所抗議乃鰓鰓然惟於上海道若南洋大臣加責難焉所謂　飯流歠而問無齒決輿論所以無力者三也

雖然以上海一隅以甯波人一部分而有此曇花一現之輿論吾猶爲中國前途賀莊生不云乎逃空谷者見似人而喜矣孟子亦曰善推其所爲而已矣鄉土之感情推之則國家之感情也私人之問題推之則政治之問題也上海人甯波人而聞俄京事件而恥也全國人而聞上海事件而恥也則中國之前途其猶可賀也

## 江督爲俄兵殺人事件電報書後（錄上海時報）

上海時報爲俄兵殺人案始終持國權問題相爭前後論說批評數十見其於造成輿論蓋亦有力焉此文即其最近之批評也錄之以見一斑至此事始末今限於篇幅不能具記讀者當於內地各報求之。　本社識

江督周制軍致上海商會電　兩公來電均悉周案昨見胡使致部電會審一層恐做不到蓋兇犯並未碍及中立不能不照約既照約則不能不由彼承審彼既持之有故我轉爭之無辭弟前致海翁庚真各電已詳言之今交担文覆核如所判罪尙無不公確有例案可證則更難與爭劉道謂俄領有議撫之意如能於辦罪外添此一層在彼因格外見好在我亦不能約外再爭似亦可以下臺統希兩公勸導甬民勿再聚議時勢如此幸勿別生枝節切盼覆寒

周電云蓋兇犯並未碍及中立

記者按、玉帥之意必謂我中國之民固應爲俄兵所殺者也試觀東三省之無辜爲俄兵而死者不知凡幾俄人顧反責我以不守中立也俄兵如來滬上而不殺人則我中國之官亦何必爲之盡力以保護之哉玉帥之意必又謂俄兵如殺日本人則犯中立矣何也俄兵爲我所保護者也我所保護之兵而殺人是我不能保護也是我犯中立也抑或俄兵而爲人殺則犯中立矣何也俄兵爲我所保護者也我所保護者而爲人殺是我不能保護也是我犯中立也若俄兵而殺我中國人以被保護者而殺保護者固事之至當也不然我中國之官亦何必爲之盡力以保護之哉玉帥之心必謂俄兵已格外見好矣僅殺我周生有一人也

自由乎？死乎？

周電云不能不照約

記者按試問玉帥當照何約俄國以前並未有與他國戰敗而逃來我國之事則俄國之兵亦從未曾有歸我保護之日則此約從何而來或者又是周玉帥與俄人訂立之密約特許俄人以殺我中國人之特權故謂彼俄官肯爲我定罪已格外見好矣不然、一笑置之耳

周電云既照約不能不由彼承審

記者按、如照通商條約則尋常之事尙得由中西會審上海道且知之爲封疆大吏者豈反不知耶如謂軍人則卸軍裝歸我保護者更應由我獨訊此其理婦孺皆知爲封疆大吏者豈反不知耶而乃曰既照約不能不由彼承審我知玉帥之心必謂俄兵殺我華人固應不必顧問也今彼既承審矣是彼已格外見好矣我尙何求哉

周電云彼既持之有故

記者按、此語更爲全電不通之尤何謂持之有故耶謂俄兵所持者有斧爲有故耶抑謂俄兵恃有四年監禁殺人不抵命之律故無所畏而殺人耶若此亦爭不得而從其

所定之案以了事則俄兵以後更有例可援而其所持之故更有而華人更可隨意以删刈矣斯乃眞所謂持之有故矣

周電云我轉爭之無辭

記者按、我爲之保護而彼反殺我保護國之人則人必反以相詰曰汝本何故而必保護此殺人之人也則我固無詞矣我保護之人殺人而我自不用我當有之權力拘之而審問而反向殺人之人爭會審之權是猶堂上之判官乞權於堦下之囚犯也則彼可詰我曰汝何勿用汝權力而反來向我索也則我固無詞矣我却不能電俄官曰我因格外見好故僅與汝爭會審也

周電云今交担文覆核如所判情案倘無不公確有例案可證則更難與爭

記者按、此案之骨子蓋因俄兵之殺人爲不尊敬我中立國保護之權而草菅人命也故不會審仍不見我保護國有權而他日之草菅我人命必仍如故也故此案之爭會審先於爭定案之輕重本報既再三言之矣今乃云案情倘無不公云有例案可證帥固官吏也帥豈不知世界固有不公之事斷無不公之案也案固舞文也中國之胥吏

且能之況彼耶雖然彼肯送案卷與我查玉帥之心必謂彼固格外見好矣故肯如此

周電云劉道謂俄領有議之意

記者按此語玉帥必第一聽得進中國官吏固唯知有錢也故一聞有人肯與我以錢而五體投地矣若有錢國且可賣何有於一周生有故何怪乎其下有如能於辦罪外添此一層在彼固格外見好等云云也

周電云時勢如此幸勿別生枝節

記者按玉帥既知時勢如此則玉帥何勿去官何勿死何勿盡殺後嗣何勿爲牛爲馬爲犬雞爲魚鼈聽人宰戮

俄京胡大臣復外務部電　蒸電悉周案又與外部苦口力爭逐層辯駁逾一時之久伊堅持洋犯在華向無會審之例駐京各使齊聲不允兇手定罪已嚴即俄前刺內政大臣之犯亦是苦工監禁無他重罪一切悉聽電使主持伊難遙制可與妥商云德隊

胡電云周案又與外部苦口力爭逐層辯駁逾一時之久

記者按我中國官之與俄人爭者必云我已力爭必云彼堅持不允然從未聞我之與彼力爭者據何律彼之堅持不允我者據何律故我知所謂力爭力爭者詭言以欺我

民耳其實見彼俄人時早已下拜矣敢爭爲

胡電云彼堅持洋犯在滬向無會審之例

記者按、天津條約第七欵載明中國官及俄官會同辦理字樣安得云向無尋常犯且然况爲我國保護之逃兵

胡電云駐京各使齊聲不允

記者按、上海道曾兩次以此事照會上海德總領事會商德總領事均以此事貴國與俄國交涉本領事不能干涉爲對駐京各使何得齊聲不允

胡電云凶手定罪已嚴即俄前刺內政大臣之犯亦是苦工監禁無他重罪

記者按、此種語爲會審以後之事本不願駁只以彼常云定罪已嚴定罪已嚴恐聞者眞謂其已嚴也故略及之按殺人之罪本分誤殺故殺謀殺三等。誤殺者無心之失也故最輕故殺者一人之事也故依中國律則以一人抵依俄國律則監禁八年作苦工俄殺內務大臣即故殺也謀殺者處心積慮於前者也故其罪爲尤重香港前日美人謀殺華婦案即謀殺也故雖在英律且以數命相抵若此次俄兵之事則尤在謀殺以

上諭謀殺尚有所爲其心目中尚以被殺者爲人若此次俄兵之因不給車錢而持斧亂砍則其心目中直不以華民爲人類矣故其罪當視謀殺加一等夫在租界妄殺一鼠且有罪妄砍一樹且有罪何況一人夫俄兵之罪實視謀殺爲重而俄官定之反視故殺爲輕尚得謂之定罪已嚴乎且俄殺內務大臣是國事犯也國事犯之罪實視常事犯爲輕俄官亦安得以被殺之人位之大小以愚我哉

前日盛宮保派深通俄文之劉荔生觀察赴俄領事署將俄文口供取到其英文照字林文匯兩西報所錄校正後再行送呈宮保詳核口供其最要之見證如木匠三人車夫二人均未到案何能貿然定斷俄領事以所判一奪去人格二監禁四年三罰作苦工定罪已嚴即俄前刺內務府大臣之犯亦不過如是以此案業已定斷萬難再訊如貴大臣以口供不符見證未齊判斷欠公之處儘可在俄京上控凡案經上控此間所定即可註銷云現由南洋律法官担文大律師將全案詳核以便發電至俄京上控云

已矣。我今而後不願我國中有官噫已矣。我今而後不願我社會中有紳蓋官者媚外以死我民者也紳者媚官以欺我民者也我今乃知俄兵之敢爲野蠻不法之行。而殘殺我民命也。俄領事之不顧合埠工商洶洶之勢。而蔑視我國權也。蓋逆知我官紳之別有肺肝雖有可用之民氣而亦不足爲彼患也夫俄兵藉我國之保護以逃日兵之殺而即殺我保護之國之人。此豈有人理者。而俄領事又從而庇之。悍然不許華官會審。擅自定罪。此豈有公法者。故各郡工商之合力以爭也。伸民氣也。非好多事也。上海道之據理以爭也。保國權也。非徇民情也。爭之不得。乃有斷絕俄人交易之議。限令俄艦出口之請。此乃欲保現在之國權與夫將來之民命者。不得已之手段。而爲國際公法所承認者也。奈何江督既以未免過激責上海道於前。又以約外再爭戒甬民於後也。嗚呼。周玉帥固如是乎。無怪德人之深惜其去山東也。

此案之爭訟一月有餘。而仍無所得也。各紳董屢次力勸甬人靜候商辦之功也。夫天下事。苟無最後之手段以隨其後。而徒以空言相爭。則未有能得當者。我國外交之失敗。莫不由此。各紳董之勸解甬人也。一則曰我等已在盡力設施以伸死者之冤。再則曰靜候上憲商辦。切勿輕舉妄動。三則曰電稟外務部南洋大臣據理力爭。而今竟何如。

我官紳之不欲以激烈之手段與俄人爭也。猶是我政府以徇商民之意爲冒昧之舉責上海道之旨也。夫此案固我政府以和平手段召之者也。何以言之。政府用平和手段賣東三省於俄。而後有日俄之戰。又用平和手段守破壞不完全之中立。而後有俄艦之來。不然。彼太平艦隊之兵。安能殺我周生有於上海也。然則上海道之以不平和獲咎也固宜。

我始見政府電命盛宮保督同辦理而喜。以為我政府固尚知國體者也。我始見南洋大臣派委厲劉二道來滬商辦而慰。以為我南洋大臣固尚有人心者也。今觀盛宮保除請扣文律師勸慰俄領事已定之案預備向俄京上控外無他設施。厲劉二道則惟以俄領事有議撫意一語懈上下之心而已。我於是知政府之命盛宮保也。所以代周生有家族之上控者也。南洋大臣之派厲劉二道也。所以為周生有家族具領撫卹銀者也。夫上控也。議撫也。皆所以向俄人手中討生活者也。此上海道所力拒而俄領事所求之不得者也。我盛大臣及厲劉二道台奈何安之。

自此案出。本館即認為難問題中之尤難者。懼吾國當局。必昧於辦理之法。而因以辱我國權也。故苟有所知。靡不極言以告我上下。冀吾說見諸施行。則對於俄官之不與我會審。猶得有所抵制。而不至太喪權辱國也。而今已矣。在下者既消息沈沈。而在上者不惟不爭而反又爲俄人辯護焉。嗚呼。吾讀此電吾憤吾悲吾恨吾國之在官者。何其不通法理不愛權利不惜民命不顧恥辱而惟金錢之是重竟至於此極也我官如是我本不欲再言。雖然。吾且不敢不下最後之判語。以喚起天下後世之公論。

夫此案俄官所以不許我會審者。執俄國在中國有治外法權之約以拒我也此本案之第一緊要問題也。雖然。今之俄艦國旗。且既下矣是法律上所認爲無軍艦資格者也其軍艦既失軍艦之資格則附屬於軍艦之兵員其所有軍人資格亦當隨之而自然消滅乃法律上論理的最正當之解釋也。夫軍艦既失其軍艦之資格則該艦不得自開軍法會議矣軍艦且不得開軍法會議則屬於該艦之兵員其本身且已失軍人之資格則何得更依其本來所有開軍法會議以審判軍人之職權以再審判軍人也

彼若能有資格以審判軍人。則是彼能復行其職權矣彼能復行其職權。則可以航海。可以發砲。可以與人交戰。不能復認之爲無軍人資格之軍人矣。夫其軍人既有復行其職權之軍人資格。則必其軍艦已先復有軍艦之資格者也。彼軍艦既復有軍艦之

資格則國際法上斷不許其逗遛於中立域內者也故據法理以斷之。俄艦旣無軍艦資格則其艦員無審判軍人之權其艦員若有權審判軍人則其所乘之軍艦爲仍有軍艦資格不得復留於中立域內是最易明白之論理也。而此次審判俄兵者。實爲亞斯古爾特艦上之俄員。然則是俄國以有軍艦資格之軍艦。停泊於中立界內。其非破壞我中立而何我若非自欲破壞中立則限令俄艦出境之辦法。實爲行我中立權所不得不然抑又國際法上定有所謂放逐權者若甲國臣民、寄住乙國而於其安寧秩序有所妨碍。則乙國可得放逐之、以自保其治安。今殺人爲妨碍治安之最甚。我又可行其放逐權者此本館所以始終唱和上海道限令俄艦出境之議也。今我政府不肯聲明此兩權。與之相持。甘心爲條約上所授彼治外法權之所屈。是此案非不能爭我政府不肯與爭無意與爭也不然。彼持條約謂吾無權審此俄兵則我何不持公法謂彼艦員更不得有權審此俄兵恃此相持俄政府當已無辭。如仍曰照約照約。則俄艦受我保護條約上不曾有此明文是此案之所從來本已不依據條約。然則辦理此案又何照約之可言乎今者我能於條約外保護彼之敗艦。而彼乃堅執條約。不容我之會審。彼既不依公法。妄自行其已經消滅之軍法會議之審判權。而乃不許我於條約外。行其所應享有之特別會審權。天下豈有此不通之情理乎。故本館竊謂此案。必爭至與我會審爲止否則惟有勒令俄艦出境我政府若有不照此辦理者。則吾四百兆同胞。可共起而聲其罪曰賣國賣民。

爭會審權爭會審權今日雖身家不要性命不要惟要此會審權

爭會審權爭會審權今日雖監禁十年罰作鬼薪不得謂之會審權

周玉帥之電。諷之無可諷、辨之無可辨罵之無可罵吾惟有哭哭今日黑暗世界偏遇此黑暗長官而已雖然。彼既欲下台矣我同胞當上台

俄人乎。俄人乎。汝能殺我人我獨、不能殺汝人汝殺我人而歸汝監禁四年我獨不能殺汝人而歸我監禁四年雖然。勿徒咎俄人。彼殺我人者俄人也直接以保護俄人而殺我人者俄官也間接以保護俄人而殺我人者周玉帥也嗚呼。周玉帥倘因此事而民心一變爾時玉帥恐不能下台嗚呼周玉帥倘因此事而民心盡死爾時中國更恐從此下台

# 人種談

鐵公

## (1) 人類發生之地

論人類之起源以現今之地理山海之形狀爲圭臬則大謬矣不知人類始發生之時山海之形狀決不與今日相同今請述之。昔時大西洋有大西大陸及印度與亞非利加相連之印度亞非利加大陸濠洲附近有南洋大陸有歐羅巴與亞非利加北部相連之歐羅巴亞非利加大陸今日之撒哈拉大沙漠多數學者云昔時元係一海然近頃謂非爲海者之說出余本不精地質學未知二說孰是。雖然。若云撒哈拉大沙漠及戈壁大沙漠昔時皆海是亦未可知也

由是觀之。大陸之形狀時時變化。若僅觀今日之大陸即謂人間發生于亞細亞之中

央否則發生于其西部耶蘇之經典誠臆譚也不寧惟是乃云人類蓋發生于印度亞非利加大陸及南洋大陸則其庶幾近于理也吾信之

### (2) 人類之元祖

人類之元祖誰乎吾烏乎知之無元祖乎何以有今日雖然自達爾文之進化說出世界學者多從之若依黑克爾 Haeckel(獨逸國人)(1834—)之說則亞非利加之猿金漢智(譯音)及戈利拉(譯音)頭顱形狀之長狹與亞非利加之黑人及歐羅巴之白人之頭顱形狀相似而亞細亞之與蘭格(猩猩)頭顱形狀之短廣與亞細亞人之頭顱形狀相似然則亞非利加歐羅巴之人與亞非利加之猿同先祖而亞細亞之人與亞細亞之猿同先祖也雖然反對此說者亦多見于一千九百年(光緒二十六年)出版莫爾利士之著書中一千八百九十九年孫達里等于亞非利加發見之矮小人最近于人類元祖之狀貌反對論者因多然余淺學無有反對之論據也

### (3) 人類發生之年代

人類者幾萬年以前始出世耶今日已不可得知矣在于北半球者自北部漸向于南

方人類發生以前即九十八萬年以前人類發生以後即二十四萬年以前二十四萬年以前之氷結時代者十六萬年間由今僅八萬年以前而已依此氷結時代今日之學者考察人類年代之次第歐洲在第二之氷結時代以前人類已有棲息之證據故惟歐洲之人類棲息較二十四萬年而前他若南洋大陸印度亞非利加大陸人類始發生之年代至今學者不能考

## (4) 人種別之標準

類別人種或以膚色爲標準或以頭顱之形狀爲標準或以言語爲標準或以頭髮爲標準然眞欲類別人種不可以一項爲標準須由種種方面攷察之何則類別人種者至困難之問題也猶類別犬之困難焉者非僅species之數馬類有尋常之馬有驢馬有基布拉(譯音)等稱然犬唯有一species類別尚難則人類類別之困難當不遜于犬類別之困難也至于以何標準而類別人種則又更難論人類之起源有數源說焉有一源說焉果孰是孰非乎然今日有力之學者多取一源說假定以一源說爲是則由此一源發出而跨于諸處更不知生幾多之雜種故人

種之類別實難

（）頭顱之形狀

學者多唱頭顱之形狀可別人種之說則論頭顱形狀之學語不可不注意也請介紹之

頭顱由上見下之形狀有種種區別曰幅廣幅狹曰縱長縱短假如長百則幅八十或七十五縱與幅之差少則短廣謂之『布拉克雪夫亞利克』(Brachy Cephalic)縱與幅之差多則長狹謂之『德利可雪夫亞利克』(Dolicho Cephalic) Braky Cephalic 即短廣 Dolicho Cephalic 即長狹此皆學者一般之用語也此外尚有時用之學語依法蘭西之學者布祿加別爲長短廣狹如左之五者

1. Dolicho Cephalic……………………75.以下
2. Sub-dolicho Cephalic………………75.01——77.77
3. Mesati Cephalic…………………………77.78——80.
4. Sub-brachy Cephalic……………80.01——83.33
5. Brachy Cephalic…………………… 83.34以上

然則第一最長狹第五最短廣他皆在其間雖然曰 Dolicho Cephalic 曰 Brachy Cephalic 皆學者一般之概示非用于精確之意義唯漠然多用長狹及短廣之意義概言之亞非利加之黑人頭顱之形狀長狹自稱爲最優等之人種「基德尼克」人等之頭顱亦長狹蒙古人種歐洲人及美國人謂其黃疫甚忌之而今蒙古人種之頭顱最短廣住于法蘭西之「塞爾基克」人種其頭顱亦短廣而「撒波亞」之人亦然支那人之頭顱純然不像蒙古人之短廣又不像英國人之長狹日本人之頭顱亦然「斯拉夫」人種之頭顱近于「塞爾司克」人種在印度北之「卡爾加士」「達基克」人等之頭顱亦然據一千九百年之著書「拉布列」之說長狹者爲亞非利加形短廣者爲亞細亞形亞非利加之黑人與歐羅巴之白人素同種歐羅巴之白人皆由亞非利加而出長狹頭顱之人先自亞非利加入于歐洲然後短廣頭顱之人自亞細亞而入占歐羅巴之中央部再依「拉布列」之說大別歐洲人有左之三種

(一)「條頓尼克」

(二)「亞爾帕英」(即塞爾基克)

是也。第一第三其頭顱長狹即英國人意大利南部之人西班牙半島之人等是皆由亞非利加入歐羅巴者頭顱短廣第二之「亞爾帕英」即「塞爾基克」人種爲由亞細亞入歐羅巴者非侵略入于歐洲實占領無人之境也「拉布列」自云自己屬于「條頓尼克」一人種故不認「塞爾基克」人之勇敢然「塞爾基克」人種當時實優于長狹頭顱之人故可知必自亞細亞侵入而奪其土地者也長狹頭顱之人果爲優等人種歟亦短廣頭顱之人果爲優等人種歟亞非利加之人果爲優等人種歟亦亞細亞之人果爲優等人種歟姑置勿論

(三)「一美基達列尼安」

(6) 頭髮之穴

切斷頭髮以顯微鏡窺其穴有圓者有平者又有橢圓者最圓者爲日本人蒙古人最平者爲亞非利加之黑人及「新幾內亞」之「巴布亞」人頭髮之穴最圓則頭髮之形最直頭髮之穴最平則頭髮之形最縮或曰圓故直平故縮豈其然乎歐羅巴白人之土地被亞細亞人所侵略是白人即亞非利加種之血液與亞細亞人種之血液相混

同故歐羅巴人之頭髮其穴在于平圓之間即爲橢圓是故歐羅巴人之頭髮其穴撱圓而其形亦縮其縮不及亞非利加人「巴布亞」人其直及于亞細亞人是則爲亞細亞人所壓倒之印象也無論何種歐羅巴人雖皆無有此印象然而有印象者皆自以爲優等人種也

談叢

[illegible]

# 美人手

香葉閣鳳仙女史譯述

## 第廿三回　負約有辭嚴申勸諭　脫身無計强自加餐

却說那美人的影兒去後。馬車已走過了長堤。忽然前街大路上有一乘馬車走過。瑪琪拖亞一見。認得是他母舅的馬車。車裡上坐着兩個人。乃是霞那同他保姆瑪琪拖亞觸記起、知道霞那此時。就是要到布倫公園去赴美治阿士私書之約。因想道。我不趁此刻先去題醒他。少間就說也無用了。夫人的遊興。不知要弄到甚麼時候。我不如改天再陪他。還是先辦我的正經事要緊。剛起了主意。正欲開口告辭。忽聞伯爵夫人說道。啊喲、前頭走過那乘馬車。不是令親圖理舍君的麼。車裡這兩位。可就是小姐霞。那同他的保姆麼。瑪琪拖亞見問。也不隱瞞。直答道。是的。他已去了。我此刻也要去了。

請夫人給我個人情。就在此告辭罷。夫人聽說。回轉頭。瞅了他一眼。含着點醋意說道。你要去麼、去那裡去會你的表小姐麼、瑪琪拖亞道。正是的。我直白告訴夫人。因爲霞那此時要去見美治阿士呢。我纔說過美治阿士這個人是靠不住的。我實在不願意霞那被他死纏。免至受他所累。我與霞那是兄妹之誼。應該要勸勸他、故此刻想隨着他到公園找美治阿士。搶白他幾句呢。是時夫人蹙然有點不安的景象。也不知爲的甚緣故。是否也疑起美治阿士來。抑或捨不得瑪琪拖亞離了他、只見他直挺挺的坐着許久不發一言。隨後沒精打採的說了句道。你去了撇着我一個人眞是沒趣。今兒你回去明兒可還來嗎、我很望你來瞧瞧我啊。一個剛膽的女豪傑。忽然作這般柔情媚態的聲口看官你道詫異不詫異呢。瑪琪拖亞聞了這一聲膩語。不禁心醉神蕩。欣然答道。我明天一定儘來奉望。今兒實在對不住。只是爲着兄妹間的義務沒法兒。不得不要蠢蠢請夫人體諒我。我如今要告辭了。說着、便爲禮下車。夫人覺得含着一種失望之意。纔開了韁。那馬車轉了頭。便如飛的向府第歸去不題。如今却說瑪琪拖亞下車之後。急着脚向布倫公園跑來。一入到園內。四圍張望。只見霞那同他的保姆。在那園角的鐵欄椅邊站着。東瞧西望。分明是等人的光景。瑪琪拖亞見了這個模樣。知到美治阿士一定負約不曾來。心裡想道。美治阿士那厮。眞眞是奇怪了。怎麼他約了這時候還不來呢。再又想道。他失約。霞那妮子一定抱怨趁此把他告誡一頓諒他也易心息因走近前對霞那道美治阿士。已經被荷理別夫大尉捉去了你在此白等做甚麼你死心塌地的向着他弄得一家都愁起來你不明白若是連我也不明白只怕不知弄到甚麼田地呢霞那見說。面色立時青白起來。鎖着眉頭。咽聲問道。你從何處聽得來。是美治阿士托你傳遞來的消息麼。瑪琪拖亞着實的回答道。我不是替他傳遞消息我是特地來勸勸你的你孰不如早些把美治阿士的念頭斷了罷這個不是好人啊你看他怎麼樣的無信昨天是他自己堅約定今天竟然連影兒也沒出現這分明是他心裡虛見不得人的憑據了更有一件最可疑之事今朝我在街上瞥眼碰見他坐着一乘雙馬四輪車很排塲見了我頭也不敢擡把臉朝外躲着若是他果無罪何必這等瑟縮況且他除了鈕扣沒有一點臭銅那裡坐得起這麼排塲的馬車你說可疑不可疑呢我諒他今且不來定必因被我識破了的原故他既露出許多破綻再也沒得分辯如今又連信約也不顧你說這個人還要得的麼霞那的保姆在旁。也帮着口勸道。姑娘。你年幾輕。不知到世界的人心奸險。莫怪老婆子多嘴說一句我看美治阿士。實在不是個好人啊。勸姑娘不如丟開罷老等着也無用。請回去罷咧。是時霞那的面色。愈加青白得可憐。對着瑪琪拖亞道。哥哥、你說的雖然是但照我忖度看他平日的爲人總是未必我有口也難言了也罷讓我再等一打鐘如果他仍不來我便丟開就是了他若失約眞眞是出之意外呢瑪琪拖亞道。意外也好。不意外也好。你就是等到明天諒也無益但你的心不息且再等等待你絕了這點餘念也好惟是再過一打鐘倘仍不來你便要決決絕絕斷了念頭不可仍復留戀了說罷。霞那默然不答。總是凄凉。看看已又再過了一打半鐘。仍是渺無蹤影。瑪琪拖亞在園裡四處蕩畢。再復轉來。站近旁邊。只見霞那一種失望的形神兩眼含着一胞子淚珠兒久不久撲簌撲簌的漏幾點濺在衣上話也沒得說是時瑪琪拖亞同着他保姆。督促着要他歸去扶了他上車。這一種可憐的情形眞是虧了那馬車兒添上這萬斛愁也載得動後人有詞一首歎道。

調寄離亭燕

拚着和羞還住。紅透一梢花雨。綠草王孫歸也未。數遍夕陽遊侶。惱煞馬蹄兒。蹴散離魂催去。

儂不怨天磨阻。只恨修篁低舞。端的個人交付汝。怎令飄零無主。惱底正芳春。偏聽杜鵑哀語。

霞那上車去後。瑪琪拖亞站着看他漸漸遠了。方自轉身歸去。心裡上想道。他從此把念頭決絕了。這也是一點好事。我也算盡了一點兒心。但美治阿士那厮究竟往那裡去呢。莫非適纔我所見的馬車。他就是要到火車站頭。跑向外國去麼。自沈自吟一路上猜度着。話分兩頭。如今卻說美治阿士自從聽說霞那變了初心的話。心中憤悶。跑了出來。自分今生已無復有與霞那再見之日。不意後來查悉霞那仍然把自己念着。因此復挑動情根。要想見見霞那。一訴衷曲。自從昨天送了書子。滿心滿意。預備今天相見。不料被荷理別夫陷入圈套。把他困在齋內。要出不得。大凡少年人的氣性。遇了事。必先拿出自己的氣力智力求對付他。及至氣力智力盤算過不能用無可奈何。方始絕望。方始憂懼。美治阿士當時被困。也不愁。也不哭。一意想設法逃脫。將室內情形相度。見一面對着屋裡的中庭。其餘三面俱是厚墻壁。壁上只有一個小窗穴。美治阿士測忖道。鑽上這個窗穴。大約可以跳得出去。因拿了張椅子。墊着脚。往上一看。見這個小窗穴圍着鐵條鐵網之外。又加了鎖。用力推了幾推。動也不動。知到無可下手。不得已復跳下來。跑過對着中庭這一便。想道、除非由這裡窗戶跳下中庭。再走此外也沒有別的法子了。輕輕把窗戶打開。往外一看。見庭外圍着一帶高墻。就是跳了下來。插翅也飛不去。知到這間囚屋。是蒨理別夫預先布置定的。不覺呆了半晌。看看三打鐘時候已過。知到欲踐公園之約。已無可指望。歎了一口氣。仰身躺在長椅子上。空自叫苦不迭。忽然轉念道。約期時候已過。牢籠再也難脫。霞那要怪我也定了。我已無可依戀。拚這個身有何緊要。問他做甚。硬着心。閉着目。不覺魂靈兒已跟着睡魔去了。過了一會兒。朦朧間。聽得有甚麼響動聲。開眼看時。見電燈晃着眼睛。有一個執役人在桌邊搬運晚餐。正擺完。剛退出去。美治阿士欲待不食。他的轉想道。這個軟監牢。不知困到何日。我若强制不食。後來熬不得。又食起來。豈不是矯揉做作。不如糊亂也喫點子喝他撤了罷；再又想道。我是個貴族公子不可失了身分何必任自菲薄把自己來蹧蹋。想罷、站起來。踱近桌前。見桌上放着一個叫鈴。因用手把鈴搖動、傳呼侍役人拿三邊酒來。不一會。執役人開了一瓶酒。用白巾包着送到桌邊。注在玻璃盅內。默然復退出去。美治阿士坐在椅上。守着照常食餐的儀注。端端正正擎着杯子。把酒吸了兩口放下。再拿起刀子叉子。慢慢的喫起來。約有半打鐘。食事已完。仍把叫鈴按了按。那侍役人便從戶外進來。一一收拾下去。復拿了一盒紙烟來。放在檯上。然後把門照常鎖着。美治阿士平日本來不大吃烟。此時耐愁不得。偏與那紙烟有緣。起來不住的拿來吸着消遣。忽聽得門外鑰匙之聲。又動門開處又有一人進來。要知這開門的人是誰。且看下回分解。

小說

八

# 飲冰室詩話

晳子以陽曆歲暮。聽講義於箱根。歸而以詩三章見示。吾讀之而有以知晳子道心之增進也。詩如下。」大地茫茫起暮雲。危樓孤倚海天昏。萬山擁翠來迎我。一月當空出照人。世上死生同逆旅。眼前哀樂寄蒼生。當年耕釣同遊者。知我今宵故國情」夢裏還家醒後疑。明明茅屋月光欹。山間老樹依然翠。水際漁歌更許奇。一世逍遙常自在。千年哀樂倩誰知。檻邊風物非吾有。擧目徒增去國悲。」五嶽遊還剩此身。偶然棲息寄高林。半山落葉披簾入。萬壑飛泉夾枕鳴。欲語名山中士好。須知浮海聖人憎。求仙欲謝長生客。未許徐郎得避秦。」歐美學校。常有於休業時學生會演雜劇者。蓋戲曲爲優美文學之一種。上流社會喜爲之。不以爲賤也。今歲橫濱大同學校年假時。各生徒開一音樂演藝會。除合歌新樂府外。更會串一戲。曰易水餞荆卿。其第一幕「餞別」內有歌四章。以史記所記原歌作尾聲。近於唐突西施。點竄堯典。然文情斐茂。音節激昂。亦致可誦也。今錄之。「等閑譚笑見心肝。壯別寧爲兒女顏。地老天荒孤劍在。風蕭蕭兮易水寒。嗚、嗚！風蕭蕭兮易水寒。壯士一去兮不復還。解一 啼鴃聲聲行路難。夕陽雖好近黃昏。不啼清淚長啼血。風蕭蕭兮易水寒。嗚、嗚！風蕭蕭兮易水寒。壯士一去兮不復還。解二 天地無情歲又闌。恩仇稠疊淚闌干。男兒死耳安足道。風蕭蕭兮易水寒。嗚、嗚！風蕭蕭兮易水寒。壯士一去兮不復還。解三 別時容易見時難。我欲從之路阻艱。既悲逝者行自念。風蕭蕭兮易水寒。嗚、嗚！風蕭蕭兮易水寒。壯士一去兮不復還。解四」右歌於席間酒酣唱之。前後皆唱俗樂。獨此四章拍以新譜。用風琴節之。每章前四句以扮高漸離者獨唱。其「嗚！嗚！」以下。則舉座合唱。聲情激越。聞者皆有躬與壯會之感。茲並錄其譜。

C調 4/4

3 3 3 3 | 5 2 2 0 | 6 6 6 6 | 6 — 5 0 | 5 5 5 5 | 5 — 3 0 |
等閒談笑 | 見心肝 | 壯別寥寥 | 見女顏 | 地老天荒 | 孤劍在 |

3 3 6 5 | 1 2 | 3 2 1 | 3. 4 | 5 1 3 2. 1 | 6 1 — | 7. 6 |
風蕭 蕭 | 兮 | 易水寒 | 嗚——— | 嗚 | | 風 蕭 |

5. 6 5 3 | 2 3 | 2 — | 3. 4 | 5 1 3 2 1 | 6 1 — | 1 6 |
蕭兮 易 | 水 | 寒 | 壯 — | 士 — 去 | 兮 —— | 不 |

5 2 3 | — ‖
復——還

湘人有自署悔晦者。蓋烈士李虎村之師慈利之先達也。以譚瀏陽絕句五章見寄。亟錄以諗海內之敬瀏陽者。詩云。「太行一脈走蝹蜿。莽莽畿西虎氣蹲。送我揺鞭竟東去。此山不語看中原」「擘故羅胸是國恩。小胥脫腕萬言存。他年金匱如蒐采。來叩空山夜雨門」「荒村有客抱蟲魚。萬一談經引到渠。終勝秋燐無姓氏。沙渦門外五尙書」「文俟端覓聽高歌。少作精嚴故不磨。詩漸凡庸人可想。側身天地我蹉跎」「文章合有老波瀾。莫作鄱陽夾淥看。五十年中言定驗。蒼茫六合此微官」悔晦原注云。右詩前一首爲一題。後四首爲一題。今俱忘之矣。

悔晦並寄自作數十章。理想風格。皆絕流俗。讀之穆然想其爲人也。今次第甄錄。題東谿草堂圖云。吾孄讋世詈分作寂寞投君窮躭丘壑喜爲汗漫游月巖山峩峩。東溪水浮浮。各有宅五晦同在東半球飛蕓一挂眼赤日爲之秋妙筆髯道人。今之李營丘。解及瓜分前圖君草堂幽狹幅萬里勢一一粗可求對此證吾國地廣物信稠方謂可自雄比例大九洲翻天十載事風潮簸墨歐。公私到庚子騃爛不可收斬使獎羣盜謬言九世仇聯軍怒犯闕八國屯貔貅狠狽六飛狩空函丞相頭維時急黨獄君我同百憂失子孟郊悼土音鍾儀囚盆覆無可說缺裂看金甌泝自甲午還。臺澎弃悠悠。膠威與廣九。巒割東南陬。厝火又西北。二藏危綴旒。主權一不保四鄰眈强侯遂激兩虎鬭破門爭占優遜潘痛我人犬雞之不猶坎凶惴及溺盡然念同舟黃種將不種亞洲亦不洲怵懷波埃禍豈曰民無尤存亡匹夫責羅馬來軫遒變法嘉富洱。許君彼一流。四十而講學。抑又黑拔儔。維新蓋公理。病夫行有瘳。願熱愛國力。與借前箸籌。根本之根本。急農農政修。次國民教育。勸工厲戈矛。東谿一塊土。團體尚可謀。孤蹤帥天下合羣尊自由。茲亦三田町。日本君知不。展圖敬相謝。繼我商聲謳。

# 貴陽師範學堂日本教習毆辱學生事件（貴陽來函）

此函由貴陽郵局直寄本社。附一短札。不署名。殆學堂辦事人報告也。嗚呼。讀此而不扼腕切齒驚心動魄者。其爲無人性矣。不避繁冗。具錄全文。加以短評。俾知人之所以待我者何如。史記魏其武安傳云今吾猶在也。而人皆藉吾弟。令我百歲後。將魚肉之矣。今中國雖弱。猶然國也。而人既以踐土食毛相責。來日方長。何以堪此。普告國中有倚賴根性之人。請視此文。　本社識

## 貴陽師範學堂日本教習毆辱學生事件

### 一來歷

聘二期教習始末

壬寅年中丞鄧公設武備學堂於貴陽。聘日本高山公通金子新太郎爲教習。隨帶清宮宗親木籐武彥爲普通學教習。以五月至省。時同人方謀設師範學堂。而苦無完全普通學與通教育學者任講授之事。聞湖南鄭君言清宮木籐兩人在武備學堂功課甚簡。是可聘也。藻與福田乃先往訪之。復與同人訪之。數日而定議。主議者高山也。立合同之日。同人皆在。藻告高山曰。僕等初辦此事。不知要領。幸教而助之。高山曰諾。故課程表請教習代訂。章程學規則商於高山而訂者。四年卒業。年添一期。而不言添教習。同人私意。以爲四期皆此兩教習所教。不過第三四年以舊學生助教而已。又第三四年添脩金。高山明言此兩年功課較多。故應添數。於是同人信此意益堅。

專件 二

而不知彼此誤會。癸卯閏月。同人訪高山。告以二期招生事。高山問敎習何人。藻愕然。轉詰高山。且曰。僕等此事未經辦過。故傾心以聽命。若須添聘。何不明言。且第三四年加脩金何爲者。因指章程第七條問之。且曰。此中豈有添聘敎習之意。高山亦愕然曰。是吾過也。諸君信僕。與僕議而訂章程。誠有此事。然諸君誤會處，僕實不知。至第三四年添聘金亦常例耳。不足爲證。然僕未與諸君言明。實屬疏漏。少緩當有以報命。數日後。高山往訪于君曰。樂閣下見詰。僕不以爲忤。然兩敎習辦武備師範。日凡四堂。若再加課。是必不能辦之事。且諸君辦此學堂果何爲者。豈以此事遂輟二期乎。岡山現尙無事。其學問在一期敎習上。若能添聘。僕當令其讓步。以答諸君。同人至此。己知前此之誤。然興學念切。不肯遂已。遂開議。卒定聘期一年。脩金月七十金。以一月脩金作酬勞。此添

聘岡山爲二期敎習之所由來也。今年二月。高山以戰事歸國。同人送別。謂此後交涉事。高山曰。金子君在此。與僕無異。是月。有聘三期敎習事。仍託金子轉託高山。三月。藻與金子議續聘岡山事。金子轉詢岡山，言去就未定。至七月。藻得金子柬曰。請以初二日惠臨議岡山事。屆日。藻過訪。金子以岡山所草相示。則索加束脩爲一百 十元。外路費酬勞各若干。藻告以須照原議換約。不能增歛，因携所草同。訪于君共議。于君亦言萬不能應。初八日。藻與于君訪金子。金子引一期增數爲詞。藻曰。一期事。去年抗議諸君豈有不知。復指章程七條告之曰。依此議則僕等應索一期敎習兼敎二期。今二期別聘。而一期脩金反增。僕等讓步。己至極點。奈何反以此致詰。金子與濟宮皆無言。但曰。此高山大人之誤也。於是各散。然議續聘兩年。於原訂一月束脩作酬勞外。己添以三月

東脩作路費一條。翌日又議。則情形一變。金子冷面向藻曰。章程七條。閣下舞文以欺高山大人耳。藻哂之曰。相欺與否。高山君自知之。諸君何輕視亞東阿思曼哉。（藻曾問高山曾否見土國名將阿思曼像。高山拂鬚曰。予思類我。藻常戲呼之）且僕等引此條約。通情以相商耳。其實無與岡山君事。岡山君聘期就滿。續聘與否。增數與否。僕等自爲政。何必引此爲詞。然諸君既已見疑。僕不敢復言。于君從旁和解之。遂罷議。後復屢議未決。至二十四日。于君自野外歸。二十五日。金子又以書促答。于君覆書曰。東脩無力增加。去就惟岡山君意。此事從此剪斷。二十六日。忽有此事。

編者曰。甚哉。辦事之難也。甲午以後。人心思奮。教育之論。遍於國中。獨吾黔僻處深山。風氣之開。又落人後。同志數人。不揣固陋。身當斯任。僅成一局。不圖未及兩年。忽起轇轕。雖曰客有來去。郵亭自若。而處事之不周。執事諸人。又烏能辭其咎也。雖然。此世界。交通之世界也。此國不能不與外國接。則此國之人。亦不能不與外人接。而最初對外之人。必不能勝任愉快。其勢然也。旁觀謗議。固不足道。而吾儕疏忽之點。則不得不向同胞宣示之。方今求學。西難東易。兩國交通。來日方長。不知其人心。不能與共事。則吾儕此事之失。正可供諸君作覆轍觀耳。

## 貴陽師範學堂日本教習毆辱學生事件

二事件

第一柬

堂上學生諸君。刻接駐渝領事電云。大戰後。昨取瀋陽。我輩在黔日人。不勝欣喜雀躍。骨動肉飛。二十七日二十八日兩日停功課。以祝日本帝國萬歲。

第二柬

日軍已大捷。壹來言賀。汝輩聞此言。有何心。武備無

堂學生。欣喜躍來於我處傾大杯。若有心。撰一二八來同飲。徹此夜。師範學堂御中清宮岡山

學生答柬

各位先生。聽聞貴國戰勝固深喜。然反觀我祖國。則又甚自愧也。爲貴國賀。爲祖國悲。此正我等學生飲泣之時。非飲酒之時也。師弟情篤。敢布腹心。此請道安晉賀大日本帝國萬歲師範學堂學生啓

第三柬

爲祖國悲之學生。予前言停功業二日。僕大悔之。依改前言。明日以後有功課照例。

第四柬

僕前言明天以下有功課。此事明白否。若明白。當送名片。無名片。要送自已寫的名字。今接諸君之聲。何其傲慢。明日僕有所述。請體之。師範學堂諸君岡山

學生答柬

岡各位先生已悟學生等之心。竊喜此心得坦白於各位先生之前。然學生等此來。求學也。非爲交遊。故皆無名片。祈諒之。敬請各位先生鑒師範學堂學生啓

記事

據學生言。二十六日。岡山敎習上講堂。敎東文易解。尋常每堂敎三四頁者。今日敎十三頁。學生等多不能領受。莫解其故。夜八點鐘。來第一柬。學生以其但有告詞。領受而已。少頃。來第二柬。學生作書答之。敎習復命人來言必須一往。于是劉[illegible]張友棻雷述同往。方入飯廳門。岡山敎習躍起。罵曰。汝等非人也。揮拳擊劉𦳝。𦳝讓開。張友棻適在其後。因又擊友棻。友棻亦讓開。劉𦳝上前申訴。於是又擊𦳝。復以脚踢之。皆不中。乃奔出。至各屋作搜尋狀。清宮敎習在坐上大罵。劉𦳝往見金子敎習。欲問明緣出。愛甲敎習在

旁搖手大聲斥之曰。汝輩不好。我不愛聽岡山教習反身入。捧漱盂中穢水作欲潑狀。復置之。雷述又入。清宮教習大聲呵之曰。汝老人也。何以不規戒彼等。使無禮至此。雷述故吶。至是更氣結莫吐。岡山教習遞推之曰。出。勿久駐此地。於是劉坐張友棻雷述皆出。(以上學生言)金子。愛甲。武備學堂教習。清宮。師範一期教習。岡山。二期教習。劉坐。雷述。一期生。張友棻。二期生也。十一點鐘。三人入城叩總辦門。不得入。叩藻之門。藻已睡矣。披衣起見之。三人述以上事。各痛哭曰。東省戰爭。豈我國可喜之事。今教習乃欲吾輩强啼爲笑。豈我輩其心亦不得自主乎。藻沈吟少頃。問之曰。諸君視教習何如人。咸曰。溫雅人也。然今日實異尋常。藻曰。是酒之爲害也。以此令學生。誠屬難題。即使吾爲諸君計。與其得罪國人。無甯違教習意耳。然不俟事理分明。遽行毆擊。豈文明人行徑。諸君且休。吾當訪教習辯明之。次日詰朝。岡山來。東約與于君兩點鐘至學堂。藻即訪于君告以是事。于君所見與藻同。屬即訪教習一談。七點鐘。藻至學堂。則學生星散。惟三期生二人在。告藻曰。此事不決。同學中無願留者。藻慰之。恐學生之自外來者。守候于講堂。因書壁上告以停課。即訪日本諸君。則皆睡去。因留東曰。講堂非談判地。下午當至貴公館奉教。遂還。下午再往。與日本諸君議於岡山君之寓。其所言即下篇之所記者也。日本諸君。金子。愛甲。岡山。清宮。及岩原大三郎也。

三面議

二十七日

學生信一節云。爲祖國悲之。非飲酒之日。(岡山提議)

滿洲一帶被俄國蹂躪。中國無擊退之力。故大抱怨

專件　六

聲。憤懣切齒。幾年於此。今敝國處于東亞。舉兵伐俄。遂敗其所佔據之遼陽。爲貴國者。欲不喜豈可得乎。宜矣。吁接瀹電告之大方也。齊言喜不已。然學生何意爲祖國悲之。師範學堂。所造就師範於世之人。處也。當以維新先覺自期。不通世故。專爲學問之奴隸。豈可不爲中國悲乎。（岡山）

僕所謂世故者。與時務有別。因時制宜。此時務也。與人交接。逢迎阿合。此世故也。故與貴國學者所指者不。（樂）

遼陽爲敝國地。敝國不能取。而貴國取之。此事兩相比較。敝國何其弱。而貴國何其强。所謂爲祖國悲者。悲我之弱也。若徒以貴國代取之而遂大喜。設貴敎習呵之曰。汝支那亦人也。何無能至此。則將何以自立。故僕謂學生之自悲。學生之有恥也。（樂）

至于謂其傲慢。則此非一身之問題。而一國之問題也。一身者。暫屈以求伸。或可也。若屈本國之人心。以隨貴敎習之喜怒。僕謂此眞奴隸也。（樂）

悲自國之弱。專恥之。不想及他國之助襄。故喊而不來。理不當然也。敝國知貴國之弱。代伐俄。中國之人孰不喜之。徵之學生平日之言。連戰連勝。其所喜者。故談一及戰事。喜聞之。然至昨夜之事。是與學生平日之意不相合。且其所言。都傲慢。非弟子對師之辭也。凡個人與個人相逢迎。豈懷抱傲慢之志而可乎。不獨一人一身。國與國相接亦然。豈不然乎。僕對學生。萬無以私心屈伏學生。亦從理而已。昨夜喊而不喜來。即不願用僕言者乎。學生唯依已之意而不聽師之言。即恐爲奴隸者乎。（岡山）

昨夜告學生云。得遼陽之大捷。依停課二日以賀敝國。又云。來此處共飲酒。學生不肯之。云爲祖國悲之非飲酒之日。僕乃與書云。學生已爲自國悲之無復停課之要改前言照例有功課。本欲停課者。出於中日同賀之意也。然學生之意如前陳則學生當喜有功課也。僕今早臨講堂。學生無一人在堂者。門口有牌示云。停課俟議畢再知會。此事出于何人之意。若有停課之意。當豫告僕。而隨意隨便停課。最為不可。不知其所議何事。(岡山)

敝國之學堂。司學生之風紀者。監督也。教習者專在講堂授課程者也。〇敝國之弱。而得貴國之助理。當感激。然所謂感激者。豈附和之謂乎。應奮力自强。以求副貴國之期望。若見貴國人而皆崇拜之。豈貴國望敝國之意乎。〇傲慢固不可。然昨夜之書。僕見之。不過自表其意。以陳明於教習之前耳。若以此為傲慢。則學生在教習前。無自陳之權利乎。〇學生今日不上講堂。係因教習不體查其心事而毆辱之。彼等謂有罪自有罰。非可毆辱也。因全班散學而去。豈

上字。僕所書也。因早有字與金大人。言在貴公館見。故不須上講堂也。至所議何事。則閣下與清宮閣下有字與僕及于閣下。豈遂忘乎。且閣下欲責學生。則邀董事於講堂何意。講堂授課之地。非與董事交涉之地也。(樂)

係學生之事商議之學堂。有何不可。(岡山)

敝國之弱。在國人不知有國。此貴國學者之所大聲疾呼。警醒敝國。今三五年託庇貴國之文明。敝國人漸明此義矣。今學生能知愛國。我意貴教習見之。喜曰。汝小子雖不知世故。然能知有愛國之心。尚可取也。若從而責備之。則此數人者。豈不曰。我以愛國而受責。然則愛國之說不可信乎。在有識者曰。我以愛國受責。雖辱猶榮也。(樂)

生等每到公報之時。報於大方紳士處。此時大方紳士猶為祖國悲乎。(金子)

對于貴敎習之送公報而悲。固無人。然對之而大喜。亦無人也。即有之是不知自省者也。且感情者相觸而發。貴國人淡然處之。僕等亦不覺。但內媿耳。若貴國人大喜則相形之下。敝國人能不悲。樂前年訂學課時。高大人意亦言中國自有孔孟之書。倫理學已足用。故不別設科。此章程所刻也。然貴敎習不棄精神敎育。僕等豈不感激。但實不知此意。豈特學生不知。僕等亦不知也。此答 金子言席上 招飮爲精神敎育。)

不知敎習有意思是一層。○知敎習有意思。但不知是何意思。是一層。○學生是前一層意思。以爲敎習招其飮酒耳。敎習招其飮酒固可以已意告明敎習而不來。然知敎習有意於精神敎育。則雖不願意亦當來。(同上)(樂)

敝國巧言者多矣。今正以直言敎人。豈可令其習油滑一路乎。(樂)

直言善。僕等之意。非以直言爲傲慢。直言中語調傲慢。(岡山)

心之所欲。口中言之不取巧。是謂直言。(樂)

惟任心放談。揚已抑人。無自牽制。即傲慢。但是一己。(岡山)

揚人其語調不善。則反抑人。往往有之。(岡山)

大意

一、當精神敎育之任。

精神敎育與各學科不可相離。除精神敎育專敎各學科。萬不能。

二、昨夜之事。不能以爲善行。宜加相當之罰。使謝罪以改悔。

三、傲慢彼此異見解。僕等二人以昨夜之事。認爲傲慢。(岡山)

第一、指精神教育在倫理學之外。僕所不知。若如教習言。則課程應改訂。○且昨夜席上招飲。僕等不能認爲精神教育。

第二、昨夜之事。僕等以爲學生自陳意見。而教習以爲傲慢。是賤視敝國學生之人格也。僕等以爲非是。○學生既非傲慢。而又受擊。何尚有謝罪之理。

第三、請兩位教習由敝國歷史中求之。始知此非書慢。（樂）

閣下與僕等二人見解相殊。此事如何辨論無相合者。故此事不決定。不開功課。以待決定之日。（岡山）此時即命開課。亦無學生也。○僕之意先將學生集合而問之。再有以告閣下。（樂）

四函議

致岡山君（七月二十九日）

岡山先生大人閣下云云（但存條件。信未存稿。故闕）。

一、毆辱學生。是蔑視我學堂也。應向總理謝罪。

一、教習教授普通學。如課程表。其外別無責任。

一、教習與學生之關係。僅學堂教授功課。此外別無交涉。（若學生不知此例。自求與教習交涉。則教習可拒絕之。）

一、學生對於教習。應有如何儀式。請教習寫出條件。令學生自揣能否認行。既認行。則不得違。有違者。教習訓戒之。然條件上所無。則不得責備之。

一、教習毆擊學生。學生不認爲教育。而認爲無禮。不能照行。則學生散學。僕等聽之。不加挽留。聘教習之期限。於本年一月十五滿限。僕等照合同辦理。續聘之事。本未議成。故作罷論。

學生自陳

二十六日八點鐘。岡山敎習著人送字來學堂。字云。刻接駐瀋領事電云。大戰後昨取遼陽。我輩在黔日人。不勝欣喜雀躍。骨動肉飛。二十七日二十八日兩日停功課。以祝日本帝國萬歲。據此字之意。則不過示學生等以停課之由。幷未有令學生等賀喜之明言也。不逾一小時。淸宮岡山兩敎習又來字云。日軍已大捷。盍來言賀。汝輩聞此言有何心。武備學生欣喜歸來於我處傾大杯。若有心。撰一二人來同飲。徹此夜。學生等於此時人人皆有悲祖國極弱愧不能引兵助日本之感情。是以飲酒之事。人人皆不願意。且敎習來字中明問學生等聞此言有何心。故學生等將不願意飲酒之心。作回字陳之。云。聞貴國戰勝。固深喜。反觀我祖國。則又甚自愧也。爲貴國賀爲祖國悲。此正學生等飮泣之時。非飮酒之時也。師弟情篤。敢布腹心。此學生等因敎習問故。而明答以自己之感情也。幷未有稍涉傲慢之言也。乃敎習大怒。著人來催學生等迅速至公館去。彼時學生中劉雷述張友棻三人同去。一至公館。岡山敎習便起坐。無禮毆擊。各敎習亦皆不許辯論。因聲厲罵。稍時。劉雷張三學生回堂。岡山敎習又著人送字來云。爲祖國悲之學生。予前言停功課二日。僕大悔之。依改前言明日以後有功課照例。又復著人來云。學生之意思。敎習已明白。且要學生等之名片。學生等無名片。回字云。聞各位先生已悟學生等之心。竊喜此心得坦白於各位先生之前。然學生此來。爲求學也。非爲交游。故無名片。祈諒之。逾時岡山敎習又來字云。僕前言明天以下有功課。此事已明白。否若明白。當送名片。無名片。要送自已寫的名字。今接諸君之聲。何其傲慢。明日僕有所述。請體之。學生此時實無名片。故用筆書寄宿諸生之名。令其來人持去。此二十六夜詳實各節也。今學生等皆以爲岡山教習第一次來字。并未有令學生賀喜之明言。第二次來字。則明問學生等聞此言有何心。故學生等據自己之感情答之。此何傲慢之有哉。至於岡山教習毆擊則學生等詳察章程內。但有教習令學生退學及訓戒學生之條。毆擊之事。則章程內所無也。岡山教習如此之舉動。學生等皆以爲是輕賤學堂。卑辱學生也。是以不願忍此大辱。靦顏再上講堂。此學生等退學之所以然也。敬求總副辦先生鑒察。師範學堂學生公啓。

致清宮君(七月二十九)

清宮先生閣下。前日之議。所謂不決議不開課者。先生亦表同情否。其實先生在一期。與在二期之岡山先生。於此事關係頗淺也。一期生雖已退學。然尚好商量。但須訂一教習待學生之章程而已。

清宮答書(七月二十九日)。

樂副辦大人閣下。

一、前日之議未決。故未便議開課。乃不開課。弟亦同岡君。

二、事件者。弟與岡山君其關係同一也。

三、一期生雖已退學云云以下有不能十分解貴意之處。故少闕疑不覆。

今朝來示云。下半天來見。弟等今正待大駕來。敬茲覆申。

致清宮君(七月二十九)

清宮先生閣下

一、前日之事。閣下未曾毆人。故僕等以爲與岡山先生有分別。今如來信則同決議可也。

二、此事俟兩先生答後方能再議。蓋僕等上書尚未知兩先生之意見如何也。

三、先生所謂不分解之處。係與僕等致岡山先生

專件

第三四五條同。

四、僕等前信言下午送信。非言來見也。俟接答信後。商量好。再訂期見也。

僕等此言。非有爭意之存。願全敝國之國體尊重貴國之文明。以求合於公理。而免將來再生事故而已。幸俯察之。

岡山答書（七月二十九日）

答今晨貴札

一、遼陽之役。日本得大捷。爲中國爲日本須賀之。決非爲祖國悲之之日。而學生之悲之者。侮蔑大日本帝國在滿洲所取之行動。且背反中國政府所取之方針也。如此學生。不願盡力於中國者。即中國之蠹賊矣。不啻以爲然。仇視日本善隣之盛意者矣。學生若爲祖國悲之。何以能賀日本之捷。學生之所謂賀云者。僞也。何則。不見其賀意於行爲也。如悲祖國之學生。其心苦萎縮固可知也。打破其萎縮心。爲使其百尺竿頭更進一步。發奮興起雄大剛毅之心。訴於腕力也。處如此際以腕力固屬教授範圍矣。然而有何由謝罪。總理總理當自謝罪我也。

二、教習科程之外。照章程第五條學規第八條第九條。有責任。

三、欲通世情。嫻禮儀。講堂以外。宜使交涉應酬。從來已交涉應酬。董事已悉之。何至今日論難之。

四、學生對教習之禮儀宜重之。

五、學生今日以後。尙有難濟度者。必訴於腕力。

六、聘東聘我與否。任其所欲。我之應聘與否。亦從我所欲。

代舌陳見

還回之事。雖曰教習對學生之事。然亦爲在黔日本人對貴陽師範學堂之事。因此以教習之資格商量。

亦以日本人之資格商量。

一條、倫理教育由教育者說被教育者倫理思想未發達者以倫理之道者即是也而被教育者之實踐與否。無監督之權利。亦無使其强行之權利。精神教育教育者以所教於倫理學者。使被教育者實踐躬行。且就日常所取一切事。依教育者所見聞。舉是非美惡。指導訓育被教育者。使其中心自悟以期實踐者即是也。故倫理教育與精神教育。判然自有別矣。

一條、精神教育與各學科。須常相待教授。决不可相離。今舉其一隅例之。如就地理學教滿洲地方。先惹起中國歷史觀念。次說滿洲地勢。終教目下形勢而教各國都府生產業。（指農工商各業）先將其情形與自國相對照。次說生存競爭之結果。終以涵養愛國心。就理化學教養



氣電氣說原理。及應用。由人智之長進。人工之巧妙。而使知必須於國家文明以自衛。是爲教授法之大略。故精神教育與各學科不可相離。宛然輔車脣齒矣。且精神教育。人之根本也。各學科。其枝葉也。枝葉之繁榮。必須於根本之培養。不可不察也。

三條日本人曰。中國人無愛國心。故不可不發輝愛國心。今學生爲祖國悲。爲其教習者不可不喜之。是閣下之言也。然學生爲祖國悲之言。應發於昨年滿洲之事决裂之前者。今也日本欲保全貴國固東亞萬世之基礎。爰與仁義之師。大戰後取遼陽。爲東亞人者。已在其土。已食其土之毛。豈可感喜而可已乎。而同洲同種同文之學生。特悲祖國之弱。不顧於日本之義。爲其言不能出自東亞人之口。學生雖悲祖國。其愛

國心之不眞正明矣。學生若有眞正之愛國心。雖悲其祖國。然扶其祖國之日本之義必不可不顧而喜也。而學生投日本人張宴歡喜相賀之中。以爲祖國悲之非飲酒之日之言。故毆打。之毆打。即促其自省之義也。若此役日本遂不能取遼陽。俄人據遼陽奪滿洲。則學生大喜之乎。如學生之言。當喜之如此者。中國之賊蠹也。東亞之蠹賊也。豈有詢詢千言敎之之遑乎。苟處此際之手段。無于毆打之外也。

四、條師範學堂師範於世之處。其學生之德行學識。在中等社會。則必需爲師標。必需習熟世情。獨有學識。不通世情。則欲行事天下不可得。又何以能用於世乎。今接遼陽大捷之報。義當來賀。而不特不來賀。敎習呼而猶不來。遺書曰爲祖國悲非飲酒之日。此言侮辱敎習及日本人之最甚者。彼學生非傲慢。安能出此言。如此者。斷不能師範於世矣。

五、條以樂閣下之明識。辯明這回之事。必不可不適合事理。然其所言悉是非理非道。而枉自已理想。專庇護學生。左祖學生者。立敎習學生之間。辦事之亦誠。絲毫無之。如此。則再後振作師範學堂。造就有爲人物。到底難矣。此故閣下如此之心。必須翻然改之。

在黔日本人同言

觀學生之自陳書。何其言之狡且巧也。曰據自己之感情答之。此何傲慢之有哉。世豈有如斯之理。其感情眞則可也。學生等所强言之感情。決非感情之眞者。對於日本人挾敵意也。以何言之乎。遼陽之一役。淸國人亦當喜之事。然而曲自已眞正之感情。曰爲祖國悲非飲酒之日。學生等飲泣之日。當在日俄戰事之前。何在今日而爲言如斯。是曲自巳之感情術愛國心也。對於日本人挾敵意。對於祖國術僞愛國心。非傲慢而何。非僞感情而何。處此等學生之道。不要千言萬語。直以腕力懲之戒之。是訓戒教授之範圍内也。何言輕賤學堂。何言卑辱學生。强言亦甚矣哉。

致金子君（七月三十日）

金子大人閣下。讀貴國人意見書。知岡山先生竟不爲僕之赤誠所動。而諸君更以不誠見責。感歎無巳。此事瞭言之。直是師範教習不應拳毆學生耳。今必冥搜學生可毆之證據。與教習不得不毆之原因。縱極能辯。要之於貴國之文明教育。總不能合也。諸君明達。何乃至是。無乃僕之戇直。有所觸怒。以致諸君不能自止乎。此事若在曩日。僕料尊意必不如是。尊重貴國之文明。與兩國之交誼。尙祈力顧大局。勿爭小端。是所切禱。

致岡山君（七月三十日）

岡山先生閣下。讀來書。知僕之苦衷。終不見諒。又從而督責之。竊歎先生之非計也。夫君子之過。如日月之食。酒後失誤。一言可解。而必力爭之。以爲是有意識之舉動。毋乃有累盛德。公理之下。不能苟合。而一年之相處。豈能無情。故敢私布腹心。尙望稍平盛氣。

答貴國諸君之意見

一　論遼陽之事。中國應有如何感情。

遼陽者。東三省地。東三省。敝國之地。敝國不能守。而貴國代爭之。敝國之政府。與貴國如何交涉。非僕等所知。然普天下臣民。必自引以爲恥。何也。同一人也。貴國人能代人戰。而本國人不能助政府以自戰。此四萬萬人無能之所致也。前者因 其無能。而 始皇 皇焉以求智識。以希他日自強。此敝國興學之原因。亦師範學堂之所由來也。然此時則尚無能爲。坐視俄人之侮我而莫能拒。則自愧自悲。實人情也。悲者。悲我國。非悲貴國也。此何與貴國事。而來書言對貴國有敵意。此何爲哉。如岡山先生之言。將令敝國四萬萬人。終身依賴貴國。而不求自強。而始謂之好學生乎。即不然。心中雖自愧自悲。而對於貴國人。必拚飾其眞感情。僞爲喜容以欺人。而始謂之好學生乎。果如此。則此學生者。終身依賴貴國。而不依賴本國。終身隨貴國人之喜怒。而不因本國情勢以爲喜怒。則僕等造就此學生。果何用哉。蓋如此之言。則是受貴國敎習之敎育。而遂化爲貴國人矣。如岡山先生之言。則是把持敝國人之良心。有言愛國者。則指之曰。此對於日本而有敵意也。此僞飾也。是不顧見敝國人之愛國也。豈貴國上下之盛意哉。

二　論學生愛國心之眞僞。

來書言學生愛國之言出於僞飾。又言日俄未戰以前。何以不聞其愛國之言。夫有愛國之心。何必喋喋然陳於先生之前哉。至此次之對先生有言。因先生問之而始自陳也。若先生不問之。彼固不能向先生以自炫也。僕謂學生愛國之心。根於天性。因時勢而激發。因先生問之而有言耳。不能言何時爲有何時爲無也。僞飾之言。強加學生以惡名也。〇俄人據遼陽而學生喜。請問此於何見之。蓋學生之悲自東省淪陷時起。至今未釋也。

三　論此事無關於貴國人全體。

此事。個人之交涉也。因岡山先生醉後毆人。無以自解。乃加人以惡名以求勝。而乃曰對於日本而懷敵意。又曰辱日本人何哉。夫是非之端。辯之不明。付之公論可也。若誘之於大衆。是公理不足。而欲訴之於勢以求勝也。僕等即弱。終爲勢所屈。然是非之辯。終不可誣也。

四　論精神教育。

精神教育。雖如諸君所言。亦不過授課時有之。與所聘招飲之事無相涉。即貴國教習於授課之外。尙有精神教育。然敝國人不願學之。何也。兩國風氣。不能強同。宜於貴國。未必宜於敝國。所望於貴國者。教習科學。而非精神教育也。敝國自有精神在。蓋第五條即孔孟之學。即敝國之精神也。第八條第九條。非教習一人之事。且并無用腕力之言也。〇師範學堂以董事爲主位。教習所聘也。學生所招也。全權在董事務。與教習者。教授之任耳。課程之良否。教習之聲名係焉。至學堂之有無成效。董事有其權。即負其責任。與教習原無關。



五　論用腕力。

岡山先生言學生不合。教習即訴之腕力。此僕未之前聞也。僕所聞者。西例官立學堂有此事。則教習不能再入學堂。公立私立者。則教習向被毆者之父母謝罪。亦有罰銀數十元者。訴之腕力。或者貴國有之乎。抑貴國無之。而岡山先生獨有之乎。先生獨有之。則與敝國學生所不及料也。蓋此特別之教法。各位教習未曾向敝學生聲明。前此亦未施之敝學堂學生也。

六　樂氏是非。

諸君謂樂氏有罪。亟宜自悔。藻果有罪歟。即當謝罪。不容怙惡也。果其無罪。不能畏勢而辱公理也。要之藻之有罪無罪。係乎事件。事件之是非既明。則審之是非亦自明矣。總之。僕等之所敬教習。以其文明也。醉後偶誤。本非大過。謝罪而改。此聖賢之作用也。即或不能。亦惟有決之於文明之談判。不能決。則請公平者以判斷之。再不能決。則付之公議。以待天下之評論。不可任一己私意。以求非理之勝。亦不可爲一人之小過。而致損國家之名譽也。故僕願諸君平心靜氣。蠲化彼我之見。而一以公理決之。是所深望也。

金子君答書（七月三十日）

樂大人閣下。來示備悉。然僕竊悲不能認閣下有赤誠辦此次事。精神教育之法。用肉棍與否。看時與地與人而後定。僕亦尊重兩國之交誼。故有此說。

岡山君答書（七月三十日）

樂大人閣下。奉教感歎無已。僕若有過。應拜芝眉。頓首謝罪。惟未有過。而責以有過。責者豈無罪哉。請莫以中人臨於我。中人之多文過遂非。世界已有公言。又請莫以已過責於人。僕之舉止與議論。公平無私。未出軌道之外。恐閣下無能看破之也。

日本諸君答書（八月初一日）

一 論遼陽之事。中國應有如何感情。

來書云。敝國政府與貴國政府如何交涉。非僕等所知。然諸君已以中國先覺者深自任。深自負。然而不知兩國交涉始末。何面目而議論於僕等乎。悲與賀之論。既盡於昨日岡山氏所辯第一條。男子不爲屑復言。又學生言賀日本萬萬歲。而不見之行爲。上樂大人亦言今日不喜遼陽之捷。日本若取遼陽還於我則喜之。是疑日本政府宣言之甚者。非挾敵意而何。又言如岡山先生之言。將令敝國四萬萬人終身依賴貴國云云。是何等謬語。岡山氏未嘗有如斯不祥之言也。

二　論學生愛國心。

愛國心者背反中國政府方針者之謂乎。其愛國心之僞看於前言與昨書明矣。無復喋喋呶呶之要。

三　論此事無關於敝國人全體之事。

貴言云此事個人之交涉也。因岡山先生醉後毆人。無以自解。乃加人以惡名以求勝。此言悞之甚者。其決非個人交涉之事。請閱本信第一項所陳之言無復贅辯之要。諸君以謂此次之事。岡山氏醉後舉動。其夜僕等五人一同未及醉。毆打之事。僕等一致之意。豈獨岡山氏一人之見而已乎。又豈有醉後之過乎。又豈有過乎。

四　論責任與精神敎育之事。

一五條提案中云。敎習課程以外別無責任。故昨引章程細辯之。而諸君今悟前非。認僕等之言。改過如日月之食。非諸君之聰明。焉克至斯。惟有不可不辯者。章程所有敎習之責任以外。敎授之全權在敎習。課程敎授。精神敎授。兩者不可相離。敎授之意義。非獨課程敎授也。章程所有責任以外。學堂維持等各般事務。固諸君之權利。而又責任也。敎習責任與董事責任。自是異。請再閱昨書。一、諸君云。精神敎育者。敝國人不願學之。僕等所謂精神敎育者。非關兩國風氣如何而左右者。孔孟之學者。精神敎育之一部而已。僕等昨已辯之。想未解精神敎育之義乎。請更閱昨書。一、師範學堂董事爲主位與否。僕等不要聽。

五　論用腕力之事。

專件

令學生自省以腕力爲懲戒手段。因時與地與人而定。西自是西。中自是中。中西或有相合者。或有不相合者。不可必援西例於中國辯是非。無可打之道。豈妄打乎。

六 樂大人是非之事

不究構成事件之原因。專就其結果論辯。未可認以有公理。樂大人未以此心妥辦。此故有責己漁而責人重之弊。欲免此弊。須要究構成事件之原因，然後論及其結果。

天下之公論。僕等所願諸君付之公議與否。從其所欲。不亦可乎。筆札之論甚顯，明日午後，或明日之翌日。諸君有暇。請枉駕。諸君若無暇。僕等到諸君之處面論，不知肯不肯。以學堂爲談判地更妙。

答日本諸君（八月初一日）





來書言丈夫不爲屑復之言。僕等亦知之。今請以單簡之言進諸君。諒之。是所望也。若不見諒。雖亦從此捫舌。不再奉教於諸君矣。訂日面晤。爲談判乎。則語言不通。轉不如筆談之通暢。若另有別事。必須面議。則請明言其故。以便覆答。幸鑒之。

敬答在舘日本諸君。

讀來書，情形與前又異，前猶辯論。今則一味是己非人而已。請以簡捷之言表明之，可乎。

一 遼陽事。敝國與貴國交涉。自有外交官。僕等不能越權。但可以私人之感情相處而已。

前書云。非僕等所知。知字有責任之義。如知府知縣之類。

學堂與諸君交涉。自有董事。學生無此資格。

不祥之言，岡山君未爲之。而其意則如是。何也。

岡山君不許學生爲祖國慰。而令其隨貴國人

之喜怒也。不喜溆陽之提。僕未爲是言。貴國宣言書。敝國政府未宜布也。

二 前書詳甚如此。而尚有言是非可論者。

三 辭後毆人。僕謂岡山君偶誤耳。今如來書。始知爲諸君有意識之舉動也。貴國在黔諸人。以教習之資格。應聘於敝國耳。非貴國簡派公使或領事也。即與僕等交涉。亦不過私人交涉而已。僕等非辦交涉委員也。關於全體之事。僕所不解。兩國之事。可以私人之感情。私相辯論。未可認其政治上有効力也。

四 教習於學堂權限。僕等前書詳之矣。今之所言。亦不過貴國之教育制度如此而已。非可概之於敝國也。僕等所認者。課目教授也。精神教育如前書之所言。皆在課目中。僕等所謂公例也。敝國所謂精神教育。則愛國心其一也。且何預席上招飲事。

五 論用腕力事。諸君公言因時與地與人。此時。光緒三十年。此地。黔省。此人。黔人也。謂此時教育黔人。應用腕力也。是於貴國爲特別法。然欲用此特別之法。前者何不聲明之。僕等恭聘者。教員也。非政府所聘文部省顧問官。代敝國定教育方針也。〇敝國學堂章程。無毆擊。日本學制大綱卷二之十頁。校長及教員得加懲戒於兒童。而不能加體刑。此非西例。〇此地學堂。諸君所輕也。請問曾有於學堂之外毆學生者否。譬如貴國漆器。精於此地。僕等以重價購之。而貴國以等於此地之貨物進曰。汝黔人此時。應受如此之貨也。有是理乎。

專件

記者曰。所謂岡山某金子某以及某某等。不知其為何許人。此輩斗筲。僅足以汚余筆。顧今猶齒及之者。日本人之所以視我中國人者。大率類是。豈惟日本。凡各外國人之視我中國人。大率類是。此不過起於一地方之一事件。賴有强毅能文之士。能面折之而發表之。故吾輩得知有此一事件而已。此外類此之事。為吾輩所未聞未見者。何限。將來類此之事。與夫視此更甚數倍之事。為吾輩意想所不能及者。更何限。履霜堅冰。兎死狐悲。覩此安得不為四萬萬人前途一號哭也。岡山某等之言。無一語非無理取鬧。更無可辨之價值。而該校總理樂君所以廓清辭闢之者。亦幾於溫渚然犀。使罔兩無遁形。吾輩無取更詞費也。雖然有一義焉。最當明辨者。彼在黔之日本人。謂我學生之悲祖國。是為對於日本人而挾敵意。學生之果挾敵意與否。吾無從知之。即彼在黔之日本人。亦何從知之。藉曰果挾敵意也。則法律上之界說。不論意志。只論行為。無行為之意志。雖以國家公定法律。尚不得過問。而在黔日本人等。果據何種權利以禁我學生之對於彼國挾敵意也。日俄交戰。若德若法。皆中立也。試問德法之人民。其對於日本而挾敵意者。幾何。在黔日本人等。敢盡取而毆之。學生非日人。非俄人。而中國人也。對於某國而挾敵意。對於某國而挾友意。一惟我良心之自由。使如彼言。譏假而俄人亦責我以對於俄而挾敵意而以日人之毆我者毆我。則我其亦將順受之乎。不能受諸俄。而能受之日本。此何理也。豈惟敵意而已。即中立國臣民。對於交戰國而有抗敵之行為。則亦其人之自由。而非國際法之所得禁。不過其本人失中立性。而得敵性耳。而敵國之處分之也。

猶必循訴訟裁判之正式。不能以莫須有三字成讞也。而敵意云敵意云。果何爲者。吾甚佩總理諸君壯快之辨才與雄健之愛國心。而猶憾當時未嘗以此折之。而惟於悲祖國與懷敵意之同異是辨。一若我國人對於他强國而挾敵意。即爲反於道德責任者。然是最不可以不辨也。我學生之侮蔑日本與否不可知。若該敎習等侮蔑我法人資格之學堂。則章章然也。我學生對於日本而有敵意與否不可知。若該敎習等對於我神聖不可侵犯之中立國臣民而有抗敵之行爲。則章章然也。吾儕只知有法律耳。該敎習等非君主。非外交官。非軍艦上之軍人。其人非治外法權之人。所居之地非治外法權之地。以一私人而在我內地犯我國之法律。在我例當加以相當之懲罰。貴陽特未有警察也。使有警察。則彼酗酒毆人之兇犯非罰。

鍰必懲役也。貴陽固非有領事裁判權之地也。即使有之。而用日本之法律以爲懲治。則岡山某等亦必當爲三日以上之監禁或爲十元以內之罰金也。而彼乃敢斷斷然强詞以奪理。其侮蔑我法人之學堂罪猶小。其無視我國神聖之法律罪實大也。雖然。吾輩今復何言。天下甯有公理。惟有强權。我不能自立。而欲與虎狼談堯舜之道。徒顏汗耳。

但緣此事。而所予我國民以敎益者數端。一曰知外國之萬不可依賴媚外。即爲致侮之由。夫我內地人士。頑固者不足道。其稍開通者。或虛心過甚。見一外國人。則崇拜之。幾以爲凡短髮而洋服者。皆全知全能之上帝也。吾國前此用歐美人多坐此弊。今則對於日本人而皆然矣。而豈知其大半。皆野蠻無敎育如岡山等之類也。我若用之以金。

專件

餽畜之以規約笞之耳驕之太過正俗語所謂長他人志氣滅自已威風者吾聞貴陽此次事件經總理等用强硬手段後而彼野蠻無教育之教習等旋乃戢戢受範此其明證也二曰知外人久不以獨立國視中國久不以獨立人視中國人觀岡山等言謂「爲東亞人者已在其土已食其土之毛豈但感喜而已乎」云云問我國人有分毫血性者其甘受此言否也我本族數千年之民賊以此四字爲鈐制國民之一種怪道德我對於我族之賊猶不忍受而豈意以未來主人自居者竟公然今日而責奴隸之契約也嗚呼我儕勿視此爲一二私人之言實則彼環睨吾臥榻之側者其所懷抱之思想者若是也我輩而非涼血也其思所以一雪此言否也三曰我輩因此當悟教育事業萬不能仰助於外人教育之目的何亦曰國民之精神而已而甲國民之精神未有乙國人而能傳播之者今日我儕國中以無可以自任此之人才而致乞憐他族受此奇辱可勿自慚可勿自悚豈惟教育一切事業皆然宜如何急起直追以一洒此恥也嗚呼吾讀此文吾憤血橫溢不能自制吾所欲言萬端吾言止於是吾益悲吾益悲

# 乙巳之歷史

乙巳年於中國歷史上關係頗多今略舉之

周安王二十六年乙巳　三卿分晉開戰國之局

周愼靚王五年乙巳　秦伐蜀取之為秦統一中國之基礎。

周赧王五十九年乙巳　王入秦盡獻其地周亡

漢高帝十一年乙巳　殺韓信彭越天下大定趙佗稱南越王於廣東廣東與中國有關係自此始。

漢武帝五年乙巳　置五經博士表章六藝罷黜百家儒教為中國國教自此始

漢成帝永始元年乙巳　封王莽為新都侯開王氏篡漢之漸。

漢光武建武二十一年乙巳　始置西域都護中國民族勢力益充。

蜀後主建興三年乙巳　諸葛亮平蠻上古苗族根據地始全入中國

隋文帝開皇五年乙巳　突厥來朝稱臣突厥今之土耳其族也。

唐太宗貞觀十九年乙巳　征高麗不克還師

唐中宗神龍元年乙巳　遷武后帝復辟。

唐代宗永泰元年乙巳　平盧節度使為其下所逐。藩鎮時代自茲始

後晉出帝開運二年乙巳　契丹入中國執帝以去

宋眞宗景德二年乙巳　帝親征遼於澶淵旋納幣

以和。

## 雜俎

宋徽宗宣和七年乙巳　金大舉入寇帝傳位於子。踰年兩宮被執。

明神宗萬曆三十三年乙巳　滿洲始大盡服屬蒙古諸部落。

清康熙四年乙巳　始削平滇蜀漢人無復寸土。

清雍正三年乙巳　岳鍾琪平青海。

清道光二十五年乙巳　廣東西鄉團練三餘萬人拒外國人入城

## 紀事

# 中國大事月表

## 甲辰十一月(補錄)

●一日 簡曾廣銓爲駐韓公使蔭昌連任德使

十月二十九日巳刻周馥接江督篆

趙爾巽始設戶部度支簡明表將部中歲出歲入及關銷存虧等項每月一小結每年總結具奏

●二日 戶部准寧蘇兩省於原派鎊欠百六十萬之內共減去四十萬

粵督電請政府照會法國公使阻止調兵駐龍州

出使俄國大臣電阻賠欵用金

政府擬增設警務部及海軍部

兩宮決意令廣東兩湖各籌一千萬兩加以美國洋欵一千萬兩速行興辦粵漢鐵路

●三日 電飭駐日使臣密查留學生有無設立同仇會之事

胡廷幹授山東巡撫

河南京官議參豫撫陳夔龍三大欵

●四日 德使照請詳查某華商擬開登萊青三州各礦。所集之股。有無英人資本在內。

政府命山海關道禁止各商貨出關

某侍御請在正陽門外添設商稅局一處以掌火車站稅務

紀事

豫撫陳夔龍奏准每月提支鹽道庫所存鹽斤加價項下銀二千兩開辦武備學堂

●五日 政府因義州附近一島與朝鮮政府互相爭執

有廷寄命杜俞遣撤全軍

有廷寄命張之洞辦理粵漢鐵路廢約事大致令廢合同而即訂換合同

面諭湖南學政支恒榮整頓學堂

某大臣奏請清查八旗統領及綠步各營餉項毋任虛糜

山西永濟縣因辦柿酒捐民情不服九月廿九日聚衆數千人大鬧縣衙又與官軍戰互有死傷

●六日 廣東五大善堂及七十二行商民再電外務部請力阻葡人運米往澳門

二

戶部將來擬將庫欵存貯戶部銀行

湖北襄陽境內民心不靖

上諭雲南湖北巡撫原缺著即行裁撤湖廣總督雲貴總督均著兼管巡撫事欽此

外務部電催浙海關速解積欠應解出使經費

外務部電催梧州關閩關速解積欠出使經費

●七日 戶部借定比債以山西鹽金爲質

上諭湖南巡撫著端方調補陸元鼎著署江蘇巡撫

上諭升允著調補江西巡撫陝西巡撫夏時補授

廣西匪首陸亞發就擒

●八日　上海西人會議開濬黃浦事

戶部寶泉局擬將大錢一文改鑄重一錢四分

廣東蜑民懇請粵撫代奏請援浙江墮民例准其除籍改業

鐵良周覆滋勘灣址基地

上諭陝西布政使著樊增祥補授

●九日　鐵良前奉命會同端方飭滬道與各領事磋商賠款用銀現各領事已覆滬道無權辦理此事

亞斯古爾特俄艦水兵二名砍斃華人周生友於黃浦灘

駐京德使請借鄱陽湖屯泊兵艦政府拒絕之。

●十日　吏部工部理藩院奏准裁撤歸併處所員缺有差。

日本公使照會請即查禁錦州新民屯等處華人接濟俄軍

●十一日　廣西匪首陸亞發在省城訊明凌遲處死

增祺擬請旨集捐以恤愈聚愈衆之難民

安徽巡撫奏請展辦賑捐一年

●十二日　張之洞借瑞記洋行款二百萬

商部奏請推廣內河航業。

廣東善後局與德商滿德商借四百萬元。

端午帥選派水師學堂優等畢業生六名分赴英國兵輪學習管輪駕駛諸藝

## 紀事

●十三日 廣西學政汪詒書以南寧太平泗城鎮安四屬曾經兵燹擬併補歲科兩試並從寬加額取進

戶部奏陳銀行章程三十二條

練兵處會同兵部再飭各省營旗一律改習日操

山東曹州兗州又因苛稅肇亂。

●十四日 政府因波羅的海艦隊東來恐壞我中立通飭沿海各省嚴密戒嚴

●十五日 各國公使要請將三聯單護照收費一事作罷已由外部分電各洋關緩辦

政府嚴催各省將應解邊防固本等餉銀限年內掃數解清

山西蒲州人民因抽酒稅聚衆滋事毀壞衙署旋散。

湖北蘄州糟坊因抽稅罷市。

●十六日 粵省水師卒業生十四名由袁世凱派上北洋練船練習

慶邸保奬承辦慶典人員

●十七日 廬山租地交涉案了結

鎮江荷花塘江干忽坍塌五六十丈斃數十人損失房屋貨物無數

贛紳與三江礦務總公司議商自行開礦築路以保權利

福建學務處通飭各屬分區廣設小學堂

●十八日 政府允洛各國公使商標注冊一事未經各國簽押以前暫緩施行

鐵良擬以各省士商捐作爲練兵經費。

●十九日　海軍耿某將遵化州東陵後恩賞售與俄國教堂現由直督奏參奉旨著左翼監督溥善明白回奏並先行議處

外務部分電各省督撫及辦事大臣速將各國駐華領事銜名不論現任署任彙任詳查電復

吏部擬將府經以下佐雜官選輪裁撤專歸外補

寄諭岑春煊李經羲丁振鐸林紹年曾鴻勛廣西餘匪竄擾黔邊著兩廣滇黔督撫合力痛剿

●二十日　政府以賠補鎊虧數巨期迫與各公使磋商分期籌還之法

政府擬令各省徐徐興辦統稅以爲裁釐善後策。

商部因鐵良電達擬派一滿員往鄂辦理土膏捐

川督因聞巴蠻出擾電請飭滇省派兵會剿

●廿一日　法公使因廣州灣有法國貨倉一所被匪焚去索政府賠欵十萬

●廿二日　外部奏賠欵辦法二條奉旨依議

湖北宜昌縣各軍戶因抗糧聚衆毀局。

●廿三日　政府又擬將免釐加稅展限一年始行實施。

政府擬於京師工巡局內添設裁判所辦理交涉瑣案。

刑部主事梁廣照因粵漢鐵路事擬參伍盛兩人各部堂官不爲代奏

●廿四日　政府前擬在滬設銅元分局茲因江督

紀事　六

片奏已准歸金陵一局鼓鑄

外務部允德人在登萊沂三府屬二百里見方之內開採各礦

鐵良電參江西官吏

鐵良電提湖北土膏捐二百萬

練兵處擬定章程飭各省均各立冊檔一本每年造報一次以備查核整齊。

**廿五日** 練兵處會議在京師擴充火藥局

**廿六日** 美公使照會在重慶設領事館

陳侍御奏飭修改吏部則例已竣

**廿七日** 某侍御請飭各省添設交涉局

賠款用金問題尚未商定外戶兩部分電各省關將已籌之欵照常匯滬

張振勳託商部奏准設立閩廣農工礦總公司

粵督桂撫會同滇督黔撫電請外務部代奏桂匪竄擾黔邊經各省營合力堵勦現已星散

練兵處擬飭各省認眞訓練駐防旗兵

旅順俄艦五艘逃至烟臺

**廿八日** 美設擬築川藏鐵路自巴脫普城經打箭爐而達成都重慶

旅順俄魚雷船三艘逃至烟台均令卸去軍裝

**廿九日** 戴鴻慈奏請召集三品以上大員在政務處會議國事

俄國公使照會外務部要求在馬江厦門停泊兵艦

增祺請仿廣西賓官捐樂捐欵二百萬以濟東三省難民

●三十日

練兵處擬飭西北邊防大臣招練新軍
桂撫電奏匪餘雖已漸息然增兵搜捕
必須廣購軍械請飭下部臣撥欵以資
接濟
豐臺車站華官搜出彈藥二百四十四
箱係俄人從庫倫寄張家口運往旅順
者
電諭增祺賑撫東三省難民
吏部奏准各衙門主事人員食俸三年
者准其開列保送
十月二十四五日濟貴兩營大敗匪於
廣南官橋水源等處
湘撫陸奏留京郭立山曾熙彭紹崇充
當本省各學堂監督
擬令各省候補武員入武備學堂學習

山西巡撫張奏留籍道員劉篤敬總辦
山西商礦
山東紳士崔鍾阜集股在滕嶧縣交界
之商家林地方開採煤礦

紀事

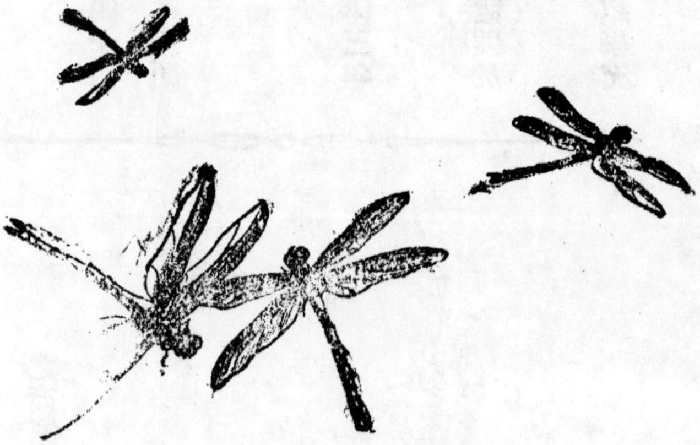

日俄戰紀

# 日軍圍攻旅順戰記（續第六十號）

## P砲台之占領

十月三十日　日軍由早朝以大小攻城砲及海軍砲續行攻擊。至下午一點鐘。即與各軍會齊前進。右翼隊及中央隊之一部。向松樹山二龍山東鷄冠山北砲台猛擊。日沒後奪其外岸頂。又破壞其外壕內側防機關若干。

日軍中央隊之一部。亦於下午一點七分鐘。冒犯炮火突入其在盤龍山東砲台與東鷄冠山北砲台間之P砲台。鏖戰至兩點鐘頃。始占領之。施設工事。入夜後俄復逆襲數回。至十點半鐘頃。終不能守。旋暫退却以避其鋒。十一點鐘頃。一戶少將。乃自指揮數兵線。直驟前進。即恢復之。

三十一日　下午一點鐘頃。日軍左翼隊向東鷄冠山北砲台突擊。以一部達東部斜面。繼設以工事。且三十日所占領之砲台及東鷄冠山西北之堡壘。已堅固安穩。不懼復失。其他對於堡壘砲台之攻擊作業。亦有進步之觀。是日又以大口徑砲攻城砲向港內造船所轟擊。有數發命中砲艦「魏理逸克」號。及轟沈附近市街之滊船二艘。其滊船因之失火。烟焰滔天。與海水相映。是夜日軍最右翼方面有俄兵暗行來襲。至夜半旋擊退之。

十一月一日　日軍以大口徑砲轟沈旅順西港內滊船二艘。（約各三千噸）水師營南方有二俄兵來降。

二日　轟沈滊船一艘。（約三千噸）又上午十一點鐘頃。於寶元旁(旅順市街之北端)有二回大爆火。度亦火藥庫之失愼也。

其在P砲台(後稱爲一戶堡壘)所鹵獲之物。有野砲三、機關砲二、魚形水雷三。其他尚有種種。該砲台所潰棄之俄軍屍首。約有四十。

三日 正午。日軍以海軍砲猛擊東港內造船所。無幾該東港附近。煽火大起。至翌早四點鐘頃始熄。又是日以大口徑砲向H砲台之高地轟擊。(在望台西北約二百米達)該地因之損害非常。又命中東鷄冠山砲台咽喉部之野砲。毀之。

日本攻圍軍。自十月下旬以來。其與俄軍砲火相見者。日無寧止。惟以戰機未熟。故未能大躍而飛。乃自是月二十六日以降。即將其從來緩徐之攻擊。一變而爲激烈之突襲。大口徑砲、攻城砲及海軍砲之所射。殆無虛發。至三十日下午一點鐘。旋下各方面一齊突擊之命。俄軍至是。始殆有不可終日之勢。

自是以後。日軍之進擊。日益急迫。其工兵則潛在俄軍本防禦線內。而爲對壕作業。東鷄冠山、二龍山、二〇三高地、及其附近極要堡壘內之砲門掩蓋等。損壞異常。其砲台之凸角部岸窖艦艇等亦然。是時日軍位置。有已進至旅順鐵道線路以東及各砲台之下。乃由曹光斯壕入其死角。而至其安穩之地者。旅順之前途。岌岌不可終日矣。然而俄軍亦頻穿坑道。屢來逆襲。且每投爆藥以惱日軍。於此而益知劇戰之慘。要塞戰之所以難。實在於斯也。

六日 日軍以大口徑砲及海軍砲向旅順市街北端之武器庫轟擊。以至全燒。又是日下午兩點半鐘頃。松樹山舊砲台之火藥庫。亦爲日彈所中。因之爆發。至其坑道作業。則已大得成功。如松樹山、二龍山。與俄軍相距。僅隔三四十米達之遙。惟是二龍山前之塹壕。其深有十三米達。幅十七米達。發掘岩石。加以工事。其松樹山前面之塹壕。則其幅。有九米達深有十七米達。其側防機關(穹窖)用七尺厚之俾頓。俾頓者防禦物之一種材料也。築之。其上蔽之以土。高十四尺。俾頓之下。築有一室。以便憩息。其深總有二十六尺以上云。於此而知日軍破壞之固非易易矣。

十九日　午後。日軍又以海軍砲轟擊機器局附近之火藥庫。火之。其對於俄軍各砲台之攻擊作業。亦大有進步。殆告成功。

二十一日　夜俄軍暗襲東鷄冠山北砲台前之日軍部隊。日兵擊退之。

二十二日　未明一點半鐘。日軍以海軍砲轟擊港內機器局附近。火之。延燒至是早九點半鐘始熄。蓋此為俄軍之煤炭庫云。至是俄軍各砲台沈默不發一砲。惟向日軍坑道作業。屢來逆襲已耳。度因屢次火災。損失火藥極多。及各砲門多已毀壞之故也。

## 二〇三高地之占領

三十日　拂曉。日軍大行砲擊。至下午四點鐘頃。尚未見奏效。然而向二百〇三高地西南部進發之日軍部隊。則於三點鐘頃。突擊正酣之際。肉薄於嶺頂下約三十米達之前。入夜七點鐘頃。適得援兵之來。乃與之共向嶺頂突進。遂占領之。尋而一部隊向東北部突擊。於是最天險之二百〇三高地。遂為日軍所有矣。二百〇三高地者。在港之西北方。其高有二百〇三米達。即約高六百七十尺也。是為旅順周匝山脈中之最高嶺。堅牢砲台。即在其上。一旦歸于日軍之手。則俄軍之椅子山、大小案子山、大陽溝南北砲台。皆可瞰制旅順東西兩港。且不待論。即其東北之白玉山、松樹山、二龍山、東鷄冠山、白銀山、勞律嘴等。亦皆在於足下。惟俄軍以為最終防禦陣地之老鐵山。獨能頡頏之而已。二百〇三高地之被奪。實俄軍之致命場也。至是俄軍如蜂蟻之出垤逆襲無已時。以圖恢復。而日軍悉擊退之。

十二月三日　日軍又以海軍砲轟中俄艦「波偉他」力德拔陳」號。

## 赤城山及寺兒溝三里橋高地之占頭

五日　日軍再行砲擊。前述二艦「及波爾他華」號亦命中之。所命中者有二十九發云。下午三點鐘頃。有一彈命中白玉山南方之火藥庫。因之爆發延燒亘數時之久。其他數艦。亦爲重砲所擊損害非常。又赤城山之俄兵。不堪爲日軍在二百〇三高地所瞰側。乃於六日竄退以避之。於是此山遂歸日軍之手。又是日下午兩點鐘。擊退寺兒溝北方高地及三里橋北方高地之俄軍。旋占据之。至下午四點鐘頃。俄之軍使來。請日軍休戰約五點鐘之久。以便互相收容屍首。日軍許之。

八日　下午兩點鐘。港內各艦不堪連日所擊。以至損害異常。均已全沈或半沈不等。不可復用。於是俄之東洋艦隊。至是遂有全滅之勢。

十八日　下午兩點十五分鐘頃。日軍一部向在東雞冠山北砲台胸牆。投以炸藥。而俄軍亦投炸藥以應之。劇戰極爲慘烈。俄軍防禦尤努。其機關砲之烈。倍蓰於前。因此日軍逡巡不能前進。後日軍之鮫島中將自率豫備隊。突入外崖穹窖內強襲之。遂於是夜十一點鐘頃占領之。此砲台者在一戶砲台與東雞冠山砲台之間。而向松樹二龍兩砲台之右側背者也。今也俄軍先失二百〇三高地。繼而失此堅壘。鳩灣方面出入之通路。亦被封鎖。楊樹溝高地及大家屯二龍松樹望台等。亦被奪。勇將數名死焉。於是旅順遂處於不得不陷之域。

嗚呼旅順以天險之故。加以人事。守圍至今。殆亘七月之久。惟以孤城無援。加之以正月一日之大砲擊。遂於是夜。決意開城而乞降於日軍矣。其陷落始末。將于次號詳載焉

明治三十一年十二月廿七日（第三種郵便物認可）

# 新民叢報

## 第參年第拾肆號

（原第六十二號）

### 本號要目



光緒三十一年正月初一日　明治三十八年二月四日

每月二回朔望日發行

海天獨嘯子著　臥虎浪士評

新著小說
奇絕壯絕
女媧石乙卷

定價二角五分

女媧石者無鬚之水滸傳也
女媧石者有血之紅樓夢也
女媧石者俄國虛無黨之化身也
女媧石者日本櫻田門之攝形也
女媧石者科學家言也泰西二十世紀未來之科學也
女媧石者文學家言也中國千餘年來遺傳之文學也

發行所　東亞編輯局
　　　　廣智書局
代售所　上海各大書坊

啓者本報創辦經已週年電報之靈通新聞之宏富議論之精確報式之適當久爲中外士商所稱許今仍不自慊力加改良多聘主筆廣添訪事務期精益求精以副閱者之望如有欲閱報者請到本館代派處定購即行按期送上特此佈聞

香港上環新海傍十三號門牌

商報局謹啓

# 新民叢報第參年第拾肆號目錄（原第六十二號）

報資及郵費價目表

| 報資及郵費價目表 | 全年廿四冊 | 半年十二冊 | 零售 |
| --- | --- | --- | --- |
| 報資 | 五元 | 二元六角 | 二角五分 |
| 日本來申郵費 | 二角四分 | 一角二分 | 一分 |
| 內地及外埠郵費 | 一元四角四分 | 七角二分 | 六分 |
| 四川、雲南、陝西、貴州、山西、甘肅等省郵費 | 二元八角八分 | 一元四角四分 | 一角二分 |
| 日本各地每冊郵費 | 一仙 | | |

◎廣告價目表

| 洋裝一頁 | 洋裝半頁 |
| --- | --- |
| 十元 | 六元 |

惠登廣告至少以半頁起算刊資先惠論前加倍欲登長年半年者價當面議從減

編輯兼發行者　馮紫珊

印刷者　陳侶笙

發行所　橫濱山下町百六十番　新民叢報社

上海發行所　四馬路老巡捕房對面　新民叢報支店

印刷所　橫濱山下町百六十番　新民叢報活版部

旅順攻圍大將乃木希典

General Nogi.

八四九三

旅順降將斯鐵些爾

Gencral Stœssel.

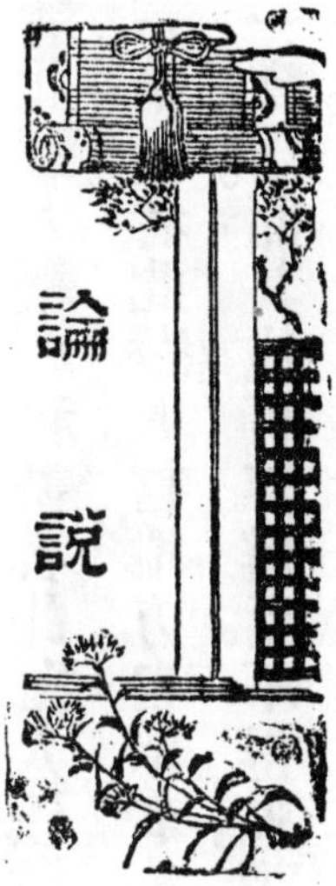


# 論政治能力（續第四十九號）

中國之新民

吾既以思想能力兩者相比較。謂能力與思想不相應。爲中國前途最可憂危之事。然則今日談救國者。宜莫如養成國民能力之爲急矣。雖然國民者其所養之客體也而必更有其能養之主體。苟不爾者。漫言曰養之養之。其道無由。主體何在。不在强有力之當道。不在大多數之小民。而在既有思想之中等社會。此舉國所同認。無待詞費也。國民所以無能力。則由中等社會之無能力實有以致之。故本論所研究之範圍。不曰吾輩當從何途始可推能力以度諸人也。曰吾輩當從何途始可積能力以有諸已而已。非有所歆於能力以自私。實則吾輩苟有能力者則國民有能力。國民苟有能力者則國家有能力。以此因緣。故養政治能力。必自我輩始。請陳數義。相策督焉。

一曰分業不遷。文明程度之高下。與分業之精粗成比例。此生計學之通義。而社會上一切現象。舉莫能外者也。西人恆言曰。「成功之要素有三。一天才。二機緣。三歷練。」夫天才不能事事而優也。有所長斯有所短。機緣不能事事而應也。有所適斯有所障。歷練不能事事而徧也。有所習斯有所疏。故善任事者。必自審其性之所近。地位之所宜。擇其一焉。日日而肄之。然後庶底於成。今日之中國。其無志國事者。視一切皆如秦越人之肥瘠。斯不必論矣。若乃有志者。見夫大局如此其危急也。應舉之事如此其繁多也。而聲氣相應之人。又如此其寥落也。乃抱雄心。厲苦節。欲取一切而悉荷諸區區最少數人之双肩。試觀數年以來。倡政治改革之人。非即倡教育改革之人乎。倡教育改革之人。非即倡實業改革之人乎。倡實業改革之人。非即倡社會改革之人乎。以實業論。則爭路權者此輩人。爭礦權者亦此輩人。提倡其他工商業者亦此輩人也。以教育論。則組織學校者此輩人。編教科書者此輩人。任教授者亦此輩人也。以政治論。則言革命者此輩人。言暗殺者此輩人。言地方自治者亦此輩人也。其他百端。大率類是。夫此諸事者。謂其一當辦。而其他可無辦焉。不得也。謂其一當急辦。而其他可緩辦焉。不得也。於是志士熱心之極點。恨不得取百事而一時悉舉之。恨不得取百事而一身悉任之。其遇可憐。其志可敬。雖然。謂其能力得緣此而獲進步。非吾所敢言也。若此者。美其名則曰總攬大綱。曰纖悉周備。若語其實際。則淺嘗而已。浮慕而已。孟子曰。人有不爲也。然後可以有爲。夫所謂不爲云者。非必其不可爲者也。可爲之事千萬。則爲之之人亦宜千萬。以一人而欲爲千萬人之所可爲。未見其能有功也。夫志士之欲有所爲也。無論其事或大或小。或偏或局。要之與政府所持主義含反對之性質者也。政府反對。則不可不結國民之同情以爲後援。然國民又大率可與樂成。難與慮始。自其初不肯遽表同情於地位脆弱之志士。勢使然也。故夫任事者。語於本原之地。不可有成敗之見存。固也。然發端伊始。與其徇心之所安而不恤敗。毋寧因勢之所導而必求成。昔人有言。帶鄉兵者可以勝。不可以敗。今之任事。蓋有類於是矣。事之範圍雖小。苟有一二明效大驗。則可以起社會一般之信用。他日任他事。而阻力消其半矣。他人任他事而阻力亦消其半矣。如是相引遞進。夫乃同情衆而能力強。（即如近日粵漢鐵路案。發起之者。在民間勢力綿薄之數人。漸以動全國之有力者。此爲國民號召政府與外人爭權利之嚆矢。使此事而能始終之。則政府知民力之不可侮。他事且將引爲後援。而吾民亦自信其力之果足以動政府足以拒外人也。此後有他事。附和自衆。而能力日成。若此事失敗。國人共見夫爭之累歲而結果僅如是也。此後有他事。餒而已。故帶鄉兵者取小不取大攻瑕不攻堅今欲用脆弱之民力萌茁之民氣以與千年積威之政府宣戰者舍此奚以哉信如是也則用志不紛乃凝於神不倡一事則已苟其倡之則必有若干人焉萃其聰明才力以專向於此一事雖更有他事出焉其重大過此數倍者甯割棄之勿過問何也。非此而此一事必不能就也曾文正之治軍也紮硬寨。打死仗。節節進取。得寸則寸。日軍之圍俄於旅順也以全力陷一壘乃次及他壘。今日吾黨之大患在壘壘而攄之欲百壘一時俱下而終至於無一壘之能下也其能力所以難進步者一也。今之志士有二蔽甲曰事多。辦不了。奈何。乙曰欲辦事。無事可辦。奈何。其論若甚相反。而受病乃同一源人人自謂華拿家家自況盧孟實則我所欲辦之事時或與我之地位不相應故曰辦不了事與地位不相應而於他無所屑焉不復擇其相應者以自任故曰無事可辦任舉一事皆能言其概若其層累曲折批卻導窾則未或習焉未或究焉故既曰辦不了亦曰無事可辦夫一國之中不能人人而華拿而盧孟無待言也且使一國之中而果人人華拿人人盧孟則其國尚可以成國乎吾有以知其必不能矣嘗數日本之人物。不必西鄉本戶大久保伊藤大隈福澤。乃見重於其社會也。若前島密。所知者郵便耳。若澀澤榮一。所知者銀行會社耳。若井上勝。所知者鐵道耳。若大浦兼武。所知者警察耳。若伊澤修二。所知者音樂耳。若落合直文。所知者國文耳。若石黑忠德。所知者赤十字社耳。若市川團十郎。所知者演劇耳。試問彼諸人者。其功德之在日本。視西鄉輩又何多讓也。乃我國今日之志士一若非言政治問題不足云愛國非投軍人社會不足稱偉人既乃不得藉手則曰社會不我庸也而因以自放若此者比比然也其能力所以難進步者又一也要而論之立國之要素多端缺一焉則國家無以自存如人體然分子弱斯全體弱分子强斯全體强官支藏府血脉各自榮養各自發達而健全之衛生乃可期今者中國之人格譬諸猶初搏土也我輩居其中爲重要之一分子者不務充其官能之所職以自効而日冀全體之助長其安能致哉其安能致哉吾所謂以分業爲能力之大原者此也。

二曰互相協助協助有積極消極兩義積極的協助以相扶掖爲用消極的協助以不相妨礙爲界明乎此義則雖盈天下皆吾友焉可也耗矣哀哉吾國人之以排擠軋轢

爲天性也。昔在晚明。所謂士君子者。先意氣而後國家。訌鬩未已。而敵騎渡河。讀史會至今茹痛焉。還觀夫今日之志士。抑何其復相類也。他勿具論。即如政治問題。所謂立憲革命兩主義之交鬩。吾豈不知其惡感情之何自而生也。其僞託口頭禪以自營其私者微論矣。即其根於血性。眞懃懃焉盡瘁於此兩主義者。其相仇之跡。且日接而日厲也。推其相仇之故。殆有兩因。其一則謂彼主義成功。而我主義將歸消滅也。其二則謂彼主義光大。而我主義不能進行也。吾以爲由前之說。誠哉然也。中國他日而亡國則已耳。苟不亡者。則結局於此兩主義必取一焉。而其他之一。亦必歸劣敗之數。此所謂消滅者也。雖然。若因此而相仇也。則試問持一主義者。爲欲保存我國耶。抑欲保存我主義耶。如欲保存我主義者。苟其主義不適於國。而不足以救國之亡。則國亡而主義亦安麗也。如欲保存我國者。則此國當由何主義以獲救。今方屬未定之問題。我而自信甲主義可以救此國也。我從而亹亹焉。固不必輕棄以徇人。彼而自信乙主義可以救此國也。彼從而亹亹焉。又何必其輕棄以徇我。若夫機會之既熟。適不適之形成。我與彼必有一焉劣而敗者。固也。而我與彼又必有一焉優而勝者。但使有一優勝則吾國既已緣此而獲存。國存則我主義雖或消滅。而於吾保國之目的不已達乎。乃必於始焉而相仇何爲者。由後之說。其意蓋謂苟吾主義而誠不適。則消滅固無所憾。顧吾今者實信吾主義之最適。而無他主義焉可以媲也。而吾主義之所以不發達。則由有他主義焉持異論於其間。以淆天下之視聽也。吾愛吾國。故不得不愛吾主義。其有不利於吾主義者。吾得行吾主義之自衛權以敵視之。此其說似也。雖然。惜其於利不利之界說。有所未瑩也。天下事固有極相反而適相成者。若君主專制與共和革命。兩極端也。而共和革命。每成就於君主專制極點之時。專制者種種積威。種種陰謀。皆不啻爲革命者作豫備之資料。此泰西史上所習聞也。而況乎立憲革命之爭。乃與此異、（立憲革命本不能爲對待之名詞立憲者雖君統依然已不得不謂之革命革命者雖絕君統然結局亦不過求立憲故以對舉實論理學所不許也今云云者從普通稱謂耳）其事本非相反。其效乃眞相成。我而誠欲革命也。當思英國一六四六年何以能革命。非藉倫敦之國會軍乎。美國一七七五年何以能革命。非藉費城之十三州同盟會乎。法國一七九一年何以能革命。非藉巴黎之國民議會乎。夫使所立之憲。而能副國民之願望也。則吾復何求。吾之革命主義。直拋棄焉可耳（或持極端之排滿主義謂今之皇室雖使其憲政之完備能如英如日然以民族之惡感情終不認之甯以無秩序之漢而已不以有能力之滿而存此自是意氣之言與愛國眞言革命者必所不取使其不能也則經此一度之立憲而民間之表同情於革命者將益如傳染病瀰漫而不可制可斷言也何也向上之心人性所同譬諸處闇室者終身未睹天日謂世界除黑闇外更無他物則亦安焉旁觀者語以光華糺縵之象雖舌敝不能生其歆也一旦穿壁爲闢戶牖焉間日爲導出游焉則光明線日縈其腦識復囚梏之安能受也故朝廷一紙僞改革之詔書以視民黨數十萬言之著書數十百次之演說其效力往往過之他勿具論即今日持最極端之革命論者試撫心自問吾數年前之思想何如今日何以能有此則辛丑回鑾以後所謂變科舉開學堂獎游學諸僞改革事業其間接以助我發達者豈淺尠也比例以推知立憲主義進一步則革命主義必進一步我而眞信革命論之可以救國也則正宜日夕禱祀蘄立憲論之發達以爲我助力而其不得不相仇之理由果何在也我而誠欲立憲也當思日本之憲法非以革命論極盛時始成立乎意大利之憲法非以革命論極盛時始成立乎其他諸有憲法之國豈有一焉不收功於革命前革命後者故夫憲法者上下交讓之結果也交讓必先以交爭譬諸兩交戰國其究必出於和顧未有不能戰而能和者

不戰之和屈服而已即戰後之和其兩造從和約上所得之利益又必視其戰鬥力之强弱以爲衡憲法如和約然民間對於政府而欲申其願望者必其戰鬥力可以使政府屈服者也戰鬥力能使人屈服者則戰可也無戰亦可也今文明國不憚戰而莫不修戰備革命者戰備也輕言革命譬猶黷武黷武非計也以主立憲故而仇革命譬猶弛兵弛兵尤非計也抑曾思數年來政府所以屢有僞改革之舉者其動機果何自乎豈不以民嚣可畏姑爲一二以塞其望也惜也人民之戰鬥力曾不足以生政府之嚴憚也苟能之則如十年前俄人之迫還遼東不戰而屈日本焉可也比例以推知革命主義進一步則立憲主義必進一步我而眞信立憲論之可以救國也則正宜日夕禱祀蘄革命論之發達以爲我助力而其不得不相仇之理由果又何在也吾之爲此言。非謂欲使言立憲者舍已之所信以從革命或使言革命者舍已之所信以從立憲也。更非爲模棱之言。與彼兩主義作調人也。吾見夫天地甚大前途甚寬實有容此兩主義並行不悖之餘地各發表其所研究各預備其所實行不相菲薄不相師而豈必爲冷嘲熱罵以快意爲陰謀傾軋以求勝也彼諸文明國之有政黨也。各持主義莫肯相下。顧未有妬他黨之與已並立而汲汲摧滅之者。不甯惟是平居抗爭寸黍不讓。一旦有敵國外患。則相與提攜而黨界悉置度外矣。何也內競者其對外之力必不能強使無公敵臨於其前則內其黨而外他黨焉可也苟有公敵而甲乙兩黨猶自相外則敵之利耳而甲乙究皆何利焉今日之中國宜合全國上下以對列強者也藉曰未能則亦宜合全國民以對政府立憲革命兩者其所遵之手段雖異要其反對於現政府則一而已政府方以千鈞之力相臨而所謂立憲者革命者皆如方拙之萌孽勢之強弱與彼公敵固相萬也莊生不云乎魚處於陸相呴以溼相濡以沫且旦而呴焉昔昔而濡焉猶懼不甚而乃互以摧殘狠藉爲事相勝豈不甚易獨敵我者則晏然以臥竊竊焉以笑耳吾實見夫數年來民黨能力之所以不進其被壓抑於政府者不過十之一其被摧夷於異黨者乃十之九也是眞可爲長慟者也一言蔽之則亦未明消極的協助之義而已

（未完）

# 論中國自食力派思想之發生（續第六十一號）

觀雲

於後世爲吾人思議所不及而具有此思想者則韓昌黎是也昌黎學孟子之闢異端以闢佛謂闢佛爲昌黎一生之大事可顧以號爲古今一大儒而闢佛意其必於學術上有至大之論辨而孰知不然昌黎之闢佛殆於佛教書竝未讀其一字故其所言一無關於佛教之學理而其所恃爲攻擊之一大武器曰不生產而食於人是也夫吾人人類所要求決不僅衣食而止衣食者不過吾人對於生理上之一部分而吾人之心理上非有高尙深玄之學理以涵養之吾人殆有所一日不能安吾人之欲得學理而養心也實重於欲得衣食而養生萬萬使吾人人類之所重者不過以得衣食而止則人類初無異於禽獸然則吾人苟出其衣食而可以得學理直不啻以至粗易至精而於交易爲至大便宜之事由是言之佛之可闢不可闢其本原仍必探諸學說苟其學

說之果有可駁雖彼日出其衣食以衣食吾人吾輩亦決不以得衣食之故屈而姑從其說若其學說之果有足存立者在而但責以爾胡爲而賴衣食於吾人則直可謂不知輕重本末而其見解之幼稺不足一哂然是等計度最爲凡夫所易生蓋當釋迦生存之時印度之人亦有持此說以相譏讓者若

一日佛在遮糲拏山王舍城附近蓋格那爾加村時有稱迦尸婆羅墮闍之一婆羅門施行耕作之祭釋迦往而在高處觀之衆庶圍繞尊禮釋迦婆羅門見之心甚不喜而遂言曰若彼能如吾人農夫服耕作之勞雖瞻部洲可王而彼不爲何事空費時日見何等之可食而欲乞之此所以來耕作之祭場也又謂釋迦曰沙門乎余等者耕而且種故能獲有穀物之結果者也沙門乎汝亦盍爲此耕且種之事是汝亦可獲穀物而食之也釋迦答之曰婆羅門乎余亦耕且種以耕且種而獲得不朽之果者也婆羅門聞此言而怪佛陀之不有農具也乃問之曰薄伽梵（或作婆伽婆總衆德至尙之名尊佛之稱也）瞿曇歟余有鋤與牛等以爲農具者也汝從事於農然則農具何在乎釋迦答之曰吾語汝我田地者法也我所拔之莠者我慾也我所用之鋤者智識也我所播而種者無垢也我所爲之業者戒律也我所獲之結果者涅槃也婆羅門聞佛之說有所感悟願聞佛說請爲弟子遂以歸悟而獲成道

是亦欲持不生產而食人之說以闢佛者夫昌黎固孔子之徒也孔子不云乎君子謀

道不謀食耕。也餒在其中矣學。也祿在其中矣道。重於食。孔子亦已言之。如不論其道。若何而但以不生產爲病則佛敎徒之不耕而食與儒敎徒之不耕而食有何殊矣若昌黎者蓋亦不耕而食之一人也首其棄其筆硯而從事鋤犂而後方能以此責人而不爲人之所責且昌黎尤以學孟子自居而孟子之對彭更則曰非其道則一簞食不可受於人，如其道。則舜受堯之天下。不以爲泰，子以爲泰乎。又曰子何尊梓匠輪輿而輕爲仁義。其有功於子。可食而食之矣。儒者自重其道至謂受天下而不爲過而區區數十乘數百人受諸侯王之供養直爲不足道之事夫以孟子之言爲是則儒敎以食於人爲其敎中之道所許可佛敎亦然如律宗之許用捨財是也（戒律重盜盜者人不與之物而已强取之四錢以上謂之盜已下稱偷蘭遮然有誠實捨財者則許用之）若以孟子之言爲非則昌黎固學孟子者其謂之何吾輩直不免笑曰何昌黎之號稱學孟子並孟子之全書而不一卒讀也且昌黎以佛敎徒之不生產也而曰人其人火其書廬其居設他人亦曰儒敎徒爲不生產而欲以昌黎之待佛敎之法待儒敎吾不知昌黎以爲暴虐之行否也此固非吾之虛設是一議而爲儒敎徒慮蓋其事固有實行者秦之燔書坑儒是矣燔書坑儒世以無道目秦於理固當然昌黎之人其人火其書廬其居之言而一見之實行其有異於燔書坑儒之事否耶亦易地反觀而易明矣且夫闢佛而於其學理一無所及則彼之學理存在而其教亦存在固不能禁人之信其說也此不必徵之他人即可驗之於昌黎之身昌黎以諫佛骨謫潮州而即與和尙大顚往來以是知昌黎當闢佛時直未知佛說爲何如如今日守舊者之不知西學而謾罵平等民權爲異端無異及見大顚而略聞所說其心已不能不動夫以首號闢佛之人不轉瞬而已與佛徒相親又安能强人之信昌黎之說而與佛徒絕迹也耶觀於與大顚往還一事昌黎已不啻自書供狀取消前說羅大經謂昌黎攻佛但攻皮毛柳子厚謂昌黎罪佛但以其髡緇不耕農蠶桑而活於人之迹而已是見石而不知石之韞玉者也夫以昌黎闢佛說之淺薄吾輩即欲借用昌黎之語曰蚍蜉撼大樹可笑不自量雖然在佛教則自經昌黎攻擊之後未嘗不受一大瘡痍之影響而其勢力幾不能振夫昌黎挾卑無高論之說不能侵入佛教之教理分毫而佛教竟大蒙其摧折者此何故哉曰凡說之能動一般之輿論者不必其立說之高而恐有當於理也往往以人智未齊之故高等之言或反爲人所冷遇而卑淺之說有大

遭世人之歡迎者。故說之行不行。不問其見到之理境果至何如。而但判於其與一時人心中智識之程度合與不合而已。抑猶有一說於此。曰凡闢佛者不能與佛教論理。蓋一論理則譬吾思想之所有。皆爲其所網羅。幾若入八陣圖中。無一門可以自出。吾之思想早已告盡。而彼所達到之一境。吾人仍望之超然而不能及。故凡闢佛而與佛教論學理者。無一不敗。昌黎以不與之論理。而取流俗易曉之言以攻之。雖不能傾動其教理之根柢。而於形體上已大獲戰勝之功。此固非昌黎之智慮所能及。謂必如此闢佛始足以致效。而擇而出於此一途也。亦適徼時之幸而然耳。蓋不耕而食。不織而衣。（此二語本莊子盜跖篇。盜跖篇云。造作言語。多辭繆說。不耕而食。不織而衣。搖脣鼓舌。擅生是非。以迷天下之主。使學士不反其本。妄作孝弟。而僥倖于封侯富貴者也。蓋此二語他家本用以闢儒。而今乃用以闢佛者。）至今尚爲攻佛教之用語。昌黎蓋即用之而有效者。而此說之所以能動人之故。則即本於人當自食其力之一原理而已。（以上之說。不能爲今日之僧徒解嘲。蓋今日之僧徒。多半不能知佛教之學理。是眞坐食而無益於社會矣。）

合數人之說而統觀之。其言自食力之界限。各有廣狹之不同。昌黎蓋以君爲可食於人之人。而臣則附屬於君者也。又所稱爲儒教徒之士。則特占位置於四民之上。而亦不必自食其力者也。除此以外。則所謂民者。無一不當有出粟米麻絲等諸事。以事其上。

無事者則誅漢之譌錯。僅不過一種重農輕商之政論。無關涉於學理者。可不具論。商鞅則以君爲立法之人臣爲行法之人與昌黎以君爲出令之人臣爲奉令之人故君與臣皆不妨坐食其意相同而其間有一大不同者即商鞅以兵爲可坐食而不許士之坐食昌黎則以士爲可坐食而不許佛敎徒之坐食商鞅之視章甫逢掖之流猶之昌黎之視緇衣托鉢之士也而持自食力之極端論者爲許行許行以人人皆當自食其力爲不可破壞之一原理故無所謂君無所謂臣凡稱爲人則皆當自食其力者也然則荷篠丈人當屬於何等乎以余所推蓋近於許行者也或曰有據乎曰雖不敢謂有確鑿之據然亦無非可據之理在其據若何曰論語僅載荷篠丈人答子路一間之言而其他更有何語一無所載夫丈人留宿子路於鷄黍宴賓之餘不應一夕之間別無談話此以理可想定論語載明日子路行以告非徒告有丈人留宿之事必幷丈人之所言而告之而後孔子有遣子路反見往告以言之事不然僅此殺鷄爲黍出見二子亦不過繪田間愫朴之風、及野老慇篤之情何足動夫子之惓惓焉而必欲相曉以大義也知孔子之言必有與丈人之言針鋒相對者而孔子之言有曰君臣之義不可廢也云云知丈人必有述其君臣之見於子路之前者夫以眞率若丈人一見子路初不聞其所問之言爲何如而問自問答自答一啓口而即曰四體不勤五穀不分由是可知丈人意中除勤四體分五穀之外人間直無何事夫使人人能勤四體分五穀則力田之不暇何緣更生他事而勞君臣之治理爲鑿井耕田亦幾忘帝力於何有此固丈人之思想度於留宿之時必有吐露其懷抱者然則論語不載其言何也曰丈人質朴雖含有此種理想必不能引典徵文而言之有故持之有理若許行之能自成爲一家言者以其言無足記載故論語略之要之觀孔子之言則丈人之言略可推定而孔子之對丈人有不能不告以君臣之義者以此知丈人之所見必略與許行相近者也

然則以農家學派言之學說成就實始許行立於農家之位置上而數其宗派則許行實爲大聖陳相陳辛實爲大賢而荷篠丈人則其學派先河之人也漢書藝文志。述農家者流不載許行二陳及荷篠丈人而以今日攷求之所得則此數人者實爲農家最重要之人物而言農家學說者必當首數及之也

凡一學說之發生也其原理必早含有於人心之間有人焉從人心所含有之諸原理

而抽出其一種立此爲主要之點組織而成爲一系統而一家之學說以與若許行之理想於中國古時。已早得發見其根原。禮月令孟春之月。乃擇元辰。天子親載耒耜措之於參保介之御間。帥三公九卿諸侯大夫躬耕帝藉。天子三推。三公五推。卿諸侯九推。祭統天子親耕於南郊。以共齊盛。諸侯耕於東郊。亦以共齊盛。天子諸侯。非莫耕也。云云。此已見天子三公諸侯大夫並耕而食之一理早爲古人所默認特其勢有所不暇及故不得已而謝耕農之事觀於制祿猶曰代耕則上下之人無一不當耕固可知也此其故蓋中國之地理本便於農而以農爲惟一之生業故自神農已入耕稼之時期中至於二三千年尚不能脫耕稼之時期進而至工商之時期猶之中亞洲蒙古之地理便於游牧故其人民蓋至今日而尚在游牧之時期中中國之文化蓋即謂由農業所發生之文化可也中國之家族社會人心風俗無一不以農爲根柢余著農宗國詳言之試觀中國製字从田从介爲界蓋以田爲境也从禾从刀爲利蓋以禾爲財也从力从田爲男蓋以力田方得爲男子也其重視農業爲何如吾人試深入內地睹此桑麻被野禾黍連畦亦未嘗不歎神州爲陸海之地天府之國而綠野春耕黃雲秋穫幾欲忘懷世界謂桃源之尚在人間又曷怪有純爲此種思想所養成之人而若有許行其人者出欲以上下竝耕謂足以致中國於上治也故許行之懷抱直可謂爲中國地理之觀念上所必有特他人或知之而不能言言之而不能盡而許行乃獨窺取此間之具有至理而發展其思想姑無論其學說如何要不能不服其有超絕之見解九流發生皆在周季誠可謂中國人心一大煥爛之期若許行之言亦特放一異彩於其間設無有孟子其人能詳言社會所以構成之理而折正之恐信從許行之言者不止陳相諸人而農家者流且未必不占中國學術界之勢力也

抑人心之思想每以時勢進步而不無多少變遷之勢然一探其思想之元素則古今人固多同一之點而心源直若有隱隱其相通者若今日士大夫間亦有以爲振興中國當因其事之所固有而以農爲本使野無不闢之土村無不耕之人已足立中國富强之基正不必需機器之製造品以與外洋相爭甚者以中國人多之故而主開鑛亦用人工而不用機器此可謂持人工論派者也而進於此者則以救中國之道不外興工商等實業而已若政治宗教哲學等直見以爲虛談而不解其何所用此可謂持實

業論派者也夫人工論派也實業論派也使其居於古昔社會單簡之時代則亦農家者之流亞也覈其所言其義亦不無可取惟其所明者僅知物質一方面之事此其所短而可病耳

（完）

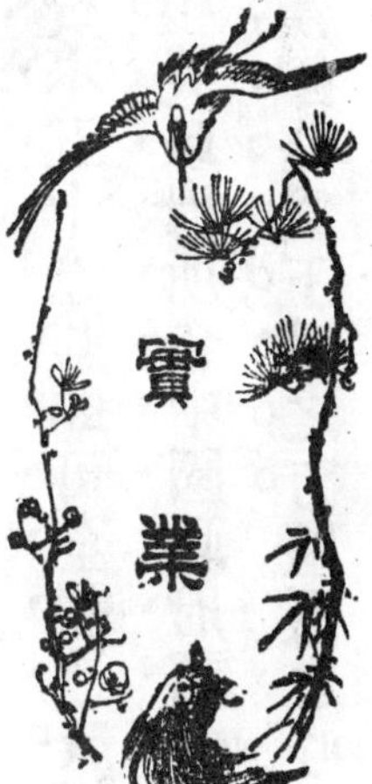


# 粵漢鐵路議

湘潭楊度撰

## 第一篇 緒論

粵漢鐵路問題。爲現今中國外交界一大問題。近數月以來。朝野上下之所持議者。皆歸於收回自辦之一途。不可謂非輿論上之進步。然自政府以及三省紳商士庶。懦者深慮而不敢力爭勇者羣爭而究難自信者。則有二問題焉。

第一問題乃謂以何政策而可使美公司不能反抗美政府不能袒護而達廢棄合同之目的

第二問題乃謂以何辦法而可使款項可集公司可成主權可保而達收回自辦之目的

此二問題者不可合并而爲一者也。廢合同爲一事。乃所以對於外者立公司爲一事。乃所以謀其內者各自有其條理各自有其方法。必不能混視爲一。然無廢合同之政策則合同既不能廢安所得鐵路而自辦之是立公司之說爲空談也。無立公司之辦法則即令合同既廢我仍無自辦之法徒與人爭亦復何益是廢合同之說亦爲空談也。由此觀之。則此二事者雖不可混而爲一。然當其研究之時。亦斷不可以畸輕畸重舍彼取此使論此事者於利害得失之所在前後始終之所至究未了然於心。則自信之力不堅而抗爭之力亦因之而薄。此關心於粵漢鐵路問題之事者。不能不於斯用之意者也。以鄙人之不學。亦何能解決此者。然特以今世各國之亡人國者皆以鐵道政策。鐵道之所至。即商務政權兵力之所同時并至。質言之則瓜分線之所至。勢力範圍圈之所至。無比無美無俄法一也。近聞英美德法俄五國協議將中國全國鐵路統行計算。約得資本五十億圓即可全體造成。五國擬各籌十億以共謀此事而主之者則美富人摩根美政府所告中國政府謂令其收回比股者也。蓋摩根等懷莫大之政策。而將借粵漢鐵路爲下手之方。區區之心聞竊憂之。故不顧其不學之陋而取關於粵漢鐵路事之所思慮所參考者。姑為錄之。以備舉國士夫三省父老之所採擇。其不切事理者。俟有所知隨時補述。且以待賢者之改正焉。而其所論者。則專注意於解決此二問題。故分為二篇。一曰廢合同議。一曰立公司議。

## 第二篇 廢合同議

國際上之交涉。專以約文為憑據。使約中而有其文也。則一字不可避。絲毫之權利不患其失。邱山之義務。亦莫能逃。使約中而無其文也。則以交情誘我。我之於彼約文以外無可講之交情。以威力脅我。彼之於我約文以外。亦無能逞之威力。不必為其甘言所愚。亦不必為其虛聲所慴。此國際約文所以能制一國之死命者。其關係之重大。如此。而辦外交者。不能不以堅守約文為無二之方法也。今美公司與中國總公司所立之合同。非美國政府與中國政府所立之條約。乃國際私法上之交涉。而非國際公法上之交涉。則廢合同與廢條約異。雖美政府若何袒護。若何衝突。虛聲恫喝。冀以挾我或至兵艦蜂擁而來。礮聲轟天而至。然其所為要挾之最後方法。仍不過於如此。若謂以一公司之交涉。而或至變為兩國政府之戰爭。於列強對立相持不發之時。而美國毅然擾亂東方之和平大局吾可以決其必不出此其結果之甚者不過美公司與中國總公司互相訴訟同受裁判而已無有他也夫粵漢鐵路之關係歸於外人之結果可使湘粵鄂三省爲東三省之續而此鐵路與蘆漢鐵路相連其結果可使中國全國爲東三省之續故不爭廢合同則中國危亡若謂爭廢合同致生外交之困難爲足危亡中國者此大誤之說也然爭之之道則亦必處處皆以合同爲據與國際公法上之據條約無以異不宜於合同以外加一橫生枝節之辭此對於此事最要之關鍵也故欲明合同之可廢不能不解釋合同之辭旨以論其對付之方法故此議分爲四節以次論之。

第一節　合同上美公司所有之權利

第二節　合同上美公司所有之義務

第三節　美公司於合同上之義務究竟能否履行

第四節　美公司於合同上之權利究應如何處分

第一節　合同上美公司所有之權利

由單簡言之。則美公司所得於我者。不過承辦鐵路之權利而已也。然使外人承辦鐵路亦何至使其事重大如此。危險如此。此其故何哉。則以當事者之用心欲使吾國於造路之時不籌一錢成路之後不用一人使人爲我籌款爲我造路爲我管車而我坐享路成之利積至五十年之久而後一舉贖歸以還於我我不費絲毫之力而坐得此一最長最鉅最要之鐵道且此數十年之中我國之鐵道辦事人員皆坐食此洋債之飯著此洋債之衣而將來爲鐵道之主人翁焉此猶以君子之心度之者若其以小人之心度之則五十年後中國之力能否償債贖路非其所顧不能償債贖路而此路歸於何國中國國勢當至何等亦非其所顧惟其以大宗洋債經手出入其間可以食其中衣其中終一世而可無凍餒之虞不僅不凍餒而又可以致巨富得顯官且以與外人交涉之始由其所專辦漸而經手日多事益繁重雖欲去之而已成不可脫離之關係以此爲其畢生穩固深隱之窟穴焉盛大臣等之用心未必不如此也故由後之說則不惜亡一國以利一己雖萬死不足以贖其罪由前之說則天下亦豈有此等便易之事以一國存亡之所關數萬萬人民生命財產之所繫爲此孤注之一擲以遂其旨險之政策焉謂之爲謀國之忠無寧謂之爲大愚不靈者也今距五十年之時日尙猶甚遠。而其險象既已如是若更思五十年後則其險象豈止百倍千倍萬倍於此者。何謂之險。合同者因也由此惡因而生惡果由彼惡果更生惡因因復生果果復生因直爲不可思議今姑不暇究論。即以合同上所有者而言之則由美公司所得之承辦鐵路權而可大別之爲三種權一曰債權二曰造路權三曰管車權細別之更可分爲無數權而此無數權者皆由此三權混合集聚於一處所生之結果也彼爲我借債即爲我造路路成之後即爲我管車一切全權皆在彼手至將來償債贖路之期無論我之財力能償債與否而此路已先落於債主之手彼得制我死命以與我交涉彼時外交之困難當至何等彼其權重其利大爲此路之主人翁者已數十年誰肯復以與人者我力不能贖固無待言即力能贖彼若思所以扼之即無在而不足以扼我者故推此事之究竟可以決其必無償債贖路之一日而其致此之由則由於盛大臣當日之條陳鐵路辦法謂華款斷不可用惟有一切委之一外國公司政府採用之遂以此借債造路管車之三權授於一美國合興公司之所致也鑄此大錯遂使南三省爲東三省之續矣。今請以美公司所有之三種權利。并由三種權利所生之各種權利。盡據合同所載舉其大者論列於下。

一因承辦鐵路而得美金四千萬圓小票債權者之權利。　原約第一款有云「籌借英金四百萬磅。或照美金申算。若此數不敷。必須添增。亦可多借。」續約第一款有云。「今已大概測勘。因展長之萍鄉三水兩路。一併合算在內。又因地勢崎嶇。工作艱鉅。非前所能預知。今乃查得又非前擬借之欵能足敷用。是以議定借欵金錢小票之數。須比前較從寬。約估應有美國金洋四千萬圓。乃敷築辦及備置鐵路所需各項。准美國公司隨時需欵造路。或銀市合宜時。出售或揭押」余按湘紳某公曾與書陸中丞論此。其大意謂美金一圓。約値中國關平銀一兩四五錢。美金四千萬圓。約値中國關平銀六千萬兩。粵漢相距一千四百七十中里。加入萍鄉枝路二十二中里。岳州枝路八中里有餘。湘潭枝路三中里。避車旁路二十六中里。共一千五百二十九中里。以津榆鐵道及現修萍醴鐵道每里所需之數。爲之比例。則合人工材料地價等費。每中里不過萬金。今川漢鐵路即以此爲估計。即以日本通國鐵路平均計算每一中里需日金一萬六千圓合之華銀亦只萬兩故一里萬金實爲鐵道通常之價今粵漢鐵道不過一千五百二十九里則所需之欵亦不過華銀一千五百餘萬美金一千萬圓已足矣即如原約所載預備路工未完之前數年利息及意外之需亦不過美金千餘萬圓耳何至有美金四千萬圓華銀六千萬兩之多乎每一里路費銀六萬實世界未有之奇聞也推借債者之用心特不過欲衣食此洋債而求其飽煖而已也論者謂粵漢鐵路爲洋債進步之速豈不然乎然使此六千萬兩而皆由自借則尚不至於授主權以與他人今乃以美公司承辦造路之故而即託其借債將大書特書中國國家金錢小票之四千萬美金之債券於續約畫押之後一齊交與美國受託銀行由美公司隨時提取此票以與資本家而從之借債焉是債權者爲中國國家而非美公司也債務者爲資本家而非美公司也美公司因代中國借債之故遂有雙方代理人之資格對於出小票人（中國政府）而爲債權者對於持小票人（債主）而爲債務者於是集無數散弱之債權而爲一强大之債權還債贖路期限訂明爲五十年中國於五十年中不能償此美金四千萬之債則路

歸於美公司矣。使美公司而僅爲我造路，不爲我借債，烏得有此權利乎。

二因債款美金四千萬圓而得年息五釐之權利。 原約第二款有云「每年利息每百納五，按半年交息一次，利息應俟此項小票售出收用該款若干。隨時起計。」續約第十五款有云。「西五月一號十一月一號爲小票付息之期。」余計美金六千萬圓年息五釐爲二百萬圓以華銀六千萬兩計算之。爲三百萬兩逐年屢進。一年三百萬。十年三千萬。半於本銀六千萬之數。合計之爲九千萬矣。二十年積利至六千萬。等於本銀之數。合計之爲一萬二千萬矣。三十年積利至九千萬半倍於本銀之數。合計之爲一萬五千萬矣。四十年積利至一萬二千萬一倍於本銀之數。合計之爲一萬八千萬矣。五十年積利至一萬五千萬。一倍半於本銀之數。合計之爲二萬一千萬矣。此華銀二萬一千萬兩之數。絲毫不能短少。況股東應分之餘利。五十年中大約亦數千萬。皆無可躲閃者。總共必在三萬萬兩以外。將及庚子賠款之數矣。況借款本銀皆以九扣。伍侍郎答梁主事之詰問。謂因息輕。故用九扣。不知五厘者。百圓之息。今每百實交九十。則以九十圓而去百圓之息。不止五厘。而爲五厘五矣以此計之則較之前者所算五十年當虛貼一千萬應於前五十年本利合計之二萬一千萬之數加爲二萬二千萬矣然此之本利計算皆據我應還彼者而言之。若美公司因此美金四千萬圓年得五厘之利。利復爲本本復爲利試亦以年息五厘計算之則至五十年時本利所得總數應有美金四萬五千八百六十九萬五千九百二十圓其利亦可謂鉅矣若我自集欵而自修之則此利皆我之利也。

三因借債而得以鐵路及全路產業抵押之權利 原約第二款有云。「倣中國近日借欵小票。惟不以洋關作抵而以鐵道全件作爲頭次抵押」續約第七欵有云。「如照約所訂日期。不付年息或期滿本欵不還。所有鐵路以及全路產業抵押於購執小票人之美公司者統交美公司遵照通例辦理以便實在保護購執小票人之利益」又第七欵有云。「其小票未贖。年息未付。美國餘利憑票尚欠應分之利。不得將抵押之地鐵路及鐵路產業。出售移交轉給推讓與他人。亦不得稍有損礙頭次抵押之權利。又議定除借欵本利以及各項欠欵清還。或美國公司繕據明白允準外。中國國家或中國總公司。亦不得再行抵押與他人勿論華人西人。」又第七欵有云。「原約第二欵載明此約所定之頭次抵押物件。係川鐵路及鐵路車輛產業」余按年息不付。本欵不還。則美公司遵照通例辦理。不知所謂通例者何。蓋即以鐵路及全路產業歸美公司所有而已。當事者不肯下此一語以使中國人受驚耳。且本利及各項借款不還清時不能再行抵押。夫一物權可生無數抵當權。但視其所值之多寡以爲次數之多寡。若頭次所抵之債欵不能敵其所值。則以之再抵三抵於他人皆可也。不必僅抵一次。亦不必二次三次仍須抵與第一次之債主也。此非頭次債主所能限制者。今此合同載明不能再行抵押。是我欲再抵於他人則不可。若仍向彼借債仍以此爲抵則可。並我借債之權而限制之。則并頭次抵押之名亦有名無實矣。

四、因借債而得九扣之權利。　原約第二欵有云。「小票每張塡注一百磅實分九十磅。此項小票總數應照美華公司所派工程師勘估應用之數。按每百九扣計足。如估計需用九十磅小票須塡注一百以符九扣之數　塡寫小票爲全路工程之用。」余按以此計之。則美金四千萬圓之債。我所實收者不過三千六百萬圓之利。將來償債則須實還與四千萬圓之數也。

五因借債而得前二十五年贖債每百元須加貼二元半之權利。原約第八欵云「以鐵路頭次作押之借欵小票由發票之日起計以五十年爲期二十五年之內總公司將此項小票無論多寡均可贖還惟票內所注每百元須加貼二元半二十五年之後贖還則只照票注之數收買不必加貼。五十年期滿如不展期亦照票數贖還。不必索加。續約第二十一欵有云「若於前二十五年內取贖則每百加二釐半。應註明即是每金錢百元加二元半再後二十五年直至滿期取贖則無庸加値」余按公債之償還法有三一定期償還法期限未至不能償還也二分期償還法每期皆有定時每期之欵皆有定數三隨時償還法在約定期限中隨時可還惟不得過總期限前二法皆甚不便於償債者惟後一法最便各國國家發行公債多用此法今此合同所載前二十五年爲隨時償還法後二十五年是否隨時償還法抑定期償還法約文不甚明瞭恐我欲還彼彼或可以不受但約文似可以隨時償還法解釋之前後償還應同一律惟何以必五十年分爲兩種辦法我欲速還彼即加索是有禁我隨時償還之意而欲我之遲還彼款彼乃得長享利益也不然隨時既可償還即無加索之理何爲加索半年之息此其不欲還債而欲得路之心已明明若揭矣至當事者爲此約文之糢糊辦法之差異更不足責也。

六因借債而得每百得五酬勞費之權利。 原約第四欵有云「建路所用欵項除地價及土工不計外美華公司每百得五作爲酬勞之費」余按此於九扣之外又須每百得五雖彼屬債主而此屬美公司然自我論之則皆爲損失幷無異同地價土工所需有限美金四千萬圓之中又去此將近二百萬圓之數矣

七因借債而得造幹路之權利。 原約第三欵有云「粵漢鐵路由美華公司按照現行最善之法建造」

八因造粵漢幹路而得展造幹路之權利。 原約第三欵有云「如嗣後欲由粵城續建至海濱或別處亦可隨時與督辦大臣妥商」余按此文則不僅以粵漢鐵路與之且與此連接之路亦幷與之矣

九因造幹路而得添造枝路之權利。 原約第三欵有云「美華公司有添建短枝路

之權運接要處以招運載」余按此所謂短枝路不知有何限制所謂要處不知何所指定所謂運載不知僅指關於運載鐵道物業者乎抑泛指運載貨物者而言也設使彼欲於與此幹路距離數十百里之商埠要處建一鐵路以相接以便運載爲言能以此合同之文禁之謂其非短路乎彼必曰約文原未限制里數此固較粵漢鐵路爲短也未知何以禦之若不能禦之則彼於幹路兩旁之枝路何在不可得而修之乎

十因造路而得不准築造與粵漢幹路及枝路同向並行他路之權利　續約第十七欵有云「不准築造與粵漢幹路及枝路同向并行之鐵路」余按鐵道者所以謀一國人民交通之便利實業之發達今此乃限制一國之交通以謀一公司之專利既非事體所宜且此謂枝路乃專指合同內所包萍鄉岳州湘潭三枝路而言乎抑泛指有添建權之短枝路而言乎若僅言三枝路固猶可言然合同之文不明未足以限定之也若指短枝路而言則彼設欲造一較此短枝路稍長之枝路達於他處以運載貨物交通商務惟與之同向并行可乎不可乎若其不可則彼所謂短枝路

者其爲指運載貨物者而言。而非徒指運載鐵路物業者而言。可無疑矣。

十二因造路而得粵漢幹路及枝路經通界內不准築造爭奪生意之鐵路之權利。　續約第十七欵有云。「粵漢幹路及枝路經通界內。不准築造爭奪生意之鐵路。」余按此文。所謂經通界內者何也。豈以南北爲同向並行。則東西爲經通界內乎。若如此。則是幹路兩旁禁我不得修枝路。枝路兩旁又禁我不得修旁枝路。且此枝路若非欲以運載貨物通於商埠。則何爭奪生意之可言耶。此與前之所謂短枝路者。爲一爲二乎。豈彼必短而此可長乎。彼短者不必可營生意。而此長者可營生意乎。即謂經通界內之解釋不如此。而別有其解釋之法。然終無解於有生意之枝路。總之。經通三省之幹路。經通各省之枝路。不難因此一語而並失之矣。

十三因造路而得派人管車之權利。　原約第三欵有云。「照以下所訂各節。將該路火車等事行駛管理。（中畧）所有鐵路經行之地。以及建造及駛車應需別項利權。總公司督辦大臣允爲料理。」又第五欵有云。「路成之後。不論長短。所有照管駛車等事。均由美華公司選派妥人經理。（中略）並倣照洋關章程。設立鐵路局管理各事所有總工程師人等及各項人員工匠等。歸鐵路局管轄。」續約第六欵有云。「仿照海關章程。設立管理造路行車事務處。名之曰總辦管理處。（中略）共辦事人員五名。中國總辦兩人。由督辦大臣選派。除總工程司外。西員兩名。由美國公司選派。」余按海關章程。原議亦爲華洋人員並用。其後三等以上事務。皆外人司之。華人無能見其帳目者。鐵路管理之法。又倣之。則路成之後。有利無利。均非我所能知矣。

十三　因造路管車而得派兵保護及設巡捕隊之權利。　續約第十欵有云。「各省文武官員隨時竭力保護。（中略）並准總辦管理處隨時練養鐵路華巡捕一隊。其弁目兼用華洋人。（中略）如鐵路另要國家或各省派兵保護之處。由督辦大臣咨請。」余按此乃警察權外落也。夫警察爲一國行政上最重要之職司。無此則不復能行政矣。豈可因外人代辦一鐵路。而即以此權授之之理。以理言之。不僅內地各處必宜由華人自辦。即租界亦復宜然。今設華巡捕隊。而兼用華洋弁目。則洋其主而華其奴。徒以供洋人指使而已。上海租界之現象。人所共知。俄人仿此辦法。以行於東三省之東清鐵道。而得我內地警察權矣。繼又請派華兵保護。繼又雜以洋兵。漸而布滿於鐵道兩旁而東三省遂亡今因訂粵漢鐵道合同而遂以三省內地警察權授之實爲荒謬已極況華兵不足洋兵隨至又事勢之所必有者乎即此一條已足亡南三省而有餘矣

十四因管車而得設電話電報之權利　續約第十一欵有云「幹路及枝路所需德律風電報以及號令專爲駛行輪車及辦理鐵路各事之用不得佔奪電局之權利」余按此文似有界限然電話電報以傍鐵道者其得用爲最多今既畀之則電局之權利所餘無幾且幹路貫於三省枝路布於各省依此而設電話電報則縱橫四達交通機關盡在其手矣東三省因東清鐵道之故而電報操於俄人之手將軍增祺至不能與政府通一密信此前事之可鑒者也

十五因造路管車而得設機器廠之權利　續約第十一欵有云「將來凡有與中國國家有益於鐵路相關能保養鐵路及於鐵路生意之有利益者除平常鐵路機器廠修造廠外其餘如火輪渡船棧房及別項機器廠等類准由美公司與督辦大臣隨時商酌設法請辦」余按此所謂別項機器廠者既非平常鐵路機器廠又非修造廠果何

等廠耶。若彼執此文而於不關鐵路之事。欲設立一切製造工廠及槍礮廠等。能謂非別項機器廠乎。此等模糊之語。載之國際合同。實世界各國所未有者也。

十六因借債造路管車而得預支鐵道五分之一餘利虛數憑票之權利　原約第六欵有云。「除支給薪工及各項經費暨借欵利息外。鐵路所得餘利。以五分之一（即每百分之二十分）歸美華公司。即照鐵路價值總數。五分之一之數。發給餘利小票。（中略）與上開鐵路作抵之借欵小票。同時發給。總公司可隨時照票內注明之數贖還。」續約第五欵有云。「原約第二欵所指之小票。並原約第六欵所指之餘利憑票日期。應與此續約日期一律。」又第十二欵有云。「美國餘利憑票。注明以五十年爲期。其票價每張或五百元或一千元。並不帶年息。於頭次抵押之小票。同時按次發給。每次多少。係按小票發給多少而定。以至總數五分之一爲度。（中略）五十年期限之內。中國總公司可照原價取贖。五十年期滿。此美國憑票作廢。毋庸給價取贖。惟取贖以前。或未滿期以前。鐵路已獲照章應分之餘利。均須分給。乃能注銷。」又第十二欵有云。「此鐵路每年進欵。除提付各項經費。及養路修路。並添換機器車輛。與辦工一切費用。又除美公司借欵小票年息五厘。及中國總公司自備或另借美公司購買地價之年息六厘外。所剩是爲餘利。當提五分之一。給執掌美國餘利憑票之人照數分派」余按此所謂餘利者。即將來鐵路成工之後。路上所出之利。除所載各項開銷之外。所餘者謂之餘利。當事者之意。以爲美公司爲我借債。爲我造路。爲我管車。故路上所有餘利。應得每年分與五分之一。以爲酬謝者也。然路上所得餘利之數。因生意有盛衰進退。則餘利亦有多少贏虧。五十年中。甲年不同乙年。乙年不同丙年。若徒然逐年計算分與五分之一。猶不足以酬美公司之厚意。故於續約訂定之始。同時即將借欵小票美金四千萬圓。即華銀六千萬兩。並餘利虛數小票美金八百萬圓。即華銀一千二百萬兩。概行交與受託銀行。按照每次美公司向受託銀行所提借欵小票之數。準其數之五分之一。同時以餘利虛數小票若干與之。如現在借欵小票。已提去美金六百二十二萬二千二百二十二圓。則餘利虛數小票。亦因之而提去美金一百二十四萬四千四百四十四圓矣。以華銀計之。則爲一百八十八萬八千八百餘兩。夫美公司即令有功於我。亦必當有利有餘之後。而後以餘利分之今不知將來是否有利有餘而預頒與此餘利虛數憑票者則以鐵路爲美金四千萬圓之資本所造則其總值爲四千萬圓是爲母財其因此而得之餘利則母財所生之子財也每歲所得子財其五分之一此時不能預定則即以母財五分之一預定之故其數爲美金八百萬圓乃四千萬中五分之一也美公司將此四千萬之母財用盡之時雖鐵道尚在初成利息猶無分毫而其子財八百萬已到手矣以之發賣發抵皆可作爲實在美金八百萬圓之用何以故以中國若欲贖之則須實在美金八百萬圓故有此價值也此其利一也然不僅此美公司持此票既可與實金八百萬同用則以此爲本以本生利利復爲本本復生利試以年息五厘計之本利連乘至五十年八百萬圓之數變爲九千一百七十一萬一千一百八十四圓之數十倍於原數矣其利二也然不僅此美公司既得餘利虛數憑票於以後鐵道每年所得實在餘利仍可以此票爲據逐年分取五分之一至於五十年之終其數亦數千萬其利三也前既有定數之總額預支後復有不定數之按年分支美公司於此實可謂至奇至巧之經濟政策而在中國則當其給與餘利虛數小票之時幷

不必交與八百萬美金之實貨但虛塡八百萬圓之虛數於憑票以爲五十年中按年持取五分之一實在餘利之證據不過如中國商務界之手票手摺以爲取錢之據而已若將來不願彼之分利則以八百萬美金贖還此票彼即再無分利之權若我不能贖則彼分利至五十年之頃應得之利既已全得則此票作爲廢紙在美公司預得此票雖有種種之利益在我仍不過五十年中每年分與五分之一餘利而已美公司此等經濟政策，雖甚精巧。而在我固無大損，猶可謂爲兩利之道。盛大臣伍侍郎等與之訂此。尚非甚謬。所大謬者。則此得餘利之人並非債主而爲代理人也債主之四千萬美金既已有週年五厘之息而美公司不過一經手借債之代理人乃至分五十年中每年鐵道餘利五分之一最長最鉅之利以與之者何哉則以此代理人不僅代我借債又代我造路又代我管車由彼借得債欵而造成此路以管之全權託之於彼則五分之一雖爲過重然欲不分與之烏可得乎

七因餘利憑票而得選派帳房職司之權利。 續約第十二欵有云。「如頭次抵押之金錢小票。照此約訂定章程。全行贖淸。而美國公司餘利憑票。或未贖、或未滿期。則

美國公司准選派一人在鐵路辦事。由鐵路開支薪資。隨時可以查閱鐵路帳目。此人所辦。係帳房職司保護執掌美國餘利憑票人之利益。一俟餘利憑票贖清或滿期。則此帳房即行裁撤。」余按此文載定金錢小票贖清之後者。乃因四千萬小票未贖之時。全路皆在彼手。不必言也。合同本有帳房辦事人員中西并用之文。此不患中國之不允者。惟假使中國忽然贖清。則彼不能不以路還我。因借償之關係脫。而管車之關係亦不能不脫。故復訂此一辦法。以監督我。夫鐵道之餘利。我得其四。彼得其一。以五分之一之客。而監督五分之四之主。帳目既歸彼管。則全體財務。猶在彼手。五十年中。一日未贖餘利之票。則一日不得自理鐵路之財。彼所餘權利尚如此。使非借債造路管車之事全託於彼。豈致使全債既已償清。債主已不能過問之事。而代理借債人猶不能擺脫之理。非盛大臣伍侍郎與訂此合同。烏有此大權外落之患害乎。

六因購買地基而得加售小票之權利。 續約第五欵有云。「又議定另可加售小票。不得逾金洋二百五十萬圓。用為隨時購買鐵路地基。(中略)此欵內所訂明之小票均與第一欵出售之小票。一樣章程。一樣看待。一樣抵保」又第七欵有云。「中國總公司所出地價除總工程司原估預備之欵外。合共不得逾金洋二百五十萬圓。則准由進欵支付總公司年息六釐。此地價可給以鐵路股票名曰鐵路地價股票。」又第七欵有云。「所購各項地基。不論由總公司或美公司籌欵（中略）按照華例所應有地契賣契紙據。切實辦妥。由公司代理人在滬行注册收執。照此續約作爲小票頭次抵押。須候小票本利及各項洋欵淸還後。即繳還中國總公司。」余按此文之意。在當事者之心。亦知中國土地。不應以與外人。僅以鐵路與之承辦。猶有可言。若地基亦由其購買。則名義過於不正。必爲當世所非議。故於買地之法。分爲三種。一中國總公司自買者。二中國總公司與美公司合買者。三美公司代買者。然地價總數。總不得過美金二百五十萬圓。年息六釐。契據概交美公司收執。此則無論自買合買代買而皆同者也。且無論自買合買代買。不過欵項之所出不同。而其與地主交涉。勢必不能不由中國總公司經手。美公司無由可以直接自辦。以此之故。故特加此總公司自買一句。然此層不過空言。特以掩飾中國人之耳目。爲合同文字上之門面語而已。蓋持此以與地主辦交涉。謂是乃中國自買地也。自修路也。則地主當不至有反對之事。而地可以買。買地者因即得借此以報虛價飽私囊矣。問其實欵之所自出。則總公司竟不必自籌也。但須以加售小票向美公司借之。較與借欵小票更每年多認一厘息而已。美公司以償欵加增之故。不僅爲鐵路之債主。而且爲土地之債主。以收執契據之故。不僅爲土地之債主。而且爲土地之地主。自合同表面上觀之。似有前舉三種辦法。其實不過美公司代買之一辦法。彼出錢。而我爲買地。不得謂之合買也。外國法律。外國人不得買內國土地。因一國人民皆附著於土地。土地爲立國之一最重要之要質。故斷不可以授與外人故也。今盛大臣等但以衣食洋債之故。不惜舉三省鐵路幹路枝路所經之地而盡以買與人。則將來鐵道所經之地。幷非中國之土地。而爲美國之土地。中國幷地主權而無之矣。欲不亡國滅種。何可得乎。

十九、因加售購買地基小票。而得年息六釐之權利。　續約第十二欵有云。「此鐵路每年進欵。除提付各項經費及養路修路。並添換機器車輛與辦公一切費用。又除美公司借欵小票年息五厘及中國總公司自備或另借美公司購買地價之年息六釐外。所剩是爲餘利。」余按此六釐年息。乃彼我所同。誰買地基。即誰得此也。二千因築造枝路展造幹路而得加售小票之權利。續約第五欵有云。「若因築造枝路。展造幹路。係美國公司所請。已奉督辦大臣奏明國家核准者。如果再需欵項仍可加售小票。所有該枝路及展造幹路估價數目。由總辦管理處稟商督辦大臣核准」余按此小票非因承辦粵漢鐵路所限定四千萬圓之金錢小票也此加售小票亦非因承辦粵漢鐵路而買地基所限定二百五十萬圓之加售小票也乃因有現在未定而將來可築造之枝路現在未定而將來可展造之幹路故特爲此未定而可加售之小票以爲他日更復代我借債造路管車之地步彼未定之枝路幹路不知其幾十百千萬里也則此未定之小票亦不知其幾十百千萬圓彼造路之權利爲無限之權利此借債之權利亦爲無限之權利合同以內所指定者既有前所列各種之危害矣而合同所未指定而已載定者更已有此不知底止不可計算之危害則此合同之爲中國前途亡國滅種之原因者豈少也哉以上所列二十種之權利乃舉其犖犖大者而言之至其細微殆不可勝數而其種種之權利能并集於一處者則以借債造路管車之事全託於一美公司之故也而以三者全託於一美公司者則盛大臣伍侍郎之爲之也我一日不還彼之債欵本利及餘利或還之而未淨盡則彼管車之權一日不能謝脫若欲還之則逐年屢進如前所論三萬萬兩之巨數已可驚駭矣然所借者美金償債亦必以美金計算而中國之經濟程度決不能驟升爲金本位之國自此以後銀價日低金價日高其相差之比例必至愈隔愈遠將來即令能得三萬萬兩之銀以贖之而彼以美金計算不知當一倍再倍三倍於三萬萬兩之銀乃能抵美金四千萬圓之數其總數之多至於不可思議故余觀世界之大勢審中國之前途度三省之財力若準此合同以實行之五十年中欲其還債贖路收回各種權利吾可以決其無此一日恐較之東三省有過之無不及也俄人於東清鐵道之權利豈有他哉亦不過如上所列各種而已然數年之間即已至是亦何必五十年乎

# 俄羅斯革命之影響（續第六十一號）

中國之新民

## （三）革命之前途

俄民今度之革命果遂能達其數十年來所希望之目的與否。此實一最難懸斷之問題也。托爾斯泰者俄人中以文學理想聞於世界者也。彼於正月廿二日虐殺事件。指斥俄皇罪狀。無所容諱。雖然彼謂俄國大革命之機。去今尙遠。其言曰。「今者全俄大多數之人。皆未解革命之爲何物。不甯惟是。彼輩率皆無立錐地。其力曾不足以謀武器之供給。無論其初陣若何洶湧。政府撲滅之。猶以千鈞之弩潰癰也。吾信吾俄之革命。非無其期。雖然。必俟「宗教的」「智力的」「經濟的」三種教育循自然之趨勢臻於完備。乃以無血革命收全功焉。此非遲以十年不可」英國斯丹達報所載彼以國中第一先達。語本

時局

國之事。而其論若是。就民黨勢力之未充實以決今次之無成此一說也

倫敦泰晤士報。曾爲一文。述民黨之內容。謂全俄之祕密結社。不下百數。而主義互相出入。其中最有力者八。而主義亦互相出入。若者持土地國有之主義。若者持資本均沾之主義。若者持國教廢除之主義。若者持波蘭分離之主義。若者持芬蘭獨立之主義。互相衝突。互相軋轢。凌雜不可言狀。萬無可以合并之理。俄政府常利用而操縱之以甲閗乙。以乙閗丙。故其勢力雖大。而政府常能玩諸股掌。毫不受其芥蒂。皆此之由（案中國民黨聞此語當起如何之感想耶）今茲之役。雖若全國一致。以向政府。實則各自爲其目的而動。無意識之結合。蓋不可以久也。此就民黨組織之不統一以決今次之無成又一說也

以經過之跡論之。民黨可以望成者。其理由有二。一曰脅持。二曰恐怖。脅持者以戰鬭方急。兵力財力。皆不得不仰給於民。故得持其急以有所易也。此事更於下節論之。恐怖者。暗殺之結果也。俄人之以恐怖主義對待政府。亦既有年。雖然其機以愈接而愈厲。其技以愈習而愈良。半年以來。宣告芬蘭總督死刑後僅二十日而芬蘭總督斃。宣告內務大臣死刑後僅兩月而內務大臣斃。宣告太公死刑後僅一月而太公斃。取物

於囊如響斯應其手段視亞歷第二遇害時代過之遠也故爲民黨公敵者人人有自危之心觀二月間電報彼貴族會議表同情於民黨者且過半焉此中消息蓋可知也故謂民黨必能以武力嬗代政府與否非吾所敢言若政府終不能以武力壓服人民則吾所敢言也謂民黨果能自結合以統治全俄毋致更端別生惡果與否非吾之所敢言若其使政府不能永維持今日之現狀則吾所敢言也今請懸論其影響。

## (四) 革命之影響

### (甲) 影響於國內者

以俄民處水深火熱之中。今茲之風起水湧。謂將以救死亡也。其成不成且勿論。即成矣。而結果之良不良。抑又難言也。請言其理。(一)今茲之事以芬蘭波蘭人爲主動而俄國本族之斯拉夫人協贊之芬蘭波蘭人所希望之目的與斯拉夫人決非一致者彼固常欲脫俄而自立者也且使俄政府與其人民不相下而致出於最後之破壞手段如法國之於路易第十六然則其結果必更有劣於法國者何也法雖內訌然以有種族之結合力故舊政府倒而新政府猶可以保持大國之資格若俄國苟破壞現今皇統之後猶欲如前此以斯拉夫御羣族勢固不能則所謂全俄大帝國者遂將瓦解分爲三四乃至六七之小國而無復一焉足以厠於今世界列强之間則於人民之利否未可知而於人格之國家其不利已立見矣此一難也若云君主立憲乎斯拉夫人之憲法未必適於芬蘭波蘭人芬蘭波蘭人之憲法未必適於斯拉夫人其勢必如十年前之英國與愛爾蘭同一議院而紛呶無已時愛人仇英之心終不以有區區之代議士而遽殺也此又一難也故爲俄國根本救治計必也芬蘭波蘭乃至其他一二大族皆各自有議會各自有政府各自有憲法而以俄皇兼王之宣誓守其國憲如奧大利之兼王匈牙利然如是則帝國乃可以不瓦解而內部之軋轢亦得以少 雖然此重大之要求恐非特俄政府難於承諾即俄國民亦未必肯爲後援也以英人之侈言自由高語平等而格蘭斯頓倡愛爾蘭自治案猶且舉國非之然則俄人處置此問題之困難更豈待言矣(二)俄國擾亂之動機屬於政治問題者不過十之三屬於生計問題者實十之七其間最有力之一派即所謂社會主義者流以廢「土地私有權」爲第一之目的者也雖以托爾斯泰之老成持重猶主張此義托氏於三年前病劇。自擬不起。乃草遺疏上俄皇言甚剴切。全球傳誦。

謂爲百年來有數之大文。篇中即主此論。其勢力之大可概見矣且使俄國忽易專制而共和也則取今政府而代之者必在極端社會主義之人將舉其平昔所夢想之政策而實行之試問土地私有權廢止之議果可以行於今日之世界乎是不啻舉全俄立國之基礎而搖翻之其不至如法國革命之生絕對反動力而不止也藉曰君主立憲而以今次主動之急激民黨選代表人以占多數於議會其亦必汲汲焉欲行其所信又勢使然也政府而采之是亦與亂同道也而抗之則是損議會之效力雖有猶虛器也以此二端故吾以爲今茲俄民之要求苟其不成固無論矣即其成也而所生之響影猶至可危或則使地球上忽失去一大帝國或則使此大帝國將來之騷擾倍蓰什伯於今日爲未可知也故俄廷之難於承諾。其大原因固由頑迷自利或亦於一國前途大計微有不得已者存耳。

（乙）影響於戰局者

今次事變其他種影響之趨勢。皆難斷言。若其於戰爭之繼續。必有阻力。可無疑義也。使其成也。則現在民黨之主動者。皆以反對戰爭爲旗幟。此輩一得勢力。必首舉此主

時局

義而實行之明也。或曰。兩政黨之相閱。往往有殺鄧析而用其竹刑者。（昔英國自由黨嘗一度排倒保守黨之內閣。及執政。乃悉用前內閣之政策。保黨譏之曰。彼乘我浴而竊吾衣也。又日本維新時。民間日以攘夷責幕府。及得政後。仍襲幕府之開港主義。諸如此類甚多。）戰之勝敗為一國名譽所關。今民黨雖以此為攻擊政府之口實。苟一旦嬗代。安知不上下一心更毅然一雪前恥也。應之曰。使俄之民黨而眞愛國者其手段固應如是。雖然。以今日屢敗之後元氣彫喪若新政府立而復盡吾力而用之其勢必無幸。為俄民計有臥薪嘗膽不忘會稽期釋憾於十年以後耳若猶襲現政府無名之戰知者諒不出此也使言不成也政府始終為頑固主戰黨所盤踞而戰局遂可以久乎。曰、惡。惡能。奉天敗後俄廷再布全國動員令徵發已及國民第二軍夫其常備續備軍尚未盡出也顧舍之而徵國民軍何也留精驍以防家賊遂不得不取羸弱以充前敵也其受革命之影響而不能戰者一也區區單線之西伯利鐵道平昔運輸已極困難乃者人民以不慊於政府不慊於戰爭毀軌壞途者日相屬二十年全力經營之利器臨事乃不能收其用其受革命之影響而不能戰者二也近世之戰爭非惟校兵力而尤校財力俄素以法為外府公私挹注胥賴焉今俄政府以悖戾人道之舉動傷全法上下之感情以致市民有示威聲援之舉國會有解散同盟之議而兩度公債經旬交涉卒被拒絕啗然以歸金穴無靈氷山難倚司農仰屋泣嗟何及其受革命之影響而不能戰者三也外債既已絕望乃反而求諸其民故最近有借內債一百五十兆盧布之議然緩則相捐急乃乞援彼民之所以持之者其有詞矣即曰全俄總殖半在貴族國債應募不恃編氓然以彼都疲弊之內情識者謂苟外資之挹注既窮即使內債能集而金融界必生大混亂內變方且滋蔓其受革命之影響而不能戰者四也有此四端。雖在屢勝之國猶無以善其後而況乎士氣既再衰三竭軍情且風聲鶴唳也故自旅順奉天既陷。戰局之必不能久固已夫人知之。復加以革命之影響。則俄之屈於日本。更可計日而待也。

(丙)影響於中國者

今茲之役若無成。而現政府能維持現狀以泰然也。則其對於中國之政策。遵其舊方針以進行。無待言者。若其成也。則奈何。以今日戰局之趨勢。俄人諒不能復得志於滿洲毒痡他發。且在蒙犂。且使今後之俄忽易爲立憲政府。猶汲汲向此方面猛進否乎。實我輩切膚之一問題也。以斯拉夫人狠鷙忍耐之天性野心斷非易戢謂政府易而我患遂已此囈言也雖然俄國之帝國主義與英德美日之帝國主義微有不同即英德諸國之帝國主義純爲「近世的」而俄則仍近「中世的」也俄之侵略其主動在君主貴族而不在國民乃主權者野心之結果非民族膨脹之結果也使主權一旦去貴族而入國民也若數年或十數年以後其彌中肆外之力或更倍蓰於今日所不敢知以目前論其見偪之勢或稍殺亦意中事也此其影響於我外交問題者一也又我國雖號稱專制而此痿痺之政府其專制之根礎脆弱殊甚曩昔有專制之强俄與之相形彼方以爲何渠不若漢豈必如其他多數國與民同治者始足以立於天地也自此次戰役爲專制國與自由國優劣之試驗場其刺激於頑固之眼簾者未始不有力也顧猶未也若此次之要求能成見夫赫赫積威之政府遂不能不屈於其民則夫老朽且死之長官雖或若無睹焉若乃次焉稍有人氣者其必瞠然反視而有所鑒也而人民之見有助我張目者而神氣加發揚焉又無論矣此其影響於我內治問題者又一也故吾儕日禱於帝以祈彼玉成日引余領以聽彼奏凱又豈直爲表同情而已。

客春嘗爲人題老驥圖一絕云『曾作中原萬里行前塵回首一悲鳴那堪櫪廡凄涼夜更聽鄰槽出塞聲』蓋感日俄戰事作也今吾草此論已吾腦際養養一如吾初聞日俄宣戰時（完）

# 音樂教育論

志忞

教育思想日益發達。吳越燕楚。風氣先開之地。研究教育者。殆已公認音樂爲學科之一目。於是亟相輸入。以助文明。然而發軔不入正軌。終必迷途。下筆認題不眞。終難中肯。爰輯東西名論。參以愚見。作音樂教育論。就今日吾國樂界情況。詳言音樂之體用。及發達之方針。見到寫到。殊非文學的。閱者會其意而略其文可也。 忞識

## 第一章　緒言

今試就教育者而叩之曰。『公等日孜孜於音樂。究竟目音樂爲何物。音樂之存於世。其價値如何。其功用如何。』此問題固更席難決。試更叩之曰。『西人之視音樂爲何物。其國之有音樂。究於其國有何等之關係。』此問題範圍太廣。非一二語所能了結。則更叩之曰。『公等見日本學校皆有唱歌科。於是羨而效之。然亦細察日人之設

入西樂用何方法用何材料以至今日？」此則正鄙人今日所欲研究之問題。而深願與世之教育家相愧勉相商搉者也。

凡欲發達一種事業。必先求發達之利器。音樂亦何獨不然。今請揭其利器之要如左

一培養本國音樂教師　二雇用外國音樂教師

三編輯音樂用教科書　四仿造泰西風琴洋琴

今國內府縣學堂。歲月增加。不爲不速。海外留學生。數以千計。學堂自小中大以及實業專門。留學生自農工商以及政法陸軍。略具一斑。而獨於音樂一科。付諸缺如。即在一二團體。一二個人。私相研究。將來或自有結果。然試問此結果。果期諸何日。此培養本國教師之缺點一也

無已其聘外國教師。然未聘以前。以吾眼力。以吾學力。當由何道以愼選擇之。既聘定后。以吾財力。以吾手法。當由何道。以善待遇之。此凡雇用外國教師者所當注意。不獨音樂一科爲然也。乃吾國於此。既不愼選擇於前。又不善待遇於后。致被雇者。非敷衍了事。即擅權掣肘。有選擇不愼而不得好結局者。有選得其人。因待遇不善而失敗者。英人亦雇法人。法人亦雇德人。日人亦雇美人。何法德美之被雇者。獨厚心於英法日。

而吾之所雇者。獨薄於吾耶。責人不如責已。自憤不如自勉。今吾一二音樂小團體上。未嘗不雇外人。然能否收其用。蓋難言焉。此於雇用外國教師之缺點二也

教科書者。教育之命脈也。全國教科書不能統一。即全國教育不能統一。今都野之士。以個人之資格財力从事於此。不獨不能致全國教育於一致。即恐求一書一課之完全亦甚難也。音樂教科書今全國僅有二三種。且此一二種。又出於極脆弱極單薄之手。於此而欲語普及云何可期。此編輯教科書之缺點三也

輸入文明而不製造文明。此文明仍非我家物。每歲統計教育品及工業品之携歸故鄉者。以萬千計。而終不能自造一教育用品及工業用品。甚至一支木槍二枚鋏球。亦必購自日本。倘得其店減價廉售。已沾沾自喜。購風琴洋琴者亦然。內地音樂發達一日。則需用風琴日多一日。苟不早事抵制。豈非教育上工業上之一漏巵耶。願輸入文明者。勿但以數十冊數十頁之小說。及數十冊金字華裝之雜誌單本作回家禮物也。此製造樂器之缺點四也

本論發端。作種種非難。想讀者厭之。然本論立說。專以解決以上諸問題。言不事空論。

文不加浮藻。以吾國古今樂界之現象。證以西儒學說。并詳列音樂得失之源。此本論之目的也。

以樂助風教。堯舜以來之治道也。孔子聽樂。三月不知肉味。西人亦以音樂爲慰心之一大物。音樂者。誠美術中最具完備之性質者也。

其性質完備。故其發達力最普。能感能興。人不問貴賤貧富老幼智愚。國不問開明優文野蠻俗鄙。無一地無一時無樂器無歌謠。

高尙者有高尙之音樂。淫穨者有淫穨之音樂。故音樂足以敦風善俗。亦足以喪風敗俗。前者得爲美的引導。而后者得爲惡的媒介。

音樂之慨念如此。雖若汎言音樂。此大謬誤。蓋音樂二字。但一普通名詞耳。若不加以形容詞。又安知其爲何音何樂。譬之德字。若不加以形容詞。將安知其爲惡德爲善德。

故今先語其界說

樂有正的淫的。更分學校的社會的。今欲發達何種音樂。則可行何種之方法。

春秋之時。最習聞者。如侍坐鼓瑟。武城絃歌。此得謂之學校音樂。蓋六藝之一也。至若朝廷之祝祭。庶民之冠婚。此乃社會音樂。

學校音樂，與社會音樂。不可不嚴別。以吾國今日學界觀之。社會音樂。流入下賤。若已不可救。吾人所當研究者其在學校音樂乎。

今日社會音樂。大半淫靡苟且。學校音樂發達則此外不正之樂自然劣敗。聞內地某學校學生。其入校也則唱「勵志」「勉學」。其出校也則唱「一更一點月正圓」之句。此等處音樂家最宜注意者也。

所別既定。欲喚起全國之精神。一般之智識。是非一二報紙。空談嘲論。所能奏效。非有數輩犧牲。修養技術。磨練品格。忘食忘寢。無我無私。則不能鼓動。即能矣。是猶五十年前之談教育實業。徒事皮毛。不得精髓。西人言日人無音樂思想至今且有識者。今日人更以是譏我。果我輩之不能耶。抑日人之授教無法耶。願我同胞一思之。今急宜修養者。揭其大要如左。

一幼稚園小學校教師　二中學校高等學校教師

三軍樂隊　四樂器製造者

所宜修養之科目如左。

一唱歌科　專習唱者

二風琴洋琴科　專彈者

三和聲作曲科　研究學理者

有技術。有學術。於是編唱歌集。設音樂科。若猶以爲普及之不速。則月開音樂會。或日開講習會。或於公共地方。設奏樂堂。俾上中下社會人民。各知學校音樂之美。

考西洋音樂發達史。凡國樂之勃興有二大原因。一由君主或貴族提倡。故力大而速。一由學者相繼研求。故本固而厚。

吾國輕侮音樂。相習成風。苟家庭間朝絃暮管。非特父師戒之。親友誚之。即鄰右奴僕亦必私相誹謗。雖然。拔四絃。引七鍵。吐無限之情感。能使英雄泣。鬼神驚。天地之調和因之而發揮。宇宙之眞美因之而顯象。家族之關係因之而親密。異類之動物因之而和好。非音樂之優美靈妙。其孰能與於此。無論於外交。於軍政。於義賑之關係。於政治。於父子。於兄弟。於夫婦之關係。於家政。有是而活動。而歡樂。而安慰。而情愛。於一國。維持一國之風教。於一家。增進一家之幸福。於一身。調和一身之思志。功用之大。如是如是。因先叙其要旨。紹介於吾黨。自任文明者。幸素修養焉。　（未完）

# 讀廣東國民贖路股票章程書後（飲冰）

粵漢路權問題。爲數月來全國耳目所屬。吾粵紳商幾經集議。乃創爲彩票贖路之舉。以此事關於生計界前途影響頗大。故論之。

（附冠原章）

第八欵　股分　本公司集資本銀一千萬元。分五百萬股招集。每股銀二大元。

第九欵　招集之方法　資本分十次招集。每次招五十萬股。每兩箇月招集一次。開會一次。（下略）

第十二欵　股票之常利　股本應支老本息。每年週息四釐算。即每銀一元。每年得息四仙。此老本息訂以一年分給一次。

第十三欵　股票之特利　此股票每條二元。每月招集五十萬分。得本銀一百萬元。每次募集股票收齊時。提出二十二萬零五百元爲特利。以懸賞應募者。以爲激厲。俾得歡忻鼓舞。該銀分配如左。

國聞雜評

一等特利五份　每份二萬元　二等特利五份　每份三千元

三等特利五份　每份一千元　四等特利五份　每份五百元

五等特利一百份　每份四十元　六等特利一千份　每份十四元

七等特利一萬份　每份四元

開齊以上特利一萬一千一百二十份之後。再將此等得利之票再合齊用機器攪出一條。加賞銀四萬元。以爲踴躍應募者勸。

第十五欵　存儲股票之實利　本公司每次集股票五十萬條。該股本銀一百萬元。酌提二成零爲獎賞之用。凡我買股票者無論得分特利與否俱作爲鐵路之股票。俾知本公司股票之益祗有開會得利並無輸票虧本與賭各項彩票者大相逕庭

第十六欵　預算老本之均利　本公司招股贖路。擬招集十次。共一千萬元。除股票之特利獎勵招股之酬金及開會之日機器紙張建廠開投人員薪工等項。需用二成零至三成之間。似於股本票底不無虧損。不知現在造成之鐵路早經開行。車票暢銷。已獲厚利。計此路極大之利益。通盤籌畫。以之彌補開會支銷各欵。實屬有盈無絀。通盤計算。每年老本週息。儘足相當有餘。

此種集股法正當乎。曰否。可行乎。曰可行。完善乎。曰善則有之。完則未也。

西人有一種公債。日本譯之爲「籤札付公債」者。廣東此次贖路集股法。即變其形式

而用其精神也。

籤札付公債者。於其債券各附一證票。每次發債券利息時。除常利外。更用抽籤法以分特利。得彩者於常利外有意外之獲焉。今玆贖路股票法其精神全與彼同所異者則彼之特利於派常利時分配之此之特利則於最初集股時分配之也

此種公債在昔土耳其政府所辦之鐵路社債嘗用之近今法蘭西意大利之國債及地方債亦嘗用之日本勸業銀行之勸業債券亦用之然土耳其用之而受其敝法蘭西意大利日本用之而收其功

財政家論此種公債票。其發行之方法。有當注意者五。

一　其常利必視尋常之公債稍低率。

二　得特利者之數以多爲貴其特利之總額。與政府每年因常利低率所得利益相比較。必須倘有贏餘。

三　得特利者其額不可過大

四　抽籤開彩不可頻數每年最多以二次爲度。

五　債期不可過長

土耳其之所以斂者以其悖於第三第五之原則也彼得一等特利者至獲二十四萬元而償還之期至五十年故不旋踵而棼如亂絲德意日不然法國當一八六五年用此法以募百二十兆圓之公債而於政府之財政民間之生計不生惡果則愼用此五原則之爲之也

此種公債其性質之一部分近於賭博故學者多反對之其反對之言有根於道德範圍者有根於法律範圍者法律論者謂今世各文明國之法律凡近於彩票類之事業悉禁之（一八三六年法國所頒法律第二條所規定後此各文明國皆有之）今政府乃避其名而襲其實是政府自犯法律之精神也此其論頗有力今以不切於中國今日之法律且勿置論道德論者曰「富蘭克令曰（富氏美國獨立時一偉人功德亞於華盛頓者）「或告汝以勤儉智三者之外有他途可以致富此其人即飲汝以鴆者也」此種公債即示民以勤儉智之外有致富之途也」此其論固無以易而財政家駁之謂勤儉智固爲致富之正途雖然亦有於三者之外別由天幸以致富而不得謂爲非正者如彼懋遷居奇而忽遇意外之漲價鳩貲采礦而驟得特別之礦苗

是也故徒手不事事而惟僥倖之爲望者道德之所禁也於勤儉之範圍內而更有僥倖之希望道德所不禁也絞多數人血汗所集之母財犧牲之以供少數人之僥倖道德之所禁也多數人可以不失其母財及其母財所例澦之子而於其間別有機會焉與特別之僥倖於其羣中之少數人道德所不禁也此兩公例者於生計界一切現象皆適用焉而鐵札付公債正以不繆於此公例故不爲社會蠹也（此指適用前此五原則者而言。若土耳其之鐵路公債。則直彩票耳。）

此種公債之性質所以與彩票殊別者以失彩者不喪其母財而毋致失望得彩者非過甚之暴富亦不致爲過甚之浪費也此就其消極一面言之也不寧惟是在風氣未開之國人民不知公債之利益則以此種公債[illegible]之最良蓋資本不集合則社會一切大事業無自而興而集合資本舍利用人民貯蓄心之外更無他道泰西各國之有公債其精神非徒爲調劑政府之財政也亦以作人民貯蓄之機關爲一國總殖增進取之實力也人民之有貯蓄心固其天性然貯蓄恆欲厝諸安全之地甯窖藏焉以供不肖子孫之揮散而不肯投諸公共事業以自利而利社會者蓋有焉矣此中國今日之

大患而各國當風氣未開時亦莫不經此階級也雖然人之欲安全之心與其欲僥倖之心兩者每相戰而交相勝愈鄙吝之人愈好從事於賭博類事業往往有以此傾其家者此又普通社會之習性也夫窖藏而廢置焉與賭博而消費焉其性質若大相反對要之其不以爲母財等也一國之總殖而不以爲母財國未有能興者也故善謀國者當其國民流通貯蓄之風氣未開乃思一法焉取人民欲安全之心與欲僥倖之心而兩利用之是即「籤札付公債」之所由起也

日本國家公債向不用此惟有所謂勸業銀行者亦帶半官業的性質專獎勵貯蓄結集資本爲一國殖產興業地者也其債券之規則略如下

(一)債券每張全額五圓年利三釐償還時附以特利由抽籤得之

(二)債券凡十萬張以二十年內分三十次償還第一年償還一次第二年至第六年每年償還三次第七年至第二十年每年償還一次

(三)特利之分配法如下

| 等級 | 每張之利 | 初回 | 自第二回至第十六回凡五年間 每回 | 自第二回至第十六回凡五年間 一年三回合計 | 自第十七回至第三十回凡十四年每回 |
|---|---|---|---|---|---|
| 一等 | 五百圓 | 十五枚 | 三枚 | 九枚 | 七枚 |
| 二等 | 百圓 | 三十枚 | 七枚 | 二十一枚 | 十三枚 |
| 三等 | 十圓 | 五十枚 | 十五枚 | 四十五枚 | 六十枚 |
| 四等 | 五圓 | 百二十枚 | 三十五枚 | 百〇五枚 | 百二十枚 |
| 五等 | 二圓 | 七百八十五枚 | 三百四十枚 | 千〇五十枚 | 一千枚 |
| 計 | | 一千枚 一萬三千一百七十圓 | 四百枚 三千二百〇五圓 | 千二百枚 九千六百十五圓 | 一千二百枚 八千圓 |

今將我粵漢鐵路債券與日本勸業銀行債券。列其異點比較之。

| | 粵漢鐵路 | 勸業銀行 |
|---|---|---|
| 券面金額 | 一圓 | 五圓 |

| 每年常利 | 四釐 | 三釐 |
| --- | --- | --- |
| 券數總額及總金額 | 每月招五十萬分共合銀一百萬元 | 每組十萬分共合銀五十萬元 |
| 特利等級 | 七等 | 五等 |
| 得特利者之票數及與總票比較率 | 得特利者一萬一千一百二十票對於總票五十萬張約每四十九票中有一票得特利者 | 得特利者二萬一千四百票對於總票十萬張約每五票中有一票得特利者 |
| 特利最高點及與原券金額比較率 | 二萬元、對於原券金額二元爲一萬倍 | 五百元、對於原券金額五元爲一百倍 |
| 特利最低點及與原券金額比較率 | 四元、對於原券金額二元爲一倍 | 二元、對於原券金額五元爲五分之二 |
| 特利外之特利 | 四萬元、對於原券爲二萬倍 | 無 |
| 特利總金額及與原券總金額比較率 | 派出特利總計二十二萬〇五百元對於原數一百萬元約提出百分之二十二而強 | 派出特利總計七萬八千〇十五元對於原數五十萬約提出百分之十六分而弱 |
| 分派特利次數及年限 | 共一次、債券發出後一月內分派 | 共三十次、債券發出後分二十年內分派 |
| 常利年限 | 無期限 | 二十年內本利償訖 |

以我與彼兩兩比較。而取前此五公例以衡之。則其孰完孰不完。孰適孰不適。可以見

矣即其常利之輕重一也得特利者之多寡二也特利金額之大小三也特利分派期限之長短四也蓋勸業銀行債劵其性質與彩票劃然分殊粤漢鐵路股票其性質猶近於彩票者多而近於籤札付公債者少也

彩票之爲物也賣票者之利益常優勝於買票者籤札公債則賣買兩造五雀六燕厥利維均也彩票之爲物也買票者之小部分受莫大之利益其大部分蒙不可復之損害籤札公債則大部分受普通之利益小部分受特別之利益而損害則一切絕無也故辦彩票者但豫算於給彩之外猶有餘利焉足矣籤札公債則給彩之外必須籌所以利用此餘出之母財使殖子焉辦彩票者求鼓動小部分人投機之狂熱而已籤札公債則必須思所以保全大部分人之普通利益者焉故公債辦法與彩票辦法其界限必當分明不容一毫相混勢則然也故所給特利不能太多也其給之當分多次不能太驟也凡所以維持公益使大部分普通之常利得確實之保證也夫使以特利之支給過度致常利之保證不確實或將生虧缺而常利之支付不能踐前言則是取玆事之根底而破壞之土耳其鐵路債劵所以不勝其敝者皆坐是也故吾於今次粤中

國聞雜評

此舉無間然焉。顧願當局者於此點再三致意云爾。

原章第十六欵謂現在已成之路。既獲厚利。所得利益以之彌補特利及開會支銷費有盈無絀云云。著者非在局中。未經確實調查。若此語果實。則雖以現章特利之多。費尚屬可行。若其不然。則鄙意謂毋甯稍減特利之數也。

今後之中國。不可不厚集全國總殖與列強決戰於經濟競爭之場。稍明時局者。皆能言之。集之之法不一途。若鐵札付公債券。亦其一端也。吾粵人於茲事正創始焉。行之得其道。他日踵起取法者。可以徧國中。使一國食無窮之利可也。而不然者。信用一墜。後此引為大戒。蒙其害者豈直一粵漢鐵路而已。吾之此論。非僅為區區一粵漢鐵路責善云也。

抑吾更有一言。數年以來。各省紛紛開設彩票。當道以此為籌欵之一特別法門。其意謂吾未嘗以强迫力取諸民。其弊害視加賦有間也。庸詎知其敝所極。可以使一國人悉以投機僥倖為務。總殖之大部分。不以為母財而悉供消費。國力消耗於冥冥之中。不數十年。舉國皆涸轍之鮒矣。殷鑒不遠。近世之西班牙葡萄牙。其前車也。孔子曰百姓足君孰與。不足百姓不足君孰與足至國力消耗之既盡有司雖更欲竭澤而漁可復得乎吾嘗謂中國之財政機關有自殺之道三捐官一也借外債二也開彩票三也三者皆自謂以救財政之困權宜以濟一時也其弊害之影響於他方面者勿論即以財政論彼三者皆財政之魔鬼非財政之救主也夫籤札公債之與彩票其外貌絕相類其精神乃適相反一則獎厲貯蓄焉一則獎厲消費焉以此之故其所生之結果判若天淵今有欲忠於財政者乎以彼易此安見其不可行是一轉移間耳以非此論範圍。若語其詳竢諸異日。

## 自由死自由不死（飲冰）

嗚呼。頑强之俄政府竟不屈嗚呼。堅毅之俄國民竟不屈嗚呼。以堅毅之俄國民對於頑强之俄政府雖有頑强恐遂終不得不屈今更刺取一月來全俄上下交鬨之事實詳紀之。

俄政府當此事變初起。其對待之之政策。約有二端。一曰對於少數之主動者則欲以嚴威壓滅之二曰對於大多數之景從者則欲以權術解散之

正月二十六日電報云。記載皆用陽歷下同

俄大藏大臣及聖彼得總督大張告示於諸通衢略謂凡爾職工。宜忠於政府。勿爲本國奸謀不平之徒所煽動。徒中敵人之計。今本官等已奉勅旨草擬職工保險法案。且議以法律之力減縮勞働時刻。爾等宜靜聽諭命云云。

同日電報云。

昨日聖彼得保警吏逮捕民黨五千人其中法律家百餘人擬流之於西伯利亞即日起解。

此外所報關於俄政府之舉措者不一。其手段大率不出此兩途也。還顧人民之方面則何如。二十六日電云。

正月二十五日俄京大略復歸靜謐。工場漸次皆開業。蓋緣工人之同盟罷工者。資力缺乏。不得已而降心相從也。

由此觀之。非俄廷之權術果足以解散此輩也。彼內部固有不得已者存也。然下等社會之氣燄稍衰。而上等社會之運動方始。同日電云。

聖彼得堡之土木學工學礦學諸大學學生。各提出決議於所執之一部。大約言政府處置人民之政策。慘酷而悖於人道。今決議停學。有所商議云云。其他各學校揭出此類決議者甚多。殆徧全都。

又所謂靜謐者不過俄京之一部分而已。俄京之氣燄稍衰而各地方之運動乃癒盛

同日電云。

二十四日。墨斯科有三千人為示威運動高揭旗幟文曰。漱爾奇斯可殺漱爾奇斯可殺（譯者案漱氏者俄皇之叔父現任墨斯科總督者也）哥薩克騎兵射擊之殺傷多人。明日示威稍戢。然罷業益蔓延。　二十四日黎華爾全市罷工。　同日利卡全市罷工。　同日沙拉德夫全市罷工。　二十六日利波市全市罷工電話電報線皆被割斷。　同日芬蘭首都海盛科兒士有工人五千為示威運動。警官彈壓之死傷多數。

二十八日電云。

波蘭之洛緇地方一日之間炸藥爆發者凡三十五次死者百五十餘人。　波蘭拉德謨市中劇戰。　華爾騷之暴動再發勢極猖獗。　利波地方以情形危急俄政府更增派軍隊往鎮壓。

三十日電云。

有投炸彈於墨斯科之格廉靈城者（譯者案格廉靈者舊京之大內也。皇宮在焉）太公漱爾奇斯之邸宅僅免於難。　華爾騷之叛亂益甚軍隊與民衆爭鬥不絕軍

隊誤擊英國領事負微傷焉。波蘭出身之官吏一人在柏讃地方被暗殺。此人乃波蘭人爲俄政府之偵以虐其同胞最有力者也 數日以來每日必有數處起暴動者 俄京人民以文豪麥占哥爾奇被逮誓設法救之

此正月下旬俄國之大略情形也。至其影響及於外國更有不可思議者。卅一日電云。

昨夕巴黎市民**六千人**開大集議攻擊俄廷之無狀法國警吏嚴行彈壓。忽有炸彈一枚爆發傷警吏二人旋在俄國公使館門前掘得一炸彈幸未發也。

二月四日電云。

法國議院有**提出議案**謂俄廷舉動戾於人道**我法國宜速解聯盟之約**者其外部大臣逖爾堪斯乃演說極言俄法之親交爲法國之利益甚多不可冒昧渝盟云云及採決時主聯俄者百四十人反對聯俄者九十人議乃不行。

七日電云。

英國自由黨黨議欲間接協助俄國民黨使其成功。

語曰。吹皺一池春水干卿甚事。俄民之苦痛於英法人何與俄民之幸福於英法人何與。而路見不平拔刀相助者且接踵焉所謂同情同感者非耶然此猶其虛想也。請語

實事

九日電云。俄人在法國續募公債五百兆馬克。人民皆冷視之現已滿期而**應募者尚不及一百兆馬克。**云俄人以此次失敗欲於四五月間再行募集。以情形度之。諒亦必無好結果也 歐洲各國。以俄國內政紊亂。故各市場之俄國公債票價值皆大落**此後俄國無論欲募公債於何國殆皆無望也**

果也越一月後復有俄人新公債失敗之事。三月九日電云。俄政府與法國銀行家協商擬借新債二千萬磅且聲言此次為最後之債訂明以後若干年不再募借云。

三月十四日電云。俄國新公債利息五分。以九十一磅為百磅。將有成議。不日可於巴黎發表。

乃翌十五日電忽云。法國銀行家對於俄政府募債草約**不肯畫押**云須延期俟俄國情形一變之後乃再商議。云路透社評之曰。**名延期實拒絕也**的黎格拉新聞(巴黎)謂銀行家之意。必須俟戰局了結後乃議再借。

**自由死自由不死**

□聞雜評

魯威新聞(巴黎)謂法國人民之意 **必俟俄皇發布憲法之後乃肯應募**

近世之戰爭其勝負非徒在兵力也而尤在財力俄國向恃財源於法今若此俄其殆哉至是乃不得不還降心以求諸其民三月二十日電云。

俄國外債之舉既失敗乃决議募二百兆盧布之內債於國中今方開議成否未必也。

夫自一月二十一日虐殺事件以還俄民之睊睊於政府其沸度日增一日今以戰事急而相哀其成敗之數蓋可知耳吾更懸此言以觀其後。

俄國 **西伯利亞** 一帶亂事蔓延鐵路多被掘毀 **運輸不通** 現議設法改由海運云云

且此事之影響於戰爭者尤不止此二月七日電云。

其後此等噩耗屢有所聞蓋俄之與四境諸鄰斷絕交通者殆十餘日云內外交煎急於星火於是頑迷之俄廷終不得堅持其壓制主義雖然仍欲敷衍粉飾以苟延於一時二月三日電云。

小說家 **麥占哥爾奇** 現已 **釋放** 俄皇以昨日 **召見職工代表人** 於沙士哥西羅之行宮。

又云。

俄皇本日再發布改革詔勅。言甚哀痛。大約謂現當敵國外患煎迫之時。不宜妄更政體以生紛擾。惟朕必以忠實之意。酬人民之希望。爾小民宜靜以待之云云。此等甘言。俄人聞之既熟。莫或傾耳也。

自玆以往。騷亂徧地。日有所聞。不能備載。而俄政府亦疲於奔命。忽焉發鐵路之重戍兵。忽焉布波蘭之戒嚴令。其狼狽之狀。有非可以言語形容者。而盈廷頑固。亦愈不得不降心矣。二月七日電云。

俄國貴族會議立憲問題贊成者百五十八人反對者二十人遂以大多數之可決請俄皇急詔國民令出代表者以參預國政

貴族之恐怖方深。民黨之進行益厲。同日電云。

芬蘭新總督約翰遜在海盛科市被刺

翌十七日電云。

墨斯科總督太公漱爾奇斯在格廉靈城陬乘馬車行。途中二行客亦乘車迎面來。至接近忽投一爆裂彈太公馬車粉碎

自由死自由不死

爲太公之軀紛如微塵無一存者

嗚呼以炙手可熱之太公至是亦卒與乃翁亞歷第二同一結局（太公今皇之叔父也）昔人云願生生世世勿產帝王家俄廷之謂矣而墨斯科市民自宣告太公死刑後一月之中狙之兩度而卒達其志俄民能力得不驚絕

於是盈廷皇皇人人有遑恤我後之心自今除與人民媾和之外殆更無他途二月二十一日電云

俄皇已下詔勅決意召集國民議會（其實行之期當不遠）

此電一播全歐懽騰謂全俄積翳今眞一掃以數千人之血易此其得失猶足相償也使其無中變苟如是是亦足矣雖然事固有難言者

（未完）

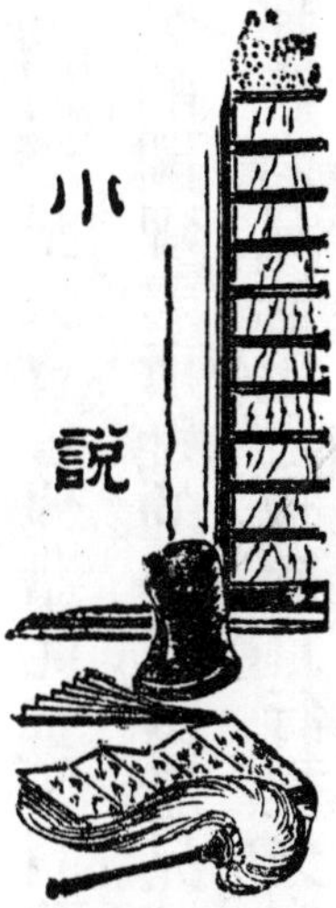


# 美人手

## 第廿四回　乘夜入室私問口供　借題立言直擣心事

却說侍役人去後。門已關鎖。忽又聞有鑰匙聲。齋門又復開了。見一人昂昂然進來。原來不是別人。乃是大尉荷理別夫。只見荷理別夫滿臉强堆着笑容。行近前來。和顏悅色的對着美治阿士說道。今天實在對不住了老兄是個客。大駕在此奉屈。我本當要來奉陪。湊巧今天公事忙。十分分身不暇。到這時候纔清閒些。今晚我在某處開夜會。意欲請老兄同着一道兒去散散悶。我已吩咐底下人預備馬車伺候。此刻底下人們剛去食飯。還未把馬車套好。請再吃兩口煙。大家談談。我還有幾句說話。想請教請教呢。美治阿士見了他的影兒。已是滿肚子不舒服。本待斥他幾句。繼而念這等喪心無恥的鄙夫。若偢倸他。倒辱沒了自己身分。因此連正眼也不瞧一瞧。默然總不理他。荷理別夫又道。我不是勉强你老兄。也不是一定要老兄去。不過見今夜的宴會。圖理君同他的小姐霞那也在座。因此約約老兄。藉此機會見見面。乘間或可以替老兄成全幾句。這是我的好意啊。美治阿士見道着他的心事。噤不住口答道。承情了。多謝費心了。你只管自己去說罷。我看你不是個好人。專擺設騙局。布置陷穽。一意想謀害人罷咧。荷理別夫仍是神色自若的答道。老兄這樣動氣。那就誤會了。我與老兄本無仇怨。何必要害老兄呢。今日奉屈大駕。不過爲的是失了那鐵箱子。要查個下落。故此請你來問問。要之我心裡也很知到也很不過意。所以思量設個法想替你老兄盡盡心。一則成全了人家婚姻。也是功德。二來也可以補贖冒犯老兄之罪。請老兄平平這點氣。且聽我說。今日我到行裡。見着霞那小姐。聞他因爲受你所約。這麼天大寒的時節。跑到公園裡。空空等了幾個時辰。不見你面。因此惱悶不過。回到行裡。整整哭了半天。好容易圖理君纔把他勸住了。我見他如此。十分爲他可憐。是以特地設這個夜宴。替他解解悶兒。乘勢約同老兄去會會他。藉此替你們勸勸圖理君。我已想出個法子。諒圖理君沒有不聽從的。圖理君所疑的。是以爲老兄懼罪逃走。但有罪無罪。此事憑在我。一言圓轉。即如那晚老兄既走之後。次日行裡失竊。圖理君本來揑實罪名在老兄身上一於要報警察後來也虧得是我勸止了所以此事至今除了行裡幾個心腹外間仍沒有人知到你趁此時悄地把事情告訴我。我竭力在圖理君之前替你開脫。他必然照舊用回你在行裡供職。斷不至惹動外間思疑。縱外間或有人疑你離了職事數日也不過以為你奉公差委到別處去來將來與霞那小姐成了婚就一掌可以抹過痕迹了。你老兄不要錯過啊。在圖理君初意。不願扳附這門親事。不是嫌你老兄什麼。不過見老兄是個官裔。他是個商人。恐怕門戶不相當對。這乃是圖理君一時迷惑想不透若我把貴國自由合婚的大道理來開導他他必不敢違拗我很望老兄快些決斷直白把鐵箱的下落告訴我我已說過也無須你代追贓證只要你說出該人的名姓其餘概不追究我得了名字自然曉設法破案既經破案罪名已有專屬那時我明白勸諭圖理君硬討這個人情。諒他再也沒得推攔了。再者、霞那小姐此時雖然念着老兄但有罪無罪他不敢斷心裡雖苦口實難說若眞知確據老兄果實無罪這點愛情必更加難過一定死埋怨他的父親圖理君禁不起他女兒苦纏我又時常勸他自必然要把老兄招贅過來老兄試想過，何苦來替人家掩蓋倒把自已的大事誤壞了。

呢我知道老兄是個純直人這個鐵箱斷未必由老兄手裡盜出一定是你老兄沒想像輕易把秘密機關被人家試出因此他依着法子盜了出來諒如今箱子裡的要件也都埋沒去了埋沒了也沒緊要我也不望得回原物只要知到該人的姓名出出我點氣望你老兄把該人名字告訴我。其餘別的事。都不敢煩老兄了。請問此人究竟是誰呀。美治阿士聽了他這一頓話。挑剔着無限的感情。一時憐念着意中人則覺萬縷情絲如繭自縛一時又思想起無辜受辱則覺滿胸怨氣憤火中燒一時又傷觸起身世的飄零運遇的不幸則覺此大地人間絕無生趣懷着一腔煩惱只是悲歎沒奈何想到荷理別夫這番語言的希望不得已開口答道我倘是知得到原人的姓名我也是個同夥兒了說起首從的罪名我也該跑不脫的了荷理別夫着急道。老兄這樣想。就大大的差錯了。我始終都信這件案於老兄無關涉。只不過於案裡有關涉的人。老兄是知到的。就是現時或有人疑到老兄有關涉。將來經我手查辦明白。自然剖辯出老兄不知情的憑據來。老兄不要隱瞞着啊。此中的情節。我已查得八九了。祇有該犯的姓名。未曾查得。餘外大抵都明白了。美治阿士道。你既查得。然則此事的原委如何。你且說說。不知荷理別夫答出甚麼話來。且看下回分解。

# 飲氷室詩話

有不署名某君。以歲暮襍感四章見寄。詩云。飄鴻海上共時昏。旦暮梅花發故園。初雪江城幾登眺。殘年風物易喧喧。寸閒隱隱銷塵壒。百感茫茫夢國門。者度星廻試循數。迷離閱境匪思存。」「蓬萊處處都非昔。幽恨沈沈欲語誰。差喜傲人猶剩骨。偶然說夢亦非癡。高樓明月今生怨。細雨梅花去國思。待寫滿懷騷雅意。蕙蘭零落委芳池」「夕陽西處憶鄉園。妹髮垂垂弟貌翩。別已忘情書忽至。國猶未破愛終牽。從前厭冊依稀聽。夢裏逢君宛轉憐。四海及今同急難。教人長憶鶺鴒篇」「一寸江山勝自移。受降城外角聲悲。已非樹柵驕劉日。忍見衣冠去漢時。渤海有聲沈戰骨。監門無筆寫流離。輿

亡見慣哀吾族說與顛危是癡辭」四詩皆寄託遙深風格遒勁。吾尤愛其第三章天性之言純肖少陵也

有自署瀚華者以一詩見寄。以新理想入古風格。佳詩也。無題。今爲補一題曰「髭髮問答」。詩云。乙巳人日夕。翦髮理髭鬚。主人兩無心鬚髮相諠呼髮言主人翁今昨何異圖。惟余追隨久。死生宜不渝。憶昔成童後。十五二十餘。愛余烏且長。日日施爬梳。是時君幼弱。茁萌被殄誅。主婦美且豔。妒爾鬑鬑愚。況乃如芒刺。倔彊不工諛。人性憎老邁。爾促彼徑途。況乃面目改。見之笑䶕齵。操持乖僻術。竊嗤爾恇迂。不圖病狂客。今乃幻厭謀爾我同族類。相悲等兎狐。移愛作仇讐。看碧忽成朱。焉知朱不碧。愛弛遭誅鋤。鬢曰妖由己漫云蒙無辜近代。天演興乾坤一洪爐優勝劣者敗屢驗信不疏腐臭百無能萬有孰過諸爾罪罔當爾主人豈爾誣牽爾全身痛震撼澈肌膚握爾乃見賢幾塞聖心虛爾亂人意煩爾被斥鬱吳爾指心則怒怒積每捐軀爾髡爲城旦轉眼即官奴爾弱招異族割地許雜居隱隱託援助謀保爾聲譽欺世與盜名技倆皆夙儲佛言煩惱絲評不失錙銖爾罪不堪數爾德尤卑汚東西闊地員古今翻詩書安見婦女

子而稱美髯嫗女性原有他女行異所趨獨爾嬰鍾愛美惡執其樞澤爾以膏蘭加爾以璠瑜贈爾以奇花飾爾以明珠爾瘉樂爲盡綢繆博懽娛或卷如蠆尾或聳如鳳雛或動如蟬影或垂如睡鳥或鬟稱湘女或鬟號麻姑工謟復善媚扶翼傾國姝公然據巔頂膏露受涵濡眉睫同種類翻如轅下駒幾令天下人不見圓頭顱吾聞居顯秩德與位相符媚悅妾婦道智識祇裙裾鬚眉不吐氣官骸究何如試思爾高曾蓬蓬不芟除爾墮爾祖訓强半已荒蕪撫臂如龍蛇掉尾如豚豬敗類招謾罵詎堪忍須臾謬云口有毛志堅無踟躕吾雖他無能謟諛非吾徒主人宛然喜爾輩何齟齬鬢髮女子耳鬚髯終丈夫

有自署芸子者。以數詩見寄。不知吾所識之芸子歟。但其詩則學杜有得。且愛國憂種之誠。溢於楮墨也。夷陵述感云。迢遞東南路不通 十年戎馬萬方同 秋歸[illegible]蕭騷裏 家在河山破碎中 草莽憂時心似擣 書生誤國語偏工 年來事事消除盡 惟有殲胡氣尚雄 一 初秋楓葉未全紅 草色凄迷趁遠風 絕壁晴時雲氣少 陰崖深處碧流通 心縈故國三年戰 目極中原萬里空 代北戈鋋憂不細 將軍急爲備遼東 一 逐鹿中原事未闌。忽傳旗鼓駐江干。三湘雲渺離憂滿五國城高夜月寒風捩日光吹變白肉搏草色染成丹六洲龍戰知多少欲到崑崙頂上看」至金陵有感云石頭東走浪花飜水涸堤高萬木枯撲地風雲吞北固大江煙雨鎖南都丹甍繡柱知多少禁柳宮槐倘有無最是夜來悽絕處莫愁愁對月輪孤」霞光旖旎滿晴空萬里煙波一望通雲裏高山猶有雪渡頭落葉不關風金戈灼鑠皆雞壘玉樹荒蕪失舊宮一自鼎湖龍去後更無覇氣騰江東」孝陵云遠堞悲笳日欲曛。樓臺高並咽愁雲。山川猶勝盤龍氣松柏深廻古帝墳陌上草茸周黍稷路傍翁仲漢將軍銅駝荆蔓誰憐念夜夜來遊麋鹿羣」金陵述感云。盤龍山勢接南徐偉業豐功夕照餘碧血晴依芳草現黃狐晝穴古墳居石城在昔稱雄鎮天塹於今屬子虛英魄有靈猶應恨尚留非種未驅除」沿城老樹靜風煙。斷砌頹垣滿眼前。龍去鼎湖纔幾日鶴歸華表又千年翻盆雨碎琉璃瓦擊筑歌停翡翠筵廢井胭脂零落盡北風撩亂錦帆偏。

前號錄悔晦鈔寄絕句五章。題爲譚瀏陽作。出報後即有人以片郵來糾正者。曰乃龔定广詩也。撿之良信。吾初讀此詩。已覺其似曾相識。但以爲或從他處曾見瀏陽作。不意乃十五年前舊雨之定广也。東坡詩云「山燈欲暗飢鼠出。夜雨忽來修竹鳴。知是何人舊詩句。也應知我此時情。」古人亦往往如是、不得以詭寄者也。顧余之健忘、良自失斗。乃爲兩絕以解嘲。宣聖低眉彌勒笑、（昔傳試官笑柄有云佛時乃西土經文宣聖低眉彌勒笑）一重公案太空疏。版權所有分明甚。字出南華非僻書。婕周交夢誰爲是。王謝爭墩乃爾奇。息壤飄零君莫問。今番重定定广詩。（定广有飄零行云臣將請帝之息壤慚愧飄零未有期萬一飄零文字海他生重定定广詩）

瀏陽劉湘渠（善浤）壯飛摯友也。復以壯飛遺詩二章見餉。必非贋鼎。無待言矣。願共賓之。詩云。「同住蓮花證四禪。空然一笑是橫闐。惟紅法雨偶生色。被黑罡風吹墮天。大患有身無相定。小言破道遣愁篇。年來嚼蠟成滋味。闌入楞嚴十種仙。」又過戰鳥山一首云。氷玉相生愧獨頑。可兒豪膽鎮心關。悲秋賸有桓宣武。雪涕重經戰鳥山。」湘渠又錄壯飛贈唐佛塵聯語云。「皇皇思作衆生眼。板板知爲上帝形。」又贈黎桂蓀聯語云。「一鶚忽翔萬雲怒。羣虬相奮孤劍啼。」片鱗隻甲。皆可想見風采也。

文苑

## 美洲留學生條陳收回粵漢路權事（上外部暨鄂粵二督）

竊聞粵漢路權。關係全國。數月以來。朝廷宏主于上。官紳力任于下。廢約之議。粗有眉目。然而善後事宜。任大責重。或請以美繼美。或請中美合辦。陽稱改易公司。陰爲比人轉圜。要之葛藤不斷。後患方長。側聞三省紳民力主自辦之議。生等每讀報章。無不額手爲中國慶。以爲庶幾挽回有日也。雖然彼主以美繼美中美合辦之說者。皆曰贖路之鉅欵難籌耳。强美之責償可畏耳。夫使貿然廢約。無策以善其後。則收回自辦之果能與否。正難預言。然則欲圖自辦。必先籌所以騰緩償欵與對付强美者。生等游學美邦。縈懷祖國。苟有所見。敢不披陳。謹公同商議。于學生中之通法律理財學者。選合主稿。擬成收回路權之辦法三條。對付合與之辦法一條。前三條先行繕出。後一條正在調查律書稍緩即寄。倘蒙俯賜採擇。力挽狂瀾。三省幸甚。中國幸甚。

謹擬收回粵漢路權自行辦理之策三條。

一騰緩償欵。

二籌本借債。

三包工造路。

每條先提綱要。次論理由。末詳辦法。

一我國政府當自擔小票付利之任。以昭大信而緩償欵。

謹案小票者。實我國政府所出之借票也。雖由合興公司分批承領出售抵押。其應償之責任。仍在我政府。故此項小票自受托公司提出之日始。即不啻我政府已擔付息償本之任。初無異於我政府自持小票向債主借欵也。所異者鐵路未成之前。由合興籌欵付利。五十年期滿之後。倘我不償本。則由合興據路作抵耳。要之持小票之人。無論其爲購得者。爲抵借而得者。皆確係以錢易票。合興之背約耗欵。初非持小票者之咎。今若廢棄合興之約。並將堂堂政府須出之借票。一併作廢。則徒失大信于萬國。仍必遭强美之逼償。名實兩喪。永難補救。由此論之。合同可作廢。已出之小票決不可作廢。查此次粵漢鐵路業已須出之小票。共美金六百萬元。約合墨銀一千二百萬元有奇。此項小票。除零散售出外。經公司抵押在墊欵之股東處者。爲數亦甚鉅。此項抵押。乃合興與前途交涉。在我概作爲業已售與合興。以其在鐵路帳上早經 起利 故也、我若廢棄合興之約。而不接擔小票付利之任。則此項小票。即作爲贖期已到。立待償贖。案公司常例。除合興售出之小票。由持票人向立票人（中國政府）追贖。或由合興代追外。凡合興押出之小票。例須由合興籌欵收回。然後持票向我索償。合興既以已出之六百萬金錢小票。爲已成鐵路之價。則我苟不將小票全行贖回。彼必不肯交還路權。今我議立公司收回自辦、既須籌此項贖票之鉅欵。（贖小票即係贖路此層辦事者須明白）又須籌足貲本。爲接辦造路之用。恐我國一時無此財力。若別借洋債以贖此票。借諸他國。必致易生枝節。又啓干涉。借諸美國。則此路債票。方且因事停贖。債主疑慮。又誰肯憑空出借鉅貲。若欲與合興清算帳目。除去浮開之數。我祗出欵贖取實在路價之小票。而責令合興將其餘之小票交還。則事必經訟。訟斷非一朝夕所能辦到。而停工延宕。損失無底。萬一訟不得直。仍須全贖小票。則此項延宕時日之息金。加以訟費及他項因延宕而損失之賠償。叢集於我。我政府必嬰大虧。若不出於以上諸途。竟將已出之小票作廢。祇償合興以實在之路價。使我爲莫强之國。事或可成。然而毀劵失信。永塞日後外債之途，長爲萬國所指摘，猶屬得不償失，況今日之勢。我弱人强。終必受逼償之厄乎。然則爲今之計。惟有我政府（由議設之新公司籌款）自擔已頒小票付息償本之任一法。蓋我政府擔任付息之後。合興從前售押小票所得之款項。不啻由我自借。由我交與合興。即不啻我先付合興以路價矣。尙何贖路之有。我既聲明小票照舊値錢。則持小票者無所損失。小票既照舊。而依票面所開之條款。必須五十年後方能逼償。則持小票者自不能於此時索償。或謂向者持小票人信任握有路權之美公司。且期滿不償。美公司可據路作抵。以保護持小票人之利益。今路權歸我。彼失所恃。未必甘心。不知小票票面並無必由美公司辦路字樣，我廢約自辦，猶之改歸他美公司接辦，並未絲毫損及小票上之義務，果使我如期付息。堅守大信。則轉移于無形。彼持小票者。亦必漸歸於不覺，倘我欲堅彼之信任。亦不妨聲明凡合興原約內關乎保護持小票人之利益，向由合興擔保者。今由我新立之公司一切照舊擔保。而路權固永在我手矣。將來期滿。倘竟力不能償。不妨另借新債。償淸舊債。償期展緩。而大信不損，從前美國各鐵道公司。用此法以維持路政者。成效久著矣。或又謂上說施諸購小票者誠當矣。若小票之由合興抵與股東以得墊款者。似未可一概論。不知我出票時。既已起息。則此票即係由合興蠆賺以去，票面既註明償期。我又接付息金。彼自不能半途索償也。蓋廢約而留小票。合興即處于持小票人之地位。合興股東自不得不改押爲贖。退而爲期長而不握路權之債主矣。然則自任小票付息之策。實足以移緩贖路之欵。騰爲接造之用也。査凡承接公司事業重行整頓者。前公司之債票。大都由後公司蟬聯擔承。非必盡行償付而後接辦也。此次倍次赴華。聲言另設協豐公司。以美繼美。其實此項公司。並非實籌極大之貲本。藉償前債。另起爐竈也。不過移合與擔保付息償本之任。爲新公司之任。稍集股本。足以爲付息開工計而已。此乃西國牟利家之慣技。抑亦接辦公司之通例也。然則彼接辦者可利用移緩之法。我收回自辦者何獨不可哉。本以上之理由。謹擬辦法第一條如下。

奏請特簡督辦粵漢鐵路專員。設立官辦粵漢鐵路公司於武昌。由鄂湘粵三省籌欵三百萬。作爲官股本。中國紳商願附股者聽。一面請明降諭旨。飭出使美英比法等國大臣。於各該國通商巨埠。登報聲明。所有中國政府業已頒出之粵漢鐵路金錢小票。仍歸中國政府承認。小票面註明之條欵。一切照舊。仍以五十年爲償本之期。歸新設之官辦粵漢鐵路公司擔承。仍以鐵路爲抵保。自合與之約作廢之日起。以後應付之五厘年息。准持小票人按期就近向各該出使大臣衙門或領事署照數收取。一面由新設之官辦粵漢鐵路公司分期撥欵。解存各該出使大臣處。以備付息。並由出使大臣照會各該國外部轉爲宣諭。以固債主信任之心。

二卽用未頒出之小票。自行散售與中外商民。務使鉅欵可集。而債主不握路權。

謹案泰西大鐵道公司之貲本。皆分爲股本借本二項。借本之鉅。往往倍于股本。甚或數倍。出股本者希冀豐厚之利。而擔任虧折之險。出借本者祗享一定之息而不擔任虧折之險。此即持票者與持小票者之區別也。凡設大公司者。其股本罕有逾乎公司經業所需之半者。其大半必出於借本。即如合興公司。除股東分認抵借外。原股僅六千。每股百金。共美金六十萬耳。而擔承為我代借之債。其總數乃至四千萬之鉅。由此觀之。收回路權所需股本。不必甚鉅。若用第一條之策。令從前已借之債、一切照舊。則今日接辦。無須另籌贖路之欵。所籌股本。專為以下三項之用。一籌付前公司已出小票之息。二為新公司開辦之費。三為以後借欵付息及第一段接造路工之需。然以後造路欵項。仍必恃乎借本。若用第一條之策。信義立而借債亦易。所有餘存在紐約受托公司之三千四百萬金錢小票。仍可分批出售。售票之要義有三層。一曰權必操自我、二曰散售與各國商民。三曰多售于本國商民。除第三層不須申論外。第一層所以留操縱之地。第二層所以殺債主之勢。而散售二字。尤為題中之主腦。凡預鐵路債票。非惟不可令攬路權者兼握債權。亦斷不可將全數售與一外國公司。以致債權因專而重。因聚而大。或謂合興為我承售小票。購者信任合興。故願以錢易紙。今我自售小票。恐購者不信中國、弗願購取。曰是大不然。合興雖為經售小票人。未嘗為中國代擔償債之任。購小票者之信任心。仍在出票之主。而不在經售之主也。且財政家有恒言曰。強國之借外債難、弱國之借外債易。何則、強國毀債而不償。逼之償甚難。故債主之信任心少。弱國毀債而不償、逼之償甚易、故債主之信任心多。今歐美貲本外溢、以力不能毀債之中國就之。其歡迎可知。是故今日中國欲貸外債。以辦鐵路。其大患不在債之難集。而在誤用集債之術。今我國之借外債者。非由通商口岸之洋行承接。即由使臣托

專件

外國公司代籌包借。立一合同。得一鉅款。當事者以爲毫不費力。不知國際上之後患。即生於此。於是讖者欋外債如虎。遂欲因噎而廢食。夫苟去其中間承接之洋行包借之公司。自立公司。妙選通知外情之幹員。分駐外洋商埠。散售債票於商民。則既無債權總一之勢。何來債主干涉之患。彼承接之洋行代籌之公司。非有神奇之勢力。不過出其投機相利家之慣技。轉輾以愚我耳。雖然籌借外債。其要訣固在去中間之集權。而其與原則在立商界之大信。財政家釋此信字。譬以至纖至弱之根芽。稍受摧挫。永不復長。故財政家有恒言曰。信者國庫內無價之寶也。斯言也。加諸國內之公債而確。推諸國外之公債而尤確。然則今日粵漢之事。當紳民憤怒合興。遷及債主。（合興股東雖大半係持小票之債主。然合興當以合興視。債主當以債主視。不可併爲一談也）毀棄債劵。輕失大信。則匪惟空喪名義。仍受逼償。抑且信義一虧。以後非授債主以抵押產之權。不復可以籌借外債。反而觀之。苟用第一條之策。匪惟目前賠路之款可以移緩。抑且自此立信於歐美市場。爲以後自售小票之基礎。一得一失。正相反對。不可以不思也。本以上之理由。謹擬辦法第二條如下。

由特簡之粵漢鐵路督辦選派明幹委員三人。一駐紐約。一駐倫敦。一駐上海。前二員專理在歐美售押小票之事。後一員專理在本國售押小票之事。請旨飭下各出使大臣督同各該委員經理提票付息收款一切事宜。一俟工程師將接辦後。擬造某段估價需款之數。開呈督辦核准。轉咨駐美出使大臣。照各該委員稟報各該處市情。可售或可押小票之數。隨時向受托公司提出小票。分交各該委員。但每段工程未完。及次段估單未開之前。

所提小票。不得逾該段需欵之數。每批所發小票。不得遞售。或轉押與一外國公司或洋行。凡售與或押與公司洋行者。每一行或每一公司所購押之小票。不得任令逾美金一百萬元。

三選美國著名工程師與訂合同。分段包工。專管工程。不令預聞籌欵事。路成後亦不管路。

謹案近年外人要索路權。議者遂謂洋師不宜輕用。夫選用出洋卒業之中國工程師。誠最上之策。無如成材絕少。目前不得不借材異國。然果駕馭得法。未始不可去其弊而收其利。近年各處任用洋工程師。漸生後患者。其失着處三。承辦工程。兼令籌欵。一失也。路價不先包定。開支浮冒。莫能細核。二失也。路成之後。便令管路。三失也。以第一層言。與工籌欵。一併付諸外人。流弊之大。合與已有明證。合與之總工程師。雖無籌欵之權。而任意提欵。視中國督辦如弁髦。以致工成無多。鉅欵虛耗。欲救此弊。須將籌欵造路二事。截然分開。路欵由我自行籌借。路工則責成洋工程師。以第二層言。稽核路欵。隨時督察。本屬至難之事。非精曉外國機料價值。兼通工程學者。不能任此。此次合與總工程師開呈帳目。其欵項之荒謬絕倫者。姑不論。即工程上宜有之欵項。其浮開之處。亦必不少。照已成粵路之里數計算。即以三百萬兩爲實支之數。亦復貴於日本路造一倍。然此項浮開之欵。非專門家不能逐一細駁。今欲求此專門家任爲督辦。萬無此望。故目前最妥之辦法。惟有招選外國著名工程師。遍查各國造路價目。準相當之價。與之訂立合同。逐段包造。限期收工。則督辦之重任。全在訂合同時之定價值。與逐段路成之驗收工程。苟能悉心任事。亦庶幾無大弊矣。以第三層言。如合與舊約。既付以籌欵造路之權。又予以路成管路之

專件　八



任。太阿倒持。乃至於此。設使此約不廢。異日把持之忠正未有艾。今日乘機收回。前車當鑒。以後聘用洋工程師。必須逐段收工。貨價兩交。至於駛車管路。究非若工程之難。近年鐵路學堂卒業學生。亦多能任其事。即路成之後。竟無華人能管理之。亦當由督辦另聘洋員。訂明任期。隨時調易。決不可令承辦工程者接管車路。以至積久難返。尾大不掉也。至於工程師宜用何國人。現在列強覬覦。動啓嫌疑。與其用俄法英德比等國之人。致來口實。或招干涉。不如仍用美國人為宜。案美國憲法。華盛頓政府並無干預商民營業之權。祇能保護己國之民。使不受虧損耳。今我聘用一工程師。訂明路價。隨付隨造。合則留。不合則易。何慮美國之干預哉。本以上之理由。謹擬辦法第三條如下。

由督辦咨請駐美出使大臣招訪著名工程師。令開呈包造粵漢鐵路之價。分段估算。擇其相宜者。與訂合同。言明由督辦逐段交款。款到限期包造。每段造成。即由督辦驗收。自行派員管理。合同雖預言承造全路。但仍須逐段包造。倘一段路成。驗收工程不合督辦之意。或因次段之款。督辦尚未籌齊。則督辦有權另聘他人接造次段。或暫緩接造。總須逐段交割工程。清結帳目。並聲明承辦工程者。路成後不得接管路車。

以上三條。自我國政府以國家之資格。經自宜明廢約。知照合興之後。即可徑行自辦。不須俟至與合興訟結之日。蓋我之處合興。當截分為二項。以造路一面言。合興乃承辦路工人。以借款一面言。合興乃持小票人。一經聲明小票照舊由我政府接付息金。則我與持小票人之交涉已清。然後與承辦工程人清結帳目。故收回路權為一事。對付合興又為一事。

至于對付合興必經法廷。謹當細案律文例案。詳議續呈。

粵漢鐵路法律上之要旨（此件另有英文全稿）

粵漢鐵路法律上之問題。可分兩層解說。其關乎外交者。曰美國政府能否干預。其關乎內政者。曰中國政府能否廢約。

一美國政府能否干預

美國政府所以能托詞干預者。厥有二端。一曰爲保護條約之權利而干預。一曰爲保護商人之權利而干預。今逐一詳論之於左。

一爲保護條約之權利而干預〇粵漢鐵路合同。其訂立之兩造。一爲中國政府及鐵路總公司。一爲美華合興公司。而美國政府不與焉。按國際公法。凡訂立合同。必兩造均爲政府方成條約。否則謂之契約。條約與契約微有差別。條約屬於外交。外國得而干預之。契約屬于內政。外國不得而干預之。英國著名公法家賀羅氏（見所著國際法論第四版第三百三十九頁註）曰。凡政府與個人所訂立之契約。不在國際法範圍內。由是觀之。粵漢鐵路之合同。是契約而非條約也審矣。既非條約。則美國政府斷不能托詞保護條約之權利而干預此事。果其悍然不顧公法而干預之。則是蔑視我政府。侵犯我主權也。

一爲保護商人之權利而干預〇粵漢鐵路之合同。自其表面視之。則一契約也。自其裏面視之。則一特權也。此特權唯何。卽許築鐵路自漢口達廣東省城是也。以特權言之。萬國通例。凡一國特權。無論許與本國人或外國人。其發給及撤回等事。皆屬一國之內政。非他國所得而干預者也。卽一千八百六十八年七月四日中美兩國在美京華盛頓所訂立之條約。其第八款所載之語是也。以契約言之。美國政府亦不得干預。公法大家費呵利（見所著新國際公法論第一卷第六百四十六節）曰。余以爲一國政府。不應將數人之私案。一變而爲一國之公案。將數人之私事。一變而爲一國之公事。若其事關乎一國之名譽治安。則不在此例。又曰。（見第六百四十九節）凡干預他國之事。以保護私人之權利。必其政府妄行侵犯權利。違背法律公理方可。（見非利摩氏國際公法第五卷第二章第二節克富德氏國際公法）賀羅氏曰。（見所著公法論第四版第二百九十三頁）萬國向例。凡一國與他國商人借欵。若該政府不肯交還本息。他國政府往往不干預其事。其故有三。一曰代本國商人向他國政府索還錢債等事。殊非易辦。政府不宜擔負此重任。二曰凡商人借欵與外國政府。多出于冒險之心。若該政府食言。禍由自取。不足憐也。三曰一國政府時或爲勢所逼。籌欵維難。欲踐言而不能。事可諒也。（見伯倫知理氏國際公法第三百八十節三百八十六節加利和氏國際公法第三百六十一節）今粵漢鐵路一事。其背約之咎。在美國商人。而不在中國政府。吾不知美國政府究有何辭以干預之也。前一千八百四十八年。有一交涉案件。頗類乎此。先是英國商人醵資創設一鐵路公司。名曰巴路哥亞海灣鐵路公司。擬在亞非利加洲葡國領土內建築鐵路。工既竣。葡國政府無故將公司之物產一概充公。英國外務大臣巴美期頓爵行文英國公使。畧謂英國商人之權利。若爲他國所侵犯。英國政府有權可以干預之云云。竊以爲此案不能援引爲例。其故有二。一曰公法者非一國所能定。更非一人所能定。必經各國明認之。或默許之。方作定論。巴氏之言。未嘗爲他國所認。故謂爲一人之私言可也。謂爲一國之私言可也。謂爲萬國之公法則不可。二曰。葡國政府無故將該公司之產業充公。中國政府並未嘗沒入合興公司之物產。此其不同者一也。葡國之案。其曲在葡國。今茲之案。其曲在美商。此其不同者又一也。以上所陳。環球萬國中持之最力者莫美若也。謂余不信。請細攷美國外交之文件。一千八百八十五年七月二十四日。美國外務部大臣巴入行文與其出使大臣傳斯分曰。政府不可因錢債事。妄代其人民訴于他國政府。其最要之處有二。一曰凡屬于契約之事。美國政府祇宜獻議。不宜干預。即以獻議言。亦必有確寔證據方可。二曰若已建議於外國政府而該政府不認其事。或不肯償還。則亦無可如何。此國際法之定例。美國豈能干犯之耶。(見屆頓氏國際公法類纂第二卷第六百五十九頁)又如一千八百六十六年正月二十五日美國外務部行文於使臣曰。凡契約之案。俱不屬交涉之問題。即如一國之商人。往他國經商。其所營之業。若與該國之商務及土地有密接之關繫。則此例尤宜遵守。是故歐洲諸國若有干預其國人在美國內所創辦之鐵路。及他項公司。美國必力爭之云云。由是觀之。粵漢鐵路一事。寔中國之內政。美國或他國政府無絲毫之權利。可以干預之。若果悍然干預無所忌憚。則是故意侵犯我國之主權也。國可亡。家可破。身可殺。唯主權不可侵犯。

二中國政府能否廢約

粵漢鐵路之合同自其表面視之。則一契約也。自其裏面視之。則一特權也。以美國法律言之。契約與特權無甚差別。蓋美國聯邦憲法有不許政府干犯契約義務一條。而裁判所解釋之曰。政府所許與私人之特權。亦在此禁例內。故政府不得而干犯之。吾國政府無此禁例以限制之。故特權與契約。可分作兩事言之。細查此案之源委。則粵漢鐵路之合同。無論視之爲特權。爲契約。均有可廢之據。請詳陳之。

一特權之說○美國最高裁判院曾解釋特權之義曰。特權者即特別之利益。由政府贈與一私人或一公司。而非全國人人所共有者也。（見英美法律大成所載特權論及所援引各案）今粵漢鐵路之合同。名爲契約。寔爲特權。蓋贈與美華合興公司一特別之利益。而非全國人人所共有者也。美華合興公司之所以爲公司。並其所以能用上領權。（國中人人所有之物產田產若欲得之以與公利政府有權可以強其物主賣之此權或政府自行之或委與私人或公司以行之皆泰西法律所謂上領權也）以贈道路築鐵軌者。即其特別之利益也。然則粵漢之合同。視之爲特權可也。既爲特權矣。中國政府可以收回之乎。曰可。美國法律。凡創立公司。原定之條規若不遵守。則其特權即可收回。美國法案言及此例者甚夥。（詳見英文稿）又凡創立公司原定之條規。所載明該公司必於其限期內舉行某事。而該公司不遵守條規。以致時期已過而事多未成。則其特權可立即撤銷。（見馬路域氏私立公司論第一千零二十三節及所載各法案）按粵漢鐵路原約第七款云。此合同定允議准照辦之後。美華公司即派人偕工程師會同該公司人員前往勘路。將造路建棧打旗等費估價具報。若無意外延阻之事。自開工之日起三年內華美公司允將全路建成。其勘路之費。總公司及美華公司各自發給。云云。又續約第十八款有云。第七款本聲明鐵路工程應以三年爲限。一律造竣。倘遇意外不測之事。並因戰務阻止。非美華公司力量所可挽回者。自當酌展期限。茲議由簽定該准此續約之日起。除此款前列各項事故外。以五年爲限造成全路云云。今原定之期限將滿。而工程十分之一尚未告成。且並無意外不測。或公司力量所不能挽回各項事故。以延阻之。則美華公司寔已犯此欵也。此中國政府可以撤回其特權者一也。不寧唯是。美國法律凡公司犯非行者。即應撤回其特權。所謂非行者。不獨該公司創立原定之條規所明禁之事爲然。即其條規所不明許而默禁之事。亦作爲非行。若其非行果有害於公利。則其特權亦可撤回。（見馬路易氏私立公司論第一千零二十四節及論此事各法案）謹按續約中十七欵有云。此續約與原約一體訂立者。准美國公司之接辦人或代辦人。一律享受。但美國人不能將此合同贈與他國及他國之人云云。（謹按此合同原議以英文爲正文而英文第十七欵首句云。訂立此續約使其與原約有同一効力之目的。欲使條約之利益可由美華公司轉與其接辦人或代辦人。但美國人不能將此合同之權利贈與他國及他國之人云云。照此正文。則中國直而美商曲。尤爲顯著）夫所謂合同之權利者。其所包括甚夥。其最要者。即持有該公司股票之權利是也。近美國人已將該公司股票之强半轉賣與比人。是已顯違續約第十七欵。而美華公司亦斷不能執欵中所稱准美國公司之接辦人或代辦人一律享受之語。以爲護符。蓋照西國解釋文件之定例。以釋此句。則所謂接辦人或代辦人者。寔指美人言。而非指別國人言。此無可疑也。無論股票大半已入比人之手。即使比人所購僅居小半。亦已干犯此欵也。蓋英美法律凡創立公司之條規。若有含疑之處。其解釋之之道。當右政府而左合同。此欵既未載明合同內若干利益不許贈與他國人。則小半之股票。亦不許之列明矣。况入于比人手者。竟居其大半耶。（見麥西羅氏公司法第一百七十頁譚新氏私立公司論第四卷第五千六百五十九節美國法案之贊成此例者甚夥詳見洋文稿）接美商將股票賣與比人。不獨爲公司合同所未允之事。且爲該合同所明禁之事。夫公司若作一合同中未允之事。政府且得而撤回其特權。況明禁之事耶。此中國政府可以撤回其特權者二也。總之中國政府實有可以撤回美華公司之特權之權。其故有二。一曰美華公司已干犯原約第七欵。並續約第十八欵。二曰美華公司已干犯續約第十七欵。（撤回其特權之後可奪其築路之權不能將其產業充公此不可不別也）

二契約之說　以粵漢鐵路之合同爲一契約而論之。中國政府亦可以廢約。以其違背契約內所載之條欵也。其條欵維何。曰續約第十七欵曰原約第七欵。及續約第十八欵。

謹按英美法律凡契約之條欵。若一造不遵守。則他造可以廢約。又凡訂立契約。若一造故意干犯所訂立之條約。則他造不獨可以廢約。且不必償還彼所已用之欵。今華美公司既已故意干犯契約內所訂明之條欵。則中國政府不獨可以廢約。即該公司現成之鐵路。亦不必贖回之。此不過據法律言之也。若以勢力言之。恐中國政府未必能行之。美國法案中贊成此例者不勝枚舉。英文稿所載者僅其大畧耳。此漢文稿粗陳其畧。英文稿中列有美國例案甚繁。皆可據爲交涉辯駁之證。總之此案我政府有權廢約，美政府不能干預。律文具在。有特何恐。即使美政府違例干預。我自可據律與爭。近聞合興用美富人摩根出名收回此股，無論其是否掩飾之詞。要之合興違約在先。收股在後。我之廢約。仍是合例。況合興違約之處。尚不止售股一端耶。我堅持力爭。美政府必不恃强蔑理。所冀朝野一心。力挽狂瀾。無稍退讓。事之成敗。祇在爭執之堅否。美國夙稱重律之邦。苟我政府所爭悉當于美律。則挽回大局祇在今日一轉移間耳。

紀事

# 中國大事月表（補錄）

## 甲辰十二月

●一日　廣東奉旨籌辦團練

魏瀚京卿偕陳璧整頓廣東水師十二條

張之洞會同盛宣懷電請駐美梁使照會美外部請廢粵漢鐵路合興公司合同

上月廿九日留美學生致電張之洞條陳粵漢鐵路籌款辦法四條

●二日　浙紳以法人要索滬紹航路急電請同鄉京官轉告浙撫堅拒勿允

俄國以伊犂地方回漢衝突因假詞保護商務由士謝圖汗派兵前往駐紮由該地將軍電請外務部照會俄使請即撤兵

政府與日本議定收回金復海蓋諸州縣統治權仍由華官照日本所定民政公所章程辦理

電飭駐美梁使力爭華工禁約

以德人赫盤西爲江南製造局經理人

紐約合興公司電稱已將粵漢鐵路之比股收回

●三日　張之洞電請政府嚴拒德人要索鄱陽湖屯船演砲

擬飭外刑兩部新訂民教新律

## 紀事

財政處擬飭各省照用豫算決算章程造冊咨報

外務部咨行總稅務司以南京山東開作商埠應照天津上海現行章程凡應納稅五十兩者加征一兩以爲商埠經費

商部咨行各省商會明年比國賽會事

●四日　端方奏鎮江駐防旗營籌餉無着請由蘇省撥欵接濟

桂省以匪亂初平擬禁販耕牛出鎮南關交易而法人不允

張之洞盛宣懷電囑駐美梁使聲明合興公司所發小票作廢

廣州粵漢鐵路工程局實行裁撤

●五日　湖北宜城縣衛戶抗官清查糾衆滋事

外務部照會英公使索還威海衛

●六日　粵省督撫電請外部停辦南非招工條約

湖北宜城縣游勇聚亂

●七日　練兵處電催各省查報兵勇額數及弁丁餉項

政府決議設製造局於萍鄉

閩省議改鹽灘爲官督商辦

●八日　去月廿九日出使英國大臣張德彝向英政府索還威海衛

美政府照會我國謂不贊成粵漢鐵路廢約

●九日　閩督魏光燾因波羅的海艦隊東來電商江督訂購砲械以備不虞

浙紳以龍興寺被日僧占領公電至京請外務部速爲挽救

●十日　閩省因籌解鎊欵辦理防務需費擬向

洋商籌借巨欵以船政作抵
江督周馥因防務緊急特派員往日本
訂購軍械
戶部擬責成各省分攤賠欵之費

●十一日 軍機處因波羅的海艦隊將來電飭江
督閩督嚴防各海口
擬設貴族武學校
各商號以戶部銀行每月開支太多不
願附股

●十二日 駐美梁使電囑政府謂美人已買回路
股大半勿主廢約
中國已交賠欵與日本計一百廿四萬
有奇
外商兩部照會法使改訂閩礦合同作
爲華洋合辦

●十三日 政府以波羅的海艦隊東來特於閩省
三都海口添一電線以通消息
戶部咨催各省地丁錢糧清冊
特飭軍機處遇機密事件改用滿文進
奏
練兵處奏定新軍官制分爲上中下三
等每等各分三級
日本在旅順設立鎭守府

●十四日 伊犁將軍馬亮電奏喀什噶爾俄人陸
續進兵
浙紳電致京官請力拒法人要索紹滬
航路
政府電飭陝督崧蕃預籌邊防
署江督端方奏覆查明浙江漕務積弊
商部奏請推廣內河行輪
留美學生有電致鄂督張之洞謂贖路

紀事

廢約合萬國公例

●十五日

新疆巡撫潘效蘇電奏有俄兵三千餘名侵入蒙古

美領事干涉江蘇崇明縣花行抗捐事

鄂督張之洞擬令湘省公舉紳董主持粵漢鐵路

廣東省垣巡警局因事誣揑鞋店窩匪激成罷市之變

浙紳稟請商部奏准立案削除丐籍

●十六日

初八日有俄兵數千繞攻牛家屯此地距營口十里後被日軍擊退

江督周馥電阻華人力爭周生有案

江蘇丹徒縣因加征漕糧公費擁衆鬧事

政府擬裁與將軍都統同城之副都統

政府擬仿照漢御史之例改正考試滿蒙御史章程



戶部尚書趙爾巽條陳各省路礦事宜

●十七日

粵督岑春煊反對鐵良設立土膏統捐之議

某侍御因各省礦務多有外人承辦請調查各礦合同

美使照會外務部言美政府不允鐵路廢約

吏科給事中熙麟糾參伍廷芳因鐵路事受賄

●十八日

留日湖北學生有電致鄂督張之洞請堅持鐵路廢約之議

政府擬飭駐日俄兩公使探詢調停戰事之意見

鐵良欲遷製造局於江西萍鄉縣現有成議

閩省大吏因土捐收數無多已允鐵良合辦土膏統捐之議

●十九日 外務部通告各國聲辯俄國誣控我國不守中立事

粤督岑春煊擬造廣西鐵路

●二十日 直督袁世凱奏請試辦直隸公債票奉旨依議

外務部欲索還威海衛英使謂須俟政府覆電

電命粤鄂兩督審查伍廷芳盛宣懷鐵路受賄事

政務處議設左右參丞准同酌議要政

刑部設法律館飭令滿漢司員學習例案並參酌各邦刑律

尚書呂海寰電請設內河輪船招商局

●廿一日 上海道袁海觀電稟外務部力爭周生有案

刑部擬改良牢獄

政府擬派員往各國商埠考查商務

擬請戶部宣布歲入歲出表

政務處以漕糧改收折色擬飭令戶部設立總司漕折公所

直督袁世凱擬開鑄一兩重銀幣

鄂督張之洞通飭各屬通行一兩銀幣

●廿三日 西寧辦事大臣電請政府照會俄使禁止俄兵之橫暴

閩督魏光燾奏陳遵章整頓閩省兵制

●廿四日 潮州因鐵路事殺死日本工程司二人

裁撤漕督改爲江淮巡撫統轄江淮揚徐四府及通海兩直隸州又以淮揚海道兼按察使銜

紀事

鐵良擬將武備學堂隸屬練兵處

粵督岑春煊電奏粵軍兜剿黔邊竄匪

漢口禮和瑞記兩洋行允賠華商虧折銀十萬兩

●廿五日

英國西藏鐵路現已修至江孜

俄兵壓侵入新疆政府與新疆大吏往來電商甚忙

政府爲俄國誣告不守中立一案倘俄國堅執不改將來必交荷蘭平和會議公斷

京卿張翼布告開平煤礦質審得直

御史王誠義奏參六部滿漢堂官疲輭殘疾難期振作

奏請張家口裁撤監督添設將軍兼理稅關事

六

出使法國大臣孫寶琦電陳粵漢鐵路亟宜廢約

商部擬設工業共進會於京師

商部電致江督論製造局擬改歸商辦

●廿六日

廣西土匪漸次蕩平

浙撫聶緝槼電請外務部力拒法人要求紹滬航路

戶部歲出歲入預算決算表成

商部侍郎伍廷芳受賄事某邸力爲袒護上諭着其明白回奏

四川籌欵興辦鐵路擬按穀石派捐每百石抽穀四石每年可得銀三千餘萬

四川擬築成都至灌縣枝路

# 旅順降伏始末記

## 日俄戰紀

嗚呼。俄國之旅順。竟然失落於日本之手！嗚呼。中國之旅順。竟然再度由俄羅斯間接失落於日本之手。

陽曆正月二日。忽聞旅順陷落之信。初而喜。繼而悲。譬之有盜入室。忽而倘有一盜。再繼其後。互奪所有。奮鬭正酣。前盜受傷。而後盜不去。吾儕立於主人之地位。其何暇欣喜耶。嗚呼。吾人今日之地位。其能免類是否耶。其能免類是否耶。

夫旅順。俄國久以視之爲其極東政治軍事之中堅。其政策。其軍略。均以此處爲樞紐。然而今也金城湯池。終不免爲敵所摧陷。於其數十年來苦心經營之極東政略。軍事計畫。悉因此爲之掃除淨盡。雖然今也俄羅斯已矣。而代俄羅斯而執其牛耳者踵然繼至也。今不避繁冗。將其降伏之端末詳記之如左。

◎開城降服問題　今回旅順之陷落。非占領。非降伏。而實開城也。夫開城與降伏之界說。國際法家紛紛無定論。然而實非極曖昧不明之語明甚也。簡而言之。開談判交涉後。將其要塞委之於敵者。謂之開城。反是全然無開談判交涉之餘地。惟揭白旗以軍隊之運命。雙手捧之於敵者。謂之降伏。即開城者。有條件之降服。(即立種種條約而後降之)降服者。無條件之降服。即絕對之降服也。今回旅順之陷落。實開城而非降服。即有條件之降服。而非絕對之降服也。觀斯鐵些爾將軍與乃木將軍往復書札之意氣。及其規約之第七條(見下)可知之矣。

斯將軍與乃木將軍書曰。

而今而後始知旅順非可抵抗固守者。徒損人命。誠無益也。予因是欲建議開城。足下其肯同意乎。祈速派委員來。與予委員討議開城之條件及其辦法。並選定該委員等會合之處。是幸。予乘此機。恭表敬意。

乃木將軍復斯將軍書曰。

頃接惠簡。知閣下欲討議開城條件及其辦法等。因僕敢不唯命是聽。茲特派旅順攻圍軍參謀長少將伊知地幸介氏為委員。及參謀官文官數名隨行。即定於一千九百零五年一月二日正午。與貴軍委員相會於水師營。其各該委員因會議開城規約。宜予以全權。俾得調印之後。不待批准。直可施行。惟此全權委任文書。可署最上指揮官姓名在內。然後互相交換為荷。予乘此機會。恭呈敬意。

於是兩軍全權委員。即於一月二日午後一點鐘開議。(因事延阻故至一點鐘始開議)至四點三十五分鐘畢議。日軍所提出之條件。俄軍均已允諾。乃即行停戰。俄軍委員因開城條約第七條所云。將校及官吏要先宣誓。然後準予歸國之事。(各條約見下)不可不奏准俄皇。於是懇請日軍委員。以斯鐵些爾將軍名義。將其端末電達俄皇。日軍司令官允之。其文曰。

臣以愚戇。荷膺重任。不幸今日遇此厄境。至萬不得已。而有署名於旅順開城規約之事。現在將校及文官。如若宣誓不參與此役戰爭。則許以佩劍返國。否則身為捕虜。不得不永留於彼邦也。乞陛下許微臣以負此義務。

俄皇接電奏後。亦即允其所請。乃於一月四日電復日軍司令部。求其轉致斯將軍。(電文由旅順周家屯通信所往復) 其文曰。

朕乘汝各將校有保留特權之機。許可其負不忝與此役之戰役而歸祖國。朕感謝卿及有勇敢守兵之防戰。

◎開城條約 今將其所定開城規約之條文。錄之如左。

第一條 凡在旅順要塞之俄國陸海軍軍人及義勇兵官吏等。均爲捕虜。

第二條 凡旅順口所有之堡壘、砲台、艦艇、船舶、兵器、彈丸、馬匹、及其他一切軍用各品。官舍官有物等。均歸日本軍所有。

第三條 前二條件若能允諾。則可於明三日正午內。先將椅子山、小案山、大案山、及東南一帶高地上所有堡壘、砲台各守備等。均撤去交與日本軍管轄。

第四條 凡俄國陸海軍於本規約調印之時。若有破壞第二條所指諸物。又或以其他諸方法。更其現狀情形。則日本軍廢棄此規約。而取自由之行動。

第五條 凡在旅順口俄國海陸軍官憲。宜整一表將旅順要塞配備圖。地雷、水雷、及其他危險物之布設圖。旅順口陸海軍編成表。陸海軍將校官職等級氏名簿。文官官職氏名簿。軍隊艦船名簿。並所乘船員名簿。普通人民。即男女人種職業員數表。速即交附日本軍。

第六條 凡有兵器(各人携帶兵器亦在內)彈藥、軍用諸材料。官舍官有諸物。馬匹、艦船艇、及其內部之諸物件(除私有物)悉如現在位置。不得有所變動。至於授受之方法。一依日俄

日俄戰紀

兩軍委員所規定。

第七條　日本軍因見俄軍防禦極固。勇敢無倫。甚爲佩服。凡屬海陸軍將校及所屬官吏。許以帶劍。及準携於自身生活上必要之私有物。又凡屬將校官吏及義勇兵等。若能宣誓至本役終局不持武器。無妨日本軍利益之行爲者。亦準歸國。歸國時。亦聽其帶一從卒隨行。此從卒亦要宣誓。始能解放。

第八條　凡已解除武裝之陸海軍。下士、兵卒、及義勇兵。宜衣本國製服。携帶天幕。及所用之私有物。受所屬將校指揮而至日本軍所指示聚集地。其詳細可求日本軍委員指示。

第九條　凡在旅順之俄國陸海軍衛生部員。及經理部員。因療養傷病者。及理俘虜等事起見。宜在日本軍衛生部員及經理部員指揮之下。暫行協助。

第十條　凡如何統治旅順港內人民。港內行政、會計事務、文書、及其他如何施行本規約細則等。別行規定本規約附錄之內。其附錄與本規約有同一効力。

第十一條　本規約。日俄兩軍各持一符。由調印之時。即便施行。

開城規約附錄

第一條　因欲實行本規約起見。故設定日俄兩軍委員。其委員如左。

一、關於本規約第六條之委員。關於堡壘砲臺及其在陸上之兵器彈藥等之委員。關於艦船艇等之委員。關於胸牆物件之委員。關於撤去危險物（即地雷水雷等）之委員。

二、關於本規約第八條之委員。

三、關於本規約第九條之委員。
四、關於本規約第十條之委員。
第二條　前條所記諸委員。可於一月三日正午。前來白玉山之北麓旅順市街入口處聚集。以便商議擔任前項事件。
第三條　凡在旅順要塞內之海陸軍人。一依日本軍所指定次序定於一月五日午前九點鐘。來鴨湖嘴東端。而受關於本規約第八條委員所指揮。但非將校及所屬官吏者。不准佩劍。及其他武器。惟要帶一日糧食。
第四條　凡俄國官吏。非屬海陸軍籍者。可各依其職。立於一端。與前條所記各海陸軍官。隨行至鴨嘴湖東端。其諸官吏中。未有做過義勇兵者。可以不用宣誓。即行解放。
第五條　凡熟悉各堡壘砲臺諸建築物。諸倉庫、諸物件之所在地。及各艦船艇內等處之將校。下士卒。或管理人員。可暫留以助日本軍整理。該人員尚要佩帶日本軍所與徽章。
第六條　凡海陸軍人義勇兵及官吏等。於一月四日上午九點鐘以後。尚有携帶器械而不肯至日軍所指示聚集地者。則日本軍即加以適當之處分。(即軍律從事)
第七條　本規約第七條所示之將校。及所屬官吏。其携帶私有物件。有時有要行檢查等事。其重量一依與日本軍將校及所屬官吏所携帶者相準。
第八條　凡在旅順海陸軍用之病院船。若得日本軍檢查之後。隨其所定法則施行。決不干預。
第九條　普通人民。即港內居民。可各安其堵。其欲退去者。凡屬自己私有財產。儘可携帶。惟海陸軍將校及官吏家族。欲退去者。日軍所能造得到之處。無不極力從優。與以利益。

第十條　凡在旅順要塞內之居民。日本軍要其退去之時。即依日本軍所指定時期及所經之路退去。

第十一條　關於本規約第十條之俄國委員。可將其既往現在之行政。幷會計狀況。一一告知日本軍委員。且將一切文書。全行交附。

第十二條　凡在旅順口之日本軍之捕虜。可一依本規約第一條所示。於一月三日午後。全交日本軍委員。

◎俄艦之逸走及破壞各物　調印後之一日。即陽曆一月三日。有俄國驅逐艦四艘逃入芝罘。有水雷艇二艘逃入膠州。不數日均已解除武裝。又其在城頭山下之戰鬬艦賒巴斯德爾號。於一月一日夜半。自行爆沈。及破壞其他種種之物件云。

◎兩將軍之會見　五日午前十一點十五分鐘。乃木與斯鐵些爾兩將軍會見於水師營。斯將軍率一參謀長。一大佐兩中尉及哥薩克兵六名爲護衛。乃木將軍亦領伊知地參謀長及三大尉。一外務書記官等。會見之際。頗極懇篤。斯將軍極口激賞日本軍之勇敢。及乃木將軍不撓不屈之精神。又謝其代爲電奏俄帝。坐中所談。皆係一私人之事。全不提及政治上軍事上之事云。下午一點十五分鐘。始別。相別之時。斯將軍欲以其愛馬贈與乃木將軍。乃木將軍辭以馬亦爲軍器之一。不敢擅取。惟以軍隊名義取之。自當愛撫。以謝雅意云。

◎旅順俘虜之處置　旅順守將自斯將軍以下。各將官之已宣誓不參與此役戰務者。日軍皆將其與非戰鬬員。送至長崎之後。即行釋放。隨其他適。然其尙有不肯宣誓之將官及兵卒等。則送之於內地俘虜收容所。惟俘虜中患傳染病者不少。而當局之人。處置此等病者亦甚爲棘手。只得留於彼地（旅順）云。

◎斯將軍之歸國　斯將軍於十二日由靑泥窪啓輪而至長崎。於十四日到。隨行者。爲將軍夫人。參謀長利士少將。戰沒將官孤兒五名。下婢三名。及其他幕僚從卒等。約有五十名。將軍容貌魁偉。顏赭美髯。一望而知爲當世人傑。丁此勢窮力屈。斜陽欲下之時。而乃履行敵國境地。受楚囚之辱。身歷其境者。其感慨當何如哉。

◎所獲之戰利品　日軍攻落旅順之後。其所獲之堡壘、砲台、艦船、兵船、及其他各零碎之物極多。今將其所查得者。列表如左。

| | |
|---|---|
| 一、永久堡壘砲臺 | 五十九個 |
| 二、兵器彈藥車輛等 | |
| 火砲 | |
| 大口徑 | 五十四門 |
| 中口徑 | 百四十九門 |
| 小口徑 | 三百四十三門 |
| 合計 | 五百四十六門 |
| 砲彈 | 八萬二千六百七十發 |
| 水雷 | 六十個 |
| 爆藥 | 千五百八十八個 |
| 火藥 | 三萬吉羅 |
| 小銃 | 三萬五千二百五十二枝 |
| 拳銃 | 五百七十九枝 |
| 軍刀 | 千八百九十一張 |
| 小銃實包 | 二百二十六萬六千八百發 |
| 彈藥車 | 二百九十 |

日俄戰紀　八　八六一二

| | |
|---|---|
| 輜重車 | 六百〇六 |
| 雜種車 | 六十五 |
| 乘馬具 | 八十七 |
| 輓馬具 | 二千〇九十六 |
| 三、電燈 | 十四 |
| 四、電信機 | 十五 |
| 電話機 | 百三十四 |
| 回光通信機 | 三 |
| 五、土工器具 | 千百七十一 |
| 六、馬匹 | 千九百二十頭 |

七、艦船艇

戰艦俾利士域圖以下四艘（些巴斯德波爾亦在內）因全已沈沒故不計在所獲之內

| | |
|---|---|
| 巡洋艦巴爾剌達以下 | 二隻 |
| 砲艦、驅逐艦 | 十四隻 |
| 滊船 | 十隻 |
| 小蒸滊船 | 八隻 |
| 雜船 | 十二隻 |
| 其他民有船 | 若干 |

以上皆已破壞或已沈沒者也。然其外尚有少加修理即可使用之小輪船三十五艘云。

◎**降虜之總數**　旅順港內所住居之民數若何。兵數若何。將官之數若何。未能悉數調查。惟錄其所已報告者以供參考。

四日之降虜數報告

| | | | | |
|---|---|---|---|---|
| 將官 | 陸軍 | 八 | 海軍 | 四 |
| 佐官 | 同 | 五七 | 同 | 一〇〇 |
| 尉官 | 同 | 五三一 | 同 | 二〇〇 |
| 陸軍文官 | | 九七 | 軍醫 | 一〇九 |
| 僧侶 | 陸軍 | 一三 | 海軍 | 七 |

下士卒同　二二、四三四　同　四、五〇〇

非戰員同　三、六四五　同　五〇〇

合計三萬二千二百〇七名。義勇兵多含在非戰鬥員內。其他在病院之傷病者。約一萬五六千名。輓馬約一千八百七十匹。乘馬約百匹。

五日之降虜數報告

狙擊步兵第五聯隊

將校　三六　下士卒　一、五四七

狙擊步兵第十三聯隊

將校　三八　下士卒　六六五

狙擊步兵第十四聯隊

將校　三二　下士卒　八八二

狙擊步兵第十五聯隊

將校　五〇　下士卒　一、三五三

狙擊步兵第十六聯隊

將校　三〇　下士卒　一、〇〇四

合計將校一百八十六名下士卒五千四百五十一名內宣誓將校八十六名

六日之降虜數報告

狙擊步兵第二十五聯隊

將校　四二　下士卒　一、四三二

狙擊步兵第二十四聯隊

將校　……　下士卒　一、四二〇

狙擊步兵第二十七聯隊

將校　五八　下士卒　一、一七八

合計將校一百四十名下士卒四千〇三十名

七日之降虜數報告

狙擊步兵第二十五聯隊

將校　四二　下士卒　一、四三二

狙擊步兵第二十六聯隊

日俄戰紀

將校 四〇 下士卒 一 四二〇
狙擊步兵第二十七聯隊
將校 五八 下士卒 二、一七八
狙擊步兵第二十八聯隊
將校 五二 下士卒 一、五〇五
第七補充大隊
將校 一四 下士卒 二八二
第三補充大隊
將校 一二 下士卒 三〇八
第 聯隊本部
將校 二 下士卒 六六
第三師團第十一第十二混成聯隊
將校 四 下士卒 一九五
砲兵第四旅團
將校 二六 下士卒 九〇一

要塞砲兵
將校 二 下士卒 一一三
關東要塞砲兵
將校 六八 下士卒 二、七八三
憲兵
將校 二 下士卒 二四
合計將校三百二十二名下士卒一萬一千二百〇七名

八日之降虜數報告

斯鐵些爾司令部 將校 九 下士卒 三九
關東長官司令部 同 六 同 一五
工兵中隊 同 一一 同 二六九
電信隊 同 四 同 六〇
鉄道隊 同 一 同 一五五
騎兵 同 四 同 一七七

| | | | | |
|---|---|---|---|---|
| 力德城隊 | 同 | 二二 | 同 | 四四六 |
| 波俾打 | 同 | 二三 | 同 | 五一〇 |
| 巴彌剌打 | 同 | 一一 | 同 | 二〇八 |
| 俾利士城 | 同 | 一五 | 同 | 六〇七 |
| 波爾他華 | 同 | 一六 | 同 | 三一一 |
| 些華斯波利 | 同 | 三一 | 同 | 五〇七 |
| 巴揚 | 同 | 一五 | 同 | 二五九 |
| 波布爾 | 同 | 二二 | 同 | 九九 |
| 斯德羅些堡 | 同 | 四 | 同 | 五二 |
| 阿華斯那 | 同 | 六 | 同 | 一二四 |
| 奇利也克 | 同 | 五 | 同 | 七二 |
| 暗爾 | 同 | 七 | 同 | 一七三 |
| 海軍防禦司令部 | 同 | 三 | 同 | 三 |
| 港務局 | 同 | 六〇 | 同 | 二九 |
| 海兵團 | 同 | 五九 | 同 | 二五三一 |
| 水雷團 | 同 | 一〇 | 同 | 一四二 |
| 裁判官 | 同 | 三 | 同 | 二二 |
| 野戰郵便電信局員 | 同 | 三三 | 同 | 二三 |

合計將校三百六十九名下士卒六千八百一十四人

總共合計將校八百七十八人下士卒二萬三千四百九十一人

◎斯將軍開城之原因　旅順要塞之俄軍。自昨年(陽歷)五月而迄今日。被圍殆半載餘。兵殘矢盡。力窮受屈。靦然肉袒於日軍之前。末路之哀。寧過是耶。斯將軍今日之決意降服者。雖知日軍威力之強大。終不能敵。然其所以如此之速。其原因甚複雜。不能逐一縷述。惟其大者近者。則波羅的艦隊之來。不足恃也。古魯巴將軍之通牒。不得其要領也。此其近因也。夫當旅順守備漸艱之時。斯將軍亦曾派密使於芝罘。一面向俄政府確問波羅的艦隊之消息。而俄政府之回答則屬模棱。莫有定期。惟只述其希望之語以塞責而古魯巴將軍。亦答以勁敵在前。赴援之事實所不能。於是斯將軍全然失望。全然胆落。而開城之志早決於此時矣。其最近因則東鷄冠山北砲臺之占領也。二百零三高地之被奪也。此其最近因也。夫二百零三高地東鷄冠山北砲臺之失落。實成爲直接制俄軍本防禦線之死命而日軍之作戰得以一瀉千里莫能禦之之勢。沛然而臨。且自元旦(陽曆)拂曉。其各方面之戰鬪動作。獲意外偉功。於是促其決意開城降服者。其此役矣。嗚呼旅順。不落而落。不陷而陷。其外雖有椅子山、大案子山、小案山、白玉山、黃金山及老虎尾一帶無名之小堡壘。其亦無所用之也已矣。吾人吮筆至此。不覺下一掬同情之淚於斯將軍也。嗚呼斯將軍其何以堪此境耶。其何以堪此境耶。

◎**要塞降服之先例**　自古以來。開城降服者。不一而足。然而最多則莫如一千八百七十年之普法戰爭也。花爾斯禍爾即其一。斯丹斯德剌斯禍爾及竟士皆開城也。然斯丹以下三要塞砲臺其所有之國旗大砲小銃彈藥及其他一切物件。均爲普軍所有。其降服者盡爲捕虜而護送之於德國將校及相當官等則僅得保其名譽而準其宣誓使在戰役中不妨害德國之利益者。即許其在抑留中亦與以自由之舉動而又許其軍醫療治自國負傷者云。

# 新民叢報

## 第參年第拾肆號

(原第六十三號)

明治三十一年十二月廿七日(第三種郵便物認可)

本號要目



光緒三十一年正月初一日　明治三十八年二月四日

每月二回朔望日發行

# 緊急廣告

啓者頃接電報驚聞嘉應黃公度先生溘歸道山凡屬親知同深哀痛同人謀輯印遺集冀傳其精神於來許以惠國民其大部分藏家中者已設法搜求但先生頻年與知友通信或其他關於政界文牘尚恐未備伏望海內外有存稿者錄副見惠統寄橫濱新民叢報社校輯感均存歿其有哀挽之詩古文辭亦乞見惠俾得附印此告

梁啓超敬白

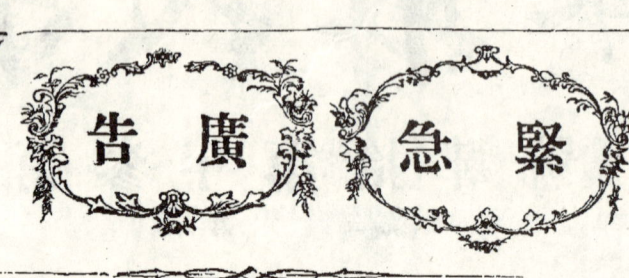

# 新民叢報第參年第拾伍號目錄（原第六十三號）

目錄

| 報資及郵費價目表 | 全年（廿四冊） | 半年（十二冊） | 零售（一冊） |
|---|---|---|---|
| 報資 | 五元 | 二元六角 | 二角五分 |
| 上海郵費 | 二角四分 | 一角二分 | 一分 |
| 上海轉寄內地郵費 | 一元二角 | 六角 | 五分 |
| 各外埠郵費 | 一元四角四分 | 七角二分 | 六分 |
| 四川、雲南、陝西、貴州、山西、甘肅等省郵費 | 二元八角八分 | 一元四角四分 | 一角二分 |
| 日本各地及日郵已通之中國各口岸每冊一仙 | | | |

廣告價目表

| | |
|---|---|
| 洋裝一頁 | 十元 |
| 洋裝半頁 | 六元 |

惠登廣告至少以半頁起算刊資先惠論前加倍欲登長年半年者價當面議從減


編輯者　馮紫珊
發行者　陳侶笙
印刷者　新民叢報社
發行所　橫濱山下町百六十番　新民叢報社
上海發行所　四馬路老巡捕房對面　新民叢報支店
印刷所　橫濱山下町百六十番　新民叢報活版部

美京華盛頓國會議堂

House of Representatives—Washington.

# 世界將來大勢論（上）

中國之新民

矢野文雄者。日本之雄於文者也。丁酉戊戌間。曾任公使。駐北京。頃新著一書。題曰「世界ニ於ル日本之將來」。殺青浹旬。重版再三。其價值可想矣。今擷其要點譯之。爲上篇。復以彼論爲前提。更述鄙見推論日俄戰役後中國所受於世界大勢之影響。與夫中國之影響於世界大勢者。爲下篇。改題今名。　著者識

矢野文雄曰。「一國變遷之大勢。曲折蜿蜒。其所以養成之者。近或在四五年十年。遠乃在數十年百年。及其勢已成。欲以一手一足一朝一夕之力抵抗之。未有能致者也。一國有然。世界中國與國之交涉亦然。」（以上摘譯原著第一章）

「日俄戰爭」一役。使日本而終爲戰勝國。其結果必將使滿洲全境。置諸俄國勢力範圍以外。而俄國亦永不復能得不凍港於東方。吾今以此形勢爲本論假定之前提。使

此前提而謬誤也。則我全論無復銖黍之價值。苟不謬誤者。則吾將以次研究下列之各問題。

『天下本無事也。有擾之者。禍亂斯起焉。自今以往。全世界包藏禍萌之地。果安在。則嘗橫覽大地上下而求索之。彼南北美洲者。卵翼於美國門羅主義之下。列強夫既默認之。即有不認者。美國之力。優足以實行其主義而有餘。若云禍萌在美洲者。無有是處。復次澳洲。英國勢力範圍既已久定。云在彼者。無有是處。復次非洲。其中雖有多少甌脫。但優腴之域。位其南端。英既攫之。其北之摩洛哥、亞昔里阿、比西尼、法意諸國。鴻溝略定。惟其中部林莽之藪。或有一二主權未明。其細已甚。若云禍萌當在彼者。無有是處。復次小亞細亞及印度之北陲。其可以惹起紛爭者。未始絕無。但其價值。略同非洲。而謂列強將以獅子搏兎之力。賭國運以爭此雞蟲者。無有是處。

『然則今後爭點。更無他所。惟在泰東日俄戰前。遼滿尸焉。戰後則遼滿之地位。又既略定。自今以往。則滿洲以外之中國全境。實爲萬國競爭之燒點。此稍明時局者所能道。無俟余喋喋者。

「滿洲以外之中國全境其發難最亟而最劇者果安在此又一問題也俄既失諸遼滿將一轉而自伊犁新疆窺關中固也雖然其地勢形便固有所限欲達其志非旦夕之效也。英人以揚子江流域爲勢力範圍固也。雖然其所注在商業非必爲武力的行動也。法國於廣之西東眈眈焉固也。雖然山川界之其擾亂未足以遽動全局也。故自今以往最適於侵略中國之資格者惟德國最易生事之地惟山東以最近之事實證之彼德人根據膠灣以向西南汲汲扶植勢力日不暇給膠濟鐵路開通以後日接日厲西南數百里間無崇山廣川可以爲圉彼地者實侵略中原最優之據根也（譯者案。山東爲用兵根據最宜之地。證諸秦末漢末隋末唐藩鎮元末諸歷史上之事實。信不誣也。）豈惟德人任取一國易地處此未有不野心勃勃得寸思尺而不知止也（以上節譯原著第二章）

「今之論者。莫不睊睊睨德國唾諷而腹誹之。謂其好生事而樂爲戎首也。雖然。我輩固不能不爲德人諒。彼自挫法以來。一躍而躋於一等國之列。其陸軍力既舉全球無與比倫者。其海軍力亦已匹法而亞英。自餘一切進步。罔不一日千里。其人口則五千八百餘萬。遠非英法奧意歐俄（譯者案歐俄云者。歐洲內俄羅斯之地。別於亞洲屬境而云之也。）之所能及也若乃還顧其地域則何如美則於本國有三百萬方里俄則於本國有八百萬方里英則於他洲有一千一百萬方里法則於他洲有三百萬方里惟彼德人於區區彈丸之本部以外僅在非洲一隅得八十萬方里而天候地味不適殖民蓋猶石田也夫其民衆既位西歐諸强之上而其屬地與其人口比較乃不及十之一今後欲發展經濟力於域外遂不得不蟠伏人下仰鼻息焉是使德國國勢永無突飛之期也彼爲自衛計不能不出於侵略未可以悖戾人道爲德人咎也豈惟德人任取他國易地以處其亦尤而效之也以上節譯原著第九至第十四章

「德國自處之地位既若此其所憑藉之地位又若彼其必爲戎首既無俟蓍蔡矣而中國之不能以自力遏德又盡人所能知也則其勢不得不訢之於列國於彼時也則列國中天然之二派分焉一曰左袒德國者即侵略派是也二曰反抗德國者即保全派是也視此二派勢力之强弱如何其所生之結果如下

第一　保全派强則中國得維持今日之現狀無待言

第二　保全侵略兩派勢均相持不下則中國猶得保持現狀以延時日

第三　侵略派强保全派自審其力不足以障之毋甯變其宗旨以取均勢則瓜分之實行遂不能免

此兩派者無論爲公然開戰爲隱然相鬩要之必爲全世界外交上操縱離合之一大因緣至其離合之大動機若何則正本論所亟亟欲研究也。以上節譯原著第二章之下半

『德國欲逞於山東不得不求同盟第一同盟必爲俄其次則法俄之必表同情無待言也法本非釋然於德者然以事勢所迫或不得不加入此同盟故今設爲假定之前提曰侵略派以德國爲主動俄法助之此普通言時局者所同認也保全派之主動必首英日而美國亦以屢昌言此主義其所左袒者必在英日又無待言雖然若此問題非以樽俎之所能解決而必至乞靈於干戈彼美國果能賭一戰以助英日乎此一疑問也

『又一日戰事破裂吾日本在東方之勢力固足以自衛若乃西歐之方面以一英而敵俄法德三强其勢固極孤爲英國者果尙肯冒祖國之大險謀東方之治安乎此又一疑問也

『若英國自審以一敵三之不利持重不敢發則日本之獨力終不能制彼三強又無待言』

『使大勢所趨而誠如是也則兩派之爭遂罷各自充其慾望以蘄勢力之平均而已即德國發軔山東西略河南南下江淮英國保有大江南北之各省俄國濫觴新疆伊犂入關撫山陝法國有廣西之全部廣東之一部事已至此吾日本爲均勢自衞計亦不得不南取甌閩江右北保全遼於是中國之瓜分終列國之爭競戢』以上節譯原著第三章

『雖然英國於德國之舉動果能袖手乎夫謂英人不肯冒險以爭其保全主義者將以避戰事也以前所言德國之地位如飢獅然盈其欲壑談何容易且使瓜分主義實行以德人所欲之奢恐終不免與英牴觸而戰遂卒不可避此亦英人所能知也爲虺不摧爲蛇奈何故毋寧前事而遏之英之政策固應爾爾是又可懸斷者』

『於是吾輩所亟當研究者即前此第二之疑問所謂英人歐西以一敵三其安危之程度果何若也今請先語海軍俄之海軍力以今次之戰喪失泰半可屏勿論其所餘者則德法之海軍也以英海軍與德法海軍相比較其力適略相均英人以獨力保

本境及其屬地尙可無虞。以云操券制勝則猶未也。日本之海軍力壯矣。然方以全力爲東方保障。未遑他顧也、故英人而欲於全世各方面皆保其制海權使無萬一之失則不得不於日本以外更求一、同盟國此同盟國安求之。若意大利、若葡萄牙。近數年來暱英殊甚雖然葡人加盟不足爲輕重於英也意大利則庶幾矣然意人利於三國同盟即法奧意三國同盟、之關係未能驟脫今若就英其海上固可安全若陸上與法相鬩其未免狼顧也故爲英之計最適當之同盟莫如美者於是前此第一之疑問亟當審焉即美人肯賭開戰以助英日與否之疑問

「求助者英也而相敵者德也於此而欲測美人之舉動何若則當先審美人與彼兩國之感情何若美人國於新大陸。素抱持其門羅主義。與舊陸不相聞問。立國以來。惟汲汲殖產興業。視軍備蔑如也。乃最近數年間以擴張海軍爲獨一無二之政策。全國上下。咸孳孳焉。各國皆相視駭眙而不知其中有一消息焉德人抱其侵略主義睥睨而四顧方其未得山東也蓋嘗以全力涎菲律賓視之若懷中物也無端有美班之役美人直以艦隊略菲島德人愕眙懊恨不可名狀亦派艦若干游弋該島附近以示威

此實美人九世不忘之惡感情也以余所聞諸當時外交社會之秘密蓋德人欲干涉菲島之事先示意於俄俄諾之更叩法法諾之最後以諷英英則爲嚴厲正確之拒絕謂美之併菲櫝利宜然也德人憚焉其議乃寢。（譯者案。此一段秘密。未之前聞。矢野氏當時方居外交時代之要津。所言必當不謬。）當是時也美國海軍力遠在德國下勝負之數不待交綏而決也若陸軍則德之强素甲天下以之臨美國之民兵其猶以千鈞弩潰癰也當是時也苟徵英國則德俄法將演第二次干涉還遼之手段而美國將蒙萬世不可滌之恥辱也消息一達新陸全美七千萬人之腦電忽被刺擊乃始大懺悔知今之世界苟無武裝國不可以一朝居也匪直此也當時柏林一有力之新聞無端而草一論說指斥美國兵力之弱謂德美若有戰事若何而一舉殲其海軍若何而以精練之陸軍上陸不旬月而降旛豎矣此其論爲出於德政府恫喝之意爲出於一私人好事之言皆未可知而美人見之慚與憤俱亦有一有力之新聞宣言曰「以吾美之富力數年之後能養成倍蓰於汝之軍備而有餘」此言實不啻代表全美七千萬人人心中之言也坐是之故美人一面懷非常之怨毒於德一面銘無量之感激於英蓋美人自獨立以來其視舊母國素有芥蒂焉近數年來其愛情乃驟加無量職此之由彼其與兩國之感情既若是矣而保全中國者又美國所常揚言不離口也其泰東商業之前途又泱泱如新生之潮也於此而有一國焉反其主義而障其前途而此國又其所蓄怨積怒思欲一雪者也而此國所敵之國又其所感激涕零而思欲一報者也則其奮然執殳以前驅亦常情也以此論之則英日兩國苟至不得已之時以武力行其所主張而英人以孤立故在歐西陷於險焉而乞助於其同種同文之美國殆必有不忍旁觀者（以上譯原著第四章）

『英美所長者海軍也而所短者陸軍也英國一旦與他國開戰則蘇彝士河以東若阿富汗若印度若海峽殖民地（即新加坡等）處處須設防不得不求他國焉以補其乏今次戰役以後我日本陸軍之價值舉世所同認矣疇昔日英同盟之約其範圍僅限於極東自今以往英國而欲謀全局之敉安或更求擴張此同盟範圍延及亞細亞全境此亦意中事也果爾則我日本能應之否乎此又一疑問也英俄一旦相鬭苟英國以守圉不周之故致俄人得伸其翼於阿富汗及印度北境隨意南下則英國勢力生一大挫而我國緣此同盟所得之利益亦減殺其半故英國而誠欲擴張此同盟範圍也吾

日本爲友誼計固不忍拒絕即爲自衛計亦不得不力任其難於此而第二第三之疑問起焉。即我日本之力究能否任此任此而於我日本將來果有何利益也以吾度之。我日本今後之國力咄嗟之間輸送二十萬乃至三十萬陸軍於印度阿富汗一帶尙屬非難而我旣以此市恩於英則英國亦必於亞細亞全境承認我日本勢力範圍之擴張焉以爲報夫我日本固非好爲野心侵略然爲均勢起見多占一分地位多獲一分安全是亦安得已也故此同盟擴張之議不久將見諸實行吾敢言之。（以上節譯原著第六章之上半）

「如是保全派之三國與侵略派之三國角立對峙。其時之中國必加盟於英日美而不加盟於俄法德。殆又無可疑者。中國兵力微弱。誠不足爲英日美之輕重。雖然其地正爲競爭之客體苟英日美得其同盟於其內地及其沿岸得以自由使用則利便正復不少以日本之陸軍加之以英國之海軍復加之以美國之海軍復加之以中國地利之形便則保全派在亞洲之勢力似又非侵略派之所能敵

「亞洲之勝利。保全派尸之。全世界制海權之勝利。亦保全派尸之。此吾輩所略能自信者。惟英美本國。以陸軍之稍有弱點。其果足以捍俄法德之侵入而立於不敗之地

乎。是蓋難言。雖然。制海權既在保全派之手。苟戰局相持稍久。則彼侵略派之三國。其工商業。遂將蒙不可復之損害。此又不可不察也。於彼時也。俄法德覩英美日之不易侮。尚肯賭開戰以主張其侵略主義否乎。是又一大疑問也。

「要之德之必侵略。其國勢使然。欲止不得止者也。德人成騎虎之勢。俄法應不坐視英日之必防遏德國。亦國勢使然。欲止不得止者也。英日成騎虎之勢。美國應不坐視此兩造者。其操縱離合之勢。自今已成。而後此將日益著。其究極果肯賭勝負於戰爭與否。不可知。戰爭將破裂之一剎那頃。兩造果肯各枉其成見相讓。以冀無事與否。不可知。其退讓屬於何派。不可知。要之。其角立之大勢。則洞若觀火也。於斯時也。俄法德苟自審不易得志於東方。固不爲已甚焉。姑稍戢以待將來。則中國亦得維持現狀。以延時日。而世界亦賴以小康。」以上櫛譯原著第五章

「由前之說。第三章以上之說則保全派之勢力劣於侵略派也。由後之說。第五六章以上之說則保全侵略兩派勢力相均也。於此而欲保全派之勢力必優於侵略派。則其間有一國焉舉足左右。便分輕重。則法蘭西是也。欲決法國將來之行動何如。必當先審法國與英、美、日、俄、

德本來之關係何如。英美者。世界中最重人權尊自由之國也。日本亦後進而駸駸追蹤者也。若乃俄德則未足以語於此。俄以專制惡魔聞勿論矣。即德之視英美。猶瞠乎後也。若是乎此兩派之爭。實不啻自由國與專制國之爭也。（原著附言云。以德與俄相提並論。指爲專制國。似未免酷評。雖然。德之人權進步。實際不及英美。我輩不得不爲德人遺憾耳。）英而法國者。則自百年以來夙以傳播自由主義自認爲其國民之天職者也。以情理論之。彼法國者。本宜昵英美而疏德俄。徒以見挫於德以來。以國勢之阽危。外交之魔障。馭之使不得不與主義冰炭之俄國相提攜。（譯者案。自德奧意三角同盟成後。法人屢欲與英結司盟。皆爲俾士麥陰謀所敗。其結俄實不得已也。）蓋亦法人之遺憾也。自今以往。法國果猶始終昵俄。而不惜與英日美爲難與否。是又一大疑問也。（以上摘譯原著第六章之下半）

一俄法德連盟之動機。起於乙未年脅日還遼之役。論者懲前毖後。謂昔既爾爾。今後其亦爾爾也。雖然。今之事勢。固有以異於昔所云者。昔之日本。其軍備之盛。遠不逮今。且連戰之餘。不免疲敝。而外之復無一與國以爲之援。故三國之干涉。當其未干涉之始。既逆知日本之無能抗。而以空言可以收成功也。法之所以肯參其間者。一也。又還遼之議。倡之者俄人。俄法之與國也。進焉則深量日本之實力。既無盤錯之憂。退焉重以俄國之感情。樂市不費之惠。法之所以肯參其間者二也。若今日之形勢。則與此異。其主動者德國。德固法之國仇也。若其公表同盟之俄。則不過立於從屬之地位者也。其感情之關係既若此。而他之一方面。則受英日美非常之反抗。相持之極。遂將不免於血戰。其所對待者。又非十年前區區之日本比也。於此之時。而謂法國猶必悍然棄彼而就此。吾蓋難言之。

「更還觀英法之交。近年以來。日益密邇。兩主相朝。禮文逾渥。兩國代議士交聘之際。彼此歡迎。燕暱動天下耳目。論者謂英法數百年來積不相能。乃其最近之親好。則曠古未嘗見也。更論法美。美之自立也。受法人之賜獨多。百年以來。新舊大陸之兩共和國。互表敬愛之情。非一日也。其於英美之私交。既若是矣。而英美所抱持之自由主義。又法國所常以負荷自誇耀者也。今一旦乃徇仇讐之主動。而蔑夙懽。舍博愛之美名。而爲戎首。法之果出於此與否。吾甚疑之。

「審如是也。則當德國所倡之政策。而既得俄國之同意也。則俄將必密勿示意於法。爲法人者。殆必以前途之牽動重大。戒懼之不可以怠。爲俄忠告焉。俄而愎諫也。則法

國將以同盟之逼迫犧牲一切以自投於戰亂之盤渦乎抑將藉口於俄之愎諫遂與彼絕乎全局之安危皆繫於是

「法而誠告絕於俄勢固不得中立必將折而黨於英日美於斯時也則在歐洲方面以俄德敵英法遂成南歐北歐之競爭以地勢論之意大利不得不與法相結法意陸軍足以當北方之敵而英之海軍更卵翼之則三國之地位如磐石安矣奧之去就不可知其趨於英法意之一面又意中事也事勢若果至此則以德俄之力遂不足以敵五六强國俄人或遂饜焉不願復爲德當前敵區區一德竟陷於孤立之地位而不得不自戢如是則侵略主義乃一敗塗地而天下得以無事」（以上節譯原著第七章）

矢野原著凡二十二章。右所譯者。全論最一貫之點且最重要之點也此外其第十六章復申言德國之侵略。不患無辭。略謂「頻年以來。美國屢牒告各國。宜示保全中國之主義。最近又以日俄戰後共保中國領土爲言。列國皆畫諾焉。即德人亦無異議。雖然紙上條約之空文不足恃也彼德人者若更有如前此以戕二教士掠膠州之舉動彼德國自以特別之資格向中國爲相當之要求中國諾之非第三國所能容喙也一波平一波起要求無已許諾無已又非第三國所能容喙也且外交上之手段往往去其名而取其實彼德人之所以取中國者將悉出此焉名義上毫不悖公約而冥冥中全制其死命幾經歲月列國習而安焉熟視無睹夫乃並其名而攘之也」其第十七章略言『若中國瓜分之禍、終不得免。則將來釀紛爭者實惟四川俄之勢力在關中勢必欲取蜀以自廣法得滇粵蜀亦其唇際欲張物也而英冥基於大江巴蜀實其發源地由藏入鑪亦有建瓴之勢故雖公認以均勢行瓜分政策而勢之不能均者此地其禍萌也』其第十九章。復申言俄法同盟之將有變兆。謂『俄法今日之政體立於正反對之地位太不能相容、今春以來以俄國君民交鬨之故法議會中前有政府豫算委員長報告之批評後有社會黨首領攻擊之提議其人皆朝野之有力者所言殆足以代表全法之輿論也（譯者案。委員長焦比福氏。在議會報告書。公然嘲罵俄皇。謂以海牙平和會議主唱之人。今舉動若是。何其滑稽耶。又社會黨首領佐黎氏。提議不當更與虐殺政府同盟。文長不具引）而巴黎人民示威於俄使公債交涉屢躓於成言（譯者案。其詳疊見本報前數號批評門之紀俄事者。）法人厭俄之機既大動矣苟自今以往能得他友國焉可以捍城德意志使我仇不我能即則法人之棄俄如敝屣有斷然矣云云」本章皆以證前此第七章法俄離合之說可謂特識章末復以「俄人專制萬難持久或將同化於英美法日而大勢亦因以一變」此其大概也其第七章之末言「英國之主義固與美日同但其皇室之血緣則與俄法之親密遠過於美日。（譯者案。德皇爲英皇之甥。俄皇幼年爲英皇之被保護人。）故英皇一身最適於爲此四國調人云云」此本論之附庸可勿多述其第九章則略言「大勢之所趨略既如是。（如第七章以前所言即譯出之文也）雖然苟有一二非常之人物出焉時或能捩時勢之機關而一轉之其結果有不可以常軌論者如拿破侖俾士麥加富爾之時代是也今日最適於此資格者則德皇其人也」其第十五章略言『英日之於中國猶有餘望中國者實天然適於與英日聯盟之地位者也以彼不自振故同盟之約僅限於二國二國之遺憾也其最末之第二十二章題曰「清廷之三憂」三憂者一權臣篡奪二人民暴動謂此兩者爲向來中國歷史上通患至本朝則加以種族惡感而三焉以此之故朝廷猜忌心終不可免而開心見誠之改革遂無其期而人民復有一缺點焉曰視習俗重於視國家保俗先於保國故望其人民以自力建設新政府蓋亦甚難云云」

以上撮譯矢野氏新著綱要之大略也更不避駢枝再舉其關目。

（一）德國之侵略中國情勢使然其侵略之進行甚易而又不患無辭

（二）英日不利於德國之有此舉動必思防遏之

（三）德國爲侵略之主動俄法計當助之英日爲保全之主動美國計當助之

（四）德國之主義占優勢則中國瓜分英日之主義占優勢則中國保全

（五）德俄法與英日美相持則勢力略均美若不肯賭戰以助英日則侵略派遂占優勢法若不肯賭戰以助德俄則保全派遂占優勢

（六）美國以種種因緣宜若肯賭戰以助英日法國以種種因緣宜若不肯賭戰以助德俄

今請以矢野氏所論爲假定之前提。更發表鄙見。爲我國存亡之決論。著諸下篇。

時局

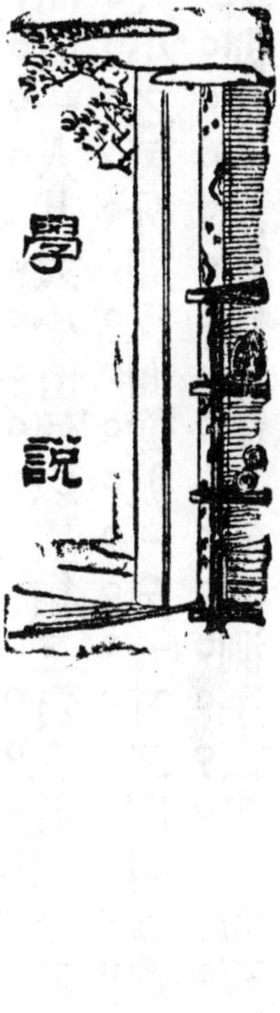


# 辨論與受用

觀雲

宇宙渾茫。萬象森羅。凡橫於吾人之前者。孰非神秘而不可知者乎。余嘗謂天地間事。不說則人人皆知。說說則人人不知。今夫蒼然而戴吾之上者。吾謂之曰天。塊然而履吾之下者。吾謂之曰地。萬物之從無而之有者。吾謂之曰生。萬物之從有而之無者。吾謂之曰死。若是天地生死之理。吾固已知矣。然試進而思之。此天地果何由而成乎。有際涯乎。無際涯乎。有始終乎。無始終乎。有目的乎。無目的乎。於是人各出其所見。例若言天地。有以爲一元者。有以爲二元者。有以爲多元者。有以爲一神者。有以爲無神者。有以爲凡神者。有以爲有際涯有始終者。有以爲無際涯無始終者。有以爲有目的者。有以爲無目的者。又試進而思之。吾見爲生。而生果何自而來乎。吾見爲死。而死果何

學說

目而往乎。於是人又各出其所見。例若言生死。有以爲有鬼者。有以爲無鬼者。有以爲有靈魂者。有以爲無靈魂者。有以爲有輪迴者。有以爲無輪迴者。此固僅舉其概略言之也。其細則更僕不能終。而論道之書若邱山析理之言如恒沙而吾人讀書於前途常有一必然相遇之境曰吾人讀一書而增一疑更讀一書而更增一疑一若載籍之中本爲疑團疑塚所產出之所而即隨吾人之觀察以俱來然則吾人人類果能知宇宙間之眞理否乎曰欲攷吾人果能知宇宙間之眞理與否必先攷吾人以眇然七尺之軀其在宇宙間之位置爲若何今夫以一螻蟻而欲窺測宇宙而知其本原彼其目光之所能至與其腦識之所能用能有幾何而宇宙之廣遠無極以能有幾何之量而測廣遠無極之境則大小之不相準幾無程度之可言亦易知其窺測之必不能當而以吾人人類之於螻蟻其倍數之比例可算而宇宙之廣遠如故於宇宙間而置一螻蟻與以宇宙間而置一人其大小直何以異猶之吾人於遼遠之處置一分之物與置一寸之物初無大小之可分即反而從彼一分一寸之間以視此遼遠之所其所得見之分際亦相等然則吾人謂螻蟻之微不能窺測宇宙之大而有以知其眞則以吾人人類之微亦不能窺測宇宙之大而有以知其眞其義一也夫吾人旣不能知宇宙之眞則凡對於宇宙所發生之萬物亦無一能知其眞即從有限之形質上日試其攷察覺吾人亦實有可知之物如今物質科學上之日有進步是然試一詰以至上之原理仍隳於渺茫不可知之中蓋吾人人類果能一見宇宙之眞則白自白黑自黑即辨論之境亦可以不立惟宇宙之眞理爲吾人之所永遠不能知故吾人不能不陷於懷疑之窟中而世界遂不免以辨論相終始然則或謂吾人旣不能知宇宙之眞則辨論其亦可廢乎曰曷爲其然夫吾人惟不能知宇宙之眞而必欲求其知此人類之所以可貴雖眞理或終無可知之一日而吾人智識之進步已多設以爲眞理必不能知而幷欲廢思攷觀察之能而不用則人類界且日入於闇黑之中其結果世界日卑下而滋黑藥蓋智識之爲物不必以到達於究竟之一位而始獲收其效即於其經由之過程中而已得收無限之益若吾人究竟之目的必欲發見宇宙之眞理而眞理不能知於其間有幾多可知之理則因此探索而得發明其故者不少且吾人以探索宇宙之眞理必用其最深玄之智慧而以日磨鍊此智慧之故或用之以攷一事一物則理想亦日

能明了不致苦昏盲而迷惑於外物即於精神上得幾多清明之效而吾人人心亦可因之而有向上之機況乎吾人既不能見宇宙之眞則不能不於衆多辨論中比較而取其言之尤長者以爲吾理想所皈依之境、例若生死之理雖不可知然言生死之故之尤當於理者吾人實不妨信之由是而得坦然於生死之途焉蓋一無所知之不知與夫無所不知之有所不知其不知同而於其心理上之境界大不同所謂田夫野老之不知與夫梭格拉底之不知固自有不可同日語者夫孰得謂辨論之可以無事也。故夫人事之始渾然而已因階段之經過日由渾而之畫而辨論者即由人事發展之過程中不期其有而自不能不有之一產出物也試舉一例以釋明之。今若合全數之中國人於此、而語之曰。今將以謀吾國家人民前途興盛之事。是語也必盡人而皆以爲然。而無有辨論者也。雖然此不過囫圇之一語耳。果欲謀吾國家人民前途之興盛。其將擇何者之法而下手乎。則不能不進一解曰。今欲謀吾國家人民前途之興盛也。其將不變法而守舊乎。抑將變法而維新乎。於是有以不變法而守舊爲是者。有以變法而維新爲是者。而辨論之端。於是乎開矣。又試從維新一派之中。而進一解曰。果欲變法維新。其將尊王乎。抑將革命乎。於是有以尊王爲是者。有以革命爲是者。而辨論之端。又於是乎開矣。更試從革命一派之中而進一解。曰果欲革命。其將急動乎。抑將緩動乎。於是有以急動爲是者。有以緩動爲是者。而辨論之端。又於是乎開矣。由是益進。愈分愈析而愈無窮。而辨論亦與之無窮。凡古今辨論之端。皆以是例推之可也。而其流別亦略可得而言。例則必有相敵者。人各從其所見之方面立言。而及其說之成。則此說必有與彼說相衝突之處。而立說者各欲其已說之行。則其勢不能不排人之說。而伸已之說。若儒家之排墨。而墨家之排儒是也。例則必有相承者。人心之智識每不能無所憑而發生。往往循前人所已闢之門逕。而於舊說之中。每足以得新智。當夫新智之生。幾若與舊說大異其面目。而不知其淵源實有隱隱相通之。故若近世西洋哲學。其源有多從希臘哲學而來者是也。例則必有齟差者。一人之立說也。各因其聽之者之人之有異。而其說亦從之而異。往往有出自一家之說。於所聞者述之而有異焉。於所傳聞者述之。而又有異焉。若儒教一也。自孔子之死。而有子張之儒。有子思之儒。有顏氏之儒。有孟氏之儒。有漆雕氏之儒。有仲良氏之儒。有孫氏之儒。有樂正氏之儒。而儒分爲八。墨敎一也。自墨子之死。而有相里氏之墨。有相夫氏之墨。有鄧陵氏之墨。而墨離爲三。佛敎一也。自釋迦之滅度。而有上座部也。有大衆部也。大衆部之中。又分而爲九。上座部之中。又分而爲十一。而佛敎之小乘分二十部是也。例則必有攀附者。人之心每榮古而賤今。信其所已信之人。而不能遽信其所不信之人。故夫立言之人。而慎夫世之不信從吾言也。雖其言之或出乎已。而不敢曰已之說如是。必舉夫世所尊敬之人。而曰是固古聖昔賢之所云爾。而後人乃帖然而從之。若宋學已非盡出自孔敎。而必謂爲孔敎。大乘已非盡出自佛。而必謂爲佛敎。王陽明輯朱子晚年定論。以爲已說實同於朱子是也。例則必有廢棄。以者進化之例言之。萬物之後出必勝於前。此不得斷爲前人之不及後人也。吾人人類之見地。若後盲者然。觀前之一方則明。而觀後之一方則闇。故往往有前人所立之言。前人不能發見其爲非也。而今人能發見之。今人所立之言。今人亦不能發見其爲非也。而後人能發見之。當夫未發見其爲非也。其說固足以自存。及夫已發見其爲非。則其說有不能不廢者。若地動繞日之說出。而日繞地之說作廢是也。例則必有復活者。凡一說之行也。必與其時勢及其於人心風俗之間有種種適宜之處而後其說乃昌故或一國之內教非一家學非一說而其間不能無此盛彼衰之勢其所以有盛有衰者或亦未必盡關於其立說之有高下而其間所以定盛衰之局則宜不宜之關係爲至大是亦物競存宜之例也然至夫時勢與夫人心風俗之間一有改變則又必取其言之相宜者而捨其言之不相宜者而盛衰之局又因之一變而前之盛者或衰前之衰者或盛若墨家已絕於漢世。而今時有識之士。多以爲救中國必用墨家是也例則必有解釋者大抵人之立言也義約理賅或能得人之攝持而不能得人之思解論廣文多或能得人之思解而不能得人之攝持故立言之難也有不可不質者而以質之故不可不有人爲詳釋之又有不可不博者而以博之故又不可不有人爲約解之若春秋之有三傳。是質而詳釋之之類。佛教之有起信論。是博而約解之之類是也。例則必有批評者一書也有作者見理獨到之處而讀者未必能知之有作者見理未到之處而讀者亦未必能知之是則世之受讀書之益也薄矣故不可不有批評者彼其於讀書也嘗平其氣凝其神取作者思慮所經由之道線忘彼我而與之合而後乃能知作者之用心非特此也批評者之見解學力尤不可不高出乎作者之上而後乃能瞭然於其短長是非之所在故批評家之資格常有不可缺之兩要件焉曰其心至公其識至高盖所謂批評者非恃吾口給以駁詰人之謂將有以明理焉（中國解釋批評二字尚無高深之理論往往從字面上着想誤以批評爲一種攻擊推翻之技因是而逞小智詭辯甚則專用其刻毒之思以謗毀誣蔑爲能是非獨無益於眞理也其爲學界之禍害亦鉅矣故知有批評矣則批評二字理論上之解釋尤不可不亟亟也）故對於作者爲讜直之知友而對於讀者爲誠懇之導師而批評之事遂能占學界上一重要之位若晚近之尚批評學者是也例則必有比較者今使有人於此其所讀者不過一家之書其所聞者不過一師之說則固無所謂信疑也并無所謂是非若知有甲之一說矣未幾而又知有乙之一說知有乙之一說矣未幾而又知有丙之一說紛綸羅列亦幾眩搖而無所適從雖然此眩搖不定之境爲吾人人心之所不能久於是於彼乎於此乎常挈兩物而加攷慮而此攷慮之中即有以發見彼此短長之所在非特此也彼何爲乎爲彼此何爲乎爲此又往往因攷察而得發見其所以之故故萬物之現象以比較而白黜其高下萬物之根本又以比較而易識其因由且夫研究事物而但以單一之事物爲量則事物之伴侶既乏而吾之興趣亦薄其思攷之能有不免因此而日入於萎縮者若於一事物

之中而畫一部區以相求悉薈萃其同類間之材料則畸零既化而爲錯綜即參差亦變而爲齊整而對勘互鏡之餘即足以啓發吾人之智慧於無窮而遂覺研求事物者不能不定有比較之一門若晚近之尙比較學者是也。例則必有調和者學說之眞價値得千萬人之贊同未必遂足以爲據也必經攻擊之後其中義理之脆薄者既淘汰而一無足存而於此淘汰之中有一不可動之眞理在爲攻擊之力所不能施由是而後人之對於其所唱之學說删削其若干分不能不留存其若干分而取夫此一家之精者復取夫彼一家之精者融和貫穿復見一新學統之發生雖此新學統中由刱者之自出其意見以取裁前人固自有不同於前人之處而要其學說之全體中已兼含有前人之長而前人之所謂金剛論者遷流輾轉終得存而不滅若晚近之多調和學派是也。相敵相承、齵差。攀附。廢棄。復活。解釋。批評比較。調和。此十義者辨論之流別略如是若進而問吾人於未聞辨論之先人人皆平等相無差別相然何爲而對於辨論之發生某從甲說某從乙說某非甲說某非乙說幾若千差萬別而各存有一我見者然是則決不得認人之眞有我見也其視若有我見者不過從其人生平所經過之境遇所積受之學力所處在之位置又遠而溯之則從無始以來關乎其人性靈上之夙根與其肉體上之遺傳此其間惟夙根遺傳其所積漸者久而未能輙易若關乎現世之事所謂境遇學力位置者若於其間一有變動則非獨其已所發之辨論因之而改變也其聞人之辨論而是非亦因之改變例若有人。初在鄉僻。或沈宦途。心甚頑固主持舊說。後若外出。或復游學。得聞新說。崇奉維新。是則守舊維新同出一人而有兩境雖有兩境不變一人故知所謂我見云者不過從其人境遇學力位置上之寫象非獨立性而經由性非永久性而一時性夫如是故夫辨論者乃能隨人類之智識而日益進步也

(未完)

歷史

# 世界史上廣東之位置

中國之新民

頃編國史。汎濫羣籍。隨手感觸。條緒棼如。因推尋東西交通之跡。剿取研究所得之一部分以成斯篇。其參考書類。除中國古籍外。取資最多者。則德國哈士氏 Hirth 所著「中國通考」(Chinesische studien)（哈氏爲現今西人研究中國史第一流之學者。在紐約哥侖比亞大學爲教授。吾游美時。曾與相見。彼出名刺相示。譯其名作「夏德」二字。蓋學音也。其室藏中國古籍及名畫等極多。）日本坪井九馬三氏所著「史學研究法」。齋藤阿具氏所著「西力東侵史」。高楠順次郎氏所著「佛領印度支那」及「史學雜誌」內白鳥庫吉氏。中村久四郎氏。石橋五郎氏。數篇之論文也。謹弁數言以表謝意。 著者識

## (一)**中國史上廣東之位置與世界上廣東之位置**

廣東一地在中國史上可謂無絲毫之價値者也自百年以前未嘗出一非常之人物可以爲一國之輕重如六祖慧能及袁督師。雖爲歷史上有關係之人物。然視他省偉人。其性質固有間未嘗有人焉以其地爲主動使全國生出絕大之影響晉孫恩盧循雖根據廣東以擾中原。其影響不甚大。唐黃巢雖用廣東。究不以爲根據地也。崎嶇嶺表朝廷以羈縻視之而廣東亦若自外於國中故就國史上觀察廣東則雞肋而已雖然還觀世界史之方面考各民族競爭交通之大勢則全地球最重要之地點僅十數而廣東與居一焉斯亦奇也

## (二)東西交通海陸二孔道

古代東西交通之孔道有二。其一曰北方陸路由小亞細亞經帕米爾高原下塔木里河從新疆甘肅諸地入中國者。其二曰南方海路由波斯灣亞剌伯海經印度洋從廣東以入中國者。此兩道迭爲盛衰而漢唐以還海道日占優勢

北方陸路。其起原當甚古。蓋我族遷徙本自西徂東。炎黃以前其往還或極盛未可知。自有成文史以後。春秋以前。吾假名之爲不文史。以後則成文史也。則西漢張博望通西域一役實爲東亞兩文明接觸之導綫。博望之跡雖未越地中海。然中亞諸國。間接以爲之媒介。其影響所被

盖甚廣。如葡萄苜蓿胡桃安石榴等諸植物。皆由希臘傳來。其名稱皆譯希臘音。班班可徵。當時我國輸出品之大宗曰絲絹。其銷場廣及於羅馬。羅馬國中至金絹同重同價。其末葉之生計界因此蒙非常損害。此西史所明著也。此爲東西交通之最初期迨東漢而海道始發達。

(三)南路海道之初開通

後漢桓帝延熹九年。大秦王安敦遣使自日南徼外獻象牙犀角瑇瑁。(後漢書西域列傳)是爲羅馬直接通中國第一次。實西紀一六六年也。吳黃武五年。有大秦賈人宗秦論來至交趾。交趾太守吳邈遣送詣孫權。(梁書諸夷列傳)是爲羅馬直接通中國第二次。實西紀二二七年。也。考東漢吳交趾太守。皆治番禺。所領地兼今之兩粵安南。秦使所至之他。爲今越南。爲今廣州。不能遽斷。要之廣州當時已有市舶之跡則無疑也。(南方草木狀云。耶悉茗花。末利花。皆胡人自西國移植於南海。耶悉茗即Jasmine素馨科之一種。實羅馬舊植云。)

其時交通孔道。忽自陸而移諸海者。原因有三。(一)前此東西兩大國。一漢。一羅馬。皆極全盛。聲威遠播。自班氏父子(超及子勇)既沒。漢威不復振於中亞。而羅馬自西歷第三世紀以還亦無力經略亞洲葱嶺以西諸地復爲野蠻未開人所占踞展轉遷移道路亘塞(二)前此絲絹轉運多由波斯及羅馬帝安的尼莎時（西紀一六一至一八〇年）與波斯搆兵商業大蒙損害而小亞細亞全部疫癘時行百業益以不振(三)前此東西商務經波斯人與敘利亞人兩重媒介波販諸東敘販諸西至是敘利亞人勢力日隆欲直接握東西之衝以廣其利爰爲波人壟斷時敘利亞海運業正極發達故思於陸路以外更求航路廣東位置所以驟變實基於此

(四)廣東交通發達期

顏氏斯綜南洋蠡測云『新嘉坡有華人墳墓碑載梁朝年號是華人旅此者實始六朝』今按法人黎杜荷芬所著支那交通史云『西歷第一世紀之後半西亞細亞海舶始至交趾凡二百年間繼續航行至第三世紀中葉支那商船漸次西向由廣州達檳榔嶼 Pinang 至第四世紀漸達錫蘭 The island of Cylon 第五世紀更由希拉 Hira 以達亞丁 Aden 終乃在波斯及米梭必達迷亞 Mesopotamia 獨占商權至第七世紀末而阿剌伯人始與之代興』據此則我粵人握東西交通之海運權者垂五百餘年稽

其時代則自晉五胡苻秦極盛時迄唐天寶安史亂後也。黎氏所據爲第八世紀亞剌伯人古旅行記，謂當時波斯灣、阿剌伯海華人帆檣如織。所述定當不謬。而主動者實廣東人。其時印度高僧求那跋摩、金剛智、達磨諸大師來我國，皆自海道。而法顯三藏之探險於印度，其往也遵陸經葱嶺。其返也遵海經廣州。所乘當亦皆華船也。由此推之，當時我華人殖民力必已隨商業以漲於海外，新嘉坡之既有華人置田廬長子孫，爲毫無足怪者。

（附言）據黎氏所述。則當千餘年前我國海運力直偪歐境，使無蘇彝士地峽之閡隔，則吾方以全歐爲市場矣。先民精力可勝崇拜。今當大地比鄰之時，而我反無片帆影及於海外，我祖宗何取此不才子爲也。一歎。

當時與我競海運業者惟波斯人。蓋東行航路本由敘利亞人所發見。及敘利亞既衰。而波斯沿襲之。棄陸行之紆迴。取水道之利便。證以義淨之南海寄歸傳及求法高僧傳中之玄達法師傳等。則所乘多屬波斯船也。

時則西方輸入之琉璃。最爲我國人所寶。隋大業間。嘗招致大月氏國之琉璃工人於、、廣東欲試仿造而成功不如其所期。雖然緣此而別生一良結果焉。盖采其術以加精製於陶器遂爲中國一名產數千年專大利於世界之市場即食此役之賜也（附言）此說見中村氏所著東西文明交通說。彼不引原書。不知其所出也。（又）玻璃一物。於泰西文明之進步。甚有關係。盖化學非[illegible]此物。不能成立。我國當時仿造之失敗。實千古遺憾也。然先民之苦心於藝學。可見一斑矣。其時西人緣此航路之開通漸悟地員之理著名地學家皮特廉馬 Ptolemaus 以理想製一地圖。謂自歐洲向西直行。當可達廣東或印度。中世紀之歐洲人。咸信其說焉後此哥侖布以欲覔亞洲新航路故乃別發見美洲新大陸。其遠因實自此時也

## （五）廣東交通全盛期

五胡六朝時代。中原雲擾。國民無復餘裕以事遠略。惟廣東僻處嶺外。所受影響較微。故元氣發紓。僅以不衰。及隋統一宇內。內競漸息。遂欲舉全力以對外。若煬帝之汲汲通拂菻。拂菻者。當時之東羅馬帝國。都於康士但丁奴布者也。其見端也。迨唐之興。天下大定。數百年霾陰頓開。熙熙如春。萬卉齊茁。太宗雄武。底定四裔。至高宗慶顯五年。遂開西域十六都督七十二州。北方交通之陸路復開。而南方海運之進步亦一日千里。黎氏所謂我國商舶西征達於紅海即亞丁灣者。即此時也。而同時西方復有勃興之國二焉。一曰大食。大食者。

阿剌伯也。史載永徽二年。大食王敢谷密莫末膩。白鳥氏謂此爲 Emil-al-Mumenin 之譯音。即阿斯曼大王之稱號云。遣使由南海來貢。其後開元長慶間凡十四度來朝。唐書大食傳是爲阿剌伯通中國之始。其時回教初興國勢曈曈若旭出海而商業隨教力俱東一集注於廣州。蘇哈巴者。摩訶末回教祖 Mahomet也。近譯馬哈默德。或譯罕默特。今從正史舊名。之舅也。實始入中國傳教。在廣東省城建懷聖寺。遂卒於廣州葬焉。今春香港商報一年祝典。印有蘇哈巴墓影片。而光塔寺之二石塔矗立城中。巋然至今。此又曾游粵省者所能共見也。蓋當時阿剌伯人商業之盛甲於大地。而其所注重者實在廣州。二曰天竺即印度也。印度當西紀六七百年間。有戒日王者勃起。銳意以宣播文明傳布佛宗自任。而中國君相方皈依釋尊。幾有認爲國教之勢。求法者絡繹於道。故商業亦隨教力而進行。其陸運則自西藏。而海運則自廣州。由此言之。初唐時代中國海運方盛一也。大食海運新興二也。天竺海運輔行三也。波斯海運未衰四也。並此四者而廣州遂躍爲全世界之重鎮。高楠順次郎氏嘗懸擬當時定期航行船之線路。爲表如下。

一　中國商船　廣州、南海、錫蘭、亞剌伯、波斯間（此線經阿剌伯海岸入波斯灣）

二　同上　廣州、南海、錫蘭、米梭必達迷亞間（此線經阿剌伯海之南復經亞丁峽、紅海）

三 波斯商船 波斯、錫蘭、南海、廣州間、
四 大食商船 阿剌伯、錫蘭、南海、廣州間、
五 錫蘭婆羅門船 錫蘭、闍婆、林邑、廣州間、
六 唐使船 廣州、南海間、

(原注)右表所謂南海者專指馬來羣島又闍婆者即今瓜哇島林邑者安南海岸也。

航線五六而皆集中於廣東廣東之爲天下重可想矣故當時西域諸國稱廣東曰「支那」稱長安洛陽曰「摩訶支那」此名在佛典中屢見不一見也高楠氏嘗搜佛宗各傳記見著名印度高僧由廣州往返見於記載者凡數十人而阿剌伯人古旅行記稱黃巢亂時流寓廣州之波斯大食人共十二萬餘然則當時此地交通之盛不讓今香港而外人居留之多今日擧國無能與京矣

(附言)阿剌伯人所著書以西曆八五一年出版名爲梭里曼 Soleiman 旅行記者。內載當時中國最大口岸曰 Khanfou 近世歐美學者多以杭州附近之澉浦當之。雖哈士亦云然日本坪井九馬三氏以唐書逆臣傳記黃巢陷廣州事與彼旅行記所記之年月相比較知其確爲廣州而非澉浦斷定 Khanfou 字爲「廣府」之譯音云。按

坪井氏說信也。吾粵人至今猶呼廣州爲廣府。當時舍廣府外無他地足以呈此盛況。又可斷言也。

（又）中村氏又引桯史（宋岳珂撰）及廣州外志（圖書集成卷一千三百十四引）稱廣東及海南島蒲姓人多。證以宋史所載大食國人。如蒲希密、蒲麻勿、蒲加心、蒲沙乙等。皆蒲姓。蒲即譯 Abu 之音。大食人姓此者最多。粵之忽有此姓。知當時阿剌伯人流寓者極盛矣。愚按據此則吾粵民族其混入阿剌伯人種之血必當不少。殆必有與我通婚或久居同化者矣。

當時中央政府對於此新開繁盛之口岸。其所施政策有三。

（一）開大庾嶺　唐中宗末葉。始大舉開大庾嶺。修治道路。蓋因廣東驟興。爲關此道。使與中原得交通之便也。（此事於廣東關係極重。自茲以往。廣東始漸爲重於國中矣。）

（二）設外人裁判所　唐宣宗大中四年。（八五〇年）始爲回教民別設一法司於廣州。其制度今不可考。以當時國勢推之。諒必無領事裁判權之屈辱也。

（三）置市舶司　即今之海關也。其起原不可考。大約在開元之初。初別置使。後即以嶺南節度使兼充。至宋復別置。

## (六) 廣東交通中衰期

初唐盛時代。廣東號稱極盛。及安史之亂。而其業一挫。乾元元年。七五八年 大食人與波斯人共焚廣州城。盖緣當時政府傭其人爲兵以平亂。事定後。賞賚不能滿其欲。故憤以出此。見唐書波斯傳 自是稍衰息至貞元八年 七九二年 而復盛。「唐書李勉傳云。勉初爲嶺南節 夷舶至者。歲僅四五。及勉至。寬仁[illegible]人。明年至者四千餘柁。通鑑卷二百三十四云。貞元八年夏六月。嶺南節度使奏言近日海舶異多云云。 自玆以往。繼長增高。迄於唐末。及乾符六年。耶歷八七九年回歷二六六年 黃巢陷廣州。十餘萬流寓之外國人。殺戮殆盡云。嗚呼。孰意千餘年前義和團之慘劇。早已演於我廣州耶。此役以後。東航者始視爲畏途。加以五代之亂。全國如麻。劉氏僭竊南漢。虐待遠人。無所不至。故百餘年間。廣東於世界通商之位置。頓衰落矣。

(附言)據梭里曼旅行記。稱其時貿易之中心點。移於箇羅。Kolah 箇羅地今難確指。唐書有箇羅。范氏讀史方輿紀要云。一名訶羅陀。中村氏謂訶羅陀即今之滿剌加(Malacca 或譯作麻六甲)云。果爾則已移至南洋島中矣。

（七）廣東交通蘇復期

宋壹天下。初下廣南。即復市舶使。以大將潘美任之。實開寶四年也。九七一年商東商業。自是再振。然其時勢力漸分於各地。杭州明州。今甯波以次勃興。咸平二年。九九九年已設市舶廳於此二地。天聖元年。一〇二三年改市舶司焉。然猶隸於廣州。廣州蓋襲前代積威也。熙甯九年。（一〇七六年）詔諸舶皆隸廣州舶司。當時荆公秉政。法令修明。有所謂市舶法市舶條者。而我國商船出海外者亦漸多。文獻通考職官考十六云。熙甯中始變市舶法。令各地賈海外者。往復必詣廣州。否則沒其船與貨。據此。則我國當時出海之船必甚多。各地皆有。而廣東爲最。故稽察之任。一專於此也。自茲以往。福建之泉州。山東之密州。今膠州繼興。咸置市舶司。而泉州獨盛。故崇甯元年。一一〇二年廢諸舶司。而廣泉獨留。及宋南渡。徙宅於杭。政治中心點既變遷。密邇海岸商業中心點隨之。及乾道初。一一六五年兩浙路之通商口岸有五。曰臨安。杭州曰明州。曰秀州。今嘉興府曰溫州。曰江陰軍。今江蘇常州府淳祐六年。一二四六年澉浦復置市舶官。澉浦者錢唐江口一小港也咸淳十年。一二七四年台州福州亦置焉。合諸廣泉密凡十一港。西歷一一五〇年出版之 Geographie d'Edriei (vol. 1 P 90) 稱其時我國商港十二。以我史考之所得如此。所餘一港。不知何指也。然十二港中其握霸權者固在廣州。宋史食貨志云。東南之利。舶商居其一。政府蓋亦重視之矣（圖書集成卷一〇四八泉州府城考云。『宋寧宗嘉定四年。鄒應龍以胡賈籍錄之貲謀於朝而大修之。城始固。』胡賈至自出貲以修泉城。則其時泉之商業。已駸駸奪廣席矣。）

（附言）梭里曼旅行記云。『以吾度之每屆船期，（海船至之期也）則 Khanfou（廣府）金庫當日進五萬「典拿」。Dinar（一典拿約合英金九先零。以今日金值。當合華銀三兩有奇。）』此其言或不無太過。然當時此項關稅為財政上一要項。蓋可想見。故唐廣德中廣州市舶使呂太一叛逐節度使張休。（唐書代宗本紀）蓋其所憑藉者厚也。雖然自中唐以前。此項進款。不歸政府而歸諸天子私人。故亦謂之宮市。（宋錢易南部新書云。『自貞元以來。多令中官强買市人物。謂之宮市。』杜詩云。自平宮中呂太一。收珠南海千餘日。宋蔡少蘊避暑錄話。稱宮中當為宮市之訛。引唐書韋倫傳云。「宦者呂太一。蓋中人為宮市于嶺南者。故稱市舶使。」然則市舶使。即宮市之一種也。）其後乃歸節度使兼管利始入政府矣。韓愈送鄭尚書序云。（鄭任嶺南節度使時）『嶺南賈人船交海中奇物溢中國。不可勝用。故選帥常重於他鎮。』又唐書黃巢傳云。『巢陷廣州。右僕射于琮曰南海市舶利不貲。賊得之益富而國用屈。』然則廣州之影響於國家財政者可想矣。宋初雖始置司。但議而不征。（文獻通考引止齋陳氏云是時市舶雖始置司而不以為利。）其後一蹷於契丹。再蹷於西夏。帑藏日空。於是汲汲求餉源於關稅。荆公以還。市舶法益加整頓。寖為國家歲入一大宗。皇祐中歲入五十三萬緡及哲宗元祐元年廣南杭三州市舶使征稅及專賣所得宋制。海舶至者。視其所載。十算其一而市其三。即關稅值百抽十。而復取三十歸政府專賣也。此對於普通物品之稅法也。其貴重品如犀牙珍珠等。有值百抽一十。而取其四十或六十歸政府專賣者。凡七十七萬八千五百八十九緡至徽宗崇甯間九年之內收至一千萬歲百萬緡。以上統計。皆據文獻通考卷二十市糴考。廣東通志阮志經制略第十四云「宋南渡後經費困乏。一切倚辦海舶歲入固不少」誠哉然也。

（未完）

歷史

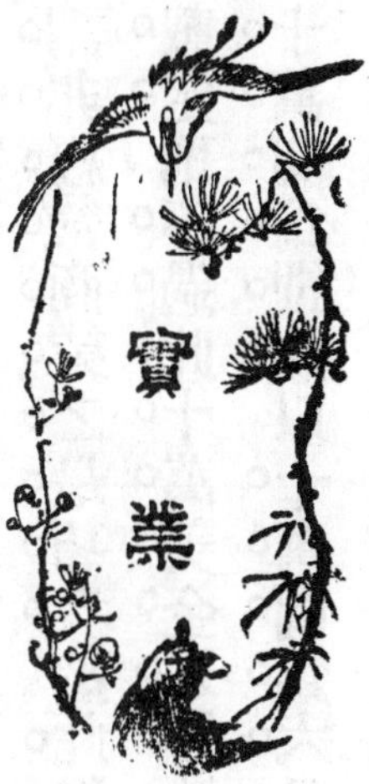


# 粵漢鐵路議

湘潭楊度撰

## 第二節 合同上美公司所有之義務

凡言權利者必言義務若有權利而無義務是爲强盜主義有義務而無權利是爲奴隷主義此方爲强盜則彼方必爲奴隷此方爲奴隷則彼方必爲强盜二者皆背於公理者也若非此者則權利義務必皆平等國內之法亦然國際之法亦然至於以國勢人類之强弱智愚不同而有彼之權利多於義務此之義務多於權利者此雖於國家之條約有之私人之契約有之實已鄰於强盜與奴隷之差別矣此合同者則以國際上私人之契約而因國勢人類之强弱智愚不同而生權利義務之不平等者也今既言美公司之權利請更言其義務分列於下

一因造路而有原約載十萬美金押欵之義務。（續約取消）原約第十欵云。「此合同彼此允准照辦後。一經中國駐美欽差討問美華公司。即備美洋十萬元。作爲信據。此欵存紐約或華盛頓銀行。應由中國駐美欽差與美華公司酌定。俟美華公司在中國開辦此路。用欵至十萬圓之數。此欵即由美華公司收回。如六個月內所用不及此數。則將所存之銀。作爲罰項。由中國駐美欽差收取。」續約第十九欵有云。「現在美國公司遵照原約第十欵繳存紐約埠之匯中受託公司之押欵金洋十萬圓今可通融。一俟此續約奉中國國家及美公司批准之日。督辦即當電告中國出使駐美大臣知會紐約匯中受託公司。將執存之押欵。歸還美國公司。以便將此欵爲興造鐵路之用」余按美公司之股本。分六千股。每股美金百元。合爲美金六十萬圓。以此至輕至薄之六十萬圓資本而獲賺此至重至大至久至穩之數十種之權利。不可謂非經營商業之最巧者。然此猶其自己之組合而非合同上所載定若合同上所載定則不過此十萬美金之押欵而已。故其起手之時。但須籌二十萬圓之的欵。以十萬圓爲押欵。以十萬圓爲六月期內所用之欵。此欵用盡而前欵收回則全路已到手矣以云便易天下事更無有便易如此者夫此猶據原約所訂言之耳若以續約觀之則又已不如此原約成於光緒二十四年三月二十四日。續約成於光緒二十六年六月十七日。其間相去二年有餘。美公司之十萬押欵。應於原約彼此允准照辦後。即行備存矣。而照約六個月內所用不及此數。則將所存之銀作爲罰欵。何爲遲至二年有餘訂續約時此欵尚押存受託公司乎是美公司於訂原約後二年有餘而所用之欵猶不至十萬圓可想而知不然彼苟如約豈肯猶押存此欵而不據約收回耶是美公司第一次違背合同之證據而美、公司已有不能復修此路之危機也而幸也有我盛大臣伍侍郎爲之轉旋於訂續約時載明爲之通融給還彼欵舍合同之證據而爲情面之通融抑若三省人民共有之鐵路不啻其私人囊袋中物可隨意通融以與人者此等文字著於國際合同之上亦世界萬國未有之奇聞也自是而後美公司竟可并一錢之押欵而無之而得此全路之權利其利一也且續約所得之權利更遠過於前約其利二也本爲美公司不盡義務而一經訂入續約則違約之事變爲守約之事其利三也故訂二公爲美公司之大功臣。夫誰曰不宜。

二、因造路而有原約載三年建成全路之義務。（續約取消）原約第七款有云。「若無意外延阻之事。自開工之日起。三年之內。美華公司允將全路建成。」續約第十八款有云。「原約第七款本聲明鐵路工程。應以三年爲限。一律告竣。倘遇意外不測之事。並因戰務阻止。總之非美國公司力量所能挽回者。自當酌展期限。」余按開工之日。在光緒二十七年十一月。其竣工當在光緒三十年十一月。其期已過。而不爲違約者。則盛伍又已於續約中爲之通融也。

三、因造路而有續約核准後十二箇月興工築造之義務。續約云。「如續約核准後十二箇月不興工築造。則續約作爲廢紙。」余按續約訂於光緒二十六年六月十七日。由伍侍郎在美京畫押。而中國政府批准在二十七年六月以後秋冬之間。由此推之。其興工之期雖爲遲滯。尚未逾核准後十二箇月之限。然續約未畫押之先。此款已入之矣。盛與伍乃知此款之已入而訂約畫押者也。此事於下節論之。

四、因造路而有五年造成全路之義務。續約第十八款有云。「美國公司。擬出招貼。

分次籌辦欵項。倘於籌借大欵之前。猝遇戰事。或中國或他國政務有極大變動之舉。以致外洋銀市震動或鐵路因有阻礙。不能開工。或已開工。不得完工。總之意難料及諸事非該公司所能挽回者。准該公司於籌欵開辦完工之期。略爲展限。以昭公道。如果小票已出。借欵已經起利。除上列情節准展限外。其工程則不能停緩。原約第七欵本聲明鐵路工程。應三年爲限。一律告竣。倘遇意外不測之事。並因戰務阻止。總之非美公司力量所可挽回者。自當酌展期限。玆議由簽定核准此續約之日起。除此欵前列各項事故外。以五年爲限。造成全路。余按五年之期。若由訂約時起算。則今年六月滿期。若由中國政府批准後起算。則當在明年六月以後秋冬之間。此事亦於下節論之。

五 因借欵造路而有提取小票當由督辦大臣核准之義務。 原約第一欵有云。「此項借欵。係按工程隨時分次交納。候美華合興公司所派總工程師勘路詳報。美華合興公司並無異詞。由督辦大臣核准後。即交納第一次。以後隨用隨交。」 續約第一欵有云。「所有借欵四千萬圓。應由督辦大臣與美公司飭令總工程司估計工程。次第分期售票。至小分作四次。以免中國徒然吃虧利息。」余按福士譯復福開森書。解釋合同之意。以爲其宗旨在分次交款四字必隨時按工程之所必需先由合興公司取已築工程之報告現在將築工程之估計單呈經中國政府或政府代表人慨意許可而後能定每次付款之數及依此數所發之小票若所提小票暨售押小票所得之款項美公司不以之付應用之款則中國政府有權可不允下次續提必俟上次所報銷之款慨乎中國政府之意而後許再提且小票無論以抵押或出售只能提至總工程估呈之數爲止是於美公司向受託公司提取小票之權限至明也而豈知美公司竟不能守。俟下節論之。

六因造路管車而有順華人意見風俗民情之義務。　原約第三款有云。「美華公司人員建造工程。經理車務。及辦理諸事。均須順華人意見風俗民情。無論建路或管車等事。必須商酌。凡力能辦到之處。必須以圓通爲主。」余按此文所防。乃因華人溺於墳墓風水等事。故預爲此等言以防爭端。而豈知事不發於我而發於彼。俟下節論之。

七因造路管車而有簿籍由總辦管理處閱核之義務。續約第四欵有云「在美國用出各帳以及匯交中國工程所用各帳。均應按次呈繳總辦管理處覆核。稟明督辦大臣轉咨總理衙門統轄鐵路鑛務總局戶部存案」。又第六欵有云「鐵路開支進欵。均歸總帳房登記簿籍。隨時由總辦管理處閱核」。余按此欵亦有問題。俟下節論之。

八因借債造路管車而有美國人不能將此合同之權利贈與他國及他國之人之義務。續約第十七欵云。「此續約與及原約一體訂立者。准美國公司之接辦人或代辦人一律享受。但美國人不能將此合同轉與他國或他國之人」。余按續約載遇有文字可疑之處。以英文爲準。而英文云「訂立此續約。使其與原約有同一效力之目的。欲使條約之利益。可由美華公司轉與其接辦人或代辦人。但美國人不能將此合同之權利。贈與他國及他國之人」云云。此因解釋不同。而其作用亦異。此事爲合同中一至重要之問題。亦俟下節論之。

美公司之義務。不過上列之八種。雖有小者。亦已甚少。我之義務多而權利少。彼之義務少而權利多。已爲不平等之甚矣。而況此八端者。其第一第二。則原約所規定。而續約所取消。彼不盡此義務。則雖違原約。而未違續約。不能以違約責之矣。其第三者。則爲過去之事。其第四者。則爲未來之事。其第五第六第七第八之四種義務。今美公司又已不能履行。乃今日爭議之點也。美公司無一而不違合同。無一而能盡義務。使當時盛大臣伍侍郎訂原約之時。稍有愛國之心。亦何至如此之盡以義務歸已。而以權利與人。亦何至使彼但知得權利而不知一盡義務。及美公司既已不盡其第一第二之義務。則又何必不聲明作廢。而猶爲訂續約。而猶爲之通融。盛號爲熟悉路事。伍號爲通曉法律。而其所訂之合同。一訂再訂。而權利盡失。乃如此。彼二人於兩次訂約之時。未聞有以異同之見而相責難者。亦未聞有以異同之見而相劾於政府者。亦未聞有以異同之見而不肯畫押者。亦未聞有以異同之見而爭之不得至於辭職者。二人同心。毫無間隔。以成此一次兩次喪權利贈鐵路之合同。今美公司於第五第六第七第八之義務。又不能盡。在二公之心。則雖復更續一約。重爲聲明。重爲通融。重爲取消。重以權利相贈。當亦無所不可。嗚乎。岳少保有言。文官不要錢。武官不怕死。則天下太

平矣甚矣錢之足以亡人家國也古今之人如出一轍可勝歎哉

第三節　美公司於合同上之義務究竟能否履行

美公司之權利多而義務少既如上二節所言。然國際之關係。專以約文爲據。此方見爲權利。則彼方見爲義務。此方見爲義務。則彼方見爲權利。其間雖有偏重偏輕不能平等之處。然既與訂此合同。則兩方皆當遵守。若不遵守。而任意違背。則在一方爲不盡義務。在一方爲不保權利。夫已不盡義務。則必於人之權利有損失也。已不保權利。則亦於人之義務爲放任也。故已與人之權利及其義務。皆不容於合同以外。有所變遷。今美公司有既得之權利。亦同時有應盡之義務。如前節所論之義務。於第一第二既無論矣。第三第四之爲過去未來者。亦姑略之。惟取第五六七八之四者論之。彼究能履行此義務否乎。若謂其不能履行。則其不能履行之證據安在乎。今請舉四者之事實與合同相違反之處。論之於下。

一因借債造路管車而有美國人不能將此合同之權利贈與他國及他國人之義務。

余按美公司創於千八百九十五年。其開辦人皆以得行其權力於中國爲宗旨。

欲以美人之資本營中國之產業。首董爲議員畢來斯氏。以駐美伍公使之助力。而得承造粤漢全路之權。於一千八百九十八年四月十四日。即光緒二十四年三月二十四日與訂原約於華盛頓。俟閒批准。嗣因美公司工程師柏順斯照約測量路線。畢知建築之費須較原估數目加鉅。故有續訂合同之議。一千八百九十九年即光緒二十五年夏間。美公司派著名法律家卡利君來華。與盛大臣商議。其時俄法比均極力阻撓。終皆不濟。卒於是年十一月定議將續訂草合同分呈北京紐約兩候批准。俄法比既不能勝。乃變其政策。不於國際而於財政。不於上海而於紐約。任比人使之運動乘美公司首董畢來士氏新死。繼之者爲惠第爾將軍。固美人也。比人陰託使爲出力。在紐約爲比人贖買原發股票。其時中國又恰有拳匪之亂。美國資本家以此之故。及前首董已死之故。觀望不敢多投資本。於是比人愈得遂意。然此時續訂合同不過一草合同。尚未畫押。若於其時聲言不復作用。則以本未成立之合同無所謂廢銷。此亘患實爲至易之事。英國泰晤士報謂此時盛大臣知之。而電美京伍公使。請其將與美公司續訂合同畫押。其簽押蓋印之日。爲光緒二十六年六月十七日。即西歷一千九百年七月十三號。明載於合同者也。距草合同議定之時。蓋半年有餘矣。於是此合同遂不易言作廢。夫伍盛二公者不知此股之已入而畫押使合同之得成此可恕者也知此股之已入而畫押使此合同不易廢此不可恕者也。然此合同既已畫押則當其時更無救正之術乎。是又不然合同明言先行簽押蓋印恭候諭旨批准若不批准則雖畫押猶無效也。查伍公使六月畫押之後。於十一月十九日有一電與盛大臣。謂該公司總理人親往歐洲暗中招股旋有比人購去三分之二。美人現値三分之一。私立合同未來商及。又云。公司名目仍然不改關係雖大宜暫爲容忍云云。盛大臣得此電後。於二十七年六月二十六日覆一電謂查十七欵轉與別國即應作廢請招致該公司經理人。告以此約因亂事未定尚未奏奉御批業已背議只可作廢云云。盛之覆電距伍來電六月有餘距伍畫押。一年有餘距草合同時。二年有餘矣。然尚未批准則廢之猶復易易而盛既知比股深入非廢合同不可則於覆電之前何不急速責備美公司聲明廢約乎。而何以遲延遲延隱待比人之布置大定而後爲此循例之爭也。且於此覆電之後何不將美公司實在情形奏耶不可批准以圖挽救乎而何以反為奏請批准徒以此語告知伍公使究有何用也。批准之確實日期雖未詳知。而盛電云尚未奏奉御批。則批准在此電之後可知也。夫伍盛知此股已入而急為押畫其不可解者一伍明知之而畫押乃復以電告盛似秘密通知欲以警相告似佯為不知其不可解者二盛遲半年乃始回電似不願比謂無防礙似與比通符其布置其不可解者三伍盛皆知如此而不奏止批准似知錯誤而毀謗似與比通而欺上其不可解者四。使非比人之財力何以能至於此總之比股之入在伍盛畫押諭旨批准之先即在合同尚未成立之先不過因比股已入從而急為畫押且為批准更與此一不易廢之合同以為其作難之把柄耳豈非可駭可歎之奇聞乎伍盛於此其罪固不可逭然美公司先收比股後成續約於續約中權利贈人一語於其訂約之初即已藐視如此實為安心違背尚何有履行義務之足言乎其後派至中國之工程師竟明用比國人雖為無理亦不足責矣

二因借欵造路而有提取小票當由督辦大臣核准之義務　余按原約續約中約文之精神皆言小票一項必須由合興按照工程進步所需隨時開出估計單經中國

政府或其代表人認可乃得提用苟前次不愜中國之意則中國可以不發下次提票此於上節已詳論之乃查盛大臣福開森往來函電。知美公司任意提用經盛大臣之查問已提小票若干始知已至美金六百二十二萬二千二百二十一圓之數盛大臣聲言以後非有本大臣批准字樣不得交出小票而美公司猶謂督辦無節制公司乘便利用小票之權則其違背合同實爲已甚以此推測將來此四千萬圓之債票必猶不足以供彼之濫用今已成鐵道僅十餘英里而其所用已過六分之一他日路未造成欵已用盡又將迫我續約加籌債欵必爲意中之事則前途之危更不可測矣至盛大臣伍侍郎明知此股已入更爲畫押批准然使其有心挽救則不發小票主權猶在我手仍可設法收回幷無債務之累乃既將小票全數發出又復任其提取至於如此巨數而猶不之知其爲疏誤妄誕亦已甚矣

三因造路營車而有簿籍由總辦管理處核閱之義務。余按盛大臣致梁星使函。謂美公司所呈帳冊。幷無公司一人簽字。亦未用公司紙張書寫。可見美公司並不用正式報冊而惟以糊塗隨意了之是爲不受督辦大臣核閱之證據且帳中有比京

辦公等費其運動比股之費亦欲中國承認橫謬無理至於如此又有美公司創辦經費美公司人員薪水及公司費用應由公司自行支給者亦納入粵漢鐵路支帳之內計美金五十餘萬圓之多是則工程師估價單之外合同未定之先乃有用欵須我承認尤爲謬中之謬盛大臣自謂美公司當呈帳時。函言如能核准則有餽送報效督辦等語。盛當將所呈冊報全行發還。夫盛大臣與其將冊報發還何不即以爲據而與言廢合同也照合同所訂。此等冊報應由督辦大臣轉咨總理衙門及統轄鐵路鑛務總局及戶部存案者。盛大臣既不以廢合同爲然而徒令其更換冊報使彼將此不便轉咨存案之欵項易之以冠冕堂皇之名目而附之以餽送報效以呈於盛大臣不知盛大臣仍將復行發還否乎福開森於公司證據冊內查得有數項付欵甚爲奇異。即如有一欵。係付與工程師葛利之華文文案梁某爲彼報捐道員一半之費。其數爲四千五百九十三兩九錢一分。其荒謬如此即使照例開呈正式冊報已有廢約之理而況其不受核閱乎

四因造路管車而有順華人意見風俗民情之義務。　余按去年美公司中因比黨勝

而美黨敗。旋以比工程師斯圖來華造路。以代美工程師葛利。而於廣東工程處。致有外國工人滋事勒價傷人斃命之事。以此至於停工。此於華人之意見民情不能順已至矣若果有數十年管車之事則華人之爲所魚肉將至何等乎

此四者。皆美公司之不能履行義務之有明證者也。所餘者惟上節所舉各義務中之第三第四之二者而已。然此二義務皆由續約而生今續約既成於比股已入之後則此二者皆可不論其理如下。

一因造路而有續約核准後十二箇月與工築造之義務。　余按此乃過去之事。雖已履行。不得爲盡義務何也。因續約之成既在比股已入之後則多履行義務一分即多違背合同一分愈履行愈錯謬本源既誤枝葉皆非無可論者也

二因造路而有續約核准後五年造成全路之義務。　余按此乃未來之事。即令履行。不得爲盡義務何也，彼再盡義務一年則比人權利更深一年理如上條。且約載核准後以五年爲限。造成全路。按核准當在光緒二十七年六月以後。則五年期滿當在明年六年以後。今美公司造路工程。尚止十餘英里。則明年之不能使全路竣工。

可不待言。然現時尚未至期則不能持此相詰。惟彼既於一切義務不盡。而欲獨盡此義務。於理於勢。均有不能。蓋義務云者。一方言之則爲義務。一方言之則爲權利。彼一切義務不盡則合同當廢何能獨有此權利也今廣東既已停工則萬無可使再行開工之理矣

除此二者不論而但論前四者。則大都因美公司將合同上之權利讓與他國人所生之結果故此案最重要之點莫過於此今更爲設二問題以論之

第一問題美公司果能將此股盡行收回乎

美政府告我國駐美梁公使。謂已令美人摩根設法收回比股。夫摩根美之巨富號爲鐵道大王。乃美國經濟界之怪傑。組織無數之脫辣斯者也其野心勃勃常欲以美國經濟之勢力傾注壓倒歐亞兩洲使摩根果眞若此則其魄力不僅遠過於美公司且遠過於美政府粵漢鐵路之危更有百倍於前者日本近報載其與比國皇帝謀議思以美比法三國共同經營由北京至廣州之蘆漢粵漢兩鐵道。又聞其計算謂若得五十億圓可將中國全國鐵道縱橫亘細概行修畢擬合英美俄法德五

國各任十億以成此舉。此議若成，則中國洪水之禍將復見於今日，而摩根之力則實足以舉之。亡國滅種無過於此。摩根不僅不收比股，而且與比及其他各國合以謀我。奈何我國之人而有信摩根、喜摩根，謂摩根既出或可收回比股乎？此無異引虎以自衛，飲酖以自殺也。然則美政府所謂收回比股者，其內容果何如乎？觀於英報之言，而知美公司之陰謀矣。

英報之言曰：美國脫辣斯一字含義甚廣，有牛肉脫辣斯，有鋼脫辣斯，有鐵脫辣斯，有糖脫辣斯，有鐵路脫辣斯。總之無物不可為脫辣斯，雖至政治亦可。凡文明諸國均知此事。但今有美國大脫辣斯欲行諸中國，以使粵漢鐵路比人為股東之事得以銷除，此種脫辣斯名為伏丁脫辣斯（伏丁係公舉之義）。若中國政府早明此脫辣斯之用意，則日後中國之事必大有進步。今美政府已告知中國，謂美華合興公司乃美人之公司，故歸美國保護。但目下聞得消息，謂華人並非若美外部之易欺。湘鄂二省及廣東之紳士均不信美人已能購回比人之鐵路權利，故湖廣總督張之洞決計廢去此路之合同。由此觀之，則知華官並非不知伏丁脫辣斯之意。若將此種脫辣斯之意中明未必毫無所補。試以粵漢鐵路之事言之。假如比人爲股東之事爲人所拒。則辦妥此事之法。莫如用伏丁脫辣斯之法。以十年爲限。十年以後該路必可竣工。比人以後亦可復爲該東。然此種辦法尙有流弊。因限期過短。尙可因此而欺誑不謹愼之人。深望中國不可墮其術中也

原報附注○今再將伏丁脫辣斯之辦法。略述大要。以表明其義。假如有公司一所各股東彼此意見不合。以致該公司之事。不能辦妥。於是各股東公舉數人。以辦其事。所有股東之股票。均須交與該數人。而由該數人給回收條。並訂立合同。以十年或十五年爲限。各股東於此十年之間。不得與聞該公司之事。該數人可有全權辦理公司事宜。但公司所獲之利須盡給於各股東不得入於代辦者之手十年既滿則須將股票給回股東而股東亦須將收條給回代辦之數人。然後將約撤銷。今者粵漢鐵路之事。亦擬照此辦理。由比美之股東公舉數人代辦至所定之年限如何。則外人不得而知。設使彼等祇定期十五年則十五年以後粵漢鐵路仍可爲比人之產物。余意此約。當先由中國政府鑒定。然後再將該約展長訂期五十年。因五十

年以後中美原訂之路約業已期滿也由此報觀之則美政府所謂比股已收回者特以虛詞誑我耳其內容則實由美公司見中國不願比股則比人在公司辦事實足以招中國之疑而生欲廢合同之糾葛故欲以伏丁脫辣斯之法欺人耳目使比股股東皆藏而不露惟以美國數人爲代辦者在此伏丁脫辣斯之期中可以決其在美公司中辦事人及至華工程師等皆美人而非比人也期限既滿則鐵路仍爲比人之產物報中固已明明言之矣其猶計校於十年或十五年或五十年之期限以何者爲宜而歸論於五十年以爲其時中美原訂之路約期限已畢此其意何哉蓋自一方面言之則欲中國政府釐定認允此法於五十年中比東未能自出辦事之時即行贖回又自一方面言之則不以五十年爲期者必將於中途而比人又忽出現或致復招中國之爭議即令路已成工而中國人因此處心積慮以圖於五十年間贖還此路不可知也惟以五十年爲期則此期中中國人之性質易爲人欺且喜自欺雖知之而可佯爲不知且可爲美公司辯護以自慰謂明明美公司美人辦事決非比公司者如今日論者有謂比

股已退不宜再提廢合同事是也此外人所深知甚願而竊笑我爲所愚者也然舉國如此憒憒不旋踵而五十年之期限已至中國贖路之期限亦過此不能再贖外國人又逆知中國彼時財政之窮乏百千萬倍於今日必無此贖路之巨欵夫而後比股股東明目張膽以出現據合同之鐵路抵押權公然取此路以置之於比人手中正其名曰比國粵漢鐵道或更現出其黑幕中背後之人曰俄國法國粵漢鐵路而我直詞力兩窮無可如何任其所爲而已所謂伏丁脫辣斯之政策即如是所謂比股盡已收回之內容即如是外國人之陰謀狡計誠若此之險惡乎夫以摩根之財力豈不足以收回比股而尙須爲如是之陰謀者何也則以美公司之六千股中其最占多額者乃比國亞細亞會之一千七百九十四股此外比人如大佐帶士等美籍比黨如首董惠鄧爾等其占股皆甚多蓋於股票總額中比股實占至十之七八爲摩根卽令能收回此等散股至比國亞細亞會乃法人令比設之以圖與美公司競爭攫此路權者其特意所購之千七百餘股必不可得此非可以財力强者故欲收回則難而與合并則易摩根自知其力可以舉中國全國鐵路而必不能使美

公司之人之比股概行退出故變其政策不排比股而與比法俄等通力合作以謀中國之全國鐵路而以伏丁脫辣斯之法欺飾表面以了目前之轇轕故我國今日之爭議必爭至自辦爲止若以爲純屬美股而無比股即可無恙不知美即比比即美更無區別摩根亦決不能盡收比股乎夫合同明訂不得將權利讓與外國人此未有多少之數者也比股占三分之二美股占三分之一固爲違背合同即令比股占百分之一美股占百分之九十九則猶有一分未能盡去即爲違背合同不論多寡但論違否違則當廢也

第二問題假令美公司果能將比股盡行收回則合同猶應廢乎

今之論者有謂美政府言比股已收回則不宜重提廢約此語甚不可解也夫外交上之關係專據條文立論並無格外交情可言無論美公司不能將比股盡行收回即令收回淨盡無一股之落於比人之手然美公司亦既已違背合同先違合同後收比股則合同仍應作廢合同上幷無美公司將權利讓與他國人之後若能全數收回則合同不應作廢字樣今所爭者乃爲中國爭而非爲美國爭者如之何令合

同不言而更有此等通融之辦法乎

如上所論各節則美公司於一切義務皆不能盡違背合同至於此極除廢合同以外別無第二辦法福開森曾稟盛大臣謂廢約之法惟有二途一逕申明作廢二控告美公司於法廷若用第一法美公司惟有控告中國政府於中國法廷然美政府現既居承認保護美公司之地位則廢約之後美政府大約必力爭或當逼中國付重大之賠償云云余以爲控告美公司非策也誰控之者乃中國政府乎抑盛大臣乎控之於何國之法廷乃中國法廷乎抑美國法廷乎此其中有種種問題於下詳論之茲不具述但我之控彼者爲欲廢約而控之乎抑約已廢而控之乎若欲廢約而控之則我自有權廢約何爲待人之裁判者若約已廢而控之乎則約既已作廢而猶欲控之此於理有可言而於事甚難辦亦於下文論之然將來能免訴訟與否不可知若不能免則我必立於被告之地位而不當立於原告之地位然此皆廢約後之交涉而非廢約之方法若現在廢約之方法則惟有逕聲明作廢而已今張宮保已咨駐美梁星使轉咨美政府告以廢合同之意則是已聲明作廢矣此即爲合同已廢之結局但當速籌自辦

辦法不當復問美政府之認可與否聞美政府照會中國謂不承認廢合同之議我政府直亦可以不承認之說以拒絕之不宜復照會美政府要求其許可蓋我爲自主之國對於一公司與以辦路之權與否乃我以固有之主權可自由處分者華美爲平等之國非美政府所得干涉亦無待美政府之承認與否也若又要求美政府欲得美政府之承認不僅我愈要求彼愈拒絕往覆求拒決無得遂之一日且若以此爲顧邦交敦睦誼不能不出於婉商則不知按以國際公法之原則實已自處於屬國對於上國之地位因欲挽回國權而已喪失國權矣故自今以後之交涉當認爲廢約以後之交涉而不當認爲廢約以前之交涉此界限之宜明劃者也

第四節　美公司於合同上之權利究應如何處分

美政府謂美人已得之權利不可復失此言也原約續約皆無此文美政府於合同以外添此一語我豈能問之乎且以此言護不違合同之美公司猶可言也以此言護已違合同之美公司其理安在乎故我政府對於此等無據之言直可不認之惟於美公司合同上所有之權利則不能不分別言之若混言廢合同而不於其權利之性質不

同者分別處置則亦當有人直我曲之處將來若有訴訟則其勝負不可得而知矣故仍取前列美公司各項權利而分別其性質及其辦法於下。

一因承辦鐵路而得美金四千萬圓小票債權者之權利。　余按美公司以雙方代理人之資格對於持小票人而爲債務者對於出小票人（即中國政府）而爲債權者。雖美金四千萬圓之小票未盡提去然所已提去之美金六百二十二萬二千二百二十二圓則固用之於已成之鐵道我即收囘自辦亦不能損害彼之債權而憑空得此償來之鐵道即謂造路實用并不如此之多然此爲美公司之咎而非債主之咎故此項債欵應歸中國政府自認償債之義務消去此代理人而使債權者與債務者生直接之關係務使於債主之權利毫無損害而後信用不失而債欵不必即還其詳見立公司議中。

二因債欵美金四千萬圓而得年息五釐息票之權利。　余按此項年息爲債主所應得非美公司所能得者合同雖廢而小票之債權如故則小票之年息自應亦如故當由中國自認按年付息不歸代理人經手而或託於一外國銀行經手皆所以保信用也。

三因借債而得以鐵路及全路產業抵押之權利。　余按借債之有抵押。乃通常之事。此合同上之有抵押所以對於債主而非對於造路人管車人者也。今合同雖廢代我造路管車者雖去然債主未去則債主之抵當權自亦不能銷滅此小票票面條欵所明載者若銷滅之則票面條欵必須更換債主將不見信我既不能償債而欲取消抵當權無是理也或者疑借欵數大則抵當物亦大前爲四千萬圓之巨債故以全路及全路產業作抵今債欵僅六百二十二萬二千二百二十二圓。何須以此爲抵乎。即欲作抵。何不即以已成之鐵道抵之乎。凡已借之欵。實爲修此已成之路。以此作抵。似亦得宜。然債主之貸此欵也但知其爲修粵漢鐵路之用而不問其修何段也票面條欵但有普通粵漢鐵路名目而無以此票之欵修何段路之文則不能於此時忽生區別一也。每票不過五百圓或千圓若謂持一票而得全路及全路物業或一段路及一段路物業皆無是理也不過以債額總數若干計之而已債額稍減而抵當物不加少債額稍增而抵當物不加多合同有加售小票之法而無加抵當物之法反之而小票減少亦復如是二也抵當之例不必抵當物之値恰與債額之値相當蓋一物權可生爲多數抵當權故有頭次二次之名視所値之貴賤爲抵當次數之多少鐵路之抵押名爲頭次抵押債欵既少則我於頭次抵押之外再押與否聽我自由美公司旣廢則不復能限制我三也有此三者故小票票面所載鐵路及全路產業作抵之文無由撤銷不認

四因借債而得前二十五年贖債每百加貼二圓半之權利。　余按借債期限爲五十年。我若能於前二十五年內贖回小票。則鐵路之有利可知每百加二五之規定。雖云吃虧。然小票票面條欵所定。不能不認。

五因購買地基而得加售小票之權利。　余按此項加售小票。不知曾否發行。以盛大臣與美公司論買地基兩件觀之。則似尚未發行者。然若有之。則亦不能不認。以此小票亦債主得之而非美公司得之故也

六因加售購買地基小票而得年息六釐之權利。　余按此較美金四千萬圓之小票。每年多息一厘。然事同一律。不能不認。

以上六者皆合同雖廢而不能不認者也何以故則以前四者皆小票條欵所載定後二者乃合同上載與小票一樣看待之故則皆債主之權利而非美公司之權利債主之權利不能損害者也此外關於美公司之權利是否可以完全撤銷不能無疑難者有三

七因造路而得派人管車之權利　余按合同載造成之路即歸其管車今合同作廢其未造之路歸我自造者不待論矣惟已成之路乃彼借欵爲我代修者則此一部分之管車權猶將與之否乎夫此乃管車權本與債權有別債權歸於債主管車權歸於美公司今合同既廢而我政府又自認償債付利之義務則已成之鐵道不當我自借欵而自造之自造路自管車何待他人之助力未廢之債主尚無此權已廢之代理人何能有此權也

八因借債造路管車而得預支鐵道五分之一餘利處數憑票之權利　余按餘利處數憑票按每次所提小票總數五分之一同時發給今小票已提至美金六百二十二萬二千二百二十二圓則餘利處數憑票亦已發至美金一百二十四萬四千四

百四十四圓較之四千萬圓借欵總額五分之一餘利虛數小票八百萬圓之數。已爲少矣。此憑票既爲我所給與。則我似無不認此票之理。八百萬圓之票每年應分全路餘利五分之一。此百二十萬餘之票。或亦當每年應分已成之一段路餘利五分之一乎。此不知我自借欵我自造路我自管車如上所論何爲而以餘利與人已成之路如此未成之路亦如此彼更無分利之權矣若云我所發與不能不認不知此票與小票異此所謂餘利亦與小票年息異彼爲債票故有利息此則非債票也特因其繼續辦路故先給與將來路成分利之一憑據我實未嘗借彼一錢無所謂償債付利也合同既廢彼將來更何所憑借有向我索分餘利之權利乎合同載明此票無限期餘利分畢則爲廢紙亦不必贖是非債票性質明矣故此時聲明餘利虛數小票作爲廢紙固可即不聲明而合同一廢此票登時信用盡失不能復流行於社會矣

九因餘利憑票而得選派帳房職司之權利。　余按合同之意。小票贖還之後。若餘利憑票未贖。或餘應分之利未分。則美公司得派帳房一人監督之。即此可知此帳房

乃美公司所派以保持餘利憑票之權利而非債主所派以保持小票之權利者債主恃有全路或全路物業作抵不必派此人也美公司之餘利憑票權利已失更何有於此派人之權利哉

以上三者乃稍有疑義而究之非美公司所能復有之權利者也至於美公司應行撤銷毫無疑義者其目列下

十因借債而得九扣之權利

十一因借債而得每百得五酬勞費之權利

十二因借債而有造幹路之權利

十三因造粵漢鐵路幹路而有展造幹路之權利

十四因造幹路而有添造枝路之權利

十五因造路而得不准築造與粵漢幹路及枝路同向並行他路之權利

十六因造路而得粵漢幹路及枝路經通界內不准築造爭奪生意之鐵路之權利

十七因造路管車而得派兵保護及設巡捕隊之權利

十六因管車而得設電話電報之權利。

十九因造路管車而得設機器廠之權利。

二十因築造枝路展造幹路而得加售小票之權利。

以上十一種權利。則皆未來之事故合同一廢即全行銷滅無可疑議者也

合同上權利之處分。如上所論列。則我於債主之權利一切照舊絲毫無所變易所銷滅者惟美公司權利耳度其時我既以獨立國之主權逕已聲明廢約同時即以對于債主與美公司之權利分別處分一併聲明美公司無如我何又不肯甘心緘默則彼所主張者必以爲我損彼權利索我賠償然我豈獨無辭乎我所主張者亦必以爲彼害我權利索彼賠償彼之索我賠償者其所持之點不可知而我之索彼賠償者則如彼爲我借債至美金六百餘萬圓而造路僅十餘英里一英里用至數十萬美金乃閱彼帳目則有公司開辦費比京辦公費爲某報捐道員費等項是利用我之債欵而爲害我權利之行爲并非爲我修路也此於違合同收比股之外更有不信用之一端我何能徒然認此巨債而不索彼賠償乎彼此以此相爭執則於誰賠償誰不能相決勢

必於賠償之先先之以算帳此則盛大臣之責任非他人所能代其勞者夫盛大臣既立此不利益之合同於先又與比人通謀於後又任美公司之濫提欵項又運動美政府出而干涉又思改換面目以比接比冀愚天下種種罪狀皆無可赦故於處分美公司權利之時必宜同時將盛宣懷革職勒令與美公司算帳并派人監督之以示中國政府之處分此事不僅責備美公司亦且責備盛大臣使美國政府知中國政府之於此事毅然決然不少假借則無理之要挾必可少免否則彼以爲我政府毫無黑白任聽奸邪小人收賄賣國而不加問則藐視我欺壓我之心亦因之而益甚矣故後來之交涉如有爲美政府所逼之處則皆我政府不能自治奸邪之罪有以致之也雖然，留心此事者。浩浩北京之中。僅聞有熙給諫梁主事二人。今三省人民當危急存亡之秋。亦焉得而不感二公。又焉得而不望同國同省之諸公哉。

以上四節。所論美公司之權利與義務。及美公司之義務能否履行。美公司之權利如何處分。一一皆以合同爲據。因所爭者全在合同此之條理未明則於過去之錯誤與現在之糾葛將來之歸結皆有難明之處故不惜縷悉以言之。至於美國政府能否干預中國政府能否廢約尚爲二大問題此專屬於國際法之事非此合同文字範圍所能包入故無由插論頃得美國留學王學士寵惠張學士又巡書寄其所上外部鄂督粵督條陳粵漢路權事稿專論此二大問題徵引繁博學例精審非鄙論所能企及者玆特借錄之以補不學之疏缺其言如下（略）原文已見本報前號今略之可參觀

兩學士之言備矣然其爲此言也乃懼中國政府之或以不能廢約自疑因而以美政府之干預爲慮故以此告之也非謂中國政府之所以能廢約者僅恃此法律之證據耳不然則其中有一問題焉其問題爲何則此所擬者一爲美國政府能否干預而以國際法爲據一爲中國政府能否廢約而以美律爲據是以兩國政府爲相對待之兩造而據法律以裁判之也然既以兩政府爲兩造矣則判斷此者必全在國際法而美律爲不適用我中國政府之有權廢約與否恃國際法而定恃我之國內法而定於美律之合與不合非我所問即令不合我猶當廢之美政府不能援引美律謂我違其國內法也若使以美公司與中國總公司爲兩造而訴訟于美廷則非處處以美律爲準不可得護持此案之證據若以兩政府爲兩造則不在美律範圍之內矣故余於兩學

士之言不能不爲之解釋何以解釋之則兩學士之意不欲以中美兩政府爲兩造而成國際之交涉乃欲於盛大臣要請美政府干涉之後復行縮小其範圍避公法而言私法以圖挽救之也夫吾輩欲推此事之結果則當先問將來若有當受裁判之事則宜以兩政府爲兩造乎抑以兩公司爲兩造乎此一至重要之問題不僅廢約後交涉之難易以此判之卽能否廢約之把握亦以此判之若以兩政府爲兩造則當請第三國以仲裁之法裁判之我中國已列於海牙會議爲同盟國之一固亦有此資格然仲裁之構成法必由兩訴訟國一方提起一方承諾而後結條約以定之待第三國仲裁之後而各遵守焉今若採用此法當由我提起而彼承諾乎抑由彼提起而我承諾乎夫我既以獨立國之資格聲明廢約則此約已死而不能復生何爲更請第三國裁判之謂我能廢約否乎是我之不可先提起也至明矣若彼提起而我承諾則照仲裁之例於承諾仲裁之時我所聲明廢約之語其効力卽行停止以待裁判質言之則我所聲明廢約之語不能作算必待裁判得我應廢約則此合同乃眞死若判得我不應廢約則此合同仍生不復能廢鐵路仍當歸美公司續辦雖我非無辭辯護然能否廢約

尙待他人裁判不可謂非危險之證故彼即提起仲裁我斷不宜承諾仲裁之構成必兩國政府之合意有一不合意者則其事不能成非他國所能强致之也故美政府知照我欲以此事付之仲裁我但答云此事並非兩國條約之關係無由生起兩國之爭議致待仲裁則彼無可以再挾我者矣故以兩政府爲兩造而付仲裁裁判之法乃我國所應絕對不能承認者若合同既死之後以兩公司爲兩造而生訴訟則殆所難免然訴訟之地爲中國法廷乎抑美國法廷乎此准之國際私法上亦爲一問題以目的物（鐵道）所在地則可在中國以契約成立地（華盛頓）則可在美國以原告所在地則孰爲原告而先起訟於何國即可在何國然使在美國法廷則安能保其裁判官必無右美而左我之心則在美非我所甚願者然此意也我與美人相同凡加之以此事屬於民法而中國幷無民法則無可以爲裁判之憑據一也又無民事訴訟法二也因行政司法不分又無獨立之裁判所三也各國在中國凡關於兩外國之訴訟則有領事裁判權非華官所能過問若關於華人與外人訴訟之事則用會審裁判制度然亦限於租界以內今此案不在租界範圍之內雖欲會審亦已不能四也有此四者則我

國無裁判此案之資格故不得已必將讓美法廷爲訴訟地矣然即以美法廷爲訴訟地而爲此訴訟之原告者乃中國總公司乎抑美公司乎夫以美公司之違合同不信用我雖已廢其約猶未足以蔽辜其浪提欵項浮開帳目我仍應與之算帳仍應索彼賠償是我本可以爲原告者也惟因我國無裁判此案之資格故我中國總公司亦無訴訟此案之權利蓋總公司乃在中國者若至美法廷爲原告則不僅路遠不便抑且爲國恥辱乃不得已乂將讓美公司爲原告人矣夫既以美法廷爲訴訟地美公司爲原告人則此時誠不能不處處以美國法律爲準而兩造各請律師各自辯護所爭之點無他即合同既廢究竟誰之權利已受損害應得賠償之一問題而非合同究竟應廢與否之一問題也若美法廷判至合同不應作廢一層則是將中國有無此主權一并歸其判斷之矣美法廷必不能爲此越權之裁判美法律亦必無此包含之規定也故彼時兩造所持者彼曰我應賠償彼我曰彼應賠償我預推其裁判之結果不外四者一曰、兩、不、賠、償。二曰、互、相、賠、償。三曰、彼、賠、償、我。四曰、我、賠、償、彼。四者之外無他術也中國即預爲訴訟不直之計畫坐定我賠償彼一層其所賠償如何當俟彼時別覩爲一問題以研究之而不必在此範圍之內總之此等賠償不能過重即令如何重大終所損之權利斷不能如粵漢鐵路之將三省人民土地主權盡棄與人之爲虐也故此時爭廢約者謀自辦者竟不必以此生其顧慮之心毅然決然以謀之可矣至云訴訟不直或至此路仍歸彼辦此在以兩政府同付仲裁之結局容或有之若在以兩公司互相訴訟之結局則爲必無之事此即兩辦法之性質不同因而其歸結亦不同斷不可視爲一致而無所揀擇隨意以從事者也夫二者之異無他一爲完全公法上之性質一爲完全私法上之性質若因公法上之交涉而以兩政府之合意同付仲裁則是各自抑其主權之行動而聽第三國之裁判夫既自抑其主權之行動矣則聲明廢約之主權行動即不能不抑以待命約之能廢與否不能仍以我之主權決之此其法理宜然也若以非條約之關係而舍公法以歸於私法則其性質乃大異蓋私法上民事之契約不一而如粵漢鐵路契約則日本謂爲請負即中國所謂包承此等包承契約不僅私人與私人所立者屬之民法即政府與私人所立者亦屬之民法若立約之兩方有一方不信用之事則一方即可聲明廢約若已廢約之後而有損害賠償之訴訟

則無論爲私人與私人政府與私人皆以民法斷之此各國民法之公同原則而不僅美律爲然者也譬如美國政府與一美國公司立約包修何處鐵道是爲包承契約若此公司有不信用之事則美政府可以廢約廢約之後美公司如有要求賠償損害之處可以控美政府於裁判所則美公司爲原告美政府爲被告彼此申訴如兩私人之訴訟然若裁判所判得美政府應行賠償則不得不遵此因契約與命令有別美政府既與一公司立契約則已自舍其政府之資格而爲私人之資格即與私人無異非徵收租稅等事可以發其强制執行之命令者可比也今中國總公司雖爲政府之公司督辦大臣雖爲欽派之大臣然前日與之訂約今日與之廢約皆以私人之資格行之即中國政府之前日批准今日聲明作廢亦猶是也故無論美公司以要求賠償損害之故而所控者爲盛大臣爲中國總公司爲中國政府皆爲私法上之事幷無公法上之性質我亦惟以一私人之資格與之訴理而已矣毫無何等困難之交涉在其間也或有疑如此辦法則美政府必甚怒保無有交涉破裂以至戰爭之事乎此今日爭此事者之不能無疑慮不敢爭此事者之不能無怯懼者也然世界戰爭但有因兩政府

之條約廢棄而起者未有因兩私人之契約廢棄而起者按之世界各國互相牽掣之大勢東洋勢力互相抵制之隱謀中國政府未失獨立之地位鐵路合同實可作廢之確據皆無一可致戰爭之理因其義甚長不在此範圍之內不能細論之惟可以一言決其必無戰爭之事而已夫美政府所以致於干涉者盛大臣遺福開森運動之之力也然欲使美國干涉以至於與我戰爭則盛大臣之能力亦必不能及故擬議此事之結果者不外三途、一曰戰爭、二曰仲裁、三曰訴訟。戰爭既爲事之所必無仲裁又爲理所不應出則我之所預備者惟訴訟而已訴訟之勝負不可知則我之所預備者惟賠償而已然而合同則已廢矣自辦之局亦已成矣其事之易如此我中國士夫三省人民何所憚而不與之一爭哉

（未完）

# 中國殖民八大偉人傳

中國之新民

一民族所崇拜之人物各有其類觀其類而其民族之精神可見也吾友觀雲嘗著一論題曰「幾多古人之復活」（見本報第三十七號）吾暍暍思爲我先民之畸行雄略受壓於疇昔奄奄齪齪之時代精神下以枉死者何限發潛闡幽非後起者之責而誰責也作中國殖民八大偉人傳

(一)三佛齊國王梁道明　王、廣東南海人也。三佛齊在蘇門答臘島之南端。與瓜哇島西端相接。今爲荷蘭屬地。自梁天監唐天祐宋太平興國間。屢通中國。洪武中葉。瓜哇來侵。舊王朝亡。國大亂。時閩粤人旅於佛者已千數。王乃號召部勒之。保國北境。與瓜哇相距。瓜哇終不能有也。不十年。閩粤軍民泛海從之者數萬人。永樂三年。明成祖以行入譚勝受與王同邑。命偕千戶楊信等齎勅招之。王乃與其臣鄭伯可入朝貢方物。有陳祖義者亦粵人。本海盜王撫之。使爲舊港頭目。而祖義盜行未改。鄭和從好望角迴航歸國。祖義謀要之。事洩被戮。自此與上國絕。（據明史）

（二）三佛齊國王張璉　王、廣東饒平人也。本劇盜。明嘉靖末作亂。蹂躪廣東江西福建三省。勢極猖獗。合三省會勦。調兵二十餘萬。凡三年乃平之。官軍報捷。謂已獲渠魁就戮。萬歷五年。有商人詣舊港者。聞其王則璉也。蓋敗後潛逸。復以力據有此國云。舊港即三佛齊。瓜哇滅佛時。更此名。故外至者兩稱之。自梁王距張王凡百餘年。張氏果取諸梁氏歟。抑梁張之間。更有他姓歟。不可考也。（據明史及明通鑑）

（三）婆羅國王某　王、福建人。佚其姓名。明萬歷間始王此地。即今之婆羅洲也。或言鄭和使婆羅。有閩人從之。因留居焉。後嗣遂據有其國。有金印一。篆文上作獸形。言永樂朝所賜。民間嫁娶。必請此印印背上以爲榮。後佛郎機舉兵來擊。王率國人走入山谷中。放藥水流出。毒殺其人無算。王得返國。佛郎機遂犯呂宋。（據明史　案此所謂佛郎機者實西班牙明史誤也）

（四）瓜哇順塔國王某　王、廣東人。佚其姓名。國於瓜哇島北端之海濱。有地方三百餘

里最饒富。中華及諸藩商船輻輳焉。永樂九年。自遣使貢方物。（明史）

(五)暹羅國王鄭昭　王、廣東潮州人也。隨父流寓暹羅。仕焉。位至宰相。暹羅與緬甸密邇。世為仇讐。前明永歷中。李定國嘗遣部將江國泰約暹攻緬。共瓜其地。會吳三桂弒永歷。事乃寢。以是緬人益憾暹。乾隆三十六年。緬王孟駁遂攻暹。滅之。前王遺族悉殲焉。王時已罷相。居南部。年五十餘矣。國變後。乃臥薪嘗膽。陰結國人圖光復。乾隆四十三年。遂起義。與緬人三戰三破之。盡復故地。暹民戴為王。明年。復大舉征緬。破之。時緬方與中國交兵。前此一切餉源。半取諸暹。至是益窘蹙。乾隆征緬之役。所以卒獲奏凱者。王犄角之功最高云。乾隆五十年薨。傳位於其壻華策格里。華氏者。暹羅土人。王早年之養子。而復以女妻之者也。以驍勇著。建國時戰功第一。王無子。故襲位焉。五十一年。遣使北京告喪。表文稱鄭華。即華策格里。以子壻襲先王姓。而以本名之首字譯音為名也。於是冊封華為暹羅國王。傳至今未替焉。中國倫理重父系不重母系。春秋書莒人滅鄫。謂以甥繼舅也。故近人皆稱現今暹羅王統為非鄭氏後（人多知暹今王為華策格里之後。因其不復姓鄭。故謂鄭氏已斬。不知華策格里即鄭華也。吾以西史參合中史。校其年代及事實。乃知之。）雖然。今英皇愛華德第七。非前皇維廉第四之子也。而史家猶謂之爲亨諾華朝王號。不曰易姓。然則謂暹羅今日非鄭氏王統。安可得也。（鄭華之後。昭昭甚明。爲鄭昭子。則見於官書）也。嗚呼孰知我黃帝子孫。在祖國雖無復寸土。而猶有作蠻夷大長於海外。傳百餘歲而未艾者耶。太史公作越世家。稱禹之明德遠矣。吾觀於鄭王。吾不知悲喜之何從也。（據魏源著聖武記日本北村三郎著暹羅史久保得二著東洋歷史大辭典）

(六)戴燕國王吳元盛　王、廣東嘉應人也。戴燕在婆羅洲。乾隆末。王與土蠻戰。破之。王爲事蹟無考。（據口碑）

(七)昆甸國王羅大　王、廣東嘉應人也。昆甸亦在婆羅洲。乾嘉間。王與土蠻戰。破之。王爲事蹟無考。（據口碑）

(八)英屬海峽殖民地開闢者葉來　葉君、廣東嘉應人也。初嘉慶二十四年。英人始以賞購新嘉坡一港於柔佛。是爲英國在南洋海峽初得勢力之始。然僅列壥海岸。未敢深入也。時我華人以采錫之利。相率營礦業於今新嘉坡檳榔嶼一帶。圍聚者日衆。與土蠻時有衝突。嘉慶末。柔佛王下令逐華人。時葉君之族在柔佛者三百人。乃議與之抗戰。推君爲統帥。初戰勝之。知其必將報復也。乃更遣子弟歸嘉應。購軍械。募義勇。葉氏舉族萬餘人。皆渡海助戰，而鄰近村落應之者亦多。他邑之流寓其地者皆從。凡血戰八年。卒定柔佛全境。已而檳榔嶼復與土蠻衝突。乞援於君。君復提師助之。三年。遂定檳榔。凡所得者皆蠻王地。與英人通商口岸不相屬也。而英勢駸駸東漸。旭日方升。怵我軍威，如鯁在喉。以威相恫喝。以利相誘脅。彼有强大之政府以盾其後。而我方嚴海禁。出疆者以海賊論。安望其一爲援手也。君知不可敵。不得已乃以領土主權歸諸英。而僅自保其土地所有權。納租稅於英政府。至今葉氏猶爲彼中望族云。其後同治末葉。粵人有至沙剌我國屬之吉隴鎮采礦者。沙王阻焉。光緒元年。粵人與戰。大勝之。俘其王。主動者姓名不可考。蓋亦籍嘉應云。沙剌我本自主部落。至是英人乘華人之勝。遽置吏於吉隴。盡奪故王地。以法部勒我華人。華人亦安焉。據口碑

(附)非律賓寓俠潘和五　和五。閩人也。閩鄰菲律賓。元明之交。吾民負販其地者已數萬。置田園長子孫焉。西班牙既據菲。慮華人衆爲變。多逐之歸。留者悉被侵辱。永樂二十一年。班酋郎雷氏侵滿剌加。役華人助戰。和五爲其哨官。班人日酣臥。令華人操舟。稍怠輒鞭撻。有至死者。和五曰。叛死。箠死。等死耳。否亦戰死。曷若刺殺此

酋以救死。勝則揚帆歸。不勝。死未晚也。衆然之。乃夜刺殺即雷。持其首大呼。諸蠻驚亂。不知所為。悉被刄或落水死。乃盡收其金寶甲仗。駕舟歸。（據明史。原文西班牙作佛郎機菲律賓作呂宋滿剌加作美洛居今爲更正）

新史氏曰。我國有不世出之英雄鄭延平。憑藉無置錐之地而能奪四萬方里之臺灣於當時炙手可熱之荷蘭人之手。傳子孫三世。延將斬之明祀四十餘年而卒。後迄今數世紀。稱道者絕希焉。直至最近數年間。其人物之價值。始漸發見。然則梁道明等八人。不見稱於後世。又何怪焉。日本有一山田長政。不過曾為暹羅相耳。而日人尸祝之。歌舞之。記其行誼。繪其戰蹟。被以詩歌。演以說部。不可勝述。謂得一人足以光國史也。以之比我鄭昭何如。以之比我梁道明葉來何如。嗚呼。以吾所述八君子者。以泰西史上人物校之。非摩西則哥侖布立溫斯敦也。否則亦克雷武維廉濱也。而試問四萬萬國民中。能言八君子之事業者幾人。豈惟事業。即姓字亦莫或聞知也。吾偶讀明史外國傳。見三佛齊婆羅瓜哇之四王。吾驚喜欲歔。不知所云。始歎吾國有此偉大之人物。乃葬霾諸沈沈蠹簡之中。而其間二人者。乃至並不得以姓氏表見於後世也。吾滋憤。吾滋懼。吾滋慙；乃急急以所聞最近百年間四君子之事。著是篇焉。雖然。吾傳八人。而寥寥不及二千言。吾不敢於所有資料之外。鋪張焉以誣先民。而前史之成文與故老之口碑。乃於此區區者之外。而莫余畀。使我對於前賢。滿胸膜拜之誠。竟不克自獻也。是乃深可悲也。（葉氏之事。去今未遠。鄉人當尚有能言之者。若賜郵教。豈勝大願。）「鬱鬱澗底松。離離山上苗。以彼徑寸莖。蔭此百尺條。世冑躡高位。英俊沈下僚。地勢使之然。由來非一朝。」豈惟利達。即名譽其亦如是也。夫名譽何足以爲古人輕重。然國民失其崇拜英雄之性。而國遂不可問。國民誤其崇拜英雄之途。而國遂更不可問。八君子之見擯於中國歷史。其毋乃即中國民族見擯於今日生存競爭界之表徵也。吾述此。吾有餘痛焉耳。潘和五不足語於殖民事業。抑其義俠智勇。有足多者焉。冀附於八君子後傳之。

新史氏又曰。吾草此傳已。吾於時代精神一感情之外。更有三種感於情縈吾腦。一曰。海事思想與國民元氣之關係也。九人之中（並潘和五）粵人七而閩人二也。自今以往。吾國若猶有能擴張其帝國主義以對外之一日。則彼兩省人。其猶可用也。而其他沿海諸省。乃至腹地諸省。亦何遽多讓。在養之而已。以今日美國海權之發達。其所用者。又豈專在兩洋岸也二曰殖民事業與政府獎厲之關係也列强殖民莫不以政府之力直接間接獎厲之我國則如秦越人之相視肥瘠甚或極諸其所往焉夫是以雖有健者終以援絕而敗也近數十年美澳非洲諸華僑之慘狀其惡因皆坐是也三曰政治能力與國際競爭之關係也我先民前此不藉政府之力尚能手闢諸國或傳諸子孫及一旦與文明强有力之國相遇遂不得不帖服於其統治之下葉氏之不王以其所遇之敵異於昔所云也匪曰天命人事爲之也嗚呼。海以南百數十國其民口之大部分皆黃帝子孫以地勢論以歷史論實天然我族之殖民地也而今也託居彼宇者僅得自比於牛馬嗚呼。誰之罪歟誰之罪歟雖然。黃帝手定之山河今且蹙蹙不自保而海以南更何論哉

# 顧問政治

（飲冰）

二月二十三日上海時報北京專電云。外務部代奏山東巡撫楊士驤請聘德國男爵士根道爾夫爲山東省顧問奉旨允准。

埃及之政治顧問政治也一八七六年請英人乞爾遜法人讓迫流爲顧問問今之埃及猶是埃及人之埃及否也

朝鮮之政治顧問政治也去秋以來日賀田爲財政顧問田尼遜爲外交顧問某某某某等爲教育行政顧問警察行政顧問交通行政顧問問今之朝鮮猶是朝鮮人之朝鮮否也

今者憂國之士輙相驚以瓜分寄語公等必毋憂此英人至今不以埃及爲印度只人

至今不以朝鮮爲琉球公等爲是鰓鰓奚爲者

嗚呼顧問政治遂亡山東嗚呼顧問政治遂亡中國楊士驤也士根道爾夫也吾中國歷史上永不可忘之一大紀念也

楊士驤竟敢冒此大不韙創中國顧問政治之新紀元耶吾爲中國人恥之吾爲中國人痛之抑楊士驤雅不欲冒此大不韙而終不得不創中國顧問政治之新紀元耶吾益爲中國人恥之吾益爲中國人痛之

## 文字獄與文明國（飲冰）

兩月前有「警世鐘」之獄最近復有警鐘日報之獄誰發之握有上海警察權之文明國人發之誰主持之握有上海裁判權之文明國人主持之

文明國與非文明國之差別多端而言論之自由與不自由其一也今受治於文明國法律之下者則若此

文明國之法律固文明也雖然不與非文明人共之吾儕人與人相處雖極悍戾者猶

知互尊其生命之所有權也。顧偶一款客供膳雙雞焉。雞語我曰。汝自謂文明。於我曷爲視我生命所有權若弁髦也。我應之曰。我文明。我非文明汝也。

英國號稱最自由之國也。其法律號稱言論最自由之法律也。去春香港諸華文報有以黃種白種字樣而逮主筆者。至今各報莫敢齒及黃白。而指斥英國之論文及記事更無論也。一年以前。惟香港然也。今則上海一香港矣。自今以往。全中國將一香港矣。

去年香港某報初發刊。有某黨機關報主幹某自號爲中國革命開幕偉人者。揚言曰。吾有權力。能令該報於兩月內。非封禁則命停刊。非命停刊即逐主筆。果也不及兩月。而三者竟踐其一焉。今請寄語彼輩。毋太自苦。外人自有代公爲之者。

頻年以來。政府當道日日思與報館爲敵。移牒租界。尋瘢索垢者。屢見不一見焉。如蘇報。如國民日日報。甚最著也。今請寄語彼輩。毋太自苦。外人自有代公爲之者。

聞此案初起。會審公堂不允出票云。賢哉會審員也。而德領事致函云。警鐘報污蔑皇太后皇上。警鐘之果污蔑與否。吾不能知焉。即污蔑。而吹縐一池春水。干卿甚事也。吾不知我當道見德領事之拔劍相助。以理不平以仇禁夫我民之污蔑我皇太后皇上者其果拳拳稱謝焉否也。吾不知吾民間之與警鐘同業而異宗旨者。見警鐘以獲戾外人而致蹶。其果忻忻稱快焉否也。

嗚呼。吾更何言哉。吾惟哀哀泣告我種種階級種種黨派之同胞曰。兎死狐悲。物傷其類。又曰。兄弟鬩於墻。外禦其侮。

## 自由死自由不死（飲冰）

客曰。俄國立憲政治。又殤。其殤也小產也。三十年來殤者再焉。並此而三矣。

主人曰。俄國立憲政治。非小產而難產也。其將爲后稷之不坼不偪乎。抑將爲老聃之破脇以出乎。吾不能知之。要之其胎氣甚旺盛。吾能知之。

西歷三月間電報云。俄皇已再下詔。罷國民公選代議士之議。

又曰。俄國各地罷工再起。且更蔓延。

吾記俄事已累牘。報中更無餘紙以再容此數見不鮮之事實。讀者勿以新民叢報紙面之靜謐。認作聖彼得堡及其他都會之靜謐也。天下惟能愛自由者。其自由終不死。吾請俟俄民爲其立憲政治作湯餅會時。更泚筆爲之祝詞。若其出現於新民叢報之何號。則不敢知也。（完）

# 科學小說 竊賊俱樂部（一名二兩雷錠）

上海知新室主人周桂笙譯

西人於公餘之暇。謀所以聚集而另闢一所。命之爲「Club」。日本人譯之爲「俱樂部」。音義皆近。我國譯爲總會。義近而音迥殊矣。然其爲一般人之聚集處所則一也。西人以能結團體。著名當世。故此等處所亦特多。自公卿大夫以及各種社會。莫不有團體。即莫不有此等處所。所尤奇者。樑上君子亦有之。且其中人於科學之研究。尤有足多者。是不可不譯之以饗吾人。捨「總會」而稱之曰「俱樂部」。從所長也。

譯者識

按此卷內「雷錠」。西文原名爲"Radium"。近人有譯作「拉的効模」者。此四字音。急呼去。即與雷錠二字之音相近。皆譯音也。竊謂譯音字最宜簡。所以便讀者之記憶。故代以二字云。

譯者再識

倫敦某地有竊賊俱樂部焉。據彼中人云。其會員會友。無一人無來歷者。或爲退職之員。或爲海陸軍士。或爲游獵能手。莫不各有所長。非碌碌之輩。其所以流爲竊賊者。大都單身未娶者。以浪費失業之故耳。此輩之有此俱樂部。亦猶他種團體。所以取互相維持之益云。其會員會友。即以竊贓供會費。所竊以本城爲限。境贓交總董一人處分。諸會友不過問焉。境內所得贓物。慮有不足者。則於境外求之。而以本省爲限。此竊賊俱樂部之大略也。

一日賊衆會於俱樂部。總董員友咸集。相與討論時事。或言南非戰事既定。今而後彼中之金銀鑽石等礦之利。盡歸我英人矣。或言某日觀賽。某處某人之馬奪得錦標矣。衆論雜出。要皆無預於此俱樂部者。獨總董之言。最有價値。且足徵其留心時務也。總董之言曰。今日礦學日報所載。「一磅之「雷錠」近日市價估値至八十九萬六千金鎊之多。亦云貴矣。以某之見。彼藏有此物者。苟得如此巨價。亦不必再韞櫝矣。蓋醫學博士白廉夫近又考得一種新法。謂最佳之鉛礦中。別有一種礦質。取以化分。亦可提出此精也。且白博士試驗以來。已提得一兩重之一塊矣。(此一兩爲十六分磅之一)以昨日市價計之。

其值乃至五萬六千金鎊。此物至今仍陳設於「格蘭路」白博士化學試驗室內。以供博物君子之品題研究。故學士之踵門相訪者、門限爲穿也。由此觀之。則「雷錠」之爲物。不久將爲文明世界上最有勢力之品。非若前此之專以供人談笑、恣人玩弄者矣。蓋中上之家。苟藏得相當之一小方。以置諸食廳中。則無論嚴冬奇寒。可以不爐而燠。且可歷二千年之久。無所損壞。故知他日必能逐漸推廣。而爲最有勢力之品無疑也。准是而言。則吾國諸名城之烟霧。將從此消滅。沿海屯煤口岸。都歸無用。而千百萬煤商工人。亦將失業，別營生機矣。」凡此皆今日礦學日報中語也。公等其亦聞之乎。於是諸會友莫不躍躍欲試。咸慫恿總董。謀所以致之。總董以爲不可。既而曰。吾聞諸書記之言。謂翁史德參戎之會費已屆時矣。而猶未繳交。此價值五萬六千金鎊之「雷錠」。盍以煩參戎。取作會費乎。吾固知此區區者。猶不足以供吾衆會友之公費也。雖然。究不無少補。自總董此論出。於是乃有上年四月四日翁史德在格蘭路白廉夫家踰墻之事。

翁史德、字儀來。退職之參將也。自作賊後。亦投此俱樂部。於同輩中頗著能名。既聞總董之言。即毅然以致此「雷錠」自任。是夕即乘自由車至白博士家。踰後墻以入牖窓。窓啓。塞身以進。足既及地。悄然無聲。張目四顧。審爲白博士之化驗室也。室僅樓屋一層。與其臥室相毘連。中僅隔一迴廊。翁既入室。略驚神。即探囊出小電灯燭之。則見考求藝術之具。咸備。如「電氣引力線筒」「料管」「料瓶」「天料」「折光鏡」「顯微鏡」「望遠鏡」。羅列滿室。不一而足。亦不暇辨其何所用之也。惟環室張望。獨不見「雷錠」之所在。翁於此物之性質。嘗加研究。知其較他種礦質。別具一種晶瑩通徹。至是遂疑爲電灯之光所奪也。遂隱滅其電灯。以冀察得耀影所在。詎黑暗中仍無所睹。悄然啓扉。將求之於他室。既出門。門外有甬道。可達於他室。室門且洞闢焉。翁轉爲之愕然。蓋室之中間。設一几。几上置一物。若火球然。光芒四射。炫人眼目。室後壁上。懸一燈。此外即黑暗無光。惟一面似懸有簾幙。幙上爲火球所耀。隱隱透返光。翁默忖是必所謂「雷錠」者矣。然以如此希世之珍。彼博士者。何以竟露置之耶。豈以供博學者研究之故。而竟置於此盡人可見之地耶。抑亦異矣。翁默忖如是。庸詎知彼博士之精心研究。別有命意。故作此設施者。非彼赳赳武夫所能逆料也。以爲是殆囊中物。可任我取携者矣。舉步入室。纔踰閾室門忽自動、有聲砰然。戶已闔矣、不覺大訝。自念吾固未嘗觸動之也。彼扉胡自而闔者。所幸此室別處一隅。雖有微聲。或尚不至爲人覺察耳。兀立移時。傾耳審聽、果無所覺。心稍安。返身將闢其扉。乃百撼不得啓。審之。則門有機捩、既闔則自外下鍵者也。不覺失聲曰。吾墮其術中矣。至是欲出不得。心懸懸不得安寧、手足爲之失措。其艱窘之狀。殆非言語所能形容。細察週室。且無窗牖。置「雷錠」之一几之外。惟壁間懸有電話機一架而已。此外別無他長物。遂自怨悔曰。吾昔者固英皇陛下馬軍中之赫赫參將也。行且爲階下囚處於竊賊之列、而擔任其罪名矣。吾一何魯莽至是。深入他人之計中耶。既怨且悔。頭腦爲之暴漲。蓋一世之遭逢。雖亦有不得意時。而未有若此之甚者也。正躊躇間。忽聞壁間有聲鏘然。益復大驚、幾疑室中有人擊我以手鎗也。驚少定、覺鏘鏘之聲猶未已。倉皇四顧。始審爲電話機上通消息之鈴聲也、一鳴再鳴。不可復已、驚定而懼。計無所施、念聲倘達他室。是促主者之來擒也。倉卒間、頓悟取下聽筒。則機捩不續、鈴自不鳴。正不必呆立以俟其自止也。於是握聽筒於手。鈴聲止而人語之聲發。曰、「若在室中耶」、翁置不答。默念倘已取下。鈴聲既止。可不必與之相對答且答之尤恐聲達戶外自促邏者也方計畫間聲復發於筩曰「若置我不答行將號家人起矣」噫此何人耶何其語適中聽者之意耶翁不得已乃對之曰「唯吾固在是」曰「甚善若心意中有所感觸乎」答曰「然頗覺搖搖無主耳」答已默念此問我者必白博士也然彼將胡爲者念未已聲復發曰「若盍以姓名告我」翁計吾本以行竊來者胡可以眞姓名告人因揑僞姓名以答之曰「姓施名密丹」又曰「號若望者是也」答竟聞筩中徐誦曰「施密丹」其聲低以緩既而曰「謝君矣」又曰「若生年幾何矣」翁聞之殊不可解夫豈有人擬保生命之險曾托醫士察驗體質强弱故以此爲問耶然而此等事何時不可爲之顧乃於夜半時忽然憶及毋乃太奇耶躊躇思索竟無以對時則筩中聲又作仍前問曰「若生年幾何胡不告我」翁不得已妄應之曰「三十五歲」自念不宜以實對而倉卒間無可計畫惟有妄答而已時則又聞筩中有聲曰「若望！施密丹！年三十五歲！」其聲紆徐之甚一若誦之使勿忘也者忽又問曰「操業若何」答曰「軍人」筩中忽作奇語曰「善！善哉！最後之操業爲軍人退職後有恩俸否？」答之曰「有」此一答而筩中驚人之語作矣其言曰「然

則若何愚也。竟以此區區一點之「雷錠」。而冒險乎」——翁聞之。大驚。不覺咋舌。乃僞爲不解也者。而反詰之曰。「子言何謂也」。意盖思以此自飾也。箇應之曰「若以區區一點之「雷錠」。而置若恩倖於不顧。非冒險而何」。翁仍曰「子言何謂也。吾固不得其解」。曰、「若然。則吾爲若解之。若竊賊也。今已被錮於白廉夫博士室中矣。然乎否乎」。翁益以爲異。念彼何人。竟知我若睹也。因問曰。「子何人？」、曰「我即白廉夫博士也」。翁聞之。大詫。不覺失聲曰「鬼！」意盖恨其設此機穽以陷己。欲唾詈之。不覺脫口作是語也。而箇中乃答之曰「否。吾非鬼。若自誤矣。吾實博士白廉夫」。問曰「爾何在」。曰「吾居處與若所在室。望衡相對。若所在室之門戶。擧目可見。吾且手短鎗。實子彈以待矣。」曰。「爾將何爲」。曰「此視若意云何矣。汝欲我召邏者。執而鳴諸官。治以閫竊之罪歟。抑願爲我觀察「雷錠」。俾吾得實驗其力量何如也。若將奚擇。請速言之」。翁曰「何以謂之觀察而實驗耶」。曰「若今已被錮於室中矣。此室方廣十有二尺。中置之雷錠。權之得一兩」。翁曰。「唯若是者。敬聞命矣」。曰「以方廣丈二之室。置一兩之雷錠。與人同錮其中。若其第一人矣。前乎此。未嘗有之也。今若居其中。所有之感觸。於格物學家。將大有價値若肯暫處其中。以若所親歷之種種狀況。一一以電話傳告於我。至不復有所覺而止。事後我將釋若。脫曰不然。吾將召邏者至矣。若何所適從。速自擇。吾不若強也」翁曰「某不肯流而爲此。承君開放二途。聽某自擇。烏有不感佩者。敬聞命矣。將爲君觀察雷錠而報告之」白曰「施君惠我多矣。敢不欽感。雖然。君旣諾矣。行將親受種種不舒之病。吾不能不復與君約。明以告君。君果決意經驗。則此數小時內不能即釋君。君其毋悔。勿令吾半途而廢也」翁決然曰「吾旣諾矣。博士其毋慮」白曰「善」因又問曰「君之體質強弱何如」曰「甚強」曰「善哉強也。必有強者然後能觀察而實驗此物。君其帶有時表乎」曰「有」曰「施君能自診其脈否」曰「能」曰「施君事事能如人意。吾樂與君周旋。君處室中已一刻三十秒時矣。君脈如何」曰「一分時七十有三至也」曰「敬謝施君」又曰「君亦解視醫者之寒暑表乎」曰「能」曰「電話架上置記事條紙之處。有膠木管在焉。君覩之乎。中所藏即寒暑表也。君其爲我寘之室中。熱度今幾何矣」曰「九十七度也」曰「謝施君。足見報章之論亦未可盡信也。君以表置口中而壓於舌下。越二分鐘時。察其熱度幾何以告我」俄聞有聲應曰「九十九度矣」

白又謝之。旋又問曰。「施君爲馬兵歟。抑步兵歟。」曰。「馬兵。」曰。「已娶婦乎。」曰。「未也。」白曰。「若是則益善矣。」意蓋以爲未娶者。體當更强。於觀察試驗此雷錠。尤足以當之也。又問曰。「然則君必爲無拘繫者矣。君今覺頭痛否。」曰。「君如是之不憚煩。即對答一端。已足使人頭痛矣。」曰。「請以疾之狀況實對。勿因是而托疾也。君果覺頭痛否。」曰。「痛。」曰。「心中如何矣。」曰。「跳躍無已。狀類驚悸也。」曰。「是或有之。喘息如何矣。」曰。「悶損極矣。君能容我略吸新空氣乎。」曰。「否否。時尚未至也。君既諾之於前。何忽作此想。君既悶損。可於室中略試柔軟體操。以解岑寂。少時。尚再與君對語也。」至是。翁遂置聽筒。散步展舒。繞室以行。既墮人術中。不得不爾也。時則室中光耀。較前尤甚。蓋雷錠所發之光既烈。而壁上之返光亦愈甚。皆作咄咄逼人之勢矣。偶行至几旁。切近雷錠。則悶損益甚。目不得張。無異於對燎原之火也。立移時。喘息皆憊。頭腦疼漲。不復可須臾耐。不得已。退立墻隅。乃覺熱度爲之頓減。少焉。鈴聲復發。則博士傳語以戒之曰。「施君施君。無論所覺如何不適。君惟有寧耐之而已。其勿以所受者從雷錠而來。遽欲毀之也。苟怒而擢碎之。則將火迸漏室。而君將愈受其厄矣。君其愼之。勿妄作暴舉。

吾非誑君實忠告也。君既與此雷錠同處一室之中而不得出。遽欲免種種之感觸。是必不可得者矣。室之方廣僅十有二尺。君既無術逃於此十二尺之範圍之外。即無術以避此熱度也。今爲君計。曷若再忍須臾盡發明雷錠之性質。後人之食君之福者。爲日方長也。」翁不答。仍置聽筒焉。

（未完）

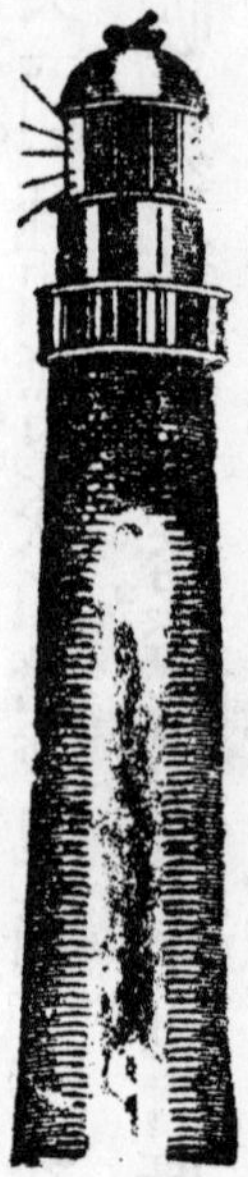

文苑

# 飲冰室詩話

二月二十八日。忽得噩電。嘉應黃公度先生遵憲既歸道山。嗚呼痛哉。今日時局。遽失斯人。普天同恨。非特鄙人私痛云爾。吾友某君嘗論先生云。有加富爾之才。乃僅於詩界闢一新國土。天乎人乎。深知先生者。必能信此言之非阿好也。先生於光緒初參何子峩星使（如璋）幕府。使日本。其時正值琉球事件。何使所與總署及北洋文牘。吾近頃乃獲見全案。凡往返數十函。殆十餘萬言。皆力主强硬手段。策日本當時國勢。謂我若堅持。彼必我屈。洞若觀火。纖悉周備。其出先生之手者十七八也。而政府不能用。朝鮮方將開港。先生力言其外交當由我主持。且擬一約稿致當局。謂朝鮮與他國之交涉。必當爾爾。政府復不能用也。而後此甲午之役。即坐是生紛議。喪國威。釁以極於今日使先生能行其志於三十年前。今之中國。豈其至此。余曾游美。彼中人爲余述先生任舊金山領事時遺事。時正値美國工黨倡議全逐華人之時。先生對付彼等之手段。有奇妙不可言者。今非片紙所能盡罄。且勿記之。甲午敗後日人要我開租界於蘇杭。政府以交涉屬南洋大臣。先生受檄劉忠誠。當其衝焉。忠誠以全權畀之與日領事珍田捨己會議。珍田氏者。日本第一流外交家。後此曾歷任數國公使者也。先生時持蘇杭爲內地。與疇昔沿江沿海之口岸有別。乃草新約。刻意收回治外法權。珍田竟莫能難。草約已畫押。議達日政府。日政府怒珍田之辱命。乃撤回而抗嚴議於我政府。我政府亦終屈也。而先生所擬之約遂廢。使先生之志得行。則此後中國雖實行門戶開放主義可也。此先生外交上經歷之大略也。其內政上未嘗有獨當一方面之事。故所發表者希。然丁酉戊戌間。陳臬長沙。首倡保衛局。當時舉國無或知警察爲行政機關所必需者。先生行之數月。輿情翕然。今舉國語警察矣。而丁戊間長沙保衛之精神。渺乎無存也。故知有治人無治法之說。抑亦信矣。先生治事。文理密察之才。以吾所見國人多矣。未有一能比也。天禍中國。蹉跌之數十年。抑亦甚矣。乃更於其存亡絕續之頃。

濾奪斯人。嗚呼何一酷至此極耶。先生著述百餘萬言。其數年來與鄙人通信則亦十數。壬寅本報中所載師友論學牋。題東海公法時尚任齋主人水蒼雁紅館主人者。皆先生之文也。其他述作或演國學或箴時局。皆經世大業。不朽盛焉。鄙人屢請布之。先生以未編定不之許也。嗚呼先生所以貽中國者。乃僅此區區而已耶。天道無知。夫復何言。先生平生所爲詩不下數千首。其贈余詩僅二三。疇昔以自居嫌疑之地。不欲布之。今者先生已矣。仇先生者亦可以息矣。平生風誼兼師友。不敢同君哭寢門。嗚呼吾安得不屑涕記之。已亥歲暮懷梁任甫云。一風雨雞鳴守一廬。兩年未得故人書。鴻離魚網驚相避。無信憑誰寄與渠。甲辰冬病中紀夢述寄梁任甫三章云。陰風颯然來。君提君頭顱。自言逆旅中。倏遇狙客狙。閃電刄一揮。忽如絳市蘇。道逢兩神人。排雲上天衢。此挹褰民袖。彼褰烈士裾。邂逅哭復歌。互訊今何如。君言今少年。大罵余非夫。當報九世讎。折箠笞東胡。逐逐揮日戈。彎彎射天弧。汝輩主立憲。寧非愚復迂。我方欲枕聽。嗚鷄驚亂呼。殘月挂危簷。猶照君眉須。遙知白日光。明明曜子軀。子魂渡海來。道有風波無。蛟螭日攫人。子行猶坦途。懸金購君頭。彼輩安敝辜。在在神護持。天閽弗忍誅。君頭倚我壁滿壁紅模糊起起拭眼看噫嘻瓜分圖」我生託此國舉國重科第記昔持墨卷出應舉兒試夢謁文宣王旁立朱衣吏手指平頭憲云是汝名字爾時意氣盛年少矜爪嘴謂彼牛醫兒徒一虛名士不如黨錮傳人人主清議汪汪千頃波陋彼歸涔水投龜訴天呼區區竟余畀烏知當是時東海波騰沸攘夷復尊王僉議以法治立憲定公名君民同一體果由此道行日幾太平世我隨使槎來見此發深喟嗚呼專制國逮今四千歲豈謂及余身竟能見國會以此名我名蒼蒼果何意人言廿世紀無復容帝制舉世趨大同度勢有必至懷刺久磨滅惜哉吾老矣日去不可追河清渺難俟倘見德化成願緩須臾死」子今歸自美云夢俄羅斯憤作顛倒想故非癡人癡中原今逐鹿此角復彼犄此鹿究誰得夢境猶迷離遼東百萬家戰血黃淋漓不特薄福龍重重圍鋏圍哀彼金翅鳥毛羽咸離披方圖食小龍展翼漫天池鼓衰氣三竭徧體成瘡痍吁嗟自專主（華俄條約中之稱）天鑒明在茲人人自爲戰人人公忘私人人心頭血塗染紅日旗散作鎗礮聲能無驚睡獅睡獅果驚起牙爪將何爲於今託中立自忘當局危將來立憲詔太阿知在誰我慚加富爾子慕瑪志尼與子平生願終難償所期何時睡君榻同話夢境奇即今不識路夢亦徒相思」

# 北清航行滊船並航路之情形

SDY生

## △各會社之航路(一)

航行天津之滊船。日本郵船會社。有本國天津間及上海天津港間之定期航海。其他會社。皆以上海爲出帆地。自由航海。因待天津貨物之集合。故二日乃至三日發一隻。或一日開帆數隻。聞招商局太古洋行、怡和洋行三會社相約有擇日出帆之內規。今別各會社之航路大約如左。

| 社名 | 航路 |
|---|---|
| 日本郵船會社 | 本國天津間<br>上海天津間 |
| 怡和洋行 | 上海天津間<br>香港廣東天津間<br>牛莊天津間 |
| 太古洋行 | 上海天津間<br>廣東天津間<br>福州天津間<br>臺灣天津間 |
| 招商局 | 上海天津間<br>漢口天津間 |
| 開平礦務局 | 上海天津間<br>牛莊天津間<br>上海芝罘秦王島間 |
| 卡洛委芝 | 上海天津間<br>天津膠州灣上海間 |
| 哀卡爾巴格 | 上海天津間 |

●各會社各航路船舶名稱及噸數

| 社名 | 航路 | 船名 | 噸數 |
|---|---|---|---|
| 日本郵船會社 | 上海 | 日之丸 | 一〇九七 |

專件

| | | | | |
|---|---|---|---|---|
| 同上 | 本國 | 長門丸 | 一一六八 |
| 同上 | 仝上 | 玄海丸 | 八九七 |
| 同上 | 仝上 | 立神丸 | 一六七六 |
| 同上 | 仝上 | 高砂丸 | 一一〇九 |
| 同上 | 仝上 | 相摸丸 | 一一九四 |
| 同上 | 仝上 | 伊勢丸 | 七七五 |
| 同上 | 仝上 | 伏木丸 | 一一四〇 |
| 怡和洋行 | 上海 | 吳淞 | 一一二七 |
| 同上 | 仝上 | 景星 | 一二二三 |
| 同上 | 仝上 | 運甌 | 一〇四九 |
| 同上 | 牛莊 | 北直隸 | 八八一 |
| 同上 | 香港廣東 | 樂生 | 九八七 |
| 同上 | 香港 | 福山 | 一四一〇 |
| 同上 | 仝上 | 哀耳德拉德 | 九八二 |
| 太古洋行 | 上海 | 鎮江 | 一二四一 |

| | | | |
|---|---|---|---|
| 同上 | 仝上 | 通州 | 九五二 |
| 同上 | 仝上 | 甘肅 | 一一五八 |
| 同上 | 仝上 | 岳州 | 一三〇六 |
| 同上 | 仝上 | 重慶 | 八〇一 |
| 同上 | 仝上 | 盛京 | 一〇三四 |
| 同上 | 仝上 | 紹興 | 一三〇七 |
| 同上 | 仝上 | 國 | 三六四 |
| 同上 | 仝上 | 喀耳港 | 一一四三 |
| 同上 | 廣東香港 | 南昌 | 一〇六三 |
| 同上 | 仝上 | 桂陽 | 一〇六二 |
| 同上 | 仝上 | 長州 | 一二〇二 |
| 同上 | 福州 | 福州 | 一二五三 |
| 同上 | 仝上 | 天津 | 一二五〇 |
| 同上 | 臺灣 | 牛莊 | 五五八 |
| 招商局 | 上海 | 飛鯨 | 九八〇 |

二

| | | | |
|---|---|---|---|
| 同上 | 仝上 | 海晏 | 八三七 |
| 同上 | 仝上 | 永平 | 五六七 |
| 同上 | 仝上 | 廣濟 | 三一六 |
| 同上 | 仝上 | 豐順 | 八三一 |
| 同上 | 仝上 | 新裕 | 一〇三七 |
| 同上 | 仝上 | 新裕 | 一三八五 |
| 同上 | 仝上 | 新濟 | 一三八五 |
| 同上 | 仝上 | 愛林 | 八二六 |
| 同上 | 漢口 | 扶平 | 一七四二 |
| 開平礦務局 | 上海 | 廣平 | 一二四二 |
| 同上 | 仝上 | 羅宣德 | 七五七 |
| 同上 | 仝上 | 安平 | 一〇五二 |
| 同上 | 仝下 | 亞利哀耳 | 九九四 |
| 同上 | 仝上 | 北平 | 三三六 |
| 同上 | 仝上 | 京平 | 一〇四九 |
| 同上 | 仝上 | 富平 | 一〇五二 |
| 同上 | 仝上 | 永平 | 五六七 |
| 同上 | 仝上 | 西平 | 一二六七 |
| 同上 | 牛莊 | 新平 | 一二六七 |
| 卡洛委芝 | 上海 | 委耳哇芝 | 六四三 |
| 同上 | 仝上 | 新島 | 九七八 |
| 同上 | 仝上 | 黑摩 | 七五八 |
| 同上 | 仝上 | 尼委司比耳格 | 六四六 |
| 哀、卡爾格巴 | 上海 | 拉帕魯 | 九四九 |

**計畫之航路**

東清鐵道瀛船會社所營業之航路。漸變更擴張。已于一千九百〇二年俄曆一月。由上海起點。航行左之航路。天津方面。延長其綫路。始欲開上海、芝罘、旅順、天津間定期航路。本會社營業之綫路。及各船舶之名稱。大約如左。

專件

第一直綫……上海長崎海參崴、

第二朝鮮綫……上海旅順仁川長崎海參崴、

第三沿海綫……上海旅順長崎釜山元山海參崴、

此外又于渤海灣內開一小定期航路如左。

青泥窪、旅順、芝罘間

以上駛行各綫路之船名噸數速力大別如左。

| 船名 | 噸數 | 速力 | 船名 | 噸數 | 速力 |
|---|---|---|---|---|---|
| 吉林 | 一九〇〇 | 一〇 | 奴衣革 | 五〇〇 | 一〇 |
| 移革頓 | 二〇一〇 | 一〇 | 鷹古 | 一五〇 | 一〇 |
| 齊齊哈爾 | 一四六八 | 一〇 | 阿移爾 | 三〇〇〇 | 一三 |
| 寧古塔 | 一〇七八 | 一四 | 秀爾加 | 二〇〇〇 | 一三 |
| 遜加利 | 一五三〇 | 一三 | 能尼 | 二〇〇〇 | 一三 |
| 叙利亞 | 八〇〇 | 一三 | 阿爾袞 | 二〇〇〇 | 一三 |
| 塞牙 | 八〇〇 | 一三 | 滿洲 | 一六五〇 | 一六 |
| 哈拉爾 | 四七四三 | 一二 | 蒙古 | 一六五〇 | 一六 |
| 哈爾賓 | 四八〇〇 | 一三 | 那列坦……… | | 一七 |

四

## ▲各會社之航路(三)

(其二)載于芝罘日本領事館報告書內。故不復贅述。可取之參觀也。

現芝罘港本國及諸外國之滊船會社。中往復無定期。常時滊船回航。大抵稍有定期者。係本國招商局及太古洋行支那航海會社怡和洋行印度支那滊船會社地達利興休布宣商會(德國之咸北亞美利加綫滊船會社之代理店)之三個外國會社。其航路。招商局太古洋行怡和洋行。航行上海天津芝罘或牛莊間。時或由牛莊至汕頭廈門香港廣東之途中。則寄港于天津港。地達利興休布宣商會船。以上海爲基點。航行青島芝罘天津間。冬季天津牛莊結氷。則航海上海芝罘山海關間。然其數不多。今更譯列各會社所屬船舶之名稱及噸數如左。

## ▲▲▲招商局所屬

| 船名 | 噸 | 船名 | 噸 |
|---|---|---|---|
| 安平 | 一一五八 | 地布利克 | 九〇四 |
| 斑苦魯西亞 | 三三二〇 | 飛鯨 | 一九八〇 |
| 致遠 | 一一七七 | 豐順 | 八六〇 |
| 富順 | 一五〇一 | 江裕 | 一四九〇 |
| 海晏 | 八三七 | 江永 | 一四五一 |
| 海琛 | 七六三 | 固陵 | 二〇四 |
| 海定 | 一〇九九 | 公平 | 一七四二 |
| 新濟 | 一三八五 | 廣濟 | 三一三 |
| 新豐 | 一三八三 | 廣利 | 一四六七 |
| 由香 | 一〇七九 | 快利 | 八七九 |
| 新裕 | 一〇三七 | 利遠 | 六一九 |
| 和鯨 | 八二六 | 普濟 | 六三一 |
| 江孚 | 一四六八 | 泰順 | 一二一六 |
| 江寬 | 一四五〇 | 圖南 | 九五六 |
| 江天 | 一四七六 | 永清 | 一〇七九 |
| 江通 | 三四〇 | | |

## ▲▲▲太古洋行所屬

| | | | |
|---|---|---|---|
| 長沙 | 一四六三 | 宜昌 | 一二四〇 |
| 芝罘 | 六八四 | 開封 | 一〇二五 |
| 直隸 | 一一五八 | 嘉關 | 一一五八 |
| 鎮江 | 一二四一 | 甘肅 | 一一五八 |
| 重慶 | 八〇一 | 嘉興 | 一一五八 |
| 金條 | 二二六〇 | 九江 | 一二四〇 |
| 福州 | 一二五三 | 廣西 | 一二四〇 |
| 杭州 | 九九九 | 桂林 | 一〇八八 |
| 漢口 | 二二五二 | 桂陽 | 一〇六三 |
| 黃河 | 三八八 | 南昌 | 一〇六二 |
| 海口 | 八九〇 | 牛莊 | 五五八 |

專件

| | | | |
|---|---|---|---|
| 河南 | 一一五八 | 安慶 | 一七一九 |
| 寧波 | 一二四〇 | 臺灣 | 一一〇九 |
| 北海 | 一二四八 | 太原 | 一四五九 |
| 巴塘 | 一八二〇 | 淡水 | 九一九 |
| 保定 | 一〇八八 | 大通 | 一八八二 |
| 北京 | 二二四三 | 天津 | 一二五〇 |
| 鄱陽 | 一八九二 | 濟南 | 一四六〇 |
| 山西 | 一二四〇 | 通州 | 九五二 |
| 山東 | 一八三五 | 洞浦 | 一二六四 |
| 沙市 | 八一一 | 梧州 | 五六〇 |
| 盛京 | 一〇三六 | 黃浦 | 一一〇九 |
| 新疆 | 一〇五四 | 吳淞 | 一一〇九 |
| 松江 | 一〇二一 | 武昌 | 八〇一 |
| 四川 | 一一五八 | 蕪湖 | 一二五〇 |

▲▲▲怡和洋行所屬

| | | | |
|---|---|---|---|
| 亞孖剌 | 一五六六 | 吉和 | 一九二四 |
| 諫當 | 一一一〇 | 廣生 | 九八九 |
| 機利太 | 一五九七 | 連陞 | 一〇四九 |
| 財生 | 一一九七 | 樂生 | 九七九 |
| 春生 | 一七四〇 | 倫生 | 一〇九三 |
| 怡和 | 一一二七 | 馬塞尼亞德 | 一〇四五 |
| 順和 | 八九二 | 莫生 | 一六四四 |
| 阜生 | 一四一〇 | 安生 | 一七八七 |
| 福生 | 九九一 | 北直隸 | 八八一 |
| 顯生 | 一四三六 | 瑞生 | 一七七六 |
| 景生 | 一二三三 | 瑞和 | 一九三一 |
| 吉生 | 一四八一 | 太生 | 一五四四 |
| 德生 | 九七七 | 益生 | 八八七 |
| 永生 | 一五一七 | 源生 | 一二二八 |
| 和生 | 一一二七 | 元和 | 一三三一 |

▲▲▲地達利與休布宜商會所屬

膠州號　六四六　山東號　六〇〇

青島號（　九一八

各會社各航路船舶往復之時間及度數

各會社均無一定之定期表因時之長短而增其航海故欲詳知往復時期及其度數大難大難慨言之。

冬期結氷之時滊船往復自然略少春季解氷之期其航海者遂漸次頻繁矣

其外尚有東淸鐵道會社所屬船舶達爾尼旅順口芝罘間之航路一時停止其航海近來該會社又由前代理店司米司商會分設獨立之事務所使用前記航路營口號洛威克號之二船定期航海如下。

▲▲旅順口達爾尼芝罘間

| | | 來復一日 | 來復二日 | 來復三日 | 來復四日 | 來復五日 | 來復六日 | 來復日 |
|---|---|---|---|---|---|---|---|---|
| 旅順口 | 着 | 午前六時 | …… | 前六時 | …… | 前六時 | …… | …… |
| | 發 | 同十一時 | …… | 同十一時 | …… | 同十一時 | …… | …… |
| 達爾尼 | 着 | 午後三時 | …… | 後三時 | …… | …… | 後三時 | …… |
| | 發 | 同八時 | …… | 同八時 | …… | …… | 同八時 | …… |
| 芝罘 | 着 | …… | 前六時 | …… | 前六時 | …… | …… | 前六時 |
| | 發 | …… | 後九時 | …… | 後九時 | …… | …… | 後九時 |

專件

▲▲達爾尼旅順口芝罘間

| | | 來復一日 | 來復二日 | 來復三日 | 來復四日 | 來復五日 | 來復六日 | 來復日 |
|---|---|---|---|---|---|---|---|---|
| 達爾尼 | 着 | …… | 前七時 | …… | 前七時 | …… | …… | 前七時 |
| | 發 | …… | 同十二時 | …… | 同十二時 | …… | …… | 同十二時 |
| 旅順口 | 着 | …… | 後二時 | …… | …… | 後三時 | …… | 後三時 |
| | 發 | …… | 同十時 | …… | …… | 同十時 | …… | 同十時 |
| 芝罘 | 着 | 前六時 | …… | 前六時 | …… | …… | 前六時 | …… |
| | 發 | 後八時 | …… | 後八時 | …… | …… | 後八時 | …… |

又芝罘威海衛間日本有肥後滊船株式會社明治三十四年英國已受一年間之保護金以滊船勢運丸往復之以接續于芝罘達爾尼芝罘旅順口間之航路。

## 日俄戰紀

# 奉天之役

奉天一役。爲古今最大之惡戰。日俄終局之勝負。識者皆謂其當由此而決。是其關係爲甚大也。其戰時情形。各報曾據專電傳佈大略。惟電文簡畧。且或不免前後參差。茲故據日本各報譯登之。幷係以日記體。敘述詳盡。眉目清楚。庶稍便省覽云爾。

日俄兩國在奉天附近之會戰。始於二月十九日(陽曆下同)終於三月十日。其間凡一十九日。

日軍進至興京之兵隊。以二月十九日開始運動。

**二十日** 日軍右翼隊。攻擊在天合嶺及榛子嶺附近之俄兵(約有步兵二大隊騎兵三中隊携有山砲兩尊)午後四點半鐘。遂占獲該嶺。俄軍棄屍二十而退向金斗峪地方。是日俘虜一名。又奪獲軍械被服各若干。其左翼則驅逐在小高力營及蛤蟆嶺附近之俄軍(約有步兵二大隊騎兵一中隊)而占其地。

**廿一日** 上午九點鐘。見有俄軍(約有步兵一大隊携砲四尊)集合於灣柳河之東隅。又見有俄步兵約二中隊。由灣柳河進向金斗峪。午後四點鐘。又有俄砲兵約一中隊。現於英守堡(距灣柳河西南隅約有三米)附近。向日軍砲擊。日砲兵還射之。以至於日沒。是日運動於灣柳河河谷之俄砲兵。約有二中隊。

**廿二日** 上午十點鐘時。灣柳河附近之俄砲兵。砲擊日軍右翼之第一線。正午俄步兵約三中隊。逆襲日軍右翼隊之左翼。又約一中隊。逆襲日軍左翼隊之右翼。然皆擊退之。是日午後。日軍右翼攻擊據守灣柳河附近防禦工事之俄軍。(約有步兵一聯隊砲兵一中隊)擊退之。中有一部隊未受俄軍之抵抗。以午後四點鐘占領金斗峪。

又日軍左翼隊。則開向台南子附近。豫備攻擊清河城附近之俄軍。是時有俄步兵四五中隊前來迎戰。均擊退之。

廿三日　依豫定方略。攻擊清河城附近之俄軍。是日雪花紛飛。不辨咫尺。益之太子河業已融冰。諸隊運動。因之備極艱困。而俄軍又據守天險。其陣地之築地。已經營數月。異常鞏固。抵抗殊爲盡力。故至日沒。遂不得已而停戰。

二十四日　黎明更續行攻擊。午後六點鐘。遂占領此地。諸隊乘機擊退。然爲地形與昏夜所妨。不能窮追。是日與日軍應戰之俄軍。悉向馬羣丹地方潰走。棄屍於戰場。凡一百五十。俘虜二十四名。又奪獲機關礮三尊。小銃二百支。小銃彈藥約十萬發。據俘虜言。是日應戰之俄軍。爲豫備步兵第七十一師團。據有野戰炮二十尊。各中隊之人員約百五十名。而其二三中隊。幾歸於全滅。又東部西伯利亞狙擊步兵之一部。亦進至此師團之西方。

二十五日　由黎明續行攻擊。右翼隊進至西川嶺附近。左翼隊則在大嶺附近。與俄軍(約有三大隊乃由東部西伯利亞狙擊步兵第二十二聯隊及豫備步兵第七十一師團之一部而編成者)交戰。直至於日沒。

二十六日　由晨刻續行追擊。右翼隊驅逐少數之俄軍。以午後三點鐘占領五龍口。又左翼隊之主力。則驅逐在八盤山附近之俄兵。(兵數未詳中間有砲兵)更進而占領五百牛錄。日軍左翼之一部則與在大嶺附近之俄軍相對峙。是日擊之。俄軍損害殊大。遂悉焚燬沿道之村落而退。

二十七日　右翼隊。更續行追擊。於地塔附近。與俄之新與（乃西伯利亞狙擊步兵第二十三四兩聯隊攜有野砲八尊機關砲四尊）交戰。以至日沒。又左翼隊。則與俄兵（布有陣地由救兵台東關高地經五百牛錄西關高地而且於馬群灘南關高地）相對。略開砲擊。因地勢有礙。未至實行攻擊。

二十八日　日軍右翼兵團右翼方面有俄兵由馬群丹方向而來。至小保附近而止。且有南進之勢。又本日午後馬群灘西南三家子南方之二道子溝方向亦有俄步兵約二大隊前進。又東勾山及唐家屯北方高地之俄砲兵。本日午前四點鐘。向日軍開始射擊。日軍出而應射。至午後一點鐘。日軍圍全線開始砲擊。俄軍損害極大。日軍右翼隊是日占領西孤嶺東北高地。經王富嶺北方高地至松樹堡子南方高地一帶陣地。

中央兵團早晨開始續行砲擊。俄軍漸次將其防禦工事破壞。俄軍之砲。遂爾沈沒。

左翼兵團之俄軍以野砲約七中隊臼砲約十三尊當前向李大人屯喇叭台及沈旦堡附近射擊。因日兵團之主力。在猩洞溝西方地區。故俄軍不得前進。其騎兵團則由後媽虎嶺子附近前進。

迂迴兵團之右翼隊。於午前八點鐘占領背在門。八點半鐘將在加良子附近俄之騎兵擊退。繼續向北前進。其中央隊則於鄭家屯北方擊攘少數之俄兵。其先鋒於午前九點半鐘至老窩棚。其左翼隊。則與俄兵遭遇。攻擊北進。該兵團本日遂將三道溝至樓子溝一帶占領。

三月一日　右翼兵團之右翼隊。是日將王富嶺北方高地及高臺嶺占領。中央隊則向東勾山攻擊。因受前老子溝及車頭嶺方面之俄兵縱擊。故攻擊未甚進步。左翼隊。是日占領小堡滸子及姚千戶屯地方。

中央兵團。是日續以大砲攻擊俄軍。俄軍亦以野礮兵約十五中隊重礮兵約四中隊應戰。

左翼兵團。攻擊漸有進步。逐次迫近俄之陣地。俄軍原有野砲約二十四中隊。重砲約四中隊。後又漸次增加兵力。頑強抵抗。日軍實行突擊。未能得手。入夜又向王家窩棚及李家窩棚夜襲。亦未能達目的。反受俄軍逆襲。然經日軍勇敢抵抗之後。卽將此逆襲之俄兵擊退。左翼隊亦於午前十一點鐘。攻擊長灘南方之月堡子。

迂廻兵團右翼隊。今朝一點鐘。占領由三家滸至張家堡之線。中央隊則由大黃徐堡及牛心地之線。經蘇家安金海堡之間。迂廻在四方臺俄軍之側背。而達蘇家安附近。與右翼隊協力攻擊四方台之俄兵右翼隊則與中央隊之左翼隊聯絡。向家堡子大橋互線運動。至午後一點鐘。右翼隊遂將四方臺全部占領。日軍騎兵。是日佔領大民屯。其一部佔領新民廳。

二日　日軍右翼兵團之右翼隊。今朝佔領高台嶺東方之高地。中央隊。則於天未明時。至長勾附近。攻畧第一陣地。因西北之第一陣地。係在深谷之間。故日軍於此方面。攻擊未能如意。左翼隊昨夜小襲俄軍。本日向馬圈子山沿狄狄山北麓俄軍之守備線。

中央兵團。是日向萬寶山攻擊。頗有進步。然未成功。至夜中央隊會受前面之俄兵逆襲。然卽經日軍擊退。

左翼兵團本日午前八點鐘。以左翼隊之一部。使入長灘。以右翼及中央隊佔領北臺子及李家窩棚王家窩棚等處。後又向田水堡之線開始運動。將在金山臺孤家子周官堡及王周臺抵抗之俄兵猛烈攻擊。俄軍潰亂而逃。日軍遂將周官堡及王周臺佔領。

乘勝攻擊前進。將此方面之俄兵。追向東北方潰走。迂廻兵團派右翼隊進至張站附近。是夜有俄之步兵約五大隊來襲。當經日軍擊退。中央及左翼隊則與左翼連絡。將俄兵壓迫至東北方。

三日 日軍右翼兵團之左翼隊。於昨日夜半開始運動。今日天曉。佔領後松木堡子北方之高地。及唐家甸北方高地。次向俄之木防禦線攻擊前進。其中央及右翼隊。亦於今朝續行攻擊。至夜俄之大部隊。向日軍左翼隊正面夜襲四次。皆經日軍擊退。俄軍損害極大。又有約一大隊俄之步兵侵入奉集堡上死房。亦經日軍擊退。

中央兵團。本日維持現狀。至夜有俄軍前來夜襲數次。悉爲日軍擊退

左翼兵團。本日逐次將俄軍擊向東北方而退。右翼隊佔領三家子小房身孟達堡諸部落。中央隊則佔領銀爾堡背後岙家堡附近之地。是日夕刻。武鎮營附近之俄軍亦已動搖。迂廻兵團之右翼隊。今朝在彭驛店附近與俄激烈戰鬭。日軍大勝。向林家台方面追擊俄軍。其他諸隊。亦將俄軍擊向東北方而退。日軍進至德勝營子達子堡拉木河之線。

四日 是日黎明。日軍左翼隊。復續行攻擊馬羣灘方面。然因地勢險惡。未達目的。右翼隊則遣主力與地搭附近之俄軍相對。以維現狀。其一部則使進向馬羣灘方面。以援助左翼隊之攻擊。是日俄軍嘗逆襲日軍右翼隊之左翼。雖甚猛烈。然終爲日軍擊退。未幾此方面又增第十二師團之第八十五聯隊。及其他兩個聯隊。

五日 日軍左翼隊。由早晨攻擊馬群灘方面之俄軍。漸次得手。然未至奪取其陣地之全部。右翼隊。依然與俄軍對峙。

六日　日軍左翼隊更續行攻擊。至夜。遂占領由荒地東北高地而至稗子勾西北高地之線。左翼隊方面之俄軍。雖屢試逆襲。均擊退之。又永陵方面之俄軍。亦似漸次進向此方面者。先是進向懷仁之日軍一部隊。是日佔領懷仁全境。

七日　日軍左翼隊續行攻擊在林家堡子北方高地之俄軍。然不甚得手。故遣其一枝隊至左翼與渉河方面前來之枝隊協力以攻擊馬羣灘南隅高地之俄軍。亦未能突進。日軍右翼隊方面之狀況仍如故。

八日　更續行攻擊。遂將馬羣灘之俄軍。由陣地擊退。而占領由腰嶺附近而至凌敦死（譯音在腰嶺與石佛廠之間）之線。

九日　日軍左翼隊窮追俄軍。午後五點半鐘之頃。遂驅逐俄軍之後衛而進至渾河左岸。又右翼隊由八日更續行猛烈攻擊。直達於夜半。遂以本日上午三點鐘。擊退俄軍。更行追擊。

十日　敗退之俄軍。退至撫順北隅之陣地。撫順之防禦工事經營既已數月。頗爲堅固。是時渾河業已解氷。其流頗急。非假橋梁不能渡河。故日軍攻擊甚不易得手。然左翼隊。遂力排百難。猛行攻擊。至夕。竟擊退俄軍。更追擊至夜半。於是撫順附近之地。全爲日軍所佔。右翼隊。亦自今晨行猛烈之攻擊。至夕。遂達於渾河左岸。是時俄軍。據附近陣地。欲行抵抗該隊。遂以夜襲擊退之。俄軍乘夜却退。

與興京方面日軍相對之俄軍。有東部西伯利亞狙擊第六師團。豫備步兵第七十一師團。及同第二師團之第六第七聯隊。第三師團之第十第十一第十二聯隊。第三十七師團之第百四十六聯隊。第二十三師團之第八十五聯隊。幷奈凌坑甫枝隊等。然經日軍追擊之下。四方潰亂。退向北方。溯該方面自會戰以來。合計死傷不下二萬。日軍死傷僅有三千八百名。且獲俘虜及戰利品甚夥。

# 新民叢報

## 第參年第拾陸號

（原第六十四號）

明治三十一年十二月廿九日（第三種郵便物認可）

本號要目



光緒三十一年二月初一日　明治三十八年三月六日

（每月二回朔望日發行）

# 緊急廣告

啓者頃接電報驚聞嘉應黃公度先生溘歸道山凡屬親知同深哀痛同人謀輯印遺集冀傳其精神於來許以惠國民其大部分藏家中者已設法搜求但先生頻年與知友通信或其他關於政界文牘尚恐未備伏望海內外有存稿者錄副見惠統寄橫濱新民叢報社校輯感均存歿其有哀挽之詩古文辭亦乞見惠俾得附印此告

梁啓超敬白

# 新民叢報第參年第拾陸號目錄（原第六十四號）

報資及郵費價目表

| 報資及郵費價目表 | 全年廿四冊 | 半年十二冊 | 零售 |
|---|---|---|---|
| 報資 | 五元 | 二元六角 | 二角五分 |
| 上海郵費 | 二角四分 | 一角二分 | 一分 |
| 上海轉寄內地郵費 | 一元二角 | 六角 | 五分 |
| 各外埠郵費 | 一元四角四分 | 七角二分 | 六分 |
| 四川、雲南、陝西、貴州、山西、甘肅等省郵費 | 二元八角八分 | 一元四角四分 | 一角二分 |

日本各地及日郵已通之中國各口岸每冊一仙

廣告價目表

| 洋裝一頁 | 洋裝半頁 |
|---|---|
| 十元 | 六元 |

惠登廣告至少以半頁起算刊資先惠論前加倍欲登長年半年者價當面議從減

編輯兼發行者　馮紫珊
印刷者　陳侶笙
發行所　橫濱山下町百六十番　新民叢報社
上海發行所　四馬路老巡捕房對面　新民叢報支店
印刷所　橫濱山下町百六十番　新民叢報活版部

歐人游歷中國之先登者馬可波羅遺像

Morco Bolo.

荷蘭臺灣總督哥越率兵隊迎降鄭成功之圖

# 國家與道德論

觀雲

印度數論派哲學金七十論之首偈曰。三苦所逼故。欲知滅此因。因欲滅人間之苦故。而數論派一大哲學造出。其所謂三苦者。曰依內苦。依外苦。依天苦。依內苦者。如身苦病患。心苦怨失等。依外苦者。如世人（以人與人相交爲一苦事古人已抱此見）禽獸等。依天苦者。如寒熱風雨等。

余以爲中國今日有兩大苦。曰依外苦。依內苦。依外苦者。異種人之占我土地。奪我權利是也。依內苦者。我種人之自相殘害是也。

此兩大苦所逼故。然則吾人當以何道滅之乎。曰欲滅外苦。莫急於造國家。欲滅內苦莫要於興道德。

此二者其事各異。其理相關。故欲興道德。不可不造國家。何言之。曰我種人不能再建國。則我四萬萬同胞之子孫。前途有必至之兩境。曰貧賤。曰奴隸是也。何以言其必貧賤也人或謂我已亡於蒙古而爲元。亡於滿人而爲淸。謂此後亡國而子孫必貧賤者何耶。曰昔日之國家與今日之國家不同。蓋昔日之人民其有待於國家之事甚寡。不過欲得國家以免個人彼此之殺戮斷個人彼此之獄訟而已。夫如是故雖以異種人得吾之國而個人之殺戮彼不能不禁個人之獄訟彼不能不斷彼非眞有心於爲吾人禁殺戮斷獄訟也以此則人民安靜而彼可得租稅而享有國之福耳若今日則不然人民之於國家非徒望其能禁殺戮斷獄訟而已也將依之以與一國公同之事業焉厚一國公同之生產焉立一國公同之教育焉通一國公同之經濟焉析而言之人民之間幾無一事不有賴於國家之故而有國家則生無國家則死（中國尙家族之制有家族則生無家族則死而於國家之有無不甚相關然今後之形勢一變亦必至於有國家則生無國家則死）非過言也且夫人民之於國家又非僅依之以治內焉必有所以擴充吾種人勢力之範圍以膨脹於域外而後吾種人乃能存立於世界故必有待於國家而開殖民之地焉拓通商之塲焉夫文明各國。其內治之有待於國家者。固爲我國人所未易夢見。若人民之一出國外而必有待於其國家此其理最淺近而易曉今夫我國人不見有外人之來於我國者乎夫彼亦個人耳以彼之個人與我之個人較其力未必能勝我即其智亦未必盡能勝我也然而彼若欺吾民則吾民直無可如何吾民若欺彼則毫毛之損償以邱山而不足其與吾民相交易也我逋彼則彼能責之官府以官府壓吾民而無慮吾民之或敢負欠也彼逋我則走而逸者常耳其尤甚者同一商務我國人所不能得之權利而彼能得之若是吾民又安能與之競爭而不至於窮且困也然試思之彼亦個人耳則固言之矣其力未必能勝我即其智亦未必盡能勝我也然而彼能若是其強者何也此無他彼誠個人而彼之背後乃國家耳試去彼之國家而以個人行於吾中國其何事之能爲然則非以反觀而易明彼以有國家之故故以個人而能橫行於我國我以無國家之故故一步不能出即出而至人國亦必受種種之苛禁遭種種之虐待至於無所得利而後已又非特不能出行也雖在國中之權利亦必日侵日削而有反客爲主之勢如此數十年至於百年我民又安有存立之道耶且夫今之爲我民謀者不過曰鐵道不可歸於外人航路不可歸於外人鑛產不可歸於外人夫鐵道航路鑛產等此誠吾民日後一生死之大問題也雖然。欲自有此權利而不失決非謂鐵道我自築航路我自通鑛產我自開而遂可以免外人之侵入也其根本之主義在我之有國權否耳即我有國權決無慮鐵道航路鑛產爲外人所得之理固有以他國之貲築自國之路而望他國之來開鑛於其國者矣。（但此事必須自有國權而後可行若近日以築路開鑛等美句引外人於中自取私利而藉口欲以商權與外人其說自不足値識者一笑而其人直可目爲賣路賣鑛之漢奸國人所當食其肉者不在此所言之例）若不顧及國權之有無而但希冀於萬一曰此爲我自築之鐵道此爲我自通之航路此爲我自開之鑛產今而後可以自保此權利此其睽直與今年朝鮮人謂外債足以亡國乃自集民欵以濟國用（朝鮮人有唱借欵亡國論者乃集半島之富豪三十餘名釀金五百萬圓救國帑之窮乏以阻止向外國借欵之舉識者笑之）者等耳

附識　鐵道亡國論。數年以來。大聲疾呼。至今我國人已漸警醒。此固爲可喜之一現象。然此但爲小乘人說法之初時教非究竟之了義也以今日瓜分全屬無形上之事凡人思想力弱者於無形上之事每多不能見到而鐵路爲顯著於形質上之事故得借此而走相告曰爾不見乎此電掣雷奔者非所謂鐵路乎鐵路之所至而瓜分我之日至矣於是人易警動而見形質上利害之相迫也乃羣謀所以挽救之之策夫思挽救之者誠是也然謂爭回路權我自築路而遂謂從此能免外人權力之侵入此大謬也夫中國之大路不一路此路爲我所築而他路或爲外人所築則

路權固已專斷而無所用我雖竭貲盡力爭回此一路能保滿洲政府明日不已以彼之一路許外人乎非特此就令一國之路皆爲我所自築能保滿洲政府不日以國權讓外人乎夫鐵路非能自存之物必附屬於國家國家之不存而鐵路於何有莊子不云乎。將爲胠篋探囊發匱之盜。而爲守備。則必攝緘縢。固扃鐍、此世俗之所謂知也。然而巨盜至。則負匱揭篋擔囊而趨。唯恐緘縢扃鐍之不固也。然則鄉之所謂知者。不乃爲大盜積者也。今慮外人之築路於我國也而我自築之是猶慮人之胠篋探囊發匱而爲攝緘縢固扃鐍之計也而不知外人且將亡我之國而何有於鐵路是猶不知巨盜之能負匱揭篋擔囊而趨者也夫如是則且以我自築之路而適足供外人之用亦猶之唯恐緘縢扃鐍之不固也然則開權顯實而爲大乘人說法則若何曰今日第一莫大之要事在先造國家有國家則萬事可爲而爲之也有効無國家則萬事不可爲而爲之也無益今設中國而一新政府出現則以中國之款必不能盡築中國之鐵道盡通中國之航路盡開中國之鑛產也雖假外人力而爲之猶之可也不然。余懼夫不知爲根本之計而但知傾其心於枝葉之不能收其效也。若近日紳商之爭粵漢鐵路。若四川。若江西。若福建。皆擬籌貲自築鐵路。此其用心。余寧不敬之重之。雖然。使其所見不出乎此。而徒欲委託於滿洲政府之下。呼爲賢父母賢長官。而望其能抵當外力。永遠保護之。是則於此事也。直不免於根本上伏有至大之誤謬。要之欲鐵路牢。則國家先不可不牢。若於不牢國家之下而築鐵路。猶之欲於虛土之上而築室也。終必有基土崩而家室亦受其累者。是則鄙願富事者之更進一解也。（此篇非專論此事者故事例條理有言之不詳之嫌尚希諒之）

凡夫我種人既無國家。則一切大事業均不能不落於外人之手。何則。以我散而爲個人之力。而與彼合而爲國家之力爭。其不勝固易明。即我亦合而爲一個之團體。（如公司之類）而以無國家之團體與有國家之團體爭。其不勝又亦易明。故以爲無國家則我國所有之大事業均非我種人之所可得而爲也。或曰。大事業既不爲我種人所有。我以個人之自力而營利。不猶可以爲致富之一道乎。曰。是又有時勢之不同。夫自機器之利興。世界之事業不能不爲託辣斯所壟斷。始而小資本家敗。繼而中資本家亦敗。終則成爲一極富一極貧兩偏端之對象。故我種人爭生死於今日。祇有進路。並無退路。稍退而一落千丈其究極之景象直有不忍言者故曰無國家則必至於貧賤也何以言其爲奴隸也今凡人種可分爲二類曰有自主權之人種曰無自主權之人種無自主權之人種即奴隸也其在中國滿人爲有自主權之人種漢人爲無自主權之人種例若今欲以中國之一土地予人彼滿人以爲可即可不必以此復問之漢人而待其可否也即漢人於心或以爲不可然果能有一分參預可否之權否乎或曰若割地之事漢人以爲不可亦可上書打電請其勿割答之曰此無論書之能上不能上電之能達不能達也就令果以漢人之書與電下政務處然此可謂之請願不能謂之參預請願者其事可否之權仍在彼而不在我與參預之性質大異不待識認爲有主權滿人之所諸漢人不能不認又非特土地然也凡屬漢人滿人欲用之則用之欲殺之則殺之或曰漢人之於中國固無分毫之自主權矣然生命之權固尚有之不至如禽獸然其生殺之權不謂不聽命于人答之曰今滿洲政府之拿捕新黨而殺之者屢矣僅而尚有一租界以爲逃避之所否則祖宗遺我之漢土雖大已無新黨存立之所吾人試思之假令無租界則數年以來瓜蔓株連其殺戮之慘何如子能保新黨在內地無被殺戮之事否乎恐政府一電就正法則俄頃之間身首異處子能有代訴之權否乎由是言之爲滿洲政府所欲殺之人則直殺之而已所謂有生命自主之權者果何在也又若去年俄國兵殺漢人周生有其若何抵償之法若漢人以爲治之太輕而不可而滿洲政府以爲是可以已則漢人不能不已是亦何嘗於生命上得謂之有權者哉其用之也則滿洲政府之恩不可不感其殺之也則滿洲政府之威不可不服然今者歐美日本諸强國駕乎滿洲政府之上滿洲政府亦爲人之奴隸而我乃爲奴隸之奴隸於九幽沈沈之下爲奴隸之奴隸而欲有自主之權乎則歐美日本爲第

一重之主人殺之滿洲政府爲第二重之主人又殺之而我種人爲奴隸之奴隸命運定爲奴隸之奴隸之境界若何曰其文而有智者則習逢迎奔走之術是也此技本爲我種人所習慣若滿人入關我種人爲富貴而往者皆剃髮易服以事之今之翎頂輝煌得耀其威福於我同種之上者皆從爲奴隸而來者也昔以此技事滿人今又以此技事滿人而兼事洋人所謂闊人大家者無他滿奴洋奴奴子奴孫也此生活之一道也其野而有力者則爲勞働工作之事是也勞働工作之人其人品等不較前之逢迎奔走者爲高或者不得目以力自食者之盡爲奴隸之人然其間固自有別今若海外所招往之華工其用之也如牛馬其待之也如犬豕此豈復有人權哉不轉瞬而外人之工廠當徧興於中國而即以中國內地之事招中國內地之人其用之待之之道亦猶之海外華工也而我氓之窮而無告者既無本種人國家社會之可依乃不能不忍氣吞聲代畜類而供其指揮之役此生活之又一道也欲不出於此二途則必退入於山林退入於山林則死欲不死而得長其子孫則必出於前之二途而此外已無獨立自尊之生涯蓋無國家之人其結局有不能不至此者故曰無國家則必爲奴隸也夫

既貧賤矣爲奴隸矣其關於道德上之事若何曰貧賤則但求有以養其生而事不暇擇非特不欲擇也即欲擇之而已無可擇之事如是則其所爲之事略可得而言曰爲盜爲賊爲賤爲娼爲騙拐之事爲敲詐之行又以貧賤之故則無教育無教育則無智識他人既鄙賤之而不屑齒而已亦不復知人世間乃有節義廉恥之事演之日久則成爲一種卑污苟賤之習俗而不能不位置於劣等人種之列此入於貧賤後之變態也若夫奴隸固已分爲二等矣於二等奴隸中其爲勞動工作之奴隸當與前之貧賤者同論其爲逢迎奔走之奴隸彼之心目中惟知有權力之人而已惟知有富貴之人而已而彼見夫有權力富貴之人我之當屈已而事之而彼若是其威嚴而尊貴也則亦欲人之事我亦如我之事彼故惟奴隸之人諂亦惟奴隸之人驕驕與諂實同出於一門今之官場今之在洋人處執役之人多則其代表也是二等人已別鑄爲一種之面目已獨生有一種之氣息（作官者今謂之官氣）而皆不作人類平等之想對異種人則拜跪而以踐踏其同胞人爲快對異種人則唯諾而以殘虐其本國人爲能蓋外人之得覊軛我種人也則皆賴有是等人爲之倀也此又入於奴隸後之變態也嗚呼我種人而果無

自造國家之日乎則余敢豫言曰我種人之無道德性而人心風俗怪厲而不可問必有爲全地球之所無者而無國家則無道德此一理已得爲吾人所發見則國家之與道德其關繫固若何其鉅也

故夫吾人今日萬事。莫大於造國家莫急於造國家

然則吾人如何而後可謂之有國家乎又將取何道而後能造此國家乎茲別爲論。

（未完）

# 辨論與受用（續第六十三號）

觀雲

夫既有辨論矣。然則辨論之道。將如何而可乎。是則必先遇有二義焉。曰我以何故能立此言。人以何故能明吾言。而於全地球最早發生此思想者。爲印度。即所謂五明之一之因明是也。蓋萬事莫不有原因。立言之道亦然。必揭明此原因而後眞僞可得而別。即疑信可得而分。而欲揭明此、原因不能不立有法。則此古因明之五分作法及九句因之所由始也。古因明之開祖足目。稱爲刼初之人。則印度之發見此理。蓋在太古之時代可知。故學者有謂印度之因明流入希臘。阿里士多德因之以作論理學。此其事雖無史實上之確證。然論理學之格式多與因明近似。則兩者之間。不無有接觸之痕。阿里士多德以地水火風爲地上萬物之元素亦與印度之四大同要之此不具論。而印度論理學之發生。實早於希臘之論理學。此固無可疑之事實。印度之因明。經陳那約距釋迦一千年頃之人及其弟子天主。爲幾多之改正故以出諸足目者爲古因明。而陳那爲中因明。天主以後爲新因明。希臘阿里士多德之論理學。大盛於歐洲。自英倍根氏出。以爲阿氏之論理學僅足以爲立言之用。而不能因此以求眞理而啓新智。於是於阿氏續譯論理學之外。特拟一歸納論理學。因倍氏之歸納論理學而得發見眞理以增長學者之新智不少故有歸納論理法即可謂論理中一新紀元而全學界無不普受其光明是則有論理學而辨論之事因之而大進化者也。而猶有一事。更與夫辨論之本原上有大關繫者在此無他。蓋古代之立言。多所謂獨斷者。但以我之所見者爲眞。蓋人無不疑物而從不疑我。而古今學術之一大進步即在內觀而自勘其在我（道德上亦以能內返而能自見其過爲最高其理當別論之）例若人之通性。我見赤物。以爲物體本赤。我見青物。以爲物體本青。所見小大亦然。雖然。物果赤也耶。物果青也耶。物果大也耶。物果小也耶。吾人所見以爲青赤大小者不能不進而攷之。吾人果以何爲依憑而立此青赤大小之名乎。猶之以權稱物而定爲重輕。以尺度物而定爲長短但以有權與尺果足以定物重輕長短之準乎。吾人欲眞知輕重長短者。先不能不一攷其所恃以爲定輕重長短之權與尺。故夫人以爲吾見爲赤。吾見爲青。然若有一病眼之人於凡所見各物有皆作赤色者有皆作青色者或作餘色亦然。又若以五色玻璃爲窗。射入日光。於是吾人所見赤色玻璃之下。物皆赤色，藍色玻璃之下。物皆藍色。其餘各色亦然。又若日色一也。而吾人朝見之日多赤。晝見之日多黃。見色如此。所見大小。亦無定形。若人以眼視物。見爲如此。以顯微鏡視之。物體頓大。故知五官實多欺我不足爲眞若信我見以爲實在我見赤日朝從地上暮從地下謂日繞地如執此見便成謬誤蓋攷其實係地繞日非日繞地又若以木置於水中光波蕩漾其形彎曲若執此見又成謬誤抽木出水仍見直木而無彎形乃知吾人所見各物作如是相現如是色皆緣吾人目官搆造與夫日光空氣其程度適相合故設此數者之中稍一不同而形象皆變故吾人所對諸境不得不名之爲妄名之爲幻而今哲學家所斷爲吾人所見皆物之現象而物之本體終爲吾人之所不得而見故夫吾人辨論其進化之次序略分三級當古初之時但信其言而已而不問其言之果有據否也故荒唐神怪之說皆足以動一時之聽洎人智稍開於其所聞之言不能皆有信而無疑也於是以其所有之智識以定言之眞僞而以若者爲可信若者爲不可信然未有進而追窮此所以定此可信不可信之本原上之事者洎人智又進以爲吾人欲知萬事萬物之理先不能不有所以能知此萬事萬物之理之一物者此能知萬事萬物之理之物不先定爲一種之學問研究而證明之則凡所知之萬事萬物之理吾人即不能無疑於其間佛教法相宗有自證分證自證分之義此三級中見地之淺深竊欲用佛教攝論中所謂蛇繩麻之喻在第一級以繩爲蛇而見蛇不見繩至第二級知繩非蛇然見繩不見麻至第三級知繩非蛇知繩爲麻而後始能見其本原而於今日之哲學中居重要之部位而修哲學之必當首先從事者則認識論 Lehre von Erkennen 是也輓近西洋學術能義究其極理鉤其玄而分擘條流貫通脉絡首尾秩然成一有機體之學統而遂壓倒今日東洋學術上之上者誰即以論理學與認識論之發達而用是以爲治學問之基礎而以古代東洋學術之盛其思想之超卓義理之深宏至今學子承其緒餘自運智慮亦時有所發見而單詞隻義不能組織而成一系統遂不免輸西洋之學問一籌者則固以論理學與認識論尙未盛於東洋之學界中故也

於辨論之中。有與道德相關而最爲吾人所易犯。且爲智慧之人之尤易犯。而吾人之所當大戒者。是不能不取佛教之說而言之。以佛所見吾等衆生非著諸欲即著諸見。凡俗之人易着諸欲賢哲之人易着諸見蓋賢哲之人對於色聲香味觸等諸境凡夫愛慾。或能不起。而於事理所起我見不能排除此着諸欲與着諸見其原由何而起佛以爲執着諸欲由於受故如吾於味受種種樂遂生迷惑愛慕味欲而深執着餘如男女諸欲皆然（如狗食糞吾人視之毫無味樂而狗不然味受糞樂而起迷惑便生愛慕而深執着以糞爲甘吾人諸欲由迷惑故亦生愛着以佛視之如狗食糞而謂糞樂曾無所異）執着諸見由於想故由吾所想深自執着顚倒邪曲（佛學亦謂之倒想）而不捨離此諸見中分爲五見於五見中其一爲見取見見取見者我所見取惟我爲是而生此見由此見故亦能生起諸慢慢有七。一慢慢者以己之劣而反謂勝。二過慢、過慢者自他相等而謂己勝他勝於己。視爲相等。三慢過慢慢過慢者。他人勝己而己反謂勝他。四我慢。我慢者執着我身及我所有之物。心生高慢。五增上慢增上慢者。於未證得之道。自謂證得。六卑慢卑慢者。他有多分之勝。已有多分之劣。而心不甘。自視謂已僅少分劣而生高慢。七邪慢。邪慢者。惡行成就。自護其惡。而生高慢。慢與諸見相應而起。亦起餘惡故夫聰明之人雖得種種善因成賢智身而此諸見曾不斷離與夫凡夫貪着嗜慾不肯離捨皆爲煩惱之本輾轉潛流造成惡孽而受苦報佛爲鈍根人說法兼爲利根人說法故欲證道必斷二惑謂斷修惑與夫見惑（分別起之惑見道所斷俱生起之惑修道所斷分別起者由見聞計度即從後天所起之惑俱生起者與生俱來如食色之慾即從先天所有之惑見取見屬分別起之惑）佛蓋以見惑爲妨悟謂有此惑不能悟入正道也夫使吾人不知此見取見之惡而不能捨棄乎則當夫辨論之時其初以有我見以我爲是以人爲非其繼遂至以是爲非以非爲是其終且至以他人之見有不合於己見之故并欲取他人一切諸事而破壞之是則惡孽由此大作原其始祇由執着見取見之一念而起得聞佛說吾人所受之利益豈有既乎是故吾人之於辨論也可立爲數例一曰人之所見勝於己見則當捨己而從人此非我之屈於人而以爲可恥也我能即人之言而知其善此我之明我能知人之言之善而改吾之見以從之此吾之公吾但知言之合於理與否而不必問其言之出與己與否此吾之正然則能從善言吾之美德不已多乎反而不從善言吾之失德不已多乎是當立之例一也二曰吾一己之見而後見有勝於前見者吾不妨自取消其前說而用後說（亦間有前說勝於後說之時然學問之境終以後勝於前爲多故玆取以立論）凡人不能無過吾人非有過之爲患有過而不能改之之爲患有過而不能改吾身遂若常與過相繫件而

不能離一旦改過而吾已立於無過之地故曰過而改也如日月之更也人皆仰之又曰過而能改善莫大焉凡宗教若佛儒基督無不許人之改過者吾人於道德律當立悔過無惡怙過有罪之條吾人之對於已固當時時省過時時改悔而對於人無論其人犯何罪惡若見悟悔而有改心便從此時視其爲人身已清白以前諸惡皆當赦除以前諸惡不復云云此吾人對人之道德也若人已悔過而吾執着視爲有過與前相等是必教人怙惡而後已世界罪惡必至但有增長而無消滅其罪惡雖非吾所造而吾實不啻間接以成就人所造之罪惡則不許人悔過即可視其人已犯罪惡之一條也是當立之例二也三曰人已異見不妨互取而竝存之以待世之決擇有時吾從吾所見之一方面立說以爲理當如此而人又從人所見之一方面立說以爲理當如彼我不枉我之所見以從彼人亦或不能枉已之所見以從我而各有持之有故言之成理之處則不必以人之言不合於我之言務抹煞而鏟除之蓋其說之固有可存吾雖毀之而無所用若其說固無足存則人亦終必棄之夫言固非吾一人之力之所能存亦非吾一人之力之所能毀吾固不妨兩揭之以公於世是當立之例二也四曰因言相爭不及其事與行凡事皆有界限言自言與事與行不相混也我所與人爭者言焉而已則曲直勝敗仍當決之於言若以言論相爭之故而挾吾意氣之私而謗訕其人之行爲或毀壞其人之事業凡若此者其所爲已出於言之界限之外夫人而不

明界限則其事爲妄爲而其人即爲妄人吾人即可視已爲無辨論之資格以德日益發達若今日此事殆可謂辨論中戒律之首犯此者其罪惡爲至大是當立之例四也凡辨論之略例如此夫辨論既爲學界之一大事而爲吾人人類間之所重用（凡禽獸等以言語機關尚未發達故或僅能鳴叫或僅有至簡單之言語而不能辨論因之其理解亦無進步辨論之事萬物中惟人類有之人類智識之有進步未始非由辨論之所賜也）而關於辨論之道德論者尙多闕焉是則吾人尤不可不注意及此者也

（未完）

歷史

# 世界史上廣東之位置（續第六十三號）

中國之新民

## （八）廣東交通過渡期

自宋以前以廣東之交通而一國食其利自宋以後以廣東之交通而一國蒙其患固由人謀之不臧抑亦其所遇之國族有以異於古所云也自漢以來羅馬屢欲與我通。為波斯所遮不能自達。見後漢書大秦傳 故千餘年間相往還者惟亞洲毗西之安息大食人及元以後歐人始踵接入中國自元人勃興東方跨亞歐二洲建設一大帝國其時東方為主動者西方為被動者東西諸大民族漸有短兵相接之勢其時歐洲方興十字軍聯合景教國以抗回教國而蒙古人亦正與波斯及小亞細亞諸回族搆釁故各取遠交近攻之策不期而相結以為重元定宗元年。一二四六年 羅馬教皇遣柏朗嘉賓 Plan Carpin

使元詣和林憲宗三年一二五三年法王路易第九復遣路卜洛克 Rubruck 使焉及元世祖至元八年一二七一年意大利著名之旅行家馬可波羅 Marco Polo 復銜教皇使命入中國大爲元主所親信歷官至揚州刺史凡在中國三十年歸而著一書爲歐人言中國事者之嚆矢自玆以往爲歐亞交通一新紀元

元代交通陸盛於海故其時之廣東無甚可紀者雖然自馬可波羅之著書既出世刺激眩惑全歐人之腦中心醉此都發於夢寐復有一意大利教士奧代理谷者 Odoric 由康士但丁出波斯印度之沿岸至廣州上陸爲迦特力教初布教於中國之始凡旅居十三年歸亦著書與馬氏作桴鼓應於是歐人競欲覓新航路以通亞洲此亞非利加與亞美利加兩大陸之發見所由來也及東洋印度新航路開通而世界之大勢一變廣東遂爲中國憂患之伏根地

（附言）當中古時代歐人往來於印度之孔道有三(甲)由西利亞上陸出幼發拉底河畔下入波斯灣(乙)入黑海由亞爾米尼亞上陸下泰格里士河入波斯灣(丙)由亞歷山德里亞溯尼羅河橫絕沙漠入紅海自土耳其人起西亞(甲)(乙)兩路皆梗絕所

餘者惟丙路而沙漠之阻滋沸便此歐人所以欲覓新航路之理由也時葡王約翰第一大獎厲航海自一三九四年以來屢派遣探險隊沿亞非利加海岸而南一四八六年達其極南端遇暴颶不得渡廢然失望而返歸乃諱之易其名爲好望角Cape of Good Hope一四九七年有維哥達嘉馬Vasco da Gama者復往航焉卒以翌一四九八年五月二十日達印度麻拉巴海岸Malabar Coast之加拉吉大Calicut此所謂印度新航路者也蓋距哥侖布之發見美洲僅六年後云此實歐亞兩洲交涉史上一大事也

(又)我永樂間鄭和七次航海由滿剌加Malacca海峽經濱角灣Bay of Bengal至錫蘭沿印度半島之西岸入波斯灣更道亞刺伯海至阿丹灣Aden今通譯亞丁或雅典此從鄭所譯名溯紅海抵杘達Jiddah復從非洲東岸即今亞比西尼亞Abyssinia之沿海航摩森比克Mozambique海峽以至馬達加斯加島邊Madagascar此其距好望角咫尺耳鄭君航海在維哥達嘉馬發見新航路前七十餘年乃虧此一簣致成維氏之名惜哉

(九)廣東交通憂患期

葡人嘉馬之發見新航路。實當我明之弘治十一年。自茲以迄今日。中國海疆日以多
事。而廣東當其衝。今分國記述之。
(一)葡萄牙　東洋通商之先登者葡人也。於印度有然。於中國亦有然。正德十一年。一五一
六年即新航路開通後之十八年也　葡人蒲士特列羅 Rafael Perstrello 始乘小筏至廣東。歐人揭國旗於中
國海上自此始。翌年有安得里都 Ferdinand Andrade 者。復率八船至焉。吾遇之甚厚。許
以聖約翰島 St. John's Island 資其碇泊。自此以往。來者相續。越二十年。至嘉靖十六七
年間。一五三八年 而葡人出入之要區三。一聖約翰島。二廉帕高島 Lampacao 三澳門 Macao
也。據齋藤氏所述。其聖約翰廉帕高兩島。屬今何地。俟考。 其始廉島最盛。嘉靖末葉。旅居者常五六百人。澳門始不過
以修難船晾貢物為名。假居之。萬曆元年。一五七三年 我政府築砦自畫。默許其居留。澳門
始盛。十年。一五八二年 始定僦借之約。歲納租五百兩。自是澳門握東洋貿易霸權者百餘
年。及英人起而始衰。然道光二十九年。一八四九年 以還。歲租不貢。漸與我爭領地主權。光
緒十三年。一八八七年 遂借他國之援。迫我訂割讓條約。此地者於吾國割地歷史中資格
最老者也。

(二)荷蘭　近世史之初紀。與葡萄牙爭商權者。則荷蘭也。荷人既植根據於南洋羣島乃覬覦中國。天啓二年。一六二二年以艦隊十七艘謀奪澳門。葡人禦焉。粵人助之。以故不得志。乃退而據澎湖。其與廣東之關係不深。得澎湖後。進略臺灣。未幾鄭延平攘而去之。故荷蘭始終不能有大影響於我國。

(三)西班牙　西班牙於嘉靖四十四年。一五六五年略菲律賓羣島。以此地爲與中國通商之媒介而進取之地。亦以廣東。今墨西哥銀猶盛行於廣東。實西班牙領墨時代之餘波也。墨西哥舊班屬。一八二〇年獨立。

(四)法蘭西　自昔與廣東交涉甚稀。自越南戰役以後。勢力日進。光緒二十四年。遂割廣州灣。且訂兩廣不許讓與他人之約。

(五)英吉利　英之入中國在葡荷諸國之後。其所憑藉亦微。明崇禎八年。一六三五年始有一船入澳門。實爲英船抵華之嚆矢。船長滑德 Wedell 乞互市。將許之。葡人讒焉。遂不果。英人怒。攻澳門。奪其礮臺。尋退。會明清鼎革。商務益不振。康熙三十九年。一七〇〇年東印度會社派伋志菩爾 Catchpoole 爲全權。欲推廣商業於中國。得舟山爲暫駐地。然以徵稅重不能有利。至嘉慶七年。一八〇二年歐洲革命亂起。其影響忽波及廣東。時英法方相鬩於歐。懼法之占澳門也。乃借保護葡境之名。突以兵上陸。我政府爲嚴厲之抗議。遂引退。而當時鴉片已盛行。我政府於嘉慶五年一八〇〇年廿五年一八二〇年兩次嚴禁。密賣滋益盛。兩國皆苦思焦索。以期解決此問題。時則英國有偉大之政治家巴麻斯頓 Palmerston 以其銳眼及其辣腕。壹意以擴勢力於中國爲務。迭派通商監督尼害爾 Lord Napier 魯敏遜 Robinson 赴廣東。皇皇然欲圖一置錐地。我國則有雄邁果決之林文忠任兩廣總督。彼此相持不下。道光十九年。一八三九年遂有復收鴉片二萬二百八十三函燒棄之於白鷺潭之事。英艦遽占領香港。其將布冷墨爾 Bremer 更率艦隊陷定海。舟山乍浦。封鎖厦門甯波。直窺白河。脅北京。尋陷吳淞上海鎮江。迫南京。全國震恐。卒使耆英與英國全權璞鼎查 Pottinger 媾和。實道光二十二年七月廿四日也。一八四二年八月廿九日史家名其戰爭曰鴉片戰爭。名其約條曰南京條約。其緣此約條所生之結果有二大端。

(一)前此歐人至中國者。以廣東爲雷池。不得越一步。至是乃伸其勢力於廣東以外。

(條約第二條訂開廣東福州厦門上海爲通商口岸)

(二)前此歐人在廣東根據地惟有一澳門其主權在衰弱國之手至是乃有一强國別得一根據地於廣東(條約第三條割讓香港)

自玆以往廣東之地位一變全國之地位一變此役也實我國人欲忘不能忘之大記念也越十五年即咸豐六年。(一八五六年)以領事會晤被拒之遠因以「亞羅」Arrow船水手被逮之近因戰事再起。前後亘四年卒乃俘葉名琛燔圓明園遂八年。(一八五八年)更訂天津條約十年(一八六〇年)更訂北京條約其結果則舉前約之結果擴張之而已。

(一)前此伸其勢力於廣東以外者至是而勢力益張(天津約第十一條增開牛莊登州臺灣潮州瓊州爲通商口岸第九條許歐人旅行於內地第八條許傳教自由)

(二)前此得一根據地於廣東者至是而根據益固(北京約第六條割讓九龍之一部分)

爾後四十年來。交涉日多憂患日叢雖然固中國全局之事。非廣東一部分之事也。故玆畧焉。自吳覲受大秦使節以迄葉名琛爲印度俘虜上下二千年間廣東常爲輕重於世界而追想唐宋時代市舶使裁判官等堂皇之威嚴與夫波斯灣亞丁峽上國旗之搖曳古亦日月今亦日月先民有知其謂我何吾敘述至此而不禁獲麟之涕也

（十）廣東與世界文化之關係

論泰西古代史者必以腓尼西亞 Phoenicia 占一重要之位置謂其爲小亞細亞埃及希臘三種文明之媒介也求諸東方則廣東庶幾近之今舉廣東對於世界文化上所貢獻者如下。

（甲）自西方輸入中國者

（一）宗教

（A）回教　蘇哈巴以教主之父行。初至廣東其爲最初傳入者甚明。

（B）耶穌教

（1）景教　今所傳景教流行中國碑。屬尼士特拉派。Nestorius 耶教之別宗。當時行於波斯者也。六朝唐間。廣東波斯交通最盛。必由廣東輸入無疑。

(2)迦特力教（即羅馬舊教）元代意大利教士奥代理谷 Odoric 始至廣東。爲羅馬舊教入中國之始。當時信奉頗盛。未幾中絕。明萬歷間利瑪竇 Matteo Ricci 與其徒至廣東。居肇慶十餘年。實由羅馬教之東洋布教會所派也。

(3)婆羅的士坦教（即新教）嘉慶十二年。一八〇七年 英人摩利遜 R. Morrison 始至廣東。留二十五年。譯新舊約全書。耶蘇新教之輸入自茲始。

(C)佛教　佛教雖早已至。然自廣東海運開往還特便。高僧接踵至。其助發達不少。若達摩之留粵。今粵城有西來初地即達摩最初之跡也 後即傳鉢於粵人。六祖慧能 其影響於宋明學界者尤大也。

(二)學術

(A)曆算　利瑪竇在我學界爲重要人物。盡人知之。彼翻譯事業。其修養全在廣東也。

(B)語學　米命氏 Milne 之英華字典。成於道光三年。一八二三年 實歐亞字書之嚆矢。米氏旅粵凡二十五年。所譯皆粵音也。近三十年前。粵人所續編之字典。至今猶見重於學界。日人之研究英語。其始亦藉此等著述之力不尠。

(C)醫學及其他科學　廣東博濟醫院。實爲西醫入中國之始。又道光間廣州出版之博物新編等五種近世科學最先之譯本也。

至最近數十年間。泰西之技術思想。以次輸入中國。其發起及傳播者。廣東人實占重要之地位。今不具徵。

(乙)自中國輸出西方者

羅盤針也。火藥及火器也。製紙法及印刷術也。此三者。爲西人致富强之原。然皆由十字軍東征時。經阿剌伯人手。間接傳自中國者。阿剌伯人至中國者以廣東爲第二故鄉。則此三物第一之販賣場。實廣東也。又蠶卵一物。我梁簡文帝太寶元年。五五〇年一波斯人由廣東携歸康士但丁。西方之有絲產始此。又陶器由廣東人精製後。更大輸出於泰西。至西紀一七〇八年。德國名匠勃查。Bottger苦心研究。終青於藍。而中國派之繪畫美術。亦緣此以寖被於歐洲。凡此皆廣東人對於世界文化上之貢獻也。

## (十)廣東人之海外事業

廣東人於地理上受此天然優勝之感化其慓悍活潑進取冒險之性質於中國民族中稍現一特色焉其與內地交通尚不如與海外交通之便故其人對內競爭力甚薄而對外競爭力差強六朝唐間商船遠出達於紅海尚矣即自明以來冒萬險犯萬難與地氣戰與土蠻戰卒以匹夫而作蠻夷大長於南天者尚不乏人以吾所考聞者

(一)三佛齊國王梁道明
(二)三佛齊國王張璉
(三)爪哇順塔國王某
(四)暹羅國王鄭昭
(五)戴燕國王吳元盛
(六)昆甸國王羅大
(七)英屬海峽殖民地開闢者葉來

以上七人之事業見本報前號傳記門今不再述

夫明清之交。歐人經營南洋。始發軔焉。而我著著皆占先鞭。使有政府以盾其後。則今日此諸域者。恐無復英法荷班人插足之餘地也。此眞粵人千古之遺恨也。

今我同胞在海外者。無慮五百萬。而粵人三之二焉。宛轉依人。嘻其憊矣。而南洋礦權半在我手。近兩年來墨西哥祕魯航路新開。粵民以自力懸國旗往復於太平洋之船既數艘焉。而墨西哥一隅。亦漸有爲有秩序之殖民者。成績且過於日本。嗚呼。甯得謂吾民之終不可用也。

（十三）廣東之現在及將來

今之廣東。依然爲世界交通第一等孔道。如唐宋時。航路四接。輪檣充闐。歐洲線澳洲線南北美洲線皆集中於此。香港船噸入口之盛。雖利物浦紐約馬賽不能過也。若其對於本國。則自我沿海海運發達以後。其位置既一變。再越數年。蘆漢粵漢鐵路線接續。其位置將又一變。廣東非徒重於世界。抑且重於國中矣。獨惜臥榻之鼾。殷殷盈耳。覆巢之卵。咄咄困人。仰溯前塵。俯念來許。旁皇終夕。予欲無言。

（補）前稿既印成。頃讀史。復得數條。可以爲廣東人航權發達之證者。補錄如下。

漢書地理志云。近海多犀象毒冐珠璣。中國往商賈者多取富焉。番禺其一都會也。

唐書李勉傳云。舊制。海商死者官籍其貲。滿三月。無妻子詣府則沒入。孔戣以海道歲一往復苟有驗者不爲限。悉推與。（按此記戣爲嶺南節度使時事）

唐劉恂嶺表錄異云。每歲廣州常發銅船過安南貿易路。

案以上數條。則東漢之末。廣東人已有往賈於近海者。但其航權在彼在我、不能確指。孔戣節度嶺南在唐憲宗元和間。劉恂爲廣州司馬在唐昭宗乾甯間。則中唐晚唐時代。廣東尙有定期航行船出海外。其盛況固未替也。

（完）

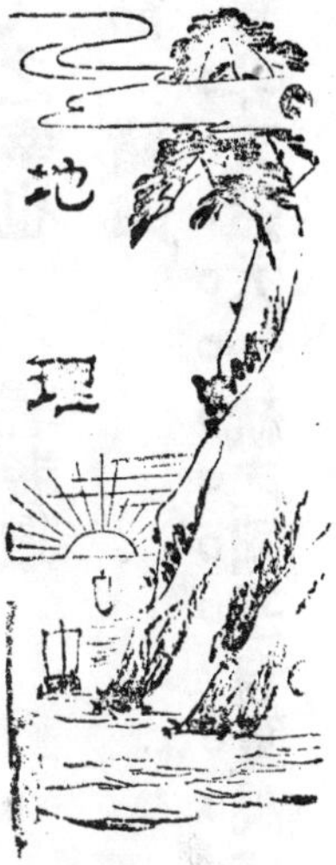


# 中國輿地大勢論

金匱錢基博

例言

一美哉中國之山河美哉中國之山河其礦藏爲世界第一石炭國全球莫能及其植物爲世界第一農業國全球莫能及有全世界第一之江水揚子江有全世界第一之高原西藏可恥哉我爲中國之民族而不知我中國之地理可恥哉我爲中國之民族而不知我中國之地理即本域之山川不能詳其原委問中國之郡縣或竟昧其名稱嗚呼。蕭何知隴塞馬援誰攻取抑何其陋也當仁不讓舍我其誰作中國輿地大勢論

一論全球之面積而亞洲爲大論亞洲之面積而中國爲大論中國之面積而本部爲大然則亞洲者全球之宗主也中國者亞洲之宗主也本部者中國之宗主也是論

一以本部爲主

地理　二

一論文明之發生莫要于河流中國者富于河流之國也然則欲研究我中國之地理者烏可不注意于我中國之河流哉上編一以河流立論

一二十四朝歷史一相斫書也一十八省地理一交戰塲也是故欲研究我中國之地理尤不可不注意于我中國之兵事兵事之占優勝與否實視乎地理之占優勝與否也中編一以兵事立論

一吾嘗聞之劉氏彬曰。「必周知各隅之形勢而後可以論一省之形勢必周知各省之形勢而後可以論全國之形勢」然則欲論全國之形勢者烏可不知各省之形勢耶。下編詳論十八省之形勢

一是論宗旨之所在。止欲使人曉得中國輿地大勢如此是故修詞立言務于提要鈎元而不言其詳細情形如何。題曰中國輿地大勢論以記實也願讀者勿以擧一漏百貽譏則鄙人之幸也。

著者識

## 第一節　緒論

嗚呼。我中國者豈非天然大一統之國乎自夏禹成第一次大一統之業周公成第二

八七八四

次大一統之業秦政成第三次大一統之業而後而文字一統而衣服一統而風俗一統而政敎一統車書大同盛哉不可及已

或曰。此由于地理之一統也。曷言乎由于地理之一統也。試徵諸歐羅巴洲之地理而知我中國之地理天然非羣雄割據之地理而共主統治之地理也惟歐羅巴洲之地理多敝天之山嶺多劃地之鴻溝河流交錯山谷縱橫劃一塊之大陸地爲多數之小平原不宜于共主統治而宜于羣雄割據蓋天然之地理也以視我中國地理則何如雖不乏長江大河之天塹雖不乏高山大嶺之地險而一望平原萬里磅礴毋邊毋涯毋畔毋岸實天然一塊大一統之大陸也

吾獨曰我中國之地理天然非一統之地理也。惟我中國之地理。天然非一統之地理而生差別相。遂致我中國政治上生計上學界上民俗上。莫不生出種種之差別相而不克趨于一統之勢。何也。論一國文明之發生而河流實爲其總原因其河流之能調和于寒溫熱三帶間種種之天時之土宜之民俗不致起衝突而常趨于統一者其河流必南北向者也何也。惟河流之南北向者爲能一貫寒溫熱三帶之地勢也其河流

之東西向者適與河流之南北向者成反比例何也。不能一貫寒溫熱三帶之地勢也惟其不能一貫寒溫熱三帶之地勢因之而寒溫熱三帶關種種之天時之土宜之民俗莫不生出種種之差別相而有相對待之勢總之河流之南北向者其寒溫熱三帶關種種之天時之土宜之民俗之趨勢莫不以統一爲歸河流之東西向者其寒溫熱三帶關種種之天時之土宜之民俗之趨勢要皆以對待爲歸蓋河流之大較然也論我中國之河流莫著于江河二流而江河者非南北向而東西向也，然則其地理。非能常統一之地理。而常相對待之地理也。其政治上生計上學界上民俗上之不能一統也。固宜試一翻我中國歷史。兩漢而前。吳楚雄長于長江流域，秦晉雄長于大河流域。爭長宇內。主盟天下。毋論矣。兩漢而後。吳蜀立國于長江流域曹魏立國于大河流域，相鼎足。三國而後。六朝建都于長江流域。五胡建部于大河流域。相對峙，自是而五代時。梁唐晉漢爭雄大河流域。楊錢劉李割據長江流域。北宋欽宗時。金人北寇，宋帝南渡。而大河流域遂爲金人之勢力圈。長江流域屬宋主之統治下矣。此政治上之不能統一也。吾之所以研究此問題者。則曰長江大河二流域國都之比較。古之荊揚。東南之澤國也厥田惟下下。古之雍冀西北之陸海也。厥田惟上上。此三代以上長江河二流域之土宜則然。至于兩漢而後。二流域之土宜。適與三代以上成一絕對之反比例。昔之號爲陸海者。今則變爲瘠土。而仰給東南。昔之號爲澤國者。今則變爲沃壤。而輸輸西北。此有餘。或彼不足。一貧一富。終不能處于適均之度。此生計界之不能一統也。吾之所以研究此問題者。則曰長江大河二流域土宜之肥瘠。夷考黃河流域學派。崇力行而尚實驗。長江流域學派。尚理想而好虛無。此學界之不能一統也。吾之所以研究此問題者。則曰長江大河二流域學派之異同。竊案黃河流域民俗。先勇力而嫻技擊。長江流域民俗。尚文柔而好詞章。此民俗之不能一統也。吾之所以研究此問題者。則曰長江大河二流域民族之氣稟。

我中國政治上生計上學界民族不克趨于一統。而有相對待之勢。何以故。則以地理之不能統于一。故地理何以不能統于一。則以河流莫不東西向而非南北向故。然則欲研究我中國政治界生計界學界民族種種之問題。不可不先研究我中國之地理。欲研究我中國之地理而研究我中國政治界生計界學界民族種種之問題。尤不可不先研究我中國之河流。吾之所以研究此問題者。則曰江淮河濟四瀆之分合。雖然。欲研究我中國之河流。尤不可不先研究我中國之山脈。南幹中幹北幹三幹山脈實與長江大河二河流相首尾造物于其間非毋意也吾之所以研究此問題者。則曰山脈河流二者之位置。

以上種種問題。皆吾國民所不可不研究。而吾所必欲研究者也。雖然。凡天下之治事者。不可不有先後之次第有先後之次第。曰斯征而月斯邁焉。是循序而進也。不循先後之次第而進。是躐等而進也。躐等而進。古人所忌。然則吾之所以研究斯種種之問題。烏可不有先後之次第哉。今定其研究之次第如下。一河流山脈二者之位置。二江淮河濟四瀆之分合。三長江大河二流域國都之比較 四長江大河二流域土宜之肥瘠 五長江大河二流域學派之異同 六長江大河二流域民族之氣稟

以上六節。此外二節。其一曰緒論。緒論者序著書立說之宗旨也。其二曰結論。結論者。結有餘不盡之意味也。凡八節。

## 第二節 山脈河流二者之位置

禹平水土。主名山河。州辨職方。惟表山川。何也。吾嘗聞之葉氏曰「形勢以山川爲主」

我中國大勢水分二流山分三幹三幹之間間以二流兩山之間必有一川恒山九邊北幹之脊也行于大河以北衡山五嶺南幹之脊也行于大江而南大江而南水皆北注大河以北水皆南流河南經濟江北合淮名爲四瀆實則二流也其山之介于江若河二流間者曰中幹中幹實北幹之分支也夫山之從隴西來者非嶓冢乎經太白至終南始分其派而別其支一出華潼渡砥柱爲北幹一由終南走商雒爲中幹中幹經南汝光陳至徐州渡河經呂梁下邳鄒嶧而匯合于泰山北幹直走醫巫閭入海至高麗南轉浮登萊亦結聚于泰山故泰山爲中幹北幹合龍之所而終南爲中幹北幹分龍之所實首尾一龍始終一脈耳

雖然輿地非圖不明輿圖非說不詳說以詳圖之原委圖以繪說所指陳實相輔而行者也謹列圖如下

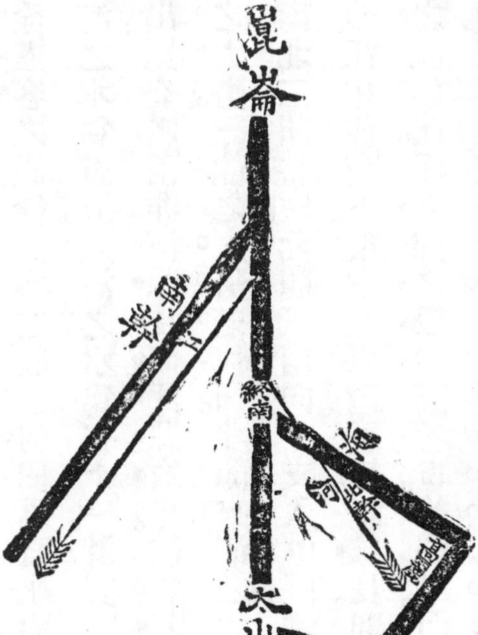

自古言河流山脈二者之位置。蓋莫如徐霞客之說。徐霞客之說奈何。曰禹貢岷山導江。乃泛濫中國之始。非發源也。中國入河之水爲省五。入江之水爲省十一。計其吐納。江倍于河。案其發源。河出崑崙之北。江出崑崙之南。非河源長而江源短也。欲辨其所以然之故。必先知南龍中龍北龍三龍之大勢。三龍之大勢若何。曰北龍夾河之北。南龍抱江之南。中龍夾于江若河之間。較南北二龍特短。北龍祇南向半支入中國。惟南龍磅礴半宇內。其脈亦發于崑崙。與金沙江相並南下。環滇池以達五嶺。龍脈長。則河脈亦長。江之所以大于河也。蓋徐霞客之說如此。而吾擴之以繪圖者也。繪圖畢。而奮筆直書本徐霞客之意。而重申明其說曰。西哲有言。欲辨其國之文明之易于發生與否。請先辨其國之河流之便于交通與否。欲辨其國之河流之便于交通與否。請先辨其國之河流之可能廣濶與否。一衣帶水不足道也。雖然。吾亞洲最廣濶之河流。未有不發源于吾亞洲最高大之山嶺者也。印度河發源于岡底斯山。阿母河發源于拔達克山。此徵諸中國域外之河流則然。淮水發源于桐柏山。漢水發源于嶓冢山。此徵諸中國域內之河流則然。由是言之。必其爲最高大之山嶺。然後有最廣濶之河源也。曰江曰河我中國最廣闊之河流也既爲我中國最廣闊之河流則必發源于我中國最高大之山嶺我中國最高大之山嶺何曰崑崙抑崑崙者不惟我中國最高大之山嶺抑亦我亞洲最高大之山嶺也嗚呼天欲畀我國民以最易于發生文明之地理天于是不得不畀我國民以最廣闊而便于交通之長江大河二河流天欲畀我國民以最廣闊而便于交通之長江大河二河流天于是又不得不畀我國民以全亞洲最高大而爲長江大河二河流所發源之崑崙矣抑崑崙者不惟我中國長江大河二河流發源之所抑亦我中國南幹中幹北幹三幹山脉之所由發生所謂天下衆山水之根也其山脉起于崑崙之南並金沙江而下環滇池以達衡山五嶺之幹脊所謂南幹也其山脉起于崑崙之北由陝甘而入中國自大積石東而西傾東北而鳥鼠東南而朱圉東而隴而汧踰寶雞而太白東而終南終南者中幹北幹分龍之所也由終南而北則爲北幹之脊由終南而東則爲中幹之脊矣

吾于是而知我中國長江大河二河流之東西向而不得南北向非毋故也何以故則

以我中國南幹中幹北幹三幹山脉之東西向而不得南北向。故我中國南幹中幹北幹三幹山脉。既不得南北向而東西向。其長江大河二河流。必不能絕中幹山脉而南北橫流者勢也。大禹竭胼手胝足之勞而深明其故于是以大河爲北條而長江爲南條導江于華山之陽導河于華山之陰華山者即中幹也一于陰一于陽不欲長江大河二河流絕中幹山脉而南北橫流失其常度也。武帝以雄才大略之主而未始不明其故于是導河北行二渠復禹故迹而不使絕中幹山脉而南合淮泗王景知其故而導河自滎陽東至千乘入海則亦導河于中幹北幹之間也之三人者豈非深明我中國河流山脉二者之所以位置者哉。或曰漢武帝時。河決濮陽瓠子口。開河口注鉅野。通淮泗。宋太宗時。河決溫縣滎澤頓邱。泛于曹單濮濟諸州。東南流入彭城界。入于淮。眞宗時。河流鄆及武定州。尋溢滑濮澶曹鄆諸州。浮于徐濟而東入淮。豈非河流絕中幹之山脉而南耶。河流既可絕中幹之山脉而南。江流豈難絕中幹之山脉而北耶。曰此河決也。決非河流之常道也。猶人之拘于氣稟蔽于習俗以至蕩佚爲非焉而曰其性本惡也甚且以爲他人之比例焉。曰凡人之性莫不然豈其然哉或曰。河流自金元來。絕中幹山脈而南合淮泗者。蓋六百餘年矣。猶曰非河流之常道乎。曰河流于中幹之山脈以北。自夏后平水土以奠中州。迄于靖康間。凡三千餘年。河流絕中幹之山脈而南，自金人決河流以病南宋。迄于咸豐初。凡六百餘年。然則河流于中幹之山脈以北。乃河流之常道。而絕中幹之山脈而南。不過自金至淸六百餘年耳。烏得爲河流之常道耶。況自金章宗以後。大德中決蒲口至正中決金隄。朱明一代。決而北者十四次。決而南者止五次。滿淸一朝。決而北者十之九。決而南者十之一。更足證河流于中幹之山脈以北。爲河流之常道。河流絕中幹之山脈而南。非河流之常道也。迨咸豐五年。河忽決銅瓦箱。合濟。而不由雲梯關入海。爲由漢至唐數代之故道。行中幹北幹二幹之中間。北不駕太行之脈。南不駕泰山之脈。蓋天然之河槽也。雖河流自是而後亦不免或決與溢。卒未聞如咸豐以前東衝西突之甚。豈不足證河流本安于中幹之山脈以北。而絕中幹之山脈而南。非河流之常道哉。嗚呼。吾觀于圖。而知長江大河二河流之東西向而不得南北向。蓋天然之地勢已。長江發源于崑崙之南。而南幹亦發脈于崑崙之南。並長江而下。何也。天將以爲長江南行之界也。大河發脈于崑崙之北。而北幹亦發脈于崑崙之北並大河而下何也天將以爲大河北行之界也中幹直貫于江若河之間天將以爲大河南行長江北行之界也然則我中國長江大河二河流之東西向而不得南北向豈非天然之地勢歟。

### 第三節　江淮河濟四瀆之分合

嗚呼。運會靡常古今異轍今日之天文不同于昔日之天文今日之地理不同于昔日之地理矣天官之書。昔毋而今有者若干星。昔有而今毋者若干星。天差而西。歲差而東是今日之天文不同于昔日之天文也方輿之紀。昔險而今夷者幾何處。昔夷而今險者幾何處。滎澤平原。碣石洪波。是今日之地理不同于昔日之地理就今日之天文不同于昔日之天文而言莫甚于歷法之月差而歲有異就今日之地理不同于昔日之地理而言莫甚于河流之時遷而勢有變。

甚矣哉我中國之河流之變遷也十藪湮其九三江闕其二滎澤導爲滎川逆河化爲勃海濟川莫辨源流碣石淪爲渤澥雲夢竭而後水入洞庭湖大野枯而後水歸南旺澤非一時一言所能勝道其變遷之大勢也既非一時一言所能勝道其變遷之大勢

而必欲以一時一言强道其變遷之大勢其能免舉一漏百之誚乎是故欲論我中國之河流之變遷之大勢勢不能不爲提綱挈領之計

爲提綱挈領之計奈何曰河流莫大于四瀆故四瀆爲河流之主凡百河流莫不以四瀆爲朝宗之所而以四瀆爲洩水之尾閭焉然則四瀆者河流之綱領也以是之故而天下之言河流者要當以四瀆爲主論我中國之四瀆之變遷之大勢蓋未有甚于由分而合由合而分之屢變而不一變者也大禹導河積石至于龍門南至于華陰東至于底柱又東至于孟津東過洛汭至于大伾北過洚水至于大陸又北播爲九河同爲逆河入于海導江自岷山東別爲沱又東至于澧過九江至于東陵東迆北會于匯東爲中江入于海導沇水東流爲濟入于河溢爲滎東出于陶邱北又東至于菏又東北會于汶又北東入于海導淮自桐柏東會于泗沂東入于海此四瀆所由名也說文曰瀆獨也以其獨流而入于海也嗣是而夏四百餘年商六百餘年周四百餘年而至春秋之際山東雄國決鴻溝江南澤國通邗溝實四瀆由分而合之濫觴也自是而前要皆爲四瀆獨流時代自是而後漸趨于四瀆一統時代鴻溝決而濟始得由河以達于

淮邗溝通而江始得由淮以達于泗秦始皇鑿京口而江淮別開交通之路隋煬帝濬運河而淮河更爲轉輸之徑既而雍冀天府仰給東南荆揚澤國轉輸西北而元世祖開會通河以便商販明成祖濬會通河以轉漕運遂貫江淮河濟之四瀆而合江淮濟河爲一流而四瀆獨流之時代以終而四瀆一統之時代以成豈知天運循環剝極而復河道變遷通極而塞亘朱明二百餘年滿清二百餘年河忽決銅瓦箱入濟而不由雲梯關入海而于是一貫四瀆之會通以淤而于是四瀆一統之時代以終江合于淮而爲東南諸水之紀河入于濟而爲西北諸水之紀由四瀆一統時代一變而爲二瀆分流時代

惟地勢北岸下而南岸高故河流南趨逆而北趨順朱明一代河流決而北者十四次決而南者四五次滿清一朝河流決而北者十之九決而南者十之一稽之史冊所載豈非彰明可考者耶是故草野若顧亭林錢竹汀魏源等廊廟若孫嘉淦裘曰修稽璜等皆不便河流南合于淮而力主河流北入于濟然則河流北入于濟而不南合于淮豈非河流之所安而羣情之所便者哉自西北之水利不興而仰給于東南勢不得不

藉會通河而爲轉輸之計勢不得不藉會通河而爲轉輸之計始不便河之北入于濟而爲會通河之害蓋會通河之淤且涸必由于河流北入于濟而河流北入于濟未有不決張秋決張秋未有不衝會通河者明正統十三年。河決張秋河灣東流入于海。景泰三年。河決張秋。宏治二年。河決金龍口漫長垣趨張秋衝會通河。宏治四年。河第二次決金龍口。漫長垣。趨張秋。衝會通河。案張秋並非河岸。而史屢言決張秋者。以河北決必由張秋以潰會通河史以運道爲重故書決張秋也張秋之東不及百里即東阿山山下即大清河。大淸河者古之濟瀆也。河決不能踰山東走。自必順河北行。故凡言決張秋者皆由古濟瀆以入海而未有不衝會通河者也欲保會通河而運漕粟勢不得不遏河南流而入于淮爲惟入于淮非河流之本性也故東衝西決汎濫靡定搶險合龍勞費毋已迨咸豐五年河決銅瓦箱而遂其就下之性一瀉千里由大淸河入海時適以海運易河運而河運時代一變而爲海運時代而南北轉輸毋藉于會通河而不患會通河之淤故河即不妨北入于濟而不南合于淮而會通河淤會通河淤而江淮河濟四瀆之河流始不相交通矣夫所以爲江淮河濟四瀆一統時代者以江淮河濟四瀆之河流之相交通耳而交通江淮河濟四瀆之河流之機括端賴浮江涉淮泝河經濟之會通河。會通河淤而四瀆一統時代不得不一變而爲二瀆分流時代者蓋理所必至而勢之固然者也。嗚呼。會通河之關系于四瀆不亦鉅哉不亦鉅哉前此吳夫差開邗溝秦始皇鑿京口不過交通江與淮二瀆之河流東諸侯決鴻溝隋煬帝濬運河不過交通濟河淮三瀆之河流從未有浮江涉淮泝河經濟而一貫江淮河濟四瀆者有之自元世祖之會通河始會通河成而四瀆獨流之時代于此焉告終而四瀆一統之時代于此焉告成會通河淤而四瀆一統之時代于此焉結局而二瀆分流之時代于此焉開幕豈非我中國河流歷史上之一大紀念哉

歷念我中國長江大河二流域統治于一政府之下蓋未有過于六百年之久者也。春秋戰國之間。吳楚爲長江流域之雄。秦晉爲大河流域之雄。宰割南北。分裂山河。而長江大河二流域不統治于一政府之下者。計五百年。而統一于秦始皇之手。由始皇而二世。計十三年。而楚漢逐鹿之事起。楚據長江流域之彭城。漢據大河流域之關中。而長江大河二流域不統治于一政府之下者。計五年。而統一于漢高祖之手。由西漢、而

東漢。計四百二十六年。而三國鼎立之事起。大河流域之羣情所向者爲曹魏。長江流域之帝制自爲者爲吳蜀。而長江大河二流域不統治于一政府之下者。計四十八年。而統一于晉武帝之手。由武帝而惠帝而懷帝而愍帝。計五十二年。而神州陸沈。王室東遷。而司馬晉。而劉宋。而蕭齊。而蕭梁。而陳氏。遞握長江流域之中央集權。曰劉漢。曰石趙。曰苻秦。曰拓拔魏。曰宇文周。遞握大河流域之中央集權。而長江大河二流域不統治于一政府之下者。計二百七十四年。而統一于隋文帝之手。由隋興而唐亡。計三百二十八年。而天子起凍雀之嗟。強藩效問鼎之擧。梁唐晉漢爭雄大河流域。楊錢劉李割據長江流域。而長江大河二流域不統治于一政府之下者。計六十三年。而統一于宋太祖之手。由太祖開基。至欽宗失國。計一百四十九年。而金人北來。宋室南渡。大河流域爲金人之勢力圈。長江流域屬宋主之統治下。而長江大河二流域不統治于一政府之下者。計一百七十七年。而統一于元世祖之手。由元世祖統 逆溯而上。而兩宋。而五代。而唐。而隋。而南北朝。而東西晉。而三國。而兩漢。而戰國。而春秋。長江大河二流域統治于一政府之下。計九百六十四年。不統治于一政府之下。計九百六十七年。不統一之時。適與統一之時相均也。而統一之久。莫久于兩漢四百二十六年。其次則由隋而唐三百二十八年。其次則北宋一百四十五年。從未有至于六百二十一年之久者也。由元世祖統一順推而下。元八十九年。明二百七十七年。清二百五十五年。（至光緒三十年而止）長江大河二流域統治于一政府之下者。計六百二十一年。抑何其統一之久也。嗚呼。此會通河之效果也。惟會通河爲能一貫江淮河濟四瀆而爲江淮河濟四瀆之河流之交通之機括。惟北京爲能據江淮河濟四瀆之河流之交通之機括之會通河之上流。故自元世祖開會通河。而北京政府之勢力確定。長江大河二流域莫不統治于北京政府之下。即不統治于北京政府之下。而南北分立亦不過如建文之與永樂相持者四五年。太平天國之與愛新覺羅氏相持者十數年。卒未聞有如春秋戰國三國六朝五代金宋之相持至數十百年之久也。蓋自會通河告成。而後而北京政府之勢力既已確定而不可移易。而長江大河二流域遂永遠統治于北京政府之下而不分立矣。嗚呼。會通河成。而長江大河二流域之一統之基礎。既于以大定。而至六世紀之永遠。則會通河淤。而長江大河二流域之分立之朕兆。必于以託始。而起二流域之對待。會通河成。而北京政府之勢力。既于以確立。則會通河淤。而北京政府之勢力。

必干以傾覆蓋事有必至而理毋可疑者惟北京政府爲吾全國之北辰者既已六百年于斯自元以來英君哲相絞腦汁耗心血之所咨議于朝廷者謀夫策氏精探案審研究之所謀謨于帷幄者莫不務爲根本之圖而經營是先取精多川物宏恐非一朝一夕所能傾覆其勢力也自會通河之淤迄于今日不過四十八年爲時亦甚暫耳然則北京政府之勢力之不遽傾覆者固毋足疑也北京政府之勢力一日不傾覆即長江大河二流域一日不能分立而統治于其下雖然吾信其循此以往長江大河二流域必更有如春秋戰國三國六朝五代金宋之相持之一日而北京政府之勢力將日見傾覆矣然而吾不患北京政府之勢力之日見傾覆而惟患長江大河二流域之更有如春秋戰國三國六朝五代金宋之相持之一日何也當此萬國交通列强環伺莫不以支那爲地理上的名詞而非政治上的名詞而競思嘗鼎一臠人爲刀俎我爲魚肉合我同文字同衣服同風俗同政教四萬萬人同心一致合力禦侮猶懼瓜分豆剖之不暇果使循是而往而更有如春秋戰國三國六朝五代金宋之相持之一日劃長江大河二流域操同室之戈鬩墻于外侮紛乘之秋蛤蚌相爭漁人得利吾懼西人乘吾南北相疲之餘而白色難之時期之不遠也趙宋與金源相持而胡元乘釁而入主

中夏者八十九年朱明與流寇相持而滿清乘釁而入主大統者二百五十五年前車可鑑殷鑑不遠此則杞人不能毋憂天之慮而日夜旁皇焉者也彼北京政府者本為專制政府之根據地而非共和政府之建設場吾不惟不患其傾覆而并患其不傾覆也是豈鄙人所慮者

或曰元人開未有之會通河而長江大河二流域遂于以定一統之基礎今使濬已淤之會通河而長江大河二流域其遂能仍一統之舊貫乎曰使已淤之會通河而果可濬更何患長江大河二流域之不能仍其一統之舊貫哉然而吾謂已淤之會通河必不可濬何也蓋會通河所以不得不淤者實由于河流北入于濟而不南合于淮耳欲濬已淤之會通河勢不得不先濬已淤黃河入淮之故道然淮徐曹單河身久淤挑濬何從（自蘭儀以至淮徐間淤河身高於平地者四五丈其可挑濬乎）洪澤清水牐壩不靈接濟安在則已淤黃河入淮之故道勢既不可復濬安能濬已淤之會通河而交通長江大河二河流河流之不便于交通即地理之不能以一統也嗚呼我中國長江大河二流域更有如春秋戰國三國六朝五代金宋之相持之一日乎吾懼西人乘我南北相疲之餘而坐收漁人之利已

（未完）

# 粵漢鐵路議（續第六十三號）

湘潭楊度撰

## 第三篇　立公司議

今之爭粵漢鐵路者。其目的皆在收回自辦。而非徒在廢此合同。禁美公司之代辦而已也。此蓋人所同思之而同言之者。設今日以力爭之結果而合同竟廢。我猶不能自辦。此不僅爲世界各國之笑談。抑且不復能自保守。彼仍將以何爲不即自辦相責而更以仍爲代辦爲詞。復攫取之以去也。故今日者人以我之相爭而不能終於代辦我又以人之相迫而不能不急於自辦此粵漢鐵路之一大轉關亦一大機會也。然自辦自辦云者。亦誠非可以易言。如前廢合同議所論之合同雖廢。而不可不承認之六項。則美金六百二十二萬二千二百二十二圓之借本也。年息五厘之債利也。購買地基加售小票之債本也。年息六厘之債利也。鐵路及全路產業之抵當權也。前二十五年贖債時每百加二圓半之特利也。此六項者。我於合同將廢公司未立之先。必思所以對付之。若我之力能以此每百加二圓半之辦法。盡數償還此等債本債利。以取消此抵當權。則至善至美之事。無可以言者也。今我之力既不足以辦此。又不能以不認此債之法對付之。則如何而後可以達此自辦之目的者。此一問題也。即令無此問題。而築成全路所需之欵。究當幾何。湘粵鄂三省之財力。究有幾何。若不能多湊資本設立公司。則如之何。此又一問題也。建造鐵路。究需何等學問。我中國之人材。究竟能否勝此重任。若不能勝任。則如之何。此又一問題也。此三問題者。蓋於此事有制我死命之氣力。不得其解決之道。則此事不可得而理也。余欲解決之。則余之學有不及。而智有不逮。當深思之。詳考之。通於東者阻於西。利於此者害於彼。久之而未有確實之解決焉。近由美洲留學諸君以王寵惠張又巡二學士所上張宮保書論粵漢鐵路事者相寄。其辦法有三大端。一曰騰緩償欵。二曰籌本借債。三曰包工造路。其條理詳明。其議論透闢。非如余之不學思慮所能及者多矣。然以余所參考。亦頗有足以補其遺漏者。

亦尚有不能絕無異同之見者。參合而匯集之。乃稍有綱目之可見焉。若以云確實之解決則殊未敢自信也今因欲以備中國人士三省父老之採擇故不惜筆書之。惟欲自述其鄙意不能不先取王張兩學士之言述之故爲錄其原文於下。（畧）原文已見本報第十四號可參觀

余按準此辦法以論目下情形可得如下之結果。

一依緩贖償欵之辦法則目下之問題可解決者有二。

甲　三省官紳不必因廢約必須贖路而憂巨欵之難籌也。　美公司向受託公司所提出之小票。既已有美金六百二十二萬二千二百二十二圓（墨銀千二百萬有餘）之數。我即廢約萬無不認此債之理使必由新公司全數贖回。則於新公司組織開始之時。一切開辦興工等費尚無自出而即先以此千二百萬餘之債。迫令即刻償還。則新公司已無可以成立之望。今以中國政府自擔小票付利之任則合與所代修已成之路即無異新公司所自修已成之路無所用其贖路之說即無所用其贖路之欵矣

乙　現今美政府謂美人已得之權利。不能復失。依此辦法。則美人已得之權利小。

其小票債權並未嘗失也。六百萬餘之小票實由中國政府發出即中國國債也得之者無論爲股東非股東而皆以實錢易紙券實對於中國政府而有債權者也使我因廢合同而并廢此債券則於美人此項之權利實爲無理之損害今仍由中國政府自擔小票付利之任則出小票之中國政府仍爲債務者持小票之美人仍爲債權者使合同作廢亦不過廢一經理借債之公司夫經理借債者去而債務者不去則於美人持小票之債權究何所損也

二依籌本借債之辦法則目下之問題可解決者有二

甲 今議者有欲合三省籌集千餘萬股欵之議依此辦法則不必以股欵不能多集爲慮也 主收回自辦者與以美接美華美合辦之說皆爲反對則新公司之成立勢必盡集華股然內地風氣未開商民觀望欲華商之踴躍附股亦頗難言今但集數百萬之股本則三省之力合籌此數必當易易文中但言集股三百萬兩以爲籌付前公司已出小票之息及新公司開辦之費及以後借欵付息及第一段接造路工之需若取此三者應需之費確實計算不知三百萬

兩是否已足然即令加籌至於四五百萬亦非甚難之事也。

乙　今議者慮股本過少則第一段路成之後而第二段之資本又已無所自出依此辦法則日後仍可以債本補股本之不足也。　論見下

三依包工造路之辦法則目下之問題可解決者有二。

甲　今議者患自辦之無人依此辦法則不患無人也。　論見下

乙　今議者又患路成之後管路無人依此辦法則亦不患無人也。　論見下

以上乃摘其可解決今日之問題釋士大夫之疑慮者論之而已至其中論中國前此辦路之失可爲後車之鑒而爲吾國事業家所必宜注意者亦有數端特爲提出列之於下。

一借外債時借欵宜散不宜聚債權宜分不宜合　即不可專以借債之事託之於外國一公司或一銀行而使該公司或該銀行得收聚諸無數之散弱債權而爲總一之强大債權得挾此債權以干涉我也中國從前債權蓋無不蹈此弊者

二債權者不可兼爲造路人　即文中所謂另覓工程師包工造路是也。

三工程師必先包定路價不可令隨意報銷　即文中所謂招選外國著名工程師。遍查各國造路價目準相當之價與之訂立合同逐段包造限期收工是也。

四造路人不可兼爲管車人　即文中所謂用本國鐵道學校畢業學生或不足則另聘洋員不可使承辦路工者兼管車路也。然此事實不患本國無人現今中國諳此學者不僅海外留學者有之。即津榆東清蘆漢等路中國辦事人以經驗而能勝管車之任者。實不乏人。則另聘洋員一層。或竟預籌及之而不必用可也。

然余對於留美諸君所擬辦法有不能無異同之見者數條茲特次列於下。

第一新公司宜爲商立公司而不宜爲官立公司　各國鐵道本有國有鐵道民有鐵道之二種國有者官本所修。民有者商本所修者也。然所謂國有鐵道者不過其國家專業諸事之一。其類於此者甚多而其籌欵之法。無不由議會豫算者。議會有完全監督財政之權。故民人咸願出其資財以謀國中生產事業之發達。而不患任事者之貪婪中飽。耗財而不集事也。而今日之中國政府及其官吏則何足以論此若必以各文明國爲例而謂重大之生產事業應爲國家專業則中國之事如鹽務及雲南礦務等何嘗非國有之事乎然其中之黑暗殆不可問則烏得引各文明國以爲比也且此收回自辦之粵漢鐵路更與鹽務及雲南礦務等有異何也彼猶爲純粹之官本而非假外債以成事者若粵漢鐵路收回之時依此贖緩償款之第一辦法由中國政府自擔小票付利之任則新公司成立之始即已擔任債務況又依其籌本借債之第二辦法以後仍當散售小票以借本輔股本之不足則新公司成立以後更當擔任債務而此債務者則皆對於外國人之債權者而擔負之者也而其爲期則五十年至期不能償債則以鐵路作抵夫以中國官場苟利一已偷安目前之性質而欲求其於任事之初豫爲五十年後償債之計算吾恐遍覓中國官場中人而未必可得一二也則必惟以此爲升官發財之地位而置鐵路爲第二事甲去而乙代之乙去而丙代之至於五十年之時債權之期限已滿而公司之所得鐵路之所贏設以侵蝕虧累之故至於不可算結即算結亦已無補於前之失則償債一事將如之何勢非直以鐵路抵與必無他術以辭債主也至是而鐵路仍終歸於外人則與此時之不能收回自辦者

何以與吾輩今日何爲苦欲爭回以爲此五十年中官吏之升官發財地乎文中言以後小票多售與本國商民似如此則無外債過多之累。理固然也。然使本國商民聞此事之爲官辦吾知其必掩耳急趨惟恐波及決無敢領此小票者惟外國人無所懼焉則亦盡歸於外國人而已若不幸而此路果歸官辦吾輩試想五十年後之現象危乎不危

第二新公司宜由股東公推總理而不宜由政府僣放督辦　官辦之害。不僅如上所論。且所謂官本者實亦吾民之財也今日立一稅明日加一課此處設一關彼處設一局以恣其搜括及官立粵漢公司需款之時而後於某關某局各撥若干欵以爲其官股財自吾民出而吾民無股東之名無股東之權不能向督辦索查帳目也則惟俟其腐狀外露勢將潰敗之際或以淸議鼓之言官劾之而後政府派人查辦彼查辦者則視得賄之輕重爲查辦之淺深賄賂之數今日定查辦之事明日畢矣去年商部派人查辦盛大臣鐵道欵項數目。余時至上海。探詢其事。則聞事已了結。又聞尚未開始。余疑尚未開始。何便了結。繼乃知查辦雖未開始。

然首尾已經議妥故云了結所謂首尾者何物哉自今日觀之則其事果真了結矣不然盛大臣之鐵路款項數目謂其毫無可以指摘之處余不信也夫今日中國之政府則何嘗論人功罪今日中國社會又何嘗論人是非使此公司而簡放督辦余不敢謂盛大臣伍侍郎王中丞數公者遂無階保舉蒙簡放之望也即不然而謂另簡他人必能高於此數公者亦非余之所敢言也故余於純粹之官立公司。由政府簡放督辦之議。實不能無過甚之慮。惟由三省合立商辦公司純以股分有限公司之法組織之不論官商皆可入股而其權限相同由股東自舉總理因此而援近事諸例奏請即派之爲督辦則既可以重其權而與政府各督撫直接又可使出資者得以股東之資格持此督辦之後以維持而糾察之則庶乎可收二者之利也

第三紐約倫敦上海等處專理售券收款委員宜由公司公舉而不宜由督辦選派

督辦之難於得人。既如前論。則督辦選派之委員。亦因而難於得人。此必然之勢也。今日督辦放而明日之夤緣求差者已踵接於門矣其親戚密友不待干求

而已豫爲之地者更無論也若爲商立公司總理既由公舉則委員亦宜公舉乃爲適當之辦法

第四新公司成立以後之債宜兼用社債而不宜專用國債　公司於集股之外復行借債以補股本之不足日本謂此爲社債公司借債謂之社債國家借債謂之國債此性質原有不同前者粵漢鐵路之小票由美公司發與債主本爲社債特以此小票之由來本出於中國政府而美公司代爲經理之債主之信任此者非信美公司而信中國政府是以中國之國債爲美公司之社債也夫美公司之能發此種債劵者匹其以外國公司而爲中國政府所囑託故也今新公司既在國內則無由以一國內商立公司之資格而發行國債劵但能由公司自發社債劵不僅於上海發售天津廣州亦宜各派專員此項社債劵專以售之華商不以售之洋商但使公司信用漸立則此粵漢鐵路於世界商務大有關係數段成工之後開車往還利之所在華商亦必樂於附股始懼無利則羣避之繼知有利則羣趨之與之圖始甚難與之樂成甚易此人情所共然而華商爲尤甚至彼時而多

售與華商少售與洋商之策果眞能行矣不惟能行且華商之債可自少而之多洋商之債可自有而之無此加多則彼減少此加重則彼減輕二三年後竟可不恃絲毫洋債之助而爲純粹之華商自辦公司矣若如文中所言以官辦公司而委員駐上海以收華債華債不來此員必同虛設每次所借之債不過紐約倫敦二處之洋債而已外債日重公司日危非計之得者也且以小票給之華商是政府借債於民而注明以鐵路及全路物業作抵也夫各國政府之於內國公債其所借數目應定若干每年付利之欵及滿期償債之欵應由何項的欵支出須由議會預算所指的欵或以國家何項專業之利預計其數爲之指定者則有之矣若因借債而以國家專業作抵至期不能還利滿期不能償債而此專業即爲國民之有公債債權者所得徵之各國國債實無此例蓋如此則國家爲破產如此不信用之國家亦決無發行公債之資格也夫粵漢鐵路小票本應由中國鐵路總公司出名而爲社債不應由中國國家出名而爲國債凡外國公債但當以普通國債名號募之若不見信亦不過以有利之事業作抵耳若如今鐵路小票票

面條欵所注明借債修路即以路爲抵押之事亦不多見此因代我造路管車者即代我借債故有此種辦法以此爲外國公債已非正例若以行之國內則名實乖外實不能行矣且此小票注明欵數皆以美金計算以中國人民買中國國家債券無可以美金計算之理亦且不適於用而無肯買者矣即令一切皆無不合而華商居然肯買然本爲外國公債票則其爲物也流動無常外人仍可收取不能盡使藏於華商之手何如以限制專行國內之社債行之較爲穩妥乎然新公司所自出者雖爲社債而美公司所已借之美金六百二十二萬二千二百二十圓則仍當爲國債當新公司之初立信用未孚不以政府之資格擔任之則不足以堅外國債權者之信夫以一商立公司而政府爲借國債以充其資焉此於事理似甚差謬者而不知不然也各國政府欲獎厲民間實業而於其大工作之不易集事者則津貼之日本政府之於郵船會社每歲津貼二百萬使得擴張海外航業即其例也今粵漢鐵路之工作亦中國莫大之工作而民間未易集事者使政府而財力有餘則應津貼之者也今財力無餘而以外國國債補助其資本之

缺乏爲之作小票付利之擔保亦政府應盡之義務外國國債所得當以謀生產之事業而不當以謀不生產之事業粵漢鐵路則莫大生產事業以此而借外國債亦國家財政上應有之計畫也且不僅新公司未立以前之債當由政府認爲國債卽新公司成立以後若信用未堅社債不能暢行華商資本不能吸收之際仍當由政府以從前爲美公司借債之法應公司所需之數向受託公司提出若干小票以散售之法行之歐美市場如文中所言紐約倫敦二方面者以此當國家之津貼焉而實在擔任將來償還此債務者則爲新公司而非中國政府也五十年償債之義務新公司任之而不必政府任之則所謂津貼者亦不過借政府之資格代爲出名以吸外資而已比之美公司辦法適爲反對前則政府以公司之間接而借債於債主今則公司以政府之間接而借債於債主前則政府爲債務者而公司爲代理人今則公司爲債務者而政府爲代理人政府改其償債之義務而爲担保之義務一轉移間而政府之責任較前輕公司之責任較前重內容之輕重已經倒置而自外人之債權者觀之則猶然中國國債也固前後如一

也。以此而與美人交涉。亦毫無可以執我長短之處。而政府與公司兩相維繫。於是小票付利之欵。開辦之欵。造路之欵。將來償債之欵。一切皆有著矣。蓋非商立公司之社債。萬不能得華商之信用。而吸其資本。非中國政府之國債。亦萬不能得洋商之信用。而吸其資本。必如此交相爲用。而後二者之害可以盡去。而其利可以盡收也。至於受託銀行所有美金四千萬小票。除已提出之六百萬餘以外。尙餘三千三百餘萬。將來公司社債發行之後。所需國債之補助者。必不賴此巨數。用多用少。本當任我自由。不用而姑存之。原亦無礙。既無以錢易票之債主。則亦無憂空票在外。貽將來償權之累。此時竟不必向受託銀行取還此票。亦於美人已得之權利問題。可少一層交涉也。

第五。與洋工程師訂立包工造路合同時。宜但包與一段。而不宜包與全路。 文中言與洋工程師訂立合同。雖預言承造全路。但仍須逐段包造。倘一段路成驗收工程。不合督辦之意。或因次段之欵。督辦尙未籌齊。則督辦有權另聘他人接造次段。或暫緩接造。總須逐段交割工程。清結帳目云云。辦法非不周詳。但以中國此時組織商立公司。所推總理。不能不以資望。欲求其能精曉外國機科價值彙通工程學則勢必不能。雖公司中可請華人之能通此學者。參與其間。然既與外國工程師訂立承造全路之合同。假使一段造畢之時。而有工程不完備帳目不明瞭之情事。此時欲屛謝之。另聘他人。彼仍可以持其承造全路之合同爲據或且謂我不知工程。不能計算。而以跋扈相向。皆爲意中之事。盛大臣因合興之工程師開支浮冒。乃欲使工程師於每一段路工所需之數。先呈估計單。即以爲向受託銀行提出小票之數。然此法可以杜合興之濫提小票。而於工程師之開支浮冒。仍所難免。費盡氣力。始得易人此雖因主權倒授美公司所致。然中國國勢過弱外國人以一私人之資格皆可以其國勢相壓此則無往而不然者也故與其訂承造全路之合同而或貽異日之累不如與訂一段之合同一段路工既畢善則仍續前約不善則事業已畢彼當自去無待我辭先將全路分爲若干段。每段注明兩抵之處逐段遞包驟言之似涉瑣屑。然繼續延聘之時。但照前合同復書一通。其事甚便。并非甚瑣。且或前合同有未周至。而臨事始發見者。更可於續

實業

約時補其缺誤尤爲便宜也。

第六與洋工程師訂立合同之人宜由公司總理而不宜由駐外國公使　既爲商立公司則公司中請一外國人修一段路此尋常之事不過如學校中請一教習工場內請一技師而已若由公使延聘則頗疑於帶國家之性質不如由總理或總理委任人自聘之較爲妥帖且公使或不知鐵道事業之關係則合同尤易錯誤不可不防也

第七外國工程師宜用日本人而不必用美國人　同爲外國工程師此中本無可以區別之處以云相宜則皆不宜然不得已而必借材於外國則以前議一段包造之法與其取之遠者無甯取之近者日本之歸途不遠則辭去亦較易爲一段包造之合同可與訂立若美國人則非與訂包造全路之合同不能使越數萬里而來而既來之後倘有不合又不易使去皆爲轇轕之源也此其一也日人國內生活不如美人之優貴則身價亦必較廉此其二也將來以小票而借外債必於歐美市場日人之個人經濟遠不如美其或誤延債主而爲造路人之處不如

美之可慮此於債權者與造路人之截然分爲兩途不相合并之策尤爲扼要此其三也日人於中國情形究熟情誼較易聯絡如比國人在廣東路工上戕人斃命等事較爲易防易制此其四也中國人以現在之趨勢通日語者必較通英語者爲多日人之通華語者亦然內地辦事上之關係一切幫手通譯之類皆易覓人而現在湖北湖南四川各省皆已送學習鐵路學生於東京即因時事之切要而自願學此科者亦日見其多將來工程上需人不少一旦與日人同事則一切皆易諳悉此其五也中國人士於西洋情形多不省悉三省之中惟粵省較優至於湘鄂則隔閡殊甚而於日本則各省士大夫來去極密內地處處皆有曾經遊日之人對於其國則多知其內情對於其人則易查其底蘊我之操縱較易而彼之欺恣較難此其六也有此六者故余以爲不得已而必借資於外人之學則無寧取日人也夫留美諸君之主用美人殆亦謂接續前議可省交涉非必謂非美人不可用也余之言用日人亦然亦非謂非日人不可用也特皆論其主任之較便利者耳

實業

余因準留美諸君所議而參酌之以以上所見各事復仿其三條辦法分列於下

一騰緩償欵

綱要　我國政府當自擔小票付利之任以昭大信而緩償欵(於原文無增減)

辦法　由粵鄂湘三省紳民合立商辦粵漢鐵路股分有限公司於武昌由股東公推總理一人并由三省紳商聯名稟請三省督撫合奏請旨派為督辦其股本以三百萬兩為額如有官股附入其權限皆同等一面請明降諭旨飭出使美英比法等國大臣於各該國通商巨埠登報聲明所有中國政府業已頒出之粵漢鐵路金錢小票仍歸中國政府承認票面注明之條欵一切照舊仍以五十年為償本之期歸新設之商辦粵漢鐵路公司担承仍以鐵路為抵保而中國政府為之担保自合與之約作廢之日起以後應付之五厘年息准持小票人按期就近向各該出使大臣衙門或領事署照數收取一面由新設之商辦粵漢鐵路公司分期撥欵稟請商部外部解存各該出使大臣處以備付息並由出使大臣照會各該國外部轉為宣諭以固債主信

任之心（於原文有增減）

二籌本借債

綱要　由商辦粵漢鐵路公司自出社債券售與華商若有不足則由中國政府以未須出之小票散售與洋商以津貼之務使鉅欵可集而洋商債主不握路權（於原文有增減）

辦法　由商辦粵漢鐵路公司公舉委員五人駐外國者二紐約一倫敦駐內國者三上海一天津一廣州前二員專理在歐美售押小票之事後三員專理在本國發售社債券之事其社債券發售之法由公司自行規定其國家小票應請旨飭下各出使大臣督同各該委員經理提票付息收欵一切事宜一俟工程師將接辦後擬造某段估價需欵之數開呈總理核准再由總理將公司所短若干應由小票補助之數稟知商部外部轉咨駐美出使大臣照各該員稟報各該處市情可售可押小票之數隨時向受託公司提出小票分交各該委員但每次所提小票不得逾公司所請發商部外部所指

定之數每批所發小票不得躉售或躉押與一外國公司或一洋行凡售與或押與外國公司或洋行者每一行每一公司所躉押之小票不得任令逾美金一百萬元（於原文有增減）

三包工造路

綱要 選聘日本高等工程師指定某段路工與訂包工造路合同不可包與全路且毋令經理工程不令預聞籌款事宜路成之後亦不令其管路（於原文有增減）

辦法 由商辦粵漢鐵路公司總理或總理委任人招訪日本高等工程師指定一段路工起於某處止於某處令其估算開呈所需之欵擇其相宜者與訂包工造路合同言明由總理交欵之後限期包造造成之後即由總理驗收交割工程清結帳目仍否留令繼續包造任聽總理之意至於驗收工程之後即由總理派員管理合同中當聲明承辦路工者路成後不得接管路車（於原文有增減）

然此外尚有一大問題在焉查各國商法凡甲公司欲合併乙公司或甲公司欲買收乙公司者須預先宣告乙公司之債權者得其承諾始可若有不承認者必先清償債務。今粵漢鐵路小票雖以中國國家之名義行之其信用爲中國之信用而非美公司之信用。然一旦美公司被撤。我自辦粵漢鐵路公司方始成立。中國國家即令自認付利償債之責。設彼債主不能相信而不承認則我勢必不能不償還債務若全數索償則須當美金六百二十二萬二千二百二十二圓即不然亦數百萬數十萬耳且諸債主中有一不承認者則信用大損而羣將索還是不還則已還則必全數還與也且美公司發此小票時先儲股東按股分派股東不受乃與他人是持此債券者多爲股東我方欲廢合同損彼股東權利彼能無以迫還債務要挾我乎我當公司初立經費維艱必難先了此巨數之債務而後乃圖自辦必終爲所挾持無可展布是騰緩償欵之法其目的終不能達而籌本借債包工造路之兩辦法亦無由著手而廢合同之說且爲空言矣豈非於此事中一最危險之問題乎今欲釋此危險之問題則不可不於三辦法之先先之以維持小票法所謂維持小票者必在維持小票之信用也而維持小票之信用者必在維持小票之價值使不下落也查歐美日本皆有株式取引所Stoke Exchange專司公債股票證券等之買賣以現物期物二種爲目的物買賣之法如拍賣然由取引所經理人提出證券之名目期限聽人買賣買者賣者各呼價以相競以最終之價格爲準此價格之高下乃由於供求之多少而定供求之多少乃由於信用之淺深及利息之厚薄而定此自然之價值也然有時可以人爲之價值煽動自然之價值其煽動之法不一惟其中有所謂買占法者最爲有效買占法云者乃由一人或數人察現在市場某種證券流通之額約有若干其現價所值約爲幾何於是憑空自擬一較此市場現價稍高之價又預定一期日謂於是日以此高價收買此種證券不必即付現值也於是賣者應之與之預約於其所擬之期持券交價然而賣者亦不必眞有是券也但以其貪利之心思收取市場低價之券以高價賣之而已不知既被買占之後賣者於將屆期時迫於踐約必求現物以相授而市場之現物有限其流通之額不過若干必以賣者求取之故而其價驟高若高而不及買者所擬之價也則賣者獲利焉若高而過於買者所擬之價也則買者獲利焉老於投機業者常以此法

隨時買入即隨時賣出買空賣空而即以得暴利即有虧折亦可計算其虧折之數總不能過於市價與自擬之價二者相距之數也況未有買占之時而證券之價不騰貴者此所謂買占騰煽之術也然此法也若以行之於流通額雖有限而甚多之證券或流通額幷無限之證券則不能行何也價格之高由於供不足以應求若多而無限則供過於求而不能以人爲之價格煽動其自然之價格而使之騰貴矣今粵漢鐵路小票已爲彼株式取引所一種買賣之目的物無疑而其數則又有限者也現在美洲市場之內不知其價能値幾何苟其價格不跌信用常存則雖美公司撤銷經手人銷滅仍可如常流通不生債主之疑慮我等如此亦不必別籌維持之法惟彼此情形隔閡保無有以停工廢約等事造作蜚語搖惑人心以敗壞我之信用者此固亦煽動之一法也若如此則持此小票之人皆有自危之心可藉口於我欲廢約之故持券索償我於償債之外無術以免此厄也今欲免之亦惟有利用此買占之法一面聲明廢約之後小票仍由中國政府自認付利償債之責一面選任老於投機業者以數十萬金於美洲市場行買占之法不求驟得暴利但求維持小票價値使照常流通不至驟落則

債主無不自安之心而小票得以維持矣或者疑美公司已提出之小票已有美金六百餘萬圓今欲以數十萬金維持之則此數十萬金豈能買占六百餘萬金圓之票乎不知買占者不必盡買亦決不能盡買一有求者則其價必即驟騰已求之急人亦求之買空者亦可賣空故買占之法常能於一輾轉間而使其目的物之價格致非常之騰貴也而此數十萬金者居然可以少數之資本操縱多數之證券即令不得其宜儘此數十萬金盡虧折之而其能使小票騰貴信用保全於廢約自辦之政策可以成功而無防礙則其可必者也若買占之法操縱得宜則又必無虧折之事而或且因以得利焉此所以必得老於投機業者而用之在美廣東商人甚多覓能此者當不難也夫買占之法在取引所原為弊法然吾為維持信用起見而非以貪圖暴利則操之甚易其害亦少此為救急權宜之術無論鐵路公司為官立為商立而皆可採用者故曰維持小票法也此法行則債票價格不至跌落債主自可相信而不至索還即令債主本皆公司股東故意索還以要挾我則是其股票之權利已去而并欲將債票之權利亦棄之我之債票既流行市場有人購買彼欲棄之人將買之則彼自不能持以挾我矣

日即令一切方法皆不適用而迫至於不可不償債之一日則我仍可以借債於他處以歸還彼以今日中國政府之名義尚不患無人肯與借債故此事不可不有預備之方而未必果有其事也

以上所論列者皆以留學美國諸君之所議爲基礎而參以鄙意其實無甚差異所異者彼主官辦此主商辦因此異點故其間面目亦不能無增減附易之處余無欲另標一解之心亦無欲羣從我說之見特以中國從前之覆轍與後來之方針關于此等大公司應否官辦或商辦本爲猝難決定而當研究之兩問題故不惜於留學美國諸君所擬官立公司辦法之外別擬一商立公司辦法以待我國朝野士夫三省父老之所採擇然以言官辦則多官不可恃以言商辦則商未必肯來欲辦一之純粹之官立公司成商立公司求其完美穩固而無流弊皆非今日中國之程度所能辦到故余所擬辦法於公司中二項資本所自出其一爲股本則以商股爲正而以官股爲副其一爲借本則以社債爲正而以國債爲副固亦不得謂爲純粹之商立公司也夫以中國今日之政體如此而欲於其國中設一商立公司以經營至大之事業則不能不借官力

以維持之故官股自無屏絕之理至於國債則更以特別之法借政府爲担保前此合與之小票名爲中國國家金錢小票票面注明之條欵亦全爲國家之性質今既因與外國舊公司交涉之故及謀內國新公司成立之故不能不一切照舊以全信用則此公司之賴此官力尤爲明著矣然此公司成立之始以現今之勢論之即已不能全恃官力不假商力所能集事者惟於其始也借力於官其繼也以商股之先占多數以社債之漸次暢行則後來之趨勢自必日趨於商合衆力以維持之而不至敗壞於官之手斯前途之安穩乃始有可望者故公司中之組織其職事之擔任權限之分別不僅鑒前此事業之所由隳謀將來基礎所由固不能不以商立公司之辦法定之即以目前情形而論提議廢棄舊公司合議組成新公司者皆在三省紳商則以商立公司之辦法規畫之已爲勢所不得不爾也夫中國自與外國通商以後當事者日以挽回利權爲言而自李文忠之官督商辦之說遂使三十年來中國實業界上無絲毫之進步不惟無進步也各國商戰之風潮日以益激愈逼愈緊今日海內海外之華商幾不能於商界中覓立足之地矣試問數十年中華商有能於官督商辦之下獲鉅利成富商

者乎有之則必官而爲商者或官而督商辦者其以此而升大官發大財者則比比皆是矣至於商人之以此致富者余罕聞之問何以至於是則官督商辦爲之也近來當事者知官督商辦之名爲衆所惡乃改爲官商合辦其不善者則惟改易其名以愚商人而內容與前無異也其善者則稍假商以權而較不敵官權之重此於謀實業之發達有何益乎故與其爲此無理之官督商辦無益之官商合辦則何如直捷了當而竟以商辦爲名乎夫既以商爲正以官爲副公司主權全在於商則商立公司云云者亦無名實不符之病也中國之集合大資本經營大事業者前此惟一招商局然余聞其自成立以迄於今未嘗切實核算帳目一次其所謂算帳皆敷衍耳若必欲切實核算則將有殺人報怨之事其中黑暗可想而知今之粵漢鐵路爲三省人身家性命財產之所繫其關係之重大較之長江航路有過之無不及若能以苦口力爭幸得收回於比人之手而仍有償還外債之後累設即貿貿然言自立公司自修鐵路而不於其經始之時兢兢業業以謀之則後來危險之狀豈可預料故余於此不能已於言於留學美國諸君之所議不能不自表其異同之見以爲實事求是之法苦心所在當亦留學

美國諸君之所共諒而余之對于朝野士夫三省父老關心此粵漢鐵路問題者尤願以精心貫其中以實力從其後無謂失而復得即爲大幸以後自辦辦法無妨稍爲出入而不必過爲深論者則三省之福也中國之福也

## 第四篇　結論

以上二篇一論廢合同之條段所以謀對付于外者一論立公司之方法所以謀經營於內者然二者之事皆非財莫能辦故謀此事者首在籌欵今將二篇內所論各事需欵之數幷錄於下。

一公司股分金華銀三百萬兩　能多集更妙惟宜急籌。聞現在三省籌欵皆已將達百萬之數則所差無多矣。

二訟費　美廷訴訟之費。雖難預計。然度其至多之數。當不過十萬金內外

三買占法用費　若小票價不低落。則不必用。若低落而挽救甚易。則用之亦不甚虧。或竟不至於虧。惟必宜預備七八十萬金。以便操縱

四賠償費　賠償之有無。及其輕重。及是否用錢幣皆不可知。故此雖預備稍緩。亦

無不可。

所需之費。就於此矣。以言乎外。則以此區區數百萬之資本而得此至長至鉅至有關係至有利益之鐵路收回於強國之手自造而自管之得以保國權得以保身家性命事豈有便易愉快於此者以言乎內則以政府與湘粵鄂三省之財力雖曰無現成裕積之財可取然豈此區區之數竟至不能集者若其果然則何如不爭何如以之贈美國或比國或俄法乎今者英美德法俄五國方將共集五十億之資本遍修中國全國鐵路而以粵漢鐵路為其下手之方故以悲觀言之則他日者鐵道告成飛車電走馳騁於我廬墓之旁奔突於我耕桑之對環幹路環枝路之前後兩旁碧眼虬鬚意氣揚揚者外國之商人也官吏也兵卒也警察也而笞我而鞭我而叱我而撻我我心為所震氣為所懾不敢抗拒抗拒亦不能敵徒以速死含憤飲泣奔馳逃避匍匐於低簷隔屋之下與家人相訴泣焉而卒皆無如之何烏乎何其慘也反而以樂觀言之則橫貫中國之北方蘆漢南方粵漢兩鐵道皆已落於強國之手蓋早已沈於海底而不復望其能出現者矣乃忽然利用時機竟將粵漢鐵路收回不僅將來之大利無窮也即今日中國之民氣必因此而爲之一振羣知國勢之猶可爲國權之不可失而咸思保護之焉則愛國之心油然而生國民之氣勃然而起矣則又何其樂也烏乎悲也在此時樂也在此時生也在此時死也在此時存也在此時亡也在此時粵漢鐵路之關係如此粵漢鐵路之價值如此烏乎顧不重歟顧不重歟

（完）

# 治外法權與國民思想能力之關係（飲冰）

中國國內各租界外人有領事裁判權。亦稱之爲特別之治外法權。若上海一地。有完全之混成裁判者。（混成裁判者以駐在領事之團體行司法權各國所施諸埃及者也今上海正屬此類）此權之尤爲發達者也。其餘若已經割棄之香港澳門。及密邇內地之南洋日本。雖不屬治外法權之範圍。然我國人居留者甚多。與內地有切密之關係。而政府之權不能及焉。吾本論並此等諸地總論之。此等諸地。果爲中國之福乎。抑爲中國之禍乎。（若香港上海諸地。爲國體之大恥辱。此自屬別問題。盡人皆知。無待言者。）殆不可一概論。

平心論之。此諸地爲新思想輸入之孔道。章章不可掩也。言論自由。出版自由。爲文明普及不可缺之條件。盡人知之。而在專制國法律之下。跼天蹐地。激詞諷刺。輒已得咎。

我國數千年來未必絕無懷抱異想之人。而不能滋長其萌蘖。公表之以貢獻於社會者。勢使然也。數年以來交通漸開。以自力求得新智識者於外界者日有其人。而復得此諸地爲根據。可以大聲疾呼而無所忌憚。故糾彈抨擊之言日騰於報章。恢詭畸異之論。數見於新籍。取數千年來思想界之束縛以極短之日月而破壞之解放之。其食此諸地之賜者不可謂不多也。

雖然。思想一方面日見漲進。能力一方面日見萎縮。則亦受此諸地之影響者最多。夫病者而呻焉。勞者而歌焉。其所患不緣此而治也。而一呻一歌之際。其日前之苦痛則既略減。故夫處專制政治之下者。苟並其言論自由而束之。使不得發紓。則其怨毒將悉蓄於腔而日以增益於斯時也。則懷抱新思想者。流生出兩派焉。其志行薄弱者。不厭世則發狂而銷磨淘汰以去。其志行堅強者。則以憤鬱之深而務從實事上以自救。其苦痛於是能力出焉。若於言論上猶有餘地以恣之。則憤已略洩。而氣已稍瘉矣。故或以能言論爲義務之已盡。而實行之心力因以減殺。此一患也。其不能言論或不好言論之人。宜若汲汲於實事。但其任事之始。其心目中已有一外國或租界爲之逋逃歟一日風吹草動則以三四五金之旅費三四五日之里程可以自庇於上海更倍之則香港南洋日本鴻飛冥冥能有矰繳靡所施矣孟子曰其操心也危其慮患也深故達以今日之政府其行政法之粗疏已不足以陶鑄志士之思慮而復有此等至便利至密邇之治外法權地以爲之尾閭則安能危而安能深也故志士之任事者非必其初志之虛而不實也非必其天才之果不如人也而坐是之故其思慮縝密之一點必不能發達吾昔聞人言久居紐約者其眼必加利因車馬太闐塞眼鈍而行路難也若夫居曠野者眼官之用不勞而効力亦減矣今中國志士能力之萎縮其理由亦猶是而已日本維新前黨禍之起西鄉月照輩見窘於政府舍投海自沈外無他途故其人不反對政府則已苟反對政府則已自處於淮陰背水陣中舍『死』與『勝利』二者之外更無他途今日中國志士之地位可以失敗而不死故失敗者踵相續也此又患也

夫必謂此諸地於中國之前途有百害而無一利此誠不免矯激之論以中國民智之窒閉民氣之脆弱積之已數千年不有言論何以喚起多數之同情若絕無逋逃之地

則政府方將於其萌蘖焉而摧拉之而後此之發達亦終不可期故有此諸地以爲之過渡安得非福今過渡之時代既漸去矣過渡之事業其可以已矣吾國人若猶狃於前此之地位則恐其竟漂泊於中流以終古也

雖然乃者一年數月以來則此諸地者其性質將生一變曩昔之言論自由者今干涉或過於內地矣昔之逋逃最適者今國事犯充獄中矣自今以往爲本國專制權與外國專制權嬗代之時代其或者摩鍊我國志士之時機已至乎是又禍與福相倚之一端也

因感警世鐘及警鐘日報之獄再書此。

## 中國之多數政治（飲冰）

上海時報載有政務處會議修復貢院一案詳記各大員說帖所主張者如下。

外務部各堂官同一說帖議主不修

商部各堂官同一說帖議主緩修

內閣各堂官同一說帖議主修

翰林院各堂官同一說帖議主修

吏部孫中堂張尚書合上說帖主不修　其餘各堂官同一說帖議主修

戶部五堂官同一說帖議主緩修　惟戴侍郎另上說帖議主修

理藩院各堂官同一說帖議主修

兵部各堂官同一說帖議主緩修

刑部各堂官同一說帖議主修

都察院各堂官同一說帖議主修　科道御史各具說帖主修者十之六七主不修者十之二三

禮部各堂官同一說帖議主修

工部各堂官同一說帖議主修

光祿寺三堂官同一說帖議主修　惟張京卿亨嘉另上說帖議主不修

太常寺各堂官同一說帖議主修

大理寺各堂官同一說帖議主修

嘻、此即中國第一次會議朝政之結果也。多數政治爲今世界最完美之政治。此天下所同認也。此次多數之勝利竟誰屬耶

論者曰。彼老朽而黨於政府者爲然耳。雖然。使合全國人有普通選舉權。以其代表人會議一事。其結果亦必爾爾。或且更甚焉。吾敢言

論者曰。彼頑懵而無新智識者爲然耳。雖然。使合全國中所謂少年有新智識者。以其代表人會議一事。其結果雖或不爾爾。而惡果或更甚焉。吾敢言

橘在江南爲橘。過江北爲枳。以今日之民智民德民力。何一而可哉。何一而可哉。

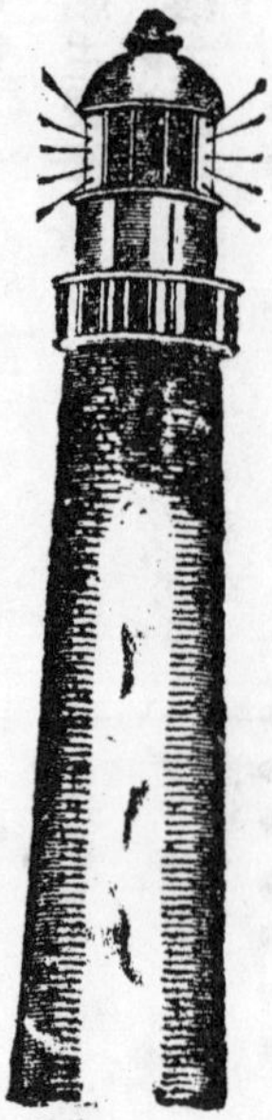

# 自由解

頌嘉

今天下之號稱維新者口不絕自由一語手不停自由二字於是浮囂之士遂緦緦然曰人有自由權子可不父其父臣可不君其君矣嗚呼此誤解甚矣夫不待人言不待法治不待畏逼不待文飾者謂之自居仁由義者謂之由不待人言不待法治不待畏逼不待文飾而自能居仁由義者謂之自由自由者希聖希賢之功夫自修自治之結果也中庸曰詩云相在爾室尙不愧於屋漏故君子不動而敬不言而信此君子愼獨之工夫將以冏自由之根基也大學曰小人閒居爲不善無所不至見君子而後厭然揜其不善而著其善人之視己如見其肺肝然此自由與不自由之別也孔子曰吾十有五而志於學三十而立四十而不惑五十而知天命六十而耳順七十而從心所欲

不踰矩。夫從心所欲而不踰矩者。自由也。以道大莫容之聖人。猶必由學而立而不惑。而知天命而耳順而至於自由。則自由爲自修自治最後之工夫。而非若今之所謂子不父其父臣不君其君者也明矣。

或謂自由一字。出於西文之 Liberty. 即無束縛之謂。夫無束無縛。聽其自便謂之自由。故不禁人議論曰言論自由。不禁人著書曰出版自由。擇教聽人之好曰宗教自由。貨物不抽其稅曰貿易自由。凡一切之不受約束者。皆得謂之自由。嗚呼。是不知泰西用意之言也。夫獨不見夫罪人乎。束之以縲紲。囚之於囹圄。手欲動而梏其手。足欲行而撩其足。一舉一動。莫能自主者。不能自修自治也。苟自修厥德。不事干犯。手逞其所爲。足逞其所至。誰得而約束之哉。泰西人士以爲一切諸惡。猶之縲紲。能梏其手。能撩其足。而不待人言。不待法治。不待畏逼。不待文飾。而自能居仁由義者。爲能脫此羈絆。故曰自由所以明善不善之別也。又以爲不能自由。即不能自治。不能自治。不如速死。故曰不自由毋寧死。所以勸人之自治也。又以爲天下之善。不在法懲。而在鼓舞之。以自爲。故曰言論自由。所以勉人之非禮勿言。言則必得其自由之道。無可禁者也。曰出版自由所以勉人之非禮勿書書則必得其自由之道無可禁者也曰宗教自由所以勉人之非禮勿從從則必得其自由之道無可禁者也曰貿易自由所以勉人之非禮勿取取則必得其自由之道無可禁者也假令自由爲不受約束之主義則誨淫誨盜之書將充於市放僻邪侈之言將盈於耳無父無君之敎將徧天下鴉片罌粟諸物將不絕於道矣

或又謂當法國路易十六世暴待其民革命黨以自由主義起而滅之自由爲不受約束之主義此其明證嗚呼是大謬不然也夫苛政嚴法非暴也立法之本意當如是也法律不明國威不振有妨於人之自治者斯暴矣當路易十六世之闇弱僧侶專權國威不振其政令將不足以勵民故當時志士起而重創之使法立而民畏政行而民信俾互相戒勉以致於自由非欲壓倒其君權橫行其所爲也不然孟德斯鳩盧亦當時革命黨中人也何以其言曰國愈文明則其法律愈繁黨中之人亦何以信之不疑誠以法律者使人自治之利器法律愈嚴則人民自由資格愈深攷歐西文明諸國革命而還兵役有義務輸捐有義務衣服有定制休息有定時道有巡捕以禁人之爲非邑

有牧師以勸人之爲善個人與個人相交有市制國與國交有公法商務則有商例敎徒則有敎制凡所以立法嚴懲不勝其繁者蓋欲人人習自由之資格也苟自由爲不受約束之主義則擧凡巡捕牧師市制公法商例敎制一切擧而廢之可也

或又謂泰西尙自由故講平等君臣尊卑長幼之分略而不講則自由爲不受約束之主義又一明證嗚呼是又不然矣夫平等者非無尊卑長幼之分也徒以爲天之付人無有不同其所以能尊能卑者亦均故君者君其德而能修其德吾亦可君長者長其學問而能修其學問吾亦可長也而推而言之則天下之人皆秉人職皆得自由於至理之中故曰男女平等父子平等平等平等之義所以使人人自勵也至於其尊卑長幼恭敬謙讓之儀尤爲易見觀西人之稱其君曰 Your Majesty.（即陛下之義）其稱大臣曰 Your Excellency.（即大人中丞等義攷西國通例凡公侯伯子男各有專稱此不過其大概耳）其稱平等人及下等人曰 You.（即你字有極恭敬義其意與支那文之足下意同）有所要求則曰 Please.（即請字義或用 Will 義同）即卒然相遇亦必免冠致敬握手爲歡其禮節之嚴不獨敬其上且必敬其下者誠以尙平等故也苟

自由爲不受約束之義則君臣長幼之分又舉而廢之可也
且夫泰西諸國自由之出產地也然其言曰個人品格之高下國家隆替之結果自助人民多則元氣充也可知自由之國首重人品又曰善得入之助者爲能自助可知循法而行即謂自助自助功深始能自由故泰西之敎人也當其幼也以禮義廉恥養其心仁愛道德修其身一有不遵則罰站罰操養其恥及其長也以自治自修勵其志科學充其識循循然務使其不入於浮泛者非不使其自由也不如是不足以自由也由是而言自由者由不自由而得不能不自由於先又安能自由於後不先發明自治而空言自由則謂之自亂自亂者野蠻禽獸之所爲以數千年文化之人而行野蠻禽獸之所爲以自由二字之美名詞名野蠻禽獸之所爲吾於是知言自由者日衆而能自由者日少吾於是願吾四萬萬同胞先言自治以造自由之資格吾於是作自由解以喚醒歧趨誤涉者

哲學家曰。自由猶刀也未能操刀而使割者其傷實多嗚呼斯言盡之矣今以專制國民居自由之國往往轉爲律法所束縛則自由國之律法嚴於專制政體者亦可見已然今之譚強國者動輒曰自由吾恐其上下交相賊自欺以欺人雖爲奬國之順民猶不得於強國乎何有爰作自由解其旁義支蔓略而不言所以自勵勵人也

著者繫言

小說

# 科學小說　竊賊俱樂部（一名一兩雷錠）（續第六十三號）

上海知新室主人周桂笙譯

於此電話機之彼端。屢與黍戎翁史德電談者。蓋博士白廉夫也。博士於醫藥化分諸學無所不精。而於水晶類之化分化合。尤多心得。名播遐邇。其爲人也。好學深思。尤喜實驗。不尙空論。今以竊賊錮於室中。亦將以試其實驗也。故於彼所謂曾作馬兵之施密丹者。有所報告。一一皆筆而記之。以爲考驗之資。深夜獨坐。據案沈吟。自語曰。脉七十三。表九十九。心無端亂跳。喘息艱難。此皆在可解之間。今彼在內。已歷時三十一分矣。幸其體質強健。尙無大苦。然此後當備嘗諸苦矣。施君施君。若苟爲無罪之人。吾必不忍以此苦汝也。今汝既流爲竊賊。吾爲博學實驗之故。使汝備嘗諸苦。以戒汝之將來。於汝亦未嘗無益也。沈吟自語。乃成獨笑。初白博士既於他質之中。研鍊再三。得此一點之雷錠。雖明知其功用之神。及市價之昂。而屢思實驗之苦無其人。惟有以此物陳設於化學室中以供同道者之品評研究而已。詎各報喧傳其事。白乃忽發奇想。私心自喜。以爲各報不啻爲我登廣告矣。彼蓋逆料此等價昂之物。盜竊者流。最爲屬目。苦不知物之所在耳。日報既競傳之。必有來圖竊者。於是以雷錠移至空室中。故闢其門戶。室中墻壁。更加以粉堊。使之回光耀目。蓋如是則來盜者。不至誤走他處。不啻導之使入也。復於扉上預設機捩。使入門者踐之。機動而扉自闔。是以雷錠爲餌。而以室爲穽。將致人焉。以施其實驗也。其用心亦良苦矣。夜既半。家人皆就寢。白乃伏坐對室。遙爲瞭望。果也。逾時未久。而翁忝戎乃入其穽中。

白以電話詢竊賊所感覺情形。已屢矣。至是再掣鈴與之通語。恐其不復能耐。思藉此以破其岑寂也。乃忽聞其問曰「你爲教友乎。」曰「然。君問此胡爲者。」曰「爾既奉教。胡不體教主以仁愛爲本之意。胡乃禁余於火獄之中乎。余正告爾。爾再不釋余。是將毒斃余。悶斃余矣。爾既奉教。抑何忍心至此。尚其速釋余哉。」白對曰「施君。汝其毋爲此女子之行。汝既諸於前矣。今雖乞憐。無益也。且汝本以圖竊而來者。既賊矣。則罪有所應得。汝試平心思之。究爲伊誰之遇歟。汝不自至。吾不能强汝來也。且汝今雖略受苦惱而於他日人類進化獲益不淺事後吾將詳載其經驗情形出以刊之「英國醫學日報」、想汝家人亦樂聞之也」。曰「吾無家屬也。借曰有之。亦不樂聞爾之狂囈。吾今復正告爾。爾其釋我。不然吾將以身命爲孤注。與爾試一擲矣」。曰「汝無能爲也。室中雷錠電話之外。無他物矣。汝將碎此雷錠耶。是徒自苦其身耳。汝將毀此電話耶。今汝能與室外人通消息者。賴此而已。設毀之。是汝自絕於人也。施君。吾勸汝毋然。尙其勉爲正人哉。汝亦曾讀「黑洞記」否。「印度」「加爾各搭」地方之罪囚。其受苦尙十倍於汝此時也。」白言方畢。電話中忽答曰。「若爾者。眞可謂博學界之禽獸矣。」白曰「惡。是何言。汝其勿狂。倘患岑寂。可於室中繞行。亦可稍破積悶也。今請再以寒暑表置口中。而以熱度告我。此實爲有益之試驗。學毋自輕也。」言畢。竊竊自歎曰。此傖亦大可憐矣。其所受之苦。今方始而未有艾也。嘗以一釐雷錠。化爲流質。三日之間。連殺八鼠。今以一兩而欲致此强健活潑者以痲木不仁。不知需時幾何。使非如是之試驗。誠未易知也。默思之頃。鈴聲忽作。據所報告曰。「表度已達一百二一分。時脈已百至矣。」……爾其聽哉。頃余以仁愛之說。求爾釋我。爾乃悍然不顧。今請再以室家之言進。可乎。爾縱不爲一己計，寧不爲室家計乎。今請以爾室家之故。釋余可乎。」白疑曰。「脈已百至。得毋誑余否。」電話忽又發聲曰。「爾未聞吾言乎。」曰。「施君。爾旣允助我觀察。則務當踐其前言。胡可失信。汝脈息亂乎。」曰。「然。且手足皆甚癢。不可復耐。吾欲扼爾吭。撼爾頭。送爾於阿鼻地獄也。廉夫老悖。設我不幸今夕死於爾手。吾將化爲厲鬼。禍及爾子孫。使皆不得其死。方足以平吾今夕之氣也。我行將先禍爾。使爾發狂而死。不踐此言。非丈夫也。老悖！賤……」白聽至此。置其聽筒。不復聽。亦不之答。竊自怪詫。以爲此等人之擧動。一何可哂之甚也。使余自處其中。則雖困苦萬狀。亦斷不至若是之狂癇。彼何竟不復能須臾耐耶。大抵人之文雅粗暴。兼關乎天性與教育。試觀此所謂施密丹者。據其先時之對答語言。必曾受過中上之教育者無疑。今若此。是殆天性不良之故歟。默然靜思。以手自捋其髭。越數分鐘。乃復掣鈴。欲有所問。而電話機中寂無聲息矣。不覺大疑。又自念曰。三十五歲之馬兵。至當强壯之年。且彼自承爲强健者。豈遂遽悶絕耶。試再掣鈴。則又似微有應聲。因叩之曰。「適與汝語。胡爲而不答也。」曰。「吾非爾之奴隸。何必有問皆答。頃之所以不答者。正思所以食爾肉。而寢爾皮也。吾腦漲欲裂矣。爾其知之乎。神瞶目亂。煩悶欲死、惟覺壁上星光。飛舞閃爍、翔集吾身。遍體皆火矣。顧爾乃安坐室中。以他人之軀肉。爲研究之資料、爾心猶可問耶、而爾猶靦然自稱爲奉敎者。爲有室家之上流人。喪心病狂、一至於是。吾英而有人如爾。適足以貽吾英國之羞也。爾其速召邏者來捕余。余不懼也。」白微哂曰、「施密丹。余爲汝恥之矣。不意堂堂馬軍、而竟學此竈下婢嫗之行也。汝而旣諾我矣。何得悔約、言猶在耳。豈遽忘之耶。今爾脈息如何矣。」曰「已達百二十矣。紊亂暴動。勢將散矣。」曰「還請少安毋躁。汝手有變色否。」曰「變色已成綠矣。」曰「綠耶、是誠異矣。」曰「非綠即靑。余向不辨色。未敢遽斷也。」白訝曰「汝不辨色、何以能當軍人。手指覺顫動乎。」曰「詎惟指顫。趾亦顫矣。」曰「表度幾何矣。」曰「已達一百三。余全體燒熱大作。喘息將不續。若以火爇其首然。」曰「若居此室。不過五刻時耳。今玆所受。僅發端耳。再少俟之。變化正未易窮也。」言已仍置聽筒。默自語曰。雷錠之功用。殆善行於筋絡之間。而後致人於癱瘓不仁者。方冥想間。鈴聲暴發。聞被錮者大聲而言曰。「爾其聽哉。爾若再不釋我。我將取此雷錠以啖之。以求速死。而免受此困苦矣。」曰。「施君何苦作此短見。汝此際不過略受困苦耳。使藉爾而考得其功用。所損於爾者小。而所益於人者甚大也。」曰。「是於我無涉也。」白復置其聽筒。不與之言。意殊不懌。竊自嘆曰。甚夫。小人之不足與有爲也。受片時之困苦。爲後人造福於無窮。此且不願爲。是不過塊然一物。雖生於天地間。亦徒耗食糧而已。間嘗考之。殆亦傳種不良之故歟。感嘆既已。負手遶室行。有間。再擊鈴。異哉。此無意識之言。出於機筒者。胡爲乎來哉。是殆彼所謂施密丹之言歟。其言曰。「坐彼頭上。頭上取之使下。使下人乎！鬼乎！雨雪至矣！疾馳哉！繞行哉！」白始聞之而詫。繼乃慰之曰。「施君毋然。少安毋躁。時尚早。夜猶未央也。吾不過欲實驗此物之變化耳。奚至狂癇若是。」言已。前聲復作。第聞其呼曰。「艦隊、艦隊右旋。拔劍！殺！殺!!殺!!!卜阿！日本！俄羅斯！」聆之如夢囈聲。既而笑聲大作。白亦無如之何。默計施密丹入此室處。已一小時有半。所得報告情形。尚與預料所及者。不甚相左。然而手作綠色者何故。迨即靑之誤耳。膚色靑。當是血液有變所致。康君得理所謂必先血液收縮。而後始得昏睡者。其論當不謬也。惜乎此君今夕不在此間。不得與之共研究也。少頃再擊鈴。聽之寂然矣。一擊再擊。寂如故。此所謂施密丹者。殆已昏絕矣。

遂擬往觀之。蓋恐其昏悶過久。或致不救也。乃置聽筒出。達於彼室。鈴發而門啓。則室中黝然以黑。大驚訝異哉。彼以雷錠置於何地。至不可睹耶。豈果啖之耶。推門入室。意將就電燈處。啓其機捩以取光也。一舉足。而有聲砰然。門復闔矣。電燈既發。環室四望。一無所睹。蓋所謂施密丹者。已與雷錠同失所在矣。不覺大惶惑。是豈能不翼而飛者耶。室無他戶牖。彼何自而遁也。正遑惑間。忽聞鈴聲鏘然。取聽筒聽之。中有聲曰。「若在室中耶。」白大駭。問曰。「汝施密丹耶。」曰。「然。」「白廉夫君脈如何。電話機上有寒暑表在焉。」曰。「匹夫。匹夫！汝眞無賴之尤哉。汝果何自而出也。」曰。「白廉夫乎。汝其少安毋躁。忍耐須臾。」白曰。「汝若不釋余。余將號邏者至矣。」曰。「廉夫其已矣。汝無能爲也矣。今即以汝之錮我者錮汝。汝所能通語者。惟余一人。汝其奈我何。」曰。「雷錠何如矣。」曰。「已爲余囊中物矣。汝猶未之知耶。考驗雷錠之性質者。豈惟汝獨能。余既先考得之矣。此物固不可近。然余於未來之先。已以青鉛製大小二匣。以小者內於大者之中。有餘裕也。取爾雷錠。內於小匣。復以大匣盛之。餘裕之地。實以水銀焉。取攜甚便。殊無所苦也。今夕與汝戲謔交至。廉夫。汝當不料爲人戲弄至此也。」白吶吶而言曰。「匹夫無賴。無禮極矣。」曰「咄、咄！咄!!廉夫。汝其忍耐。汝其勿狂、汝今雖略受苦惱。而於他日人類進化。獲益不淺。汝其知之。事後吾將於『英國醫學日報』中。拜讀汝之大著。必有崇論宏議。與今夕之實驗相發明者。吾已拭目以俟矣。吾實告汝。吾之脈未嘗逾七十三。而寒暑表亦未嘗逾九十九也。使吾不與爾戲。入室時。即內雷錠於匣。則並此九十九度之寒暑表。亦不得逮矣。且爾亦太率矣。爾入室時。何以絕不爲備。坦然而行。使我得遂其兎脫之謀。爾入我出。不過爾仰而我俯耳。汝之腋下。即我所自出處也。汝設機以錮我。我亦即借錮我之機以錮爾、言盡於此。吾其行矣。承賜雷錠。敢拜嘉貺。恩俸而外。更得此希世之珍。尤覺裕如矣。蓋恩俸本甚微也、行矣。廉夫！電話聽筒。爲爾取去。免爾掣鈴聲鏘鏘然。驚爾家人。彼輩好夢方酣也。『加爾各搭之黑洞記』爾其記誦無忘也。行矣。爾其忍耐須臾。夜其未央也。

翁史德奈戎。於是返身懷寶以去、甫達所從入之化學試驗室中。已聞白博士號呼撼門矣。仍穿窓出。踰後垣。乘自由車以去。泊乎白博士號呼既久。驚覺家人。發扉出之。皇皇然。告警察。召邏者。求竊賊。而奈戎之歸已久矣。且彼所負竊賊俱樂部之會費亦於是乎清償矣。

錄東方雜誌第三期　談叢一則

拉的幼模○厄克斯透光鏡能照人肺腑洞見各物今西人又得一新質化學家名之曰「拉的幼模」其性透光與厄克斯無異惟價值極昂每重一兩值三萬七千七百九十六法郎其力能使瞽者復明俄國有瞽童二名用之其患若失

附案「拉的幼模」即「雷錠」同是譯音惟字面不同耳據此則雷錠實爲化學家新發明之物有志科學者不可不研究之毋以此篇爲小說而以寓言目之也

（完）

# 飲冰室詩話

梁溪蔣君萬里。其詩屢見各報。頃以新詞二闋見寄。氣象壯闊。神思激揚。洵足起此濟之衰。錄之。「揚子江」一闋調寄大江東去云。乘風萬里。看長流日夜。更番潮汐。舊是神州形勝地。天界華夷南北。襟帶淮湘。并吞漢泗。吐納猶嫌窄。茫茫天塹。當年雄視無敵。記得初導岷山。濫觴一勺。水勢奔湍急。終古英雄淘未了。巫峽千尋崔岸。擊楫雄心。投鞭壯志。人物原奇特。六朝遺恨。江流嗚咽如泣。「黃河」一闋調寄望海潮云。濫觴星宿。導源積石。滔滔今古長流。勢薄秦關。氣吞大野。紆迴灌遍神州。逝水幾時休。看河聲入塞。嶽色橫秋。一氣鴻濛。直隨大陸共沉浮。 西風一葉扁舟。奈迅如駛箭。難着閒鷗。水激桃花。歌悲瓠子。投鞭此去堪憂。借箸共誰籌。慨澄清有志。挽救無謀。欲上崑崙山頂。遙望海東頭。」

哲子以哭黃君篤恭詩寫出見示。黃君者。湘中礦局主動人。哲子稱其才不可一世云。遘急病奄逝於上海孤旅。哲子適以爭路權事至滬。親其含殮。以此思哀。哀可知耳。詩云。「人鬼悽惶一榻間。孤燈和雨送君還。一身談笑捐生易。萬衆顛危出死難。魂氣好隨秋雁遠。哭聲時與夜潮酸。海天獨立同誰語。暫撫君屍亦自寬」又挽聯云。憐我自棲皇。有時縱酒抽刀。太息人生不如死。羨君能解脫。唯是人亡國瘁。每憂時事一傷心」

鄉人有自署嘉應健生者。以八律見寄。題曰「燕京秋感次友人東莞生韵」。與原作工力悉敵。可稱雙絕。錄之。西風羈客愴華年。披髮山中欲學仙。塞北黃沙沈鼓角。天南蛋雨撼烽烟。中原大獵悲秦鹿。橋畔先機悟宋鵑。獨上燕臺弔秋色。胡笳吹淚月華圓」畢豥暈月海翻塵。天帝沈沈亦醉昏。座上神師供走卒。宵中荊棘竄王孫。兵開馬邑挑胡釁。賦到江南斷國魂。蜀道歸來西內冷。劫灰愁共老僧論」百二山河掃地羞。破舟斷楫縱狂流。龍泉刎雪忠臣盡。驢背眠雲老將休。棘裏銅駝吟暮雨。殿門金狄淚秋愁恒沙無量寃禽語。苦訴甘陵黨獄鉤」何日能歸鄠闠田。瓜分魚爛儘堪憐。驪山宮殿成烽後。公主琵琶出塞年。胡馬東來空苜蓿。傳車南下括緡錢。玉璽萬斛渾閒事。縱博逍遙橘裏仙」獨對煤山有所思。官儀草創中興期，誰言平勃能安漢，豈有桓文復戴姬。翡翠明珠充內帑，鸞笙鳳管奏青詞，京華冠蓋依然滿，天北天南自鼓鼙」秋陰殺氣滿陪京。劍躍西風意不平。一自涼州捐鄧騭，至今冒頓逼長城。白山空憶興王業，青海驚傳射鏑聲。擬乞習流兵十萬，樓船橫海擣昆明。」欲爲諸生種善因，依然刼海此沈淪，鷄嗤鵬翼三千里，魔妬金仙丈六身，幾輩青牛出西極，多年童女滿三神，君房去後虬髯遁，浩蕩滄波幾望津」落日胡塵起馬蹄，黃沙衰草莽悽悽，醉歌燕市天應裂，怒捲胥濤海欲西，四野龍蛇吟寂寞，九邊風雪路離迷，關河萬里鄉書滯。怕聽南飛塞雁啼。

# 文苑

專件

# 萬國貨幣年表

（錄日本□□報中）記者

千七百八十六年　合衆國以金一銀十五四分之
一之比率立複本位制
千七百九十二年　合衆國改比率爲金一銀十五
千八百零三年　法國以金一銀十五二分之一
之比率立複本位
千八百十年　俄國以金一銀十五之比率採
用銀貨本位
千八百十六年　英國採金單本位制
千八百十六年　荷蘭改金一銀十五二分之一
爲銀十五八分之七

千八百三十二年　比利時採法國之本位制
千八百三十四年　合衆國再改比率爲金一銀十
六
千八百三十五年　印度以金一銀十六之比率採
用銀本位制
千八百四十四年　土耳其以金一銀十五一之比
率採用複本位
千八百四十七年　荷蘭採用銀單本位制
千八百四十七年　加利寬尼亞金鑛發見
千八百四十八年　西班牙改金一銀十六之比率
爲十五、七七
千八百五十年　瑞西採用法國之本位制
千八百五十一年　澳洲金鑛發見
千八百五十四年　葡萄牙改銀單本位爲金單本
位

專件

千八百五十七年　德國與墺國結貨幣條約用銀單位

千八百六十二年　意大利採法國制

千八百六十五年　法比意瑞四國組成羅甸同盟

千八百六十七年　第一回萬國貨幣會議開會

千八百六十八年　希臘加入羅甸同盟

千八百六十八年　西班牙及羅馬尼亞二國採用羅甸同盟之制度

千八百七十一年　日本以金一銀十六、一四之比率採用複本位

千八百七十一年　德國採用金單本位制

千八百七十三年　合衆國採用金本位

千八百七十三年　丹墨瑞典那威作貨幣同盟採金本位

千八百七十五年　法比荷三國停止銀之鑄造

千八百七十五年　意大利亦廢銀之鑄造

千八百七十六年　荷蘭以金一銀十五、六二之比率採用複本位但不爲銀之鑄造

千八百七十六年　合衆國設銀貨調查委員會

千八百七十八年　合衆國制定布蘭德亞列孫條例復複本位

千八百七十八年　第二回萬國貨幣會議開會

千八百七十九年　合衆國回復正貨仕拂

千八百七十九年　墺匈國停止銀貨自由鑄造

千八百七十九年　德國停止千八百七十三年來施行銀之賣却

千八百八十一年　第三回萬國貨幣會議開會

千八百八十五年　羅甸同盟延期至千八百九十一年

千八百八十六年　俄國改鑄貨幣制度

千八百八十六年　英國設金銀調查委員會

千八百九十年　合衆國制定希耶曼條例增加銀之購入

千八百九十年　支那始開造幣所

千八百九十二年　墺匈及羅馬尼亞二國採用金單本位

千八百九十二年　第四回萬國貨幣會議開會

千八百九十三年　印度停止銀之自由鑄造

千八百九十三年　合衆國廢希耶曼條例停止銀之購入

千八百九十四年　德國設銀貨調查委員會

千八百九十五年　德國決議第五回萬國貨幣會議之召集

千八百九十五年　智利採用金本位

千八百九十六年　澳洲採用金本位

千八百九十七年　日本採用金本位

是篇係許亞父從日本某報中錄入日記茲又由亞父日記中重錄出貨幣問題爲二十世紀中生計界之最要素閱是篇可知其變代源流各國漸次皆主張金貨惟我國墨守覽是表也其亦有同情乎否耶願以質諸當道者　記者附言

尊

件

四

二六八八

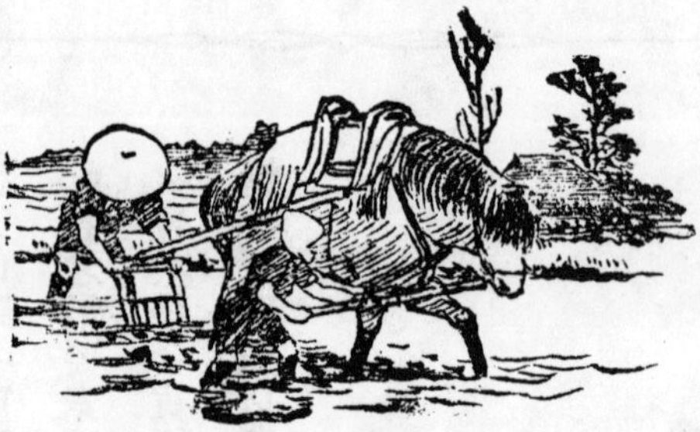

紀事

# 中國大事月表

## 乙巳正月

●四日 政務處奏准會議興革大政章程七條

去臘二十七日戶部與滙豐銀行訂約借欵一百萬磅

黔撫林紹年於去臘二十六日接印

川督錫良奏准收租百石提捐四石爲自辦川漢鐵路經費

駐俄欽差胡惟德電報稱俄政府不認我中立近在我西北邊境陸續添兵

駐京英使照會外務部拒我索還威海衞之提議

●六日 戶部庫欵查明僅存一百七十餘萬兩

戶部造度支簡明表告成

外務部擬飭各省督撫不得擅與外人私訂各種約章

潮汕鐵路由商部奏准一切均歸商部主持

●七日 直隸文安縣有拳匪餘孽謀亂袁世凱派兵赴剿

俄國以重兵窺我庫倫伊犁

駐京英使又要求川藏鐵路敷設權

政務處通飭各省准將各州縣事實清冊展期開報

●八日 湘撫端方接印

戶部借外債英金一百萬磅以爲歸還賠欵之用定在倫敦柏林開募年息五

紀事

釐每百以九十七收兌

貽穀請改庫倫爲行省

某某疆臣會銜奏請推行新政八事

北洋大臣袁世凱奏請駐兵吉林

俄人在蒙古行賂以收官心

陝西邊界有土匪千餘人揭竿起事

新疆不靖係因裁汰營兵積欠餉項之故

●九日 俄人之逃來上海者日日行兇滋事

湖北京山縣鬧教

奉直駐邊各軍因俄兵屢入我中立地傳令一律戒嚴

增祺奏報俄兵二千餘名駐我新民屯

俄兵入我伊犂及喀什噶爾據之

有俄兵官率兵二百餘名擁入盛京電報局擅行搜檢後將司員司工役等十餘人擁至車站禁錮之

德人禁華人在即墨勞山左右伐木爲炭

●十日 滇撫林紹年奏陳雲南實在情形請免再派一切解款

政府議禁開捐實官

●十二日 俄兵一萬五千名闖入新民屯南面之中立境內

俄人在奉天訂造戶口冊又伐我東皇陵北皇陵之樹又占我盛京兵刑工三部衙門爲營務處

擬飭各省興立學

廣西羅城三防墟復有悍匪肆擾

●十四日 吳廷斌調授山東布政使劉春霖調補

雲南布政使曹鴻勛調補湖南布政使
袁開第補授貴州布政使
去臘廿四日留學東京學生會議公擬以六事要求政府一歸政二立憲三招逃遁四起廢員五招回東西洋留學畢業生六速備海陸軍
往西官軍在慶遠府屬大容縣牛欄關旦湖等處擒獲匪首陳老妹等十一名又初八九十日武匪軍在六都基田龍團等村斃匪首韋炳秀等十餘名起出被擄男女七十餘口

●十五日

俄兵占我新疆省巴爾魯克山地方又派兵越阿爾泰山有占阿拉克之勢
俄兵在法庫門切我糧車一百二十餘輛



成都去臘十二日因舉辦房捐總府街科甲巷等正街一律能市
漢陽鐵廠因人不敷支將煉鋼等五廠暫行停工

●十六日

駐京俄使强索伊犁諸冊開礦權
擬飭各省設游學公會提閒款每年派出洋學生十人
福建船政廠洋監督杜業爾辭退月薪川資均經照給而駐京法使忽又向外部再行要索
商部咨行各省飭將工藝局所列表具報

●十七日

留美學生電致外務部謂合興先違約後收股約仍可廢如美政府干預可據律與爭
擬飭各省洋務局均用曾經出洋人員

## 紀事

議修東陵鐵路謁陵時可省供應平時則以運煤

鐵良到京覆命

駐美梁星使以聖路易賽會之皇太后御容贈美國總統

●十八日

政務處擬飭各省督撫各遣一員到京派充政務處顧問官

河北有匪衆滋事戕害盧漢鐵路洋員機匠雜役等七人

江甯在日本訂造之江元兵輪行進水式於神戶

擬將崇文門稅務歸併商部

●十九日

桂撫奏軍需緊迫請將所有應解上年九十兩月暨本年四個月洋款一併緩解奉旨照准



山東濰縣因烟葉加捐激變商民聚衆燬局

京外都統副都統向係旗人專缺現擬不拘漢滿均可簡派

練兵處議設兵工廠於京師

川漢鐵路奏派錫督爲總辦已咨明商部立案

財政處議令各省關出入款項按月造冊具報

擬飭刑部司員學習西律

奉宸苑領款一百萬兩以修理三海及頤和園各工程

擬飭各省興辦商品陳列館

滇撫林紹年派學生留學安南河內

●二十日

駐藏大臣電告英國趕造鐵路現已逼

至前藏幷派員查勘該處礦務
●戶部借匯豐銀行款一百萬磅以本日交兌
●鐵良奏江蘇等省營伍情形除鄂督獨蒙嘉獎外其餘各省督撫均受嚴飭
●法使據廣東法國領事來電向外部要求駐兵於租界以外
●上諭閩浙總督魏光燾陝西巡撫夏旹均著開缺另候簡用
●上諭閩浙總督著升允調補陝西巡撫著曹鴻勛補授

●廿一日 吏部改訂出使隨員獎章已滿三年者准照異常勞績獎敘不准越級請獎

●廿二日 四川甯遠府有小亂
改命唐紹儀為駐英公使
滬商議開雲南銅礦以供各省鑄造銅元之用

●廿三日 繼祿調補吏部左侍郎壽耆調補吏部右侍郎明啟補授理藩院左侍郎
練兵處現有存款六百三十餘萬
潮汕鐵路毀斃日工交涉案日人索賠款二十一萬

●廿四日 諭令新疆巡撫移駐伊犁

●廿五日 中法商人各集股二百萬兩創設華興銀行於天津已稟由直督批准咨部
擬在湖北荊州襄陽間築一鐵路

●廿六日 吏部奏請除書吏以私費充公奉旨依議
兩粵督撫奏凡捐有實官人員准其按級加捐一摺經部議准行

紀事

政府以日俄將次議和擬簡大員至奉天預爲布置善後事宜然惟未得一適於日俄兩公使之意之人

直督擬募內債四百八十萬外債三百萬作爲軍事費之用

廣東饒平縣雙刀會匪毀教屋五十餘間

●廿七日 商部刊發甲辰年紀事簡明表

日本照會中國政府請派兵駐守南滿洲然未聲明該地永歸中國

練兵處擬設參謀學堂

出使法國大臣孫寶琦電請廢粵漢路約

●廿八日 禮部請修貢院

飭各省選派官員留學日本畢業回省破格補授實缺

俄軍堆積糧草於太祖高皇帝陵寢之地出增祺電請外部設法阻拒

●廿九日 粵紳伍銓萃庇護長壽寺僧糾衆劫毀商業時敏兩學堂校具各學堂大動公憤一律停學

法使要求在南甯府開一專管租界又要求川漢鐵路雖中國自辦然工程師必須用法人

張翼以開平煤礦局事訟墨恩皮佛公司及開平礦務有限公司於英京高等裁判所判張翼得直

美國富人摩根擬合英美德法俄五國共出資本五十億合修中國鐵路即從粵漢鐵路入手

●三十日 粵督岑春煊以西匪已平由梧州返廣州

留學日本學生因粵漢路事電請鄂督張之洞實行廢約不必再求美政府承認

俄使聲言若中國不許俄兵在戰地交通之地輸運戰品則俄國將以遼西蒙古地方為取償

諭飭摺奏不准引案以昭核實

吏部定議出使隨員凡係實缺均改為奏調

政務處議改盤查倉庫章程宜將詳細數目繕具清單卽於覆命時恭呈御覽

刑部奏准開設法律學堂

擬將各省印結局改歸官辦



練兵處議定考試武備學生章程三條超等者派各省充各營敎習特等者酌留常備各營委用一等者飭派入練兵處當差

電飭浙撫着實辦理江海防備

兒童

一八七〇

# 新民叢報

## 第參年第拾柒號

(原第六十五號)

本號要目




光緒三十一年二月十五日　明治三十八年三月廿日

每月二回朔望日發行

海天獨嘯士著　臥虎浪士評

新著小說
奇絶壯絶
# 女媧石乙卷

定價二角五分

女媧石者無鬚之水滸傳也
女媧石者有血之紅樓夢也
女媧石者俄國虛無黨之化身也
女媧石者日本櫻田門之攝形也
女媧石者科學家言也泰西二十世紀未來之科學也
女媧石者文學家言也中國千餘年來遺傳之文學也

發行所　東亞編輯局
代售所　廣智書局
　　　　上海各大書坊

啓者本報創辦經已週年電報之靈通議論之精確報式之適當新聞之宏富久爲中外士商所稱許今仍不自慊力加改良多聘主筆廣添訪事務期精益求精以副閱者之望如有欲閱報者請到本館代派處定購即行按期送上特此佈聞

香港上環新海傍十三號門牌

商報局謹啓

# 新民叢報第叄年第拾柒號目錄（原第六十五號）

## 報資及郵費價目表

| 報資及郵費價目表 | 全年廿四冊 | 半年十二冊 | 零售 |
|---|---|---|---|
| 報資 | 五元 | 二元六角 | 二角五分 |
| 上海郵費 | 二角四分 | 一角二分 | 一分 |
| 上海轉寄內地郵費 | 一元二角 | 六角 | 五分 |
| 各外埠郵費 | 一元四角四分 | 七角二分 | 六分 |
| 四川、雲南、陝西、貴州、山西、甘肅等省郵費 | 二元八角八分 | 一元四角四分 | 一角一分 |
| 日本各地及日郵已通之中國各口岸每冊一仙 | | | |

## 廣告價目表

| | |
|---|---|
| 洋裝一頁 | 十元 |
| 洋裝半頁 | 六元 |

惠登廣告至少以半頁起算刊資先惠論前加倍欲登長年半年者價當面議從減

編輯兼發行者　馮紫珊
印刷者　陳侶笙
發行所　橫濱山下町百六十番　新民叢報社
上海發行所　四馬路老巡捕房對面　新民叢報支店
印刷所　橫濱山下町百六十番　新民叢報活版部

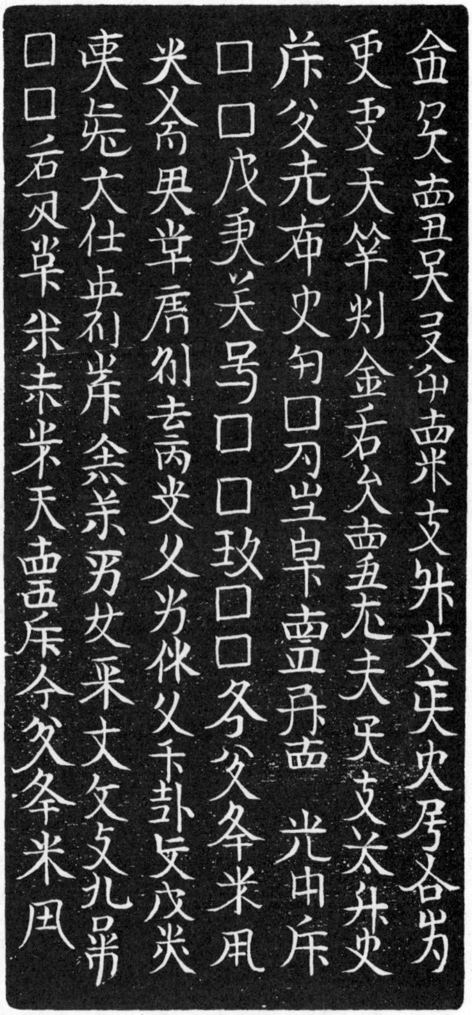

〔契丹文字〕

〔女真文字〕

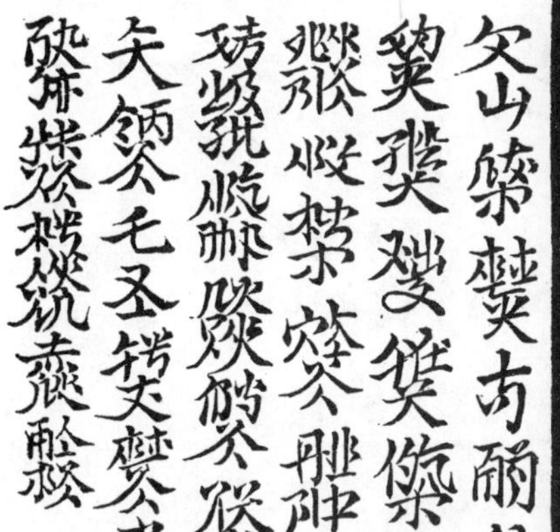

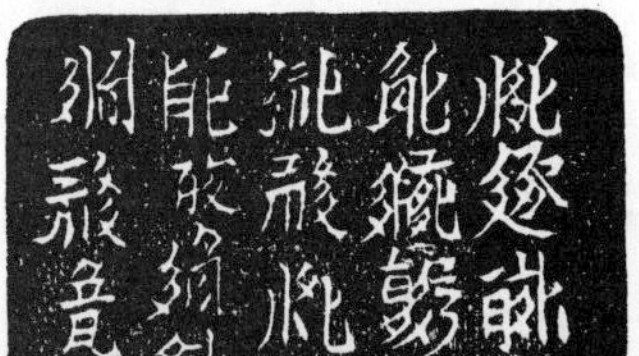

〔西夏文字〕

〔羅羅文字〕

〔麼些文字〕

# 國家與道德論（續第六十四號）

觀雲

夫造國家既若是其要矣。然則吾人今日固可措道德於不問乎。曰何爲其然。夫與國家之事。其關繫最切。殆有無過於道德者。吾聞今之人甲有言曰。中國不可革命。革命必多殺。吾聞今之人乙又有言曰。中國當革命。當大殺。如是政府。如是社會。不殺之烏能治。是故當革命。當大殺。甲乙兩說其旨相反。各有當處。各有過處。吾人辨明其是非之所在。是亦今日於理論上之一要事也。夫人情莫不喜安寧而惡擾亂。喜秩序而惡紛更。當夫兵事之一起也。往往衣冠塗炭。閭巷蕭條。近之或數十年。遠之或數百年而後僅能平定。而生齒既已減耗。文物亦復熄滅。故傷害國內之元氣。殆無如戰爭事爲尤甚者。是甲說之有當者也。抑人情必以平而後能相安於無事。此不平則彼亦不平。

而後者之不平即前者不平之所招以今日政府之貪昏而上下成爲黑闇社會之凉薄而彼此不相救卹不一推陷而廓清之則不平者愈不平而世界將無太平之日是又乙說之有當者也故曰甲乙兩說其所持各有所見然進而攷之其所言尚不免涉於一偏。而不得許爲圓滿之論，何則夫和平固爲吾人之所愛雖然吾人之所愛者眞正之和平而非苟且之和平（此數語本今米國大統領魯斯福氏之言）夫今日之中國其勢已處於非有一度之毀壞則不能獲一日之平安試繙各國當日之維新史無不有一慘霧愁雲之大劫而後有日月再清山川重秀之日謂中國今日不經一大波動而能安然日進於文明之途而告維新事業之成則中國維新之易直爲全地球各國之所無吾人可斷其萬萬無有此事必若婆子之仁顫顫焉而曰毋動毋動無論動機之所迫欲毋動者終不能不動就令毋動毋動之前途則覆亡其苦痛之事或千萬倍過於我之自動此可正甲說之過者也抑今日之勢既處於不能不動雖然，我所爲動者其將破壞之乎抑將建設之乎度以爲必當建設之矣夫爲破壞而動則吾人可任一時之意氣而以圖報復爲快若爲建設而動則存一不殺人之心尙恐鋒刃所及其勢有所不能收若存一欲殺之心無論所殺者或未必即爲當殺之人就令膺鋒刃而斃者悉爲殃國家害社會之徒試問吾人建國家之後果能盡除惡人而使之絕迹乎抑仍不能不留惡人也夫使弑戮若干之惡人而惡人可從此而盡絕則以殺止殺或可爲一勞永逸之計無如天地間之惡人斷非殺戮之所得而盡吾人終不能不與此魑魅魍魎爲緣此誠可謂人世間一無可如何之事亦惟徐徐爲施轉化之術已耳且夫古來之成事業者必有不可缺之三大原素曰智略曰武勇而猶有一事焉曰仁義吾輩姑無論其爲假仁義而用之與否就令仁義或出於假而必欲用此假仁義之名即此可知仁義爲作事者之所必不能少夫欲言仁義則必不能多殺是又可正乙說之過者也然則如甲平安之說吾人未嘗不明其理特以迫於時勢之故吾人不免處於不幸之地而有所不能從如乙暴力之說吾人又未嘗不諒其意而以審於事理之故吾人又不能不加自制之心而有所不敢從而欲求合乎時勢之宜又能不違乎事理之常則必增減乎甲乙兩說之間各有以抑其偏而歸於中而後吾人今日所當行之正道於是乎出設不由此一途而或偏從乎甲（謂不動能維新）或偏從乎乙（謂多殺能革命）吾以爲中國前途兩皆無可救也

故吾人今日。不能不急造國家。而欲造國家。即與道德之一問題。有至大關繫之故。夫必待今日人人皆有道德心之普及而後始起而造國家此又必不能及之事吾人今日之所責備而屬望者即在英雄爲首之數人不可不深明此理而萬事悉以大悲至仁之心行之夫是說也在淺見寡聞之輩或不免誚持道德論者以爲迂濶而不通乎事勢然以今日各國兵力之强而於公法於人道咸有所畏懼而不敢背稍偶涉乎不軌而恐來天下之譏必斤斤焉力自辨白冀無汚其國家文明之名由此可知今日之戰爭實軍器與道德爲同一之進步而以道德當尊重者屬新說以道德爲陳腐者屬舊說吾人既事事維新則戰爭尙道德者即可目爲維新至大之一事而不容自落於各國之後者也且吾人之所謂道德者尤非徒欲用之於造國家之時也於國家既造之後而有需乎道德之事且更大夫吾人今日之所爲欲造國家者將僅造有一形象上之國家而止乎抑將造一精神上完美純全之國家也假令吾人今日以無國家爲患而有一國家之後將終不免强壓弱貴凌賤衆暴寡而欺詐者仍欺詐貪虐者仍貪虐鄙吝者仍鄙吝腐敗者仍腐敗則吾人所爲發咨嗟太息之聲者亦終一日不能息而所謂造國家者將不免以無意味終非特此也果如此則內亂必相尋而不已即外患亦乘間而即入雖已造之國家或不免如曇花之一現而將再有覆亡之憂是在今日言之爲未有國家之前而豫慮既有國家之後之事固未免爲早計然吾人謂不必慮及乎此則亦可謂思慮之不長且吾尤可置一預言於此曰吾種人不能再造國家則已若能造國家乎則既有國家之後識時之士必有共發其要求道德之叫聲者則吾人今日以道德爲至冷落之一問題安知吾種人再興不轉瞬而將以道德爲一至熱鬧之問題也此吾謂一言國家而必與夫道德有不能相離之勢者也

然則國家之與道德其相異之點若何曰國家之存亡其情態屬一時的道德之有無其情態屬永久的惟其爲一時也故不能不赴之以勇猛奮迅之神惟其爲永久也故不能不積之以漸致優游之力試僅從時勢之所宜急者立論則今日亦但言造國家焉斯已耳今之憂時之士若他務未遑而惟知有國家一大事者誠可謂能知其先務者也雖然所謂道德之本原仍常伏於人心之間未聞以造國家風潮之故而謂道德可從此推翻而不論且以欲造國家之故而彼此相扶相助尤必有多賴之於道德者

蓋所謂維新其解釋亦不過比之守舊而事事有進步耳萬事既無一不進步而道德爲至要尤不可不首進一步設謂守舊有道德而維新無道德則是維新之學說反不及守舊之備豈有是理耶或曰。然則今日當專務勸人以嚮於道德矣。何爲乎立言之士。先國家於道德。豈非輕重之失序耶。曰此時勢之所宜然也何則。今之所爲欲先造國家者誠以無國家之故則吾人將無所憑藉以爲造道德之基故也夫孔子之策衛也。教之之前。先之以富。管子之治齊也。曰倉廩實則知禮節。衣食足則知榮辱。夫孔子豈不知教之之道固重於富管仲亦豈不知禮節之重於倉廩榮辱之重於衣食哉然而孔子必先富於教管仲必先倉廩於禮節先衣食於榮辱者此其意亦猶夫今之立言者必先國家於道德也且夫道德固當分之爲兩部分其一爲超絕之道德惟一二人所能獨到者其一爲普行之道德爲一般人所當遵守者（或分爲博愛的道德相互的即平等的道德相互的道德謂之平等而博愛之道德反不謂之平等者蓋博愛者人即害我而我仍必爲利彼之行是即於人己間不立平等之準者故不謂之平等之道德至有時宜用博愛的道德有時宜用相互的道德當各因其時與事而分非此題限不及陳又本篇所論義亦微異故不取博愛相互之詞用之）超絕之道德如雖餓死不爲不義人以無理而毆我也我不毆彼而又禮之人以無理而詈我也我不詈彼而又敬之近日俄國託爾斯泰伯所主持之惡勿敵者其代表也普行之道德如饑餓起盜心彼爲盜者洵有罪矣而誰使之饑餓者則社會國家亦均有罪也又人毆我而我亦還毆人人詈我而我亦還詈人我之毆人詈人固有罪而人之毆我詈我乃先有罪也如此，爲善不可不報而惡亦不能不敵是其例也超絕之道德必上智而後能行普行之道德。即中材亦可相從然而人類中上智之人少而中材之人多故言道德者不能專舉超絕的而必舉普行的夫言超絕之道德或亦可無待於國家而後能行而言普行之道德即與國家有大相關例若世界之人以國家不同之故故利害亦不同他國人之所利或即爲我國人之所害而我以無國家之故則人民常有害而無利有害而無利則必至於饑餓饑餓則必至於爲非是以無國家而必至於無道德者也又若毆人詈人之事必有待於教育之感化法律之平治并有待於人心風俗之互相維持如是則必皆有賴於國家又若與外人交而外人或有毆我民人詈我民人之事尤不能不待有國家之力以抗之不然而他國人可以毆吾人詈吾人是問他國人民之不道德而吾人民以不能毆彼詈彼之故或以暴行報之則其事固不出於正義或以畏強之故而養成卑屈之心惟知有強弱之觀念而無是非之觀念則人心之敗壞更有不堪問者是又以無國家而必至於無道德者也然此固僅承上所言之數條而舉之耳若夫以無國家之故而遂至誘起夫不道德其事不能纚數雖斷爲無國家之民即爲無道德之民當非過言於是吾人不能不遐想希臘大哲學家柏拉圖之言柏氏蓋以爲個人之進德也必有待於國家故道德論與國家論在柏氏以爲二者實相須而不可離（本篇以國家與道德命名即本此意）此其理蓋驗於希臘亡國之後當希臘之爲羅馬所覆亡也其人之入於羅馬而爲之臣者以國家之大權既操於羅馬人之手希臘人遂盡喪其國家之觀念而惟知謀仕宦爲一已私利幸福之計漸成爲羅馬一種之風氣蓋至晚羅馬朝官僚之腐敗不堪言狀而羅馬亦以此告終吾人觀於希臘人亡國後之變態又未嘗不歎以爲適足寫吾種人一小影也當夫我種人之自立國也若周漢唐時代皆有可觀至爲蒙古人所滅爲滿洲人所滅其種之良者皆有氣節而流血徇難以死否則亦退而隱於山林之間惟不肖之劣種搖尾乞憐爲他人臣今日之居上等社會皆是等不肖劣種之子孫而傳其祖父之衣鉢者其新進而能得志又必具有是等劣種之性質而後乃能循循焉而取富貴於

是社會之間去優存劣別爲一種人爲之淘汰而遂至於退化蓋中國腐敗頹唐致有今日之現象者尋其源即良種被戮而不肖劣等之人得繁衍其種類之一結果而已

嗟乎。吾不知今後吾種人若無自立之國家則求富貴而往事新主人者其醜態更當何如故曰今後無國家則我種人不道德之象必爲全地球之所無而直有至於不可思議者此可懸爲豫言以待而有以知其理之不爽者也

故曰吾人今日莫大於造國家莫急於造國家

又曰吾人欲造國家則不可無道德既造國家之後尤不可無道德

（完）

# 辨論與受用（續第六十四號）

觀雲

與辨論相反而有吾人人類至切要之一事。上及神聖。下至庸愚。而皆不可須臾離。有之而得無上不可說之安慰。無之而來無量無終極之煩惱。是何也。則受用之說是也。試略舉之。若顏子之齋心不違仁。是顏子之受用也。孟子之養氣不動心。是孟子之受用也。北宮黝養勇之不撓不逃。是北宮黝之受用也。孟施舍養勇之無懼。是孟施舍之受用也。後世之儒。有言主靜者。主靜蓋即其受用也。有言主敬者。主敬蓋即其受用也。有言致良知者。致良知蓋即其受用也。有言愼獨者。愼獨蓋即其受用也。其略如是。餘難悉數。不具陳。要之何宗教不問。何學派不問。凡有道之士。無不各有其所謂受用之一境。在此不必究其義之淺深。理之高下。爲何如也。例若顏子之齋心不違仁。與孟子之養氣不動心孰優。北宮黝之不撓不逃。與孟施舍之無懼孰優。主靜之與主敬孰優。致良知之與愼獨孰優。一加論議即已入於辨論之界限中而所謂受用者固無須乎此也。是則竊以爲佛折金杖之喩以之解受用之義爲至富矣。昔者健馱羅國迦膩色迦王。尊信佛說。日請一僧說法宮中。僧說莫同。王用深疑。以問僧上首脇尊者。尊者答曰。世尊已言。我滅度後。歲月遼邈。敎分多派。雖然如折金杖段段皆金。雖失杖形不失金性。王聞修行。皆可證果。一也。王聞而善之。蓋辨論者。學不可不求其博。見不可不求其高。思不可不求其深。慮不可不求其周。而受用之境。反是。不可不有單簡之言賅括之義。惟以其言之單簡也。故吾人之精神易與之凝。而無所餘。惟以其義之賅括也。故吾之行事。皆從此出。而無有窮。雖有時學問或不免偏一。見識亦猶滯迹象而不能不許其有受用之益。例若列子。說符篇云。昔有昆弟三人。游齊魯之間。同師而學。進仁義之道而歸。其父曰。仁義之道若何。伯曰。仁義使我愛身而後名。仲曰。仁義使我殺身以成名。叔曰。仁義使我身名並全。夫三說之相反也若是。雖然使各取其一說而用之。不能不謂得仁義之一端也。又若禪宗五祖欲傳衣鉢。令其弟子。各造一偈。時神秀爲上座而造偈云身是菩提樹心如明鏡臺時時勤拂拭莫遣惹塵埃五祖覽之讚曰後代依之修行亦得勝益時六祖慧能在碓房聞神秀之偈曰美則美矣了則未了乃造一偈云菩提本無樹明鏡亦非臺本來無一物何處惹塵埃五祖知其悟道乃以衣缽授之夫以見解言則慧能之偈固高於神秀然以修行言則神秀之偈亦有可取故五祖讚爲亦得勝益也非特此也即愚夫愚婦或畏雷殛不敢爲非此其智識固爲士君子所不道雖然其受用則不能不許之也又不僅此凡吾人所當遵奉之理雖其語或耳熟能詳而提撕每不厭其過煩蓋人民道德性之成熟決非一席之談話一篇之著述遂能收永久之效力而不變也以心理言之當人之耳有所聞目有所見自足攝引其精神而使之凝聚然從見聞既歇之後因時間之經過而前此集注之精神亦間雜以他事而漸歸於消釋必也於其前言之將近消釋之際而後言復有以繼之當此而有前言之殘存復得後言之啓發且也因後言而前言之印象復炳現於胸中因前言而後言之歷程若再循夫故步前言後言若爲一長線之連鎖不斷而根觸吾人而後此義理乃能與吾人之人心合并爲一不能自解而自有其不能已之故故凡人民於一

般奉行之道德每若人人不能明言其所以然而各能遵此規則而行蓋其所積漸涵養決非一朝夕之功也惟如是故其義雖前後同一而言之者至再至三至於千萬而決不嫌其過多即聽之者至再至三至於千萬而亦不患其無益例若言之當信此一義也固人人之所皆知幾若無始以來於彼此交際已立有此契約者然於世而不知言之當信者其人何限且視不信幾若爲事理所當然而不必抱歉而引責者其人又何限（余與人交逢此甚多初時尚以爲彼必引咎謝罪而有一辨釋之詞然久之寂然蓋彼固以不信爲事理之當而無足奇也噫世界今日固已如此乎）如是則交際之道苦雖日集國人而訓以無信之不可亦覺暮鼓晨鐘於靡俗之中稍足發吾人之清省豈有嫌其言之爲過煩耶即言新學者亦然今夫愛國也民權也平等也於數年前爲新說於今日亦已屢見習聞而當與仁信節廉同退居於陳腐之列雖然爲問吾人之欲維新者固能踐行此愛國民權平等之實否乎如不能踐行其實則雖日日仍以愛國民權平等相砥礪尙懼其不能副豈得從而唱反對曰乃公喜新奇之說者此過去之詞無煩喋喋再三云也不知吾人維新於一方面爲理論於一方即爲實行若舉一切新理新法以爲不過以供吾人之談助而徒以快其耳目一時之好奇心而不復注

入之於心理之上以爲踐履之本則雖日換一愛國民權平等諸新名詞而炫其五花八門之奇還問之於吾人而果有何等之益也（中國有一種退化之新黨今改日[illegible]讀書閱報自稱開通然至近日或反不讀書不閱報問之則曰總不過這幾句話我已盡知之此等人固無實行之日即於學問亦必無增長推其原則前日之所謂讀新書閱新報者不過視爲一種新奇之玩物耳）夫吾人於當踐之道德猶若飲食衣服然人之於飲食衣服也豈得曰此習慣之事吾人日日行之而可捨而棄之耶以飲食衣服爲習慣以爲不足爲而欲捨而棄之者則生理上之凍餒至而身命可由此而死亡以當行之道德爲習慣以爲不足爲而欲捨而棄之者則社會上之恐慌來而世界可由此而燬滅此受用之所以必要而與辨論各異其用者也

然則謂辨論之事固無關於受用乎是不然詎辨論之與受用其部分異而其系統固未嘗不相涉也不然但有受用而無辨論果能知受用之理之無謬誤否乎使其所信爲受用之事於理不免謬誤而一旦因發見其謬誤之故則受用之根基即不能不因而動搖雖然受用者人生之所不可無者也以人智之增進而發見昔日所信從者之有謬誤則不能不求進於辨論之上而再定一可信之理使有所以代昔日之受用者而後道德之與智識相伴而更進一境例若前所云之愚夫婦以畏雷殛之故而不敢

爲惡而許其爲受用上之一理雖然此其理已不免謬誤蓋人之被殛於雷也不過以偶觸電氣之故固非有一司雷霆之神監察人間之罪惡而持此轟轟然之利器以爲誅罰陰慝之具故夫以惡人而觸電也固死以善人而觸電也亦無不死猶之入於水而死入於火而死水火豈能知人之善惡者雷殛亦然（此於物理上確鑿無誤但於心理上有無別理所不敢知何則中國相傳雷殛惡人此語爲人人所深信則以心理上論之能保惡人果無招電之理否乎但有一事已可洗寃則被雷殛者決非全係惡人以平人而觸一時之電氣以致死者必多不可盡人而附會其必有惡事也）然假若有人於此向則畏夫雷之殛惡人也而不敢爲惡今一知雷之非爲殛惡人者而遂蕩然以爲嗣後可任吾之爲惡而無所忌則見解之紕繆殆無有大於是者夫吾之爲惡也固知與雷霆無相關之理然吾既有爲惡之因即有可以得禍之果不必雷而甚於雷之誅罰者何限此則於雷殛之外而勸善懲惡之方已不可不更有一高尚之理解而使世人於種種理解之中各隨其智識之高下擇一理焉以爲信仰之資而仍於道德上留有受用之位置是則因誤謬之故欲變更受用之理而不能不有待於辨論者也又使有受用而無辨論果能知受用之理之無變遷否乎蓋人事既日益進化則道德亦不可不隨之而進化往往今日之道德其範圍有遠過乎昔日之道德者若死守

夫昔日之道德而毫不知變則道德與時勢其趨嚮背馳即不免以推行而致窒礙而昔日可稱爲卓絕之行今日或一無可取或反因此而爲世道之妨礙者何限例若所謂忠者固於道理上爲不可闕之理也然昔日之所謂忠者或忠於一人一家而今日之所謂忠者則忠於一國一羣設有人於此但知效力於一人一家之爲忠而有時以一國一羣之事適與一人一家之利害相衝突而若人但知爲一人一家謀則一人一家蒙其福而一國一羣或不免受其害此其人或篤誠純一其性行固大可尊崇而惜乎其所見之不遠以膠柱鮮通之故而狹小其規模遂令讀史者低徊往事而褒貶毀譽對於其人而兩不能寬（近世若曾文正者亦此類中之一人也）是則因變遷之故欲改進受用之理而不能不有待於辨論者也而不止此夫受用之發生果何自而始乎蓋必有啓之自辨論者（此義佛教於起信論謂之始覺於眞言宗十住心中謂之愚童持齋心言愚童無智得聞教化發生善心而爲一日之持齋也）例若有人父子相別生而不識則夫遇於途中父子相視固無異乎途之人也若一旦知其爲父子之親則仁孝之情有不覺油然而生者凡人之不爲善亦由未聞善之道耳若得聞爲善之道則未有不爲善者於惡亦然若有人不知弒親之爲惡則雖弒其親亦有視爲尋常事者知弒親

之爲惡。而敢弑其親者寡矣。又若我國人之對於國家。其抱冷淡之性質也久矣。然自近數年來。因新學之輸入。一二有志之士。其對於國家之熱度頓增。此無他。前日於國家之義知之也糢糊。而今日知之也明了故也。又若新黨之有德行者固多。而亦有一知半解之人。以爲吾且知新學矣。德行何物。而可以縛我。遂不免入於小人之途。此無他。亦其關於道德上之智識太淺故也。故人之於學也。行道其次。而聞道爲先。蓋未有不聞道而能行道者。故聞道直居學問中一首要之位。是則欲發生夫受用之心。而不能不有待於辨論者也。又不止此。夫受用之究極。果何爲而定乎。又必有決之於辨論者。例若有人。其頭腦本屬明晰。深知夫我國今日在野黨所爲者之爲是。雖然義與利不能同時而並居於一綫。欲效在野黨之所爲乎。則斷頭也。流血也。而不便於作官。於是斷頭乎。流血乎。作官乎。於兩途之中。躑躅徬徨。卒不能定一義以自處。乃不能不曖昧其宗旨。狡猾其手段。陰陽於新黨官場之中。而欲從新黨之一面見其爲新黨。又欲從官場之一面見其爲官場。彌縫調停。亦甚可憐。而終不獲有神明自由之一日。又若其始自居清流。亦高王侯不事之風。固不可謂非一時人物之佼佼者也。而徒以江湖飄泊既不堪饑寒窮困之迫於中復不勝利祿功名之誘於外持之又久持之又久而泥塗之究不能居遂不免回首低心而以久不屈於人之膝亦復望塵拜跪叩權門而乞腥膻之餘而試問以昔何所見而去今何所見而來當亦自笑而苦於解釋之無從夫時會既發生艱難遠之或數百年近之或數十年決非朞月數載即能皂白分明而君子終至獲福小人終至受戮故吾人先自審吾躬其甘爲小人乎抑必爲君子乎苟以志氣清明不願爲小人而必自儕於君子之林則吾生百年以前之歲月不可不預計皆爲賢否混淆禍福顚倒之時代吾所恃者惟不愧吾之神明而於吾心固自得無限之愉快而已（凡本篇所謂受用者即指此義）不知此則雖或有一時見道之明而以辨道之功偶有未至不能知之深而見之切則吾之主宰終不免有搖撼之來而前後之人格遂至有不能統一者故發願學道之人不可不先知有長時心之一義（於佛教大願觀中其一爲長時心）是則欲究極夫受用之理而不能不有待於辨論者也辨論之有益於受用者其略如此昔者希臘哲學大家梭格拉底辨明生死之理故笑而受獄吏之毒杯於生死之間處之夷然又若近世哲學斯賓挪莎孚伊台等諸人皆各有懷抱之主義能自貫澈而不變近

時學者之間遂有哲學可以代宗教之議以爲學者能窮究智識而於天人之故能洞達其本原即於道德上已自有安心立命之境故今日學者之於宗教已多以研究哲學之法研究之而哲學之見理至深者亦即可謂一種有知識之宗教是議也吾以爲今日上哲之人不肯羈服於一宗教之下已不能不開以哲學代宗教之一途而於哲學研求之究竟即得道德信從之本原於是哲學之於人間乃大有價値而得成爲世界一至高貴之學由是言之亦可知辨論之通於受用而爲欲求道德上之受用者所不能廢矣

此一段可取王陽明之知行合一說參觀但陽明言知行合一蒙則以爲知行自兩事不當合而爲一但其間自有貫通之理此則與陽明之說有不同耳

（未完）

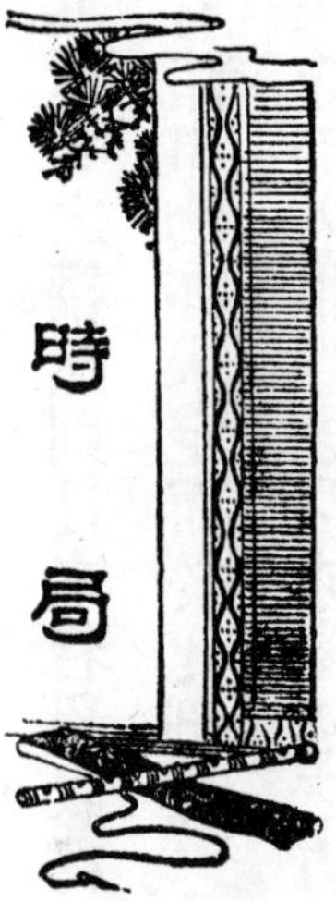


# 今後之滿洲

伯勛

日本法學博士有賀長雄氏。以國際法顧問從軍滿洲、近著一書。論滿洲將來之地位。大旨謂滿洲仍屬中國之主權。而日本天皇受中國之委任。以統治其地。其言明於利害。切於事勢。可以代表日本舉國之思想。予所見日本人士之論滿洲者。以此論爲最密且切。予又知日本政府。苟無更善之策。可以服世界而利日本者。則有賀氏之言。必終見諸實行也。夫滿洲。非所謂發祥之地者耶。非居中國全體面積約十分之一者耶。曾幾何時。他人入室。强者之中。更有强者。不及數年。遂由中國而奪於俄。由俄又折而入於日。嗚呼。已矣。竊恐國人瞢瞢。不明事勢。尚有欲待日俄戰役之終。拱手以受地於日本者。因譯有賀氏之論。詳爲解釋。加以批評。附以斷案。以告我國民焉。

## 第一章　滿洲之大勢

有賀氏之言曰。日俄戰事結局。則朝鮮滿洲之地位。必爲一變。朝鮮之事。今無待深言。蓋日本公使既可任意謁見韓皇。外國之條約。外人之特權。顧問之傭雇。既須待日本之承諾。則朝鮮已立于日本所保護指揮之地位。其獨立固無恙。其獨立之主權。已由朝鮮之自由意思。而讓其一部於日本。唯日本宜于形式上尊敬其獨立。凡事皆仰朝鮮政府之畫諾而行已耳。

至滿洲則不然。滿洲諸處要害。雖已盡入日軍之手。而其地位未定。日軍民政上之措置。深形不便。俄國所有官有諸產業。日人對之。亦難於處置。若東清鐵道。其表面固一中國私人之所有物也。據國際法上之關係、交戰國之權利、只能享有其收益與使用之權。而不能及其所有之權。然則日本若沒收爲已有。適法否也。故滿洲之地位未定。則滿洲地面所有諸事物。亦未定。而於此研究之推斷之。皆余輩所有事也。

滿洲之地位雖未定。而若推斷之。以求處理之方法。則有數定則存焉。是無他。

第一。滿洲者中國之一地方而日本人與列國共負中國領土保全之言責者也是故滿洲無論何時宜在中國主權之下既不可合併於日本又不可無中國之畫諸而日本可行使主權於其地也

第二。滿洲之一部若遼東半島者原已屬日本之領地俄與德法出而干涉始還諸中國而俄復自進而占之以脅日本勢力範圍之朝鮮是日俄戰爭之原因也故日本既戰勝則對於其地不可不行一定之干涉其干涉之者無他中國既自無實力可以制俄人之非行則日本欲護朝鮮之獨立以圖自國之安全不可不代中國行主權於其地蓋日本之目的欲以制俄國之南進也

第三。既割於日本而復還者在前雖係盛京省之南部其界自鴨綠江至平安河口亘鳳凰海城以南而此後欲制俄國之南進使之不致下鴨綠江以伐木因以制朝鮮則日本代中國行使主權之土地不可不比前日還附中國之土地爲較廣其界及滿洲全部與否固在將來之和約而宜橫領鴨綠江對岸之地域則可不待論而知也

第四。日本代中國行使主權之地域既述於第三而其所行使主權之範圍及方法不可不使日本足以抵制俄國而有餘其詳細則斟酌中國之事情幷參歷史上之經驗而定之最足以爲模範者若英國對於土耳其之昔布里斯與埃及之蘇丹墺大利對於土耳其之坡士尼亞與赫斯戈維納是也

第五。日本既贊成中國之門戶開放而先列國以唱導之則其於滿洲行使主權無論範圍如何方法如何其關於經濟政策不可不實行門戶開放之主義而獨占利益之政策是俄國之覆轍萬不宜有者也

以上五項。乃滿洲事件之定則。苟日本能維持其戰勝之地位。則無論日俄兩國之和議。以何時而收局。或由列國公會以定。或日俄兩國以定。皆必能維持此五項之關係。無可動者也。而其程度之如何。亦可由今日以推其大概。所最宜研究者。日本代中國所行主權之範圍及方法。即第四項所言者是也。

按以上五項定則。不唯日本人之言如是。中國人之言亦當如是。蓋此五項之定不定由中國之有實力與否而決中國有與日本相當之海軍與陸軍而又有楯此海

軍陸軍之財政與民德則俄國之南下固由我制之朝鮮之獨立日本之安全固由我保之無所用日本之干涉無所用託其主權之行使於日本五項之中唯第一項與第五項稍有可言餘則無禮之言一笑而已若其無之則日本擲無限之膏血費若干之時日百戰所得之地使非至愚且弱誰肯拱手以返諸中國者且以俄國之大一二敗挫未足以收其南下之心日本不以兵力防守則終有復出之一日有賀氏之理由并非託辭而況俄國之外尚有他強日夜摩拳而待者故日本終不能棄滿洲彼開戰當時對中國之言不過外交上之應酬從何問其責任也此五項中唯第四項最耐研究不獨有賀氏言之余亦顯聞蓋其行使主權之範圍與方法非唯日本利害之所關亦即中國存亡安危之所係第四項定而第一項之程度亦可思矣

## 第二章　日本對於滿洲最宜之方法

### 第一節　委任統治主義

有賀氏曰近日外交上之用語凡一國對於他國之一部地方干涉其主權之行使謂之局部保護權Protectorate Locale英國之於蘇丹奧匈國之於坡士尼亞及赫斯戈維

納。是。也。日。本。之。於。滿。洲。當。亦。不。外。此。方。法。

日。本。行。於。滿。洲。之。局。部。保。護。權。自。論。理。言。之。有。三。種。方。法。其。一。凡。中。國。之。主。權。者。在。滿。洲。應。行。之。事。務。日。本。盡。行。之。曰。代。理。統。治。主。義。其。二。日。本。與。中。國。共。行。主。權。于。滿。洲。而。區。別。其。事。務。之。種。類。各。分。其。務。曰。聯。合。行。政。主。義。其。三。滿。洲。之。事。務。出。中。國。自。行。日。本。唯。立。于。監。督。者。之。地。位。曰。監。督。行。政。主。義。以。實。例。言。之。墺。國　於。坡。士。尼。亞。及。赫。斯。戈。維。納。英。國。之。於。昔。布。里。斯。代。理。統。治。主。義。也。英。國。之。於。蘇。丹。聯。合。行。政。主。義。也。而。英。國。因。一。八。七。八。年。對。於。土。耳。其。之。阿。耳。米。尼。亞。地。方。亦。行。行。政。監。督。主。義。焉。

以。上。三。主。義。之。中。爲。日。本。計。則。代。理。統。治。主。義。其。最。有。利。益。者。也。蓋。日。本。爲。滿。洲。之。事。已。擲。多。大。之。人。命。與。財。產。則。其。償。之。也。亦。不。可。不。有。多。大。之。利。益。若。聯。合。行。政。主。義。則。日。本。之。利。益。已。與。中。國。共。之。行。政。監。督。主。義。則。舉。其。利。益。之。全。部。拱。手。以。奉。中。國。日。本。所。供。之。犧。牲。不。幾。盡。擲。於。虛。牝。且。以。俄。國。之。大。雖。割。土。地。賠。軍。費。猶。不。足。制。其。野。心。日。本。苟。不。扼。其。咽。喉。則。今。日。日。本。退。明。日。俄。國。來。戰。勝。之。利。益。猶。之。未。也。故。以。報。酬。言。曰。本。之。代。理。統。治。尤。其。最。廉。者。也。

即由中國而論滿洲爲俄國占領已三數年代理統治之實已成默認今唯從俄國之手而移于日本抑有何擇且其在俄國也範圍未定約無明文擴張與否俄國自有其自由今若移于日本則經正式之條約列國所共認較之在俄尤有利焉況以所見猶擬留主權於中國彼尚能保其利益之一部也

是故以法理論之日本行委任統治之權于滿洲乃因一定之目的由中國之自由意志所結之條約而來故日本常負完此目的之責任使日本不能盡此責任則無論何時中國有撤回其委任之權也而其一定之目的爲何則防俄國之侵襲是其大端其餘尚無限也

按此節中有最宜注意之一語即其謂日本若不盡責任無論何時中國有撤回此委任統治之權是也此其條件較之旅順二十五年膠州之九十九年猶爲無定蓋日本若能盡其責任則永無回復之日也而其果盡此責任與否又屬實力之問題若日本而不欲還我則雖荒蕪其土地擾亂其人民中國亦不得而責之何望能撤回其委任統治之權若果能撤回則是中國已有實力如上節按語所云否則俄勢

南下日本不能抵禦中國遂撤回日本之委任統治權而以與俄國耳有賀氏之解釋似專取其後義實則前義亦此言之自然解釋耳

## 第二節　委任統治後滿洲與中國之關係

中國以滿洲之統治委任於日本。而自保其主權，有數端可證於實際者。滿洲之住民。仍爲中國之人民。若往中國別處地方。任以中國人民相待。即往外國。亦受中國外交官之保護。日本毫不得而干涉。其對日本。不負兵役之義務。縱編入滿洲地方軍隊。亦作爲中國兵勇。盡忠誠于中國皇帝。雖受日本將官指揮。非日本兵也。唯納稅之義務，原所以充統治之費用。日本亦得向中國人民責之。而其地之國旗，永守清國之國旗，固無論矣。

不獨此也。滿洲之交通機關。雖在日本委任統治期內，中國人儘得使用之。縱由日本所設。亦猶自國之物。中國之貨幣。亦暫作爲合法貨幣。於滿洲地方。任意行用。至中國之國際條約。適用於滿洲地方與否。則是各國之利害所關。非中國與日本。所能擅定也。

且也。日本之委任統治滿洲也其所用之官吏固不必限於日本人。除事務之大綱外。凡直接人民之官吏。仍以地方人士爲宜。此不獨滿洲人民之大利日本亦蒙其福否則生中國人民之反抗爲統治上之阻力是於臺灣既已實驗蓋日本之於滿洲務求不改其住民之習慣風俗歷史言語宗敎而施以較中國稍良之行政使其人民之負擔較之所受善政之利益加增不甚過遷而公平其裁判以懷柔其人民而舉統治之實又擴張其起業之範圍以收實利焉

按有賀氏以上所言。若果實行。則滿洲必爲第二之臺灣無可言也臺灣之初入日本土民生番疊次反抗日人知其然也乃定懷柔之策務求保存臺灣固有之風俗習慣而用臺灣人爲親民之官一面嚴行警察以防奸猾行之數年臺人戢然若行政之改良負擔之不重以其地之財治其地之事而重除催課徵兵之苦則誠所謂聖王仁政邁湯武躋堯舜彼東省之旗民吾固不知其觀念若何而在吾內地之民則所日夜禱祀數千年求之而不得者也夫美之獨立脫之叛英愛爾蘭之日望自治皆無非苦于苛政迫於征求或富源見奪或無理橫加然後人民忍無可忍起而

相抗幸則獨立若母國施以仁政去其貪婪使隸屬以後其受善政之恩惠反踰于未隸以前則其起而獨立者直病狂之國民耳更何望成英人治印其政治之改善反在印人之自治以上故印人永無獨立之望若日本得滿洲而亦用其道以治之如有賀氏之言則在日本言之可謂舉統治之實在中國言之永無復歸之望矣然而吾知日本政府苟非愚昧必出有賀氏之言若不出有賀氏之言則必有良法出有賀氏之言以上而更可以制滿洲之死命者存焉也

是故官吏之登庸習慣之保守政治之改良負擔之不重自有賀氏言之或可作中國之權利自中國言之則日本之仁政非中國之權利也至其保守國旗一節自法理言之固可稱權利之最大者然而國旗者伴國力以行者也國力強則國旗之所至即實力之所表國力弱則其旗雖存其權已去吾今雖以中國國旗懸諸日本內地亦無補也故國旗之權利乃形式上之權利實力不存則可有可無者也

若人民之隸籍中國於法理上亦權利之重者矣然棄其地而徒有其人既不能負之以國課又不能管理其民政則徒持其籍何為者且以滿洲人民而論與其隸籍

中國入內地則受官吏之魚肉外人之壓迫出外邦則遭驅逐負重稅猶不如隸日本享平等之保護彼外埠華僑之入英籍日籍者尙比比是也至徵兵一節今日本於臺灣猶尙吝之蓋屬地之民心終未死假以重器一旦起而反抗何以禦之是列强待屬地之公例固非別示恩於滿洲若編入地方軍隊以當防備而受日本將卒之指揮則與其謂之爲中國之權利寧謂之爲日本之權利至所謂盡忠勤於中國皇帝云者或他日兩軍相見滿洲民兵不至倒戈相向而已雖然而是則視乎日本之良心與臨時之利害何如也

有賀氏又以中國之貨幣可通行於滿洲爲中國之一權利是有賀氏過於摸倣墺國之所爲未深究其實情者也中國之幣制原未完備所謂兩則生銀也所謂墨西哥銀圓日本舊銀圓則外國之貨幣也使其通行於滿洲則是生銀與外國貨幣通行于滿洲耳何所關于中國更何所謂權利此其點有賀氏之識見蓋不逮日本之外交家也

有賀氏又謂滿洲之交通機關中國人可任意使用爲中國之一權利此其所謂使

用不知何指若謂普通之使用權歟則中國雖弱今中國人在日本內地苟日本政府不發令禁止尚可享用其交通機關之利益此而爲權利則中國若有人旅行至滿洲可飽吸滿洲空氣亦有賀氏之所謂權利也若謂不論平時戰時中國政府可使用滿洲之交通機關與日本政府所享特別優等權利無異則其爲權利誠權利也然亦微矣

以上所言。凡有賀氏之委任統治主義、所留以與中國之權利。盡於此矣。有此等權利而委任統治之與無此等權利而割讓之其間有若何差別觀以上所言當知之也然吾不痛有賀氏之言之酷而欲問中國之實力於此等權利而外可以得他項權利與否夫若言權利則外交財政軍事司法行政與夫鐵道鑛山凡主權者所完全享有者何一非中國之所應得而無如欲享此權必先具享此權之實力以余所見中國非有與日本相當之陸海軍力輔以伴此軍力之財政與民德而又以最良之結果從日本之後以犧牲之終不可得既不得則必甘心俯首於有賀氏所倡之條件否則併此條件而放棄之二者擇其一焉可耳夫如是。則余於後尚有說、又按有賀氏之言。乃以墺土兩國關於坡士尼亞及赫斯戈維納之主義爲本而斟酌之者。蓋土耳其自一八五八年巴黎條約以來。其領土之保全由列國共相擔保。頗與今日中國相類。而一八七六一八七七兩年之戰爭。即猶之今日之日俄戰爭。其後經伯林條約。英據昔布里斯島而墺占坡士尼亞及赫斯戈維納。即所以制俄國者也今按伯林條約第二十五條云。

坡士尼亞及赫斯戈維納二地方。由墺大利匈牙利政府占領之。且掌其行政。其詳細之處。墺土兩政府。各保有互相協議之權。

因此而坡士尼亞及赫斯戈維納二地方。遂入於墺。其翌年。（一八七九年）兩國各派全權委員。議條定約于君士但丁。其條約文如左。

墺大利匈牙利政府。與土耳其政府。因伯林條約第二十五條。保有占領坡士尼亞及赫斯戈維納兩處詳細協議之權。今任某某等爲全權委員。此等委員。互認其全權之良妥。互相交換。先確定此占領之事實。不損于土耳其皇帝之主權。而後約定各項如左。

第一條　坡士尼亞及赫斯戈維納兩處之行政。據伯林條約第二十五條行之。唯墺匈國政府言明儘現在各官吏留其才能任事者。幷願變動此等官吏時儘該地方出身官吏中任用。

第二條　住居坡士尼亞及赫斯戈維納與僑寓者。均有信其地方歷來之教。與行其儀式之自由。就中回回教徒。於教法上與君長之關係。尤有保存之自由。墺帝兼匈王陛下與其行政官吏宜留意不得侵害回回教徒之名譽、風俗、生命、財產、幷其信教之自由。對回回教徒與其財產信徒加侵害者。務須嚴罰。回回教徒公然之祈禱。將來可用土耳其皇帝之名。無改。其屋上揭土耳其國旗之習慣。亦宜尊敬無毀。

第三條　坡士尼亞、及赫斯戈維納之收入。專用以供兩地方之應需費用。幷改良之費用。

第四條　土耳其現在之貨幣。可於坡士尼亞、及赫斯戈維納、地方通行無阻。

第五條　土耳其政府可隨意處分各要塞及兵營內自己所有之兵器軍用材料及其餘物件。因此兩國委員按月臨塲作出表錄。

第六條　坡士尼亞、及赫斯戈維納、之住民。僑寓他處或旅行未歸者。其待遇之法。當別定規約。

第七條　以下（略）

### 第三節　委任統治之外交權

有賀氏曰。滿洲既歸日本代理統治。則凡其地之外交關係。軍事關係。立法權行政權司法權之關係。無一不待研究。而欲其所研究之方法。足以利日本利中國。而適第三國之意。則誠難之最難者。所可爲先例者。仍不外墺大利之於坡士尼亞、及赫斯戈維納。英吉利之於昔布里斯島之成法而已。欲倣英墺之例。以統治滿洲。則其外交上之關係。有數問題。

（甲）代表權問題。　滿洲屬中國之主權。而日本代理統治之。則凡此區域內之事。其代表者。將中國之公使抑日本之公使。是一問題也。各國政府若有應議之事。關于滿洲者。將使彼之駐日公使任之。抑使彼之駐華公使任之。是二問題也。

此二問題之解決。可因事件之種類而定之。蓋直接于主權之事。則主權國任之。一概由中國公使代表。日本唯於其委任統治權限內有諾否之權。而無代表之責。若割讓抵當租借以及土地之境界是也。其屬於統治範圍內之事。則委任統治國任之。暫由日本公使代表代理中國之。日本當其事。更不必直接于中國。若外人保護之問題外人特權附與之問題是也。是例已於墺大利之坡赫二處有之。英之於昔布里斯德之於膠州。俄之於旅順大連。皆然也。

其第二問題。亦由第一問題而斷。凡外國政府有關于主權問題者。則令其駐華公使與中國政府商之。有關于行政事務者。則令其駐日公使與日本政府商之。更無難義也。

(乙)條約權問題。 委任統治之外交問題。其最錯雜者。條約上之事也。今細按之。約有四端。

(一)日本代理統治以前。各國與中國所訂之條約。可行于滿洲否。

(二)日本代理統治以後。外國與中國所結之條約。若約中無明文。可行于滿洲否。

(三)中國關于滿洲之事。尙有權與外國訂條約否。

(四)日本關于滿洲之事。有權與外國訂條約否。

第一問題。滿洲雖歸日本代理統治然中國之主權未盡絕也既未盡絕則凡主權所應盡之責任代理統治者皆當爲了之故代理統治以前中國與各國之條約皆可有效於滿洲此代理統治與割讓之所以異也蓋割讓則其地與前主權者斷絕關係後主權者正可不負前主權者之責任占領租借委任統治則不然苟非關係之第三國明諾默認則其所訂之條約不依後代治者之單獨意思以變更也

第二問題。中國既委任滿洲地方於日本則以後自對其地行主權與否中國自有決定之自由行之固當不行亦當然則將來所訂之約可行于滿洲與否一任中國之自由意思質而言之則在中國以自由意思委任統治於日本時所定之條件如何也此其例不一土耳其之於埃及其內政雖許之獨立外交則土耳其與各國所訂之條約埃及有遵守之義務東羅馬尼亞對土耳其有自治之權而其外交亦於伯林條約

第一條明定云「土耳其政府與各國政府現在及將來所訂各條約及國際上之關係皆行于東羅馬尼亞與土耳其全體無異」此一例也又如墺大利之於坡士尼亞赫斯戈維納兩處其條約上雖無明文墺大利之解釋則以爲各國與土耳其之關係應不及于兩處各國亦無異議是又一例也其餘英之於昔布里斯島德之於膠州灣等皆屬永定故日本可於結代理統治條約之際與中國訂明「以後中國與各國所訂條約若有影響於日本代理統治之滿洲地方非經日本承諾不得施及滿洲」以求各國之默認可也但不必干涉中國純然之主權如曰「此地方不許割讓於他國」等是也

第三問題凡條約之效力宜以實力伴之使約而不能執行則不訂可也故中國萬無關於滿洲再與各國訂條約之權

第四問題日本受委任統治以後自有實力於滿洲有權訂約不言可知也唯其約有效之期限在日本委任統治期限之內統治中止則其約自消滅萬一欲其約之不消滅則於時使中國臨場畫一押可也此不獨理之當然墺大利之於坡赫兩處已有實

例存焉。

(丙)領事認可權問題。 外國領事官須得其駐在國之政府認可給一認可文書然後可就職是認可文書據國際法公例應由其駐在國之主權者給之然固不必眞正主權者也蓋領事之認可唯保證其可以就職之權能與其權者即能與之以認可文書代理委任之政府自無不可是在墺大利與英國已實行之其初據坡赫兩處與昔布斯里島之時原任者固無變更之要其新來者則坡赫兩處必受墺帝兼匈王之認可文書昔布里斯島必受英皇之認可文書其事墺大利乃竟以勅令公表之各國亦無異議英國之於埃及俄國之在奉天亦行其權然則代理滿洲亦倣俄國原有之例而已唯營口舊已有約留待中國發之亦無不可

(丁)領事裁判權問題。 滿洲既歸日本委任統治則舊各國應有之領事裁判權。可繼行否。是頗耐玩味之問題也。蓋以原則而論各國在中國舊有之條約既可續行于滿洲則領事裁判自當亦任其舊唯領事裁判之目的原因中國裁判制度之未備所以補其害若中國之一部已歸文明法律國之委任統治則領事裁判自可撤去英之據

昔布里斯於一七七九年發布敕令。設一高等法院於島內。以單獨行爲廢止領事裁判權。墺之於坡赫兩處也。亦大改其裁判制度。一八八二前後之間。各國亦於事實上放棄其領事裁判權。唯其無正式之法律。故兩處若再復于土耳其。則領事裁判可再與也。故日本代理統治滿洲。原無不可廢棄領事裁判之事。要在裁判制度之改善何如耳。

按以上有賀氏所言外交上之關係如此。滿洲既歸日本代理統治，則其外交。自當守此主義。無可論者。唯其中有關於中國者二事。一則割讓租借抵當境界之問題。應由中國政府代表也。此事與其謂之爲中國之權利。不如謂之爲中國之義務。夫使日本而能永保其強。則割讓租借之事。永世無之。更何煩中國之代表。使日本而一旦衰弱。則代理統治之權。又必有一強者出而奪之。斯時或曰割讓。或曰租借。或曰代理統治。皆必待中國政府之畫諾。猶之旅順由俄而折於日。則租借之承受必有一日勞北京外交官之畫諾。滿洲之代理統治。據有賀氏之言。亦有一日重煩我王公大臣也。推之威海膠州廣州九龍以及他日之河山。使一有變更。則北京外交

界又多一番舉手動足之勞所幸而免者香港臺灣耳嗚呼權利云乎哉

又其一則外國舊有條約之不變也此之一點誠如有賀氏言有異于割讓然其不變之原因則在外國而非中國蓋今日以前之條約皆外國爲權利國而中國爲義務國領事裁判權也海關稅率也傳教也保護也皆外國固有之特益使日本而昌言變易則其影響于外國者幾何是不唯法理上不宜即外交政略亦所不許有賀所以作此言也使中國與外國之條約其權利義務皆對等焉或日權利重而義務輕焉則欲變斯變何所疑難蓋變之之說法理上雖有不然而因變所損之權利在弱而不在强則外交政略之所驅有令人不得不然者若法理則易委任統治而爲割讓已了然矣是故滿洲之問題中國不幸而弱于是乎有委任統治又不幸而有負義務無權利之條約於是乎遂不曰割讓而曰委任統治也夫使滿洲問題無外國以作梗或有焉而無此不對等之條約以作梗則日本割讓之甯不直切了當而何必有賀博士之嘵嘵也唯其不然而於是乎有如許學理如許實例雖然於中國有利乎願國人一思之也

（未完）

時局

歷史

# 歷史上中國民族之觀察

中國之新民

世界眈眈六七强方俎置我中國汲汲謀剖食日不給而我於其間乃有所謂省界問題者日益滋蔓人人非之人人蹈之莫之爲而爲莫之致而致也吾於疇昔宦界商界普通之習慣見之吾於近今東中留學界益見之智識愈開進關係愈複雜而此現象愈顯著嗚呼其惡果未知所終極也吾方有事於國史汎濫羣籍輒有感觸爾乃即今日之果以推尋昔日之因更思易今日之因以求它日之果遂發表其研究所得以作是篇雖然考據的歸納學派非短日月所能大成吾說之不謬與否非所敢知也又吾之此論其將喚起我民族共同之感情抑將益增長我民族畛域之感情非所敢言也材而擇之是在讀者

吾草此論。有先當料揀（「料揀」者。佛典常用語。以無他適當語。故襲用之。）者二事。

（一）我中國主族。即所謂炎黃遺胄者。其果為中國原始之住民。抑由他方移殖而來。若由移殖。其最初祖國在何地。此事至今未有定論。吾則頗祖西來之說。即以之為假定前提。本論考證。不復及此。

（二）本論所研究者。屬於學術範圍。不屬於政論範圍。故主權上主族客族之嬗代。不置論焉。惟專取其有影響於各族之進化退化合并遷徙者論之。

今請先舉列研究之順序。

今之中華民族。即普通俗稱所謂漢族者。自初本為一民族乎。抑由多數民族混合而成乎。此吾所欲研究之第一問題。

若果由多數民族混合而成。則其單位之分子。今尚有遺跡可考見乎。其最重要之族為何為何。此吾所欲研究之第二問題。

中華民族混成之後。尚有他族加入為第二次乃至第三四次之混合否乎。若有之。則最重要者何族何族。此吾所欲研究之第三問題。

民族混合必由遷徙交通中國若自初有多數民族則其遷徙交通之跡有可考見乎此吾所欲研究之第四問題

遷徙交通之外更有他力以助長其混合者否乎此吾所欲研究之第五問題

遷徙之跡限於域內乎抑及於域外乎若及於域外其所及者何地何地其結果之影響若何此吾所欲研究之第六問題此問題即「中國以外更有中華民族所立國與否」之問題也

中華民族號稱同化力最大顧何以外來之族多同化於我而我各省各府各州縣反不能爲完全之自力同化此吾所欲研究之第七問題

自今以往我族更無術以進於完全同化乎抑猶有之乎若有之其道何由此吾所欲研究之第八問題

自今入於本論

德國人種學大家麥士苗拉嘗言「血濃於水語濃於血」一時以爲名言蓋謂以皮膚骨格辨人種不如以言語辨人種如印度人與歐羅巴人膚澤之黑白判然而由語

系上觀察之。其同源固歷歷可稽也。故近今考族類者。必以言語爲基。環觀全球萬國。以同一民族而其言語厖雜。滯絕不能相通。則未有中國人若者也。閩粵不必論。即吳越湘鄂齊燕。莫不各各有其方言。非互相遷就。則相對不能交一言也。不惟省與省爲然耳。一省中一府中乃至一州縣中。出閭閻而若異域者。比比然也。吾粵爲尤甚。鄙人粵之新會人也。所居距省治不過二百五十里。而言語已不能通。尤奇者。與吾鄉相距十里許。有一小鄉。居民萬餘人。皆李氏。其語並吾鄉人亦一字不解。今英譯其所讀論語一節以資大噱、

子曰 Sar dam.

由誨汝知之乎 team, shan beam lio dai deam? 知之爲知之 lio dai gar lio dai, 不知爲不知 yew lio gar yew lio, 是知也 shar lio shar,

竊意其間必有一原因焉。爲研究人種者最重要之資料。惜乎東西學者寡通吾語。而吾國人又學識譾陋。且能徧識各地方言者亦無其人。故此問題之價値至今未顯也。禮記王制云『五方之民。言語不通。嗜欲不同。達其志。通其欲。東方曰寄。南方曰象。西方曰狄鞮。北方曰譯』當時所謂夷蠻戎狄所占地域。尙不及今本部十之七。而非恃舌人不能自達。其言語之複雜。倍蓰於今日可想見也。孟子所謂南蠻鴃舌。所謂重譯之間更其顯著矣。說文序曰『諸侯力政。分爲七國。田疇異晦。車涂異軌。律令異法。衣制言語異聲。文字異形。始皇初并天下。丞相李斯乃奏同之。罷其不與秦文合者』

則秦以前之錯雜更不可思議也。楊雄方言作於李斯後二百餘年。其舊蹟散沒已多。即其並時者亦采輯未備。然滯絕固已若是矣。竊嘗讀公羊傳一書。引齊語者十數見。而莊二十八年傳云。『伐者爲客伐者爲主』何君注云。『讀伐長言之。讀伐短言之』上「伐」爲他動詞下「伐」爲受動詞。而齊人同一語根自生區別。由此推之。可知吾國諸語系中必有一種或數種爲有語尾變化者。徒以我國文字衍形不衍聲。其變化無所寄。自李斯以秦語齊壹國文。此等語系遂以中變耳。（粵語讀食字。其Present Tense。則讀音爲Shick。其Past Tense。則讀音爲Sheek。但言Shick則人人共知其爲現在。但言Sheek則人人共知其爲過去。不必加「已食」「既食」「食過」等字樣。同一語而變化之。斯足矣。一入文。則非加「已」「既」「過」等字。不能表明其時矣。其餘動詞。無不如此。故知此種文系。能改變語系。使其語尾變化。漸歸澌滅也。）又至今閩語有以一字而讀兩音或三音者。或兩三字而讀一音者。（此楊哲子爲余言。余不通閩語。不能舉其例。）此與日本人安南人各以其語讀漢字相去幾何也。（安南文書二作𠄩。其讀爲Hai。書三作𠀧。其讀爲Ba。書四作𦊚。其讀爲Bon。書五作𨋣。其讀爲Nam。餘皆類此。）夫言語上之差別。則既若是矣。其他風俗之習慣宗教之迷信。（專指下等社會所信野蠻之宗教而言。）其各地之歧異。欲數之更僕不能盡也。以故吾解釋第一問題。敢悍然下一斷案曰。現今之中華民族。自始本非一族。實由多數民族混合而成。

（附言）竊嘗論與中國不同語系之人而欲用中國之文系者惟有三法其一如日本別製一種「假名」與漢字相輔其語尾變化則以假名顯之也其二如安南一切字皆和兩爲一其一明義其他示音如「𠀧𦊚𠄼」之類是也中國最通行之形聲字其起原亦猶是皆和兩爲一其一明義其他示音也近代繙譯歐文如「嘆咭唎」等字亦遵是道也化學原質名目鉀鉾矽碲等字亦遵是道也若其變化之則非一字所能顯者則不得不附加以定其意義如 England 不得不譯爲英國 English 不能不譯爲英人是也是其例之既窮者也其三如滿洲滿洲語系本有語尾變化與中國劃然殊趣但彼無文字及其既入中原則用中國文字成之（滿洲文字。達海以一夜之力造全由人爲。非出天然發達。於事物生成之公理不符。其不能行遠而傳久也亦宜。）久之遂不得不棄其語系以從我文系故至今滿人中其能操滿語者已十不得一其語系之絕滅可立而待也吾以爲我中國古代民族本有多數殊異之語系而至今不可見者其原因皆坐是不過滿洲語系之滅絕近在數百年以內故我輩能灼見而確指之其他諸民族語系之滅絕遠在數千年以前故莫或能察也然則此種文字之吞滅語言其力之偉大可想矣既無疑於滿洲之

異語系而獨疑於古代諸民族之異語系乎

民族未混成以前其分別部居之族凡幾此非今日所能確言也則憑古籍搜遺跡舉其大者王制東方曰夷被髮文身南方曰蠻雕題交趾西方曰戎被髮衣皮北方曰狄衣羽毛穴居當時（後儒多言王制爲殷制其成必在春秋戰國間）所謂四裔總不出今之本部十八省以外其俗尚與中原殊異既若此雖然王制所舉不過泛語方位未足爲徵信也說文蠻下云南蠻蛇種從虫蠻聲閩下云東南越蛇種从虫門聲狄下云赤狄本犬種從犬亦省聲貉下云北方豸種從豸各聲羌下云西戎牧羊人也从人从羊羊亦聲蜑下云南方夷也从虫延聲以上所舉雖其訓釋出於自尊卑人之習不可據至其列犖犖數大族實考古之一資料矣竊嘗論之先秦以前分宅中國本部諸族除炎黃一派之華族（謂中華民民族也以下皆省稱華族）以外凡得八族今分論之

(一)苗蠻族　苗族與我族交涉最古自黃帝迄舜禹爲劇烈之競爭盡人知之自春秋戰國秦漢以後苗名不顯通稱曰蠻逮明以後始復以苗聞於上國今按舊史通稱之蠻泰半皆苗裔也（亦有非苗族者下別論之）今貴州附近之苗其自稱曰Mun（據日本人鳥居龍藏說鳥居氏嘗探險於苗疆）

者二年有奇。歸而著書甚富。正與蠻音脗合。吾古代稱之曰苗。Miao 山海經亦稱三苗曰三毛。Mäo 蠻。Mun 苗 Miao 毛。Mäo 一音之轉至易見此族最初之根據地。左傳指定其位置。曰左洞庭。右彭蠡。則今湖南之岳州長沙湖北之武昌江西之袁州瑞州臨江南昌南康九江是其地也當其盛時。有絕世偉人蚩尤為之酋帥涉江逾河伐我炎帝華族之不斷如縷。黃帝起而攘之。經顓嚳堯舜禹數百年血戰。始毆之復南。保殘喘於故壘。而舜征苗至蒼梧九疑崩焉。固已至湘桂之交矣。洎漢以後有長沙蠻武陵蠻五溪蠻澧中蠻漊中蠻黔中蠻諸名。皆在今湖南而江西已無復苗跡漢光武建武中。劉尚馬援征蠻。皆泝沅江而上。其窟穴已移於洞庭以西矣今澧州常德一帶是其鄉也隋唐間置錦溪巫敍四州以處苗。則今之辰州永順間也五代馬氏據湖南。併吞四州。與土酋更立銅柱為界。宋熙甯間又別置沅誠二州以轄屬羣蠻。則今沅州及貴州之銅仁思州境矣元明清三代屢創之。雍正間改土歸流一役。獮薙尤劇。而至今貴州之全部分湖南之辰沅廣西之密邇湘黔一大部分若懷遠若思恩若柳州若慶遠猶為此族棲息之所云蓋此族數千年來退嬰的遷徙其跡最歷歷分明由江北而江南，由湖東而湖西，卒泝沅江以達其上游苦瘠之地，展轉委靡，以極於今日也。

又此族自舜禹時，遷其一部分於三危，即今甘肅燉煌地。其後別爲西羌族，下篇論之。

(二)蜀族　中國歷史皆有同一神話，惟蜀獨異。其古昔名王，有若蠶叢，若柏灌，若魚鳧，若杜宇，李白所謂開國茫然，四萬八千歲，不與秦塞通人烟者也。說文巴下云，虫也，象形。蜀下云，桑中蟲也，象形。（爾雅釋文引）巴蜀本蟲名，今變爲地名者，殆與閩同例，初轉爲種族名，（古代言異族皆不齒人類。別以惡名加之。觀上所引說文可見。）更以名其種族所居之地也。夫蜀天府膏腴，其面積足當今之日本，有岷、涪諸江，華離錯綜，灌域甚廣，又適當溫帶，最宜於初民發生之地。而陸有劍閣，水有瞿塘，重險陝區，天下稱最。古代戰術未精，他族之侵入不易，則其間有一獨立之民族，自固其所。此族之被知於我族，當與苗族同時。黃帝元子昌意，降居若水，娶蜀山氏女，生高陽，既交通焉。唐虞以還，無復黃帝之遠略，自爾不相聞問者，且二千年。逮秦惠王用司馬錯伐蜀，滅之，其地始合并於中原，歷兩漢三

國同化殆盡

(三)巴氏族。巴與蜀自古非同族也世爲仇讐華陽國志云。蜀王伐苴侯。苴侯奔巴。巴求救於秦。秦滅蜀。遂滅巴苴。盖自劍閣以內爲蜀族根據地其外則巴族根據地也巴族之起盖自巴江嘉陵江沿岸今四川保甯綏定兩府間其後寖沿大江而下今四川之重慶夔州湖北之宜昌荆州皆其部落分布之地在古有庸國、嘗與蜀族從周武王伐殷。其後庸巴合併。至春秋時與楚壤相接。史記稱楚肅王爲扞關以拒蜀。實則巴也。扞關在今湖北宜昌府長陽縣。班志所謂江關也。其在漢以後謂之廩君蠻後漢書南蠻傳云。廩君種條下云。初巴、樊、瞫、相、鄭、五姓。皆出於武落鍾離山。(文獻通考引此文。注云。今夷陵郡巴山縣。余按今之宜昌府也。)巴氏子出赤穴。田姓子生黑穴。未有君長。共立巴氏子務相。是爲廩君。四姓皆臣之。巴梁間諸巴皆是也。(余按范史所載神話尙多。今不錄。但此爲巴族最古之神話也。)板楯蠻後漢書南蠻傳又云。板楯蠻者。秦昭襄王時有一白虎。傷害千餘人。王募能殺虎者。賞邑萬家。有巴郡閬中夷廖仲等射殺虎。(中畧)代號爲板楯蠻。閬中有渝水。其人多居水左右。(余按閬中即今保甯府。渝水即嘉陵江。然則其爲巴族無疑也。且據范史所記廩君板楯兩種事蹟多相出入。而史乃別標之若異族然。殊爲失當。)其別種爲氐通典氐條下云。西戎之別種。在冉駹東北。廣漢之西。然則當在今潼川府綿州一帶。其與巴同族之證。下文詳之。秦縣其地以爲巴郡漢發其人以定三秦武帝元封間徙氐之一部分於酒泉今甘肅嘉峪關地光武建武中和帝永元中兩徙板楯之一部分於江夏今湖北江夏府其在江夏者上稱沔中蠻漢末則張魯以鬼道役屬其人。天下大亂。

板楯廪君之裔自巴西之宕渠（今四川綏定府）遷於漢中（今陝西漢中府）號爲車巴魏武克漢中後復遷氏於秦川將以弱蜀自是巴氏種充斥關中矣未幾其一部落復遷於略陽（今甘肅鞏昌府）李成符秦皆以此興焉（晉書載記稱李特之祖當魏武時率五百家由漢中遷畧陽。又稱苻洪爲略陽氏。其先本居漢中。然則李苻殆同徙者。可爲巴氏同種之一證。）至六朝間則今武昌襄陽一帶皆其窟穴至西魏後周王雄陸騰兩次斬刈之其族遂衰。

(四)徐淮族　亦稱東夷族但此所謂東夷與秦漢時所謂東胡異彼在域外而此居域中也其住地約當前明鳳陽巡撫所治全境今江南之淮安府徐州府廬州府山東之曹州府河南之歸德府一帶而復沿山東半島之海岸線歷黃海方面之莒州膠州至渤海方面之登州萊州皆其族之散布地也夫初民之起必沿河岸淮水爲四瀆之一其在古代獨自出海未嘗與江河合流其間有特別之民族起焉無足怪者徵其歷史則夏太康有夷人之亂殷仲丁有藍夷之寇、（俱見通典）及於周初管蔡武庚挾以抗王室周公東征三年克奄遷其君蒲姑。（今亳州）魯公伯禽之世徐淮交起是有費誓之作。（俱見書序）洎穆滿時而徐特盛徐偃王朝三十六國焉，（見韓非子）穆王使楚伐之。

未能克也。見通典宣王時。復大有事於徐淮。詩所謂率彼淮浦。省此徐方。又曰。徐方繹騷。震驚徐方。又曰。鋪敦淮濆。截彼淮浦。又曰。徐方既同。徐方來庭。又曰。淮夷來求。皆極力鋪揚我軍容之盛。比例推之。則敵之強亦可見也。蓋以周初之盛。封建之廣。能越江以樹吳國。不能沿淮以奠徐夷。自戰國以前。徐淮一甌脫地。未嘗一受治於華族主權下也。史記稱太公初封營丘。萊夷即與之爭國。齊世家春秋傳三十年。介人侵蕭。介在今膠州。蕭在今徐州。以區區小國。能越千里而侵人者。其所經地。皆我族勢力範圍外也。爾後其在山東半島者。見併於齊。其在鳳陽一帶者。見併於楚。至秦壹天下。東夷乃漸同化矣。而其遺俗之強武。數千年來猶爛然有聲於國史。劉漢之興以淮泗。朱明之興以鳳潁。其他各時代。每天下有事。此族必歸然為重於一方。或且動全國。太平寰宇記云。淮南之地。人多躁急。剽悍勇敢。輕進斯地。氣之使然也。其民族之特色。滋顯著矣。若最近之李鴻章、苗沛霖。其代表也。而袁世凱或亦其將來之代表也。

又案此族在古代。其勢力蓋甚強。殆奄有今山東省之全境。左傳昭二十年。晏子語齊景公曰。昔爽鳩氏始居此地。季萴因之。有逢伯陵因之。蒲姑氏因之。然後太公因之。所謂爽鳩季萴有逢伯陵蒲姑者。未知屬何族。但觀周公克奄遷其君於蒲姑。則此族與奄必有關係。可知。合諸齊世家萊夷爭國之文。則徐奄淮萊殆同族歟。又史記五帝本紀。稱神農時。有夙沙氏煑海爲鹽。不用帝命。其民叛之而歸炎帝。而左傳襄十七十八年。兩記齊臣夙沙氏之事。是夙沙之裔。至春秋之季而猶盛也。然則夙沙氏或卽爲此族最初之酋人矣乎。

（五）吳越族　吳越與徐淮地雖接近。而大江界之。徐淮自古爲華族勢力所不及。吳越則夏周時通焉。其最初民族。非同源甚明。史稱泰伯逃之荊蠻。其稱號與苗種頗相混。雖然。此族與他族有一最顯著之異點焉。曰斷髮。史記吳世家。稱泰伯文身斷髮。示不可用。以避季歷。漢書地理志。越人文身斷髮。以避蛟龍之害。苗族以髮爲飾觀最重之。其束之卷之。滋愛惜焉。（據日人鳥居氏所說也凡野蠻最能保守。此必其古代傳來之習慣矣。）必無或斷之。明矣。赤縣神州中斷髮之族。舍此亦無更他也。（西人之斷髮。亦近今百餘年間耳。前此雖稍截短之。然猶披垂盈尺。觀一世紀前名人之遺像可見也。然則全地球斷髮之俗。或以吳越人爲始。亦未可知。今考據未周。不敢確言。）夫湖澤與河流。皆於初民之發生最適焉。太湖及錢唐江沿岸有一種特別之民族也。亦宜。漢書地理志又云。吳越之君皆好勇。故其民至今好用劍。輕死易發。隋書地理志稱蘇州俗以五月五日爲鬥力之戲。各料強弱相敵。事類講武。然則其族之本性蓋甚尙武焉。今則惟浙東一帶此風尙見一二。餘地率與漢隋志所記成反比例。此其中殆有別原因焉。下方更論之。

（六）閩族　周官職方氏掌四夷八蠻七閩九貉五戎六狄之人民。則閩爲一大族。由來久矣。其形从虫。其聲與苗蠻皆相近。其與苗族有血緣與否。今不可確指。但至今日而其語系猶劃然異於他省。則其爲特別種族殆可推見（鳥居氏調查苗族與臺灣生番相似之點甚多。果爾。則閩之與苗。必有關係矣。但吾終疑古昔之苗族。未必能廣殖於今之福建也。若兩族果同源。則其相緣者必又不止此兩族矣。下方更論之。）史記稱漢武帝平閩越。徙其人於江淮間。盡墟其地。後有遁逃山谷者頗出。然則此族受創夷蓋特甚焉。魏晉以後。有所謂泉郎者。今泉州府之住民。史稱爲盧循海賊（晉末爲劉裕所滅者）之餘燼。想亦七閩之一支派也。

（七）百粵族（附蜑族）　五嶺以外。古稱百粵。以其族繁多不能指名也。通典云。五嶺之南。人雜夷獠。不知教義。以富爲雄。鑄銅爲大鼓。初成。懸於庭中。置酒以招同類人多搆讎怨欲相攻擊。則鳴此鼓。有鼓者號爲都老。』廣東通志銅鼓山條下文路同山在今文昌縣以土中掘出大銅鼓得名也余案此數語者於人種之研究大有價值近數年來西人往往於「印度支那」安南暹羅緬甸諸地域。及南洋巫來由羣島得銅鼓其模範款識與吾國所記悉脗合者。宋周去非嶺外代答云『廣西土中銅鼓。耕者屢得之。其製正圓。而平其面。曲其腰。面有五蟾。分據其上。蟾皆累蹲。一大一小相負也。周圍款識。其圓紋爲古錢。其方紋如織簟。各以其環成章。合其衆紋。大類細畫圖陣之形。』今日本之帝國博物館。(在東京上野)藏有銅鼓三。一爲在廣東所得者。一爲在瓜哇國所得者。一爲暹羅王室所贈者。其模範款識皆若一。與周去非所記無纖毫異。近世史家以此物爲研究南亞諸民族之關繫一大要具焉。研究銅鼓。始於德儒哈士氏。實現今歐美人中第一漢學家也。其言謂今印度支那及巫來由島民。皆以此物爲宗教品。極重視之云。余按日本博物館所藏暹羅贈品。乃其王贈與日皇者。其必爲至貴品可推見。周去非記又云，交阯人往往私買以歸。復埋於山。未知其何義也。此亦可爲此物含宗教性質之證。通典稱有鼓者號爲都老。然則亦非盡人所能有也。粵人與南亞諸族。既同有此物。其用法亦同。則其人種必有關係可斷。大率自貴州之南部廣西之西南部廣東之全部以及安南暹羅緬甸南掌下逮南洋英屬荷屬羣島乃至南印度之一小部分皆爲同一民族所占地域明人某所著八十二蠻略記云。(此據哈士所引。不著作者姓名。今無從指出。)廣順安順興義各屬蠻。每歲首擊銅鼓爲禮。掘地得鼓。則富者出重價爭購。余按廣順安順興義等。在黔省南部。經廣西之西隆雲南之廣南等地以達安南。其道甚近。彼諸府已在苗族勢力範圍外。必與百粵族有瓜葛矣。其某地爲最初發生某地爲後起移殖則今尚未有定論要之與中華民族及其他腹地諸族絕不相蒙可斷言也。又通典所謂好搆讎怨。常相攻擊。此風至今不衰焉。

蜑族者。亦有研究之一値者也。至今此族尚繁。殆不下百萬。我族莫肯與通婚姻。但其人皆居水中。以船爲家焉。夫人民必與土地相附。此通則也。若蜑族者。絕無寸土。誠爲全地球獨一無二之怪現象。吾粵人習見之。而莫能言其所自來。今按蜑爲種族之稱。已見說文。則其起原甚古可知。隋書南蠻傳云。與華人雜處。曰蜑曰俚。韓文公房公墓誌云。林蠻洞蜑。然則蜑族昔固洞居而與華人雜厠者也。其由陸入水。不知仿自何時。要之爲我族所逼。不能自存於陸地。是以及此。抑亦其自入水後與我無爭。故能閱數千年。傳其種以迄今日。古白粵之族。其留純粹之血統。以供吾輩學術上研究之資料者。惟此而已。

(八)百濮族。書牧誓微盧彭濮人。左傳文十六年。百濮聚於選。昭九年。巴濮楚鄧吾南土也。昭十九年。楚子爲舟師以伐濮。所謂濮者何族。其所居何地。此人種學研究之一要點也。杜預春秋釋例云。建甯郡南有濮夷。無君長。各以邑落自聚。故稱百濮。案晉建甯郡在今雲南界。其族在建甯南。則爲雲南境內可知也。吾欲以今之猓玀當之。請述其論據。疇昔學者。往往以猓玀爲苗之別種。而雲貴人久與相習者。皆能言其異點。近者日人鳥居龍藏實歷調查。益言其間劃然爲一鴻溝。兩族世爲仇讎。鬪爭至今尙劇。猓玀所居地域則自雲南全部北至四川之會理州甯遠府皆極盛東北至嘉定敘州亦間有焉。南則散及安南之東京東則至貴州之安順府止焉。而滇黔交界地即畢節威甯鎭雄昭通間實苗猓衝突之燒點也其言此兩族骨格上習俗上文明上皆有絕異之處。文多不具徵。（其文題曰支那苗族之地理學的分布及其現況見地學雜誌第百七十四卷）今以其說爲假定前提。按諸地理則惟古百濮當之也通典邊防典有尾濮木綿濮文面濮折腰濮赤口濮諸名。尾濮在興古郡（今雲南府）西南千五百餘里。赤口濮在永昌。（今永昌府）沿襲濮名之種。見於秦漢後古籍者僅此。讀史方輿紀要雲南鎭南州條下云。濮落蠻所居。巨津洲條下云。唐時爲濮獹蠻所居。楚雄府條下云。漢後爲雜蠻耕牧地。蠻名羲䃧。趙州（大理府屬）條下云。後爲羅落蠻所居。永昌府條下云。古哀牢國。又四川馬湖府。鎭雄軍民府。烏蒙軍民府。東川軍民府。天全六番招討使司。西陽宣撫司。四川行都指揮使司。諸條下皆言爲蠻獠所居。又稱元置羅羅斯宣慰司於建昌路。（今甯遠府也）以上諸名其羅羅斯與猓玀即爲同一譯語盡人能知羅落亦極相近至易見者其他濮落Plo 濮獹Pliou 㠯碌(lo k) 哀牢Glou 獠Lean 其族名皆以L發音或加P,G為助音（Russia吾國譯為鄂羅斯。俄羅斯等名。亦加一G字助音。然則獠猓族有㠯碌哀牢等名。無足怪者。）而其所在之地又與古之濮今之猓玀正相合然則摭拾彼諸族之片影於舊史會通而論之雖不中當不遠矣史記西南夷傳。區其域為五大部。曰西南夷君長以十數。夜郎最大。其西靡莫之屬以十數。滇最大。自滇以北君長十數。邛都最大。自越嶲東北君長以十數。筰都最大。自筰以北君長十數。冉駹最大。除冉駹北邇漢中為氐羌部落外自餘則皆濮族也夜郎有今貴州之安順府雲南之昭通府廣西之興義府地滇有今雲南之雲南府楚雄府地邛都有今四川之甯遠府地作都有今四川之嘉定府邊地又自葉榆（約當今之姚州鎮南）以外。至於昆明。（今洱海）地方數千里。無君長。則今大理永昌邊徼地也其服飾上之區別夜郎滇邛皆椎髻。筰則被髮昆明以外則辮髮其社會組織上之區別夜郎滇邛筰皆居國昆明以外則行國然則其種族固自有差異焉但其大體當出於一故統謂之濮而概以百也（今猓玀所分別種亦繁）自楚莊蹻漢唐蒙司馬相如後。此族漸通上國。然數千年來同化於我者不過一部分至今猶悍然為梗於一方其在蜀之會理甯遠越嶲

外徼者。往往販吾民爲奴隸。殘暴滋甚云。（亦鳥居氏所述）

又今雲南之北部有一種族名磨些者。其俗亦頗與猓玀異。猓玀磨些皆有文字。猓玀文頗肖日本之假名。磨些文則酷類埃及之象形字。此兩族之關係若何。今難確言。但其文明似較苗族畧爲優勝。殆其天然之質性有以踰於苗乎。又此族與綿亘兩廣之猺族。異同之點何在。不能確指。或謂其關係甚切密者果爾。則百粵百濮之血緣。必有期功之親矣。其審定俟諸異日。

此吾臆推我國各地原始時代所有民族之大概也。大抵諸族之起。非沿大江。則緣大湖。黃河灌域則有我中華主族焉。洞庭湖鄱陽湖及揚子江中游灌域則有苗族焉。岷江灌域則有蜀族焉。嘉陵江及揚子江上游灌域則有巴氏族焉。淮水灌域則有徐淮族焉。太湖錢唐江及揚子江下游灌域則有吳越族焉。閩江灌域則有閩族焉。西江灌域則有百粵族焉。滇池及洱海灌域則有百濮族焉。夫初民之起。必沿河流。此盡人所能道矣。而近六十年來學者。益發明湖沼與初民之關係。（一八五三年大旱魃。瑞士之舍彌華湖涸焉。見湖底有許多代工家屋。爲巢居時代人民所構造者。自此西人研究湖沼之學益盛。）知其重要與河流等。且或過之。今吾之此論。吾信其可

歷史

爲世界之史學家地學家增一左證也

（未完）

# 中國輿地大勢論（續第六十四號）

金匱錢基博

## 第四節　長江大河二流域國都之比較

吾于吾國之政治地理（即帝王建都之所以其爲一國條教号令之所由出故曰政治地理）有一疑難之問題焉曰大河流域之政治地理何以割據少而正統則數見而不鮮長江流域之政治地理何以割據多而正統則絕無而僅有其政治地理而在大河流域者何以常能并呑夫政治地理之在長江流域者其政治地理而在長江流域者何以常見并于彼政治地理之在大河流域者大河流域之政治地理何以常視長江流域之政治地理占優勝長江流域之政治地理何以常較大河流域之政治地理爲劣敗必有其所以然之故也。任公曰。「其在政治上。北方視南方。常占優勢。蓋我黃族始祖。本自帕米爾高原。迤邐東下。而揚子江上流。崇巒峻嶺。壁立障之。故避難就易。沿河以趨。全國文明。自黃河起點。而傳布于四方。帝王實力。亦起于是。積之者厚。故其勢至今猶昌也。」意者其或然歟。

## 長江大河二流域政治地理表

| 大河流域 | | | 長江流域 | | |
|---|---|---|---|---|---|
| 國號 | 處所 | 河系 | 國號 | 處所 | 河系 |
| 太昊 | 陳 今河南陳州府淮寧縣 | 在蔡河之岸蔡河後淤入黃河 | | | |
| 炎帝 | 曲阜 今山東兗州府曲阜縣 | 在泗水之南洙水之北 | | | |
| 黃帝 | 涿鹿 今直隸順天府涿州 | 在拒馬河右岸拒馬河經兩淀入白河然案古地圖實系黃河二系 | | | |
| 以上三皇之部 | | | | | |
| 少昊 | 窮桑 今山東兗州府治城北 | 在泗水附近 | | | |

| | | |
|---|---|---|
| 顓頊 | 帝邱今山東曹州府濮州 | 新黃河之北 |
| 帝嚳 | 亳今河南河南府偃師縣 | 洛水之北淤黃河之南 |
| 唐 | 平陽今山西平陽府治 | 汾水之東 |
| 虞 | 蒲阪今山西蒲州府永濟縣 | 淤黃河之東南 |
| 以上五帝之都 | | |
| 夏 | 安邑今山西解州安邑 | 淤黃河之北 |
| 商 | 縣亳見上 | 見上 |
| 周 西 | 鎬京今陝西西安府長安縣 | 渭河之南洛水之北 |
| 周 東 | 洛邑今河南河南府洛陽縣 | |
| 以上三代之都 | | |
| 秦 | 平陽今陝西鳳翔府郿縣 | 渭河之南 |
| 楚 | 丹陽今湖北宜昌府歸州 | 長江之北 |

地理

| | | | | | |
|---|---|---|---|---|---|
| 齊 | 營邱 今山東青州府臨淄縣 | 臨淄水之北 | 吳 | 姑蘇 今江蘇蘇州府長洲縣 | 長江之南 |
| 晉 | 太原 今山西太原府太原縣 | 汾河之西 | 越 | 諸暨 今浙江紹興府諸暨縣 | 浦陽江之西桐江之東富春江之南 |

春秋時百二十國而爭伯中原狎主夏盟者凡六焉曰秦曰齊曰晉曰楚曰吳曰越也今以秦齊晉三國代表大河流域列國楚吳越三國代表長江流域列國焉

| | | | | | |
|---|---|---|---|---|---|
| 秦 | 咸陽 今陝西西安府咸陽縣 | 渭河之北 | 楚 | 郢 今湖北襄陽府宜城縣 | 漢水之西 |
| 齊 | 臨淄 即營邱 | 見上 | | | |
| 趙 | 邯鄲 今直隸廣平府邯鄲縣 | 沙河之東漳水之北 | | | |
| 魏 | 大梁 今河南開封府治 | 淤黃河之南 | | | |
| 韓 | 韓原 今陝西同州府韓城縣 | 黃河之西 | | | |
| 燕 | 薊城 今直隸順天府薊州 | | | | |

以上七國之都

| 國 | 都 | 形勢 |
|---|---|---|
| 西楚 | 彭城 今江南徐州府治 | 淤黃河之南睢河之北 |
| 西漢 | 長安 即鎬京 | 見上 |
| 東漢 | 洛邑 見上 | |
| 魏 三國之一 | 鄴 今河南彰德府治 | 東面北面漳水西面淇河 |
| 吳 三國之一 | 建業 今江蘇江寧府上元縣 | 長江之南 |
| 蜀 三國之一 | 成都 今四川成都府成都縣 | 長江之北 |

自漢以下曰魏曰吳曰蜀所謂三國也

| 國 | 都 | 形勢 |
|---|---|---|
| 西晉 | 洛邑 見上 | 見上 |
| 東晉 | 建康 即建業 見上 | |
| 前趙 十六國之一 | 平陽 見上 | 見上 |
| 後趙 十六國之一 | 襄國 今直隸順德府治 | 沙河之北 |

| | | | | |
|---|---|---|---|---|
| 前燕十六國之一 | 鄴 見上 | 見上 | | |
| 後燕十六國之一 | 中山 今直隸定州 | 北面東面滱河西面沙河南面滋河 | | |
| 北燕十六國之一 | 和龍 即龍城在今奉天熱河塔子溝東北 | | | |
| 西燕十六國之一 | 長子 今山西潞安州長子縣 | 沁水之東 | | |
| 南燕十六國之一 | 廣固 今山東青州府 | 小清河之南臨淄水之西 | | |
| 前秦十六國之一 | 長安 見上 | 見上 | | |
| 後秦十六國之一 | 同上 | 同上 | | |

| | | | | | |
|---|---|---|---|---|---|
| 西秦 十六國之一 | 金城 今甘肅蘭州府河州 | 北面黃河東面南面洮河 | | | |
| | | | 成 十六國之一 | 成都 見上 | 見上 |
| 前涼 十六國之一 | 姑藏 今甘肅涼州府武威縣 | 大通河之北 | | | |
| 後涼 十六國之一 | 同上 | 同上 | | | |
| 南涼 十六國之一 | 廣武 今甘肅蘭州府莊浪廳 | 黃河之北 | | | |
| 北涼 十六國之一 | 張掖 今甘肅甘州府張掖縣 | | | | |
| 西涼 十六國之一 | 燉煌 今甘肅安西州燉煌縣 | | | | |

地理

| | | |
|---|---|---|
| 夏十六國之一 | 統萬 今甘肅寧夏府治 | 黄河之北 |
| 自晉以下爲十六國 | | |
| 後魏 | 平城 今山西大同府 | 桑乾河之北 |
| 北齊 | 晉陽 今山西太原府太原縣 | 汾河之西 |
| 後周 | 長安 見上 | 見上 |
| 以上爲南北朝 | | |
| 隋 | 同上 | 同上 |
| 唐 | 同上 | 同上 |
| 梁 | 汴即大梁 | 見上 |

| | | |
|---|---|---|
| 宋 | 建康 見上 | 見上 |
| 齊 | 同上 | 同上 |
| 梁 | 同上 | 同上 |
| 陳 | 同上 | 同上 |
| 吳 十國之一 | 揚州 今江南 | 長江之北 |

自唐以下迄五代十國

| | | |
|---|---|---|
| 後唐 | 洛邑 見上 | 見上 |
| 北燕十國之一 | 盧龍 今直隸順天府 | 西面南面桑乾河 |
| 後晉 | 汴見上 | 見上 |
| 後漢 | 同上 | 同上 |
| 北漢十國之一 | 太原 今山西太原府太原縣 | 汾汀之西 |
| 後周 | 汴 見上 | 見上 |
| 宋 北 | 汴 見上 | 見上 |
| | 揚州府治 | |
| 南唐十國之一 | 金陵 即建康 | 見上 |
| 吳越十國之一 | 臨安 今浙江杭州府錢塘縣 | 浙江之西 |
| 楚十國之一 | 長沙 今湖南長沙府治 | 湘江之東 |
| 高氏十國之一 | 江陵 今湖北荊州府江陵縣 | 長江之北 |
| 前蜀十國之一 | 成都 見上 | 見上 |
| 後蜀十國之一 | 同上 | 同上 |
| 宋 南 | 臨安 見上 | 見上 |

| | | | |
|---|---|---|---|
| 金 | 北京 今直隸順天府 | 北京雖非黃河流系然實延緣于此河系之平原上也 | |
| 元 | 同上 | 同上 | |
| 明 後 | 同上 | 同上 | |
| 明 前 | 金陵 | 見上 | 見上 |
| 清 | 同上 | 同上 | |

觀于表而大河流域之政治地理常視長江流域之政治地理占優勝長江流域之政治地理常較大河流域之政治地理爲劣敗亦彰彰可考矣曰丹陽。曰姑蘇。曰諸暨。曰鄀。曰建業。曰成都。曰揚州。曰臨安。曰長沙。曰江陵。長江流域之政治地理也。曰陳。曰曲阜。曰涿鹿。曰窮桑。曰帝邱。曰亳。曰平陽。曰蒲阪。曰安邑。曰亳。曰鎬京。曰洛邑。曰平陽。曰營邱。曰太原。曰咸陽。曰邯鄲。曰大梁。曰韓原。曰薊城。曰彭城。曰鄴。曰襄國。曰中山。曰和龍。曰長子。曰廣固。曰金城。曰姑臧。曰廣武。曰張掖。曰燉煌。曰統萬。曰平城。曰盧龍。曰北京。大河流域之政治地理也。計大河流域之政治地理。三十有五所。長江流域之政治

地理。凡十所。然則長江流域之政治地理。較諸大河流域之政治地理。三之一且不足也。大河流域之政治地理。較諸長江流域之政治地理。多二倍有奇。此大河流域之政治地理常較長江流域之政治地理占優勝長江流域之政治地理常視大河流域之政治地理爲劣敗之證一也大河流域毋政治地理而長江流域獨有政治地理之時代。惟由明太祖而明文帝二主三十五年而已。長江流域毋政治地理而大河流域獨有政治地理之時代。唐一百二十年。虞五十年。夏四百三十九年。商六百四十四年。周三百二十一年。統計一千六百年。爲長江流域毋政治地理而大河流域獨有政治地理之第一期。秦四十二年。爲長江流域毋政治地理而大河流域獨有政治地理之第二期。西漢二百六年。東漢一百九十五年。統計四百一年。爲長江流域毋政治地理而大河流域獨有政治地理之第三期。隋三十七年。唐二百七十九年。統計三百十六年。爲長江流域毋政治地理而大河流域獨有政治地理之第四期。北宋一百六十年。爲長江流域毋政治地理而大河流域獨有政治地理之第五期。元八十九年。明二百七十七年。清二百五十五年。統計六百二十一年。爲長江流域毋政治地理而大河流域獨

地理

有政治地理之第六期。然則長江流域毋政治地理而大河流域獨有政治地理之時代久大河流域毋政治地理而長江流域獨有政治地理之時代暫此大河流域之政治地理常較長江流域之政治地理占優勝長江流域之政治地理常視大河流域之政治地理爲劣敗之證二也匪直此也。七國並峙而楚入于秦三國鼎立而吳入于晉六朝南北並立而陳入于隋五代南北對待而唐入于宋趙宋與胡元相持而胡元卒兼幷趙宋建文與永樂相爭而永樂卒驅除建文當南北分立之際。其政治地理而在長江流域者。未有不兼幷于政治地理之在大河流域者也其政治地理而在大河流域而見幷于政治地理之在長江流域者。惟據北京之胡元見幷于據金陵之形勝之明太祖據長安之姚秦及據廣固之南燕見幷于據建康之百二之宋武帝耳此大河流域之政治地理常較長江流域之政治地理占優勝長江流域之政治地理常視大河流域之政治地理爲劣敗之證三也雖然。政治地理者豈非有帝王思想之英雄之所由以演龍爭虎鬭之活劇之舞臺哉英雄不可以成敗論英雄所由以演龍爭虎鬭之活劇之舞臺獨可以成敗論耶就政治地理之成敗之數而言則長江流域之政治地理自不若大河流域之政治地理而常處劣敗之勢大河流城之政治地理自較勝長江流域之政治地理而常占優勝之勢就政治地理之山河之雄而言則不特大河流域之政治地理本較長江流域之政治地理占優勝者常若有排山倒海之形即如長江流域之政治地理本視大河流域之政治地理爲劣敗亦皆有龍蟠虎踞之象其優勝劣敗之迹雖異其披山帶河之固則一也試擇大河流域之政治地理之氣運最久而形勢最著者凡三。曰長安。曰大梁。曰北京。以代表大河流域之政治地理。長江流域之政治地理之氣運最久而形勢最著者亦三。曰金陵。曰臨安。曰成都。以代表長江流域之政治地理。而略陳其形勢。

黃河流域之政治地理凡三。

一長安　甲氣運　西周都鎬京。（即長安）三百二十一年。西漢二百一十二年。苻秦四十五年。姚秦四十四年。宇文周二十四年。隋三十七年。唐二百七十九年。統計八百八十三年。而長安之氣運以終　乙形勢　漕運者政治地理之第一要件也夫漕運之便于轉輸視河流之便於交通。滈、鎬、經長安之南。涇、渭、遶長安之北。灞、滻、界長安之左。澧澇、合長安之右。（長安滈鎬涇渭灞滻灃澇八流至宋時已涸今復云云者系當日建都時而言）則河流便于交通矣惟河流便于交通故漕運便于轉輸留侯曰。「河渭漕輓天下西給京師」蓋道其實也此漕運之便于轉輸也有然據函谷二崤之阻表太華終南之山界褒斜隴首之險帶洪河涇渭之川其山川之形勝何如哉願亭林云「秦地華陰綰轂關河之口雖足不出戶而能見天下之事聞天下之言。一旦有驚入山守險。不過十里之遙。若志在四方一出關門便有建瓴之勢」旨哉斯言也。

二大梁　甲氣運　魏都大梁二百年。朱梁十七年。後晉十一年。後漢四年。後周九年。比宋一百六十七年。統計四百八年。亦大河流域之政治地理之氣運之較久者也

乙形勢　大梁襟帶河汴控引淮泗而漕運之轉輸便左鎭泰岱右縈溫洛而山河之保障固洵一披山帶河之雄國哉然秦人決滎口之水而大梁爲魚鱉金源淌黃河之險而北宋失保障蓋不如長安之足恃矣

三北京　甲氣運　黃帝都涿鹿。（未詳）燕都薊城九百一年。北燕都盧龍六年。金都北京一百二十年。元都八十九年。明二百七十七年。清二百五十五年。統計一千六百四十

九年。豈非自古以來之政治地理之氣運之最久者哉　乙形勢　北京關山險峻川澤流通有桑乾河滹沱河衛河易水漳水灤河以爲之轉輸有井陘渝關居庸紫荆倒馬以爲之保障南控青齊北枕燕黔西阻太行東濱大海所謂勢拔地以崢嶸氣摩空而崩岁者也

長江流域之政治地理亦三。

一金陵　甲氣運　吳都金陵五十八年。東晉一百四年。宋六十年。齊二十三年。梁五十五年。陳三十三年。南唐三十九年。前明三十五年。統計四百七年。蓋長江流域之政治地理之氣運之最久者矣。　乙形勢　金陵內控湖海外連江淮而漕運便于轉輸。鍾山龍蟠石頭虎踞而山河固若金湯西引荆楚之固東集吳會之粟披山帶河之固龍蟠虎踞之雄實不啻第二之燕京也任公曰「北京南京兩大都握全國之樞要而吸其精華」然則金陵者本有與北京並駕齊驅之勢者也

二臨安　甲氣運　吳越都臨安八十三年。南宋一百五十三年。統計二百三十六年。亦長江流域之政治地理之氣運之較久者哉　乙形勢　王院云「臨安蟠幽宅阻」

面湖背海。一非進取之地利而偏安之地利也有獨松昱嶺而爲之屏蔽于其外有浙江松江而爲之轉輸于其間然而決西湖之水則城內皆魚鱉斷皐亭之山則城外毋策應有似于汴京之形勢焉

三成都　甲氣運　蜀漢都成都四十三年李成四十四年。前蜀三十五年。後蜀四十一年。統計一百六十三年。蓋不若臨安之久矣　乙形勢　夫河北所恃以固者大河也而長安據上流以臨趙代其勢足以奪大河之險江南所恃以爲固者長江也而成都據上流以臨吳楚其勢足以奪長江之險蓋成都之稱雄于長江流域猶長安之稱雄于大河流域也言乎漕運則有岷江雒江涪江嘉陵江巴江交流于其間焉言乎關山則有鹿頭關瞿唐關臨關清谿關雄峙于其間焉

大河流域之政治地理。固不止長安大梁北京三處而惟長安大梁北京三處氣運爲最久形勢爲最著。爲有代表大河流域之政治地理之價値長江流域之政治地理亦不止金陵臨安成都三處。而惟金陵臨安成都三處氣運爲最久形勢爲最著。爲有代表長江流域之政治地理之價値。竊以長江流域之政治地理之代表較諸大河流域

之政治地理之代表則金陵當運河之上流北京據運河之上流既有南北鼎峙之形長安踞大河之上流成都阨長江之上流亦有南北並駕之勢大梁之地勢阨要固屬遠勝臨安大梁之水勢建瓴究亦何異臨安耶嗚呼大河流域之政治地理何遽勝于長江流域之政治地理長江流域之政治地理何遽不若大河流域之政治地理也

（未完）

# 論公法爲權力關係之規定

定一

法者國學的之理象也有一無二爲人生共同生存之規則依于國家設定維持直接間接之時則凡國家的有公私之別吾人者支配于公法及私法之二權力而立于唯一獨立國法之下者也若徒强加以「公」或「私」等之冠詞則其所以爲公法與私法也不可知之矣

羅馬法原分法爲二類有公私之區別近世歐洲之羅馬系統之法理通用之然非羅馬法之特質而爲凡法族必存之區別也日耳曼人種之固有法者蓋爲公法私法之分界以現今之理論溯源于古遂分此界限但當時之法之看念無此界限也如以現

今之理論則法者即權利之思想相伴然古格利基之法族無權利之看念世之教課書多謂法之本來性格有公私之二類故招學者之誤解也亦宜哉

日耳曼（德國）法族嚴格分公法私法可知其發達于中世中世歐洲之所謂封建制度者公法與私法相混以公權配于私權之制度也雖十四世紀「里基帕希央」（羅馬法繼受）侵日耳曼固有之國體然此公權私權混同之特質遂爲現世列國之基礎

今公法私法之區別歐洲法之通理也故其果依何標準而分之問題必求之知之而後可

分界之標準或指爲法之源泉或依于法之目的諸家之說紛紜今示其要領并述以鄙見

古之歐洲法有王法（鳩尼格司里喜特）民法（福耳格司里喜特）之區別民族團體之固有法曰民法普通法也君主法者國土之統御者以己意勅令之謂也讀英法德之憲法史可以知之矣抑君主者有自由勅令之權而民法則可更變苟欲更變之則

須國民會議之承諾

準是以言則私法爲設定社會之自然之法而公法爲設定國家主權之法此亦即公法私法之分界其源泉可于斯求之

此說之根據在于日耳曼法之發達史故頗確正通于近世之國法而羅馬法理所謂公法私法之區別與君主法普通法之區別雖一致而異其實積彼之分法規之實質蓋以法規之設立而區別者也加之近世之國家立法之源泉行于國内以法規爲國權之設定爲理想此歷史的之觀念即以爲斷現行法理之資可也

羅馬法家以法之目的爲分界之基礎蓋最舊普及之看念爲目的說公益爲目的之法公法也私益爲目的之法私法也雖然以利益分公私之標準所以者何也蓋謂個人之利爲私利社會共同之利爲公利質而言之保護個人之財產之法爲私益而生然又實所以爲社會平和之生存也反而言之保護人身之公法規（警察法刑法之類）即爲保護私益之用也一爲公益一爲私益故伊林格曰『法者由社會而存爲社會而存』（休莫內耳雜誌所載）蓋法者爲一般公益而存而兼可全私益者也

抑又思之法之分公法也不在于法之形式之別而在于法之實積之別法規若由形式上通覽之則皆爲公法法者束縛人之自由之命令者也雖然若就法規之實積觀之或規定個人平等之關係或規定權力服從之關係或規定人于社會交通之資產（財貨）享有之權能或規定自由行爲之權能皆各異其實積者也然吾恐公法私法之區別存于其規定之法理關係而不在于其保護目的之差異

左姆氏謂『私法爲財產法』審如是則一私人相互之間可用權力是乃近世國法主義之所不許者也故夫權力者國家所專有私人相互之關係苟用權力而全其利益則訴于國家可無須公力矣是故人對于人有權利無權力可請求不可命令權利與請求存于私人之能力權力與命令屬于國家前者私法規定之後者公法規定之私法者規定權利關係公法者規定權力關係抑私法者規定個人平等之關係而又非權力關係之謂也無「權力」「命令」「服從」者爲平等之關係權利者行于平等人之間而權力則不然近世國憲之原則謂「各人平等」人與人皆不能爲權力者

社會者以權利關係與權力關係之二要素而組織者也法者維持社會之秩序故法

之所規定之權力關係與權利關係是依自然而判別也若謂私法之規律爲財產之享有則公法之規律爲自由之享有苟以私權爲財產權而公權爲自由權則予于公權私權之概念亦猶有說

今夫此說之誤解也以爲公法爲國家與個人之關係私法爲人民相互之關係是一派之法學家之所倡道者也其正當與否之問題予姑置之且繹一說以解之私法者平等即非權力之關係也不論其關係國家與一私人之間屬于私法之範圍國家者行命令權然自用其命令權立于個人與平等之地位有權利義務之關係爲國家全能之自由當斯之時可以私法之法理論之反之則國家以外權力關係之存人民相互之間屬于公法之範圍所謂封建之制民族不平等之世社會之內部分配權力之法制是也近世國家取專有權力之方針歷史的之遺物或社會之必要人民相互之間有認權力關係之變例如家族制家長之對于家族如航海之船舶船長之命令權其例不乏皆歸于公法之原則可也慨論之國家與人民之關係者公法也人民相互之關係者私法也此予敢斷言者

法律 六

左姊氏謂『請求權（人權）者無權力也物權者權力也』對于物之權力之意 斯言也予敬服之近頃黑洛夫耳德氏演其言曰『凡權利者無權力也』對于人者 其說亦是但其見解之結果權力與法有反對之性質不相容果如其說則權力關係不在法理關係權力看念在法律以外之思想此所以與予見解正相反也凡權力關係者事實也不在于法法律者認權利關係而已是說也與予所見相容也乞勿以相似而非之說而混淆之

予自獨修法學以來即首述「論法」一篇于前冊闡明法理既而思法學中惟公法思想祖國尤乏之故不揣淺陋又述茲篇自知不文不學不免遼東豕之誚遂志數言乞先覺教我　　許子附志

談叢

# 中國之攷古界

觀雲

吾聞客有自上海來者。曰今欲於坊間購一國語國策漢魏叢書等。已不可得。詎爲新書之風潮掃蕩盡矣。使是言而果信也。何我國人之不知學也。吾聞今學者皆曰二十世紀世界學者所當研求者。東洋二古學。一印度學。一支那學。今歐洲學界已大動此傾向。吾不知二十世紀於此二古學中所得發明之事理果若何也。而據前此言之。於支那古書中。爭佑蘭氏研求玄奘西域記。千八百九十六年。得發見釋迦生地迦毘羅城古址。畢爾德氏研求趙汝适諸蕃志、（趙汝适趙宋時代當西曆十三世紀之人於泉州提舉市舶以其時所得聞外洋阿非利加及印度洋岸諸國之事著爲書馬端臨文獻通攷不注明出所而引用其原文宋史亦鈔錄其大體而無傳今外人以爲珍書我國久無人道及此者矣）而於中世時代支那與外國通商之事狀貿易之品目及亞阿兩大陸印度洋沿岸諸國之地理及人類學得發見多種嶄新有益之事實。是皆足增支那古書之聲價者。又各國圖書館。皆大貯藏漢文典籍。而其所繙譯詞曲則若趙氏孤兒。宗教哲學則若大乘起信論等。其他著名之書。繙譯更不及枚舉。噫。若以上諸書我國人不知自寶或有聞而不能知其名者而歐米人乃寶之其爲我國人之恥何如也抑吾人在國聞人有談周秦學說及佛教者。寥寥若晨星。然在日本。則坊頭書籍雜誌。論周秦學說。及支那佛教者。纍纍皆是夫所謂維新者無他研求各種學問得有進步之一結果而已故謂求學則能維新不求學則不能維新可也謂當今之世其國人能好學者强不能好學者亡無不可也然今者我方號欲維新於外來之學。尙無所得。而我所固有之學。已先棄之。是卽我國人不悅學之一標準也不悅學則維新之事必無所成而國亦卒不能强見微則知著能無對此消涓而悲也。

抑又聞我國之能讀古書者曰。西學何足奇凡西學之所有。皆我數千年前古人所已經發明者。就而聞其說。若謂七十餘元質。不出五行之說。其餘亦類此。不足多引。噫。又何其陋也夫五行之說不過如印度古代之所謂四大五大今學者謂支那之言五行不如印度之言四大蓋四大尙可謂爲萬物之原素而支那之五行說其言水火金土者勿論最訝其不倫者有木之一行夫木乃萬物之一而不得謂爲萬物之原素明甚若木可列爲一行則動物若禽獸若人類亦可列爲一行是誠無以難其說也又若水者雖可謂爲萬物之一原素然古代希臘兌喇士亦言水爲萬物之本而印度之四大中亦有水之一大而今之西學則知水爲輕二養一所成如是而水爲原素之說自不得成立夫僅知水爲萬物所有之原素與知水爲輕二養一所成此其間人智之增進殆不可以道里計而謂知輕二養一爲水與知水爲五行之一者爲同等何其無區別也雖然當太古之時於森羅萬物之中而獨知歸納於五行爲本此實人類智識之一大進步而文化發生於此著現象焉蓋當古時苟全地球文明先輩之稱其最著者三國曰印度曰希臘而我中國實居一焉我中國古代文明之發達史今外人多研究之我國人之當博攷詳搜鉤玄發微以顯揚古人之光華此非獨學界所當爲之事亦我子孫對於宗祖之義務焉夫謂我古時已知太極陰陽五行之理故我今者對於異國猶得荷古代文明之榮名此固我國人之幸然因而蔑視今世之新學以爲無一不包含於我古代學術之中我至今可無崇他人之新學爲則將貽人以笑而爲我國人之

辱莫大焉何也學問中固有同一立說而言之精詳與不精詳有秩序與無秩序於學統上已大有區別（例若謂孟子黃梨洲已知有民權之理可謂今日民權之理皆爲孟子黃梨洲所已發明則不可於西國此例亦甚多如進化學說霍臺氏拉孟克氏實先於達爾文然自達爾文之書出引證詳備事實確鑿故言進化論者必祖達爾文氏是其例也）而不得謂後之說無異乎前之說況乎古之所無而爲今之所有古之所未發見而爲今之所已發見者不知凡幾而謂新學即古學則人將嗤爲菽與麥之不分且也人將曰爾知五行之理於數千年之前何至今猶不能出五行範圍之外然則祖宗固賢聖而子孫又何其駑鈍而一無進步也故曰將貽人以笑而爲我國人之辱莫大焉夫學術宗教不分國界我固勝人人將學我如昔日日本之學中國是也人苟勝我我亦當學人如今日中國之當學西洋是也自近者國家主義之論興恐學者不察而於學問之界亦不免有一國家之界限存而有尊己國而卑人國之風則將失平等觀察之智而無以見學問之眞是固我今日學界之前途所當知此義也

是兩派者一則以爲有新學不必有古學其於新舊之學界也失之離一則以爲有古學即足爲新學其於新舊之學界也失之混此可名爲我今者學界過渡時代之病也

但猶有一種比附中西其弊亦無異此以題限不及陳

附錄　我國今日求學之外。尤當購書。漢文典籍。爲中土所無而日本所有者頗多。惟近來搜求已殆盡矣。然關係佛教各書。以乏人研求。多可購採。昔寬政時。京都相國寺長老顯常。白雲寺慈周。越中光嚴寺洞水等諸人相計。欲以支那不入藏經之佛書。今多逸失。而尚留存於日本者。寄贈一分於支那。事半而常周二氏相次遷化。事遂不果。其欲寄贈之書目。載牧墨仙所著之一宵話中。其中若唯識論述記。今爲南京楊仁山氏所已刋。又華嚴家部數種。今亦有之。其餘蓋多無可購者。未知尚有存者否。茲借報端之餘白。錄當日所擬寄贈之書目。庶見之者多。或有有志而力足以任此者出。購求回國。寄藏名山。擇要印行。以廣流通。亦我國文獻之事焉。此稿成而日本有續大藏經之輯下目多在其中又識

送書目錄

法華義記 光宅　八　冊　大乘義章 淨影　廿五冊　十地義記 淨影　八　冊

釋摩訶衍論　一　冊

天台家部

| | | | |
|---|---|---|---|
| 維摩廣疏 天台智者 | 十四冊 | 同略疏 同 | 十冊 |
| 同記 荊溪 | 五冊 | | |
| 禪門章 天台智者 | 三冊 | 三觀義 同 | 一冊 |
| 維摩略玄義 同 | 三冊 | | |
| 止觀搜要記 荊溪 | 八冊 | 隨自意三昧 南岳 | 一冊 |
| 涅槃三德旨歸 孤山 | 十冊 | | |
| 淨名垂裕記 同 | 十一冊 | 十義書 四明 | 二冊 |

華嚴家部

| | | | |
|---|---|---|---|
| 華嚴搜玄記 至相 | 九冊 | 同探玄記 賢首 | 二十冊 |
| 起信論義記 同 | 三冊 | | |
| 同海東記 元曉 | 二冊 | 十二門宗致義記 賢首 | 二冊 |
| 五教章 同 | 一冊 | | |
| 無差別論記 同 | 一冊 | | |

法相家部

| | | | |
|---|---|---|---|
| 唯識述記 慈恩 | 二十冊 | 二十唯識述記 同 | 二冊 |
| 雜集論述記 同 | 十冊 | | |
| 法苑義林章 同 | 七冊 | 唯識樞要 同 | 四冊 |
| 同了義灯 惠沼 | 十三冊 | | |
| 同演秘 智周 | 十四冊 | 因明大疏 慈恩 | 八冊 |
| 宗輪論述記 同 | 二冊 | | |
| 彌勒上生經疏 同 | 二冊 | 因明前後記 同 | 六冊 |
| 辨中邊論 同 | 四冊 | | |
| 法華玄贊 同 | 十冊 | 瑜伽倫記 遁倫 | 廿四冊 |
| 仁王疏 疏賁 | 七冊 | | |

三論家部
中論疏 嘉疏　冊　百論疏 同　九 冊　十二門論疏 同　冊
大乘玄論 同　五 冊　法華論疏 同　冊　三論玄義 同　四 冊
勝鬘寶窟 同　冊　法華玄論 同　十 冊
淨土家部
無量壽經疏 淨影　二 冊　觀經疏 同　一 冊　往生論註 曇鸞　三 冊
安樂集 道綽　八 冊　觀經玄定散義 善導　廿四冊　淨土法事贊 同　二 冊
往生禮贊 同　一 冊　觀念法門 同　一 冊　般舟贊 同　一 冊
贊阿彌陀佛偈 曇鸞　一 冊　淨土羣疑論 懷感　四 冊　五會法事贊 法照　二 冊
淨土論 迦才　三 冊
南山家部
合注戒本 南山　一 冊　戒本記 同　八 冊　淨心戒 同　六 冊
戒本科 靈芝　二 冊　行宗記 同　八 冊　隨機羯磨 南山　一 冊
業疏 同　八 冊　同科 靈芝　二 冊　濟緣記 同　八 冊
行事鈔資持記 南山 靈芝　四十二冊　梵網疏義 [illegible]　一 冊
密宗家部

談叢 八

大日經義釋 一行 十四冊 供養法疏 二冊

倶舍家部

倶舍頌疏 圓暉 十五冊 同光記 普光 三十冊 同寶記 法寶 三十冊

同遁記 遁麟 十二冊 同鈔 惠暉 六冊 梵漢千字文 義淨 一冊

日本撰述

勝鬘疏並鈔 上宮太子 唐明空 六冊 維摩疏 同 五冊 法華義疏 同 四冊

十卷書 弘法 十冊 守護國界章 傳敎 九冊 顯戒論 同 三冊

顯揚大戒論 慈覺 七冊 金剛頂經疏 同 七冊 蘇悉地經疏 同 七冊

講演法華義 智證 二冊 菩提心義鈔 安然 五冊 悉曇藏 同 八冊

往生要集 惠心 四冊 大乘對倶舍鈔 同 十四冊 因明四相違釋 同 三冊

選擇集決疑鈔 法然 良忠 五冊 無量壽經鈔 望西 七冊 元亨釋書 十五冊

興禪護國論 千光 一冊 聖一鈔並年譜 二冊 道元錄 一冊

佛國鈔 一冊 夢窗錄並年譜 四冊

右目終 按唯識論樞要成唯識論了義灯成唯識論演秘合刻稱唯識三箇疏又係日本唯識宗書如唯識同學鈔覩光覺夢鈔等皆著名之書也今多有之又密宗書去年合刻大日經金剛頂經蘇悉地經瑜祇

經要略念誦經稱五部秘經又俱舍論注釋書最有名者普光之光記法寶之寶記今有新版合刻稱俱舍論光寶右畧記其一二其餘爲上書目所不載而著名之載籍甚多又係日文者其書尤多不及一一俱錄

# 中國之演劇界

觀雲

拿破崙好觀劇每於政治餘暇身臨劇場而其最所喜觀者爲悲劇拿破崙之言曰悲劇者君主及人民高等之學校也其功果蓋在歷史以上又曰悲劇者能鼓勵人之精神高尙人之性質而能使人學爲偉大之人物者也故爲君主者不可不獎勵悲劇而擴張之夫能成法蘭西赫赫之事功者則坤訥由 Corneille 所作之悲劇感化之力爲多使坤氏而今尙在予將榮授之以公爵拿破崙之言如是。吾不知拿破崙一生際法國之變亂挺身而救時艱其志事之奇偉功名之赫濯實感發於演劇者若何第觀其所言則所以陶成蓋世之英雄者無論多少於演劇場必可分其功之一也。劇場亦榮矣哉。雖然使劇界而果有陶成英雄之力則必在悲劇。吾見日本報中屢詆誚中國之演劇界。以爲極幼稚蠢俗。不足齒於大雅之數。其所論多係劇界專門之語。余愧非盧騷不能解度晼德蘭猶也。（盧騷精音律著一書名曰度晼德蘭猶痛論法國音樂之獘大爲俗人間所不容）然亦有道及普通之理。爲余所能知者。如云中國劇界演戰爭也。尙用舊日古法。以一人與一人。刀鎗對戰。其戰爭猶若兒戲。不能養成人民近世戰爭之觀念。按義和團之起不知兵法純學戲場之格式致釀庚子伏屍百萬一敗塗地之禍演戰爭之不變新法其貽禍之昭昭已若此又曰。中國之演劇也。有喜劇。無悲劇。每有男女相慕悅一齣。其博人之喝采多在此。是尤可謂卑陋惡俗者也。凡所嘲罵。甚多茲但舉其二種言之。然固深中我國劇界之弊者也。夫今之戲劇。於古亦當屬於樂之中。雖古之樂以淪亡。既久無可攷證。經數千年變更以來。決不得以今之戲劇謂正與古書之所謂樂相當。然今之演劇。要由古之所謂樂之一系統而出。則雖謂今無樂。演劇即可謂爲一種社會之樂。亦不得議其言爲過當。夫樂古人蓋甚重之。孔子之門。樂與禮並稱。而告爲邦。則曰樂則韶舞。在齊聞韶。三月忘味。其餘論樂之言尤多。蓋孔子與墨子異。墨子持非樂主義。而孔子持禮樂全能主義。故推尊樂若是其至也。而古之樂官。若太師摯師曠等。亦皆屬當世人材之選。昭昭然著聲望於一時。而其人咸有關係於國家興亡之故。夫果以今之演劇當古時樂之一種。則古之樂官。以今語言之。即戲子也。嗚呼。我中國萬事皆今不如古。古之樂。變而爲今之戲。古之樂官。變而爲今之戲子。其間數千年間升降消長退化之感曷禁其棖觸於懷抱也抑我古樂之盛事屬既往姑不必言方今各國之劇界皆日益進步務造其極而盡其神而我國之劇乃獨後人而爲他國之所笑事稍小亦可恥也且夫我國之劇界中其最大之缺憾誠如箸者所謂無悲劇曾見有一劇焉能委曲百折慷慨悱惻寫貞臣孝子仁人志士困頓流離泣風雨動鬼神之精誠者乎無有也而惟是桑間濮上之劇爲一時王是所以不能啓發人廣遠之理想奧深之性靈而反以舞洋洋笙鏘鏘盪人魂魄而助其淫思也其功過之影響於社會間者豈其微哉昔在佛敎馬鳴大士。行華氏國。作賴吒和羅之樂。使聞者皆生厭世之想。城中五百王子同時出家。是雖欲人悟觀空無我之理爲弘通佛敎之方便法然其樂固當屬悲劇之列也今歐洲各國最重沙翁之曲至稱之爲惟神能造人心惟沙翁能道人心而沙翁著名之曲皆悲劇也要之劇界佳作皆爲悲劇無喜劇者夫劇界多悲劇故能爲社會造福社會所以有慶劇也劇界多喜劇故能爲社會種孽社會所以有慘劇也其效之差殊如是矣嗟乎使演劇而果無益於人心則某竊欲從墨子非樂之議不然而欲保存劇界必以有益人心爲主而欲有益人心必以有悲劇爲主國劇刷新非今日劇

界所當從事哉曩時識汪笑儂於上海其所編黨人碑固切合時勢一悲劇也余嘗撰聯語以贈之顧其所編情節多可議者望其能知此而改良耳

# 美人手

紅葉閣鳳仙女史譯述

## 第廿五回　挑逗情心察言觀色　捕捉風影是假和眞

却說美治阿士問荷理別夫所查得的原委如何。聽得荷理別夫答道。別的我也不暇細說。我且說一句你聽。我查得該本犯是個女子。且是個美人。啊美治阿士着驚道。是個美人！。你怎能彀知到呀。這一問。荷理別夫覺他神色不同。以爲道着他隱情了。遂着實的說道。我不知費盡幾多工夫。纔把這個消息查出來。老實對你說。這鐵箱并不是甚麼金銀珠寶。其實是一堆兒的字紙。內裡有幾本册子。是極緊要的。乃是我大俄國政府的命脈。因爲虛無黨這一羣逆賊。要想傾陷我國政府。後來事情敗露。政府要捕治他該黨無地容身是以四散奔逃有許多跑到貴國讓他跑了也沒緊要原來他并不改悔倒恃外國爲政府權力界限所不到反借爲巢穴依然時常派遣暴黨伺機竊發或暗殺大臣或爆炸皇宮種種行爲實屬大逆不道故此我國政府饒他不得特地派我到來偵探他們行徑這幾本簿子就是他們同黨的花名冊我自從到貴國凡居住所在不時都留心防備恐被他們暗算你看我這屋裡四面都是高墻厚壁所有門戶皆暗藏了機關自問仍放心不下故此把這個極緊要的鐵箱子悄地送到銀行裡存放以爲神不知鬼不覺可以安心此是我之錯如今悔也遲了計該黨的人才頗衆其中大學問的也有貴族的也有豪富的也有就是絕色的美人也有今日你受他所愚的就是這羣美人其中之一了論起來此刻你老兄心上只有霞那小姐一人其餘別的甚麼美人未必放在眼內我也知到雖然是究竟從前相識過交情上一時總難決絕這也是情理應有之義況且你老兄時常含着自由權利的思想口頭上不時吐露出來他何難借風駛船也就跟着上去說個甚麼國民義務說個甚麼顧念同胞硬把幾件高帽子推你上豪傑的座位又說非你不能救同羣數百萬生靈非你不能成

就俄國他日的獨立史把一個擔子强壓在你肩上弄得你沒處躱閃再或不從又拿出舊交二字要挾你說你同他原有夫婦之約如今反了心屬意他人你若不肯幫助他他便要漏洩消息告訴霞那折散你的婚事逼得你進退無路不得不要答應他我也不怪你答應他事到其間就是我也沒主意了要之你雖然答應他我知到你仍不肯自已出手。不得已只把鑰匙的形模同那機關的記號。告訴了他。後來他照樣果然把鐵箱偷了出來。其次又再偷了五千元。偷這五千元。他的立意是要害你的啊何解呢祇偷鐵箱子恐怕人家查不出贓証終歸要尋破綻不難有日疑到他身上來若借這五千元銀單用個金蟬退殼之計影射在別人身上一經盤出贓証人家疑念有所專注他便可以脫身這封無名的書函就是他們擺佈的毒計啊事雖曲折要之瞞我不過。幸而遇着我。纔能毅查出他的頭緒。不然你就要大吃虧了。可惜頭緒雖查得。惟獨是這個名字。總查不出。我很望你把名字告訴我啊。美治阿士聽他說完。開口答道。這宗事情。我一點風兒也不知到。我并沒有甚麼婦人訂過交情。不特沒交情連見也沒見過。決決絕絕的回了幾句。荷理別夫見他依舊嘴强不過。不覺歎息道。哎、可惜可惜。

我一番心事竟成個鏡花水月了。可惜一個如花似玉的小姐竟落在伊古那的手裡去了。這幾句話比適纔的長篇大論更揭着美治阿士的心窩兒美治阿士不覺面也變了色。愴然問道。甚麼呀。霞那竟落在伊古那的手裡。荷理別夫道。可不是麼。伊古那本人雖無意奪你所歡。事事仍然還替你着力。但圖理君那裡肯聽。又見霞那日日含悲抱怨。不時像個淚人兒一般。因此圖理君拿定主意。要快快完了霞那親事。望他轉轉念頭。久已看中了伊古那。那天對伊古那商量。伊古那道此時霞那小姐心心念念仍是記着書記。若突然用强硬手段。恐怕不能移易其志。倒令他更自傷心。不如慢慢的逐步來。先變轉他的心。後來乃舉行婚禮。方是萬全云云。圖理君他就依他所說。暫把婚事擱着。如今常令伊古那出入閨闥。自由自在的親近霞那。又吩咐霞那近侍諸人。尋摘老兄短處。稱揚伊古那長處。老兄若還不悟。不把實情告訴我。我不替老兄維挽。那就沒指望了。美治阿士是時。垂着頭。咽着氣。心裡恰像亂箭穿來一般。默着好一會兒。忽抬起頭來。放狠的答道。任你怎的也好。我實在不知情。叫我怎麼說。荷理別夫見他始終不認。悻悻的道。你眞不肯說囉嗎。勿悔勿悔。你後來就知錯了。美治阿士道悔也沒法。實在不知。那能彀强人冒扳。就是問到明年今日。我也是沒得說。不如趁早把我早送到官裡去罷。荷理別夫道。你想歸官辦理麼。此事休想。我斷不交官辦。我是私用權力捕拏你到這裡來。於法國律例上本有防碍。若驚動衙門。於我先有不便。我一於把你監禁着。你若不認。我終歸不釋放就是了。美治阿士道。肉在砧上。自然任你施爲。但不論監禁到何時。我總是沒得說。你便怎樣。荷理別夫道。由今日起。再限你三十天。如果過了三十天。仍不招供。我便把你押解回國。照俄國處治虛無黨的法律。把你流徙西伯利亞便是了。看官。你道西伯利亞是個怎麼的所在呢。欲知其詳。且聽下回分解。

小說

# 飲冰室詩話

飲冰

公度云沒知與不知。應皆流涕。頃得有自署遼伊者。以二律見。寄哀深思遠矣。錄之。

人境百年公竟逝詩潮千變世方驚微聞廟議除鉤黨初有江湖託死生丹鳳入間留片羽白榆天上變秋聲憐才不盡悲才盡六合蒼茫意未平」哭撫嵩陽百輩心花間泉底贐哀吟瘁身家國衰還在嫉世文章死可尋嶺表烽高猶照夢海天調絕欲攜琴臨邛一慟知何日挂劍歸來宿草深

遼伊他日復續寄二律云文字沈沈無再筆氛埃黯黯有餘悲九洲行哭魂猶接一海塡功力已微天地飄危成故老星雲江漢失流暉詩人爭作招魂誄勝却香花滿素幃

飲冰主人謀鐫先生詩文集且廣徵哀輓詩文 滄海嗁鵑曉更哀。悽音一夕入蓬萊。人間冷語銷今日天上修文證過來入世無情皆巨敵蓋棺賫恨作詩才是誰照我臨江哭撩亂櫻雲信雪開」吾謂入世無情皆巨敵一語最能寫公度生平公度於聲音笑貌間往往開罪人而不自知要之此等人物在中國腐敗社會中欲與彼鬼蜮競爭以行其志有劣敗而已一嘆

瀘伊又鈔公度遺詩三章見寄錄之夜泛秦淮和實甫云九洲莽莽匆匆走兩鬢蕭蕭漸漸枯隔絕蓬萊來附鶴折餘楊柳可藏烏筆留白石飛仙句袖有青溪小妹圖猶是人間乾淨土莫將樂國當窮途」乙未秋偕實甫同泛秦淮實甫出魂南北集囑題成此云袖底魂南一束詩茫茫相對兩情癡看揚玉海塵千斛喜賸青溪櫓一枝鶉首賜人天既醉龍泉伴我世誰知死亡無日何時見況又相逢說便離」一卷先生自挽詩神枯心死賸情癡杜鵑再拜無窮淚烏鵲三飛何處枝生入玉門雖不願上窮碧落究誰知尺書地下君先問只恐回書說暫離

年來深以不能搜集吳鐵樵遺墨爲恨頃劉湘渠以一章見寄云其同縣黎君尙雯所鈔得云悲喜不能自已亟錄入詩話嗚呼鐵樵本非文人其他事業一無所成傳其至碎屑之文豈鐵樵志哉聊寄余痛耳詩云鐵塔燒殘已不成寒鴉古徑少人行登高望海天方大傷遠思鄉歲又更壁上已無靈運畫山前誰見贊皇名松枯月落僧同毳坐

聽風廻浪打聲。

嘉應黃生之五古。酷肖人境廬。豈有淵源耶。錄四章。「薄游瀛海途次檳榔嶼因探險至吡叻憑今弔昔慨然成詠」三章 泱漭羣蠻區。膏壤膴千里。春風海南來。百果實芳美。神州通廣莫。天竺接尺咫。邇來礦事興。十丈洞泉底。巨木亘百圍。斷梯認鋸齒。（詢之礦人云是）懸憶千載前。瓌麗盛都市。即今馬來由。土種稀殘蕊。黑童染齒牙。蠻婦穿鼻耳。有時深林出。該愕羅剎鬼。況聞古磁盤。歲月嘉靖紀。（有人掘山洞得巨盤刻嘉靖字）想當鄭和後。華冑接祖趾。惜無張虬髯。磨劍扶餘水。英夷鑿混沌。焚烈卅年始。駔儈規卝疆。鼓鑄竭地髓。千椰萬檳榔。富可封君比。妝裹閒州府。（女子衣直襟以幅布爲裳番語謂之沙郎此名曰州府妝）語文猶唐旨。省郡會館盟。族姓杜預倚。（呼同姓爲杜賴又以各姓之望出同郡者爲半杜賴或乃不通婚媾）豈曰黃帝孫。竟昧團體理。吁嗟南洋島。藍蓽朱明啓。殖衆戰羣蠻。歷史良瑰詭。鄭吳大偉人。羅葉奇男子。西海巨鵬來。攫吞恣利觜。商力固耗綿。兵甲復荏靡。英雄鬱國魂。用武苦無恃。祖國不足賴。千載一長噫。（鄭昭潮州人乾隆中王暹羅吳元盛亦粵人乾隆末王婆羅洲之戴燕羅大嘉應人王婆羅洲之昆甸亦乾嘉間人葉來嘉應人新架波檳榔嶼等地皆彼奪自土蠻者也）「嘻嗟開卝徒。老商爲我語。飢驅遠涉洋。骨肉淚如雨。或有逼誘行。奇貨居奸賈。驅撻下輪航。毒浪噏空舞。幸免飽饞龍。

文苑

萬死抵處所。一入奴隸圈。服軛如牛馬。巴勒體不嘗。阿苔屋無瓦。（開礦處有之巴勒阿苔樹名用其葉葺屋因名）深岩蛇蚓攢。陷彈梯繩下。滓深豕負塗。石裂螳膏斧。就中權利優。日博金二五。豈解饜婦裝。畚以吞漏脯。朝朝飲洋樓。昔昔眠花塢。纔弛負擔艱。即喝摴蒱賭。鄰戚猜存沒。淚眼枯妻母。無語傳平安。況望寄阿堵。邇來地寶竭。纔取充飢肚。流離彙厲瘟。稿死委原鹵。來者千萬人。還無百十數。嗟爾輕命軀。成彼富翁主。田池卓鄭埒。勳爵卜桑伍。芳園縱射潛。金屋藏笙鼓。一將自功成。寧知萬骨腐。誰職棄民咎。當道徧豺虎。朝遊道君茨。（在吡叻北最幽勝）山麓谽岈。狻猊怒決口。石筍森排牙。陰洞互交通。繚繞如蜂衙。清泉石罅泌。萬竅流瓊霞。出門望岩頂。飛鳥絕層峨。半空垂石脚。勢若古榕拏。旁洞更邃黑。鬼門羅兇叉。掛掌發孤嘯。響應萬鉦撾。道入前致詞。舊日龍王家。海水日礱切。石窟成窿窿。今觀岩壁上。波紋凝縠紗。天然渾雕刻。絕異錐鑿加。我思大塊始。大海滓粒槎。火水濱石壳。泥滓幻離華。更有珊瑚類。小虫海底芽。層搆出水面。枯硬如鍊媧。南洋百千島。半屬虫巢窩。地質家云是。理遂言非夸。吡叻一拳土。將毋此同科。朝爲蛟蜃宅。暮見飛塵沙。天地尚如此。人事安足嗟。

「檳嶼華商倡建學校喜而有作一章」

南洋通華冑。漢唐溯

邈綿。史鄭繼鑿空。采伐振長鞭。樓船貫赤道。拜爲羅羣番。表進金葉字。御封鎮國山。惜哉陋君相。綏遠靳金錢。不聞漢西域。都護置窮邊。神皋棄外府。大錯海可塡。痛心我學子。蟬蠹僵殘篇。不能哥侖布。探險窮地圓。不能馬才冷。宣教餵黑蠻。保守遺劣性。思之汗湧泉。坐使周孔席。劃斷東南天。迂論況禁海。良賈足不前。蠢茲亡命徒。島國遁藪淵。一丁不印腦。寧䌷愛國詮。團體昧羣力。自立放天權。英夷懸身毒。偉績肇一廛。彼豈曾夢見。馬來由比肩。紅夷與西葡。接踵垂饞涎。遂拔漢赤幟。臥榻忝鼾眠。黃種墜奴籍。吁嗟四百年。自從鴉片役。緬越琉朝鮮。祖國日蹙削。巢破子豈完。悼我海外僑。益禁牛馬圈。豈無買人子。肆彼蟹行篇。陶冶奴隸格。胡語聒便便。普通未問途。矧叩法理玄。徒使噬骨肉。虎倀資腥膻。我遊苦海上。對此涕淚漣。恨無億萬筏。度之出迷瀾。茲島實寰區。豪賈羅騈闐。悲願圖興學。人天盡歡顏。況乃獅子吼。偈破羣石頑。（開主動者南海先生）此舉大智慧。靈爽憑黃軒。教育之鵠的。中外情微懸。內者歐化亟。外者國粹先。海商習媚外。道在捄所偏。日系此愛攝。行衞循軌躔。衆生此愛攝。生滅演大千。人不合羣力。木石傲猶賢。商羣力始大。工羣藝益研。愛國愛同種。妙諦經傳鐫。不見武士魂。扶桑朝暾殷。宣尼乘桴至海若駭歌紘吾道庶其南堂黃孔旃」四詩風格之高。不待言。其述南洋歷史現狀及救治之法。語語皆獨到。直可稱有關係之一論文也。

十年不見吳君遂。一昨書叢狼藉中。忽一刺飛來。相見之歡可知也。相將小飲。席間出示近稿十數紙。讀之增欷。顧靳不我畀。惟以別士題迦因傳一首見遺。錄以記此因果。詩云。「萬書堆裏垂垂老悔向人來說古今薄病最宜殘燭下暮雲應作九洲陰旁行幸有婁迦筆發喜難窺大梵心會得言情頭已白鬑鬑想見久沈吟」迦因傳者近人所譯泰西說部。文學與茶花女相埒者也。

江君叔瀊喆子翊雲。庸在東學律有得者也。君遂席間並出示其兩詩。風格殊絕。並錄之。箱根環翠樓云。压壑荒寒裏高樓易莫陰煥流噓地肺清籟發天心閱世成啼笑投閒得醉吟眼中羼聾在未惜入山深」宮之下山中望富嶽云。翛風吹袂四山暝石轉谽迴耐客行的的電竿立斜照泠泠松籟作湍聲酒香已識前邨路春到初諳異國情姑射仙人隔雲海雪膚玉色自晶瑩。

有自署海陵釋塵居士者。以四律見寄。謚有道之言也。錄之。濁世浮沈卅六年。幾多往事覺情牽。無私敢謂明心地。有欲終教昧性天。野館酒香春爛熳。瓊樓雲淨月嬋娟。宿醒未解疎鐘動。萬簇飛花墮綺筵。」自愧頑軀徒碌碌。由來妙手本空空。半生謌哭情都幻。兩字文章技已窮。好夢驚回風雪夜。壯心磨盡別離中。桑榆今日應非晚。爲語南陽一臥龍。」棋枰冷落漫尋歡。殘局而今負滿盤。愁似亂絲難就緒。情如碎錦不成團。救時終有回天術。醫俗須成換骨丹。聽到鄰雞應起舞。唾壺擊缺劍光寒。」炭盡灰中萬念休。炎炎火宅猛回頭。羞談姓字標麟閣。況復心情夢蜃樓。證到無人亦無我。不妨呼馬更呼牛。斜風橫雨何時歇。孤棹滄溟挽逆流。

某贈某金縷曲一闋。兩人者皆余摯友也。不許我道其姓名。顧愛其詞不忍釋。乃隱之以入詩話。悲憤應難已。問此時絕裾溫嶠。投身何地。莫道英雄無用武。尚有中原萬里。胡鬱鬱。今猶居此。駒隙光陰容易過。恐河清不爲愁人俟。聞吾語。當奮起。青衫搔首人間世。悵年來興亡弔徧。殘山賸水。如此乾坤須整頓。應有異人閒起。君與我安知非是。漫說大言成事少。彼當年劉季猶斯耳。旁觀論。一笑置

# 本邦礦產之調查

狙公

我國礦產若盡所有。能供全球。煤與鐵多產于山東山西湖南。銅多產于雲南四川貴州。金多產于甘肅四川滿洲。銀及錫多產于廣東廣西雲南貴州福建湖南湖北。水銀多產于湖南四川貴州陝西。硃砂多產于廣東廣西四川貴州陝西湖南青礬多產于安徽湖南山西河南。至雲南廣東新疆福建等地。尤多珠玉寶石。今並將歷來讓給外人之礦權。列表于左。

山西省　孟縣潞安澤州平陽府屬之煤礦火油　英國福公司　限六十年

河南省　懷慶河南二府及黃河北各山之礦　同前

雲南省　全省銅礦及其他礦　英法合辦　限八十五年

四川省　六州廳縣之煤火油鉄等礦　英普濟公司　限五十年

貴州省　平遠縣霧山之雲母礦　法大羅洋行限三十年

同省　印江縣獅毛山之銀礦磨嶺之鉄礦　法亨利公司　限四十年

廣西省　上思州馬尾嶺之黑鉛礦　法元亨公司　限三十年

福建省　建寧邵武汀州三府所屬之各礦　法大東公司　限五十年

浙江省　嚴衢溫處四府之礦　意大利惠工公司

安徽省　銅陵縣銅官山之銅礦　英華倫公司　限五十年

同　省　灊山太湖宿松懷寧涇縣繁昌六處　英人伊德

同　省　廬江鳳陽定遠壽州四州縣之礦　巴西國人錫尾都

同　省　宿松縣高家窪之煤礦　西班牙國通裕公司

同　省　貴池縣和嶺之煤礦　同前

以上所列各地。均係著名之礦。山西之礦尤大。是山西商務局送給于英人者。河南之礦亦不少。是河南巡撫送給于英人者。雲南之礦。爲雲貴總督贈與英法兩國人。西人每年還送二萬兩銀于雲南之官吏。四川之礦。爲四川保福公司總辦嚴𠝹昌送于英人。貴州平遠縣之礦。是天益公司受賂金銀十萬賣于大羅洋行。印江之礦。是寶興公司總辦曹允斌送與法人。廣西之礦。是天盛礦務公司總辦馬惟騏送于法人。福建之礦。係福建全省礦務官局賣與法人。浙江之礦。係本省紳士高爾伊賣與意大利國。每年得銀十萬兩。安徽之礦。係前皖撫聶緝槼送給外國者。至若滿洲金礦。爲俄有。湖南礦山。德美聯合之安徽宣城炭山。歸日本開採。猶不在前表例內。嗚呼。一國之精華。外人謀之已無已。而內地官紳復繼以賣送等情。我國礦山之前途。誠不知伊于胡底也。必至礦權失盡。然後快于心歟。是亦緣木求魚之類矣。可不悲夫。可不悲夫。

## 本邦電信之調查

狙公

●電線　光緒八年初設于天津上海間。爲北路幹線。沿運河而敷設。後漸推廣。有上海廣東間綫路。沿海岸而敷設。爲南路幹綫。又有上海成都間綫路。沿江岸而敷設。爲中路幹線。其他天津以北、廣東以西京師廿餘間。及達外洋各國者。亦各均有幹線。

**電線里數**　我國之各城各埠縱橫電線。共得五萬五千八百七十里。計分局三百十三。以一千一百人司之。用西人八名經理之。其水線更多且遠。香港至廈門水線九百八十里零八分。廈門至大戢山一千七百四十八里八分。大戢山至吳淞一百七十二里八分。福州至吳淞一千三百六十一里六分。福州至香港一千四百零六里四分。吳淞至煙台一千五百三十二里八分。煙台至大沽六百二十八里八分。吳淞至青島一千一百二十一里六分。煙台至旅順二百四十六里四分。淡水至福州三十三里六分。

**電報局**　上海之中國電報局。現歸官辦理。又有大東、大北海底電線會社。至本國沿海岸及內地各省之電報。則歸中國電報局管理。至北京以南外國之電報。歸大東電線會社管理。至北京以北外國之電線。歸大北電線會社管理。

**天津無線電信**　意大利人近頃于塘沽北京間。決定架設「馬哥尼」式(Marconi mood)之無線電信。以天津為中央部。其工事由黃村起點着手。「馬哥尼」式。有三千英里遠之距離。馬哥尼。即發明此電信之人。本報去年第三十號。已曾揭其肖像一張于卷首矣。

**京津電話**　電話二字。舊譯為德律風。北京天津間之電話事業。為外國人所有。政府近來擬買回歸官辦理。我國既用象形文字。則電信不及電話之便利。故本國電話之事業。吾可逆料其將來必有勃興風行全國之一日也。拭目俟之。翹足待之。

**郵便局**　依一千八百九十七年之條約。我國郵便事務。歸于法蘭西人所管理。亦猶稅關事務歸于英人赫德之手也。近年以來。分局之設。十七省之內。幾

專件

于無地無之所未設分局者。惟甘肅一省而已。其事由駐北京之法國公使與外務部交涉。現聞有收回歸官辦理之說。

**電信郵便之不妥**　我國郵便局電信局之所以不妥處者。秘密之書信秘密之電信。不能保證維持。苟欲其證據。必少與金錢于其吏員。故總督巡撫致北京政府之秘密電報。及由外國致駐北京之各國公使之電報。在留外國人致各處之電報。則皆能保其不損失遲延。是固因于社會上好金之腐敗性質使然。然亦因歸官辦之弊也。郵便若再歸官辦。則吾同胞通信之自由權全消滅矣。噫。

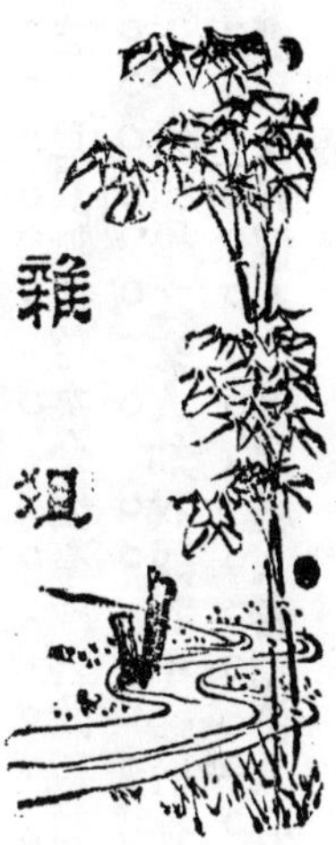


# 小慧解頤錄

許亞父

近閱南亭新著「官塲現形記」一書。可謂酷肖官塲醜態。搜羅殆盡。靡有孑遺。亦文界中之一段佳話。然觀「歸田瑣記」云。桂林曾有將上衙門之情狀分段編爲戲齣。其取題之形容尤堪噴飯。故亟錄入如下方。

一曰烏合　二曰蠅聚　三曰鵲噪
四曰鵠立（站司道班）　五曰鶴警　六曰鳧趨
七曰魚貫　八曰鷺伏　九曰蛙立
十曰猿獻（謝茶）　十一曰鴨聽　十二曰狐疑
十三曰蟹行　十四曰鴉飛　十五曰虎威（各喊輿夫）
十六曰狼餐　十七曰牛眠　十八曰蟻夢

上以名詞。下以動詞。雖僅二字。然皆吻合。不知宦途過渡之人。視之其感情當如何。無徒一哂而已也。都下清客最多。然亦須才品稍兼者。方能自立。有編爲十字令者曰。

一筆好字　二等才情　三斤酒量　四季衣服
五子圍棋　六齣崑曲　七字歪詩　八張馬釣
九品頭銜　十分和氣

有續其後者曰。

一筆好字不錯　二等才情不露　三斤酒量不吐　四季衣服不當　五子圍棋不悔　六齣崑曲不推　七字歪詩不遲　八張馬吊不查　九品頭銜不選　十分和氣不俗

則更進一解矣。審是。雖近今翰苑諸君。何以加此。然吾見亦罕矣。

余因此事忽憶朝鮮亦有所謂忠臣之相格者。然後知前說之不盡爲游戲也。並附錄以資參照云。

第一三十六齒　第二偉大鼻　第三隆顴骨　第四長細眼　第五白面色　第六自尻至趾較長于自尻至頭　第七能自見之大耳　第八高額　第九指之膝宜長臂

具以上九種之資格。始能爲朝鮮大忠臣之標準者也。

頭父曰。西國亦固有所謂骨相學。然不若朝鮮人之酷信。僅朝鮮人乎。支那人庸不如是乎。豈亡國人之性質多合耶。無寧曰。九方皐相馬。不必雄雌黑白是問。而問其精神焉也。可以貌取人。失之子羽。故皮相之不足貴。無待贅矣。余因有感。書此數行。意欲間接告于信相學之文人。知我罪我。不必計也。第恐相學者妄批評個人之善惡。稱人善則使人有自足心。稱人惡則使人有自棄心。況人性本善。又因自足自棄。而終不能成完才。而遂以庸人終也。人才既乏。國又安得不亡。或曰相學不足亡國。吾豈肯信哉。且今日之人面獸心者多矣。吾又安得起商紂于地下。而使之一一剖其心而驗之。則庶幾可免魚目混珠之慮耳。

乙巳元旦夕。閒暇無事。偶發塵篋。于亂藁之中。得一朱字書。徐察之。其上有若曰湘嶽奇觀。僅有目錄一紙。皆述戊戌時湖南維新之現狀。第不知誰氏作也。雖近於譏刺。然亦可謂謔而雅矣。特惜其無藉生大家其人者補而成之。有錄無書。誠令人嘆息。不然。亦未嘗不可作湘省之小歷史也。或謂爲嘲新黨者所作。其亦殆近之。然識者當自能辨別。不必待僕作鄭箋也。今亟錄之。以實解頤錄。如下。

湘嶽奇觀目錄

(1) 更百度局面維新　折兩桅天心示警

(2) 興權利廣開銀圓局　媚洋教嚴拿鐵道人

(3) 製造局巧出東洋車　孝廉堂改立南學會

(4) 學會道狂言鹿皮擁坐　講堂宣怪介熊掌搖鈴

(5) 開阜南官局雲谷闢泉源　攀廣東鄉親雪眯摩風氣

(6) 動私惠慘聽離鸞曲　飭公欵妙繪殺猪圖

(7) 昭信股票驪道勸窮員　不纏足會梟臺備董事

(8) 課吏館電光石火　求賢院滄海桑田

小慧解頤錄

(9) 碧浪湖大啓河工　黃金穴侈談礦務

(10) 桑梓承歡伯嚴招匪黨　栢臺亂政公度寃洋人

(11) 喜新奇擅更保甲　學洋派廣設巡丁

(12) 改塲規步李康莊　建學堂喜求梁木

(13) 換旗營妄增勇額　開報館蠱惑人心

(14) 收火把幕燕驚飛　點電燈池魚召禍

(15) 學生招考空談海國遊　叛黨伏誅驚醒瀏陽夢

亞父曰。吾湘人之性質。每逢一異人遇一異事輒宣之于口。傳之于筆。即或有一新官到任則必羣集其

雜俎

逸事之可笑者作韻語以刺之茲篇亦其流亞也若稽其所自出則皆成于四民崇拜之士子嗚呼吾湘之士子竟如是而已吾不但不爲士子諱且不得不爲士子悲故述是篇猶有餘痛焉爾

明治三十一年十二月廿九日（第三種郵便物認可）

# 新民叢報

## 第參年第拾捌號

（原第六十六號）

本號要目



光緒三十一年三月初一日　明治三十八年四月五日

每月二回朔望日發行

# 本社緊要廣告

啓者近接內地來函多有以洋裝新民彙編內中字小錯誤紛紛爲責並有索補新大陸游記者查此書實非本社所印乃上海書坊翻版殊多舛訛且又錯亂而又將新大陸游記扣出祇圖射利不顧貽誤實於本社聲名大有妨碍嗣後諸君購辦須認明本社洋裝四大册大字本並上海四馬路新民支店招牌庶不致誤此啓

新民叢報社白

# 新民叢報第參年第拾捌號目錄（原第六十六號）

目錄

| 報資及郵費價目表 | 報資 | 上海郵費 | 上海轉寄內地郵費 | 各外埠郵費 | 四川、雲南、陝西、貴州、山西、甘肅等省郵費 |
|---|---|---|---|---|---|
| 全年廿四冊 | 五元 | 二角四分 | 一元一角 | 一元四角四分 | 二元八角八分 |
| 半年十二冊 | 二元六角 | 一角二分 | 六角 | 七角二分 | 一元四角四分 |
| 零售 | 二角五分 | 一分 | 五分 | 六分 | 一角二分 |

日本各地及日郵已通之中國各口岸每冊一仙

廣告價目表

| 洋裝一頁 | 洋裝半頁 |
|---|---|
| 十元 | 六元 |

惠登廣告至少以半頁起算刊資先惠論前加倍欲登長年半年者價當面議從減

編輯者 馮紫珊
發行者 陳侶笙
印刷者
發行所 橫濱山下町百六十番 新民叢報社
上海發行所 四馬路老巡捕房對面 新民叢報支店
印刷所 橫濱山下町百六十番 新民叢報活版部

# 十八世紀之三哲學者

倭兒弗（德）

Woler.

霍布士（英）

Hobbes.

黎昔匿（德）

Leibniz.

# 辨論與受用（續第六十五號）

觀雲

若夫受用之境。約言之蓋有二焉。曰共受用。不共受用。共受用者。一鄉一國一世界所同具有之一道德心是也。蓋凡人必有一普遍之理性。於意思之表語言之外。咸能不喻而知其同然。故一鄉之人能與其一鄉之人交。一國之人能與其一國之人游。一世界之人能與此一世界之人通。設無此普遍性。則我不能測彼。彼亦不能測我。而彼此幾無從以事相交接。如是則通往斷而吾人之社會國家。已早無成立之理。此普遍之一理性。大抵世愈文明而要求愈切。蓋交涉往來之事益繁。決不能事事而擬一法規。言言而訂一契約。所恃者人人各有自守之道德律。而彼我皆能遵循其規轍。故文明之國。有一不信不義之事。其人即不能容於世。彼亦自知其如此。而將不能容於世也。

故不能不循循焉而遵公衆之約束今外人至中國者多敢爲不道德之行如詐奪取錢等事時時有之然其人一至本國已循循善良不敢爲非此無他彼有適國人之箝束力而我國人對於公共之道德其箝束力薄弱故也若蠻野之世公論盡亡以險詐而可以攫利即以正直而足以被欺其結果不得不人人共爲非理無道之行夫人人爲非理無道之行固能各得其利而滿足其所欲乎曰必不然人人奪利即人人失利此最易明之理乙奪甲則丙奪乙丁復奪丙以次相奪即無一能有安穩可得之物而徒添一彼此屠戮爭鬬之苦故不欲世界之尙有人類也則已欲一日世界之尙有人類則人類間首先當爲必無有過於理共受用之一境者試進一步而論之人類受用之最切近而不可離者莫如飲食衣服而一比於道德上共受用之境則不能不置飲食衣服爲第二位之受用而以道德上之共受用爲第一何則有道德上之共受用不患無飲食衣服之可得無道德上之共受用則雖有衣服飲食而吾人亦不得而享受之也此共受用之義也欲造道德上共受用之境如宗教教育輿論法律等皆其所要而尤以宗教教育爲先輿論次之法律又次之蓋法律者僅能治形迹上之事而不能治心理上之事即僅能治巍不能治細故也又若無宗教教育則輿論亦無由造成故輿論雖極重要而不能不次於宗教教育之後然是數者又各自有其適用之處而互不能廢如無宗教教育之人不能不以法律治之是也但其義廣博非此題限所及故不具論不共受用者個人所自發生之道德心是也夫人之於世也試省其狀態實不過惘惘然憧憧然

營謀者疲於營謀勞働者疲於勞働以送其百年之身試問人生之一問題果如此而已乎如此則人生之無價値亦甚矣故人亦惟昏然以生夢然以死知其爲人而不知其所以爲人則亦已耳若一自省其何以必欲爲人之故恐性靈上已先逗一線之光而必先導吾人以向上之路旣有志於向上則道德之境界自不覺其相接近而來蓋吾人之所作所爲初無可得自照之一鏡而能自照吾人者惟爲各人所自具之一性靈之明然果一照以性靈之明則見吾人所僕僕終生實無一高潔明淨之事質而言之吾人者終其身爲嗜欲之奴僕而已卑賤盖孰甚焉夫吾人旣自覺其卑賤則必思有所以離此卑賤者於是吾人之心理上不能不更遷一境而始安而其所遷之境必由卑賤而日趨於高尙何則不如是則吾心固有所不能安也且夫吾人之所謂受用者可分爲內受用與外受用之兩境而外受用之境實與內受用之境懸殊何言乎其爲外受用也凡夫富貴功名之麤受用及夫衣食居處之凡受用者固不足論若夫天地自然之美例若風月之佳良山川之俊美亦足動吾人之慕賞而不得不置於高尙受用之列然皆能區之爲外受用外受用與內受用之一大別盖外受用者皆屬外境

故必有待於外緣之集合而成若外緣之境之一與我相離散則愉快亦從而旋消獨至內受用之境不然內受用者其受用即吾心之所自發而即以吾心享受之初無絲毫之有待於外緣故雖外境當反覆顛沛之時亦必不能侵吾內心之疆土卽投之刀鋸鼎鑊而戚有無入而不得自得之致是誠所謂祇堪自怡悅不堪持贈人者非不欲持以與人以此樂即在吾心之中而與吾心不能分之而爲二欲人人皆有此樂亦必人人各自造之於其自心之中而後乃能於其自心之中而各自得之也此不共受用之義也是二境界者自有人類以來智識之稍優者莫不注意於此而嘗皇皇焉爲之而不已故夫吾人今日能遠過乎昔日蠻野之時代者蓋已不知竭古人幾多之力耗古人幾多之血而後能得之然而此二境界者其不完不備仍令吾人發太息痛恨之聲而所謂人類間一眞正美善之境究未知其願能償於何日而以此一境界之一日不能償則造此境界之仔肩亦爲吾人之所一日不能已而古人往矣其責則卸而屬於吾輩吾輩往矣其責又卸而屬於來者往古來今常以此爲人生之一大事而其所經過之程則有常有變常則爲之之事也易變則爲之之事也難而難之尤難者則莫

如經時勢之一大變而前境已往後境未來適際夫青黃不接之時代當是時也舊道德或已爲人之所棄而新道德或尙爲世所未知於是人心之間奇幻百出社會之陷於無道德猶若國家之陷於無政府然而改良墮落於前途兩無可知則危險莫甚於此時而恐慌又無過於此時矣猶船與岸當其在船與得在岸兩皆安穩獨此既不在船又不在岸則禍患即常在蹞步之間夫時勢既變則道德固不能不變以求其能合於吾人之用彼以道德爲殭物論者其言固非而假有人於此曰今後可以無道德則亦不待辨而知其言之非然則吾人即於此而可得一斷案曰道德者可改變而不可廢棄者也是故吾人今日既離夫舊道德之一境不可不亟亟焉求一新道德以爲吾人前途休憩之所焉猶之吾人以敞敝之老屋爲不足以蔽風雨而欲移徙之是也然則必更求夫爽塏之安宅而居之而荒野露天決非吾人可長此淹留之所故吾國今日之所最要者有二曰新智識與新道德彼文明國人尙日夜發其求道德之高聲幾若非此而不能一日安其生而此事也於數年以來尙未隨自由民權之風潮而輸入於我國是亦可謂不足應時勢之要求而爲謀維新者於此尙留一缺點焉可也

故夫有辨論而又有受用者上也。若二者不可得兼。其將取有辨論而無受用之人乎。抑將取有受用而無辨論之人乎曰毋寧取有受用而無辨論者夫世固有學問淵博論議縱橫其才流實能超絕一時而至一勘定其人格則卑鄙齷齪不能不置於小人之列彼其於學也非以之求道而以爲可賺名譽富貴之具彼其於辨也非以之窮理而以爲可護奸貪欺詐之器且夫世之小人於智而或有所不足則雖有爲惡之心而於事或有所拙而不能爲而彼則無所謂不能何則智足其所素優也又於道而或有所未聞則雖有作惡之才而於心或有所惧而不敢動而彼又無所謂不敢何則道又其所能言也余嘗謂人世間有三禍曰自然之禍曰物類之禍曰人類之禍自然之禍若風雨水旱等是古之所謂洪水者當屬於此者也物類之禍若虎狼蛇豕等是古之所謂猛獸者當屬於此者也人類之禍則如上所云云者是夫自然之禍可備也物類之禍可除也故至今日而是二類者其禍已稍澹矣獨此人類之禍其慘酷直無稍熄之日是非吾人所當視爲挽救之第一事耶且以世之有小人也人受其害而彼寧豈有得耶蓋世之所謂眞樂者決不能不求之吾心神明之內以彼之終日憧擾無非鬼魅蛇蝎之行即使偶得物質上之利益而沈性靈於孽天惡海之中已決無淸夜恬靜之一時而況乎我屠戮人則人亦屠戮我我陷阱人則人亦陷阱我其患禍直有時而不可測彼固願爲小人其失算亦已甚矣且夫具於吾人人類最貴之智識其果專爲供辨論而便吾人之爲惡乎抑將於辨論之中而求受用也昔者於希臘詭辨學派之盛行也其人以爲世無是非但以辨論之私揣爲是非耳其學派稱爲瑣肥瑣肥者智識之義蓋以爲利口即智識也及大哲學家梭格拉底起而正之而爲智識下一界釋之語曰眞正之智識者道德也柏拉圖阿里士多德承其學說咸以智識爲造就人類至於高等之用後之講學者益以梭氏之語爲名言至今心理學家分智情意爲心理學全體之部分其立智爲一部分者蓋亦梭氏之言之影響也然則世有濫用其辨論者正梭格拉底之所呵若夫有受用而無辨論之人雖於學或有所未足於理或有所未明然祇可謂之爲愚而不可謂之爲惡夫愚之與惡其及於社會上之功罪及其對於心理中之苦樂固有別矣此所爲於不得乎上但得其次之時而於次之中復權其輕重不得不抑辨論而申受用也

或曰然則所謂有受用之人即所謂有信仰之人是亦用信仰之慣詞可矣而言受用何意也曰所謂有受用之人其必有信仰也無疑雖然所謂信仰者據其因位而言之所謂受用者據其果位而言之準以印度之因明學於比量三支之中有有餘比量有餘比量者從其結果而得推知其原因例若見煙而知有火見河口之新濁水而知上源之有雨者是然則從受用之果而知其必有信仰之因此其理固可推而見之者而以人之情見果而推其因也易見因而測其果也難故特有取乎受用而言之也且也人類究極之一目的不能不歸之於善而所謂善惡果當以何爲標準乎此學界上一至重大之問題而世之倫理學家或以快樂幸福功益及吾心之滿足以爲善之定義而佛教之言善惡也於俱舍論 十五卷十二 曰謂安隱業說名爲善不安隱業名爲不善又頌曰欲善業名福不善名非福論曰欲界善業說名爲福招可愛果益有情故諸不善業說名非福招非愛果損有情故 按言欲界者佛於上二界別有善之標準也 又婆沙論 五十一卷之初 曰性安隱故名善性不安隱故名不善又一說曰引苦果爲惡引樂果爲善又唯識論曰 五卷之十七 能爲此世他世順益故名善能爲此世他世違損故名不善其所謂苦果樂果可愛果非

愛果猶所謂以快樂爲善之定義者其所謂福非福猶所謂以幸福爲善之定義者其所謂益有情損有情於世順益於世違損猶所謂以功益爲善之定義者其所謂性安隱性不安隱猶所謂以吾心滿足爲善之定義者是則佛教之言善惡實包含倫理學諸家之說而兼物質與心理而言之而欲取佛教與倫理學家所說諸義而定一詞竊以爲惟言受用者爲能當之矣或曰然則受用之詞。其得無創也耶曰否於佛教其究竟之果位曰涅槃而涅槃有兩受用曰自受用他受用自心清淨其果爲自受用利濟衆生其果爲他受用自他受用其義至矣豈不大哉故有取乎是也或曰受用之義果能舉其究極而言之。而若辨論則不得謂學問之究極者。何則。學問而果至究極之地位必無辨論而後可然則又曷爲而言辨論也曰蒙則以爲學問無究極之一地位者然則學問之定義若何曰學問者凡吾人於所可知之理無不研究之而求其可知必不可稍有遺漏者存即極之吾人所不能知即所謂宇宙之眞體吾人亦不可不盡種種之智力以試其窺測（西哲來信果曰神若予眞理者可辭而不受而乞予我以研究眞理之精神學者不可不存此心）至於必不能知乃留此最後之一境故曰學問者凡可知之理無不當知至於必不能知而後已以是爲學問無一究極之地位者按言人智有兩說有以人智爲有限者有以人智爲無限者哲學家多主有限之說佛教主無限之說主人智有限說故以爲宇宙之眞體終不能知主人智無限說故佛家有六神通但佛之神通非人人所能達到故不能不以無究極立論無究極之地位則辨論其烏能已抑辨論非所謂徇口給者謂所以達吾人之思想而爲研究學問者所不能不用之具是辨論之義也若夫以普通之詞言之辨論者所謂知受用者所謂行辨論者所謂慧受用者所謂定抑孟子所謂博學而詳說之將以反守約也博學詳說辨論之謂守約受用之謂雖然言各有當雖其所立言之大旨從同而其間固自有不同者在故取用之詞亦不可得而盡同者此之故也至若辨論之與受用此二義者如車之有雙輪如鳥之有兩翼互相得而其用始大世之徒知有辨論者不可不反而課其受用之所在世之徒知有受用者又不可不進而窮其辨論之所至是則於二者合論之中而又竊寓此意焉爾（完）

時局

# 今後之滿洲（續第六十五號）

伯勛

第二章之續

## 第四節　委任統治之軍政權

有賀氏曰。委任統治之外交關係。即述於前。而與外交即密切相關者。軍事是也。既論其外交。則不可不論其軍事。

日本之代理統治於滿洲。其外交上之理由則曰。「制俄國之南逞。以保朝鮮之獨立。圖日本之安全。」由此觀之。則滿洲境內唯於其東南部行日本之兵力。西北部之防守則任之中國可也。是又不然。軍略上之事。原不必畫地方爲區域。欲防備其東南則不可不經營其西北。又勢之所必至者。故日本須與中國結一。涉於滿洲全部之守勢同盟。而後委任統治之實乃舉也。其守勢同盟之形勢。恰類於昔布里斯島之英土同盟。蓋英國之目的原欲占領昔布里斯島。張勢力于地中海東部以制俄國之南下而其表面上之理由則以俄土戰爭之結果俄國割取巴玆陪及其餘小亞細亞地方而土耳其防其再還因與英國結攻守同盟而允以昔布里斯島爲英國之根據地以舉其實猶之中日戰爭後之中俄密約也其時所締條約之原文曰。一八七八年六月四日

第一條。若巴玆陪、亞爾達哈、加里斯、各處或其一處。爲俄國所割而俄國將來尚欲併吞土耳其因確定條約所有之亞細亞洲之土地。則英吉利以兵力代守之。故英土結此同盟。共力防守。

因前項土耳其皇帝允經英國皇帝之同意。改良此等地方之行政。并改良土耳其國耶穌教徒與其餘人民在此地者之保護。

土耳其皇帝因欲使英國準備實行此等條約。允英國占領昔布里斯島。并掌其行政。

第二條。(略)

是故日本若取膨脹主義。則可倣英國之例。關于滿洲全部。與中國結一攻守同盟。若

不然。則唯以委任統治之區域爲界。極力擇定其防禦線。而以外之地方任中國自守之。日本唯待中國之請。令日本將校。爲中國顧問代訓練其軍隊。計畫其防守。亦無不可。蓋以日本兵力防守滿洲全部及于委任統治區域以外則經費浩大其不利一。日本與列國共主張保全支那領土之論而獨以兵力進而助之有傷領土之保全其不利二有此二不利而守勢同盟之利益亦宜犧牲矣此皆未定之問題。不能以委任統治之學理推察之。故不多論。

至於委任統治區域以內之軍事問題。則可由此而推測之。蓋此中之疑難。不外兩端。一日本與中國以外之一國起戰端之時。二中國與日本以外之一國起戰端之時也今使日本與中國以外之國起戰端者譬之如俄則俄國所以厄日本之策必先横奪日本委任統治之滿洲是日本必防滿洲以重兵也雖然滿洲乃中國主權之土地今日本與俄國爲敵而中國以滿洲供日本之軍用是中國不守中立之義務俄國即有襲擊中國之權利是國際上之公理也（今俄國與日本不出此舉蓋憚列國之干涉。由外交政界而來）故此時日本與其敵國若兩不尊重中國之中立而限定戰域不

及委任統治區域以外則中國與日本自有攻守同盟之形勢若苦里米亞之役土墺二國關于羅馬尼亞之同盟即其一例也

今使中國與日本以外之國起戰端則滿洲固中國之地方其國對中國全部均有攻擊之權利固不視滿洲爲局外此時日本若欲保護其委任統治則必代中國防守此地無疑也且此地尙屬中國主權之地則中國或欲由之爲進軍之道或欲取其一港爲海軍之根據地日本皆不得拒之而中國之敵國亦可從中國之後於此地爲戰鬥行爲斯時若欲保護其地位又不得不助中國以禦之也故凡中國有與他國起戰端之時日本自與中國成一連合同盟之形勢若其不然則交戰兩國以外交上之理由置日本委任統治之滿洲地方於交戰區域以外也

是故日本若代理統治滿洲則中日兩國一起戰端影響亦及於其地故日本不可不以十足之兵力防備之蓋防備弱則侵之之念日高防備嚴則反有置于戰鬥區域以外之望也而其防之之法宜對北方强敵愼重其防備線又經營旅順及諸險要地方便成不拔之堅壘而延長京釜及京義鐵道使達營口一旦有事則日本之勁旅指顧

由本國而及於滿洲庶可保其無事耳。

滿洲既爲日本委任統治。則東清鐵道。如何處置。是亦一大問題也。是其結果。不可一定而能推察之處。其一則此鐵路之所有權無論屬於何國所經過委任統治地域之一部分必在日本警察權之下其二委任統治之日本政府無論何時有軍事之必要即可徵發其鐵路與轉運材料以使用之也

又其一問題。即日本政府。可以徵發滿洲之住民。令服兵役否也。是固民臣對其主權之義務不可橫奪然中國既以其主權委任於日本則日本政府亦未始不可行之墺之於坡赫兩處即如是也

附錄。千八百八十一年。墺匈政府。制定新兵役法。適用于坡赫兩處。其布告曰。「兵備乃國家之要務。各國皆不可無。兩處自承兵亂以來。創痍未復。故數年之間。以墺匈國兵員。防守其地。令爾等人民。各安常業。相與體息。今則滿地男兒。各堪荷國。不問信教異同。各有荷戈以衛祖國之名譽。故發此令。」云云。兩地人民。接此布告。羣起反抗。然終不敵墺匈兵之鎭壓。俯首從命。今則墺匈政府。竟以二州之兵。從事於

二州以外物議紛騰。竟不顧也。

第五節　委任統治之立法行政權

此節有賀氏所論。專屬於日內之國內法問題。故不錄。

第六節　委任統治之經濟政策

有賀氏曰。日本之委任統治滿洲也。不可不伴以確定之經濟條件。蓋日本既取門戶開放主義而率先倡其說。則不可有反對此主義之政策。而欲列國均其益。使之不作梗於日本之委任統治。又舍此門戶開放無第二之良法也。蓋所謂門戶開放者。日本於滿洲作門戶而開放之。非如日俄戰爭以前開放他人之門戶也。詳而言之。則於滿洲作日本之勢力範圍。使列國承諾之。而於經濟上與列國商人及起業家以均一之便利。固不必獨以日本人壟斷之也。

夫俄國之所以失敗于滿洲者無他，俄國於表面上贊成門戶開放之主義。而事實上反之。其於關稅竟率爾用本國稅率。使俄國之貨物無稅以入滿洲。而列國之貨物則重稅以塞其途。以營口爲舊約之區。不能左右其稅率。則圖吸收商權於青泥窪以分其勢俄兵已撤之地猶託名檢疫以苦外國商船之出入甚且外國之領事亦不欲其入駐滿洲之要地中國已約開放之地亦託言左右以遷延其期汲汲乎圖其壟斷之策是列國所以交惡日本所以嫉妬而遂起戰端以有今日也故日本一旦得滿洲則必盡反其道於委任統治區域內執公平之政策令各種經濟事業得以競爭自由則列國幸俄之去而迎日之來委任統治之勢力於以磐石夫今日世界之勢力孰有强于經濟問題者日本既知之則利用之以成就其滿洲之地位耳

其次之經濟政策。亦關係于委任統治之成敗。不亞於門戶開放者。則利中國人是也。蓋世界無論何國之民無有見其土地被奪而不動心者中國人雖痲木苟見日本人奪其富源而反驅之於外未有不勃然者既勃然則必有反對於北京朝廷而拒委任統治之畫諾固無所可畏然終不如利之之策可以平中國人之心而因以利日本也中國人之目中原只有實利而不有國家彼若見滿洲歸日本以後其所行之經濟政策反較諸受治於本國政府時更有益焉則感恩之極必至消其恢復之念余嘗向一滿洲土人問曰俄之優劣答曰。「日優」扣其故則曰。「俄人所食者黑麵包彼固不肯分餘以啖中國人中國人亦不喜之日本人所食者白米飯分其餘足以果中國人之腹故日人優也」彼中國人之思想如此而已故若以保全東亞之說報酬義戰之言舉以向中國人以解釋占領滿洲之故中國人必鮮解者與以實利彼或知之且滿洲爲中國之土地令中國人開發滿洲之富源原理之至當況中國人乃世界最易與之國民利中國人以富滿洲舉委任統治之實即所以利日本也

其三之經濟條件。則倣墺國於坡赫、兩處之法凡委任統治之財政以滿洲之歲入充之是也日本既委任統治滿洲則必須起種種事業商工業之經營一也俄國之防備二也。凡此皆須先具莫大之經費若此等經費皆一一出自日本政府之懷中無論大戰之後勢有所不能即能矣亦非日本之利故必立以滿洲治滿洲之方針使滿洲政府（指委任統治之政府）之金庫每年收有若大稅金其不足則由日本政府金庫補助之其補助費算入普通豫算案內其臨時之大工事則作爲特別案以提出于議會

要而言之以普通之思想而論則凡新獲屬地或新獲保護權者必以其地爲內地人民之尾閭今其起種種新事業而政府保護之以爲富強之基礎然此乃資本充溢舊

國之所爲日本非其國也日本雖得滿洲內地之資本必不足以供其經營戰後尤甚則數年之間唯有行所舉三政策吸集歐美人及中國人之資本以起其地之事業而日本政府整理其行政與起業者以十分之保護與便利而從而抽以重稅以爲報酬則財政上可以輕內地國庫之負擔外交上可以得中國人及歐美人之歡心一舉而兩善備焉

按日本既得滿洲其財政上必負滿洲以重稅無可疑也然其地經濟若不發達而徒重其稅則竭澤而漁其能支者幾何是日本統治滿洲以後第一至難之問題也有賀氏知日本人之不足以與有爲而欲引中國人及歐美人之資本以開發其地而日本從而吸其膏血以利日本於外交上又可免各國人之煩言其計巧其心苦矣夫吾若捨政治思想而言經濟吾既不能自守滿洲而任日本之統治則日本獨占其利而驅逐我國人亦分之所應得若有賀氏之言開放其地并吾國人而並利之則誠不幸中之幸甯非所宜贊成所痛者國權既失而徒仰人之恩惠以食其餘利爲可恥耳昔也有土地而不能耕種以授於人今也從人之手而佃之以冀其餘

利其與我佃幸也而況今之國人其開發之力尚恐不在日本人以上則是佃田之能力尚未備有賀氏未免慮望耳

### 第七節　委任統治之民政

有賀氏曰。日本於滿洲所行之民政。交戰中與和約後。必有大差。無可疑也。蓋今日之守備軍。雖在遼東行民政。不過圖野戰軍隊背後之安全。其與日軍利害無關之處。皆所不顧。所謂軍事的民政而已。至和約既終。日本與中國既結有委任統治之條約。則不獨對于滿洲土民有應行善政之義務。對於中國政府之信任。亦宜規畫其民政。不可如今日之草率也。

今日之遼東守備軍。乃由日本天皇之軍事命令所組織之一機關。所行者統帥之權。所屬者大本營。若和約既結。滿洲已歸日本委任統治之日。則守備軍司令部。雖仍於地方行文武之權。民政亦在其內。然其統屬全異。大本營則已從戰爭之告終而閉鎖。前之職權。由天皇之軍事命令而行者。今則由天皇之大權而行。國務大臣。對於其所行之事。皆負責任。故不獨圖野戰軍隊背後之安全。亦宜顧滿洲人民之秩序也。

斯時日本之意以爲委任統治者所以防俄國之南還保朝鮮之獨立圖日本之安全故其目的在重滿洲地方之防備故守備軍以外不另設民政官即以守備軍之司令官加一總督或相類之官名以行文武全般之事務而既受人之託自不能不改良其民政以完其道德上之責任而況民政之善惡又關係於日本之威信滿洲人民之所仰望萬國之所注目實不僅道義之責任而已也

然則其地方民政。以何主義行之。始足以稱善良乎。是若用倫理學之原則。抽象以論之。則理想的善政。層出未已。然今之事勢。固不必如此。唯使滿洲住民心悅誠服而又簡便不需多費者可矣

滿洲民政之方針。第一宜排斥者。所謂文化誘導主義是也。近年日本之人士動輒自命東亞先進之國以爲韓清兩國之文明須日本人開導之是以爲國民之抱負或作外交之口實則可若行之實際則大謬不然彼韓人之屢叛以是故也若以行之滿洲則滿洲必變成土匪之巢窟其失敗恐不止如朝鮮也

日本得臺灣知强改臺灣人之風俗則必强其反抗之念故數年以來常注意於此然

臺灣尚宜化之爲日本滿洲則暫可不然若日本語學之獎勵鴉片煙禁之制限皆臺灣之要政而滿洲尚所不宜滿洲乃清朝發祥之地自有一定習慣其屯田各地之旗民性雖無用而善守其俗淳朴而無爲勤儉而安本分其美風有時日本內地之農民尚所不及强言改之不唯無益終擾大亂而已

其次宜排斥者。則所謂膨脹主義。若殖民主義是也。彼膨脹主義之言曰。「日本之人口。每年增加六十萬至百萬不等。以此推之。四十年若八十年以後。必增一倍。若不早求土地於海外。而使有望之地。皆爲他人所占。則人口增加之後。所仰者不外增加以前之土。則日本人必且飢餓以死。故爲子孫計。不可不早爲之地」是言誠然。不知膨脹云者先膨脹其勢力而後可膨脹其人民使勢力不鞏固而徒以某處某處爲日本人之移住地則一旦有不測將如之何。譬如今得滿洲。而即令日本人移住之。則滿洲土民見祖先所有之田園不崇朝而爲日本人之所占必無有不極力阻止之者則是人民之膨脹反爲勢力之膨脹之礙也盖滿洲與朝鮮異朝鮮自數百年前日本人即往來其內地占取其良土勢力已厚習慣已成則深不可拔滿洲則自古閉處十年以來始稍有俄人移住其地天然之排外心自不能不烈況日本人與之風俗不同嗜好各異一時移無數下等人民住于其地則客民土著必生大衝突而委任統治之根底爲動即淸不自强俄不思逞豈遂無乘而入者則數十萬日本人膏血所換得之錦繡山河又將轉徙於他人之手危險極矣故太露之膨脹主義不可行

是故滿洲之民政宜擇其簡便而費省可以利滿洲土民之生活者行之譬之醫藥乃衛生第一之要具滿洲旣乏其物則其病者望治於日本人也猶甚於其愛金錢故守備軍宜於各處設簡便之治療所行醫賣藥以買土人再造之恩幷對其求治者示粗淺之衛生法則其不潔之癖暫除又如配置村學究於各處加以保護使授童蒙以筆算改修道路以便交通堀井通溝以便飮洗及灌漑之利設初步的技藝講習所以改良其原人之工藝皆使之浴文明之德化而無傷其習慣且又費省而功大也

滿洲之農業發達頗盛。日本人亦不足敎之。至營林之法。則全屬未開。宜培植其樹木。以養其水源。使其氣候融和。則駐屯之日本軍亦受其益不淺也。

要而言之日本旣統治滿洲則人民生活必要之事物務以官權爲之備設而使用與

否則任之毫不加以强迫宜使其人民知所納于日本官廳之租稅皆費之於人民之利益且知警察與裁判皆所以保其身命財產之確實則委任統治之權安於泰山矣。是故日本行於滿洲之政策可分爲二期其第一期宜使滿洲士民悅服于日本統治之下即上所陳者是也其第二期則今尙難論之也。

按有賀氏之識見常在日本常人以上。觀其批評文化誘導與膨脹主義。誠所謂思深而慮遠。恐日本普通之政治家。尙未見及者也。此其爲計。於日本則誠得之。然於滿洲人民何如。

其一文化誘導主義日本得滿洲而純以客氣從事若文化之引導風俗之改良汲汲然自引爲責任焉則嚴父良師之下滿洲人或因日本之强迫敎育而有重見天日之望一日未可知也若如有賀氏言排斥其誘導而保存其風俗則滿洲人其永沈淪矣吾聞日本之治臺灣事事以高速力行之獨敎育則漠然蓋殖民之地利其土人之愚而不欲其智在今日幾成世界之公例也唯日本之於臺灣尙助長日本語之發達以求其同化嚴定鴉片煙之制限以淸奸邪其目的若何余不得而知要

尙有一絲之人道存焉若於滿洲而行有賀氏之言則尤在臺灣以下也。

其次膨脹主義。則有賀氏之言誠其中之最發達最完全者蓋暴得屬地而即移住無數母國之人或課重稅以爲利母國之策則其極也非屬地委頓不堪即屬地起而獨立否則第三强國取而代之無有收善果者若施以仁政以結民心而開發其富源若移住若課稅皆視其屬地之宜否以定因以利屬地者利本國則其屬地無或與母國斷絕者前者謂之斬根伐芽主義殖民史上西班牙之所以衰落也後者謂之瓜熟蒂落主義殖民史上英吉利之所以强盛也有賀氏之言出於後者要之其言若行則滿洲誠日本世世子孫之產業也

## 第八節　委任統治之司法

有賀氏曰。日本於滿洲全部或其一部。行委任統治。則司法者。亦其統治之一事務也。而行之不得其當則其秩序將混亂不可收拾曩日之於臺灣實成龜鑑蓋司法裁判之事宜擇守一定不易之法理不可以政治之便宜而時有變更然則其耐人研究。尤在前列諸事以上也。

今日日本之於滿洲，所行者交戰之權。故裁判事務。亦作爲交戰權附隨之事務，若日本之軍人軍屬。宜適用海陸軍刑法。而有時亦及於軍人軍屬以外之日本人，對於歐美人中國人。亦皆以軍律從事。蓋軍律所以防敵對軍事與其障害者。故有時非普通之犯罪。而自軍律視之。爲有害于軍事。則直於軍中處斷之。是皆所以達軍事之目的。爲國際公法之所許。故行此權。其餘普通之民刑事件。皆所不與。時或行警察權以制止奸惡。從住民之請求以調停其民事，要皆占領者道義上之義務。原無法理存於其間也。

若約和以後由中國皇帝委任以統治之則其行司法事務不屬於交戰權。範圍而屬於統治權之範圍務宜公平其判決而不徒達軍事之目的可不言而知之也

而斯時之裁判所權。第一宜研究者。即其權係日本之司法權歟，抑中國之司法權歟。蓋若爲日本之司法權則是中國之領土以內暴來外人之司法若爲中國之司法權則是日本之人率入他人版圖之內而執行其司法皆不可解之問題也且以實際而論。若日本之司法權，行於滿洲，則先宜改日本憲法，擴張其司法權，而後追加其裁判

所擇成法。以日本法律。組織滿洲之裁判所。而又須令其裁判官爲終身任職之人。然則不獨於性質有所不宜。於事亦未免不順也。今且以余之所見。說明其法。

一司法權宜伴主權而行。　滿洲雖由日本委任統治。然其主權仍在中國。與正式之割讓于日本者。原自不同。故若於其上行日本之司法權則是中國領土以內突來外國之法權夫日本在中國之有治外法權者因中國裁判制度未備欲保護日本臣民之權利故不得不出此舉然是日本於中國之地裁判日本之臣民未有於中國之土地裁判中國之臣民也若裁判之則其傷中國之主權者甚大非日本保護中國獨立與領土之意也故滿洲之司法權宜作爲中國之司法權。

二宜認外國之治外法權。　滿洲不能行日本之司法權。尚有一故。蓋各國於中國之地方歷有其治外法權滿洲雖歸日本統治苟非經各國自允撤回其治外法權仍宜行於其地然則若其司法權爲日本之權是堂堂日本帝國之上尙有受外國之制限者其傷體面亦甚也且日本之於滿洲亦有派領事官掌治外法權之權利今於營口倘行之若以爲日本之司法權則是本國司法範圍之內又行本國之治外法權又矛盾之甚者也。

故若行滿洲之司法權。莫如倣坡赫兩處之先例。墺匈國自占領兩處以後。於一八七九年二月十四日發一省令。許外國領事官現有土耳其皇帝之認可文書者。仍可照常就職。唯以後新至者。須受墺匈皇帝之認可。而其本國之領事官亦尚繼續駐其地。不遽行裁撤。於其間徐改良兩處之司法事務。以墺匈之法律家。爲其地之裁判官。至一千八百八十年三月五日。始廢本國之領事館。而求列國之撤退。于是德國從其請。以一千八百八十年六月七日之法律。令德國人民在坡赫兩處者。自翌年一月一日起。從其地之裁判權。英國於一千八百八十年十月十五日。宣言廢止二州之領事館。凡英國人民。均於該地有與墺國人民同等之權利。於是法俄意諸國。亦從其例。坡赫兩處之領事裁判。全廢。然各國對於土耳其之領事裁判權。尚如故。不過於坡赫兩處。暫行中止。使兩處一旦復歸土耳其。則其權具在也。然後墺匈國於一千八百八十三年及四年。以兩國陸軍刑法。爲本制定坡赫兩處之普通刑法。集土耳其及兩處之習慣。編坡赫兩處之民法。商法則倣匈羅兌法則如墺。礦產法亦倣兩國之舊有者。而坡赫之法令大備，然其法皆出於行政部之專斷，不經議會之討論，故埃匈國法令全集。不有也。

是故滿洲之事，亦可觀坡赫兩處之先例，而推其大概。是無他，盖軍事外交之權與土地無直接關係，故歸日本委任統治，則日本之兵權日本之外交權皆可通行。獨司法權與土地有不可離之關係，雖日本構成其裁判所，任命其司法官，然非日本之司法權也。日本由中國之委任，以大權派遣官吏于滿洲，以敕令設立官廳，其官吏即於其官廳代中國理訴訟，自日本觀之，則不過一行政官，非憲法上之所謂裁判官，亦無憲法之所謂裁判所也。

此法理既立，則滿洲之司法制度，迎刃而解。故可設初審二審三審之制。初審裁判，即利用其舊有之鄉役、方長、村長，使之依習慣裁判單簡之事件。稍重大者，始受地方裁判所之正式裁判，而即於貔子窩、普蘭店等小市設之。二審裁判所，可設于金州營口遼陽等大市鎮。三審裁判所，則在青泥窪或奉天立一所足矣。其裁判官可用日本法律家及清國學生之解日本法律者。初由習慣與公平法理以斷之，繼乃以日本敕令。

時局

制定成文法。俟其整頓。然後停止日本之領事裁判權。而亦以之要求於各國。則日本之坡赫兩處。可望于滿洲矣。

按日本構成裁判所任命裁判官而又以敕令制定法律行諸其地則其司法權爲日本爲中國不過法理上一無聊之問題毫無關係有賀氏何必爲是喋喋者此其間蓋有政治上一大理由焉有賀氏隱而未宣恐國人不細審不悉也夫初獲殖民地所宜行之政策有一定焉曰軍政主義或警察主義蓋初獲之地民心未定凡事皆宜以武斷行之令其地政府行政無所不達其意雖難以暴虐而失公平皆所不顧故其時最要者行政官之權其權愈重其事愈舉現時各國皆以武官兼之有賀氏之言亦主張此議者也顧欲重行政官之權則必先抑司法之獨立司法獨立者行政官之權輕司法微弱者行政官之權大各國憲法史上無不皆然今使日本獲滿洲而卒先行日本之司法焉則裁判官之終身裁判權之獨立皆所宜實施否則對國法爲違憲一也日本人之在滿洲者有傷其受獨立裁判官之裁判之權亦必不服二也然使果實施之則滿洲之土民必且受日本法律種種之保護日本行政

官之自由皆爲所束縛武斷政治之實行甯不大難況日本之政治家頗有不明事勢之人縱滿民愚昧不能對於日本政府而主張其法律上之權利而彼內地之政黨員且將假司法之問題質問於議會以苦其政府若今日臺灣之法治問題其覆轍也蓋在野之政黨較之在朝之政府無論何國其持論較爲平等政府欲以臺灣司法屬於總督府之下以舉其武斷政治之實而議員則且持憲法之說司法獨立之義喋喋於議會以阻撓之是實此中臺灣行政上之大難題而他日之滿洲安能保其必無是有賀氏之深心所以早慮及此而最初遂斷之曰中國之司法權夫旣曰中國之司法權則無關彼之憲法議院中已無反對之餘地而日本人之在滿洲又有原有之領事裁判自不至與滿洲土民同受武斷政治之壓迫而作反對勢力於其內地之議院於是乎軍政主義或警察主義可以橫行於滿洲不及數年基礎固矣

是故有賀氏之主張委任統治而不曰割讓也其消極之理由則可免列國之反對中國人之結怨外交上之政略也其積極之理由則尤可以箝內地政論家之口舉

武斷政治之實政治上之苦心也而此節所論謂司法之權與土地有不離之關係則法理上之託辭閱者揭其皮而察其臟腑可耳

夫委任統治以利益言之則最便於日本固也然與其謂之爲便於日本猶不如謂之爲便於日本之行政閱者觀以上所言當亦了然至中國則其與日本同利者固亦不無得利之處（若經濟條件第二項是）其與日本衝突者則有賀氏之所不顧也若滿洲土民則唯有從此勢力作一日本人之善良奴隸而已夫復何言嗚呼尙謂將來之滿洲猶可復歸中國也乎

（未完）

歷史

# 歷史上中國民族之觀察（續第六十五號）

中國之新民

前所論列之八族。皆組成中國民族之最重要分子也其族當遂古之時。或本爲土著。或自他地遷徙而來。今不可考。要之自有史以來即居於中國者也而其中除苗濮二族外率皆已同化於中華民族無復有異點痕跡之可尋謂舍諸族外更無復華族可也若其自近古以後。灼然見爲外族。其大部分今猶爲異種而小部分濡化以加入華族者亦有可指焉今先部居其種族之名稱位置。次乃論其與我族之交涉。（數月前舊作一篇言古代諸異族之關係者今錄以供參考）

## （附）史記匈奴傳戎狄名義考（舊稿）

史者所以記一民族之發達進化及其與他民族之競爭交涉故必深明各民族之

位置然後其交涉發達乃可得而言每讀國史見其稱外族統曰夷蠻戎狄其事蹟互相出入眩瞀不可方物吾深苦之當亦凡治斯學者所同以為病也故今先研究春秋以前錯居大河南北諸族以史記匈奴列傳為主別其部居析其謬誤以就正於中外之歷史學地理學人種學大家焉。

(史記正文)唐虞以上有山戎玁狁葷粥居於北蠻隨畜牧而轉移(中略)毋城郭常處耕田之業然亦各有分地毋文書以言語為約束(中畧)夏道衰而公劉失其稷官變于西戎邑于豳其後三百有餘歲戎狄攻大王亶父亶父亡走岐下(中略)其後百有餘歲周西伯昌伐畎夷氏後十有餘年武王伐紂而營雒邑復居于酆鄗放逐戎夷涇洛之北以時入貢命曰荒服其後二百有餘年周道衰而穆王伐犬戎得四白狼四白鹿以歸自是之後荒服不至後二百有餘年周幽王用寵姬褒姒之故與申侯有郤申侯怒而與犬戎共攻殺周幽王於驪山下遂取周之焦穫而居于涇渭之間侵暴中國秦襄公救周於是周平王去酆鄗而東徙雒邑當是之時秦襄公伐戎至岐始列為諸侯是後六十有五年而山戎伐燕燕告急於齊齊桓公北伐山戎山戎走其後二十有餘年而戎狄至洛邑伐周襄王襄王奔于鄭之氾邑(中略)於是戎狄或居於陸渾東至於衛侵盜暴虐中國(中略)周襄王既居外四年告急於晉晉文公初立欲修霸業乃興師伐逐戎翟近內周襄王居於雒邑當是時秦晉為彊國晉文公攘戎翟居於河內圁洛之間號曰赤翟白狄秦穆公

得由余。西戎八國服於秦。故自隴以西有緜諸緄戎翟䝠之戎。岐梁山涇漆之北有義渠大荔烏氏朐衍之戎。而晉北有林胡樓煩之戎。燕北有東胡山戎。各分散居谿谷。自有君長。往往而聚者百有餘戎。然莫能相一。自是以後。百有餘年。晉悼公使魏絳和戎翟。戎翟朝晉。後百有餘年。趙襄子踰句注而破幷代以臨胡貉。其後與韓魏共分晉地。則趙有代句注之北。魏有河西上郡。以與戎界邊。其後義渠之戎。築城郭以自守。而秦稍蠶食。至於惠王。遂拔義渠二十五城。惠王擊魏。魏盡入西河及上郡於秦。秦昭王時。（中略）遂起兵伐殘義渠。於是秦有隴西北地上郡。築長城以拒胡。而趙武靈王亦變俗胡服。習騎射。北破林胡樓煩。築長城。自代並陰山至高闕爲塞。而置雲中雁門代郡。（中略）燕亦築長城。自造陽至襄平。置上谷漁陽右北平遼東遼西郡以拒胡。當是時。冠帶戰國七。而三國邊於匈奴。其後趙將李牧時。匈奴不敢入趙邊。後秦滅六國。而始皇帝使蒙恬將十萬之衆北擊胡。悉收河南地。因河爲塞。築四十四縣城臨河。徙適戍以充之。而通直道自九原至雲陽。因邊山險壍谿谷可繕者治之。起臨洮至遼東萬餘里。又度河據陽山北假中。當是之時。東胡强而月氏盛。匈奴單于曰頭曼。頭曼不勝秦。北徙。十餘年而蒙恬死。諸侯畔秦。中國擾亂。諸秦所徙適戍邊者皆復去。於是匈奴得寬。復稍度河南。與中國界於故塞。須曼有太子曰冒頓。（中略）射殺頭曼。自立爲單于。（中畧）遂東襲擊東胡。滅東胡王。而虜其民人及畜產。（下略）

吾讀此文有急欲研究者三事。

一　文中所謂戎所謂狄所謂胡爲別名耶爲通名耶

二 若為通名則諸戎諸狄諸胡悉為同種耶抑其間各有種別耶

三 皆各有種別則何者與匈奴為同種何者與匈奴為別種

禮記王制。西方曰戎。北方曰狄。故普通學者率皆以西北之位置區劃戎狄。雖然。按諸史記此文其同在一地歷史上事實相銜接者忽稱戎忽稱狄(或翟)忽又戎狄並稱其界線不可得而指也。不直此也。徵諸春秋及左氏傳。狄伐周。管夷吾平戎於周。晉為周伐狄。齊使平戎於晉。晉重耳出奔狄。古書以為其母國也。而重耳之母國。即所謂大戎狐姬生重耳之戎也。狐偃為文公之舅。而書云交城狄地。狐偃生今有祠。又驪姬言於晉獻公曰。疆埸無主。則啓戎心。又曰。狄之廣莫。於晉為都。又穆天子傳。陵翟來侵。天子使孟悆討戎。諸如此類。不可枚舉。由是觀之。漫以戎狄分古人種之界限。必陷謬誤無可疑者。(此節為觀雲復余書辨戎狄界說者今採之)

戎狄既為通名。不能以此分種界。於是吾輩考古之業。遂糾紛而無朕。吾乃據羣籍以比推之。臆斷史記本文所述者凡為三族。

一曰根據今山西陝西而侵入雜居於內地者

二曰根據今甘肅而侵入雜居於內地者

三曰根據今遼東而侵入內地但未雜居者

其根據今山西陝西之族則史記本文所舉什八九屬焉。其族爲控弦游牧之衆。最悍盛。而蹂躪之地最廣。在黃帝時謂之獯鬻。五帝本紀所謂黃帝北逐獯鬻是也。在堯時謂之狄其種之可知者八。墨子所謂堯北教八狄是也。堯都平陽即今太原太原羣狄之根據地也自堯以前我族皆宅河南至堯乃渡河而北突入狄窟奠都焉堯之明德遠矣及舜封后稷棄於邰。棄堯之母弟。而邰今陝西延安也。其地夙爲我族勢力所不及至是開殖焉自玆以往周人與此族交涉最繁國語所謂不窋失官。自竄於戎狄之間。（史記本文作公劉。而周本紀作不窋。與國語合。當從本紀。）蓋周之受封本在狄地至是而國爲狄所陷也公劉崎嶇。稍復舊業。及太王又見偪南遷。孟子稱太王事獯鬻。故知太王所避者與黃帝所逐者爲同族也其時彼燄張甚。史稱武乙之世。犬戎寇邊。故王季始即位。伐西落鬼戎。次乃伐義渠之戎。燕京之戎。余無之戎。始呼之戎。翳徒之戎。（見後漢書及竹書紀年）至文王時其在西者謂之昆夷其在北者謂之玁狁其總稱曰畎夷本文所謂西伯昌伐畎夷是也。逸周書曰。文王立西距昆夷。北備玁狁。此采薇出車之所爲作也。（詩采薇序云。文王之時。西有昆夷之患。北有玁狁之難。）知昆夷玁狁爲同族者。「出車」之詩曰。天子命我。城彼朔方。赫赫南仲。玁狁于襄。又曰。赫赫南仲。薄伐西戎。是西北同一役。而主帥皆南仲也。夫曰玁狁曰畎夷與獯鬻之獯。皆從犬。故知即大王所避之狄。至西伯而始大雪其恥也。史記周本紀又稱閎夭求驪戎之文馬獻紂以釋西伯。則春秋時驪戎之原始可得稽焉。王季所伐義渠之戎。則至戰國而猶存者也。其余無之戎。後儒謂春秋之東山皋落氏也。是皆緣此可以推見春秋諸戎族之關係者也。史稱武王始放逐之於涇洛之北。則武王以前。其族錯居涇洛南可知。是今之西安鳳翔一帶。皆戎跡也。穆王以還。周威墜地。其族復東南徙。「六月」之詩曰。玁狁孔熾。我是用急。又曰。玁狁匪茹。整居焦穫。侵鄗及方。至于涇陽。又曰。薄伐玁狁。至于太原。是宣王時其勢力復及于涇水以南。今鳳翔及甘肅平凉地矣。周伐之至太原。其跡不可謂不遠。而終不能勝也。翌代而遂有犬戎入周殺幽王之事。周遂以東。此犬戎即文宣所伐之玁狁。王季所伐之畎夷。而大王所避黃帝所逐之獯鬻也。自玆以後。其族散居腹地。隨王室而東偏於揚拒泉皋伊雒間。杜注云。伊闕北有皋亭。顧棟高春秋大事表云。今洛陽縣西南有泉城即皋戎地也。統稱曰赤狄時最强悍兩次陷京師。又滅邢滅衛侵齊侵魯侵晉侵鄭。前後百年間患不絕於中國。知諸戎即爲狄者。僖十一年廿四年兩次陷京師。春秋前書曰揚拒諸戎，後書曰狄。而皆王子帶召之事。同一貫也。知其爲赤狄種者。赤狄隗姓。而惠王之狄難。僖二十四年之難由狄后隗氏也。晉文公取廧咎如二女叔隗季隗即此族。蓋自周之既東此族一大部落雜處中原而其本部有在今陝西者有在今山西者在陝西者則秦當其衝在山西者則晉當其衝。秦與此族世爲仇讐。自周宣王時。使秦仲爲大夫誅戎，爲戎所殺。仲之子莊公兄弟五人皆伐戎。莊公長子世父棄位讓其弟襄公。身入戎窟者十數年。而驪山之難。襄公捍戎功最高焉。時戎奪我岐豐。平王命秦能逐戎。即以其地畀之。歷襄公文公。戎地遂復。是爲秦立國之始。然岐豐以西猶然戎也。及秦繆公用由余以霸西戎。闢地千里。益國十二。此秦本紀文也。匈奴傳言服八國。未知孰是。故此族之別部雖陸梁於東其本部已迫蹙於西。自是戎不能復爲秦患。惟義渠一部延殘喘及於戰國。秦昭王滅之則秦地無復戎跡矣。晉始興於曲沃。本戎狄之窟穴。故籍談曰。晉居深山之中。戎狄之與鄰，而遠於王室。王靈不及。拜戎不暇。（左傳昭廿五年）故終春秋之世晉與狄競未嘗一日寧。東山皋落氏、若廧咎如。若潞氏。若甲氏。若留吁。若鐸辰。皆赤狄也。若鮮虞。若肥若鼓」皆白狄也。若鄋瞞。長狄也。若驪戎、則亦其一種落也。大抵春秋之初赤狄之本部在晉而侵略及中原白狄之本部在秦而侵略及晉（左傳。晉侯使呂相絕秦。曰白狄及君同州。君之仇讎。而我昏姻也。）其後則竟東北趨入於直隸界矣（宣十五年。荀林父敗赤狄於曲梁。曲梁今廣平府也。白狄最後亡者爲鮮虞。鮮虞今正定府也。）自晉滅潞滅肥滅鼓以後腹地之狄狄大衰昭元年。荀吳敗狄于大原、傳美之曰、崇卒也。蓋至是而我族聲威始能復及唐堯周宣所經略之地蓋自今甘肅之平涼陝西之延安山西之汾州太原直隸之保定順天此界線以南則我族之土地也彼族雖有居者亦既同化焉界線以北若今甘肅之鞏昌蘭州則翟獂、縣諸戎地也慶陽則義渠戎地也甯夏則朐衍戎地也今山西之大同朔平間則樓煩地也今直隸之宣化、則林胡地也此戰國初期形勢之大凡也厥後經趙李牧燕秦開秦蒙恬數次大挫之我族與彼族始劃」長城以爲界夫自秦以前戎狄之名稱以百數而未聞有匈奴及秦而此絕強大之種族忽發現於西北者蓋前此縱橫馳突於我中原腴沃之地各自趨利而又有我族諸强國間隔犄角之故其勢莫能統一及經春秋戰國爲我族殲擊殆盡其存者宛轉竄於穹北沓瘠之地蹉躓頻續則同胞互相急難之情生地段毗連則雄主臂指相使之勢易故頭曼冒頓繼起遂能組織一大國南向復與我族爭也當是時也我族非有秦漢之統一則必爲彼所鯨吞彼族非有匈奴之統一亦將爲我族所蠶食兩族相鬩凡數千年而其統一事業同成於前後數十年之間豈不異哉豈不異哉今更櫽括黃帝至漢初數千年間彼族之形勢綜論之。自黃帝至堯舜彼族初起殆自西北游牧而來我名之曰獯鬻時陝西之全部及山西什之九（山西入我族者惟鄰河南之平陽一隅）皆其所占地堯起而攘之有山陝之半而彼之勢力一挫舜禹因之威棱更遠是爲第一期夏殷之衰國威不振於是彼族漸復唐虞以前所占地（成湯奄有氐羌。時彼族當一小挫。然其爲不久。）我名之曰獯鬻曰畎夷曰狄殷周之交猾攘滋甚始分兩支其在西者我名之曰昆夷亦曰西戎其在北者我名之曰玁狁是爲第二期周之統一幷力攘之輒復辟易而我族勢力之遠尚不能如堯禹時是爲第三期穆王以後西北二支更迭交侵遂亡宗周徂東以避其鋒猶復躡跡以至蹂躪中原至春秋上半紀彼族聲光達於全盛是爲第四期秦晉急難汲汲外攘亙百餘年殲彼醜虜臥榻之側無復鼾睡洎春秋末光復之烈已過堯禹戰國趙燕秦三雄繼之驅其餘孽投諸北裔豐功偉烈前古未聞是爲第五期秦壹天下國力益充威讋殊俗而彼族亦以憂患之餘亟相保聚又得英鷙之主整齊以使令之於是南北兩帝國對峙至成漢代之劇爭是爲第六期以上就史記匈奴傳略加引申詮次之史公所記大致蓋不繆也今更就六時代記其重要之名義爲表如下。

- 第一期……
- 第二期……獯鬻
- 第三期……北玁狁根據晉文地者
- 第四明……赤狄種
  - 東山皋落民
  - 廧咎如
  - 潞氏
  - 甲氏
  - 留吁
  - 鐸辰
  - 鮮虞
  - 肥
- 第五期……林胡、樓煩
- 第六期……

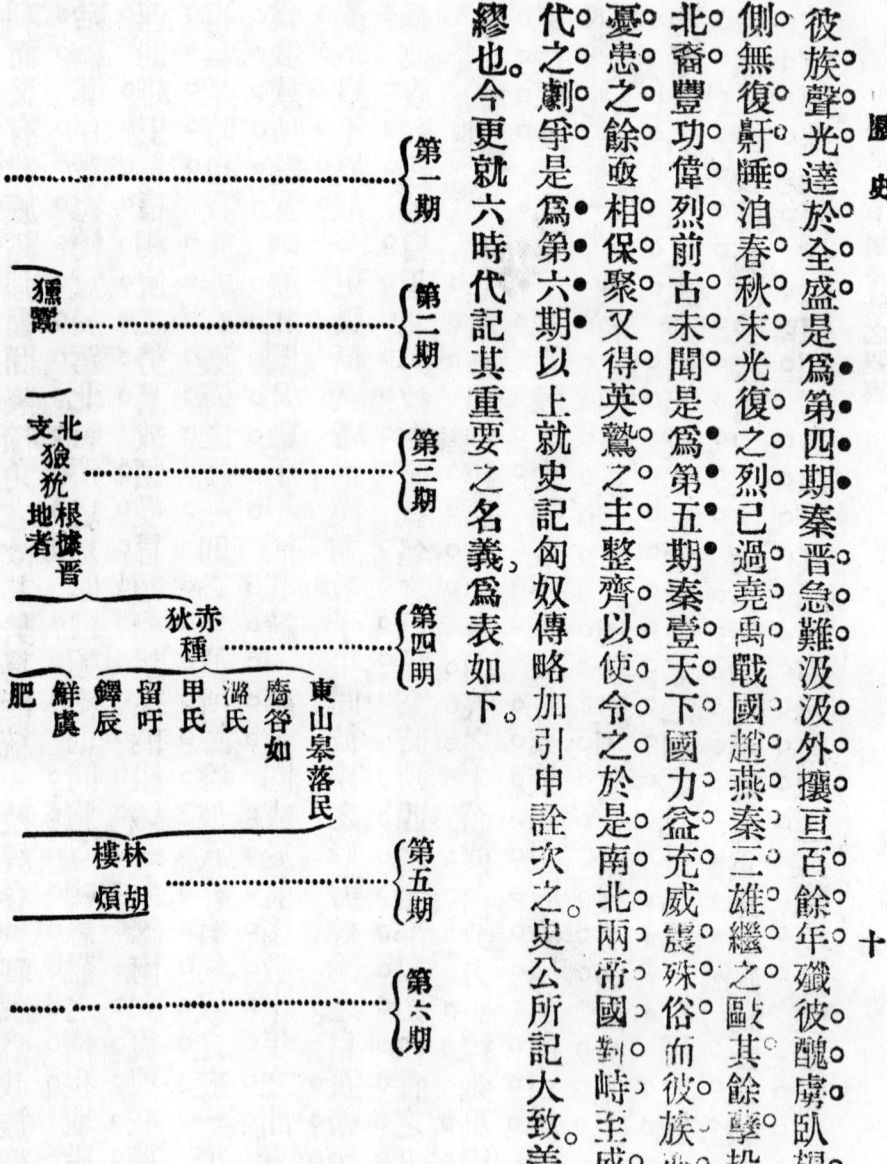

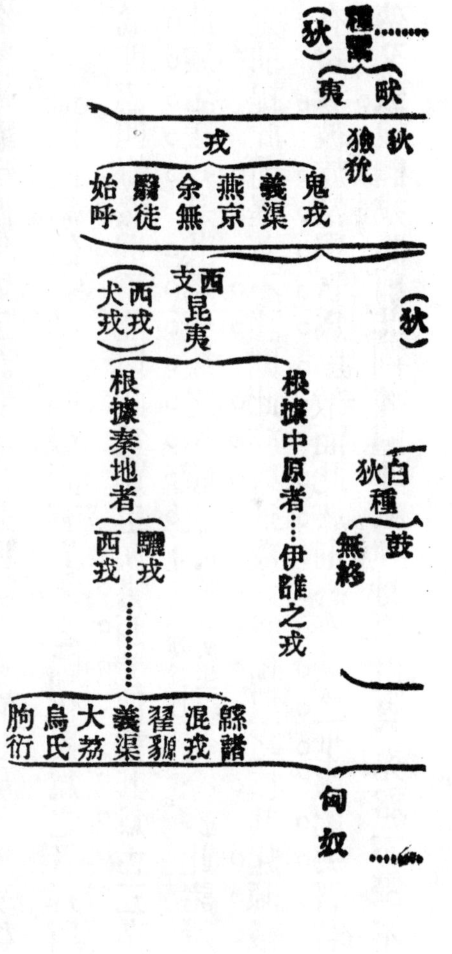


其根據今甘肅而侵入雜居於內地者曰陸渾之戎。亦稱姜戎。亦稱陰戎。亦稱允姓之戎。此族本三苗之裔。其後衍爲羌族者。史記此文以之與諸戎狄混合爲一。是大繆誤也。知陸渾、姜、陰、允姓、爲一族而四名者。左氏僖二十二年傳云。秦晉遷陸渾之戎於伊川。襄十四年傳云。范宣子數戎子駒支於朝曰。來姜戎氏。昔秦人迫逐乃祖吾離於瓜州。乃祖吾離(中略)來歸我先君。我先君惠公有不腆之田。與女剖分而食之。昭九年傳。晉以陰戎伐潁。王使詹桓伯辭於晉曰。允姓之姦。居於瓜州。惠公歸自秦而誘以來。合三傳觀之。僖廿二年正惠公歸自秦後之九年。則所遷陸渾之戎即允姓陰戎。而昔居瓜州。其後晉率之以伐周者。蓋秦貪其地（戎子云秦人貪於土地逐我諸戎）而晉貪其人。故傳既言秦迫之。復言晉誘之。而又言秦晉同遷之也。襄十四年傳呼之爲姜戎氏。而戎子又言殽之師晉禦其上。戎亢其下。是即僖三十三年傳所謂遽興姜戎者也。故知姜戎即允姓陰戎。亦即陸渾戎也。知其爲三苗後者。昭九年傳又云。先王居檮杌于四裔以禦魑魅。故允姓之姦。居于瓜州。杜注云。陰戎之祖與三苗俱放三危者。瓜州今敦煌。襄十四年傳云。謂我諸戎是四嶽之裔胄也。毋是剪棄杜注不直指爲三苗後者。蓋以此語。然堯舜時四嶽固有異族之歸化民爲之者。舜所殛四凶。古注多以爲即舊四嶽。然則不能以此爲難也。漢書西羌傳言其爲古三苗後當必有所本。而此族名姜戎是其爲羌族之確證也（杜注以姜爲姓可謂望文生義）吾今援此諸證。立以上所陳之假定前提。此前提若不謬。則此族與玁狁犬戎匈奴之族。其起源截然不同甚明。且尤有證者。彼族常與晉爲勍敵。而此族則終春秋之世。服屬於晉若奴隸然襄十四年傳又云。我諸戎除翦其荊棘。驅其狐狸豺狼。以爲 先君不侵不畔之臣。

（中略）自是以來。晉之百役。與我諸戎。相繼於時。以從執政。豈敢離逷。是其證也。詹桓伯又云戎有中國。誰之咎也。以此歸罪於惠公。然則惠公以前此戎未入中國可知而前此他戎狄之猖獗者已數見不鮮其與此族之事實毫無干涉章章明甚也其根據今遼東以侵入內地而未嘗雜居者曰山戎亦曰東胡即後世契丹金源滿洲之族西語所稱爲通古拉族通古斯Tnuguse者「東胡」二字之音譯也（近人不知其本名。反從彼所譯者還譯之。則何不稱孔子爲可夫沙士也。）此族自春秋初。頗猖獗於東北。爲燕患苦。及齊桓公北伐定燕。大挫其鋒。（春秋莊三十年齊人伐山戎。三十一年齊侯來獻戎捷。）自是戢焉。至秦漢之交而復盛。未幾復見併於匈奴。史公以之與諸戎並稱。恐亦失撿，諸戎之起皆在西陲徵諸前所列據章章甚明當隱桓間西北戎猾夏之力尚未極盛不應遽能越中原諸國以苦窮北之燕且秦漢之間諸族皆統一於匈奴而東胡獨强盛與爲敵國此東胡何以能突然發生也通觀漢後數千年歷史彼居於今西伯利亞及滿洲地之民族與彼居於今蒙古地之民族每不能同化故吾持山戎與獯鬻異族之說雖求諸古籍不能得完全有力之證據而終覺史公混合之說爲不安也（或引史記五帝本紀稱黃帝北伐獯鬻、合符釜山。而邑於涿鹿之阿。是獯鬻古在東北之據、余按獯鬻之在西北。幾已成不可搖之鐵案。本紀此文讀法。當自「東至於海」至「合符釜山」爲一節。是言黃帝之游蹤。「邑於涿鹿之阿與下」「遷徙往來無常處以師兵爲營衛」相連。是言黃帝之國都及行在。不能以此爲獯鬻在涿鹿附近之證也。苟持此說。則必以蚩尤爲獯鬻之酋長乃可。

（附論已完本論未完）

# 中國輿地大勢論（續第六十五號）

金匱錢基博

## 第五節　長江大河二流域土宜之肥瘠

或曰植物者利于熱帶而不利于寒帶者也愈寒帶而植物愈凋落愈熱帶而植物愈茂盛此理所必至而勢之固然者也長江流域如楚如吳如皖如浙固皆溫帶也而大河流域如秦如燕如豫如齊稍近寒帶矣故大河流域之地利薄而長江流域之土膏沃兩江澤國轉輸西北三秦陸海仰給東南豈由于人工有巧拙之殊實由于氣候有寒熱之異也錢子曰烏乎然烏乎然

嘗考禹貢一書而長江流域田列上等者絕毋而僅有大河流域田列上等者數見而不鮮。

| 長江流域 | | 大河流域 | |
|---|---|---|---|
| 上等 | 徐州厥田惟上中 | 上等 | 雍州厥田惟上上<br>青州厥田惟上下 |
| 中等 | | 中等 | 豫州厥田惟中上<br>冀州厥田惟中中<br>兗州厥田惟中下 |
| 下等 | 梁州厥田惟下上<br>荊州厥田惟下中<br>揚州厥田惟下下 | 下等 | |

班氏西都賦曰。「下有鄭白之沃。衣食之源。提封五萬。疆埸綺分。溝塍刻縷。原隰龍鱗。決渠降雨。荷插成雲。五穀垂穎。桑麻鋪棻。」張平子西京賦曰。「爾乃廣衍沃野。厥田上上。實惟地之奧區神皐。」觀于班固及張平子之言。可以證關中之土宜之肥沃。張平子南都賦曰。「其水則開竇灑流。浸彼稻田。溝澮脉連。隄塍相輵。朝雲不興。而潢潦獨臻。決渫則暵。爲溉爲陸。冬稌夏穱。隨時代熟。其原野則有桑漆麻苧。菽麥稷黍。百穀蕃廡。翼翼與與。」左思魏都賦曰。「溫泉毖涌而自浪。華清蕩邪而難老。墨井鹽池。玄滋素液。厥田惟中。厥壤惟白。原隰畇畇。墳衍斥斥。」觀于張平子及左思之言。可以證河南之土宜之肥沃。韓琦曰。「天下有水之地。毋不宜稻之田。況青齊據海距淮。饒

汶帶濟。來源之盛。勢若建瓴。歸壑之流。形如聚扇。泉深而土澤。潮淤而壤沃者耶。」觀于韓琦之言可以證山東之土宜之肥沃。徐貞明曰。「京東諸州邑皆負山控海。負山則泉深而土澤。控海則潮淤而壤沃。自密雲東以至薊州永平之境。河泉流注。疏渠溉田。爲力甚易而豐潤境內瀕海之田幾二百里。與吳越沃區相埒。」觀于徐貞明之言可以證河內之土宜之肥沃。如河內如山東如河南如關中皆大河流域也。豈眞不毛之瘠土耶。非不毛之瘠土而竟爲瘠土之不毛耶。誰實爲之作俑。誰實爲之階厲

船山王氏曰。「自唐以來。財賦所自出。皆取之豫兗冀雍而已足。未嘗求足于江淮也。恃江淮以爲資。自第五琦始。當其時。賊據幽冀。陷兩都。山東雖未盡失。而隔絕不通。蜀賦旣寡。又限以劍門棧道之險。所可資以贍軍者。惟江淮。故琦請督租庸。自漢水達洋州以輸于扶風。一時不獲已之計也。乃自是以後人視江淮爲腴土。劉晏因之。輦東南以供西北。東南之民力殫焉。垂及千年。而未得稍舒。嗚呼。朝廷旣以爲外府。垂腴朵頤之官吏亦視以爲羶場。耕夫紅女。有宵睚旦。以應箠詈之誅求。乃至衣被之靡麗。口實之珍奇。苛細繁勞。以聽貪夫之侈濫。睚舌是出。不敢告勞。亦將孰與念之哉。自漢以

上。吳越楚閩皆荒服也。自晉東遷。而江淮之力始盡。然唐以前。姚秦拓拔宇文。唐以後。自朱溫以迄宋初。江南割據。而河洛關中未嘗不足以立國。九州之廣。豈必江濱海澨之可漁獵乎。祖第五琦劉晏之術者因其人惜廉隅畏鞭笞易于弋取而見爲毋盡之藏竭三吳以奉西北而西北坐食之三吳之人不給饘粥之食抑待哺于上流而上流無三年之積一羅水旱死徙相望乃西北蒙坐食之休而民抑不爲之加富者豈徒天道之虧盈哉坐食而驕驕而佚月倍三釜之餐工毋再易之力陂堰不修桑蠶不事舉先王盡力溝洫之良田聽命于旱蝗而不思捍救洊飢相迫則夫劊妻骸弟烹兄肉其强者彎弓馳馬以殺奪行旅而猶睥睨東南妬勞人之采梠剝蟹也誰使之然非偏困東南以驕西北者縱之而誰咎耶驕之使橫逸之使惰貪欲可遂則笑傲以忘所自來供億不遑則忮忿而狂興以逞其野人惡舌喑啞以脅羸懦之馴民。其士大夫氣涌胆張恫喝以淩衣冠之雅士。于是國家毋事。則依中涓附戚里而不惜廉隅。天下有處。則降賊附羶虜而不顧君父。何一而非坐食東南者之教猱傒虎。以使農非農。士非士。俾波逝而毋迴瀾哉。」旨哉船山王氏之言也實能抉西北彫敝之原因而毋餘蘊者也

乃知驕之使橫逸之使惰以人事而災及地利遂令厥土黃壤厥田上上之沃土竟瓜石田者皆第五琦爲之作俑也吁

或曰。吾嘗聞之尹氏曰。南方種田一畝。所獲以石計。北方種田一畝。所獲以斗計。然則大河流域之土宜實較長江流域之土宜爲瘠。長江流域之土宜實視大河流域之土宜爲肥也。錢子曰。夫豈其然夫豈其然凡物之廢置不用者將漸消失其能力者必也有耳也久不用之則必聾有口也久不用之則必瘖于人體有然于土宜亦然大河流域之田畝蕪萊不治者歷數千百年其不能如長江流域之田畝朝灌夕沃者之肥且饒固也豈由于土宜之有肥瘠實由于人工之有勤惰耳

吾嘗聞之尹氏曰。南方地窄人稠。一夫所耕。不過十畝。多則二十畝。力聚而工專。故所獲甚厚。北方地土遼濶。農民惟圖廣種。一夫所耕。自七八十畝以至百畝不等。意以多種則多收。不知地多。則糞土不能厚壅而地力薄矣。工作不能遍及而人事疏矣。然則天下之大計可知矣盖大河流域地有遺利而長江流域民有餘力民有餘力而人滿堪虞地有遺利而田蕪不治東西俱弊南北兩傷莫若招長江流域之游民墾大河流

域之荒田一則可以開闢大河流域之地利而于以足食一則可以安置長江流域之游民而不致失業實有利而毋弊一舉而兩便者也果也大河流域之地力已竭而長江流域之土宜實沃勢不能不仰給于長江流域計不得不待哺于長江流域然長江流域之民族既有以利益大河流域之民族而大河流域之民族可毋以酬報長江流域之民族乎不然。長江流域之民族力耕而穫之大河流域之民族安坐而食之天下恐無此便益之事也其不平孰甚

然則大河流域之民族果何以酬報長江流域之民族也曰長江流域饒于農業大河流域富于礦產金銀之氣溢于蒼巘赤岬之間煤鐵之苗露于近郭遠郊之地長江流域民族既轉輸漕運以濟大河流域民族之粒食大河流域民族可開掘礦藏以濟長江流域民族之財用以此之有餘救彼之不足所以相酬報之道如此

大河流域之富于礦產猶長江流域之饒于農業也長江流域饒于農業歲轉輸數十百萬石糧食以濟大河流域民族大河流域富于礦產獨不能開掘礦產運送長江流域交換其利益乎藉曰不能我長江流域民族不可不定一規則以處置大河流域之

民族也。

處置之規則有二。一曰現在之規則。二曰將來之規則。

(甲)現在之規則　泰西强權派言曰。「世界之大部分。被掌握于毋智毋能之民族。此等民族。不能發達其天然力。如礦地山林等。以供人類之用。徒令其廢棄。而他處文明民族。人口日稠。供用缺乏。無从浥注。故勢不可不使此劣等民族。受優等民族之指揮監督。務令適宜之政治。普及于全世界。然後可以隨地投資本。以圖事業之發達。以增天下之公益。」現在長江流域民族之于大河流域民族。可照此例。多集有資本家。開辦大河流域農業公司。或礦產公司。監督大河流域民族。墾闢荒田。開掘礦產。俾不致地有遺利。民有餘力。此現在之規則也。

(乙)將來之規則　將來新中國成立。而行參政代議士之制。惟長江流域民族。得享有參預政治之權利。而大河流域民族。不准有參預政治之權利。何也。泰西政治家言曰。「不能多擔任國家納稅之義務者。決不得有參預政治之權利。故各國之選舉法。其選舉權與被選權。大率以多納稅者得之。」今大河流域民族。且不能自謀其生計。而待哺于長江流域安能多擔任國家納稅之義務既不能多擔任國家納稅之義務安能享參預政治之權利而長江流域民族不爾也即以現在而言江浙漕白為二十一行省冠而近日攤派洋債又負天下之最多數可謂能多擔任國家納稅之義務者矣安得不償以參預政治之權利耶此將來之規則也

## 第六節　長江大河二流域學派之異同

論文明之發生莫要于河流而河流之影響于學界不亦鉅哉我中國長江大河二河流其位置之南北殊其性質之清濁殊因之而吾國學界遂分大河派長江派二者老聃者生長于長江流域而長江派之泰斗也仲尼者生長于大河流域而大河派之鼻祖也一則畏天一則斥天一則尚禮一則非禮一則主剛一則主柔一則主動一則主靜一則畏聖人一則非聖人一則喜法古一則非法古一則尚勉強一則明自然一則崇力行一則崇無為其宗旨不同其說法不同有如枘鑿之不相容冰炭之不相入者仲尼畏天者也惟恐獲罪于天（子曰獲罪于天無所禱也）老聃不畏天者也且以不仁斥天（老子曰天地不仁以萬物為芻狗）老聃斥天之至而於斥天所之以付畀于我者仲尼畏天之至而并畏天之所以付

畀于我者天之所以付畀于我者何也所謂天命也天命之謂性曰仁曰智曰義曰禮所謂性也率性惟道修道惟教仲尼之率性仲尼之畏天命也絕聖棄智絕仁棄義老聃之滅性老聃之斥天命也（老子曰絕聖棄智民利百倍絕仁棄義民復孝慈）以視仲尼證證于天命之可畏一則曰「畏天命」再則曰「小人不知天命而不畏也」不亦大相逕庭乎其差點一

禮者天秩也（書曰天秩有禮）天命之一也仲尼畏天故尚禮老聃斥天故非禮蓋事有必至而禮毋可疑者老聃曰「故失道而後德失德而後仁失仁而後義失義而後禮夫禮者忠信之薄而亂之首」以爲惟禮實足以長生民之奸僞也仲尼曰「非禮勿視非禮勿聽非禮勿言非禮勿動上好禮則民易使也」以爲非禮不足以範生民之舉動也一則尚禮一則非禮其差點二

大河流域之人具堅强不屈之概長江流域之人以柔和而文爲上老聃者長江流域之人也仲尼者大河流域之人也皆感于社會之習慣風氣之熏染者也故一則主剛一則主柔主柔者曰「人之生也柔弱其死也堅强萬物草木之生也柔脆其死也枯槁故堅强者死之徒柔弱者生之徒是以兵强則不勝木强則共强大處下柔弱處上」

有味乎其言之也主剛者曰「故君子和而不流强哉矯中立而不倚强哉矯國有道不變塞焉强哉矯國毋道至死不變强哉矯」又何壯哉其差點三

嗚呼人類動物也烏可以不動不動而靜死機也地球有自轉之運動而後著晝夜之消息有公轉之運動而後有四季之代謝人身之血輪片刻不流動則周身必凍且僵肢體片刻不運動則肢體或痲且木動之不可以已也如是夫仲尼曰「天行健君子以自强不息」言人之不可以不動也曰「君子藏器于身待時而動何不利之有動而不括是以出而有獲語成器而動者也」示人以動之方也蓋仲尼固主動派也而老聃則主靜派也曰「毋動爲大」言人之不可以動也曰「夫人神好靜而心擾之人心好靜而欲牽之常欲遣其欲而心自靜澄其心而神自清自然六欲不生三毒消滅所以不能者爲心未澄欲未遣也能遣之者內觀其心心毋其心外觀其形形毋其形遠觀其物物毋其物三者既悟惟見于空觀空亦空毋所空所空既毋毋毋亦毋毋毋既毋湛然常寂寂毋所寂欲豈能生欲既不生即是眞靜眞靜應物眞常得性常應常靜常淸靜矣如此眞靜漸入眞道既入眞道名爲得道」言人之不可以不靜也抑

何與仲尼之言相水火耶其差點四。

上古之人之頌聖人也不曰天縱則曰天生意謂此天帝之化身也然則畏天之影響而并畏聖人斥天之株連而并斥聖人亦勢所必至而理之固然者也此所以仲尼言「畏天命」而即繼之曰「畏聖人之言」老聃言「天不仁以萬物爲芻狗」而即繼之曰「聖人不仁以百姓爲芻狗」歟其差點五。

仲尼則古稱先而强于保守之習者也故曰「非先王之法服不敢服非先王之法言不敢言」實代表其守舊之理想也老聃曰「子所言者其人與骨皆已朽矣獨其言在耳」蓋刺仲尼之法古也一則非法古一則崇法古其差點六。

仲尼以爲勉强學問則聞見博而智益明勉强行道則德日起而大有功進德修業必始于勉强也故曰「克己復禮爲仁一日克己復禮天下歸仁焉」蓋主勉强以節性也老聃以爲待鉤繩規矩而正者是削其性也待繩膠漆而約固者是侵其德也返眞歸樸在順其自然也故一則曰「泉涸魚相處于陸相呴以濕相濡以沫不若相忘于江湖」再則曰「有物混成先天地生寂兮寥兮獨立而不改周行而不殆可以爲天

下毋吾不知其名字之曰道。强爲之名曰太。太曰逝。逝曰遠。遠曰反。故道中略法自然」蓋明自然以見性也。其差點七。

老聃毋爲者也。優哉游哉聊以卒歲者也。仲尼力行者也。栖栖皇皇如不終日者也。是故一則曰「有能一日用其力于仁矣乎。我未見力不足者」再則曰。「力不足者中道而廢」。皆策馬前進之意也。而老子則不然。一則曰。「將欲取天下而爲之。吾見其不得已。天下神器不可爲也。爲者敗之」。再則曰「天下之至柔馳騁之至堅。毋有入于其間。吾是以知毋爲之有益。(中略)天下希及之」嗚呼。爲且不可。何論力行。力行者爲之至也。其差點八。

觀于此。亦可知儒家之反對老氏。老氏之破壞儒家矣。儒家者老氏之勁敵也。老氏者儒家之蟊賊也。旂鼓相當。正未知鹿死誰手。是故太史公曰。「世之學老子者。則絀儒學。學儒學亦絀老子。道不同不相爲謀。豈謂是耶」。夫亦知當日諸家若陰陽家若墨家若名家若法家數者。舉不足以與儒家相抵抗。而常懼爲儒家所推倒。惟斯道德一家。頗有與儒家並驚齊驅之勢。故獨舉老氏與儒家並稱。而未嘗以陰陽家法家墨家名家諸家與儒家連類而舉也不然。「道不同不相爲謀」不獨儒家與老氏爲然也而何獨斤斤于儒家與老氏耶是知老氏之與儒家實有足以角立爭雄而不能決勝負之屬誰何者初非若陰陽家墨家名家法家諸家比也觀于此而後知非仲尼決不足以代表大河派。非老聃決不足以代表長江派。餘皆等諸自檜以下可也吾可以不論。

老氏生產于長江流域而不生產于大河流域儒家出現于大河流域而不出現于長江流域豈地理之影響于學界歟抑學界之影響于地理歟豈地理學界互相爲因互相爲果歟稽之春秋戰國之間而長江流域多出產老氏鉅子。大河流域多出產儒教鉅子。天之生材不偶然也 老聃楚人楚今湖北省。 鄭氏或云吳人吳今江南省。 傅氏或云越人越今浙江省。 徐氏臨淮人臨淮今江蘇省。徐州府睢寗縣。 文子或云吳人吳見上。 蜎子楚人楚見上。 關尹子同上 莊子宋人宋今河南歸德府。

列子未詳。 老成子或曰越人越見上。 長盧子楚人楚見上。 王狄子未詳。 公子牟魏人魏今河南開封府。 田子齊人齊今山東靑州府。老萊子楚人楚見上。 黔婁子齊人齊見上。宮孫子未詳。鷃冠子楚人楚見上。周訓未詳。臣君子蜀人蜀今四川省。鄭長者鄭人鄭今河南開封府。楚子楚人楚見上。以上老派共二十二人。南人十三。北人五。未詳者四。仲尼魯人魯山東兗州府。顏淵同上閔子騫同上。冉伯牛同上。冉仲弓同上。宰我同上。冉求同上。子路同上。有若同上子賤同上。南容同上。樊遲同上。子夏衛人衛今河南衛輝府。子貢同上琴牢同上。子羽魯人魯見上。公西赤同上。公冶長同上。申棖同上。公明儀同上。言偃吳人吳今江南省。原思宋人宋今河南歸德府。司馬牛同上。曾子魯人魯見上。高柴齊人齊今山東青州府。巫馬期陳人陳今河南陳州府。陳亢同上。子張同上。子思魯人魯見上。孟子鄒人鄒今山東兗州府。荀卿趙人趙今直隸省。虞卿同上。芊子齊人齊見上。公孫固同上。孔穿魯人魯見上。徐子宋人宋見上。以上儒家共三十六人。北人三十五。南人一。

老聃出產于長江流域仲尼出產于大河流域偶也才不擇地而生也甚乃習仲尼之說者亦多為大河流域之出產物而出產于長江流域者不多得習老聃之說者亦多

以長江流域爲出產地而出產于大河流域者卒鮮見不可爲偶也實由于地理之影響也。何也江性寬緩而紆徐者也河流湍急而勁疾者也湍急而勁疾者而影響于學界而爲主剛主動。寬緩而紆徐者而影響于學界而爲主柔主靜焉湍急而勁疾者必須築隄束水而後毋汎濫之患寬緩而紆徐者不必築隄束水自能安流行之常蓋江流貴順性而河流須節性也。河流須節性而影響于學界而爲尙禮尙勉强崇力行三者皆節性之道也江流貴順性而影響于學界而爲非禮（禮所以節性者也非禮。是非所以節性者也）明自然（任公曰自然者順性也。）崇毋爲（苟有爲不自然矣惟毋爲。乃所以成其自然也）三者皆順性之道也非直此也湍急而勁疾者偶有漲溢千里腴壤悉成澤國廬居受其漂沒財產蕩爲子虛烏有在昔洪水時代人民智識未具方慶目前衣食之幸福忽遇意外可驚可愕之事以震怖于地理上現象而保守之情深。惟恐洪水之或汎濫而不得保守其財產而不能免于流離而影響于學界而爲則古稱先。而寬緩而紆徐者不患洪水之汎濫也夫然而人民保守之習亦不甚强焉。而影響于學界遂爲老子之非法古嗚呼。地理之影響于學界何如哉。地理之影響于學界何如哉」

嗚呼我中國學界歷史實以儒老兩家相交戰而成者也其在春秋戰國時毋論矣其在炎漢之初雖以漢文帝竇太后之篤好黃老而北方獨盛儒學雖以楚元王漢武帝之崇禮經師而南方猶喜道家春秋繁露及其餘經說北學之代表也淮南子及其餘詞章南學之代表也自漢武帝表章六經排斥百家而儒教一盛而老氏一微自桓文帝祖述老莊提倡曠達而老氏一盛而儒教一微降及兩晉迄于六朝而北人徐遵明李鉉沈重等以精于三禮稱南人王弼郭象向秀等以邃于老莊著堯春陸氏曰「昔何晏王弼蔑弃先典藻飾華言于時老莊之旨靡然相从洙泗之風藐焉將墜(中略)當日以平叔爲神懷超絕輔嗣爲妙思通微(中略)其傑然崛起河北者則惟魏末徐遵明爲大儒易書禮遵鄭氏左傳遵服氏講學授徒海內宗仰一時如盧景裕崔瑾李鉉權會田元鳳夏懷敬翟並執經受業其後言易者出郭茂之門言禮者出熊安生之門言春秋者並得服氏之精微蓋惟其能得眞師所在而後羗博士之名不可越羗弟子之業有所宗(中略)江左人文非不云盛徒以篤好元言耽心禪誦遂致崔盧孫蔣

諸儒來自北方。未聞稍變其習。此所謂上有好之下必甚焉者也」旨哉斯言也可謂深識當日學界之大勢者矣蓋長江流域之間猶是何晏王弼之遺風也而大河流域之間已復鄭玄馬融之舊觀矣觀于此。可見老派之不適于大河流域而獨適于長江流域。孔派之不適于長江流域而獨適于大河流域也。迄于今而江西之有張真人山東之有衍聖公一則以孔氏苗裔而稱尊于大河流域。一則拾老氏唾餘而見崇于長江流域位望之隆一南一北並駕齊驅然則論我中國學界歷史者謂之爲儒老兩家交戰之歷史可也。

（未完）

地理

# 佛教之無我輪迴論（一）

觀雲

飲冰室主人著余之生死觀。述佛教無我轉輪迴之義。計閱者之稍能思索者必橫一困難之疑問無他即無我果將以何者轉輪迴也此一困難之疑問非獨爲今人所必有。於佛教史上辨論無我之事密理繁辭不可勝述而自釋迦滅度而後無我論之變遷亦已不知經過若何之階級矣茲揭其畧而陳之。

解釋此一問題。匪特有關於佛教之事已也於現在之哲學心理學可資此理以互相發明者甚多。進而言之則吾人之何以爲人而人生之一大問題亦有待於此一疑問之解決而解決夫以具如此高玄精深之理。斷非愚陋若余之所能剖答且余固不足道。即極今時全地球第一學者。欲剖答此理。而能予人以滿足。殆非所能望也不過其所言各有淺深之不同而已此誠所謂惟佛能知之境而亦當歸於今時斯賓塞爾哲學所謂不可知之域者也雖然此一問題關繫旣若是之鉅大則一知半解亦不可不試其窺測玆亦有取乎是而爲之也

佛教有三法印爲判定是佛說非佛眞僞之一標準而佛教根本之三大原理亦在此三法印者何曰諸行無常諸法無我涅槃寂靜是也（智度論卷二十二佛法印有三種一者一切有爲法念念生滅皆無常二者一切無我三者寂滅涅槃）此三法印雖後來諸家亦解釋互異然要不敢離此三法印否則必輾轉自附於三法印蓋合此三法印者爲佛說違此三法印者爲外道說（法華玄義卷八印之即是佛說修之得道無三法印即是魔說）而無我實爲三法印之一故凡屬佛教必主無我蓋立無我者爲佛教立有我者非佛教也（此三法印諸行無常諸法無我屬有爲法涅槃寂靜屬無爲法）

附識　按法印實爲宗教家所不可少如同一儒教謂之主君主可謂之主民主亦可若是雖同出一教而其說竟可至大相反而不同余嘗欲爲孔教立界說數條使言孔教者稍有規則而不至立說之過出紛歧今略言其一曰盡人合天天理即在

人心蓋孔教於佛教中屬諸法實相論即以現象爲即本體者故以人爲天地之心天之道即在人之心中能盡人之道即合乎天之理於人之外實無所謂天打天人爲一丸蓋實天人至圓融無礙之說也故言言說人實不啻言言說天如是故言性命（道本於性性本於天又性情德行之原皆歸之天以繁不及陳）禮樂（禮樂法天地禮者天之節文樂者所以通人之心於天也）祭祀（孔子言天有帝有神有鬼祭祀者人之所以通天報本而受福也）符徵（亦云感應蓋孔子言盡人合天然則人事之盡不盡於何取憑證乎曰證於天天示以吉凶之象故有鳳鳥河圖獲麟之說春秋之屢書日食決非爲誌天文實誌人事也）倫常（天尊地卑自成等級故人事有君有臣有父有子）之說皆可通然自近時讀書者不知此義以爲孔子專言人不言天遂以爲孔子非宗教而或以爲政治家或以爲倫理家或以爲哲學家（哲學家亦言天然哲學家之言天也辨證的歸納的宗教家之言天也直覺的演繹的其性質殊異孔子言天之性質皆屬宗教家非哲學家此事余別詳論之）要之皆若盲人摸象或得象之一牙以爲象如是或得象之一足以爲象如是而實未見全象即對於孔教不知其全體組織之教理也余雖不主孔子之天人合一論者（余於佛教主法相不主天台華嚴）但通會孔子之言實爲天人合一論無疑不如是而判孔教必犯攝孔教不盡之弊（如謂孔子不言天則孔教中言天地鬼神必起二種之問難一曖昧而無解釋一有若贅旒而無意味然通觀孔子全體則二種之問難皆釋蓋人事皆以天爲本故言天非同贅旒而無意味人心即天理故能知人事即知天道不必更下天之解釋也此實孔子之理想完密處不知此則全抹煞孔子見地孔子固不若是淺也）其爲判教之所不許明矣但此理深

長。茲但附論其槩略。固不能盡也。當竢別爲書耳。

然試進而攷之釋迦之必立無我說者。其原因果何由而起乎。則反對數論派（即僧佉派）之立神我之說是也。當釋迦之出家求道也。欲究宇宙之眞相。人生之本原。歷訪印度有道之士。求聞其說。其時所訪者三人。曰跋迦婆。曰阿羅邏迦蘭。曰鬱陀羅羅摩。最首訪者爲跋迦婆。然跋迦婆者。屬婆羅門教中之一派。不過以苦行之法。求得脫離世間而生天上。其教理至淺。釋迦身至其處。見其徒之苦行。及聞其所說。知不足以成道。遂棄之而去。

附識　按佛教中之最小者。爲人天教。人天教者。亦猶跋迦婆之徒。求出人間而得昇天之樂者也。此蓋佛爲初心人說法。所謂方便說。非眞實了義說也。其教旨出於提謂經。提謂經者。佛成道之後。有提謂等五百商人。供佛麨蜜。佛爲彼等說五戒十善因果之法。蓋不過勸之去惡爲善而已。非與之說眞實之教理也。提謂經今逸不傳。或謂僞經。又無量壽經中有五惡段。亦當屬此。此方便說。雖非佛教之究竟義。然實不可無此。蓋人類高下萬有不同。若欲教義普及。萬不能不因類立教。佛教教理至爲玄深雖學者亦難領解何能期之一般衆人乎若佛教無方便說則佛教之絕滅久矣由是言之佛教玄深之理實賴有粗淺近俗之理保其生命也儒教以不立方便說故僅能行於士君子之間而力之及於下等社會者蓋寡此誠儒教之缺點所以不及佛教之能普及焉惟或誤認佛教之方便說爲眞實說或且因此而議佛教教理之淺陋則非能深知佛教者矣。余謂今日日報旬報之立言亦不可不知此義。但其事甚難。能爲下等人說法之人。其言或多誤於正理而不合。能爲上等人說法之人。則其言或不能行於下等人之間。此誠立言者之各有所偏而無可如何也。

而至尼連河邊。訪阿羅邏迦蘭。阿羅邏迦蘭爲數論派之一大師。名動五天。有徒參百其學理之高深。遠非跋迦婆之所能及。蓋印度於未有佛教之先。其哲理殆無出數論之右者。釋迦事阿羅邏迦蘭頗久。習聞其說。故佛教之教理。多出自數論派。否則。即可謂爲數論派之改良而進步者。蓋數論派實佛教之先河。而阿羅邏迦蘭實亦當謂之釋迦之師也。雖然。其達終點之一教理。究不能合釋迦之意。歉焉以爲未足。復往而訪鬱陀羅羅摩。鬱陀羅羅摩。有徒七百。然亦屬數論派之學。其所說殆與阿羅邏迦蘭無甚大異。釋迦以爲終不能得道。乃去而獨學自悟。苦行六年。究澈種種之理法。於畢波羅樹下。（即菩提樹玄奘曰昔佛在世高數百丈屢經殘伐猶高四五丈佛坐其下成等正覺因而謂菩提樹焉莖幹黃白枝葉青翠冬夏不凋光鮮無變）一旦豁然終得大道。

按此爲學問必然之階級。無論何種學問。始必聞人。終必自悟。不經此二階級。其所得之學可貴者殆鮮矣。

故佛教雖多出於數論派。而固自有主義。所以卒與數論派異。而能高出數論派之上也。然則佛教與數論派其相異之點。究何在乎。則我與無我。其最大也。抑欲知數論派之立我。先不可不畧攷數論派之教義。數論派蓋立自性與神我。爲宇宙萬有之原理。其自性類今之所謂物質。其神我類今之所謂性靈。蓋即屬心物兩元論之哲學者。自神我與自性和合。而後有細身。有麤身。有三德。於是有變異差別生老病死之事。由是而起。此數論派言世界發展之大略也。

按數論謂人先有細身。而後有麤身。細身者數論謂之微細生。麤身者數論謂之父母生耍之細身者先天存在而麤身者血肉之軀也細身其体微眇人目所不能見山川土石亦無所礙麤身有時死滅如人死則血肉等腐壞消散是也至細身則不能死滅一麤身退沒細身復能輪轉成他麤身即能轉輪迴之主体也今略採數論哲學之金七十論如下。 微細父母生大異三差別。三中細常住餘別有退生。又云外曰是三差別幾常無常耶。答曰。五唯所現微細差別。能生初身是常住。若麤身退沒時。細身若與法相應。若與非法相應。則受四生。（按數論有偈言云因善法向上因非法向下因智厭解脫翻此則繫縛善法向上即生天生人之四生是也非法向下即墮畜道之四生等是也智厭生死則神我能解脫自性永離輪廻之苦翻此則向上向下仍不免繫縛而有生死之事矣） 又云。麤身父母所生。或鳥啖食。或復爛壞。或火所燒。痴者細身輪轉生死。又云。昔時自性者廻轉生世間。細身最初生。從自性生覺。從覺生我慢。從我慢生五唯。此七名細身。細身相何如。如梵天形容。能受諸塵。又云。細身山石壁等所不能碍。以微細故。又不變易。 此細身之義近於靈魂又近中陰而亦微有不同中陰亦名中有佛教以死有之後生有之前名中有以中國所有之義言之所謂鬼者近是以細身爲中陰今據校注金七十論有云。（金七十論備攷會本畧同） 微細身是似中陰。俱舍論八曰。於死有後在生有前即彼中間。有自体起。爲至生處。故起此身。二趣中間。故名中有。同九曰。中有身極微細。又曰。此中有身若有修得極淨天眼。亦能得見。諸生得眼。皆不能觀。以極細故。智度論十二曰。今世身滅。受中陰身。此無前後。滅時即生。乃至汝言細身。即此中陰云云。三德。一薩埵。以喜爲体。有開發之功用。或亦爲勇。一羅闍。以憂爲体。或亦爲塵。一多磨。以闇爲体。或亦爲癡。故或作喜憂闇。或作勇塵闇。或作貪瞋癡。餘尙多不及陳。略如分人之氣質。有多血質粘液質等四種相似。蓋三德分配於人。各有多寡之不同。故人性之智愚亦不同。如得喜多者。其人敏慧。得闇多者。其人愚鈍。是也。

然則解脫之道若何。夫數論之立神我也。蓋以神我爲清淨無垢之物。一切罪惡。皆自性之所造。一切煩腦。皆自性之所招。即神我爲本覺的。自性爲不覺的。神我爲良知的。自性爲盲進的。神我爲純粹的。自性爲混濁的。而人人無不有一神我在。猶實大乘所謂一切衆生無不具有佛性。迷則爲衆生。覺則爲佛。故神我一旦自悟。厭棄自性。猶鳥之脫離樊籠而去。則神我便得入於涅槃寂靜。自在於所行。讚述其義云。野鳥離樊籠。遠離於境界。解脫亦復然。是即數論派言解脫之大略也。

附識　於哲學中有區別性靈軀體而主尊性靈說者摭其所言之大略以爲吾人人類蓋判然合二物而成其一爲有形者即軀體是也其一爲無形者即性靈是也所謂性靈有二箇之機能即知與行是也性靈之具有此知行之機能也猶軀體之具有長廣厚之質也夫均是吾人之行爲有出於高尙者有出於卑汚者是何由而然乎蓋吾人之遇事物也其所用之思念所下之判斷有全本於吾人之性靈者則其發爲行爲也至純至潔無稍偏私即所謂高尙之行爲也反之而爲軀體所使則其發爲行爲也無不含有私慾者存即所謂卑汚之行爲也蓋吾人之五官百體與吾人之性靈其性質實兩相異非獨相異又實相反於是乎吾人之遇事物也性靈方欲下其命令而指揮吾人之五官百體以從而吾人之五官百體忽爲外物所誘而逼我之性靈使誤其方向是時也吾人胸中公私之二念交鬨或者公念之獲捷或者私念之致勝而君子小人以分又主此派之學說者以爲吾人之性靈本具無限之智識故求知識於性靈明淨澄澈不留障翳若知識由五官百體所得者不免晻昧駁雜云云此派學說遠自希臘之梭格拉底柏拉圖至近世之笛卡兒其義益臻

完密若我中國則遠自孟子至王陽明而發爲良知說義亦大略相同與數論之立神我均以爲吾人心中自有無上可貴妙明純潔之物在悟即悟此而已修即修此而已蓋東西人之思想一也（此派學說須與他派學說比較方能判斷非玆題限不及陳）

（未完）

# 軍事

## 論兵力

鐵公

夫兵事者組織國家之一大要素也政治經濟等學決不能疎外兵事居今日競爭世界尤宜近親相賴此實天下之公論而非軍人之私言也

凡有生者避難之時必擧全量之力然遭遇時機體軀生命不遑顧慮亦人人之所不能免者必遭遇此時机始知其力量之高下程度知彼知此孫子之言諒矣

人類者固爲有生中之最高等是不待卜而知之然而人類之相集建設有國家遭遇此時机其處置之手段甚廣大者則名曰戰爭施設戰爭之事業曰兵事兵事之力量曰兵力兵力者所以爲其國對于萬國之價値也

古來嫌戰爭疎兵事之民族不能建設隆盛之國家此爲萬國歷史之明證然懦惰怯

弱之民族亦未嘗能避戰爭溯之既往固已如斯推之將來亦必無異故兵事者不待人言而不能不知之

昔日舉一國之人民皆從事于兵事此皆人所素囿者然今也不然伴社會之進步次第爲分業現各國限之以數尤在有學視爲專門高尚之學科盛重其事故宜如是

然而今日凡遇戰爭一起舉全量之力以勝敵者其戰爭未發之先平時必有兵力之養成甚多而其所謂兵力者亦不過體力資力智力之三者而已（西人有三M之諺muscle, mind, money, 蓋即指此三者譯即筋心金之三名詞）

體力者即兵員也古諺曰軍神者助多數之軍隊是一人可勝算多數者此普通之理也（是由訓練器械才智體力而就凡爲同等者言之）故各國競爲多數之兵員以不仰軍神之冥助然兵員之數伴于資力即一國之貧富或欲超越限界則復有民兵之法起

近古之際傭兵壯兵（終身兵）種族兵等之制行于各國今概廢之此等之兵種不僅有種種之弊害且爲資力上便利少之兵種換而言之即最不經濟之兵也所以者何蓋平時（休戰中）（在軍人社會以戰時爲其常故世之所謂平時者不過爲軍人之休戰中耳）戰時（開戰中）兵數上不能生伸縮

之變化因是採民兵之法戰時約可舉平時員四五倍之多數且可使一國人民奮起兵事之思想養成勇武之氣象

民兵法。就現今歐洲各國而言之。大概三年間採全國之壯丁。置入常備軍之兵營。練兵既熟。放還民伍。就本業。常備軍者。猶兵員之學校也。既放之後。少則十四五年。多則二十年以上。必帶兵役。故平時能養五十萬兵之國。則戰時必可舉二百萬或二百五十萬之多矣。

歐洲各國。對于其人口平時員之比例者。就五大國之平均人口千人中之九六七者。法國此比例最強。而一二三。其他爲八人乃至十人。惟德國以十人爲定制。要之平時員者須基于其必要或其理由是即制限員數是也唯有制限于資力者故此兵役負擔之輕重依其國之貧富爲最適當之尺度

資力即軍費已言之矣。然各國政府每年軍費爲支出之金額。而其歲入有百分之三十達于四十以上者。雖已拋去無量資金。然近年愈益增進。殆有不能不停止之勢。故各國議院議豫算之際。常多反對論者。提出之增額案。常制其勝。

抑軍費者拘此莫大之金額殖產上直接固毫無裨益況又有損害之實也所以者何蓋既抛莫大之金額又復選取國中之壯丁而筋骨倔强者數萬占其多數則必禁止其從事于殖產上之事業則損害耕作地妨碍通運等事亦必在所不免故世之近眼經濟家（謂其眼光只咫尺速望目前小成效）殆以讐敵視之有由然矣

雖然資金者原係增殖資產之資金也全與保險金性質同居於弱肉强食世界萬一危殆則可以爲保險也故平日能多拂保險料危難之際受其保護者必厚此必然之理也若夫風潮猛惡地方之國其危險之度益進則從而依賴之念益厚其物品愈高價（謂國土之富饒）則從而多拂保險金若有人焉拂此保險料可永久受安全之保護發明新法則雖世界第一之經濟家亦必塗地而尊崇之矣特惜夫世未有此種發明如前者萬國平和會足以是而依賴之

智力者亦爲兵事上必要者也新利器之發明兵略戰術之進步皆由是而生而器械之發明尤與兵略戰術有大關係上世之石器時代姑勿論矣中古火藥發明經後改良進步者甚多至于輓近益增其速度在于近日最可驚者爲法國之新銃名羅比羅

使用無烟火藥實爲一大新發明物其出發也無焰烟其發聲也極低微其命中也能行一千米突之遠而不誤（一八八九年法國已製造一百五十萬挺）大砲則有四十五珊知二十五口徑之克魯伯砲優者能達十八吉羅米突距離之遠效用甚盛爆發藥則有米耳尼特之新藥其破潰力異常所向物無不粉碎得其塡入大砲彈中之新法以其威力攻城一朝加幾十百倍殆不可測也近來德國司⿱殳女達拉司堡克之軍團備此新砲數門而法國之境內費二十年之星霜投億萬之資金新造大堡壘對于此新藥有抵抗之力此爲近法國軍人社會之一問題也統觀之皆由智力而生然後有軍事上之進步又不啻是也其在海軍鋼鐵水魚固奇巧精妙日新月異又如水中潛行之戰艦札林司幾之其那米特空氣砲之發明而風船（即指氣球）之發明尤爲後來戰場之必要此皆吾人所知之者也僅就于器械已若斯若延及兵略戰術之新案新制論述萬般殆不遑枚舉也

反觀之祖國寂焉無聞未有一器之發明不亦可悲也已即或有之在歐洲已屬陳腐物矣又豈惟器械上之智力爲然也其將校之智力諸般之學術才藝亦何獨不然故

智力之進步非假我以歲月不可然在于今日必用之注意者亦在此點也無疑矣今述体資智之三力已竟尚有一言並贅述于下以是爲結。（西人謂中國兵惟山東自強軍湖北副軍營少可用然亦可以自媿已矣）

兵事也者元爲舉一國全量之力向于一目的而施其事業即其國對于萬國之實際價値凡爲一國之人民不可放任其專業家之軍人也故居今日國家之事業不能全離兵事上之考案運動實爲最有價値之確言誠如是則可以發揚國威維持國權矣

土木工事直接間接于兵事上關係最大今請論道路與兵事之關係元來軍隊之効力與其運動力相成爲正比例運動力微弱其効力亦微弱運動力愈增加則其効力愈顯著故一國之實力不僅其兵之員數必以其兵數與速力相乘之數爲判定此兵家之格言也而運動力之主腦維何則道路是已

所謂道路者非若尋常道路其最要者爲鐵道歐洲之兵家以鐵道之發明置諸火藥發明之上位或稱爲兵器之帝王其價値可想見矣惟中國以地大物博之土僅有京津京榆營榆淞滬等二千餘里與各國較若謂不赧顏吾不信也況現時國內鐵路數設權皆外溢滿洲鐵路山西鐵路屬俄榆營鐵路江南鐵路緬甸鐵路屬英蘆漢鐵路

屬比津鎭鐵路屬英德山東鐵路屬德奧漢鐵路屬美越南鐵路屬法屈指計之所存者寡矣然近日爭回鐵路權事日盛一日實民族稍有進步也果爾爾則安知其必不能爲將來中國兵力之一助乎姑以是自解嘲且拭目翹足以待之

# 美人手

紅葉閣鳳仙女史譯述

## 第廿六回　苛法殖民專制定讞　騎墻拾命入室盜書

却說西伯利亞乃俄羅斯國東土即我們亞細亞北方一帶之地由歐羅巴洲交界的烏拉山脈起計直至極東的北太平洋而止積方共有四千八百二十多萬里因其地近寒帶週年積雪寒暑表常時冷至冰點以下二三十度更兼被烏拉山脈隔斷是以近歐洲那一便雖然繁盛一過了西伯利亞這一便就人烟冷落恍惚像李華的弔古戰場文所謂浩浩乎平沙無垠敻不見人的景象了再說俄國向來法律與我國的專制政體一樣動不動以死罪處決囚犯有問絞問吊總總名目後來一千七百五十三年俄皇見東邊若大的土地無人開拓想着設法要徙民實邊但這樣苦楚的地頭誰人肯去是時正値國内人心不服苛政立了一個虛無黨時時要與政府爲難因此俄

皇心生一計就勢下令執法司删改國中刑律除免了死罪一例以後凡有犯及死罪一律改爲流徙充發西伯利亞分地安插照表面看來似乎是個仁政其實自開了此例這種殘酷比死刑還加十倍怎麼解呢因爲死刑不過一時間的痛苦一絕了生命便甚麼也不知覺若是流徙西伯利亞死固是一定死的更再要長年纍月熬盡辛苦求死不得若能彀死早些反算是僥幸的事了看官你道凄慘不凄慘麼。如今試把俄羅斯流徙罪囚到西伯利亞的凄慘情形。略說與看官們聽聽。近日有個猶太人古賴布著了一部小說。叫做俄羅斯皇帝專講述俄羅斯虐待國民充發西伯利亞的情形。當罪囚起解之時押解的哈薩克兵就不以人理相待好像已決定他再不是世上的人類了所到的驛站設有拘禁囚徒的棚欄黑臭汚暗不可言狀牛欄馬栅比他還强了好些每到一站一經交代不論男女晝地驅入欄內過宿次日再行起解兩洲交界之地近烏拉山脚立着有個界碑人人都喚他做絕命碑凡罪囚到此一見了這個絕命碑沒有一個不愴地呼天號咷大哭跪倒地上爭攫撮泥沙擲在懷裡這是甚麼緣故呢。大凡人生在世最難捨是祖國的愛情誰人不有近戀誰人不念鄉土今一入絕地無望生還心裡怎麼能過此地的泥沙猶是故土故而攫些放在懷裡留作紀念正所謂無可奈何的思想了自過了烏拉山脈沿途都是積雪沒脛堅冰在鬚的景象加之以押解的哈薩克兵不時刀柄鎗尖交加亂下人道樂生惡死他倒不止以死爲樂竟以死爲莫大的幸福了常時一隊隊的囚犯內中有一個半路倒斃那其餘死不去的就嘖嘖歆羨他說他是有福早出生天了這種情況的可憐漫說身受者難堪想起來連我作者也不覺心酸手顫再也不忍下筆了如今且把古賴布的傷心小說擱着。留作後來譯本。且先將本書的正文譯來。却說這樣人間的活地獄。再過三十天。美治阿士。少不得便要親嘗滋味。美治阿士一聞荷理別夫說到此話。自然是嚇驚不少。惟是少年盛氣自問確沒有做得來就是委屈到死也斷不肯俯首乞命。因岸然應道。任你出甚麼辣手段。我美治阿士也不怕。問心無愧。甚麼苦也吃得起。你只管來罷。是時荷理別夫已百般無法。知道再難婉勸。因毅然道。你竭盡心力。只管替他隱瞞。也不中用。遲早總要落在我手。我已布置定手下人脚。四處嚴密查探。終有日該賊婦被我拿着。與其由賊婦口裡供出你老兄來。何如你老兄先自辯白。猶得挽回干係的罪名呢。

我願你趁此未解送西伯利亞之前。再還想想纔好說罷。便站起來。照着原路退出。仍把齋門鎖了。是時美治阿士獨自一人。歪在椅上。叉着兩手。抱住頂門。縐着眉。閉着目。左思右想。默自計道。三十六着。除走之外。也再無別策了。惟是他說防虛無黨人暗算。弄得如許周密。說走一字。也着實不容易。難道儘着束手待斃麼。做不得。我必要再相相此屋情形。看還有甚麼罅漏可以入手。萬一有可希冀。就是險些或致傷損身命。也勝過白白遭在惡人手裡。一面想着。翻身起來。拿起一盞洋油灯。跑近窗前。向庭階照將下去。時値微月初上。對面的墻角簷瓦。約略可辨。只見中庭雖有幾本樹木。但墻頭比樹還高。枝柯又搭不到。此外再無別物可以藉手。正在躊躇四望。細細打量。不圖墻脊驀地現出個影兒。蹲在暗地裡。晃了一晃。定睛看時。譜譜認得是個人影。心裡暗忖道。更深夜靜。墻脊上怎的露出人來。這一定又是太尉的作怪。布置人來窺探我了。又轉想道。他要窺伺我的動靜。也無須跑到外間。騎上墻頭。莫非是盜賊麼。再又想道。偌峻的高墻。縱上得去。也下不得手。諒盜賊未必若是愚蠢。難道此是霞那小姐知我困在這裡。特地乘夜差人來此搭救我麼。纔又斟酌道。未必未必。我在此地。他那裡知道。

況且惡黨適纔說過。今夜他的父親。正同他前往赴會。此時想已在會場上。不知樂到怎的了。那還記得我麼。然則這個影兒究竟是個甚的東西呢。把手攬着火光。再定睛看時。覺得那墻上的影兒已立起來站在脊上。度他的身幹。恍惚是個十二三歲的模樣。這邊如許留意看他。他也不畏避。忽見他擧手向美治阿士招着。隱然默示特來相救之意。美治阿士急把灯罩子揭起半邊。聚着光點射過前頭。仔細辨來。不覺失聲喚道。哎喲你不是助摩祖麼。說猶未了。忽聽得墻外撲的一聲。接連聽得助摩祖喑了一聲。身腰往外一仰。說時遲。那時快。聲浪還未傳到美治阿士耳邊。那人影兒已連蹤也不見了。美治阿士驚道。可惜可惜。他一定被惡黨在外暗算。已翻身栽了下去。跌死了。不覺失望。失望之至。不覺歎道。嗳、罷了。隨即把灯放回原桌。仆身倒在椅子上。抱悶沈思。默計助摩祖與我平日是見慣的。今日我進門時候。他在外間頑耍。小孩子眼利。自然一見就認得。他知到我與荷理別夫。平日素無來往。無端突然而至。猜着必有緣故。故此留意跑來探聽。要想救我。不料遭了惡黨的毒手。連叫喊也不及。栽了下來。嗳、偌峻的高墻。一個倒栽葱。那裡還有此時。連聲息也寂不聞。只怕氣也早已絶了。又念惡黨耳目如此嚴密。此後還有誰能到來搭救。不覺悶極傷起心來。是時夜已漸深。覺得神思異常困倦。沒情沒緒。立起來把外衣脫下。走近床邊。糊亂睡倒。一夜間魂驚魄動。昏沈沈的惡夢和着睡魔幻現出來。及至醒時。時辰鐘已打過八點了。翻身爬起來。沈吟自語道。好濃睡啊。說着下了床。跑近架上。找那外衣穿着。不意滿屋裡找遍。連影兒也找不出來。不禁詫異道。明明昨宵掛在這裡。怎麼沒有了。莫非侍役人拿去擦理麼急向案頭按動叫鈴。聽得外廂有人答應聲。開門進來。原來不是別人。乃是前日假扮渡美介紹人的武喇伊。即荷理別夫所說的軍曹友夫。見他手腕上。正正搭着一件外衣。就是美治阿士之物。聽得他開言道。這件是足下的衣服。我奉太尉之命。檢查足下的物品。袋裡東西。已經驗過。尙沒有甚麼疑竇。今將原物奉還。惟獨是那封無名的書函。是與那五千元失賍頗有關涉。我已取起。交太尉代足下收存好了。美治阿士聽說。由不得無明火。照着泥丸宮懸迸出來。喝道。大胆賤賊。奴人家東西。不問自取。此與强盜何異。還敢施施然罪也不謝。無禮匹夫。汝眞欺人太甚了。當是時。軍曹友夫幷不回答。把衣放下。便出去。反身把門鎖了。美治阿士氣得發疾。半晌自思量道。這封書子。是

第一件緊要憑據。如今被他暗算去了。將來到官。如何申辯。孫黨的毒計。可恨可惧。咬牙切齒。一腔惱悶。不覺又兜上心來。眞是

惱煞睡魔原惡黨。　怎當前敵祇空拳。

欲知後事如何。且看下回分解。

小說

文苑

# 飲冰室詩話

飲冰

前號記公度見懷二章。謂公度集中贈余詩僅此。他日由甫以六絕見寄。番禺潘君蘭史復鈔示第一第六兩絕。則丙申丁酉間公度相贈作也。余處稿佚久矣。亟錄存之。列國縱橫六七帝。斯文興廢五千年。黃人捧日撐空起。要放光明照大千」佉盧左字力橫馳。臺閣官書帖括詩。守此毛錐三寸管。絲柔綿薄諒難支」白馬東來更達摩。靑牛西去越流沙。君看浮海乘槎語。倘有同文到一家」寸寸山河寸寸金。瓜離分裂力誰任。杜鵑再拜憂天淚。精衞無窮塡海心」又天可汗又天朝。四表光輝頌帝堯。今古方圓等顚趾。如何低首讓天驕」靑者皇穹黑刼灰。上憂天墮下山隤。三千六百釣鼇客先看任公出手來」

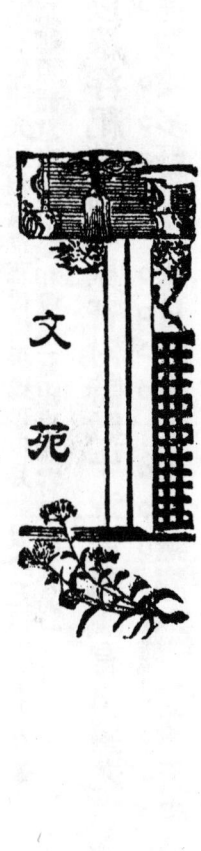

文苑 二

公度集中詩多詞少。然亦曾爲數十首。其原稿昔在余篋中。戊戌之役。同成灰燼。平生一憾也。蘭史頃以公度一詞見寄。調寄雙雙燕。題爲題蘭史羅浮記游圖。今錄之。

羅浮睡了。試召鶴呼龍。憑誰喚醒。塵封丹竈。賸有星殘月冷。欲問移家仙井。何處覓風鬟霧鬢。只應獨立蒼茫。高唱萬峯峯頂。　荒徑蓬蒿半隱。幸空谷無人。棲身應穩。危樓倚徧。看到雲昏花暝。回首海波如鏡。忽露出飛來舊影。又愁風雨合離。化作他人仙境。（原注云蘭史所著羅浮游記引陳蘭甫先生羅浮睡了一語便覺有對此茫茫百端交集之感先生眞能移我情矣輙續成之狗尾之誚不敢辭也又蘭史與其夫人舊有偕隱羅浮之約故風鬟句及之）

羅浮睡了。看上界沈沈。萬峰未醒。喚起霜娥。照得山河盡冷。白遍梅田千井。見玉女青青兩鬢。恰當天上。呼船倒臥飛雲絕頂。　仙洞有人賦隱。羨胡蝶雙棲。翠屏安穩。烟扃擬叩。還隔花深松暝。誰揭瑤臺明鏡。應畫我高寒瘦影。指他東海火輪。祇是蓬萊塵境。（原注云昔在菊坡精舍聽陳蘭甫先生話羅浮之游云僅得羅浮睡了四字久之未成詞也壬寅三月余游羅浮至東江泊舟望四百峯橫亘烟月中覺陳先生此四字神妙如繪故於游記中紀其事而黃公度京卿以飄逸仙才成詞一首見寄猿驚鶴舉惜不能起陳先生相賞也寒夜無眠獨起步月如置身五龍潭上玉女峯邊忽憶京卿原韻意有所悟擬和成稿蓋距京卿寄示時又易一寒暑矣）

蘭史以羅浮紀游刻本見寄。附詩數十章。皆飄飄有出塵之想。余最愛其二絕云。

羅浮大雲海洞陰多。野雲雲水日相滌。仙山古無塵。（右滌雲橋）

雲濤天半飛月乃出。石罅萬壑洞

空明仙山古無夜」右洗月洞

有自署楚北迷新子者以新游仙八首見寄理想可比公度之今別離非直游戲之作而已錄之乘興清遊興倍長驂鸞駕鶴總尋常神仙亦愛翻花樣擬坐輕球謁玉皇」一曲清歌人不見是誰高唱遏行雲霓裳自入留聲器仙樂風飄處處聞」鳳脯麟脂積滿盤葡萄美酒醉人難忙呼小玉鋪台面安置刀叉喫大餐」銀河隔斷信難通牛女年年恨不窮昨日碧翁新下詔兩邊許設德律風」休言一步一蓮花洛女淩波貌絕佳着得一雙弓樣韈踏來水面自由車」廣寒宮殿桂花香仙子如雲列幾行聞得嫦娥新奉勅清虛府改女操場」瑤池阿母綺窗開窗外殷殷響似雷侍女一聲齊報道穆王今坐汽車來」三十六宮敞畫屏御階仙仗擁娉婷幾多玉女朝天闕不佩明璫佩寶星」

晉人有自署少瘦生者以遼東感事十二章見寄長歌當哭普天下有心人胸中公共之塊壘也今錄之忍把十年過眼事長歌和淚說遼陽茫茫大地知誰主草草皇陵已戰塲此日嗚呼疑楚遁他時魚爛慘梁亡三城曾是興龍地落日何邊覓故隍」遼海

腥風跋巨鯨。連宵吹入鳳凰城。驕胡傳箭競南走。邊將移軍怯北征。晉室無人眞鑄錯。金廷得地又寒盟。乾坤末造那堪說。愁看鄰家出塞行」一擾擾乾坤戰氣昏。妖風吹釁血紛紛。依人東道偏爲主。失路西鄰更責言。枯後滄桑天召淚。燒餘刼火國無魂。北來萬騎聲如湧。日暮驚濤下海門」一何事中原歸戰爭。西風吹淚誓師聲。乾坤召釁方橫甲。天地無情未弭兵。虢國辱王愚晉陷。周家賸地恕秦并。羣雄角逐知何日。殺氣縱橫太不平」一莽莽風雲橫地起。山川無色竟何情。元菟北走橫殘骨。鴨綠南來聞哭聲。重地賜秦天偶醉。全軍覆趙鬼猶鳴。關門內外急如火。報撤邊疆萬里城。」一十萬旌旗控上游。朔風吹浪大江秋。蒼茫野蔓連宵沒。嗚咽遼河帶血流。臥榻容人寒腹背。建瓴得勢控咽喉。白山黑水渾無語。忍把乘除數到頭」一閒中殘着誰遺誤。全局輸贏在此方。伐蜀召謀初睥睨。劃江失險愈羸尫。頻年戎馬成多事。一角山川有主張。聞道堤封極寸土。而今何事棄河隍」一自兵戈斗北地。神州大氣又瘡痍。當年亦我蟲沙刼。此日偏人鷸蚌持。又見關頭降敵將。曾聞城下陷全師。竄魂新故羣相逐。愁絕他胥痛飲期。」一牛耳聚盤血未乾。遙懸孤齒又號寒。因風南下如拉朽。得勢西來恐走丸。列國爭衡方躪鄰。強嬴覬覦竟亡韓。三辰強半沒戎馬。泣訴頻年枕未安。」今度陸沈誰任咎。夢夢天地亦含哀。愁氣此日張凶燄。晉罪何年孕禍胎。熒惑守心仍有朕。伊川披髮竟爲災。登高憑望中原氣。愁引血腥入塞來。」兵戈刼運明年歇蒼兕秋風和淚看宇宙無心歸破碎河山見甲總彫殘朔天黯黯悲笳咽遼水蕭蕭戰骨寒胡騎千羣戈滿地可憐遺恨怨樓蘭」沈沈兩造渾無語飽看神州縱獵場大地鹿亡天肅殺十洲龍戰血玄黃山河黯淡沈王氣風雨淒涼哭國殤日夜龍江東去水劇憐嗚咽訴興亡

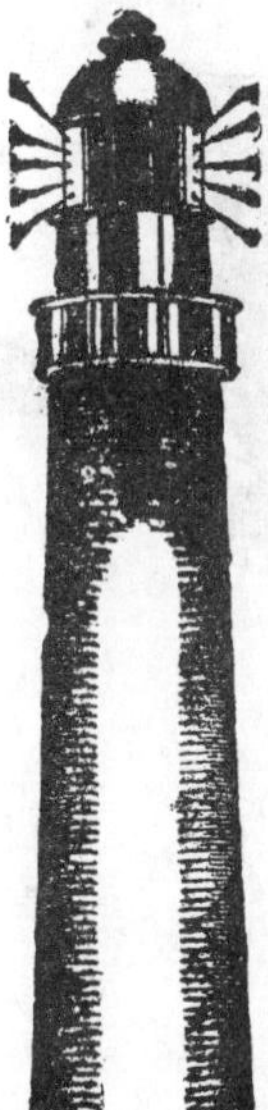

文苑

# 全球各國簡明表

上海周樹奎編譯

畧例

一 是表所舉共得六十三國。凡以一國之名義稱於世界者。盖畧盡於此矣。惟美洲合衆國及歐洲德意志所包含之各種邦國。除附載德意志四王國外。其餘不再枚舉。盖二國對外之名義。皆以一大强國著稱。而分之則畧如中國之有二十三行省。不過彼有完全自治之制度。而我則聽治於中央政府爲不同耳。

一 世界五大洲。而表中僅得其四者。以澳洲全土爲英吉利殖民地。疆土雖廣。不成爲國。盖與美洲之加拿大殆同一性質也。

一 表中國名譯音。皆調查前人已用之字墊入。不敢臆造。以免參差紛歧。閱者諒之。

一 既亡之國。皆屏不錄。

## 全球各國簡明表

| 國名 中西合璧 | 洲屬 | 國體 | 君主皇帝總統等姓氏 | 誕生之年 登位之年 | 疆域英國方里 | 人數 | 歲入英磅 |
|---|---|---|---|---|---|---|---|
| Abyssinia 亞伯細尼 | 非洲東北 | 意大利保護獨立國 | Menelik II 皇帝 梅尼立二世 | 一八四三 一八八九 | 一〇〇、〇〇〇 | 四、〇〇〇、〇〇〇 | |
| Afghaniatan 阿富汗 | 中亞細亞 | 英吉利保護國 | Habibulla Khan 王 哈皮蒲拉 | 一八七二 一九〇一 | 二七〇、〇〇〇 | 四、五〇〇、〇〇〇 | 六〇〇、〇〇〇 |
| Argentina 阿根廷 | 南美洲 | 共和政體國 | Manuel Quintana 總統 坤帶甯 | 一八三九 一九〇四 | 一、一二三、〇〇〇 | 四、五〇〇、〇〇〇 | 三、〇〇〇、〇〇〇 |
| Austria 奧地利 | 歐洲中央 | 立憲強國 | Francis Joseph 皇帝 法蘭西司若瑟 | 一八三〇 一八四八 | 二六、〇〇〇 | 七、〇〇〇、〇〇〇 | 一二一、〇〇〇、〇〇〇 |
| Belgium 比利時 | 歐洲中央 | 立憲王國 | Leopold II 君主 陸賓爾 | 一八三五 一八六五 | 一一、四〇〇 | 七、〇〇〇、〇〇〇 | 一〇、〇〇〇、〇〇〇 |

| | | | | | | | |
|---|---|---|---|---|---|---|---|
| Bolivia 玻利非亞 | 南美洲 | 共和政體國 | Senor Montes 總統 西拿蒙次 | …… 一九〇四 | 五七0,000 | 二,000,000 | 六00,000 |
| Brazil 巴西 | 南美洲 | 共和國 | F. de P. Rodriguez Alves. 總統 阿而維司 | …… 一九〇二 | 三,二三0,000 | 一七,000,000 | 一一,000,000 |
| Bulgaria 不而格利 | 歐洲東部 | 土耳其之附庸國 | Ferdinand 諸侯 弗提能 | 一八六一 一八八七 | 二四,四00 | 三,七00,000 | 四,000,000 |
| Chile 智利 | 南美洲 | 共和獨立國 | German Riesco 總統 李史高 | …… 一九〇一 | 二九0,000 | 三,一一0,000 | 六,000,000 |
| China 支那(中國) | 亞洲中央 | 世界第一專制帝國 | 國母垂簾聽政 Kuang Hsu 皇帝 光緒(載湉) | 一八七一 一八七五 | 一,五00,000 | 三九0,000,000 | 一五,000,000 |
| Colombia 哥倫比亞 | 南美西北 | 共和政體獨立國 | General Reyes 總統 來史將軍 | …… 一九〇四 | 五00,000 | 五,000,000 | 二,五00,000 |
| Congo 康國 | 非洲中央 | 中立國 | King of the Belgians 比[illegible]王兼攝 | 一八三五 一八八五 | 八00,000 | 一四,五00,000 | 一,一00,000 |

專件 四

| | | | | | | | | | | |
|---|---|---|---|---|---|---|---|---|---|---|
| Costa Rica | 哥斯德黎加 | 美洲中部 | 共和獨立國 | Asencion Esquivel | 總統 愛司紀佛而 | …… | 一九〇二 | 二三、〇〇〇 | 三五〇、〇〇〇 | 八〇〇、〇〇〇 |
| Crete or Candia | 克來脫又名干地亞 | 歐洲東部 | 土耳其屬諸侯國 | Pr. George of Greece | 諸侯 希臘親王佐治 | 一八六九 | 一八九八 | 三、〇〇〇 | 三〇〇、〇〇〇 | 二〇〇、〇〇〇 |
| Cuba | 古巴 | 中美海島 | 獨立共和國 | Thomas Estrada | 總統 巴而馬 | 一八三五 | 一九〇二 | 三六、〇〇〇 | 一、五〇〇、〇〇〇 | 四、〇〇〇、〇〇〇 |
| Denmark | 丹麥 | 歐洲中央 | 立憲王國 | Christian IX | 王 克利司輿九世 | 一八一八 | 一八六三 | 一四、七九〇 | 二、二〇〇、〇〇〇 | 五、〇〇〇、〇〇〇 |
| Dominica | 道米尼加 | 中美海島 | 獨立共和國 | C. Morales | 總統 馬老而司 | 一八六四 | 一九〇四 | 二〇、六〇〇 | 五〇〇、〇〇〇 | 五〇〇、〇〇〇 |
| Ecuador | 厄瓜多 | 南美洲 | 獨立共和國 | General Leonidas Plaza. | 總統 不來才將軍 | …… | 一九〇一 | 一二〇、〇〇〇 | 一、三〇〇、〇〇〇 | 二、〇〇〇、〇〇〇 |
| Egypt | 埃及 | 非洲東北 | 英吉利屬國 | Abbas II | 土 愛培司二世 | 一八七四 | 一八九二 | 四〇〇、〇〇〇 | 一〇、〇〇〇、〇〇〇 | 一二、〇〇〇、〇〇〇 |

全球各國簡明表

| | | | | | | | |
|---|---|---|---|---|---|---|---|
| France 法蘭西 | 歐洲 | 共和強國 | Emile Loubet 總統 魯倍 | 一八三八 一八九九 | 二〇七、二三〇 | 三九、〇〇〇、〇〇〇 | 一四五、〇〇〇、〇〇〇 |
| German Empire 日耳曼聯邦 | 歐洲中央 | 日耳曼亦名德意志合四王國六大公國五公七侯國等各自治國成一強大帝國 | William II 皇帝 威廉二世 | 一八五九 一八八八 | 二〇八、八五〇 | 五六、五〇〇、〇〇〇 | 九〇、〇〇〇、〇〇〇 |
| 附四王國表 | | | | | | | |
| Prussia 普魯士 | | | William II 王 威廉二世 | 同前 | (一三四、五〇〇) | (三五、〇〇〇、〇〇〇) | 一三一、〇〇〇、〇〇〇 |
| Bavaria 巴威略 | | | Otto 王 夏島 | 一八四八 一八八六 | (三〇、〇〇〇) | (七、〇〇〇、〇〇〇) | 一三、〇〇〇、〇〇〇 |
| Saxony 撒遜 | | | Augustus III 王 奧古司德三世 | 一八六五 一九〇四 | (六、〇〇〇) | (五、〇〇〇、〇〇〇) | 一三、〇〇〇、〇〇〇 |
| Wurtt em-berg 瓦敦堡 | | | William II 王 威廉二世 | 一八四八 一八九一 | (七、〇〇〇) | (二、二〇〇、〇〇〇) | 五、〇〇〇、〇〇〇 |
| Great Britain and Ireland 英吉利 三島 | 歐洲西北 | 立憲君主國 | Edward VII 君主 愛德華七世 | 一八四一 一九〇一 | 一二一、三八〇 | 四二、〇〇〇、〇〇〇 | 一四〇、〇〇〇、〇〇〇 |

五

專件

| | | | | | | | |
|---|---|---|---|---|---|---|---|
| Greece 希臘 | 歐洲南部 | 立憲帝國 | George 皇帝 佐治 | 一八四五 一八六三 | 二五、000 | 二、五00、000 | 三、000、000 |
| Guatemala 瓜地馬拉 | 美洲中部 | 共和獨立國 | M. E. Cabrera 總統 加白利拉 | ……… 一八九八 | 四七、000 | 一、五00、000 | 八00、000 |
| Hayti 海帝 | 南北美中央 | 共和獨立國 | Nord Alexis 總統 阿來克西司 | 一八二一 一九0二 | 三0、000 | 一、二五0、000 | 九00、000 |
| Honduras 閧都拉斯 | 南北美中央 | 共和獨立國 | Manuel Bonilla 總統 鮑尼拉 | 一八四九 一九0三 | 四三、000 | 四00、000 | 二八0、000 |
| Hungary 匈牙利 | 歐洲中央 | 內政自治外交則與澳國相連 | Francis Joseph 君主 即澳地利皇帝 | 一八三0 一八六七 | 一二五、五00 | 二0、000、000 | 四四、000、000 |
| India 印度 | 亞洲南部 | 英屬帝國 | Edward VII. 皇帝 愛德華七世 | 一八四一 一九0一 | 一、七0、000 | 三00、000、000 | 七六、000、000 |
| Italy 意大利 | 歐洲南部 | 立憲君主國 | Victor Emmanuel 君主 愛美諾爾三世 | 一八六九 一九00 | 一一一、000 | 三三、000、000 | 七三、000、000 |

| | | | | | | | | |
|---|---|---|---|---|---|---|---|---|
| Japan 日本 | 亞洲東洋島國 | 立憲帝國 | Mutsuhito or Mikado 皇帝 明治天皇 | 一八五二 | 一八六七 | 一六三、六〇〇 | 四五、〇〇〇、〇〇〇 | 三〇〇、〇〇〇、〇〇〇 |
| Korea 朝鮮 即高麗 | 亞洲東部半島國 | 日本保護帝國 | Yi Hiung 皇帝 李保 | ……… | 一八六四 | 八〇、〇〇〇 | 一〇、五〇〇、〇〇〇 | 一四〇、〇〇〇 |
| Liberia 利卑里亞 | 非洲黑人國 | 共和獨立國 | A. Barclay 總統 白克來 | 一八五四 | 一九〇三 | 四八、〇〇〇 | 一、五〇〇、〇〇〇 | 四〇、〇〇〇 |
| Luxemburg 盧森堡 | 歐洲 | 小獨立諸侯國 | Adolphus 諸侯 阿道福大公 | 一八一七 | 一八九〇 | 一、〇〇〇 | 二四〇、〇〇〇 | 五〇〇、〇〇〇 |
| Mexico 墨西哥 | 北美南部 | 共和獨立國 | Porfirio Diaz (第七次)總統 地亞士 | 一八三〇 | 一八八四 | 七六七、〇〇〇 | 一三、五〇〇、〇〇〇 | 七、〇〇〇、〇〇〇 |
| Monaco 摩納哥 | 地中海沿岸 | 法蘭西保護小國 | Prince Albert 諸侯 亞而培 | 一八四八 | 一八八九 | 八〇 | 一三、六〇〇 | 一〇〇、〇〇〇 |
| Montenegro 摩的尼哥羅 | 歐洲東部 | 七耳其一侯國 | Prince Nicholas 諸侯 尼格拉司 | 一八四一 | 一八六〇 | 三、五〇〇 | 二三〇、〇〇〇 | 一〇〇、〇〇〇 |

| | | | | | | | |
|---|---|---|---|---|---|---|---|
| Morocco 摩洛哥 | 非洲西北 | 獨立帝國 | Muley Abdul Aziz 皇帝 阿齊史 | 一八七九 一八九四 | 三一四、〇〇〇 | 六、〇〇〇、〇〇〇 | ……… |
| Nepal 尼巴爾 | 亞洲西南 | 獨立王國 | Shamsher Jang 王 陳商宣 | 一八七五 一八八一 | 五四、〇〇〇 | 三、〇〇〇、〇〇〇 | ……… |
| Netherlands 荷蘭 | 歐洲中央 | 立憲君主國 | Wilhelmina, Queen 女主 慧麗米那 | 一八八〇 一八九〇 | 一二、五八二 | 五、三〇〇、〇〇〇 | 一三、〇〇〇、〇〇〇 |
| Nicaragua 尼加拉加 | 美洲中部 | 共和獨立國 | Jose Santos Zelava 總統 徐來野 | 一八五三 一八九三 | 五一、七〇〇 | 三〇〇、〇〇〇 | 二〇〇、〇〇〇 |
| Norway 挪威 | 歐洲北部 | 立憲君主國 | Oscar II 君主 奧史楷 | 一八二九 一八七二 | 一二四、二〇〇 | 二、二六〇、〇〇〇 | 五、〇〇〇、〇〇〇 |
| Panama 巴拿馬 | 南北美中間 | 共和獨立國 | Manuel Amador 總統 阿美道 | 一八三三 一九〇四 | 三一、八九〇 | 三一一、〇〇〇 | ……… |
| Paraguag 巴拉圭 | 美洲南部 | 共和獨立國 | Juan B. Escurra 總統 愛司口拉 | ……… 一九〇二 | 一四五、四〇〇 | 六五〇、〇〇〇 | 四五〇、〇〇〇 |

| | | | | | | | |
|---|---|---|---|---|---|---|---|
| Persia 波斯 | 亞洲西南 | 英屬王國 | Muzaffer-ed-Din 王 毛在輝 | 一八五三 一八九六 | 六三〇、〇〇〇 | 九、〇〇〇、〇〇〇 | 一、七〇〇、〇〇〇 |
| Peru 秘魯 | 南美西海之濱 | 共和獨立國 | José Pardo 總統 巴圖 | 一八六四 一九〇四 | 四五五、〇〇〇 | 三、〇〇〇、〇〇〇 | 一、五〇〇、〇〇〇 |
| Portugal 葡萄牙 | 歐洲西部 | 專制國君主 | Carlos 君主 楷六史 | 一八六三 一八八九 | 三四、六〇〇 | 五、〇〇〇、〇〇〇 | 二、〇〇〇、〇〇〇 |
| Roumania 羅馬尼亞 | 歐洲東部 | 獨立王國 | Charles 王 却而司 | 一八三九 一八八一 | 四六、三〇〇 | 五、五〇〇、〇〇〇 | 九、〇〇〇、〇〇〇 |
| Russia 俄羅斯 | 地跨歐亞二洲 | 世界第二專制大帝國 | Nicholas II 皇帝 尼格拉士二世 | 一八六八 一八九四 | 八、五〇〇、〇〇〇 | 一四〇、〇〇〇、〇〇〇 | 一八五、〇〇〇、〇〇〇 |
| Salvador 少而惠度 | 中美地腰 | 共和獨立國 | Jose Pedro Escalon 總統 愛司加龍 | 一八五七 一九〇三 | 三、一八〇 | 九〇〇、〇〇〇 | 六〇〇、〇〇〇 |
| Sarawak 薩拉華 | 亞洲南洋海島 | 英屬印度侯國 | Sir C. J. Brooke 諸侯 白魯克寶星 | 一八二九 一八六八 | 五〇、〇〇〇 | 五〇〇、〇〇〇 | 一五、 |

| | | | | | | | | |
|---|---|---|---|---|---|---|---|---|
| Servia 塞爾維亞 | 東歐土耳其鄰國 | 獨立立憲王國 | Peter (Karageorgevitch) 王 彼得 | 一八四四 | 一九〇三 | 一八、八〇〇 | 二、五〇〇、〇〇〇 | 三、〇〇〇、〇〇〇 |
| Siam 暹羅 | 亞洲西南 | 佛教王國 | Khoulalonkorn 王 顧龍康 | 一八五三 | 一八六八 | 三二〇、〇〇〇 | 二、〇〇〇、〇〇〇 | 二、〇〇〇、〇〇〇 |
| Spain 西班牙 | 歐洲西南 | 立憲王國 | Alfonso XIII 王 奧方沙十三世 | 一八八六 | 一八八六 | 一九六、二〇〇 | 二〇、〇〇〇、〇〇〇 | 三六、〇〇〇、〇〇〇 |
| Sudan 蘇丹 | 非洲中部 | | Anglo-Egyptian Administration 英吉利與埃及共同政府轄治 | …… | …… | 一、〇〇〇、〇〇〇 | 五、〇〇〇、〇〇〇 | …… |
| Sweden 瑞典 | 歐洲北部 | 立憲双立君主國 | Oscar 與挪威共戴一君 君主 奧史楷 | 一八二九 | 一八七二 | 一七二、九〇〇 | 五、二〇〇、〇〇〇 | 八、五〇〇、〇〇〇 |
| Switzerland 瑞士 | 歐洲中央 | 共和獨立小國 | M. Ruchet 總統 魯顯 | …… | 一九〇五 | 一五、五〇〇 | 三、三五〇、〇〇〇 | 四、〇〇〇、〇〇〇 |
| Tripoli 的黎波利 | 北非洲沿地中海 | 土耳其屬國 | Abdulrahman Bey 總督 阿度蘭夢 | …… | 一九〇四 | 四一〇、〇〇〇 | 八〇〇、〇〇〇 | …… |

| | | | | | | | |
|---|---|---|---|---|---|---|---|
| Tunis 突尼斯 | 北非洲沿地中海 | 法蘭西保護國 | 王 彼夏 Mohamed El Hadi Pasha | 一八五五 一九〇二 | 四五、〇〇〇 | 一、五〇〇、〇〇〇 | 一、二〇〇、〇〇〇 |
| Turkey 土耳其 | 地跨歐亞二洲 | 各國共同保護專制帝國 | 皇帝 哈米二世 Abdul Hamid II | 一八四二 一八七六 | 一、一〇〇、〇〇〇 | 二五、〇〇〇、〇〇〇 | 一七、〇〇〇、〇〇〇 |
| United States America 美洲合衆國 | 北美中部 | 世界强大共和政體國 | 總統 羅史華 Theodore Roosevelt | 一八五八 一九〇一 | 三、六〇三、〇〇〇 | 七七、〇〇〇、〇〇〇 | 二四五、〇〇〇、〇〇〇 |
| Uruguay 烏拉圭 | 美洲南部 | 共和獨立國 | 總統 鮑得而 José Batlle | 一八五六 一九〇三 | 七二、二〇〇 | 一、〇〇〇、〇〇〇 | 三、五〇〇、〇〇〇 |
| Venezuela 威能齊拉 | 南美洲 | 共和獨立國 | 總統 蓋司得祿 Cypriano Castro | 一八六〇 一八九九 | 五六六、二〇〇 | 二、五〇〇、〇〇〇 | 一、五〇〇、〇〇〇 |
| Zanzibar 層期 | 非洲東部 | 英吉利保護王國 | 王 哈默 Alibin Hamud | …… 一九〇二 | …… | …… | …… |

專件

歐羅巴洲　二十三國

| | | | | |
|---|---|---|---|---|
| 英吉利 | 法蘭西 | 德意志（亦曰日耳曼） | 俄羅斯（半在亞洲） | 意大利 |
| 澳地利 | 匈牙利 | 挪威 | 瑞典 | 西班牙 |
| 葡萄牙 | 比利時 | 荷蘭 | 瑞士 | 土耳其（半屬亞洲） |
| 不而格利 | 克來脫（即干地亞） | 希臘 | 丹麥 | 盧森堡 |
| 羅馬尼亞 | 塞爾維亞 | 摩納哥 | 摩的尼哥羅 | |

南北阿美利加洲　二十一國

| | | | | |
|---|---|---|---|---|
| 合衆國 | 墨西哥 | 古巴 | 巴西 | 阿根廷 |
| 玻利非亞 | 威能齊拉 | 烏拉圭 | 智利 | 哥倫比亞 |
| 哥斯德黎 | 厄瓜多 | 瓜地馬拉 | 海帝 | 関都拉斯 |

| | | | | |
|---|---|---|---|---|
| 尼加拉加 | 巴拿馬 | 秘魯 | 巴拉圭 | 少而惠度 |
| 道米尼加 | | | | |
| 亞細亞洲 十國 | | | | |
| 中國 | 日本 | 俄羅斯半屬歐洲 | 印度 | |
| 朝鮮 | 土耳其半屬歐洲 | 暹羅 | 尼巴爾波斯 | |
| 阿富汗 | 薩拉華 | | | |
| 阿非利加洲 九國 | | | | |
| 埃及 | 康告 | 利卑利亞 | 摩洛哥 | 蘇丹 |
| 的黎波利 | 突尼斯 | 層期 | 亞伯細尼 | |
| 澳洲全屬英國作殖民地 | | | | |

以上四洲共得六十三國

## 紀事

# 中國大事月表

## 乙巳二月

●一日　政務處遵照奏定會議章程會議修復貢院事

商部遞摺請整頓錢法

新疆巡撫潘效蘇奏准以新疆營勇改爲常備軍設局專辦屯牧事

奉旨嗣後除封奏外一切摺件均著改爲滿漢合璧

兩江總督周馥命吳淞各礮臺將礮械預爲布置以防波羅的海艦隊東來及上海俄逃艦圖脫之患

●二日　命李希杰補授順天府尹

俄使以馬賊拆毀鐵橋事照會外務部責我不守中立

奉天俄兵濫伐昭陵嚴陵禁木

奉天將軍增祺電告俄軍縱兵擾害新民府日軍已渡河往擊

上海震旦學院因法人干預教育學生全體退學

沈瑜慶奏請規復海軍除營勇習氣

●四日　日本佐久間移民公司在福州招募華工運往墨西哥開墾種植

●五日　四川犍爲縣之紅灯教聚衆二萬人焚燒鄉市

紀事

張翼報告開平煤礦局訟事於去月二十六日由公堂判定原告得直

●六日 俄使詰問馬玉崑兵士與馬賊暗合抵抗俄軍之事

兩廣總督岑春煊因西亂畧平於去月二十七日還廣州

江淮巡撫恩壽奏請將海門廳一幷畫歸淮省

●七日 商部奏請整頓四川商務奉旨交該省總督籌辦

外務部與俄德法三國公使爲中立問題山東問題廣西問題往來交涉甚忙

法人與比國合謀粵漢鐵路該兩國公使已與外務部直接交涉

美法比三國擬合股承造一京粵鐵路

二

江蘇京官陸潤庠等於上月二十二日遞摺請收回添設淮撫成命

吏部酌定捕匪獎章

●八日 山東巡撫楊士驤接印

科布多辦事大臣錫恒奏報哈薩克地方前有俄人在此開礦因強買旗地蒙民聚衆抗阻俄人調兵彈壓至今逗遛不去

●九日 中國答覆美國願參與海牙第二次平和會議

日使與外務部爭論不准日本本願寺僧入內地傳教事

御史黃昌年再參鐵路大臣盛宣懷摺留中

上月二十九日吏部堂官會議裁撤書

史之事
外務部請准各國公使赴保定閱操
特旨傳趙爾巽召見密議東三省事宜
日本聲言俄軍侵犯中國中立者六事一派兵三百分駐庫倫徵發牛馬二其小隊自開原附近入於蒙古內地三俄兵一隊率同所雇蒙古兵以車三百輛滿載軍裝通過蒙古而出於小庫倫爲中國官吏所沒收四遣騎兵三百於東海以示威五遣騎兵三百巡邏蒙古之和爾羅斯地方六從蒙古運送彈藥經過張家口被華官查出沒收之
俄使干預俄羅斯佐領榮輝襲職之事

初十日　鐵良進呈各省軍政財政圖表及閱操照片



閩省京官奏請築本省鐵路請派陳寶琛爲總辦
奉天將軍增祺被俄軍擄去至是日始復歸城
惲毓鼎奏參鐵良

●十一日　奉天將軍電告俄軍退走時蹂躪中立界之昌圖府
俄使聲言中國陰與日本聯絡俄國不認爲中立
御史潘慶瀾奏參浙撫聶緝槼豫撫陳夔龍皖撫誠勳
商部奏將上海南洋公學改爲高等實業學堂奉旨依議
京師學務處議飭各省將各學堂詳細查明列表具報

紀事

德使要求德州以達天津之鐵路權

●十二日 日使警告中國政府謂俄國議和條約擬向中國索取兵費五萬萬元以賠日本若不允即將東三省平分

華商自造機器麵粉已由商部准予免稅

●十三日 馬玉崑奉到電旨飭令加意防守北方各要隘以杜俄患

庫倫辦事大臣警電報稱俄國奉命派兵擬將自貝加爾州經庫倫以達張家口一帶實行占領

蘇省京官聯銜奏請收回江淮設省成命

●十四日 趙爾巽赴天津與袁世凱密商事件

順天府尹奏設公估局整頓錢法於本日開辦

美使照會外務部由美國提議將來無論何國皆不得在東三省侵害中國領土主權現經英法德奥比意六國承認已共結保全中國之盟

慘殺華人周佩有之德人一名黑德爾一名美耶已由德領事一則監禁十三箇月一則監禁七箇月

●十六日 直督袁世凱因臨城礦事奏參鈕秉臣奉旨革職龔照璵發往軍台

刺客王漢謀刺鐵良不成自盡

●十七日 湖州教士佔地交涉案已於本日在上海議結

●十八日 福公司山西澤州通河南道口鐵路已歸併蘆漢幹路

京師電燈公司所用機器由商部奏准免稅

●十九日 嘉定府亂事愈烈日前所派官兵三營已被擊敗

●二十日 江督周馥派員弁百餘名往北洋習警察

直督袁世凱命關外一帶防營認眞防範俄潰兵竄入關內

政府議定嗣後兌換各國貨幣淸交庚子賠欵

上海會審公堂出票拘警鐘報館五人

●廿一日 吉林將軍電告俄兵竄入吉林請照會俄使轉飭阻止

俄國詰責中國政府謂俄軍前在奉天當日軍尚未占領時有無數負傷兵爲中國人所虐殺

駐紮上海奇滬兩營改歸上海道節制

●廿二日 唐紹儀電陳改定西藏條約政府電駁五條著再磋商

粵督岑春煊奏保勦平思恩柳慶以南土匪及勦滅柳州叛匪出力人員奉旨著照所請

黃忠浩在猺家村擒獲著匪多名

●廿三日 富將軍論飭華商自行集股開辦琿春府屬天寶山銀鑛

鐵良署理兵部尚書

黃遵憲京卿病卒

●廿四日 刑部奏免三事一戮屍二梟首三刺字

俄使照會不允交還遵化州東陵禁地

景陵隆恩殿大災

淮撫奏以淮安爲省會

●廿五日 鐵良奏請整頓兩淮鹽務奉旨著會議

具奏英藏新約以西藏爲英清兩國所保護若有變亂則由兩國出兵他國不得藉詞干預又增入數條。一西藏官吏之或任或革爲西藏政府所有之權利英清兩國亦得共有之二西藏之政治財政及其他各事之當改革者與清國駐藏大臣商辦他國不得干預三西藏之土地無論爲西藏人所有者清國人所有者一切不得轉賣或租借於外人又路礦電線等開辦之事不許外人干預若英國欲爲此等事業當通告清國而與藏人會同商辦四增設通商地。五將前光緒□年之約作廢其餘各條與前約無大差異清國政府不以英清協同保護爲然又於各條中亦一一反駁已電訓唐紹儀再行磋商　政務處議覆緩修貢院明年鄉試仍借汴闈　增祺電稱日軍已將日前拘去之華官十七人釋回　御史姚舒奏參直隸公債票之擾民

●廿六日　戶部奉旨籌撥庫欵百五十萬兩定於四月開設銀行並發行鈔票　京張鐵路由袁世凱奏准由津榆鐵路餘利項下撥欵定期於三月內開辦　滙達賴喇嘛由張家口內地回藏

●廿八日　江督奏請開鎮江一口並仙壕兩處米禁奉旨該部知道蘇撫反對其議已電陳力爭

●美國人倍次又謀我浙粵鐵路敷設權

無錫天一圖鄉民因寧滬鐵路築軌妨及水利聚衆千餘人將洋工程司驅逐並傷譯人張某

奉天將軍增祺電稟屬下不爲日軍所信於交涉有碍請調易各員政府命袁世凱先派道員沈桐錢鑅前往接辦

漢陽鐵廠擬借洋欵四五十萬以充經費

南洋大臣商請北洋派蔣超英游擊到南京監考水師學堂拔尤派往北洋實地習練

●三十日　旅順俄國病兵九百二十六名抵烟台

是月中華民從廈門開往南洋謀生者共五千一百人

紀事

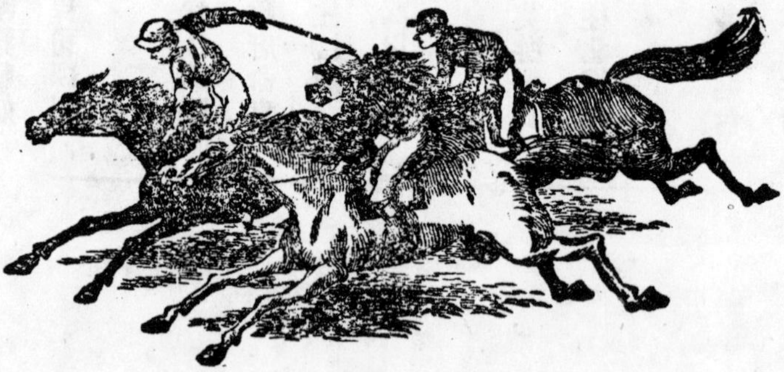

# 新民叢報

## 第參年第拾玖號

(原第六十七號)

### 本號要目




光緒三十一年三月十五日　明治三十八年四月十九日

每月二回朔望日發行

廣智書局校印叢書第一種

# 鄭所南先生心史

宋遺民鄭所南先生殆日本**吉田松陰一流人物**也國變後謀光復閩闕二十年抱恨以沒然其英銳沈勁之氣不少衰心史者先生自定詩文而錫以此名**錮以鐵函沈諸井底至明末乃出世**每一讀之使人**熱血涌高千丈**所謂奮乎百世之上百世之下聞者莫不興起也**顧亭林最崇拜此書**集中屢徵引之今雖有印本傳者絕希春間東京留學生會館有重印然僅有其詩無其文**先生之精神**不能見也故本局採明張氏原刻足本重付剞劂以廣其傳並乞**飲冰室主人親爲校勘且冠以序**嗚呼中國今日蓋心死矣若此書者誠宜書萬卷讀萬遍其或起死人而肉其白骨也（現已出版　定價四角）

**發行所　上海**棋盤街中市**廣智書局**

# 新民叢報第參年第拾玖號目錄（原第六十七號）

| 報資及郵費價目表 | 全年廿四册 | 半年十二册 | 零售 |
|---|---|---|---|
| 報資 | 五元 | 二元六角 | 二角五分 |
| 上海郵費 | 二角四分 | 一角二分 | 一分 |
| 上海轉寄內地郵費 | 一元二角 | 六角 | 五分 |
| 各外埠郵費 | 一元四角四分 | 七角二分 | 六分 |
| 四川、雲南、陝西、貴州、山西、甘肅等省郵費 | 二元八角八分 | 一元四角四分 | 一角二分 |

日本各地及日郵已通之中國各口岸每册一仙

廣告價目表

| 洋裝一頁 | 洋裝半頁 |
|---|---|
| 十元 | 六元 |

惠登廣告至少以半頁起算刊資先惠論前加倍欲登長年半年者價當面議從減

編輯者　馮紫珊
發行者　馮紫珊
印刷者　陳侶笙
發行所　橫濱山下町百六十番　新民叢報社
上海發行所　四馬路老巡捕房對面　新民叢報支店
印刷所　橫濱山下町百六十番　新民叢報活版部

蘇彝士河之入口

蘇彝士河全圖

# 今後之滿洲（續第六十六號）

伯勛

## 第三章　中國對於滿洲問題之善法

吾既述有賀氏之言於上吾於是欲以一言評之以告我國人曰「有賀氏之論非統治之委任不委任之問題而委任以後能統治與不能統治之問題也」蓋委任不委任其權原操之中國然既無與日本相當之陸海軍又無相配之財政與民德則戰勝以後之餘威豈有不俯首從命者故中國之允不允有賀全論無一言以及之而唯慮列強之不認滿洲土民之不服日本內地之煩言剖析表裏反覆言之若有餘懽焉若有賀氏者誠日本討論家之健者予使非異國亦當向之五體投地也

有賀氏之言可以謂其無絲毫損中國之心唯有時宜顧日本之利害則不得不犧牲

中國以就之者已於前按語中詳之夫中國若自有收復滿洲之實力則予亦何爲多事。今既無之則對有賀氏之論爲中國人者不可不一思處置之法也

其法唯何。則以予所見有二策焉。一曰割讓主義是上策也二曰獨立主義是中策也

割讓主義。其性質頗有類於有賀氏之委任統治主義。唯委任統治主義有前章第二節之條件割讓主義則并此無益之條件而放棄之而已蓋從割讓主義則以滿洲爲臺灣香港從委任統治主義則以滿洲爲旅順膠州其失地失權者均而從割讓主義則國人失此大塊必受刺擊而滿洲政府諸人尤甚則於內治上或得一二之利益一也從委任統治主義則日本示恩於我或將要求滿洲以外之利益從割讓主義則以善意贈此大塊土地於日本縱不得些少權利以爲報酬或可少輕對於日本之義務二也從割讓主義則滿洲人民入我內地或外國可得日本外交官之保護較善於爲中國之人民此雖於國權無關然亦人道上之善意三也。故割讓主義。比較論之。猶賢於委任統治也。

且割讓主義之與委任統治政治上原無大殊所異者法理上二三條件而已故凡租

借占領委任統任皆可謂之爲有條件之割讓既有條件則有賀氏之所提出者不免太無益于中國予輩宜別選數則以代之也

第一皇陵問題　此問題在日本在中國皆無大關係而實際必有之蓋中國現政府之所見其最要者除兩宮性命而外其次則列祖列宗之陵寢彼甯犧牲無數土地人民以保其安全而在日本亦必不吝此區區以慰滿洲朝廷之哀念故其結果必圈出奉天皇陵附近數十里地爲愛新覺羅氏之私有領土不納租稅不受日本天皇之司法裁判權且中國皇帝及其以後之子孫可親赴或遣使時祭掃不問平時戰時以及日本有無禁令皆可通行無阻則中國不幸而滅亡或革命覺羅王家猶有此小小湯沐邑在日本領地以內世世子孫耕種於是以免饑寒焉

第二東淸鐵道之年限問題　將來之東淸鐵道或歸俄國所有或歸日本所有是由兩獨立國間之商議而定余輩今日無可臆測唯於其間有中國之二權利存焉（一）八十年後該鐵道須無償以報効中國（二）三十六年以後中國可給該鐵道公司以價值及其消費與負債以買收其鐵道是也是鐵道若以日本勝戰之結果其所有權由

俄國公司而移於日本政府則中國與日本訂約處分滿洲之際宜使日本承認此權利此雖形式上之權利然與所謂主權者有別使其時中國而强自有應得之權利不待以兵力相見則縱滿洲不能回復猶於其私法上握有鐵道權焉至旅順之二十五年期限則滿洲全部既割更無獨留此旅順一處之回收權則放棄之可耳

第三制限滿洲人民所編之軍隊不得攻擊中國之兵隊及其所在之要塞　滿洲既割則其人民自隸日本編成軍隊固日本之自由也唯日本欲以其人民所編之兵隊還攻中國則人道上未免太戾且又今日之割讓者應保留之權利也此等義務日本能誠實履行與否固由當時之利害而定然中國固可主張之且此等條約於國際法上在戰時亦有効力萬一兩國失和中國尚可抗議于日本滿洲人民亦可藉條約爲口實以反抗此義務不無小補也

第四賠欵問題　中國與各國所結之條約其權利義務皆中國全體負之賠欵亦其一端也以列國國內法之原則而論滿洲人民固有與各省平等負擔之義務况其在中國政治上之權利平日素優於漢人則負擔賠欵之責尤不容辭今若割於日本擴

國際法日本無爲之代免之權利而有爲之代完之義務中國政府提出賠欵之責以負若干於滿洲人民固理之至當者也

夫滿洲既割于日本則中國政府自不得再於其地有課稅之權必由日本代收之以交還於中國故斯時日本對中國爲債務者又戰勝國之威信所關萬難實行者也故最善之法莫如以中國每應賠日本之數目作爲滿洲應負賠欵之數目兩相抵銷日本逐年從滿洲稅之至三十九年期滿爲止而不責諸中國中國亦可少塞漏卮謀財政之整頓其法兩便其理至當況以外交上之輕重而論中國既以滿洲地方善意贈與日本而日本唯報之以些少之賠欵其償固不可不謂之爲最廉而販賣土地之例國際上若西班牙之於美洲常有之又非可怪之事此特其現象稍複雜耳

攄有賀氏之言亦謂委任統治之後列國與中國之條約尚可照行於滿洲既可行則辛丑條約亦在其中無可疑也夫使日本而果能從有賀氏之言占領滿洲以負我辛丑條約上應有賠欵之義務則委任統治也割讓也利害既無大異中國亦自無所要求使其不然則中國唯有拒絕其畫諾曰委任統治曰割讓皆不允可也

夫中國而不應日本之要求則日本既以實力占領其地不得此形式之畫諾固亦無所不可雖然無中國之畫諾而日本占領滿洲則其地位猶之前日之俄國政事既不便於措置第三國又從而干涉何時得而復失未可知也故中國果能不允則日本不甘心此危險之地位即曲從中國之要求二者必居一于是焉是雖非中國之實力要有可假借者存也

或謂中國要求賠欵之免除以割滿洲於日本縱使日本幸而從我而列國從而生心瓜分之局於以大定是中國自速其亡之道也是其說吾固不能作夸詞以安其心然今日之滿洲既已若是則不從余言以割讓必從有賀氏之言以委任統治日本割滿洲而列國割他處固瓜分也日本委任統治滿洲而列國亦委任統治于他處亦瓜分也委任統治與割讓其利害既無大殊則亦何擇焉

是故言至此則其意已及于第三國之干涉吾以爲日俄之戰局若以列國干涉結其局則必有二政策焉妬日本之得滿洲而圖分其勢遂各攫中國之他處一也妬日本之得滿洲而從而制限之以分其戰勝之利益二也由前之說則於近日之例有焉

法對於俄德而取威海與廣州是積極的干涉也由後之說則於近日之例有俄法德對於日本而强其還附遼東是消極的干涉也是二政策者由日本觀之則利其前說而不利其後說自中國觀之則前與後兩無可利而後說或可以苟安目前是則兩國利害大相衝突之一點也以歐人狡捷之外交其由前說抑由後說皆不可知由前說則中國受其害而日本得其利由後說則日本受其害而中國可以苟安于目前兩國外交之勝敗即於是定焉而其間日本之强未見其可優于中國之弱外交家之伎倆其第一要着國民最後之決心其第二要着也

## 第四章　滿洲問題與列國之關係

滿洲問題除日本與中國而外其最有關係者俄國是也日俄戰局而以日本之勝利告終則兩國之和約其第一條必令俄國放棄滿洲之希望如甲午役後之中日和約其開卷第一即使中國放任朝鮮之獨立同一方法也然此條之能成與否則在俄國勢力之盛衰俄國而一敗塗地不能復出如前日之中國則此約必成且必能實行使俄國而尚未大挫足以保其强國之威力則日本之希望終不可達也

日俄之事。若以日本之勝利而告終。則此後兩國對於中國之地位。恰與前日成一反面。前日俄國意在獨占滿洲。而日本反之。撤兵之嚴約。領土之主權。皆日本主張其事。而俄志竟以不達。於是日本代之。復圖占滿洲。而俄國又從而阻撓。曰割讓。曰委任統治。使俄國而稍有勢力於北京。必舉其全力以作梗。故此後之大勢。前日之俄國。必變爲日本。前日之日本。又變爲俄國。其間雖有所差。要不過程度問題。無大可研究者也。

如俄國無條理。以暴虐。日本用文明手段以搜括。今任營口。聞已不同。他日滿洲全部。必亦如此。而主權關係外交關係。與夫殖民政策。則俄日一律也。

前日俄國在滿洲之勢力。析而剖之。可分爲三種。因一千八百九十六年東清鐵道之條約。得於鐵道及其兩側占有中國政府無償報効之官有地。幷强制買收之民有地。遂於其地面行其權力。一也。因一千八百九十八年之旅大租借條約。而於租借地內。行其最上權。二也。庚子事變之際。藉口中國官兵侵入俄國領土。以兵占滿洲。行其交戰權。三也。此三種權力之中。其第一第二。乃條約所明認法律上之權力也。其第三則無條約之可據。事實上之權力也。據有賀氏之說。以爲日本今旣戰勝。則俄國之三種權力。皆宜取爲已有。而欲以委任統治。變其第三次事實上之權力。爲法律之權力。以對第三國夫此三種權力者乃俄國利害之所關自干涉遼東以來日夜經營其目的盡在於此今雖戰敗寧肯棄之然則俄國苟有可乘必作反對勢力於東方以害日本之占領而所謂割讓所謂委任統治俄國必藉第一第二兩項法律上之權力爲口實以作梗于北京外交界無可疑也故俄國勢力而强割讓主義與委任統治主義斷無成之一日雖然自中國觀之則又甚望其然可藉俄國之勢力以摒塞日本而因以苟安目前若前日之日本所主張之撤兵問題也

其次於俄而與滿洲問題有關係者則英法美德諸國是也十九世紀以來凡兩國戰爭其結局招第三國干涉者其例甚多譬之兩虎相鬥力倦精憊而旁觀者遂進而乘之若兩次之俄土戰爭其最著者也今滿洲問題轇轕已一年有餘旁觀諸國懼兩交戰國之威力與日英同盟俄法同盟之牽制固未有敢進而干涉其事者然歐洲列强其視眈眈其欲逐逐俟一旦有機可乘而攘臂以入者固無國不然去年英國外務大臣于倫敦市長之夜會有言云「英國苟有可調停之機必不至使之逸去唯今尚非其時」云云其中頗含幾分眞意蓋戰爭之結局愈遲則干涉之機愈熟日俄兩交

戰國各因戰事之長而財政困憊兵力不繼則第三國之力足以壓之而干涉之局成矣是雖屬未定之問題然而俄國求和之日愈長則去干涉發生之日愈短可斷言也」萬一成第三國干涉之局竟開所謂列國會議則滿洲問題必其會議中之大案斯時爲中國者以何策爲最宜則滿洲獨立是也

蓋獨立云者即不屬於一國勢力範圍之意由滿洲組織一獨立政府開放其地爲列國共同競爭之經濟區域而由列國共保護之求近世最切之例則非洲之剛果庶幾近之是在列强之中除日俄兩國圖獨握其統治權者以外當無不歡迎之也

夫使滿洲獨立則其主權者爲何人是最先起之問題也余以爲亦可倣剛果獨立國之例以中國皇帝或日本天皇兼其名號而於下以滿洲人組織一政府不與日本政府及中國政府相關自統治其地方而負一定之責任其責任爲何則對於列國須開放其地守一定不變之經濟政策而不得有所謂保護閉瑣等主義存於其間至其下之國民現無立憲政治之資格政府尙不必負責任也

滿洲獨立國之兵備亦以條約定之使除鎭撫內亂而外不能養多兵以重國民之負

擔至其防守則由列約各國擔任相約不許列國兵隊入其地一步犯則各國共禦之又設一條例令日本及中國人民在其地五年者皆有爲其地官吏之權則其舊國與今日戰勝之國可少握其統治之權且滿洲土民愚昧使不假材于中國與日本恐不有治其地方之能力也

此議若成則其受影響最巨者日本是也蓋日本旣戰勝俄人而占領滿洲則其地已成囊中之物一旦而使之獨立作爲世界共同之勢力範圍是猶公其私有財產日本必不欲也故非戰勝國之力窮第三國足以壓之則必不成也

至於中國則吾以爲猶不如割讓蓋獨立之前提必先有列強之干涉使列强果干涉則提出最害中國之條件亦未可知是中國先立於危險之地位一也即使列國不欲展開其局面以及中國全體而唯規畫滿洲成其獨立然共通條約能長保其効力者甚少以外交局面之變遷或再有一野心之國獨占其地列國默視不言亦未可知（如俄國哥爾喀哥甫宣言不守巴黎條約第□條之制限，而各國默然是也）則是滿洲即不歸日本終必歸於他國則不割讓之割讓二也使其條約能永遠有効則中國自己亦無恢復之望三也況以「亞細亞者亞細

亞人之亞細亞」之主義以論則割于日本較之作歐人共同之勢力範圍感情上亦頗釋然耶

猶有一言爲國人所宜注目今使列國干涉而日本之勢力不屈終能保其委任統治之權斯中國之大勢如何則各國必以其染指滿洲之心反而向中國之他處若英之西藏俄之蒙伊德之山東法之兩廣已於今日或着手或成功其結果中國之領土必較日俄戰爭以前削其大半也此中關係危乎殆哉

## 第五章　結論

要而言之爲中國今日計能以獨立之意思割讓滿洲於日本不至招他國之干涉而戢戢然有餘地以整頓內治使實力既充然後徐起而圖恢復是外交之上策也既不能免列國之干涉則外交家施其伎倆國民示其決心使列國之政策集於滿洲而借其勢力以滅戰勝國之結果又可令其餘波不影響於他處是外交之中策也若執放任主義毫不振奮任俄之去迎日之來委任統治也任之瓜分也任之俯首以待亡則誠下策中之下策也蓋今日外交之關係有一最要不可失之機關存焉即於日俄戰局

未終之時而中國先動則外交上中國占優勢可以免瓜分之危若俟日俄和約既成而後動或竟不動則日本占外交之優勢可以收戰勝十分之結果譬之奕棋其先着手者其得勝利者也數月前見諸新聞有中國派使各國主張日俄戰後中國權利之說而日本諸報忽爲之動交口責其外交之不振而果也不及數日其說默然此中秘密余輩固無從憶測要而言之日本人之見識與其能力盖在中國人以上也嗚呼燕雀處堂舉國嬉嬉可不嘆哉

（完）

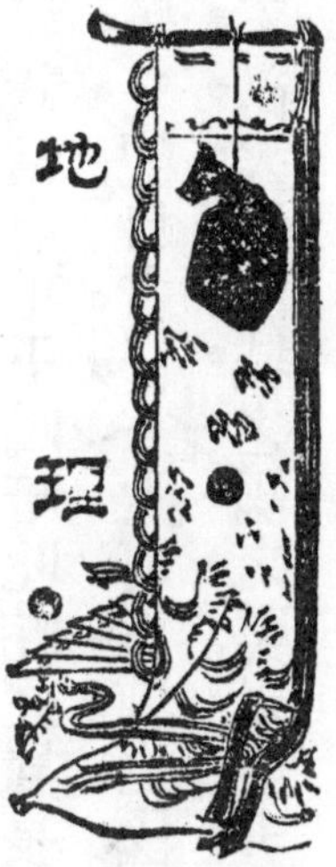


# 中國輿地大勢論（續第六十六號）

金匱錢基博

## 第七節　長江大河二流域民族之氣禀

先哲有言。「前事後事之師也前車後車之鑑也」昔人分印度之民族爲三一曰身毒河之民族二曰布拉馬河之民族三曰恒河之民族盖以河流爲別也今吾分支那之民族二一曰長江流域之民族二曰大河流域之民族亦以河流爲別焉

雖然大河流域之民族也長江流域之民族也猶是一支那之民族也均是爲黄帝之苗裔也非如匈加利的民族合多數不同種的民族以爲民族者比也非如美利堅的民族合幾許爲異種的民族以爲民族者比也然而長江流域之民族之氣禀有不同于大河流域之民族之氣禀者何也中庸曰「子路問强子曰南方之强歟北方之强歟

寬柔以敎。不報無道。南方之强也。衽金革。死而不厭。北方之强也。」大河流域者。古人之所謂北方也。長江流域者。古人之所謂南方也。然則長江流域之民族之氣稟。習謙恭而喜和易。大河流域之民族之氣稟。尙氣概而先勢力。非一日一夕之故也。蓋自古而然矣。此大河流域及長江流域之民族之氣稟之一差點也。抑又聞之殷氏曰。「中土十八省。分爲南北兩途。南人工于文詞。精于書寫。北人往往不及焉。乃北人祗效南人之筆硯精良。紙墨華美。而不能於幼小之年。耳濡目染。如南人之勤學。毋益也。北人習于弓馬。善于馳騁。南人亦不及焉。乃南人之效北人。但購其名馬高車。勁弓疾矢。而不能如北人手足胼胝。耐習勞苦。毋益也。以同一中土之人。尙不能事事相師。反客爲主。」蓋長江流域之民族之氣稟。喜文字而嫺筆墨。大河流域之民族之氣稟。好武勇而習擊刺。亦大河流域及長江流域之民族之氣稟之一差點也。大抵大河流域之民族之氣稟。剛毅雄武。常有項王嗚喑叱咤之風。長江流域之民族之氣稟。柔和文弱。常有張良婦人女子之觀。自古以來。大河流域之國。常有凌駕長江流域之國之勢。長江流域之國。常有不敵大河流域之國之勢。未必非此之由也。中國之新民曰。「羅馬文化燦爛大地車轍馬跡蹂躪全歐乃一遇日耳曼森林中之蠻族遂踣蹶而不能自立而帝國於以解紐夫當日羅馬之智識程度豈不高出于蠻族萬萬哉然而柔弱之文明卒不敵野蠻之武力」以此證彼。引彼喻此。而知長江流域之國所以常若不敵大河流域之國。大河流域之國。所以常能凌駕長江流域之國者實以長江流域之民族之氣禀。柔和文弱。常有張良婦人女子之觀。大河流域之民族之氣禀。剛毅雄武常有項王嗚喑叱咤之風故。

非直此也。抑又聞之先哲曰。「西北之兵勁。其失也肆。東南之兵囂。其得也銳。故西北兵便于持久。而東南兵利于速戰。嗚呼是非由于民族之氣禀之不同歟。大河流域之民族有百折不回之性長江流域之民族恃一鼓作氣之勇一鼓作氣之勇再衰三竭百折不回之性愈接愈厲此所以大河流域之民族之爲兵者便于持久。長江流域之民族之爲兵者利于速戰也。嗚呼。國勢强弱未有不視于民族之氣禀者也。東吳之于北魏南朝之于北朝其始未嘗不足以相持其繼終于不能以持久吾謂其職此之由。

嗚呼。黃河女直徙南東我說神功勝禹功安用迂儒談故道黎然天地劃民風長城」

飲馬。河梁攜手。大河流域之民族之雄武之氣概也。江南草長。洞庭始波。長江流域之民族之文雅之情致也。俊鶻盤雲。横絕朔漠。大河流域之民族之雄武之氣概也。月明畫舫。緩歌慢舞。長江流域之民族之文雅之情致也。大河流域之民族之氣稟。得之雄渾而失之粗魯。長江流域之民族之氣稟。失之偷薄而得之睿智。大河流域之民族之氣稟。得之爽直而失之蠻狠。長江流域之民族之氣稟。失之猾詐而得之柔和。斯其大較然也。雖然。長江流域之民族也。大河流域之民族也。其民族同爲黃帝之苗裔。其宗敎同尙佛敎之迷信（蓋孔子非宗敎家而政治家老子非宗敎家而理想家我國人所有迷信思想皆受佛敎之影響者也是以任公言中國之宗敎曰「支那部人民所奉者佛敎也」）宗敎同。民族同。而何以民族之稟性不同。于是最後之一問題出焉。即推求其所以然之故是也。吾得而斷之曰。其所以然之故在地理。何也。在昔河流交通時代。人民惟藉河流爲交通之道耳。自長江南下。大河北注。一行于北。一行于南。不合流而分流。于是南北之地理遂不便交通。因之南北之人民遂不相交接。人民不相交接。而南北之風氣遂不相接觸。風氣不相接觸。而南北之風氣遂不相調和。南自南。北自北。各成其爲風氣。各自有其特性。南斥北爲索虜。北斥南爲島夷。雖同一黃帝之苗裔。同一佛敎之迷信自不得不感于地理之影響而異其禀性之強弱焉吾于河流之千里一曲湍急而洶湧如睹孟賁烏獲之龍騰虎拿江流之三江一致寬緩而澄清如睹淑人君子之溫文爾雅也

我中國自古以來鮮有就禹域之山川言民族之氣禀足以資地理家之研究而備地政學之參考者縱有亦不過東鱗西爪隻字片言而已从未有積句成章連章累牘者也竊嘗縱觀千古橫覽八極而求其人焉于古得一史公近今得一任公而已試述二人之偉議而列一表爲橫格上列史公議論以考古下列任公議論以證今今不考之于古則今且安恃古不參之以今則古實難用也

| （史公之說） | | （任公之說） | |
|---|---|---|---|
| 長江流域 | 大河流域 | 長江流域 | 大河流域 |
| 越楚則有三俗。夫自淮北沛陳汝南南郡此西楚也其俗剽輕易發怒。 | 關中自汧雍以東至河華膏壤沃野千里自虞夏之貢以爲上田而公 | 大江左右自晉南渡後中原衣冠文物在焉故史公所言關中三河之 | 大河以北自漢受匈奴降衆居之三輔民夷雜處及晉而五胡亂華繼 |

地理

地薄寡于積聚　彭城以東東海吳廣陵此東楚也其俗類徐僮朐繒以北俗則齊浙江南則越夫吳自闔廬春申王濞三人招致天下之喜游子弟亦江東一都會也左太沖吳都賦曰「富中之甿貨殖之選乘時射利財豐巨萬競其區宇則并疆兼巷矜其宴居則珠服玉饌趫材悍壯此焉比廬捷若慶忌勇若專諸危冠而出竦劍而趨扈帶鮫函扶揄

劉適邠太王王季在岐文王作豐武王治鎬故其民猶有先王之遺風好稼穡殖五穀地重重為邪及秦文孝繆居雍隙隴蜀之貨物而多賈獻孝公徙櫟邑櫟邑北卻戎狄東通三晉亦多大賈武昭治咸陽因以漢都諸陵四方輻輳並至而會地小人衆故其民益玩巧而事末也張平子西京賦曰「爾乃商賈百販裨販夫婦鬻良雜苦蚩眩邊鄙何必

俗自中世以來乃見之于江南中間胡元盜國百年中稍衰息矣元人詩曰「玉樹後庭花不見北人租地種茴香」蓋傷之也然南俗既已脆弱而歷代都此者率皆偏安偷惰之主導以驕侈淫逸故其俗文而少氣知者多而行者寡雖然　江浙固今日文明之中心點也　江漢之間近日之滎陽成皐也天下有事為必爭之區故洪楊之變武昌三

以北魏中原遺民不睹漢家威儀者垂數百年至唐盛時一雪此恥迨于五季石晉以燕雲十六州賂契丹終宋之世遼金交擾逾元涉清金甌全缺故北方之俗漢胡雜焉雖然以數被邊患故故有如史記所云矜懻忮好氣任俠者排外之心稍強　甘涼素蹂躪于回族其俗雜漢回悍而急僄而好亂關中古帝王都也然自隋唐之交喋血六七水

六

屬縷。藏皒于人。去楯自閭。家有膝鶴。戶有犀甲。士有陷堅之銳。俗有節概之風。睚眦則挺劍。喑嗚則彎弓。」其言亦足證吳俗之一班也。附錄之以資參考。衡山九江江南豫章長沙。此南楚也。其俗大類西楚。與閩中于越雜俗。故南楚好詞。巧說少信。江南卑濕。丈夫早夭。陳在楚夏之交。通魚鹽之貨。其民清刻。矜已諾。」九疑蒼梧以南至儋耳

昏于作勞。邪贏優而作恃。彼肆人之男女。麗美奢乎許史。若夫翁伯濁質。張里之家。擊鐘鼎食。連騎相過。東京公侯。壯何能加。都邑游俠。張趙之倫。齊志毋忌。擬迹田文。輕死重氣。結黨連羣。寔繁有徒。其从如雲。茂陵之原。陽陵之朱。趫悍虓豁。如虎如貙。睚眦蠆介。屍僵路隅。丞相欲以贖子罪。陽石汙而公孫誅。文獻通考曰「漢初。高帝納婁敬說而都焉。又

陷。漢陽四陷。其民數更喪乱。人毋自安之心。故俗習于巧黠。好小乱而毋遠志。皖南江右俗。在吳鄂之間。可代表南人之特性焉。湖南古南楚也。北通江域。南接猺疆。故其人進取之氣頗盛。而保守之習亦强。近數十年。自乏其功。嚣張大甚。然其尙氣敢任。有足多者。四川雲貴兩廣福建。自昔以來。其利害與中原不甚相切。蜀人饒富。善保守。而乏

薄。其味。土變其質。近加以明季張李之踐踏。嗚呼耗矣。故其民貧而悴。嬾而不揚。山西古三晉也。夙邊胡。踐掠最多。故其堅忍而好蓄藏。至今猶能以商豪于國中。然樸塞固陋。今猶有穴居者。直隸為帝都七百餘年。舉天下便辟巧媚之士湊集焉。加以从龍入關之冑。驕侈淫逸。恣慢橫暴。雍乾以後。益挫抑士氣。其士大夫相率以羣居終日。言不及

者與江南大俗同而揚越多焉番禺亦其一都會也 ●潁川南陽夏人之居也夏人政尙忠朴猶有先王之遺風潁川敦愿秦末世遷不軌之民于南陽其俗雜好事業多賈」總之楚越之地地廣人希飯稻羹魚或火耕而水耨果隋蠃蛤不待賈而足地勢饒食毋飢饉之患以故呰窳偸生毋積聚而多貧故江淮以南毋凍餓之人亦毋千

徙齊諸田楚昭屈景燕趙韓魏之後及豪族名家于關中强本弱末以制天下自是每因諸帝山陵則遷戶立縣率以爲常故五方錯雜風俗不一漢朝京輔稱爲難理其安定彭原之北汧陽天水之西接近胡戎多尙武節」其說皆足與史公相參考 夫三河在天下之中若鼎足王者所更居也建國各數百千歲土地小狹民人衆都國諸侯所聚會

進取至今其俗與千年前不甚變遷常爲他地之人入之以嬰守其土著民族有活潑氣象者鮮焉 滇黔三苗南蠻之故墟也其民之稍優秀者大抵流官遷賈來自他方至其原民則猶有羲皇以上之遺風焉 廣西(西江流域)瘠土也民食不相給而與中原遠故洪楊用之以發難近數十年游勇蠭集椎埋相結故其人民最喜亂視揭竿之事爲

義好行小慧故京師之俗雜五方而爲首惡之區其民則土炕毳服如羶鄕焉雖然燕齊之交其慓悍之風至今猶存响馬漂客猶椎埋俠子之遺 河南自昔四戰之國而今則寥廓之區也其民勇不逮北智不逮南毋足云者

金之家。

故其俗纖儉習事。稱代石北也。地邊胡。數被寇。人民矜懻忮好氣。任俠爲奸。不事農商。其民羯羠不均。自全晉之時。固已患其慓悍。而趙武靈王益厲之。其謠俗猶有趙之風也。 中山地薄人衆。猶有沙邱紂淫地餘民。民俗懁急。仰機利而食。丈夫相聚游戲。悲歌忼慨。起則相隨推剽。休則掘冢作巧奸冶。 鄭衞俗與趙相類。然近梁魯。微重而矜節。

日用飲食。

廣東(西江流域)自秦漢以來。即號稱一大都會。而其民族與他方絕異。言語異。風習異。性質異。故其人頗有獨立之想。進取之志。兩面瀕海。爲五洲交通孔道。故稍習外事。雖然。其以私人資格與外人交涉者太多。其黠劣者或不免媚外依賴之性。 閩人蓋亦同病焉。

濮上之邑徙野王。野王好氣任俠。衛之風也。夫燕亦勃海之間一都會也。人民希數。被寇。大與趙代俗相類。而民雕悍少慮。臨淄亦海岱之間一都會也。其俗寬緩闊達。而足智。好議論。地重難動搖。怯于衆鬬。勇于持刺。故多刼人者。大國之風也。其中具五民。而鄒魯濱洙泗。猶有周公遺風。俗好儒。備于禮。故其民齷齪儉嗇。畏罪遠邪。及其衰。好賈趨利。甚于周人。夫自鴻溝以東芒碭以北屬巨野。此梁宋也。其俗猶有先王遺風。重厚多君子。雖毋山川之饒。能惡衣食。致其蓄臧。

以任公之言而證之史公之言。可以知長江流域及大河流域之民族之氣稟之古今之不同。以長江流域而較之大河流域。可以知大河流域及長江流域之民族之氣稟之南北之各別。了如指掌。燦若列眉。豈非一研究之絕妙法門耶。

大抵論支那民族之文明之程度。當以江以南爲第一。論支那民族之體魄之雄武。當以河以北爲第一。漸次而至濱河以南之民族。稍不如河以北之民族之體魄之雄武。而猶勝于濱江以北之民族焉。漸次而至濱江以北之民族。又不如濱河以南之民族之體魄之雄武。而猶勝于江以南之民族焉。然而論江以南之民族之體魄之雄武。固居一國之後。論江以南之民族之文明之程度。猶爲一國之冠。雖然天演物競優勝劣敗徒有野蠻之武勇而毋文明之智識固不足以立于今日弱肉强食生存競爭之世界。徒有文明之智識而毋野蠻之武勇恐亦毋以立于今日弱肉强食生存競爭之世界以羅馬民族之聲名文物。爲歐羅巴文明之母。徒以戰攻之猛之不如日耳曼蠻族。勇力之武之不如日耳曼蠻族。遂亡于日耳曼蠻族之手。以斯巴達民族之剛毅雄武。爲希臘雄偉之國。徒以文明之程度之不如雅典民族。智識之開通之不如雅典民族。遂亡于雅典民族之手。我支那大河流域之民族之所以稱雄武者。不過對于長江流域之民族之文弱而見其爲雄武耳。非有如斯巴達民族人人有軍人資格也。我支那長江流域之民族之所以稱文明者。不過對于大河流域之民族之粗魯而見其爲文明耳。非有如羅馬民族人人有普通智識也。如羅馬之民族之文明而不雄武。尚見亡于日耳曼蠻族。然則其民族之文明之不如羅馬而有羅馬不雄武之病者當更何如如斯巴達之民族之雄武而不文明。尚見亡于雅典民族。然則其民族之雄武之不如斯巴達而有斯巴達不文明之病者當更何如

## 第八節 結論

我中國長江大河二河流之影響于政治界生計界學界民族。既已如上所述矣。然而欲統一我中國長江大河二流域之政治界調劑我中國長江大河二流域之生計界。調和我中國長江大河二流域之學界與民風二者。不可不先完備我中國長江大河二流域交通之機關。語曰。「旁觀者明當局者暗。」此天下之公論也。某國民之一分子也。固立于當局之地位而非立于旁觀之地位者也。容或自知不明乎。請更質之旁觀者日本東京經濟雜誌云。「河流與道路者運輸交通之要具也支那者(中略)其河川皆東西流而南北流者少故河川者止能供東西交通之需而不能爲南北交通之用也。至于道路。則荒廢已甚。車馬難通。故欲中國運輸交通之便利者。不可不俟人工而依人工以爲運輸交通之機關世界現時所恃以進步者尤毋如鐵路支那于鐵道勃興之時即支那所以完備其運輸交通之缺乏也」嗚呼河流之交通窮而謀陸地之交通亦勢之必至理之固然者也然則代河流而交通于長江大河二流域間舍鐵路莫由。必交通長江大河二流域之鐵路成。而後可以言政治界之統一。生計界之調劑學界與民風二者之調和也。請伸其說。

曷言乎必交通長江大河二流域之鐵路成而後可以言民風之調和也。我中國民風所以有南與北之別而不相調和者。由于地理上之不便于交通也。既已如第七節第五段所述矣苟長江大河二流域交通之鐵路成則長江大河二流域之地理于以接近而長江大河二流域之民族便於交接矣民族便于交接因之而民風易於接觸民風易于接觸因之而民風于以調和凡兩異性相合者其所得結果必加良此生理學之公理也从此合長江大河二流域民風之特色而一爐共冶之北人師南人之工于心計而一洗其从前魯莽之習俗南人師北人之敢于犯難而一洗其从前文弱之積習而胎育出一羣新民族而製造出一個新中國與言及此能不馨香以祝之禱祀以求之乎

曷言乎必交通長江大河二流域之鐵路成而後可以言學界之調和也盖地理之便交通與否即學界之相調和與否之原因之先聲也吾嘗聞之任公曰。「自縱流之運河既通。二流域之形勢日相接近。天下日趨于統一。而學界亦然至貞觀之初孔穎達

顏師古等。奉詔修五經正義。既已有折衷南北之意。祖孝孫以梁陳舊樂雜用吳楚之音。周隋舊樂。多涉胡戎之技。于是斟酌南北。考以古音。而作大唐雅樂。文家之韓柳。詩家之李杜。皆生二流域之間。思起八代之衰。成一家之言。書家如歐虞褚李顏柳之徒。亦皆包北碑南帖之長。嗚呼。昔者隋人濬運河而橫貫長江大河二河流之航路。既已爲混合南北學界之朕兆。然則今日吾人開鐵路而橫貫長江大河二流域之地理。安知非調和南北學界之胚胎乎。

曷言乎必交通長江大河二流域之鐵路成。而後可以言生計界之調劑也。長江澤國。轉輸西北。大河陸海。仰給東南。非東南之土宜果沃。而西北之地力實竭也。縱使西北之地力實竭。而東南之土宜果沃。則農業既惟東南爲最適宜之塲。而礦藏亦惟西北爲最饒富之區。東南既轉輸漕運以濟西北之穀食。西北當開闢礦藏以濟東南之財用。既已如第五節第六段所述矣。然昔之所恃以運漕之會通河。可以浮江涉淮泝河經濟而毋阻滯者。今已淤涸。而長江大河二流域間。又有中幹山脉崇巒峻嶺以爲之障礙。則轉輸毋術。運送沒由。東南不免積粟以俟朽。西北仍是懷金以待斃。雖欲交換利益而沒由交換雖欲調劑生計而沒由調劑仍非計之得者也惟交通長江大河二流域之鐵路成則可以毋慮轉輸之毋術運送之沒由矣从此西北貲助東南以礦藏之所出東南轉輸西北以農業之所產西北可免如呼庚之興嗟東南不至慮點金之乏術豈非一舉而兩得實爲有利而毋弊者乎

曷言乎必交通長江大河二流域之鐵路成而後可以言政治界之統一也。蓋鐵路者實統一政治界之不二法門也可以使地理之遙遠者而使之接近可以使地理之險阻者而使之蕩平觀雲云。「俄之設總督也。（中略）專爲領土遠隔交通不完全之區。而爲行政上謀便利而設。（中略）然至今日交通□□之機關。日益發達中央政府之命令。能達遐遠之處。總督之職權。遂益縮小。（中略）是後以鐵路□□之發達。當一歸中央政府所統治。總督之職權可盡廢棄。」觀于此而知鐵路者實統一政治界之機括而欲統一我中國長江大河二流域之政治界必俟之鐵路既成以後也有斷然者日相伊藤氏曰。「中國名爲一國實則十八國也」然則今日之中國名爲一統而實非一統也」雖然。吾一言鐵路而不覺無限之感情起于胸中者何也地理之有鐵路猶人身之有腦筋也人身有腦筋而後有知覺有運動地理有鐵路而後交通便統治易得之則存失之則亡異哉我中國之有鐵路也不曰某線路爲俄所經營即曰某線路爲英所經營不曰某線路爲美或法所經營即曰某線路爲德或日所經營胡爲我中國之地面而竟有英俄德法等國所經營之線路耶惟我國民不能及早經營而自完備其交通之機關以致外人越俎代謀握我交通之機關而制我之死命此有志之士所爲痛哭流涕而長太息者也昔法爲德敗法割地求和于是法之教員指所失之地圖而訓學生曰「汝不能收復已割之地者非法蘭西男子也」某竊仿其意而勉我國民曰苟不能收復已失之鐵路而返諸我支那者非支那國民也（完）

宗教

# 佛教之無我輪迴論(二)(續第六十六號)

觀雲

然試進而攷之數論之立神我果以何爲證而立我乎則數論曾立五因以證之於金七十論有云云何知有我爲顯我有而說如是偈

聚集爲他故異三德依故食者獨離故五因立我有

聚集爲他故者本論云世間一切聚集故是爲他譬如牀席等聚集非爲自用必皆爲人設有他能受用爲此故聚集屋等亦如是大等亦如是五大聚名身是身非自爲決定知爲他他者即是我故知我實有異三德故者三德是自性家德非實我德依故者本論云若人依此身身則有作用若無人依者身則不能作食故者本論云如世間中見六味飲食知有別能食如是見大等所食必知應有別能食者獨離故者若惟有身

（惟有自性之身而無神我）聖人所說解脫方便即無所用。故知離身別自有我。此一聚集爲他。二異三德。三依四食五獨離者。數論所以立我之證也。而其所以必立我者。蓋印度各家之學。其終點無不在求解脫。數論以爲若無我則所爲解脫者不免以無意味終。蓋既無我矣。則所謂解脫者誰耶。雖然此俗身之我必非能解脫而永存者。欲解脫而永存不能不有一神我。故神我者數論學說建立之一大基礎也。於近世哲學之中亦有以立我爲基礎者。蓋凡一學說必先有一基礎。若基礎動搖則學說全體概不能以成立。故凡學者立說必先立一確實不拔之基礎。以爲建設學說之定點。無論其基礎或終不免有動搖之時。然立說者必於此基礎之地積幾多之研究。覺於其中已有顚仆不破之理在。而後全體之學說乃依此以展布焉。所謂以立我爲基礎者。則近世一大哲學之開祖笛卡兒是也。笛卡兒以爲吾人於萬有無不可疑。而獨不容疑我。何則。我即可疑而所疑者即我也。此即有名之所謂我思故我在。笛卡兒學說之出立點。焉與夫數論派之立神我。其思想所到達之地一也。（一切皆疑而獨承認自我於中世哲學阿骨吉來斯者又笛卡兒之先河也）

又試進而攷之。數論之立神我。其爲普遍性乎。抑爲各箇性乎。於金七十論有云。

曰。我者何相。多身共一我。身身各一我。若言云何有此疑。諸師執相違故。有說一我者。遍滿一切身。如貫珠繩。珠多繩一。一我亦如是。有餘師說。身身各有我。是故我生疑。答曰。我多隨身各有我。云何知如是。以偈釋曰。

生死根別故。作事不共故。三德別異故。各我義成立。

生死根別故者。若我是一。一人生時。則一切皆生。若一人死時。一切人皆死。以無是義故。故知我不一。復次諸根異故者。若人我一者。一人聾時。一切悉應聾。盲及瘖啞諸疾病等。並皆一時。無如是義。故是故知我多。（此下說二句釋）復次三德別異故者。若人我一時。三德應無異。一人喜樂。一切同喜樂。若癡亦如是。汝說我一。是義不然。知我有多。觀此而吾人得一間曰數論學派之開始也（數論派之開祖迦毘羅亦作劫比羅其人鬚髮面色並黃赤故號為黃赤色仙人釋迦所生之迦毘羅城即為迦毘羅講學之地以此得名）但立神我而尚未定神我之果為普遍體與各箇體。故外人（上云外曰即外人來問之言猶論語之或問）持以相質謂諸師執相違故有云一我有云多我云云其所謂諸師者。非即講數論學派之學者乎有云一我有云多我非解釋神我之性質有普遍各箇之兩說乎然自金七十論之著者（唯識論述記昔有外道入東印度金耳國擊王論鼓求僧論議因諍世界初有後無謗僧不如吾勝遂造七十行頌申數論宗王賞朋彼以金賜之外道欲彰已令譽遂以所造名金七十論按金七十論者以爲自在黑作如是數論系統第一迦毘羅仙人第二阿修利第三般尸訶第四褐伽第五優樓佉第六跋婆利第七自在黑云遂定爲多我之說而吾人取此以與佛教史相比。較則釋迦實否認數論派之立神我而後世所謂實大乘之佛教又小乘有立離蘊之我即清淨之我者同此實承認數論派之立神我但以佛教有無我之法印不以神我爲各箇性而以爲普遍性已耳

按大乘非佛說。孜之佛教史自明。故於今後之佛教。有兩大問題。其一。大乘之說果可認爲佛教乎抑爲佛教中之外道乎其二大乘之說果高於釋迦之說乎抑釋迦之說高於大乘之說乎此兩問題中。後之一問題尤重。蓋後之一問題定而先之一問題亦可得而解決也

雖然若遽謂釋迦立無我論數論立有我論此又易生謬誤者也何則所謂軀體之我嗜慾之我非特釋迦以爲煩惱之根苦集之本終不能爲清淨自在之物而欲解而去之即數論亦然故從此點以觀釋迦言無我數論亦言無我兩者實皆持無我論者也於金七十。論有頌云。筋骨爲繩柱。血肉爲泥塗。不淨一無常二苦。三當我離此合。汝捨法非法。虛實亦應捨。捨有亦應捨清淨獨自存。余解此頌以爲是欲解脫其麤身幷

解脫其細身（按捨有注家謂能捨之心厭離觀智亦捨不留余解以爲捨其麤身尙有細身故謂捨有此細身亦捨去而後神我乃得清淨自存未知當否欲就正於今世學者）盖麤身易解如骨血等物死後即離而細身難解常與神我相纏綿能聚集自性所有之物復爲麤身故必解脫細身而後神我乃能清淨而獨立而欲解脫細身必先離麤身細身所共造之業故有法非法等之捨也是則與佛敎所謂斷煩惱障斷所知障其言甚近是則釋迦與數論之所爭者祇在欲求解脫存一我自有神我與無神我耳即有一神我之心存則已有一我見之執着有一我見之執着則是欲求解脫而終不能解脫也當釋迦之問道於阿羅邏迦蘭也阿羅邏迦蘭本數論之學爲述宇宙開發衆生成就之理而終告以欲脫生滅之苦而求解脫當修四禪定脫離種種之相而達非想非非想處釋迦聞而思之以爲非想非非想處尙有我乎否乎若無我者不得云有非想非非想之所若有我者我有知乎無知乎若我無知便同木石若我有知則有攀援有攀援復有染着是豈得謂永除生死之本乎於本行集經云。如尊前說我已捨我。既自稱言我已捨我。是則不名眞實捨我。又云。有我之患。猶火色熱。熱不離色。色不離熱。如我亦然。此解脫已。卆於彼處。還復被縛。爲以智取境界故。彼滅色已。但有於識。彼知我識。即名是有。以是有故。不名解脫。又云。但我所見。此法雖妙。未盡究竟。所以者何。此法猶有變動之時。猶如種子。非時而種。藏在地中。未順時。無有水雨芽則不生。若依時種。潤澤調適。諸緣具足。和合則生。今此亦然。又所行讚云。又知因離身。或知或無知若有所知者。則非爲解脫。若言無知者。我則無所用。離我而有知。我即同木石。云云。此釋迦所爲不滿於數論之解脫論。而欲更進而求其理也。

吾人於是不能不聯想近時之心理學。於心理學。殆亦可分之爲我無我論。其一以爲我者先天的存在。卽所謂靈魂。我爲感官之管理者。而感官不過若器械以供我之用而已。其一以爲我者離感官而別無存在。猶重量之離物不能復有一重力之中心。夫太陽系統之有重力之中心也。然諸量變其位置。則重心亦變其位置。若夫我之狀態感覺變。而我亦與之俱變。故我者不過千差萬別感覺所結合之一中心點而已。前之說。蓋以我爲有特種之能力者。後之說。否認我有特種之能力。以爲不過諸聯合力所現之一能力。猶之合個人而爲國家。國家者。別有一種之能力。實則不過各個人之結合力而已。昔之言心理學者。多從前說。近之言心理學者。多從後說。佛之說[illegible]

說所有之長蓋佛以爲後天之我固不過一集合體而先天之我未嘗不立然所謂先天之我者亦不過諸業力所成之一集合體業變而我亦變按佛敎之飮光部有立業生果則滅者異部宗輪論云若業果已熟則無未熟則有又婆沙論云飮光部說諸異熟因其果未熟位其體猶有果若熟已其體便無如外種子芽未生位其體猶有芽若生已其體便無據此業者專爲生果之用若業未生果之時雖入過去猶有若果已熟則過去業體已歸滅無作者以此說爲然故云此　蓋由數論之神我論更進一步而後有釋迦之無我論誠可謂思想之最高者嚮使無釋迦則數論固已王矣

若夫數論之外印度之諸外道多立有我其最著者爲勝論世親於作俱舍論破之茲以其與釋迦之立無我論不若數論有直接之關係者在故僅舉數論之說而不復及其餘也

附識　按所謂我者頗難下一定義普通以身爲我如孩提時初有身之知覺以爲此即我是也心理學家以此說爲不免幼穉而立心與外境之關係自心以外其所定爲外境者有三一身體以生理活動而與吾心有關涉者也二社會以彼此交接而與吾心有關涉者也三自然以現象表現而與吾心有關涉者也然則何者爲我乎今心理學家大都定自覺心爲我蓋以身爲我者尚必經過我之自覺心而後能

知之即我之身與我之自覺心尙有一層之間隔而自覺心則能直拔而自知其爲我者也（笛卡兒立思爲我意亦略同）又觀念聯合派之心理學說以爲凡精神現象不外觀念相聯合之一作用而斥心體有能力說英國之洛克霍布士赫多林彌爾父子倍因皆主是說者（其說始於希臘之斯多噶學派又近之斯賓塞爾亦屬此派）名聯想學派是派之說皆以爲吾人之知識由經驗而得即洛克所謂人心如白紙是也大陸學派本主合理說與經驗派不同康德出兼採兩家之長而調停之以爲吾人之知識固不能不憑經驗然經驗亦不能不有一主體即所謂先天的然自進化論出而康德又蒙一大打擊以爲所謂先天者即先祖之遺傳仍不外由經驗而來以後學說若何進步固非今日之所得而知。近時言心理學者。則傾於經驗說之一方爲多。佛說雖與哲學說不同。然實能兼哲學諸家之長而其義最圓滿云。

（未完）

# 教育目的論(湖南中路師範學校講義)

江口辰太郎講演

人非初生即有目的因人稍長有精神上之衝突而遂有動機有動機始有目的動機者就個人而言也其在社會則曰風潮

水本不動被風揚激而波浪始生故動機與風潮皆外界自然所不能無者也

有動機有風潮而理想生理想生而目的定

孩提之音哭笑無定無理想也稍長不然心生理想也有理想故動動故有目的

動機與目的不同目的雖由理想而出謂目的即理想則實不然有人於此時而欲爲豪傑時而欲爲聖賢此皆謂之動機

小兒必有好奇心（好美物 好疑問）即好學心之基礎也父母智識不發達不足應小兒之疑問

故不能發達兒童之特性甚或阻窒其詰問而遏抑其天性殊非教子之方

父嚴母慈子多近母而遠父故人之生長多伴婦女致少丈夫氣概

現日本小兒或自學校歸詢學問于父母父母不能答小兒漸生傲慢之心致父母反不肯送子入學校

小兒有好集心任有許多現物必搬運一處又有剖解心無論何物彼必反復認驗至于破裂其故何也物必比較而始確剖解而始明此皆小兒之動機而可貴者也

小兒心無主宰惟大人之言是從故父母對子之言切不可謊謬以誤其思想

小兒之好學好奇好集好解各心非大人能教之使然乃其天賦而固有者也

好解好奇好集此三種心皆與好學有互相聯絡之勢此數種心愈磨鍊愈進步爲父母者切不可抑制其動機以阻其發達之路然不可不防其偏勝之弊偏于好解則養成破壞性偏于好集則養成貪多性偏于好奇則養成怪癖性好學過度亦傷腦力故父母切不可不監視而指導之也

希望

人不能無希望然主義不同有利益主義有非利益主義利益主義者如發憤問學無非爲後來利益起見是也非利益主義者如有人家資豐富恐人目爲守錢虜而發憤讀書以求名譽是也利益主義及非利益主義分四種如左。

個人主義

社會主義

國家主義

世界主義

右四種、皆就現在的利益而言也更有一種謀未來之利益者或樂天道或祈冥福主義仍不出此四種之範圍但有現在未來之別

小兒之動機本無理想賴父母之監視指導而理想以出而目的以定或個人或社會或國家或世界或樂天道或祈冥福種種不一

此種理解言之甚繁但人皆從小孩而來可一一追想攷驗以爲教小兒之對鏡

日的不同思想亦異故一國中有許多反對實非國家之幸事欲歸畫一非教育不爲功

德人威爾曼氏教育動機表

- 教化事實之動機
  - 無意識的直接興味
  - 有意識的
    - 間接興味
    - 高等興味
      - 個人……
        - 教化的衝動
        - 道德的衝動
      - 個人外
        - 社會道德的傾向
        - 超絕的進行

小兒由無意識的漸入有意識的非小兒之動機有二也

無意識直接之興味如小兒之好奇好集好解是也

教化的衝動如詞章歷史輿地之教育學是也

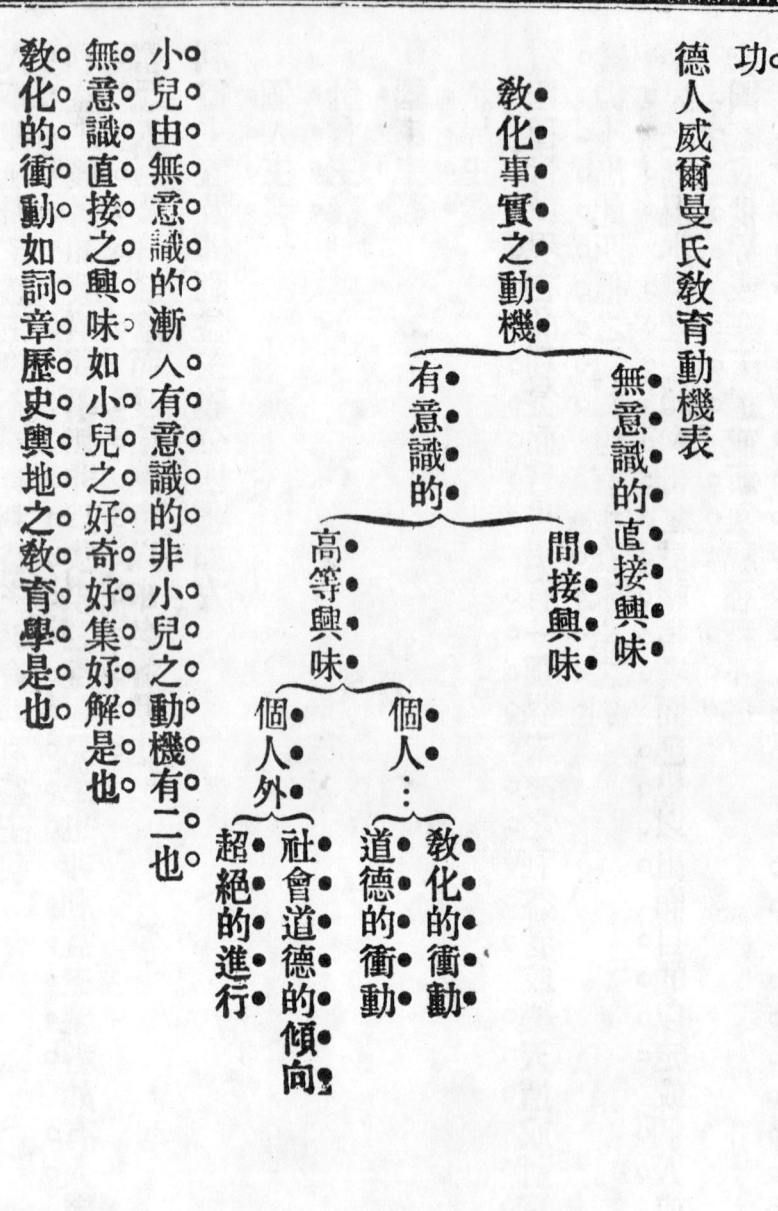

道德的衝動如哲學倫理等是也

社會的道德傾向如謀合羣之公理等是也

超絕的進行如樂天道祈冥福等是也

古教育目的表

- 教育之目的
  - 個人主義
    - 一眞
      - 形式主義
      - 實質主義
    - 二善
      - 道德主義
      - 宗教主義
    - 三美
    - 四自然
    - 五實利
      - 自利主義
      - 利他主義
      - 公利主義

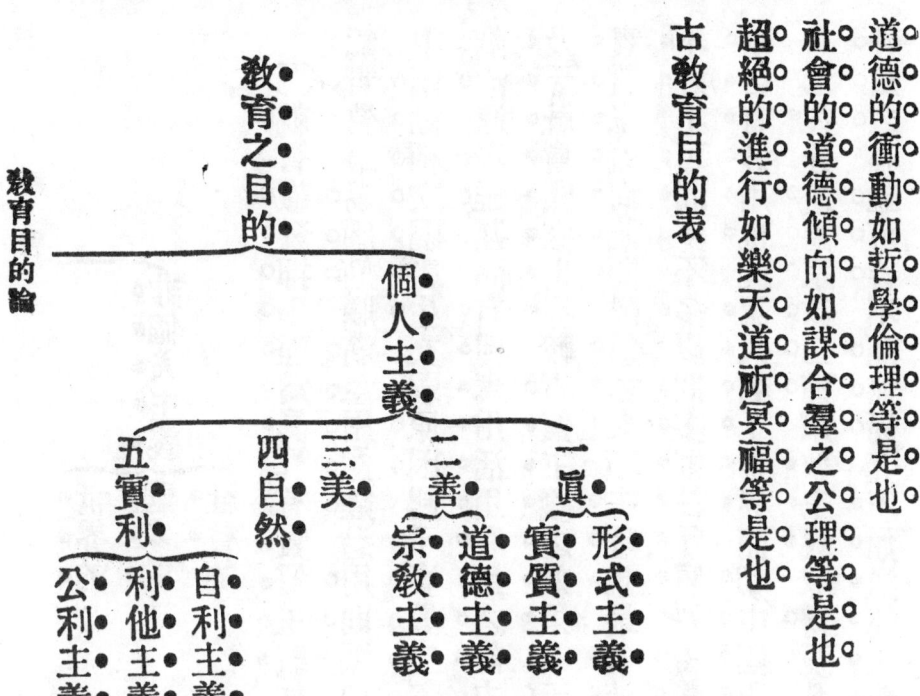

## 教育

非個人主義 — 世界的 / 國家的 / 社會的

(一)就智識發揮學理爲眞眞有實質主義如中國讀書之主記誦凡書必求記憶此爲實質最易腦筋腦筋愈用愈靈過用則竭如太陽之熱力能生物熱太高則物反死中國動稱文弱書生文弱原因起于實質主義又有形式主義按次序施行成種形式陶冶進步雖遲而有種應用活用利用之能力久之則影響極大以個人之影響而終及于社會國家世界較實質主義之効果有天淵之別

實質主義尙記問酷信古人不主理想最易流于頑固故蒙帖倫氏謂學問祇可問好不好不可問多不多以問多則注于實質主義糟粕未必有用問好則歸形式主義精華自有妙用也此語久名于世界而切中國現在教育之情弊也

(二)善分道德宗教二種宗教主義取博愛凡關係宗教上之善件挾冒險敢死之精神爲之心雖可善不能無偏究不如道德主義之完全西國人羅巴德氏專講道德主

義是則可以爲法者也

(三)美希臘雅典之教育講美學美者調和心身使無一不清潔美學到極處直近于神神者無一汚穢之事故美學與神近

(四)老子創自然主義盧梭亦尙自然宗旨

(五)揚子尙自利主義佛教尙利他主義講世界大同學問者欲使世界皆有利益爲公利主義此三者皆爲實利主義

非個人主義由國家主義發現提倡而來者也創此者爲希臘之司巴達謂人必有益于國家方成人格小孩身體强者育之弱者投之河小孩六歲即離家受教育就國家教育專以尙武爲宗旨然司巴達之國家主義與現今之國家主義不同今淸國日本之國家主義祇求有益于國家士農工商皆可不必專于尙武一途

世界主義甚興于中古宗教最盛之時代宗教以博愛爲宗旨故宗教盛則世界主義盛

世界主義與國家主義反對世界主義則泛及于世界而愛本國之心必薄故現今最

重國家主義社會主義發明最遲其宗旨不若國家主義之過于偏與世界主義之全無愛國心爲今世界所最重

教育有教育之目的目的者定後來之希望者也各人各國之希望不同故各國教育之目的及方法亦不同蓋各國之國體現情不同必按着國體現情乃能于本國之情形不至隔閡而教育庶有効果各國國民之性格不同教育之方法即不同如野蠻國之民之體質堅强即不必注重體育而專注重于德育智育可也故教育尤宜攷究國民之性質而施

日本小學校之目的

(一)兒童身體之發達也體操。運動。游戲。各大教育家攷驗始得此種方法。以發達其身體。

(二)道德教育國民教育之基礎修身。規律。禮式。地理。歷史。

(三)生活上必要普通智識及技能理化。算術。手工。繪畫。

日本教育目的之完全皆由本國教育家推攷而得非徒學西洋皮毛如中國立學堂

之徒講形式而無精神也

## 教授法之階級

觀四千年歷史國民不能無富貴貧賤之階級國民既有一定階級則教授法必不能不按階級而施不按階級則下等社會容易不平必致作亂

教上等社會必使其愛下等社會上等社會最有權力有資財爲惡則難于抵禦又有維持下等社會之勢力故必使之盡心公德

上等之中又有貴族現各國有貴族學校盖欲輸貴族以社會智識使其與中等下等相連絡也

介于上等下等之間者爲中等社會最有關于國家之存亡故羅馬中等社會亡其國即亡雖有上等下等社會無補也教育此等社會當使之有公平心盖中等居于上等下等間最易聯絡上等下等之情上下皆得其平一國乃能成一大團體于社會上大有利益中國之所以貧弱由于中等不出擔任事業以挽回風氣至上等與國無大關係而下等又不能爲國盡力此所以不能與各國競爭

國家強弱之機關在于中等社會蓋中等社會奮起則上等社會隨之喚醒下等社會爲之提倡社會即完全無缺點

世界之下等社會占多數結團體以反對中等則社會全體即不安寧故教育下等社會爲最困難之事必使之有服從性質以盡國家之義務有勞働性質以爲終身之生活服從勞働皆爲生活上之競爭又當使有相互德義性競爭乃不至背公理且下等爲生活上服從勞働又宜使之安寧有宗教心不至怨天尤人抑鬱無聊以自傷也下等社會不能講學問多有迷信宗教而生畏懼心如天變、神鬼之類皆畏懼之故必使下等社會有普通的智識

西國有社會黨以平均財產爲宗旨由於國之文明程度愈高用機器力愈多用人力愈少下等之謀生即愈難日本維新之初有下等人阻撓火車輪船以爲最奪我輩之利此等事雖極野蠻其實爲生活上之衣食而起此最可憐者也故必使之有普通智識求生活于文明中國此後文明日增一日用人力亦日少一日難免無社會黨之反對此最宜留心蓋欲使其國文明必先使下等社會安全

中國社會中之思想與日本不同日本人以爲我守國家之法即守我之法中國人以爲法爲國之法我爲我故數千年來皆以國家爲朝廷之私產人人有天子在其目中所以社會起事皆私據國家爲私產而國家遂數千百年不能安寧

上中下三等社會皆欲有智識之進步成文明生活之競爭而爲完全之社會然上中下雖皆欲有智識而教授覺宜有區別下等人若教以高尙思想則人人有退聽思想國家即無人爲之競爭何能立國于世界此教授法之所以不能不分階級也

上中下三等人皆必使有國家思想同一方向發達社會內部乃不至違背衝突而能結一大團體于生活上之文明競爭必無野蠻之現象

男女之位置不同教育即不能混合男者爲社會上競爭之人物宜有勇敢勞働之性質女人宜有服從性質然女人多有感情太甚于文明事業上有窒礙

西洋有種女尊男卑氣習皆由男女界限未分別故也美國此風尤甚原因由美洲人皆自歐洲遷去當時女子遷去極少其後英美開闢女子又遭蹂躪故女子極少女子少生人一種憐愛之心恭敬之心由憐愛恭敬遂有起而干預一切事業現今美國女

子有參政權此雖可見美國文明程度之高然女子與男子平等毫無服從性質最于社會上有碍中國現有男尊女卑習俗將來文明進步大約與美國作一比例

女子學問講得太高則生育之期必有遲誤即于生育國民有碍即于人種有碍且必有卑視男子之心不肯講服從主義西國現有此流弊將來中國女學大興亦必有此流弊此極危險之事西國大教育家現研究此法謂女學必限一定之程度

孔子生春秋時見各國競爭劇烈專講仁學以爲救世主義孟子生戰國見七國攘奪爲生民害專講仁義以爲救世主義此時代不同教育不同之定點也

教育有時代之別歷史之現象與現在之現象不同也有國體之別各國之情形與本國之情形各不同也有地方之別或宜于農或宜于商或宜于工地方不同教育即當變遷乃能收其効果

教育之目的難定中國教育之目的尤難定現在中國教育無一定之方向如天之昏暗方向皆迷然天昏暗日月出則明教育昏暗目的定則進步

教育從人間之本務下手人生于宇宙占宇宙之一部分宇宙一日進化一日則人亦

必進化一日方謂盡人之本務世界之食古不化而法守古人者勢必不能學古而反爲退化與宇宙成反對之勢斷難生存于宇宙焉

人能生存于自然界者以有自然力利用自然物也能利用自然物則生存而競爭不能競爭于自然界者未有不亡者也推之萬物無不皆然觀自然界上之生產物靡不由自然力競爭而生存是自然力不競爭則不進化人與物同一比例

人所以爲萬物之靈者非能創造物不過取法于自然界上以製造各種物也人亦非生而利用自然界也必有豐富之智識始能製各種之物件故智識爲製造萬物之機關而學問即靈于萬物之根源也

佛里洛比耳爲幼穉園之鼻祖謂人有種自然力研究自然物乃能生存于世界蓋自然物無一日不整齊陳列以供生人自然力之研究所最患者特恐人不知用自然力也霍布士專言社會學嘗曰「人不可孤立于世界宜講求智識」智識在利用自然物物者社會之自然物也人在社會中利用自然物即當爲社會求進步社會者爲衆人謀幸福于個人有密切之關係人必有智識乃能爲社會競爭之進步

且必有道德進步之競爭乃不至有個人之私見而後能維持社會社會之進化恰如乘繩人居進化之社會中如緣繩而升若見人升至繩尖而我猶在繩尾生一種羨心社會即終無進步之日

人無論賢愚祇要能爲合乎現在時勢之事便是社會有益人物百折不回非大英雄不可若中人一經摧折未有不灰心者也現今中國不及西洋文明遠矣人多以爲不能驟及而遂灰心則誤甚矣

今人讀歷史有事事非古者有事事泥古者此皆一偏之見必宜設身處地以攷究其原因庶乎有得

比耳巴耳特氏曰「人欲造成道德的品性必依誠意完全好意遵法報償五者而後可」

道德品性本是教育一邊事業就倫理上發揮然教育既爲造就人格則必練成道德的品性欲練成道德的品性則誠意完全好意遵法報償五者不可不先講明之現今各大教育家皆注意于此五者

(1)誠意有意見意志之分意見好之人未必意志好如有學問之人善談兵裁審官善講法律教習善言禮法意見不可謂不高矣然善談兵者往往一戰輒敗善講法律之裁審官往往自犯法善言禮法之教習往往自行不正此皆意志不堅之故也此爲言行不一致流入僞途王陽明陸象山知行合一之說大都有鑒于此大學云欲修其身者先正其心欲正其心者先誠其意欲誠其意者先致其知是以人之意志必堅固意見必明確乃能做成誠意之完全工夫

誠意于教育上極有關係教習不誠意則學生不從順學生不從服則不能感化而受各種教育

(2)完全意見明確意志堅固猶未必十分完全以人之意見意志多有遷移也必加以勉練忍耐之鍜鍊意見意志方靠得着方算完全

(3)好意從個人之誠意做去不問于他人之誠意有礙與否是爲無同情人必推己及人愛人如己臻于博愛之仁處世純是一種好意方可據佛教因果之說觀之好意之報應不爽好意不僅爲同情宜講爲個人尤宜講總之當此世界不僅于個人于同類

宜講好意即外國往來之人皆宜以好意聯絡之

(4)遵法人生生存競爭之世不遵守競爭之法則必至以個人之競爭破壞社會以社會之競爭破壞國家故人一日不遵法終不能占競爭之優勝位置非是遵法有歷史上之分別人智一日發達一日競爭之方法日多一日競爭之方法日多一日則法不可不日嚴密一日法不嚴密則不足以防競爭之背公德者古時之法不能用之于現在約法三章高帝祇能收効于漢處五洲競爭之世則三章適足以致亂而已故古時之法寬現在之法嚴日本現已改用新法律中國與日本同文將來亦必改用新法律方能整齊國家

人人守法則社會安寧社會安寧則國家之幸福即個人之幸福也

現今世界交通尤宜信義一人不信即全國皆受惡名

(5)報償報償者道德之至要無報償則彼此不能團結忠孝亦報償之類也中國偏重忠孝其思綫太狹流于無愛國心如龍逢比干之殺身不顧國是也人不可偏重忠孝于君父凡事皆宜以忠孝之報償推廣之兄弟朋友夫婦皆報償之所宜講得極清晰

者也。

## 國民之團結

國民爲國家之原子個人爲國民之分子人人以國民之分子自任與各分子相聯絡則組織成一完全之國家西洋謂中國不能興教育者以中國個人之自信太甚人人之意見不同辦事各持已見國民之思想皆不團結此所以學堂雖設教育終不能興然拿破崙爲世界有名之英雄嘗曰「我無不能之事業」中國現在之現象雖極艱難亦祇患教育中無拿破崙之英雄耳

欲國民團結非使有報國心不可國者國民之安全庫也中國不惟無愛國心且有不信國之心中國日言國家而國家早亡崇拜外人多借教堂爲護符以是知其必亡也

## 教育目的之結論

(一)小孩身體之健全……身

(二)智識之明快
感情之溫雅
意志之强固……心

上二者無非使身心發達而已然發達不能偏重必使心身調和方可發達不可有缺點必使有調和之發達臻于完全方可調和之發達臻于完全始造成一好個人資格」

個人生存于世界與自然界有調和之關係必按着調和的乃能利用自然界之調和以完全個人之調和發達身心與自然界既能調和方算自治精神

自治乃能作社會國家之貢獻以謀社會國家之幸福以保個人之幸福方算完全人物（此即教育目的也）

中國古來祇知求心之發達而不求身之發達且僅知有社會而不知有國家此中國歷史之大弊

中國自古不知體育即智育亦僅就已國而言至于德育似言之詳矣然止知一國之道德今日各國交通若猶守四千年之道德則斷難與人競爭

中國自古種族之競爭最盛不知有國家

如有三人同撐一船一搖櫓一撐篙一掌舵三人意見不同此欲東彼欲西則此船定無進步且終必至于覆敗然三人既爲搖櫓撐篙掌舵之人可謂有權矣而黨羽又從

而附會之議論沸騰不至激烈衝突不止而旁又有數船恐其波及于是上船勸解謂非同心協力則難達彼岸由此觀之則今日之變法非破除意見不可中國自古無上之教育止有一仁字流弊則爲科舉人自幼穉及老大無日不熱心科舉也自僞豪傑一出知非此不能籠絡天下于是一變而爲科舉世界專重攷試鈔寫賄賂種種流弊無所不有此非中國之人格卑實立法之不善也由此觀之則科舉之不能出人物無疑矣人有謂曾左胡羅爲科舉人物者實强辨之詞也然中國積重難返科舉萬難遽變諸君異日出教小兒必以此種流弊激發其動機由動機而生理想有理想自有風潮既經風潮目的遂定矣

教育目的使人身心俱發達能爲社會國家有用之人此爲一定之目的（完）

戲畫

二十

歷史

# 羅馬四論

明夷

明夷先生游歐洲。著十一國游記。其觀察之精密。論斷之博深切明。非直我國前此游記所未有。即日本人之著述。亦瞠乎未有見也。其論羅馬數篇。條舉其得失以與中國相比較。以先生之醇粹於國學。引證既贍且博。又親歷羅馬。一切皆由目覩所得。兩兩相校而得其眞相。吾中國不如人之處。固僂指不稍諱。而其優劣之點。亦發皇之無餘蘊。讀之眞令吾國民足以自豪。引觴滿飲。蹶然以興。知中國決非爲人下也。嗚呼。我國自十年以來。以屢挫之餘。人人萎薾蜷伏。幾不敢自比於大國。佛說有言。三界唯心所造。我國民今若此。吾不知其所造惡果之何終極也。然則先生之論其起衰之第一良劑乎。或者曰。今日猶囂囂言國粹。長夸張之氣。其猶將訑訑然距歐西文明於千里乎。應之曰。國民之自尊者。一國之元氣也。自尊則何害。況夸張云者。我本無而妄自誣爲有云也。先生所論列。皆有古籍可考證。無一語杜撰。甯云夸張。若我本有而妄自誣爲無。則又何如。故今擷取游記之言羅馬者四節。名曰羅馬四論。先登報中。以詔國人之拜歐而蔑祖者云。　飲冰識

一　羅馬沿革得失

羅馬開創。在周平王之二十一年。（西前七百五十年）羅慕路王之人口。不過數千。蓋野番部落云耳。經二百四十一年。廢王而改爲共和政體。則當孔子時矣。蓋部落之俗。本是團體政治。而非君主政治也。特其時意大利未有文明大國。而羅馬人得据衝要之地。以漸擴充而征服諸蠻。蓋變貴族政後。立總督官二人。年一易之。其人在位。必以開疆闢土立功爲榮。故最重凱旋之禮。而亦以擄掠爲事。乃眞野番故俗也。而沿尙武之故。至周赧王三十七年。（西前二百八十年）撫有南意。蓋立國五百年。日事開闢。亦僅得此區區小國耳。蓋是時自希臘數島外。歐陸未闢。皆同野番。此如今闢南美洲然。其與我國經三代之盛。迥乎異矣。經秦漢二百年。西比亞馬黎蘇拉綳縹愷撒諸將。乃能推廣于地中海沿岸。兼

吞眾邦。遂成一統之大國。數百年來。無歲不征。蓋專以戰爭爲業。有同匈奴蒙古之俗焉。其得成大國亦以此也。

既日以征伐滅人國爲事。故掠敵人以爲奴隸而貨賣役使之。掠敵財而壯麗其都府。奢靡其服食。而羅馬人乃豪富役奴而無税焉。此其行同刼賊。亦與匈奴蒙古無異。羅馬以掠敵人財貨之故。積金如山。故爭相豪奢。一室皆費巨萬。一桌之價與掠一都城之財同。一月異室。冬夏異處。以孔雀鶴鷺爲食品。此亦與金元開國之貴人同耳。其開國之原。蓋無足道。實爲中國五千年之所無。蓋夷狄之行也。去文明遠矣。

惟既滅希臘後。雅典之文學政法美術。漸輸入之。故法律文藝。漸有可觀。而希臘本集埃及巴比倫亞西里亞建築彫刻之長者。羅馬人亦師之。故王宮公室神廟浴堂技場園囿。皆極天下之壯麗。亦以敵財爲之。此如拓跋金元之改用華風。如秦政之仿六國宮室。沐猴而冠。由夷狄而進于中國。亦何足與我數千年世產文明比哉。

惟羅馬一統之運。歷六百年。自漢武帝時至南宋廢帝元徽四年而後國亡。（自西曆前百三十三年至四百七十六年）歷世久長。淹有歐亞。文明自盛。乃理之自然也。此猶起家傭奴。積世貴富。已甚都治。況千年之舊國哉。得失之鑑觀既多。統馭之閱歷自出。故所得之地。聽其自由。所滅之國。粗收權利。而以閎大之律網羅之。亦自有精妙之律法出焉。今歐洲所用。亦多沿羅馬律是也。羅馬人以所統地太多之故。故其政法務爲强幹弱枝之計。控制通易之方。今得而數之。其將相藩鎭大官。皆用羅馬人爲之。雖多貪橫。亦所不恤。蓋如蒙古之私其色目人。英人之本種統治印度焉。一也。都府宮館。務極壯麗。以隆萬國之觀瞻。而彈壓天下。各國入貢之品既多。庫藏山積。四海之商品咸集。復有商船百二十艘。以運輸於內外。羅馬之都。百八十萬市民。其富可敵國者無數。蓋皆蕭何隆上都觀萬國之義。二也。然因是之故。都府文物之遺跡。遂傳流至今。以增歐洲文明之壯觀。與各國之進化矣。今歐洲各國城都壯麗。爲吏士工商萬業所聚。有廢帝亡朝而無遷都。如人之有腦。實本於羅馬焉。羅馬以其國大地遠之故。思控御之。乃最講開通道路之法。凡得一國。必造大道焉。令各屬地皆與京師通。其造中間道法。廣大潔淨。每石廣數丈。大小不同。曲相銜接。而平滑如鏡。其厚三尺。上下二層。上層合灰石爲之。下層細沙作之。兩旁石道。高於平地。以便民行。其最長者。西自直布羅陀海峽。東達波斯灣。幼發拉河之路、南達埃及、延袤萬餘里、石材堅固、至今尚存。此其大業可比吾萬里長城亦可驚矣。無事則通商便易、有事則調兵神速、三也。泰西驛傳之法、起自波斯王賽拉司、而羅馬帝奧古士多推廣行之、定其規則、限其時刻、支以公費、故廣土萬里、消息迅速、四也。既臨蒞衆國、必握財權、乃創立國家銀行、以租賦所入存於行中、而更有借貸銀行、以便貧民之興業焉、則全國財政大興、流通操縱、無不如意、五也。今者重都府、通道路、速郵傳、立銀行、四大政與其法律大行於歐洲、爲盛强之一大原因焉。我國地土廣大、逾於羅馬、而不知大治道路、以速通之、以金銀貯庫、而不知立國家銀行以操縱財權、焉於以文明不興、盜亂難平、財貨絀滯、甚非統馭大國之道、則愧於羅馬矣。而數千年無一作者。道路間有開闢、而銀行未識創設。以唐太宗宋藝祖明太祖及燕王棣之雄武碩畫、才臣如鯽、而思不及此、豈不異哉。

我國數千年皆以租稅貯府庫、而不知設立銀行。昔戶部之銀、常數千萬、堆積如山。各省藩庫、亦略百萬、江寧則多至五百萬矣。其餘府縣、皆十餘萬數萬不等。既不知取息、尤不便流通、而終日仰屋呼貧、乃至鬻官開賭。夫以利息之正義、則認等作惡以醫官之大禍無耻則視若當然此眞愚狂不可解者矣若謂此非古義今且勿引僞周禮國服有息之義且試問古者納總納秸而今日折色納銀納錢亦何嘗是經義乎昔羅馬人亦以取息爲惡柏拉圖亞里士多德皆不取之蓋古人不解理財之義固中西同一俗哉今各國之富强全藉銀行爲轉輪吾國人處此大變亦知之矣戶部及各督撫亦多議及銀行矣而紛紛向外招股而不知即用所收之稅爲之此又知二五而不知十其愚不可及者也凡一國各有風俗所滯之蔽處當其一間未達甚難通之及其豁然乃覺昔者之蔽爲大可笑也吾國爲府庫財三字所蔽亦甚矣

羅馬立國類於秦其始統一意大利如秦霸西戎其近取希臘類於秦之先取西周其南滅迦太基如秦之滅楚其開西班牙高盧如滅蜀其取亞美尼亞亞西里亞巴勒斯坦如併韓魏其滅巴爾的如滅趙是四國者皆幼發拉泰格里兩河域之强國也其取黑海之奔多如滅燕其敵波斯如結齊其取埃及如滅東周皆以數百年之戰爭而後成功於一旦各國皆有精兵文化亦與戰國同惟其立國一統皆與秦類故謬稱爲大

秦誠有故也而漢之承秦土地政治無異其漢魏晉宋人稱內亂不過如羅馬歷朝之變與外族無關（啓超案五胡十六國雖多屬異種然其發難者實已同化於中國受中國之教育憑藉中國之官職而因以作亂其情形與遼金元不同故曰與外族無關也）羅馬日受日耳曼之擾亦與匈奴之南侵相類其文治哲學法律政治之美亦與漢魏晉宋無異及我國魏蜀吳時代益以公孫淵之遼實爲四國與羅馬地克里生帝馬西憐君士但周卡比鐸之分國爲四無異君士但丁復統一之與晉武帝之復爲統一無殊日耳曼諸部之南侵東羅馬之偏安與晉末五胡之亂華南朝之偏安亦無一不類拓跋魏之強大類于沙立曼之霸北分德法而東羅馬尚存與我之北分齊周而梁陳尚存亦無一不類惟隋唐混一華夏而歐土無一英雄如周武帝隋高祖唐太宗者遂使歐洲之不幸爲千年爭戰之黑暗世界而亦幸而因競爭以產今日之文明得開闢大地我國幸而一統千年得以久安不幸則以無競爭而退化至有地球主人翁之資格而反致危弱也求所由然則我國地形以山環合歐西地形以海迴旋山環必結合而定一海迴則必畸零而分峙殆無可如何者耶故馬基頓羅馬之一統實年不過六七百而戰國三國六朝五代之分裂亦不過六七百年我國數千年以合爲正以分爲變彼土數

千年以分爲正以合爲變此則其大同而相反之故而一切政俗因之嗚呼。豈非地形哉故我覩地中海而歎莽莽之大波也

禹貢以五服分地治之親疏。春秋以已國諸夏夷狄分三等。後世忘之。豈知人治之不得不然者耶尚未至大同則無五服三世之分者勢將漸弱蓋三代至秦。皆有已國以與他國相對待。又有諸夏以與夷狄相等差。故內其國而外諸夏內諸夏而外夷狄。亦理之自然也。羅馬以意大利爲已國而後次第平列邦故最愛羅馬之民以執政權其後漸推權于意大利民而止其於新定之邦號曰布爾賓則僅羈縻賦貢焉所謂藩屬視爲諸夏也其于日耳曼諸部則夷狄之薙芟焉已耳以其有內國外國之分故日事征伐以闢土爲事故能致强大我國自漢後以禹域爲內國此外皆夷狄無諸夏之一義矣夷狄則部落散漫羈縻之無足與較亦無可畏忌于是專事內治而不事征討此我國之所以不增大而羅馬則增進無已歟。然羅馬自奧古士多之後亦有閉關專內治之意。與光武略同。但其後諸帝不守之耳。

## 二　羅馬與中國秦漢比較

羅馬雖承埃及巴比倫亞細里亞腓尼基巴勒斯坦希臘諸文明國之匯流。以一統大國名于西土。今歐人艷稱之。然以之與我漢世相較。有遠不逮者。今略舉之得五焉。

一曰治化之廣狹　羅馬之政權只三十族之羅馬人有之。後貴族平民之爭累三百年。乃推其權與拉丁人。而亦僅限於羅馬一城之內耳。其後乃暫推其權于意大利人。蓋終羅馬之朝。皆以意大利境爲內國。其餘高盧西班牙不列顛西西里島迦太基等。謂之布爾賓。以爲藩屬地。遣都護治之。如我伊黎蒙古西藏東三省之將軍都統領隊大臣。然故皆縱恣貪暴虐民。而民得自行其舊俗。則實與未開化等。若埃及亞細里亞亞爾美尼亞諸國。則以虛名職貢。如高麗安南之比耳。益不足數。至西三百年後。日耳曼各蠻部及各藩屬。漸習羅馬法律風俗。漸有政權。而地克里生帝分國時。尚自領意大利。則其輕重可知矣。且其將相吏士之所自出。文人學士之所發生。政事禮俗之所盛行。圖書戲樂之所開發。繁華盛大之會集。實只有羅馬一城之內。並不能遠及于意大利之封域焉。夫意大利之方域。當今世僅能比我直隸雲南之一省。而當羅馬時。尚雜蠻族未開化者無數。則正雲南之比耳。而意大利之民。率皆羅馬虜掠他國之人以爲奴隸實未平等不得比于人數各郡邑未立學校全國未有科舉故羅馬極盛時學者號稱六七萬亦不過羅馬城中人士耳我漢時以禹域百郡皆爲內國人民平等不限奴隸（啓超案漢初奴隸之制尙未盡革觀漢詔累次免奴爲民可知漢之中盛階級殆絕矣）郡國皆有學校皆立文學掌故縣鄉皆有三老以掌教化故犍爲之僻遠其文學尙能著書而陳元楊孚以經術起于南海蒼梧士燮以文學化行于交趾司馬相如揚雄起于蜀隴西尤爲六郡良家名將所出而江楚之間無論矣特設科舉郡國皆歲舉孝廉茂才或訪問賢良有道四行故學術徧於全國之鄉野若蔡興宗鄭元之箸錄弟子萬人曹曾樓望弟子並著錄九千人其一門數千人者不可勝計皆方步矩領誦法經學若河南汝潁齊魯之間彬彬極文明禮樂之世矣其京師太學弟子三萬品覈公卿裁量執政公卿倒屣黨派盛大則以今歐美之盛尙有遜之何有于羅馬乎學風之盛如此其與羅馬區區數十人言哲學詩歌文史輒號爲文明豈不極遠而可笑哉蓋我漢時之內國過于羅馬之意大利內國十倍則其文明之化亦過於羅馬十倍我少奴隸而羅馬純用奴隸我有學校科舉羅馬無學校科舉則即一意大利之內國文化尙不能及漢時三輔十之一也若漢世兩京之盛則

三頭政治之爭屋大維恩多尼列比鐸三執政之爭攻亂彌年羅馬之民死者不可勝班固張衡之賦已見一班羅馬大祠四百二十劇場五競走場七石浴池十六以建築之壯麗聞而漢時未央建章甘泉昭陽上林之壯麗實過之（啓超案先生別有羅馬建築術與我秦漢比較一長篇述羅馬尼羅帝時宮殿壯麗遠遜秦漢蓋尼羅帝即位當我後漢明帝永平二年矣其故宮遺址今尚存稱羅馬第一壯麗之宮殿為歐人所誇耀而震驚者也先生親往游之則其帝后宮寢皆以泥為之而不解開窓僅藉中霤以受日光幽濕黑暗有若山洞云先生因引三輔故事所述漢武帝之宮以比之建章宮度為千門萬戶其東則鳳闕高二十餘丈上有銅鳳凰立神明臺井幹樓皆高五十丈輦道相屬焉其上有九室形或四角八角張衡賦謂井幹疊而百層與巴黎之銅樓何異其北太液池中有漸臺高廿餘丈中有蓬萊方丈瀛洲臺梁象海中三神山龜魚之屬其南有玉堂璧門大鳥承露盤高二十丈大七圍以銅為之上有金銅僊人掌至唐尚存李賀尚見之有金銅僊人辭漢歌其甘泉宮之通天臺高三十丈可望長安城其上林苑連縣四百餘里離宮別館三十六所漢書稱成帝之昭陽殿中庭彤朱赤壁青瑣殿上髹漆砌皆銅沓黃金塗白玉階壁帶往往為黃金釦銜藍田璧明珠翠羽飾之班固西都賦所謂雕玉瑱以居楹裁金璧以飾璫屋不呈材牆不露形裛以藻繡絡以綸連隨侯明月錯落其間金釭銜璧是為列錢翡翠火齊流離含英是也此不過偶舉一二耳若漢書稱秦之驪山陵高五十餘丈周四五里石槨為游館人膏為燈燭水銀為江海黃金為鳧雁珍寶之藏機械之變棺槨之麗宮館之盛不可勝屈而阿房宮三百餘里作者七十萬人破各國寫其宮室阼立金人十二每重二十四萬斤門以磁石為之前殿東西五百步南北五十丈可坐萬人下可建五丈旗二百里內宮觀二百七十甬道復道相連帷帳鐘鼓不移而具周馳為閣道自殿抵南山表南山之顛以為闕復為復道渡渭至咸陽北至九嵕甘泉南至長楊五柞東門至河西門至汧渭東西八百里離宮相望木衣綈繡土被朱紫宮人不徙窮年不能徧由此觀之吾國秦皇漢武時宮室文明之程度過於羅馬不可以道里計矣即論馳道漢賈山傳秦為馳道於天下東窮燕齊南極吳楚江湖之上濱海之觀畢至道廣五十步三丈而樹厚築其外隱以金椎樹以青松亦何減於羅馬哉云云據此可見我秦漢間文明確非羅馬所能及他可推矣。）王侯第宅服食之奢游俠商工聚集之盛游學長安之衆以五千萬人之大漢豈區區羅馬所能望其肩背哉二曰平等自由之多少　羅馬開國千三百餘年上世勿論外域勿論其自成羅馬國土以後貴族平民之爭數百年其爲奴之伯利便族爲貴族欺壓婚姻不通有兵事則棄耒而征伐從死幸不死而歸則田荒而家人飢寒借貸于貴族限期迫速不及償則爲奴法律不得及兩族相爭亂靡有定立國九百年於前三百年乃得少予權利而通婚姻設護民官然此乃同城之拉丁人得之其意大利人仍數百年爲奴而不得享權利也至蘇拉馬黎約之爭訌意人當前八十年羅馬將一統時乃漸與拉丁人少分權利然意大利半島之奴隸百餘萬仍受主人淩制法律不同其他藩屬人民則如英之待印度人我之待蒙古西藏人更無權利之可言至季世乃稍予以權利而羅馬之紐亦解矣若我漢世內國人民人人平等人人自由旣無世爵人人得徒步而至卿相執政權羅馬人所有權利限於一城數十萬人之內我漢擴之百郡萬里五千萬人之遠此其平等自由之相去何如矣

三曰亂殺之多寡　羅馬立國無紀其始民政時代則豪族與平民之爭世有內亂不可勝紀及馬黎約蘇拉之爭閉城大殺羅馬一城死者十五萬其後串拉蘇綳縹愷撒

三頭政治之爭屋大維恩多尼列比鐸一執政之爭攻亂彌年羅馬之民死者不可勝數號爲百年之內亂焉即號稱羅馬盛世時代自愷撒被弑至提庇留爲其臣麥克羅所絞加倫帝爲近衞所弑革老丢斯帝爲其后所毒弑尼羅爲元老院所弑則開國諸帝自奧古士多外無一能自保者于是駕拔與威的路舉兵爭位一年並互殺則是爲大亂矣中間惟㖞士巴順第度大剌壞哈的練安敦奧古里流以賢獲存而多米山即遭弑矣及高摩達斯被毒于是軍隊擁立之帝二十五僅四人考終而大亂亦頻數即亞力山大稍能中興而亦被弑於是入三十暴君之代內亂頻仍外寇交至境土大削瓦連帝爲波斯虜爲奴甚至內亂至于八月無君焉蓋自裔德西多外無一免者此後惟地克里生以高讓君士但丁以一統獲安自此末君無一保全首領者且帝位不定或兄弟相爭或數將并立日在大亂之中統觀羅馬一統之業八百年中當國有位號之人以百數能保全者不及十主而爭亂分離以數十計其女后之亂政弑君亦復無數比之我之十六國五季尚不如之若我漢世只呂后小亂王莽大亂質帝被毒外數十代并皆平安京師晏然中外無事唐自武后一亂中宗被毒外數十世亦晏然宋

除南渡明除建文外皆數十世無爭亂其與羅馬一京之世截亂離相去遠矣每讀晉書及五代史哀其時君臣人民之慘殺酷戮為之掩卷此乃中國數千年絕無僅有之世代而中國人所怵心者而羅馬人乃視為朝夕餐飯之事豈不哀哉

四曰倫理之治亂　羅馬以家族為治與中國同其族長有權其父子相繼女不嗣位莫不相類惟其淫亂之俗則不及我國遠甚蓋其奧古士多已立其后先夫之子。已而提庇留死則兒孫繼之。又以叔繼姪。而革老丢斯。又以姪女為后。又立其后先夫之子。而第度之賢。亦以其女妻其弟多米山。其他廢后弒子弒母不可殫數。即開國諸帝已若此其他不必數矣。中國漢唐。亦有廢后弒子之事。然亦少矣。父子相繼。亂萌能戢。若叔姪為夫婦。則亘古未聞。觀邦渒家人屋壁之圖畫多寫淫具則鳥獸之亂甚矣雖為一家一人之私德然其波及關係于一國者不亦鉅乎

五曰文明之自產與借貸　羅馬起於小蠻夷。日以爭殺為事。立國千年。僅得意大利之半島。雖有議會絕無文明。及西歷前一百四十六年。當漢武世。平定希臘。乃以希臘之文學技藝行之國中。然僅及羅馬一城而止。未及于意大利也。其後有云。漸推廣于

全國則甚微矣故羅馬實爲武功之國不得爲文學之國文明本非其自產乃借貸于希臘而稍用之此與北魏遼金元之入中國相同豈與漢世上承夏商周之盛儒墨諸子皆本國所發生百郡人士生來已習濡浴已深無煩假借其與羅馬之一城人民假貸希臘者豈不遠哉

有此五者之懸絕則羅馬雖有國會之公議公館之同民道路之長巨皆不足與我齊驅矣且其國會私于貴族徒召亂爭公所宏麗出于刦掠他人者是皆非治法之美也何足與我較文明哉其法律號稱美備爲今歐人之祖他日當以與我漢律一一校之然總而斷羅馬人之政俗實爲北魏遼金元之比例而已雖號文明未脫野蠻之本者也非今歐人之比亦非我中國之比也但其產育之美有足與者羅馬以其本出于土番小部故爲團體民政是故雖限于貴族自私一城而其圖書館博物院戲場浴場公園女學恤貧院皆與其城中之一族人共之而今者歐人師之乃推而徧與人民而我國雖號文明所有宏麗之觀皆帝王自私之否則士夫一家自私之而與民同者乃反少焉此則反不如羅馬之治俗私狹而能誕育耶然此亦讓歐人先我百數十年耳不

足計也。

（未完）

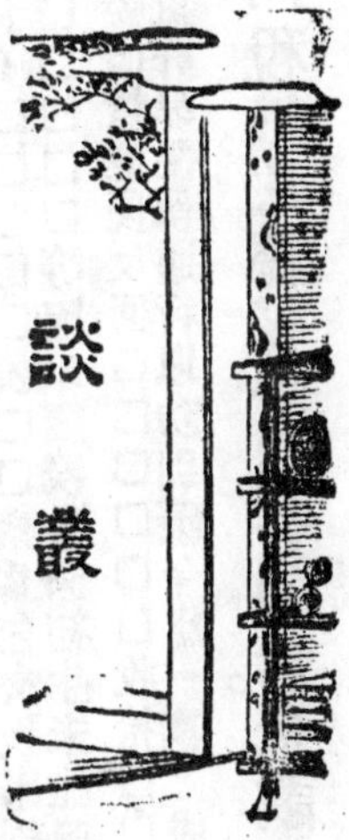


# 飲冰室自由書

## 記越南亡人之言

年月日。主人兀坐丈室。正讀日本有賀長雄氏之滿洲委任統治論。忽有以中國式名刺來謁者。曰□□□。且以一書自介紹。其發端自述云。「吾儕亡人。南海遺族。日與豺狼鷹鸇爲命。每磨眼望天。拔劍斫地。輙鬱鬱格格不欲生。噫吾且死矣。吾不知有生人之趣矣」次乃述其願見之誠曰。「吾必一見此人而後死。吾必一見此人而後死無憾」且爲言曰。「落地一聲哭。即已相知。讀書十年。眼遂成通家」援此義以自信其無因至前之不爲唐突也。得刺及書。遽肅入。則一從者俱。從者蓋間關於兩粵二十年。粗解粵語者也。容容憔悴。而中含俊偉之態。望而知爲異人也。相將筆談數刻。以座客雜不能霧其辭。蓋門弟子輩。見有異客。咸欲一覩其言論丰采。侍左右者以十數也。更訂密會後期行。

越二日。復見於所約地。蓋橫濱山椒臨太平洋之一小酒樓也。海天空闊。風日麗美。自由春氣充溢室內外。而惡知其中乃有眼淚洗面之人在坐。定。叩客行程。客曰。『自越之亡。法政府嚴海禁。私越境者罪且死。滅等亦錮諸崑崙（按崑崙越之南岸一小島也名見瀛涯勝覽）乃若僕者。爲敵忌滋甚。欲乞一通涉國內之關津券。且不可得。遑論出境。僕之行。改華服。冒學籍。僞爲旅越華商之傭僕者。僅乃得脫耳。然一人逃亡。五族縶夷。僕蓋茹痛飲恨。奉母以終其天年。母之既亡。乃遺妻寄子於僻陬。吪隸乃今始得自効於外』余曰傷哉君也。客曰。豈惟鄙人。國中貴族長老。慘阨且倍蓰。乃解貼懷小革囊。出一物相眎。視之則其畿外侯乞給通行券之文也。文曰。

東宮□□□□皇太子□□□□侯□□稟爲乞文批事緣卑竊聞貴國有□□□□□□□□□□□□□□□□□□□□□□□□□等因卑竊揆卑係初生未識□□□□□如何事體茲卑乞帶隨家人二名一往恭瞻□□以委徵情並便反回□□□□收拾□□骸骨□□埋葬庶免漂流伏乞欽使大臣恤及文批許卑便執通行以防別礙今肅稟 住京貴 成泰□□年□月□□日

其紙用法政府印稅紙。法總督署名簽印焉。余讀一過。泫然不知涕之承睫也。曰傷哉傷哉。腰下寶玦青珊瑚。可憐王孫泣路隅。問之不肯道姓名。但道困苦乞爲奴。亡國之貴胄。其現狀乃如此哉。宋代之稱姪稱子。猶天上矣。時則客淚如墮麋。談紙溼漬。

余曰。客哀止。顧畢其詞。且吾聞越尚有君。今何如矣。客曰。「乙酉之役。法人遷我君咸宜帝於南非洲之阿爾熱城。禁絕南人毋得通問訊於茲二十年。生死誰卜。今君號曰成泰。昔之親王而法所擁立也。即位時纔十齡。蓋不利吾有長君。是以置此。歲受俸六千。木居士焉爾。賞自從九品以上。罰自杖十以上。皆關白法吏。贅蝨於其間奚爲也」

余曰。余誠哀客。誠敬客。顧貴邑中志客之志者。幾何人矣。抑相率奴隸於法人。保一時殘喘以自適也。客曰。「弟子沐甚風。櫛甚雨。間關奔走國中。垂二十年。山陬海噬。所攀結殆遍。今矢天日。不敢爲讕言以欺長者。簿計國人。可分五等。喬木世臣。衣被國恩。既數百祀。懷子房報韓之志。有三戶亡秦之戚。此中膏粱紈袴。固其本性。錚錚佼佼。蓋非絕無一二。巨室爲世所宗。乘雲易尊。則亦有焉。其可謀者。二十得一。若乃羽林孤兒。丹穴孽子。在昔乙酉之難。勤王詔下。薄海雲涌。乂安、河靜、北甯、山西、諸轄（按越南省名也）飛蛾赴火。驚蜂戀巢。倡義最多。拒持最久。事後獨罹亦最烈。今雖窮蹙帖屈。而怨毒積心。

公仇私仇有觸即發此輩無絲毫勢力而猛鷙之氣遇死當壞舉國之中十有二焉次則生計路絕哀鴻嗸嗸不樂其生求死無路渴望勝廣有如雲霓絕無遠謀有呼斯應其若此者十人而五上則承學之子。悲憫是與。東馳西越飧血飲淚甯與國俱死不與敵同生所感非恩所憤非仇惟以血誠立於天地似此落落罔無幾人然受創日深求伸日急雞鳴風雨聲聞於天百人之中亦一二焉以上四派。其在國中占十之八。此外爲倀爲狐。蓋十一二。但齷齪猥瑣。全無才智。彼甯忠於法忠於衣食耳一旦有事亦法內蠹也。

余曰。哀哉。偉哉。客言信耶。果爾爾者。我國其猶慭諸。有人如此。國其能終亡。客曰。當國之末夷也。爲之倀者。將謂有私利也。從而導之。其一。則天主教徒。其一。則通寄之輩也。甯知君停社屋烏盡弓藏法之視彼與常奴等耳前此未亡以前所予以特別利益剝奪罹子遺而西來教僧益束縛魚肉之故景教之徒怨毒逾倍十年以前。曾有私激英艦欲圖溲忿。機露被逮。火戮者百數焉。皆教徒而昔之鷹犬也若其儕於官署爲輿臺者。初則假以詞色。以爲功狗。獵弋所獲。俾餕其餘。及其將盈。則一舉而攫之。彼輩直法虜之撲滿耳。奴顏婢膝二十年所贏者。亦僅免凍餒。他於何有。彼輩即冥頑。今亦知悔矣。但噬臍而已」余聞而憮然有間。不復能置答。竊自默念曰。安得使我滿洲山東人聞此言。安得使我舉國人聞此言。

客曰。安南之國面積二十六萬三千英方里。與日本埒。全國人口。據法人所籍身稅搜銀丁簿云二十五兆。蓋西貢十兆。東京順京及諸省共十五兆云。實則不止此數。蓋搜銀（案此稅則之名稱指口算也）甚重。掩匿甚多。法人行政。法實非能密。惟西貢爲大吏所駐。搜括遂密。所簿籍殆得實數。西貢以外。當尙三四十兆。全國則四五十兆近之。人數僅下於日本。有豪傑撫而用之。亦霸王之資矣」自玆以往。余與客詰難應對甚詳。余有固守祕密之義務。不能宣也。惟中間客言法兵駐越者。實數不逾五千。而所練越兵殆四十萬。守禦之役。一任越兵耳。苟得間則遂人殲齊。指顧間也。余曰。法人究以何道。能夷然晏坐。使四十萬越兵戢戢受範。客曰。無外援而暴動。能殲之於內。不能拒之於外。此奚待蓍龜者。且前此既屢試矣。事蹶之後。株及鄰保。夷及宗族。豈無義憤。不成則獨身坐。無足恡者。如父母邱墓何。蓋法人所恃以箝制吾越者。無他道。族誅也。（如進士宋維新以舉義旗拒法全家被戮）發塚。也。如進士潘廷逢八山聚義十一年其父尚書潘廷還伯父潘廷迪之塚及母墳俱被掘其子潘廷迎斬梟然逢終不屈逢死火其屍此公於南國義人中最赫赫者以東方野蠻之法律還治東方之人如斯而已余瞿然曰有是哉以世界第一等專制之中國近古以來此種野蠻法律且幾廢不用曾是覥然以文明人道自命之法蘭西而有是耶而有是耶嗚呼今世之所謂文明所謂人道吾知之矣

余曰。貴國人心憤發若是。亦曾有組織團體以圖光復者乎。抑客言貴國民氣有餘。民智不足。公等志士。曾亦思所以遣子弟游學海外。爲自樹立之遠計者乎。客曰。昔晉惠帝聞民有飢者。咄之曰。何不食肉糜。先生之言。毋乃類是。吾越今法律苟非一戶眷屬、敢有四人集於一室則緹騎且至而尚何組織團體之可言人民在國中由此省適彼省猶須乞政府之許可由舟而車由車而舟皆易憑照以爲符信不則以奸偞論往往行百里而易券且至三四也而遑論適異國以游學也即有一二欲冒險鑿空以出而父母爲戮墳墓暴骨誰非人子其能安焉嗚呼越南從玆已耳

客又曰。法人之所以朘削越南者。無所不用其極。其口算之率。初每人歲一元十年前增倍之今且三之人民住宅梁有稅窗有稅戶有稅室增一窗一戶則稅率隨之其宅

城市者葺一椽易一瓦鳴鼓一聲（案越人以銅鼓爲宗教品最重之典也故法吏限制之）讌客一度皆關白山譚所乞取免許狀不則以違憲論山譚所者警察署之稱也。免許狀。則稅十分圓之三也。畜牛。一歲稅金五豕一歲稅金二三狗一歲稅金一貓亦如之雞則半貓狗之稅鹽者南人所最嗜也。需要之額。殆半於華人。法人既征鹽地又征鹽市前此鹽一升值銅貨三四十文今非銀貨三四元不能得也人民之生產者納初丁稅二元死亡者納官驗稅五元一戶之中生死稍頻繁遂足以破產他更何論矣結婚者例以貲入教堂號曰「欄街銀」分三等徵之上者二百元次百元而下者亦五十也若乃普通生計若茶桂牙角以至林木藥品（砂仁豆蔻之類）凡一切地貨與酒米諸通行品皆法人掌之南人莫得營業有所需則稟呈政府乞買而已一言蔽之則法人之立法使吾越人除量腹而食之外更無一絲一粟之贏餘然後爲快也嗚呼知我如此不如無生彼蒼者天何生此五十兆之僇民爲哉

客又曰。往事不可追矣。吾儕固不敢怨法政府。蓋吾越人亦有自取亡之道焉。但使法人務開民智。滋民力。爲吾越掃百年腐敗政。致使有餘地可以自振拔。則百年後。有英

雄起而復之未晚也。其奈既困之又愚之。嗚呼。更數四年。越人必亡者半。更十餘年。越無遺類矣。此非過憂。彼誠不以人道視吾族也。客語至此。淚涔涔不能仰。

飲氷室主人曰。吾與客語。自辰迄酉。筆無停綴。今掇其所述安南現狀之一部分者。記之如右。顧以吾寫哀之筆。未能殫其什一也。嗚呼。近世憂憤之士。往往懸擬亡國慘狀。播諸詩歌。託諸說部。冀以聳天下之耳目。豈知此情此景。固非理想所能構。更非筆舌所能摹。誰謂荼苦。其甘如薺。今日吾輩所謂若何若何之慘酷者。彼越南人猶望之如天上也。我哀越南耶。越南哀我耶。請君且勿謳。賤子進一言。我不自哀。豈待十年。自有哀我者耳。

飲氷室主人又曰。今歐洲各國文明。皆濫觴羅馬。羅馬全盛時代。即略奪其殖民地人民之生命財產。以莊嚴其都會。以頤使其左右。羅馬文明。實無數人類之寃血之苦淚所構結晶體也。天道無親。惟佑强者。而羅馬之聲譽。遂數千歲照耀天壤。彼其嗣統之國。若今世所謂歐洲某强某强者。受其心法。以鴟張於大地。施者豈惟一法蘭西。受者豈惟一越南。滔滔天下皆是也。自美國獨立以後。而所謂殖民政策者。其形式略一變前此以殖民地脂膏供母國揮霍者今略知其非計矣故英屬之澳洲之加拿大其人民權利義務與百年前之美國既大有所異雖然。此其同種者爲然耳若美之紅夷澳之黑蠻則何有焉吾未至印度吾不知印度人之權利義務視越南何如也若乃日本之在臺灣其操術又皆與此異彼之計畫蓋欲使十年以後舉臺灣人而皆同化於日本人也故恒思所以噢咻之除其患害而結其懽心則吾國古代所謂仁政者是也臺灣越南同一易主以表面論則臺灣若天上人矣但今之越南人求死不得死而將來世界上或猶有越南人今之臺灣人熙熙焉樂其生而十年以後世界上無復臺灣人孰禍孰福吾亦烏從知之抑莊生有言彼不材之木也。無所可用。故能若是之壽。臺灣區區數十萬人海賊山番十七八焉日本之力足以吞吐融化之而有餘其假借之而被納之宜爾若越南以五十兆半開化之國民其在內者既有可畏之實然則豈惟法人任取一國易地以處其所以撫之者亦如是矣夫甯不見一年來日本之所以待朝鮮耶今戰事且未集而第二越南之現象已將見矣同一日本而待臺灣與待朝鮮何以異焉其故可思也越南且然朝鮮且然況乃其可畏什伯於越南朝鮮者又何如矣

談叢 十

飲冰室主人又曰。羅馬蠻律中世史之殭石自今以往世界進化之運日新月異其或不許此種披毛戴角之僞文明種橫行噬人於光天化日下吾觀越南人心而信之吾觀越南人才而信之

小說

# 美人手

紅葉閣鳳仙女史譯述

## 第廿七回　應前文條脫重題起　巧相値劇塲得根因

話分兩頭。如今再說瑪琪拖亞自從布倫公園送了霞那上車之後。看着霞那的車已去遠。自已亦慢慢的踱着歸家。過了晚餐。將息了一會。覺得淸閒無事、正想找個熱鬧的地方消遣消遣、他與伊古那住處相隔不遠。平時夜裡無事。除了到俱樂部之外。不時只有到他那裡、拉他伴着頑頑。此時正待過去邀他、想約他到戲院子裡聽聽戲、遂站起來、將衣服換過。打扮停當。提了鞭竿。踱出宅門。不一會到了伊古那的下處可巧伊古那不在屋。問他底下人。知他去了行主那邊赴晚餐會瑪琪拖亞只得獨自一人。回步出來。蕩到街上。默自想道。我今天纔把那小妮子告誡一頓。今晚他父親就請起夜宴來。想必那小妮子的心性。已經變轉來了。現時雖說不定他能否斷念、要之總有點活動了。繼又點點頭道。是了。他受美治阿士的欺負。把他失信。累他空等半天。女兒家白用了情自然是氣悶不過或者因此横了心拚着怎的都好倒任了他父做主不管他擇誰招贅也好。是以伊古那倒凑着了機會也未可料。伊古那。伊古那。這是你的福氣了。不特是你福氣。我的母舅更是一個大喜呢。好了。霞那得了歸着一家也可以把愁眉丟掉了。一頭想。一頭走。不覺已到了一間戲院子。遂駐了步。從袋裡淘出銀子錢來。向管塲的買了憑票。交了把門驗過。入到戲塲。是時人數已來得不少。他一面揀座。一面四吓裡瞧張。看有甚麼熟人。忽見前座坐着有三個婦人。當中的那個。乃是前在趁冰塲遇着。一同品評金釧的那位嘉喜夫人。瑪琪拖亞一見。觸記起他曾說過。認得該物的原主。一時忘記約定後來當可指出的話。因着實留意向他一瞧。剛巧夫人也回過頭來。與瑪琪拖亞對了一眼。是時夫人也早已認得。昂起頭來。提手向瑪琪拖亞招了幾招。瑪琪拖亞自是歡喜。便趁勢跑了過來。見了禮。夫人指着身旁椅子。讓他坐下。寒暄了兩句。夫人便擠着眼。望望他的袖子道。你那件寶貝呢。可還帶着來沒有呀。瑪琪拖亞笑道。夫人倒很有心。這個怎麼不帶。我是天天離不得他的呢。嘉喜夫人道。

這等重貴的東西隨隨意意帶着也蹧蹋倒是珍珍重重放着還好我那天對你說一時記不起那人如今我通通都記出來了瑪琪拖亞陡然聞說已有消息不禁心裡畢拍一跳臉上仍復制着不露顏色答道。未必未必我諒夫人一定是認錯的俗語說得好人有相似物有相同那能斷決得定就是他呢嘉喜夫人道說來也奇怪我自從那天在趠氷塲上遺忘過一直至到今日今夜還是記不起不料世事的湊巧有巧到這樣的我適纔來這院裡聽戲剛巧這位女子也來了聽戲我一見就觸記起了纔觸記起你也跟着就來了你說巧不巧麼。瑪琪拖亞初聞嘉喜夫人所說。心裡已自一跳。今無意中更聞該物的原主。又同在一戲院子裡。更是意外消息。愈覺心裡大動。不住的那隻心頭小鹿兒。兀的亂撞個不止。然仍不敢稍露神色。忍耐着答道。那裡話來。這等煩鬧塲中。他是永不到的。你不要來哄我罷咧。嘉喜夫人道。我哄你做甚麼你也不必搗鬼了你估量我不知到麼你說他不到戲院我初會着他正正是在戲院子裡呢我還記得今年二月裡我同一個朋友到戲院裡聽戲碰着那美人也同了一位外國人來聽戲湊巧我那朋友與那個外國人是認得的彼此招呼起來還同在一處連座後來聽完了戲我們同他合共四人還在那間甚麼酒樓用過茶點纔各分手那時他帶着一對手釧正正是這副鐲子還記得他釧上的鑽石有一顆弄掉了他還問我那一家首飾店鑲嵌的法子好我還指引了好幾家首飾店說把他聽這位美人鷄蛋臉兒窈窕身材一雙清溜溜的眼睛眞是長的不錯呢瑪琪拖亞見說嵌鑲鑽石之事憶記起那天查得那家首飾店的話。恰正對了不錯。知道嘉喜夫人所指大有影響來歷。料到這個美人。一定是釧主無疑。但默計他斷了手腕。曾無幾時。傷口那裡平復得如許神速。莫非他怕人動疑。因此借這個戲場。久不久露露面。止止旁人口舌也未可定。想至此。心與口覺得按捺不住。遂急問道。那人兒現在那裡呢。嘉喜夫人笑着打趣道。你看他心裡熱得咧。一見說心上人就恁般急。說着抬起頭向對坐那邊一望。努着嘴道。那！這不是有個很在行的紳士坐着麼。你那位美人。就是與他連坐了。適纔尚見他一同坐着。如今美人不知那裡去了。瑪琪拖亞隨着所指望去。說道。就是拱桂對過。穿一件海虎皮外套的那個麼。嘉喜夫人道。不錯的。方纔他兩人在一處顛頭點腦。說了好一會兒。自你到來。我同你談了幾句。一時不曾留意。不知他幾時就走了呢瑪琪拖亞從袋裡。再拿出千里鏡來。對準那個紳士細認。原來這個紳士不是別人。就是今早在上布街訪澤瀨娘時。屋裡跑出來的那個鬍臉漢。見他一身衣式。照俄國裝打扮穿得極其在行。像是個俄國甚麼星族貴族的模樣。瑪琪拖亞心裡想道。看他的氣宇派頭。倒像有點來歷。怎麼他跑到上布街住着一間小小的屋子呢。那個趙冰美人。莫非就是他的家小麼。不然。他怎麼對我敢說是他屋子。又明明看着他入去呢。這事眞眞是難測了。默計此時戲本開枱還沒多時候。諒來那美人一定再要回來。我且耐着等等。看他是否那個人兒。想罷。依然拿着千里鏡。不住的打量。不一會。果然美人回來了。只見那紳士與美人非常的親熱。伸手扶他在身旁坐下。嘉喜夫人一見。連忙拉拉瑪琪拖亞的袖子說道。你看你看。那美人回來了。快點辨眞些。不要糊塗着。又不認啊。是時。瑪琪拖亞早也看見。把他的面貌一認。心中着實一驚。只見他提着千里鏡。聚精會神。忽又急急淘出手巾來。把鏡面拭了幾拭。匆匆又架在眼端。打雀兒似的睛也不轉看官。你道這美人是誰。欲知端的如何。且俟下回分解。

小說

# 飲冰室詩話

飲冰

宋遺民鄭所南先生。吾求諸古今東西人物中。惟日本之吉田松陰最似之。昔荀卿子有儒效篇。若所南者。可謂大儒之效也已。頃校印其鐵函遺著心史原本。讀其詩。有愛不忍釋者。掇錄散句以寄仰止云。千金一夜醉。四海十年游。山靜鬼行月。宵涼人夢秋。（逢陳宜之伯義）高樓臨白日。平地載青春。（越州飛翼樓）萬里思不極。一天秋更清。（山中聞鶴）千古英雄人不見。一樓風雨夢初回。空中變化觀龍見。世上淒涼誤鳳來。（睡覺有懷）力不勝於膽。逢人空淚垂。一心中國夢。萬古下泉詩。（德祐二年歲旦）無地可容足。有天能見心。（春雪中作）天下皆秋雨。山中自夕陽。（獨釣）舉世無人識。終年獨自行。海中擊日出。天外喚風生。（此心）時異生深恨。雲飛動壯懷。（即事八首）花柳有愁春正苦。江山無主月空圓。（偶成二首）古今豈二道。死生惟一心。（遺與二首）醉去

文苑

忘形猶峴骨怒來嚼齒欲穿齦（無題五首）十年勾踐亡吳計七日包胥哭楚心（二礪）新雁[illegible]芳草死歸鴻盡處暮天長（九日）九州俱是淚一刻不容生（五礪）淚如江水流成海恨似山[illegible]揷入天（八礪）郊坰常鬼哭風雨自雞鳴（覽鏡）

集中尤感人之作。如書前後臣子盟檄後云。「死亦烏可已丹心闢大猷恭承父母教用剪國家讎日破四洲夜天開六幕秋終當見行事不與世同流」厲志二首云。「我讀我父書頗曾識大義無以死恐我死亦心不二」九礪云。「忍死以待旦蹉蛇歲又殘、隳身陷囚阱。盡命哭衣冠月死虛空黑春枯草木寒牀頭雄劍在白氣夜盤盤。」辛巳立春作云。「大辱痛於死含哀弔歲華」十一礪云。「生或不就緒死當償夙願罔使竟食言耿耿抱長恨」十二礪云。「攀斷龍髯哭不回。鼎湖仙去下民災。一身肉痛愁銷骨。兩臉顏枯瘦入腮。誓以匹夫紓國難艱於亂世取人才屢曾算至難謀處裂破肺肝天地哀」先生之志事。備於其文。詩末技耳。先生之詩。古體尤卓絕、近體又末技之末技耳。紙短略錄如此。亦曰爲普天下崇拜先生之人一介紹而已。

晚明烈士夏存古先生完淳。文忠公彝仲子也。國變後。十六歲倡義、十七歲殉國。其時、忠義如卿。至如先生以妙年關係大局者。蓋千古罕有。以視孫伯符唐太宗。雖成敗殊轍而才略志節且過之矣。有遺集凡詩文數百篇。匿名讀之。莫不以爲耆宿之搆也。嗚呼。有此人才。乃亡國耶。爲之三歎。今次錄散句以寄景仰。滄江驚白髮。芳草渡黃河。送友北行龍蛇千古夜。猿鶴萬山秋。得澈廣訃戰苦難酬國。仇深敢憶家。一身存漢臘。滿目盡胡沙。即事三首杜鵑江月苦。精衛海潮寒。哭吳都督去年今日事。此地昔人愁。元日大霧江湖夜夜呼精衛。草樹山山哭子規。春興春夢卻隨千里雁。夜愁不斷萬山猿。同上欲知眞主觀司隸。未見孤兒屬羽林。憶侯幾道雲俱兄弟江海何年傳錦字。風塵吾黨半緇衣。帝秦蹈海人猶在。復楚依牆事已非。東玄照家孟九章哀郢人如在。三戶亡秦氣不除。贈徐似之侯智含白鷺孤洲烟裊裊。黃鸝千樹月娟娟。夏日幽居難將杯底消秦獄。却向囊頭識漢官。西華門與同難諸公待鞫先生五言古酷似陳思。七言古則風格猶在吳梅村之上。今不能具錄也。

# 擬設阿片專賣法

臺灣王石鵬箴盤

中國國民傳染阿片。為人種中最大汚點。亦為財政上最大漏卮。以今日之政府遇事咸曰維新。而此大汚點大漏卮若不急設法以洗滌之補塞之。將難登於文明之域。而為廿世紀中國之新民。然欲治此絕大之病根。必具有完全之手段。而此完全之手段。非有經驗奏効者。不足為吾人所信用。查日本自明治三十一年（即光緒 十四年）。實施阿片令於臺灣。設專賣之法。即寓禁止之機，在上既可操其利權。在下不至流為通病。誠一舉而兩得也。其法將外洋所有進口洋藥。全歸官購入。由官設製藥局以製煉之。乃轉賣於民。民無煙癮者。不許吸食。舊染漸除。新癮絕少。故全臺人口約近三百萬。四年前吸煙者一十六萬九千零六十四人。至今吸煙者僅有十二萬六千六百八十五人而已。（甲辰八月末調查）以今日成績觀之。實減去四萬二千三百七十九人。從此以後。歷年遞減。阿片絕滅之期間。固可推測而知之者矣。雖然阿片專賣。豈獨臺灣始可設此法哉。詩不云乎。他山之石。可以攻玉。今日之臺灣。正可為中國所取法。譬如同染此病。而同施此藥。當無不効之理。所慮者用之未得其人耳。夫中國言禁煙屢矣。其最著者莫如林文忠公。公以經濟之才。熱心求治。惜立法過嚴。外交上又多扞格。未能達改良之目的。致今日四萬萬之黃種。仍半陷於黑煙隊裏。終無有能拯救之者。毋亦謂習染既深。不得不姑聽其自然乎。抑知天下無不可造之國。即無不可改之俗。當馬關談判之際。李傅相以臺灣民頑俗弊辭之。而伊藤侯不以爲然。自領臺以後。幾經十載。其民智之日開。幾與日本本國同其程度。此固海內外人士所共承認者也。故中國不思改革阿片則已。苟欲改革阿片。莫有宜於仿臺灣設專賣法者。茲就臺灣總督府所發之阿片令。擇其可以行於中國者。參以己意。分爲五章。以貢於世。苟當道諸公。採及芻蕘。而斟酌舉辦。未始非中國之大幸也。

## 第一章 洋藥及土漿

(一)洋藥者。係從外洋所輸入之阿片塗及煙粉莫兒比湼等類。煙粉係煙塗所製之粉末。莫兒比湼俗名毛啡。此二者皆可爲藥餌之用。其流染與阿片同。政府宜先與洋人定約。此等洋藥進口。全歸官局購買。不許與民間私相交易。以防私製之弊。

(二)各省民間有植罌粟以自製阿片塗。稱爲土漿。理應概行禁止。但不可施之於今日。蓋洋藥既不能禁其輸入。雖土漿一時絕迹。而吸食者之數。斷不能因是而減少。不惟於改革之方針無其補益。且使洋藥消售較大。而益以耗我之財源。不如聽民間依舊種植。而官設法以收買之。凡欲植罌粟者。必就其所植之地。繪圖稟官。請其允准。及至採漿之時。乃派員監督。就其所採之漿。盡收買之。民既無可私製。又得以抵抗洋藥之輸入。將來吸食漸少。而本國土漿足以自給。無須購自外洋。則彼不必由我禁而自絕迹不來矣。然後察國內之狀態。將至癮毒消滅之期。乃禁此項栽植。未爲遲也。況癮毒消滅之期。雖有土漿。無處消售。不俟禁止。人將視罌粟爲廢物。自無栽植之者矣。

(三)如有人民將阿片或不名阿片。而以阿片之原質。製成効同煙膏之藥物。若坊間發售之林文忠十七咪戒煙丸。傳天佑戒煙丸朱炳昌戒煙丸陳順和戒煙丸。夢覺居改煙丸。遷善堂改煙丸林芳齋戒煙藥餅。戒煙陽旦丹補益固本陰旦丹。參茸戒煙丹。吳源興及吳勳記戒煙人參餅。改烟藥酒。並一切紅白靑改烟藥丸等。皆調有阿片之原質。所謂莫兒比涅是也。此種藥物。在台灣概行嚴禁。不准其製造。亦不許其輸入買賣。在中國則不妨聽其買賣。藉以為驅逐阿片之前敵軍。並使人民得其自新之路。惟是欲業此種藥物。必須經官醫查驗。給牌為憑。方許發賣。並令營此業之主人。將每月所售出之改烟藥物若干。購買者是何處何人。逐日登記。每月向地方專賣分局報告一次。以便稽查。其給牌以後。照例每年應納牌稅。就其所賣之多少。而分高低以徵收之。如每千銀納官五元。每百元納五角之例。或設賣藥印花稅亦可。

## 第二章　官局及大小販賣館

（一）省會宜設專賣總局。歸督撫直轄。局內附設製煉場。以製阿片膏。或另設於通商地。以省運搬之費亦可。發賣阿片膏。宜設專賣分局於各縣衙之內。製煉場將烟塗製成烟膏。入白鐵罐。以百罐為一箱。運交於各縣專賣分局。其局長即以縣官充之。局內添設一二局員。以司理出入會計及逐月造冊報告之事。

（二）准民間稟設大賣館及小賣館。其大賣館即係向專賣分局包辦販賣烟膏之人。每一市鎮一埠頭設一館可也。欲辦此大賣館者。須先納保證金一千元或五百元。（異日廢業仍交還原主）官給以大賣館牌証。應納牌費銀三元。每月按定三期。由大賣館主備出價銀。向專賣分局購煙。其分局即就所繳之價銀。如數發出煙膏交之。但所購必全箱。小賣館亦須向官稟准。給以小賣牌證。每年應納牌稅四元。不論何時。可持此牌向大賣館購煙。乃以零星煙膏轉賣與有領牌吸食者。大賣館賣出必全罐。不得開罐零售。其開設小賣館之處。官必察地方人口之稀密。與吸煙者之多少。而酌量分配。使小賣館生理可得厚利。自不敢有私製之弊。

(三)大賣館應照官所定之煙價。一律發售。不得增減。其專賣分局應就一切煙膏。於定價之外。每百元減價壹元五角。照此例發交大賣館。而大賣館所受之煙膏。除小賣館以外。一概不准濫售。

(四)大賣館應造冊簿登記。由專賣分局領出。並每日發售煙膏之種類量數價值。以及小賣館之住址姓名。定於每月初五日將前月所出入之煙膏種類量數價值等件。呈報於該管專賣分局。

(五)小賣館發售煙膏時。宜查明吸食者所持來之購煙簿。照其等級交易。並將月日量數載於購煙簿上。不准濫售。無持煙簿之人。並不准於簿上載定量數之外任意加售。又須自備簿冊登記。由大賣館領出。以及每日發售某人之煙膏種類量數價值等件。宜逐條列明。與吸食者之購煙簿照合。定於每月初五日。將前月所出入之烟膏種類量數價值等。呈報於專賣分局。或指定之公所。其呈報之書類。託郵局傳達可也。

(六)小賣館如欲兼設吸烟館。宜稟官允准。給出開設烟館牌。照例每年出納牌稅銀三元。聽其在小賣館內鋪設牀榻。置烟具。以備有領牌吸煙者借與吸食。但除小賣館以外。不論何處。不准開設吸煙館。

## 第三章　煙膏及吸食

(一)凡由官製發售之烟膏。分爲三等。一等烟膏。係以大塗煉製。二等三等則以小塗或土藥煉製。各等皆調和可以改癮之藥粉。使其癮漸輕而易改。每罐裝入拾兩。價格照定。罐外封標。一等用藍色紙。二等用青色紙。三等用白色紙。各印以等級及製造年月日。開罐方法等字樣。

(二)有染烟癮者。必向官請吸食烟牌、謂之官准吸食者。但二十歲以下。不准領牌、蓋年齡尚少。雖有烟癮、又屬易除。若二十歲以上。至三十歲以下之人。准其領牌吸食。限以三年通用。使其漸改漸輕。至三年以外。其癮已斷。而其牌可以注消。倘過三年。因有疾病。仍未斷癮。聽其將事情申請。再換展限之牌、但此時必經醫生證明、宜納出展限牌費銀壹元以上。拾元以下。其在三十歲以上之人。則准領無限吸食牌。終身可以通用。(三年限之烟牌臺灣尚無此法。)

(三)烟牌由專賣局發給。或指定之公所烟牌以外。並由官發給購烟簿。以便持向小賣舘買烟膏。照例納烟牌費銀二角。手簿五先、其烟牌用紙製成。長四寸。濶三寸。表面大書官准阿片烟膏吸食之牌。左傍註某省阿片烟膏專賣總局給。右傍頭註第幾號、並本人住址姓名年齡。又左傍小書某年某月日。若在三十歲以內之人、則於年月日之下、加蓋一個三年限之紅印以別之。北裏面分隔二層。上層注訓令之文云。阿片之害。衆所共知。本應一律嚴禁。因慣用日久。未便一時斷絕、恐有性命之虞。今政府特設專賣法。以預防於將來。庶免煙毒流染、伊於胡底。爾等其當善體此意。漸改漸輕。復其本質。以吸文明之新空氣。是則政府所厚望也夫。下層云。吸烟者須知此牌。只許本人隨帶在身。不准妄借他人。違者按律治罪。煙牌在臺灣無貼照像。茲欲加以詳密。宜於裏面貼粘本人照像。則受官吏驗查之時。便難欺隱。其手簿亦由專賣總局製成小冊子。冊面印刷第幾號阿片煙膏購入簿。並註明吸食者之住址姓名。如該簿用完。再買出新簿。○煙牌限以開辦之日起六個月內。有烟癮者須當向官請領過限以後。雖有癮者不許再給。倘敢私行吸食。即照法治罪。庶可斷其病根。而免有蔓草難除層出不窮之患。

## 第四章　雜則

(一)倘有煙牌遺失或損壞者。須先到官署或指定公所禀請先給漸用之牌。然後到專賣分局請換新牌。照例納牌費銀二角。或是損壞。應將舊牌繳消。如係本人亡故。應由管財人代繳。

(二)或改革停吸廢食者。應具情禀請消煙牌。其官長就該改革之人。定期齊集在縣署開奬勵式場。官長躬親演說改煙之利益。以皷舞衆志。並對已改革者賞與褒狀。

(三)各項官准承賣人遇有遷居或更改姓名等事及變易牌面事宜者。即當具禀於地方官署領憑單連同官牌存留備查。惟遷居他縣者。應將牌抄隨禀報明於現遷之地方官署。

(四)所有官准承賣人並開設吸煙館。除照牌面舖所營業外。一概不准開設。若欲分開店舖者。應照本章程各條辦理。另領官牌。

(五)凡以上所定牌稅。倘屆期不納。自失其營業之利權。

(六)除本章程外。所有阿片約束規則。由縣官另行發諭。其關係調查阿片事件。應由各縣設巡查官數十員。及探偵員數人。以保衛地方。兼密察違犯者。其經費則歸專賣總局支給。惟探偵員須雇本地人擇其事情熟識者為之。

## 第五章　違犯罰則

(一)倘違第一章第二條民間不先禀官允准私植罌

栗者。即將其地所充官。或私採漿備藏者。罰銀壹百元以上五百元以下。並將私藏之物。盡行收沒。

（二）開辦以後。所有前經備藏之洋藥土藥等件。限一個月內盡行繳官。由官給出相當之價以補償之。倘過限仍舊備藏。即以違法論。將搜出之物盡歸諸官。並罰銀十元以上百元以下。

（三）如違第一章第三條。凡有戒煙藥物不經官准給牌爲憑。或私自製造及賣買者。即將搜出之物歸官。並罰銀五元以上五十元以下。

（四）除官設製煉局以外。不論何人。如有私自製煉或買賣者。拘禁四個月以上一年以下。附罰銀五十元以上五百元以下。

（五）大賣館及小賣館。如違第二章第二條並第三條者。即將其館閉鎖。不准營業。並罰銀五元以上五十元以下。

（六）小賣館與開設吸煙館。如將煙膏濫賣與無領煙牌者。或將煙牀煙具聽從無煙牌之人濫用。以致容易吸食。及速於傳染。此乃陷人犯法。其罪固重。使非開煙館之人。因射利起見。聽人借與房間任其吸煙。或雖不圖利而擅自勸人吸食者。一併同罪。應處拘禁四個月以上三年以下。附罰銀五十元以上五百元以下。至烟牌及購烟簿擅行借與他人濫用者。亦照此治罪。

（七）倘有不吸阿片烟而用阿片之原質。製成藥水。以注射其身體。此其爲害亦甚。應處拘禁四個月以上三年以下。附罰銀五十元以上五百元以下。

（八）煙牌乃限二十歲以上有癮者。始准其領牌。其餘一概不許。若有揑報籍貫詐稱身分姓名年齡以領牌者。處拘禁一個月以上四個月以下。附罰銀二元以上二十元以下。

(九)如有將官給各項牌証私自假造者。卽照大淸律例模仿官印治罪。

以上五章。皆舉其大要。至於開辦之後。又當臨機應變。因時制宜。或更改章程。或添加規則。順其勢而行之。固不能於此時决之也。嗟乎。時至今日。烽烟礮火。交迫門庭。正國民當在臥薪嘗膽之秋也。固不容逍遙於短榻矮燈之下。戲作雲煙幻境。以自損其精神。余聞德國某翁嘗謂三十世紀。當盡改野蠻之礮戰。而發明一種最易傳染最易流毒之血精。以制敵人之性命。今阿片之貽害。卽白人以血精毒我黃種也。固不必待至三十世紀而始見之哉。國民國民。有志者諒當不少。苟在上能立專賣法以制止之。而在下亦宜設戒煙會以補助之。上下熱心。行之三載。當有成效。不惟可省一百二十兆之虛費。且可起數千萬之瘠痪。其於經濟上衛生上軍事上。豈不大受其影響乎。夫國家當振興事業。所慮者在經費消耗之一途。今設專賣阿片。實與專賣食鹽同享其權利。既免損及國帑。又爲財政所從出。(臺灣專賣阿片自戊戌年至壬寅年共得五百七十七萬四千三百四十三元之利)吾觀東西文明諸國。凡欲爲民間除一弊。雖投巨資而不惜。况弊可除而利又可得。袞袞諸公。亦何憚而不爲國家造無疆之幸福也哉。

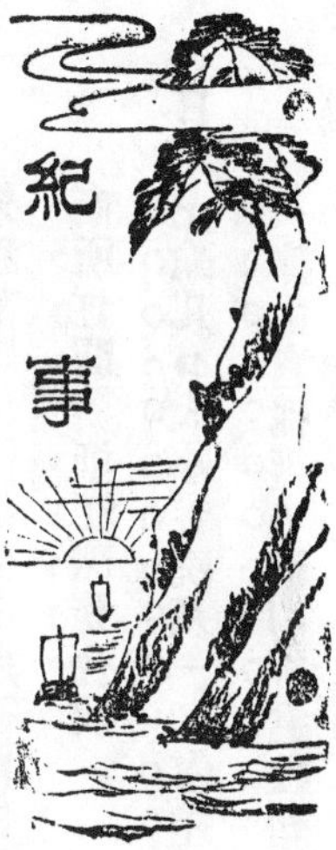


# 中國大事月表

## 乙巳三月（補錄）

●一日 駐藏幫辦大臣鳳全因力持收回瞻對內屬被巴塘番戕殺支解

江淮巡撫恩壽加兵部尚書銜

恩壽札飭山東兩淮運司八糧道嗣後漕督養廉銀兩着交江寧藩司彙解

●二日 電飭奉天將軍增祺查報奉天目下詳情

●三日 袁世凱電請再調陸軍數營駐防關外

●四日 命柯逢時辦理八省土膏統捐

升允著調補陝甘總督閩浙總督著崧蕃調補

俄兵入我吉林長春據之築輕便鐵路

四川打箭鑪土著謀將該處礦山售與英法兩國人

吉林將軍電告俄兵占踞省城作戰地

法國某公司託法國公使要索福建省開礦權

四川總督錫良奏報瞻對改土歸流土司抗拒不服政府電命提督馬維祺率兵赴剿

津鎮鐵路第一段工程由德國銀行墊款築造

戶部不允江督應解京餉搭解銅元三

## 紀事

成從緩辦理之請

五日 奉天將軍增祺奏旨開缺來京陛見以廷杰署理奉天將軍

吏部酌收公費開單具奏奉旨依議

六日 武衛右軍二千人開往南苑駐紮

七日 德國公使爲築津濟鐵路急欲將津鎮鐵路草約改爲正約促我外務部從速畫押政府拒之英人亦反對之

津鎮鐵路第一段已竣工

電寄吉林將軍飭令松花江沿江船隻停駛免爲外人刧用

外務部電飭浙撫聶明將高爾伊與法商所訂開辦浙江礦務合同

八日 上諭凡有大小寺院及一切僧衆產業一律由官保護不准刁紳蠹役藉端滋擾至地方要政不得勒捐廟產

九日 趙爾巽奏請裁撤財政局

練兵處奏覆美使請設貴胄學堂選王公宗室子弟入堂肄習畢業後分派東西各國留學一摺奉旨依議

德國奧麗葡親王偕同公使及俄國司令官同訪慶邸至夜半方歸

日本內田公使警告外務部請飭警備上海俄艦預防逃逸

某國公使要索濟膠州附近各州縣地方由青島總督派員代爲治理並許其在該處屯泊海軍

中德兩國全權委員在上海開訂商約

川鄂兩督請設鐵路學堂於武昌

十日 電飭張勳速帶淮軍移駐張家口

美使勸告速將盛東青泥窪安東各地開作商埠

戶部調查全國人口共有四百二十六兆四十四萬七千餘人

●十一日

廣東總督岑春煊電告波羅的海艦隊將至粵省洋面

洪澤湖一帶梟匪滋事

政府聘一日本技師調查礦產日政府命西山省吾就聘

日本新闢南清兩航路一從福州往來上海香港一往來淡水福州

德領事請外務部禁止華人在莒州及日照縣開採煤礦

●十二日

吉林將軍電告俄兵從黑龍江侵入吉林占我衙署伐我山林築壁壘徵糧食

吏部奏裁撤書吏考用舉貢謄錄期滿後酌量升授小京官又附片奏敘職佐雜各官請即停選概歸外補奉 旨依議

電諭東南各省督撫嚴防沿海各口以防波羅的海艦隊

陸元鼎接江蘇巡撫印

江南製造局由南北洋大臣商定以機器鍋鑪木工輪船生鐵熟鐵六廠劃歸籌防局集欵辦理會委葉祖珪提督為督辦

上海巡捕房擅派印捕監守英美公共會審公廨華官與之爭論

●十四日

新疆巡撫潘效蘇電告俄兵侵入新疆境內占地駐紮勸撤不允

紀事

駐美大臣梁誠電告鄂督美人詢問中國能出欵若干贖粵漢鐵路

英人在威海衛招用華兵千餘名

戶部籌撥北洋新餉共三百萬兩

派伍廷芳為平和會代表人

●十五日 外務部向日本將官索交奉天省曾經日軍移用之電線及電桿

練兵處奏提江海關所存歷年武備軍月餉銀兩

政務處議定各省銅元廠均歸戶部經理。

雲南士民立一保地會相約不售地與法國鐵路

政務處會同練兵處覆奏各省製造廠統歸練兵處節制以期槍砲一律以湖北為製造中局以萍鄉為南局以山東為北局在江北另設分廠專造藥彈

廷寄命雲貴總督丁振鐸嚴飭邊防各營竭力兜勦廣西土匪毋任竄越

●十六日 駐京俄使雷薩病故

英藏改訂條約路透社員信其業經畫押

●十七日 直隸總督袁世凱向馬玉崑部下之駐紮溝幇子者再行增兵

江蘇寶蘇局鑄用當五銅錢因市上不肯流通旋命停鑄

德使要索登萊青三府開鑛權及屯兵

上諭蘇淮分省於治理既多不便著即毋庸分設江淮巡撫即行裁撤所有淮揚鎮總兵著改為江北提督。

●十八日 上諭江北提督著潘萬才署理
電諭錫良迅查瞻對亂事及駐藏大臣鳳全致死情形詳細具覆
閩省紳商電請商部嚴拒法國要求福建全省鑛權
電飭署理奉天將軍廷杰整頓地方安撫難民
練兵處奏准提取各海關關平平餘銀兩
政府電飭岑春煊專員偵察波羅的海艦隊隨時報告

●十九日 從澤浦至道口鐵路國家向福公司收回由盛宣懷出奏奉旨依議
美使爲合興公司照會外務部以廣埔鐵路有碍合興公司利權請飭令停築
庫倫辦事大臣電請照會俄使飭禁俄人假道庫倫轉運車輛

●二十日 上諭嗣後死罪至斬決而止凌遲及梟首戮屍三項着即永遠刪除又緣坐各條除知情者仍治罪外餘着概予寬免其刺字等項亦概行革除

●廿一日 川漢鐵路一切勘路監工擬概用華人
滬甯鐵路舉行開工禮

●廿二日 停泊烟台之俄逃艦因波羅的海艦隊將來華官爲嚴守中立悉令移泊口內
怡和洋行元和輪船在南通州失事焚溺死者百餘人

●廿三日 瞻對土番戕殺駐藏大臣鳳全命錫良勤撫兼施
錫良電告巴塘土民捕去法教士四名
又設自立會以反抗中國正在糾集黨羽
俄擬派柏勒羅夫爲駐華公使我政府

●廿四日 不允接待
刑部取法日本改良監獄
戶部議裁減書吏酌收公費將捐納房
歸併檔房
俄國命璞科第爲駐華公使
清江浦商民因奉 旨裁撤江淮巡撫
相率罷市求留漕運總督一缺
湖北改正各府州縣衞田辦法

●廿五日 英美德意奧五國公使將商標註冊章
程修改各條送交外務部查核
兩江總督周馥奉電旨赴清江
泉州富紳楊嘉鏞集股一百二十萬開
設銀行

●廿六日 德國麗奧葡親王從北京起程赴張家口

●廿七日 伍廷芳沈家飭請省本各課吏館增設
一法律普通科令地方官均須學習期
滿方爲授缺奉旨交政務處議奏
廣東總督巡撫示諭沿海商民遵守中
立條規

●廿八日 英巡洋艦阿斯忒利亞及砲艦兩艘駛
入鄱陽湖
美使奉其本國政府命令勸我政府對
於俄國逃艦之現受保護者須嚴守中
立
駐俄胡使電告吉林哈爾賓等處有俄
兵二十萬皆係新募毫無紀律恐其慮
待居民請預作警備
寓滬英商因中國不將馬凱條約實行
聯名電達我外務部

●廿九日 法公使因法教士四名在贑對遇禍亟
向外務部交涉電命四川總督錫良從
速查辦

## 日俄戰紀

# 日本海之海戰

俄國波羅的海艦隊。自昨秋航行以來。旋抵北海。卽亂轟英國漁船。全歐震駭。幾釀干戈。旣而退回好望角之時。則因循歲月。躊躇莫敢進。於是世以爲戰局將終。故此持滿不發。而待爲牽制之地也。不料奉天大敗。軍心盡懈。終局勝利。知不可挽回。不得已再賭國命於一擲。卽命波艦。急行驟進。而爲破釜沈舟之計。冀僥倖於萬一。旣抵安南。卽破壞中立。直入根蘭灣。經旬不去。經日法交涉之後。轉泊看歌耶。佯出片時。尋而復返。無幾。而又游弋於安南沿海。以待第三艦隊之來。斯時也。日軍艦隊。方曉然其決戰之心。始行戒備。各國亦以爲終局勝負。在此一舉。而又駭然見其兵力之大。加以脫兎之勢。變化莫測。其浦鹽艦隊。又擾於北方。以分其勢。於是戚戚然莫不爲日本危矣。而日人輿論。至是亦駭然知不可侮。各處新聞。皆弗敢論及。何料波艦不察虛實。白日之中。航行對馬海峽。而爲日艦所包擊。至使全軍殲滅。無復可立錐之地。雖曰天命。豈非人事哉。今不避繁冗。將俄艦東航之歷史。先略叙之。然後詳記其事實。

## 一　俄艦東航之歷史

◎北海事件之結果●●●●●●　俄國波羅的艦隊。於去年十一月二十一日夜半。通過北海時。見英國哈兒之漁船隊。以爲日本艦隊也。誤擊之。(此自俄艦隊司令官所布告一方面言之)轟沈一艘。傷損數艘。而死者不可勝紀。於是物議沸騰。兩國之關係。迫于危機一髮。然英國終以持重爲主。遂與俄國協議。委此事件於國際審查委員會議解決。（參照海牙條約國際紛爭平和處理條約第九條至十四條）英國所提協約案。其大體已經俄國承認。又修正字句數次。十一月二十五日。兩國之代表者。遂調印於聖彼得堡。至本年一月中旬。英俄兩國各提出報告書。俄國終以償金六萬五千磅了其事。

◎俄艦之繫泊於根蘭及日法之交涉　自是之後。俄艦遂駛行至好望角附近。滯留數月。迄四月十二日。行抵法領安南之根蘭灣。旋即灣泊。以爲該艦隊之根據地。旋派哨艇以檢查通航之商舶。此是明侵害法國領海之中立者也。於是日法之交涉乃起。其交涉開始於何時耶。据巴黎所報則云四月二十四日夜。日本駐法公使本野氏。訪其外務大臣鐵爾加錫氏。促其注意。謂日本之要求。只關於恪守中立。在得法國之保證耳。於是鐵爾氏答謂法國嚴守中立。既已格外注意。又向印度支那總督特別命其嚴守云云。雖然。日本雖得斯等之言詞。然其危懼之念。終不能釋也。其餘各電所報。諸說紛紛。究未知其內狀如何。惟其確報則据二十三日倫敦所報。謂法國外務大臣鐵爾氏。移牒本野公使。確言俄國艦隊。已出其領海云云。如是則自四月十二日入港以來。至二十二日始去。其假泊於該灣者。經一旬餘。然此一旬餘中。載糧下煤。獲莫大之利益。無待蓍蔡矣。旋經日法幾番交涉。始令其退出。

◎俄艦之繫泊於看歌耶及日法之交涉　俄艦至是亦因循至二十六日始去。而翌日又得駛入看歌耶之報。看歌耶灣者。在根蘭灣北方約五十海里。海水深長。彎曲北連邊歌灣。南接班瑪灣。海面廣濶。能容多數巨舶。且有看咁半島及克亞爲之屏障。以禦風浪。且該港者。僻處荒隅。往復商舶。唯有由新嘉坡航來者。一月只得一回。故無設備郵政於其地。軍事消息。毋慮其洩。而已則以迅速之驅逐艦。片時直達西貢。或根蘭。以傳音問。魯提督之去根蘭港。而据其地。良有由也。於是日法之交涉再起。

日本駐法公使之質問法政府也。法政府初亦以依違曖昧之詞以對。繼而各國之輿論日漸激昂。皆以爲俄國之眞意。是在使法國陷於日本之戰渦中而後已。於是法國民亦莫知政府之意爲何如。遂忽成該國議會之一問題。中立之質問。紛議疊出。其後經三國幾番交涉。（即日本與法國交涉法國與俄國交涉）僅乃了之。而俄艦遂乘此機會去看歌耶灣而與第三艦隊合。共進航於中國海。以窺日艦隊之動靜。此西歷五月十五日俄艦再出看歌耶之報也。

◎**筑前沖六連沖之砲聲**　俄艦自出看歌耶港之後。大戰之機。懸於眉睫。雖然俄艦之蹤。莫知所在。各國輿論。皆悚然立待。爲日本危。無幾而宗像郡神湊西方（在福岡縣）及系島郡沖有聞砲聲之報。旋而六連沖及沖島附近（在門司附近）亦同時聞砲聲隆隆。且極爲猛烈。

至二十九日。即得日本公報之發表。今將其公報詳譯如下。

## 二　日本之公報

◎**公報一**　五月二十七日凌晨。大本營得東鄉大將第一次報告。謂見俄艦出現。日本艦隊即合力攻之。其時天氣清朗。但有風浪。

◎**公報二**　廿七夜得第二次報告云。日本聯合艦隊攻俄艦於沖島（在對島東南）敗之。計其沈沒者至少亦有四艘。其餘均受重傷。日本艦隊受傷極少。日本驅逐艦及魚雷艇於黃昏後襲攻俄艦。

◎**公報三**　二十九日晨得第三次報告云。日本聯合艦隊之一部分從廿七日追逐俄艦。至二十八日攻之於林考脫岩附近。在冲大島之東北。該俄艦隊之中。尼古拉第一（頭等戰艦）奥利爾（戰艦）新架文那槐林伊玆馬路五艦在焉。惟伊玆馬路奪路逃去。其餘四艘因被困投降。日本艦隊無甚損傷。據捕虜言。廿七日之戰。波羅亭諾亞歷山大（三等戰艦）、蝎姆邱（小巡洋艦）及他艦數艘均已沈沒。尼婆軋拖夫海軍少將及兵弁約二千名均被捕。

以下所列俄艦之損傷。非得諸東鄉之報告。係据別將及瞭望臺所報告者。俄巡洋艦那芝摩夫、特米脫唐斯哥斯維脫拉那、烏式考根姆芝、加伊魯琴斯克、及驅逐艦三艘均沈沒。又有辣提悉摩諾馬克係於被捕之後沈沒者。又有特別用船一艘。驅逐艦一艘。均被日艦捕得。

今將俄艦所受損害開列於下。

▲沈沒者

戰艦　二　海防艦　一　巡洋艦　五

特別用船　二　驅逐艦　三

▲捕獲者

戰艦　二　海防艦　二　特別用船　一

驅逐艦　一

以上所報告。不過舉其大略。現尚未查悉詳細情形。

據捕虜言。有俄艦三艘沈沒。未知是在此內否。

所得捕虜。除主隊所得二千名之外。尚有一千餘名。

現仍在戰鬥中。最後之結果尚未得悉。

◎公報四　三十日晨接東鄉大將第四次報告云。自二十七日至二十八日。由冲之島附近至欝陵島附近之海戰。名爲日本海海戰。

◎公報五　三十日午後。接到聯合艦隊司令長官東鄉大將第五次報告。日本聯合艦隊之主隊。於二十八日在林考脫附近收容俄國主力隊之降服殘艦。因停止攻擊。正在處置此等降艦之際。忽於西南方面發見俄海防艦烏式考一艘。日本盤手及八雲兩艦。即向前追逐。勸令降服。俄艦不從。遂於下午六點鐘將其擊沉。該艦中弁兵三百餘名。即經日艦救出。同日午後五點鐘。亦於西北方面發見俄巡洋艦特米脫唐斯哥一艘。日本第四艦隊及第二驅逐艦隊。仍續行攻擊。翌日晨見該艦在朝鮮歐林島南東海面觸礁。日本驅逐艦名漣者於二十七日晚間在歐林島之南方捕獲俄驅逐艦勃濤完一艘。總司令官魯時特司問斯甘及他主將一員。幷參謀官等八十名。皆在其內。即經日軍收作捕虜。惟魯時特司問斯甘及其他主將一員。業負重傷。日艦十歲號於二十八日晨。向北巡行之際。遇見俄驅逐艦一艘。當即擊沉。又新高號及驅逐艦名雲者於二十八日午刻發見俄驅逐艦一艘。追而擊之。旋見俄艦觸礁。茲將所得各種報告及捕虜所陳述二十七日及二十八日之海戰情形。詳列如左。蘇槐羅敷號、亞歷山大第三號、波羅亭諾號、特米脫唐斯哥號、那芝夫號、辣提瑪摩諾馬克號、根姆邱號、烏左考號。以上八艦。及一改裝巡洋艦。幷驅逐艦兩艦。皆被擊沉沒。尼古拉第一號、奧利爾號、阿潑利尋號、新架文。以上四艦。及一驅逐艦勃濤完。均捕獲。據捕虜言。奧斯頼盤亞一艦係於二十七日午後三點鐘沉沒。那槐林一艦。亦於是日沉沒。愛爾墨池一艦。則已失行動之自由。惟以後不知其下落。至日本艦隊之傷害情形。現尚無報至。惟確知其無甚傷害。均得行動自由。依仁親王安然無恙。惟三須少將曾於二十七日在陣上受有微傷。

◎公報六　三十日午後接東鄉大將第六次報告云。奧斯頼盤亞(戰艦)那槐林(戰艦)之沈沒。乃係確實云。戰艦詩梭耶利奇亦於二十八日午前沈沒。

今將俄艦所受損害統計之如左。

| (艦種) | (艦名) | (噸數) | |
|---|---|---|---|
| 戰艦 | 蘇槐羅敗 | (一三、五一六) | 擊沈 |
| 同 | 亞歷山大第三 | (一三、五一六) | 擊沈 |
| 同 | 波羅亭諾 | (一三、五一六) | 擊沈 |
| 同 | 亞拉伯 | (一二、六七四) | 擊沈 |
| 同 | 詩梭耶利奇 | (一〇、四〇〇) | 擊沈 |
| 同 | 那芝摩夫 | (一〇、二〇六) | 擊沈 |
| 巡洋艦 | 竦提瑪摩諾馬克 | (八、五二四) | 擊沈 |
| 同 | 特米脫唐斯哥 | (六、二〇〇) | 擊沈 |
| 同 | 烏拉治味爾毛耐馬夫 | (五、五九三) | 擊沈 |
| 同 | 斯繼脫拉那 | (三、七二七) | 擊沈 |
| 同 | 根姆邱 | (三、一〇三) | 擊沈 |
| 海防艦 | 烏沙哥夫 | (四、一二六) | 擊沈 |
| 特務船 | 襟查德加 | (七、二〇七) | 擊沈 |
| 同 | 依爾之邱 | (七、五〇七) | 擊沈 |
| 驅逐艦 | 三隻 | | 擊沈 |
| 戰艦 | 亞利爾 | (一三、五一六) | 捕獲 |
| 同 | 尼哥拉第一 | (九、五九四) | 捕獲 |
| 海防艦 | 亞布拉其先 | (四、一二六) | 捕獲 |
| 同 | 些尼耶茲伊 | (四、九六〇) | 捕獲 |
| 驅逐艦 | 俾德威 | (三五〇) | 捕獲 |

即將俄艦所受損害表列如左

| | (擊沈) | (捕獲) | (合計) |
|---|---|---|---|
| 戰艦 | 六隻 | 二隻 | 八隻 |
| 巡洋艦 | 五隻 | …… | 五隻 |
| 海防艦 | 一隻 | 二隻 | 三隻 |
| 特務船 | 二隻 | …… | 二隻 |
| 驅逐艦 | 三隻 | 一隻 | 四隻 |

總　計　十七隻　五隻　二十二隻

噸數總計十五萬三千四百十一噸其餘尚有巡洋艦一艘亞爾馬斯者沈沒或他逃仍未知也。魯提督及二少將以下三千餘名皆被虜云。

◎公報七　三十一日晨接到東鄉大將第七次報告。據各路軍報知奧斯賴盤亞　艦。於二十七日初交戰時即受重傷後離出戰線至午後三點鐘時沈沒。雪蘇完利甘那芝靡夫辣提瑪靡諾馬克三艦。于二十七日午刻受重傷入夜又被日本驅逐艦隊及魚雷艇隊攻擊。全失行動之自由。翌日晨見以上三俄艦飄流于高麗海面為日本改裝巡洋艦信濃丸八幡丸佐渡丸等三艦所查見。但未及拘捕。已經沈沒。艦中水兵被日艦及海濱土人救起者。共得九百十五名。據捕虜言。那槐林一艦。于廿七日被日本魚電筒轟射四次。即行沈沒。又据新高艦中司令官報稱。二十八日晨九點鐘。時查見蘇維武勒那一艦在高麗喜哥根海灣。旋被日本新高及音羽兩艦擊沈。奧魯喇及愛爾墨池兩艦。大約已于二十八日晚間被日本魚雷艇隊攻沉。竭姆邱一艦。前次曾稱其已經沈沒。但現下杳無下落。容俟查明續報。此次波羅的海艦隊其主隊中之戰鬥艦八艘裝甲巡洋艦三艘。海防艦三艘。或沈或捕。外其餘二等巡洋艦以下。亦毀滅殆盡。故謂之為全軍覆沒可也。至日本艦隊所受之傷害。據查各路軍報。祇有第三十四三十五六十九號等魚雷艇三艘。曾在二十七日夜間戰沒。船中水兵均經同類救護。此外自戰鬥艦以至驅逐艦。無一艘負重傷及損失戰鬥力者。軍士死傷。不過八百名。此次係兩國全部分之艦隊會戰。故戰線極為開拓。其時適有濃霧。不能察見五里以外。即在白晝。亦難辨認各處分隊之戰。是役戰事歷兩晝夜之久。分隊四出。間有尙在接戰者。故詳細情形。一時難于查報。須俟數日後方能洞悉。

◎公報八　同日又得東鄉大將第八次軍報。內開今日春日一艦。從戰地駛回。載有從特米脫唐斯哥艦中救出之俄水兵若干。他如從奧新賴盤亞及驅逐艦薄伊諾伊兩艦中救出之水兵。亦在其內。當特米脫唐斯哥在歐林島坐礁時。此項水兵即在該處登岸。薄伊諾伊一艦。於二十七日下午曾懸帥旗。因其時魯時特司間斯甘及其部下參謀等。皆在其中也。此外復容有奧斯賴盤亞艦中之水兵二百名。彼時該艦自知不勝航海。故將魯時特司間斯甘及其參謀等移置勃濤完艦中。遂向北開行。及二十八日晨。與特米脫唐斯哥一艦相値。遂改乘之。而自將其艦擊沈。據奧斯賴盤亞艦中捕虜言。當二十七日初交戰時。第一砲即擊燬圓頂塔樓。司令官福格森立時斃。後復受數次攻擊。至下午三點鐘沈沒。據特米脫唐斯哥艦中捕虜言。當二十四日正午接戰劇烈時。見有俄驅逐艦兩艘沈沒。使其言果確。則俄驅逐艦之沈失者。計有五艘。

◎公報九　六月一日。接東鄉大將第九次報告云。磐手八雲之一隊。自三十日追擊北走之俄艦。旋又再南行搜索。已於今日(六月一日午後)歸航。據其所報。謂由鳥島附近至上海航路兩側。盡行搜索。不見片檣隻影。又據島村第二艦隊司令官之報告。(坐乘盤手)謂廿七日海戰中午後三點七分鐘。擊沈俄艦根姆郎。其時該俄艦隔本艦(即盤手)有三千米突之遙。因其將沈時。煙焰滔天。咫尺莫辨。故其他諸艦皆未之見云。

◎公報十　六月二日。接東鄉第十次報告云。俄之特務艦。中於去二十七日海戰。被擊沈者有假巡洋艦烏拉爾。運送船依爾之郎。工作船襟查德加。此外尚有一艘係接濟煤炭者。又有一艘未嘗獲得云。据捕虜所言則已沈沒云云。

海戰後。俄之艦船中。至今不知何適者。則有二等巡洋艦阿利詩羅拉三。等巡洋艦依專爾德。特務艦三艘。曳船一艘。其他悉擊沈。或被捕獲。又該殘艦中。阿利詩羅於二十七日海戰中。被我第三第四兩戰隊所圍擊時。火焰突起。莫知其故。然以今度之。縱能殘存。亦已失戰鬭力矣。

明治三十一年十二月廿七日（第三種郵便物認可）

# 新民叢報

## 第參年第貳拾號

（原第六十八號）

本號要目



光緒三十一年四月一日　明治三十八年五月四日

每月二回朔望日發行

廣智書局校印叢書第一種

# 鄭所南先生心史

宋遺民鄭所南先生殆日本**吉田松陰一流人物**也國變後謀光復間關二十年抱恨以沒然其英銳沈勁之氣不少衰心史者先生自定詩文而錫以此名**錮以鐵函沈諸井底至明末乃出世**每一讀之使人**熱血涌高千丈**所謂奮乎百世之上百世之下聞者莫不興起也**顧亭林最崇拜此書**集中屢徵引之今雖有印本傳者絕希春間東京留學生會館有重印然僅有其詩無其文**先生之精神**不能見也故本局採明張氏原刻足本重付剞劂以廣其傳並乞**飲冰室主人親為校勘且冠以序**嗚呼中國今日蓋心死矣若此書者誠宜書萬卷讀萬遍其或起死人而肉其白骨也

（現已出版　定價四角）

**發行所　上海**棋盤街中市**廣智書局**

# 新民叢報第參年第貳拾號目錄（原第六十八號）

報資及郵費價目表

| 報資及郵費價目表 | 全年 廿四冊 | 半年 十二冊 | 零售 |
|---|---|---|---|
| 報資 | 五元 | 二元六角 | 二角五分 |
| 上海郵費 | 二角四分 | 一角二分 | 一分 |
| 上海轉寄內地郵費 | 一元二角 | 六角 | 五分 |
| 各外埠郵費 | 一元四角四分 | 七角二分 | 六分 |
| 四川、雲南、陝西、貴州、山西、甘肅等省郵費 | 二元八角八分 | 一元四角四分 | 一角一分 |
| 日本各地及日郵已通之中國各口岸每冊一仙 | | | |

廣告價目表

| 洋裝一頁 | 洋裝半頁 |
|---|---|
| 十元 | 六元 |

惠登廣告至少以半頁起算刊資先惠論前加倍欲登長年半年者價當面議從減

編輯兼發行者 馮紫珊
印刷者 陳侶笙
發行所 橫濱山下町百六十番 新民叢報社
上海發行所 四馬路老巡捕房對面 新民叢報支店
印刷所 橫濱山下町百六十番 新民叢報活版部

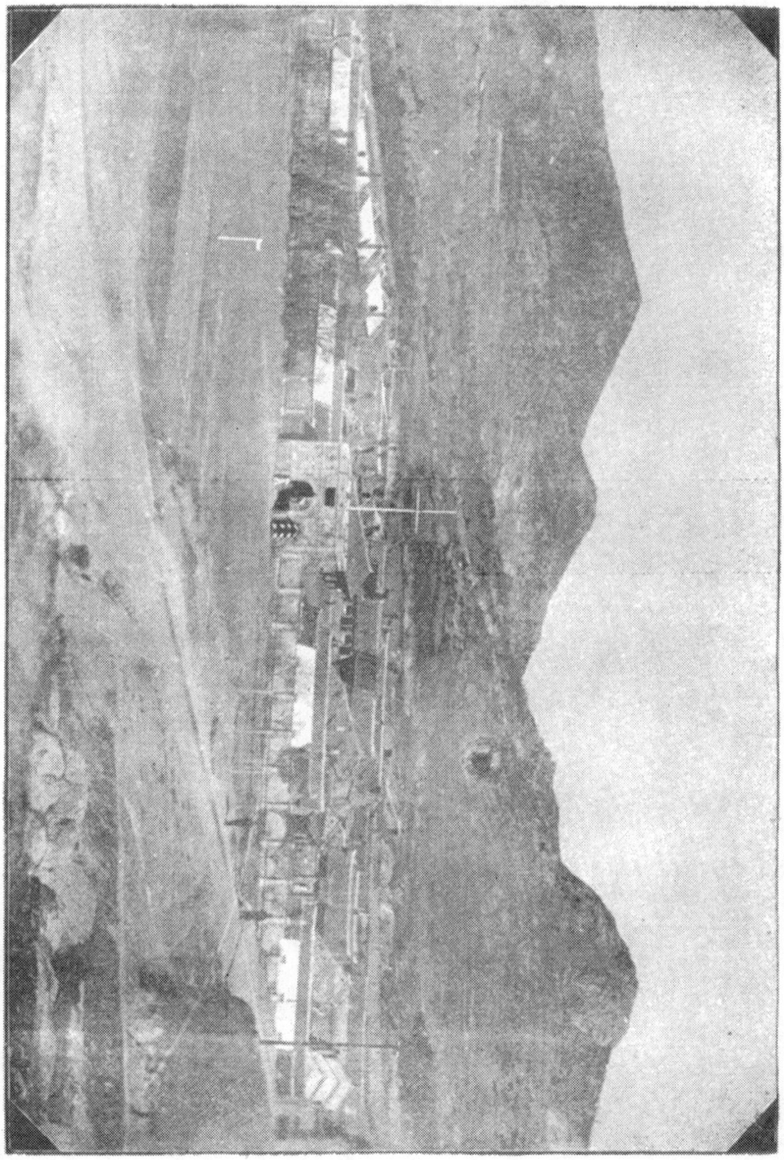

青島全景 上

青島全景下

時局

# 讀「今後之滿洲」書後

中國之新民

可憐無定河邊骨猶是深閨夢裏人吾見今者北京政府方汲汲爲收還滿洲之準備日不給一若深信日本於此區區之必余畀者嗚呼、居今日而議收還滿洲其即斷送滿洲焉耳。門人周生伯勛譯日本有賀長雄之滿洲委任統治論加以批評題曰今後之滿洲東鄰隱志昭揭纖盡焉。但其結論所以策中國者與鄙見不無異同。乃廣其義以作茲篇。

## 一　委任統治與割讓之比較

原著謂爲中國計割讓滿洲最爲上策。此實駭俗之言若痛極而姑爲滑稽也者。雖然、委任統治之與割讓其事實上果有以異乎有賀氏徵引先例、而擧英之於昔布里斯島及奧之於坡士尼亞赫斯戈維納爲證。此其事猶懸遠。或非吾國人所能悉也。實則何必歐洲其最切近之比例即十年來中國之租借地若膠州旅順大連威海廣灣皆與委任統治異名同實者也異哉有賀氏原著有所謂「委任統治與清國主權」之一章也。有賀原著第四章之文周譯改置第二節題爲委任統治後滿洲與中國之關係但撮譯其意於原文有所未盡故今補譯之如下 其言曰。「清國以滿洲之統治委於日本。決無絲毫傷及其主權。何以故。清國以自由之意志締結條約故。猶土耳其以昔布里斯委英。以坡赫兩地委奧。無絲毫傷土之主權。何以故。土耳其以自由意志締結條約故。此猶云法律上之理論也。若以事實上證之。猶有十焉。(一)滿洲輿圖仍屬清國。不改顏色。(二)滿洲仍用清國正朔。不變陽曆。(三)儀式祭典。一依其舊。(四)滿洲正式旗章。仍用龍旗。惟官署用日本國旗。他不爾也。(五)滿洲仍用清國貨幣。(六)滿洲土民。仍爲清國臣民。其旅行海外。仍受清國領事保護。不歸日本領事保護。(七)滿洲土民。對於日本官署。雖有納稅義務。對於日本國家。無當兵義務。中國將來若行徵兵令。仍可與內地一體徵發。(八)司法權雖歸日本。然其權非日本天皇之權。乃清國皇帝之權。轉託之於日本。日本受之而生効力者也。(九)外交權雖歸日本。然關於清國主權消長之事。仍須與中國政府協商。(十)郵便電信鐵路及各種交通機關。雖純歸日本經營。但當立特別優待之條件。許清國使用之」以上所述。即有賀氏所謂委任統治無損於中國主權之論據也。嗚呼。吾不知有賀氏爲此言將以欺世界耶將以欺中國耶抑還自欺也自欺則何必欺世界又安能彼直以一手掩我四萬萬人之目云爾如謂以自由意志締結條約即爲無損主權之徵也則謂我猶有主權於臺灣香港可也謂法猶有主權於奧斯鹿林可也何也彼曷嘗非以自由意志締結條約也（如曰彼出於迫脅。非自由意志。然則將來日本外交官。必無一語要求委任統治於我然後可。苟有一語。則已非我之自由也。）乃若其所舉十端。以之爲主權之實現也。則法律上「主權」（德語之 Souveränetät）之解釋。雖論戰未定。顧其爲物也。絕對無限。最高無上完全不可分則今世學者率宗此義亦有賀氏所常稱道也曾謂彼所舉十者足以當此名詞否也且有賀氏胡勿曰吾日本戰勝之權利不容爾老大帝國容喙也則吾靡怨也顧悍然於其大著中奮筆爲「委任統治與清國主權」之一章豈有他哉爲我國簽委任狀時當局者一解嘲之資而已膠州條約第一條云『該五十啓羅米突界內之主權仍爲中國皇帝所有』旅大條約第一條云『惟中國帝權不得稍損礙』廣灣條約第一條云。『中國自主權毋得妨礙。』（威海與旅順同條件。九龍與廣灣同條件。故約文亦簡略。不復著此條。）凡此皆以條約爲主權之保證者也。而試問以上諸地我所得行之主權果何在也。主權乃獨立不倚者。若必待條約保證之。則已非主權之爲物矣。況所保證又極曖昧乎。又膠州灣條約第三條云「因恐將來中德兩國或於主權上生衝突故淸國政府允於租借期限內將該地施行主權之權利不自行之而以委諸德國」此約文即解釋委任統治之性質最確當者而有賀氏處分滿洲之政策皆基是租借云委任統治云狙公飼狙朝四暮三云爾。吾國人若猶有不知委任統治爲何。物者則何不取膠威旅大之前事以觀之也夫膠威旅大諸地固國際法家所認爲「平時占領」之一種而吾國人心目中亦共信其爲覆水難收者也使滿洲之前途而竟如有賀氏所言也而猶謂其有瘉於割讓吾苦不知其所瘉者何在也故我國今後苟能於割讓與委任統治之外而更有他術焉以善其後則其利害猶有可言者如僅於此二者之中校利害而已則周氏所謂與其委任毋甯割讓之說吾猶取之

## 二　割讓滿洲能否實行

利害且勿論。但割讓之說能實行乎。此實一怪象之問題也。欲研究此問題。當分四方面觀察之。一曰我政府之意嚮如何二曰俄政府之意嚮如何三曰列國之意嚮如何

四曰日本之意嚮如何我政府慣爲掩耳盜鈴之計。必甯取委任。毋取割讓。此可斷言者。雖然此非我政府權力所能及也。即彼香港也臺灣也。我政府豈其甘割讓者。而終不得不爾。故日本人以戰勝之威既能得委任統治於我即能得割讓於我故我之反對割讓與否謂爲無價值之提議可也。其次則俄國。俄必不甘滿洲之割讓於日。固也。但其視委任統治與視割讓其利害正相等兩者均不甘也而其力苟能拒割讓即能拒委任統治苟不能拒委任統治則坐視我割讓亦徒呼負負而已故俄國反對提議之有價值與否視戰事之進行何如而所爭者非委任與割讓孰能成功之問題實日俄在滿洲發言權孰有力之問題也。故今亦不必置辨。次則列國之意嚮實問題中一要點也。列國中可分二派。一則世所目爲侵略派者黨於俄之國也。二則世所目爲保全派者。黨於日之國也。其侵略派宜贊成他人之割讓以爲自割讓之地固也。但以厖大之滿洲。忽入於密邇肘腋之日本之手。侵畧大勢驟失均平。如是則非侵略派所欲。保全派者日以保中國領土相楬櫫。宣言至再三。一朝而三省輿圖改色。爲其劌心刺目抑泰甚矣。如是則非保全派所欲。故夫列國之意嚮則委任統治也割讓也皆其所不欲者也而割讓之見妒尤甚此亦至易見者。最後則日本之政略實此問題之所由決定也。今世所謂文明國者罔不虎其質而羊其皮其野心固路人皆見猶必口仁慈貌義俠以自飾此各國所同而日本亦其一也日本自十年來。日以保全支那之大言號於天下。其宣戰詔勅方日責俄人有倂呑滿洲之志。口血未乾。反汗頗難此其不欲實居割讓滿洲之名者一也。此役以後日本海陸軍之價値忽騰漲於世界。而黃禍之聲愈高。皙種之猜忌愈甚。若驟以萬里之滿洲爲戰利品（日人名戰爭所鹵獲者爲戰利品）太惹列强之耳目而於日本將來之雄飛或生反動阻力此其不欲實居割讓滿洲之名者二也以滿洲爲完全之屬地。則其施政方略。或束縛於憲法之解釋。掣肘於議會之協贊。委任統治則一切以天皇大權之名行之而舉動反得自由此其不欲實居割讓滿洲之名者三也審如是也。則微論我之不欲割讓也藉曰欲之而人或且不余受也嗚呼。割地者至痛之事也今玆之役乃至欲爲簡易直捷之割地而猶不能天下之可痛孰過是也。

## 三　永久中立策

## (1)永久中立之性質及其歷史

今後滿洲之處置最利於我者其惟永久中立策乎。於國際法上而有永久中立一種之國體。實自百年以來耳。永久中立國烏乎起。蓋有數國爲境壤相接易生衝突。乃於其間劃出一小國。相約不侵犯之以求國際上之平和。故亦名之曰甌脫之國 Pufferstaat, Etat tampon 故此種國家必有他國爲之擔保。而擔保國與被擔保國各有其應守之義務。即擔保國(1)不得加兵於該國。(2)若他國有加兵於該國者。擔保國共防禦之。此其義務也。被擔保國(卽永久中立國)(1)不得與他國結攻守同盟之約。(2)不得受他國領土之割讓。(3)非値自衛防禦緊急時。不得與他國交戰。此其義務也。當今現存之永久中立國有四。請表示其名及其情狀。

| 國名 | 位置 | 面積(英方里) | 人口 | 成立年 | 擔保國 | 記事 |
| --- | --- | --- | --- | --- | --- | --- |
| 瑞士共和國 Switzerland | 歐洲中原 | 一萬六千餘 | 三百三十五萬餘 | 千八百十五年維也納會議 | 奧、法、英、衛、普、俄 | 拿破侖第一既竄於聖希拏拿島。列國會議。以瑞士爲中原甌脫。永久中立。 |

| | | | | | | |
|---|---|---|---|---|---|---|
| 比利時王國 Belgium | 歐北瀕大西洋 | 一萬一千餘 | 七百餘萬 | 千八百三十一年倫敦條約 | 歐洲列强 | 初本與荷蘭同國。而其人屬拉丁種。與法國同種。一八三一年革命。脫荷羈軛。然國小不能自立。今併於法。則失均勢。故列國會議。定爲永久中立。 |
| 盧森堡侯國 Luxemburg | 歐洲介於德法之交 | 一千餘 | 二百四十餘萬 | 千八百六十八年倫敦條約 | 歐洲列强 | 初爲日耳曼聯邦之一。維也納會議。約普國以兵戍之。其後法帝拿破侖第三陰賺荷蘭。購收其地。德相俾士麥爭之。普法將至用兵。俄皇出而調停。卒以列國會議爲永久中立。 |
| 康哥王國 Congo | 非洲中央面大西洋 | 八十萬餘 | 二千八百餘萬 | 千八百八十五年柏林條約 | 歐洲列强 | 其地握非洲商業之樞要。歐洲列强。瓜分非洲。各垂涎焉。慮其衝突。乃以列國會議。使比利時王兼王之。爲永久中立。 |

此現存之永久中立國也。此外更有所謂永久中立地者。其性質亦大畧相同。今更舉。全世界永久中立之地之段頗多。今舉其要者。

(1) 埃阿尼亞羣島 本英國之保護國。及一八五四年。英法同盟軍與俄搆釁。此島反宣告中立。戰事畢。遂爲希臘領土。一八六三年。列國復與希臘締約。破壞此地之要塞。認爲永世局外中立地。以此地爲軍事上之樞要也。

(2)蘇彝士運河（本屬埃及。而埃及又土耳其屬國也。一八七八年。俄土交兵。俄人認為敵國境域。欲加攻擊封鎖。列國以其地為全世界交通孔道。一有事則商運全塞。故迫俄國認為局外中立地。此後列強皆默認之。）

(3)沙杯士（本意大利屬地。後歸法國。旋認為局外中立。）

(4)摩黎士尼（在普魯士與荷蘭之間。一僻村也。一八一四年。普荷爭之。不決。後乃以為一獨立市。其民豁免服軍役之義務。因兩國兵役。皆不許調之也。其有訴訟。則由該市民任意控於一國之裁判所。或普或荷。惟所擇。一百三十年。公議合併之於比利時。）

(5)湄公河（本暹羅領土。一八九六年。英法兩國協議。欲使英之經營緬甸。法之經營安南。兩不相妨。乃以條約認為永久中立。）

觀此諸地。則永久中立之性質及其來歷。可略見矣。其始由於彼此交爭。其繼由於彼此交讓。一爭一讓之結果。遂成此一種怪象之國家。故永久中立國者。時代之產兒也。非天然而人造者也。其在十九世紀之前半期。競爭燒點在歐洲。故瑞士比利時諸國出生焉。其後半期。燒點移於非洲。故康哥出生焉。今則燒點移於亞洲。故亞洲東部。宜有此種國家者也。而今之滿洲。正迫我不得不希望此途以斬自活者也。在昔朝鮮早宜以儕諸瑞士比利時之列二十年前識者既常道之（黃公度京卿素持此論）苟能爾者則前此中日之戰其可以已今茲日俄之戰其亦可以已也今則朝鮮往矣而滿洲乃與朝鮮陷於同一之地位今日乃謀以此處置滿洲其既晚矣顧及今圖之或尚可爲更逸此機後此更欲求如今日豈復得也今請就各方面以研究滿洲永久中立之一問題。

(2)永久中立之利害

(一)自滿洲人民之一方面論之則有百利而無一害也滿洲疇昔在北京政府治下。北京政府行政之腐敗。既不俟言矣。而滿洲又其所視爲羈縻之域。其管理法校內地抑更劣焉。故滿洲人民產業教育之程度。皆在內地下。而其地以數國競爭燒點之故。頻年蹂躪。無復甯居。又靡論矣誠能永久中立則日本人所稱永保東亞平和者其能否實現固不可期若滿洲一隅之平和夫固永保之矣而不然者。或割讓也。或委任統治也。則以日本現在之國力。雖或能卵翼之。使其原野無復戰爭之慘。而租稅之繁重徭役之苛急恐滿洲人欲求如前此在舊政府之下爲無意識之放任政治而亦不可復得。誠能永久中立而次第造成一良政府。則此種國體在法不許多養兵人民免此重

大之負擔得以其體力智力財力之全部從事於殖產興業其爲幸福豈有涯涘故永久中立如能成就則其爲利於滿洲者無算蓋不竢論

(二)自中國政府一方面論之則利害參半而害不足以掩其利也害安在(一)欲圖永久中立必提出列國會議懼緣此別生枝節牽動全局也此俟下節別論之(二)永久中立若成則滿洲遂永遠自外於中國吾後此雖有自振之日亦難收回也斯固然也雖然吾國之能收回滿洲與否即決於日俄和議垂成之一刹那頃過此以往而猶言收回收回是貧子說金之類耳蓋永久中立不成則滿洲無論以若何之名義其實權必入於日本既入日本而曰吾徐徐收回云爾多見其不知量也如曰以吾國之力苟易良政府十年以後海陸軍可爲全球長一戰以後甯曰不可復此義也吾夙昔所常以自信也雖然苟有此一日則豈惟滿洲凡附屬我國四境前此或經割讓或經租借或經受他國保護之諸地何一不可復苟有此一日則又不必齗齗然以一滿洲之能復與否爲利害榮辱也然此皆貧子說金而已在今日言今日則滿洲者譬之吾有妻妾將爲人掠據欲免掠據惟發心出家爲尼譬之吾有子弟將宣告死刑欲免死刑惟自行

終身禁錮爲尼也禁錮也雖非吾所欲也然以視掠據以視死刑則有間耳故夫滿洲誠能爲永世中立也則吾國臥榻之北首無復一大國鼾睡於其間不至蹈歷史上之覆轍以危及中原（參觀附注）利一。其他列强不得援均勢之說更圖於他地謀割讓謀委任統治利二。爲今日中國計莫便於是。吾深懼夫我當局者醉鄰使之甘言執珠還之福夢飛蛾赴火飲鴆引年貪收回之虛名得割讓之實禍此眞一著鑄錯全局靡救者嗚呼毒蛇在手壯士斷腕我國今日非有舍棄滿洲之決心不能獲保全滿洲之結果千鈞一髮舍此何以哉舍此何以哉

（附注）日本既得委任統治於滿洲則其志必非以得滿洲而遂饜也戸水寛人者亦彼中一法學博士也。其人在輿論界甚有力。（當日俄開戰前。有著名之「七博士提議」者。蓋彼帝國大學法學博士七人。首倡主戰論也。而戸水實居其一焉。其勢力略可想矣。）頃著一書。名曰「亞細亞東部之霸權」其第十葉一段云。『名義上歸還滿洲於支那而事實上以爲日本之領土則一旦支那內地有亂我日本駐屯滿洲軍直可以蹂躪支那』此其全論主要之點也。彼復下解釋曰。『滿洲與直隸接壤日本得滿洲即可移兵以取直隸直隸亡則南部瓦解矣其時南方各省若

有倡獨立者吾日本宜助其成衆建之而殺其力則支那永在日本卵翼下也』末復引中國歷史上之成例謂二千年來起於東北之族常能制西南極論日本得滿洲有建瓴之勢十八省傳檄而定云云此雖一人之私言而實代表彼中一部分之輿論也我國人若猶有信滿洲之能歸還者盍一讀此書。戸水氏書次期當譯以登報

(3)永久中立能否實行

吾之希望在是人其許我乎此最切要之問題也其最反對者必為日本日本犧牲數十萬之生命數十兆之財產若其結果僅使滿洲永久中立則日本更無特別權利於滿洲為他人作嫁衣而已故日本人非疲弊於戰事窮蹙於外交必不肯貿然以此相許至易見也其最贊成者必為俄羅斯開戰以前俄人視滿洲為已得之物今則得而復失者也既不能自有之則尤不願其落於敵手毋甯公諸世界而已故俄人今後之視滿洲亦與我同其贊成永久中立宜也其在法國則北方之關係甚淺薄滿洲問題不足為彼輕重顧法俄同盟也其於日本固非慊焉苟有可以殺日本之勢力者彼歡迎之必也其在德國方虎視於山東日本有滿洲則德人之勍敵也其不願日本大得

志於大陸。猶俄志也。其在英。美。苟使滿洲能開放。以爲彼商業之尾閭則滿洲行政主權誰屬。固非所深問。雖然等開放也。瑞士比利時之開放。與臺灣之開放。則固有間。日日人飛躍太驟。黃禍之說。雖英美亦安能無介然也。故我國若提出滿洲永久中立之議。英美必有贊成無反對。又可斷言也。夫美人保全中國領土之主義。宣言之不憚再三者也。使滿洲永久中立說終不成。則割讓與委任統治。其勢必不得不出於一。委任統治與割讓。異名同實。美人豈其不知。然則彼之助我張目。亦意計中也。然則我國今日特患無外交才耳。苟有加富爾俾斯麥的士黎里其人者。以當其衝。利用俄德法英美之贊成以敵一日本之反對。安在其不能濟也

(4) 滿洲永久中立國之組織

前所論列。有永久中立國與永久中立地之兩種。滿洲本中國之一領土。自昔非成一國之形。似宜以爲永世中立地者也。雖然彼擁有百萬英方里之面積。八百餘萬之人口。遠非摩黎士尼一荒市蘇彝士一河道之比。無政府以統治之。安在其能立也。故滿洲不能永久中立則已。苟其能之。非別建國無可言者。然彼又自昔非成一國之形者。

今毫無預備而驟建國。則將採用何種政體乎。是相緣而起之第一問題也。使滿洲人民而既有自建國之能力也。則立一共和新政府最直捷了當。而更無他國之得容喙也。而試問今日滿洲之程度能焉否也。共和不能。必立君主。君主之位誰能尸之。是相緣而起之第二問題也。若比利時。若盧森堡。皆先有君主者也。與滿洲不類。其相類者。厥惟康哥。滿洲而建國置君。其必如康哥之以他國王兼王。此事理之順序也。而最適於此資格者誰耶。中國皇帝兼王耶。我之所最利也。而日本慮不余信也。日本天皇兼王耶。使我滿洲人民誠能如澳洲能如加拿大有自治之實力。不過戴一無責任之君主於其上云爾。則戴中國與戴日本固無所擇。其奈現在程度斷不足以語此。苟爾爾者。其視委任統治亦五十步百步耳。而我斷斷爭此何爲也。任擇歐洲諸國一王公兼王耶。中國人而自棄中國之滿洲。滿洲人而自棄滿洲之滿洲。亦已甚矣。乃至亞洲人而自棄亞洲之滿洲。其更何以爲情也。或曰盍以高麗廢王之名義兼王之。此滑稽談耳。不足措論也。審如是也。則滿洲議永久中立。而欲援康哥之例。此殆必不可行者。

然則此舉欲圖成。其更有道乎。曰。難矣。而非絕無也。其第一著當於滿洲問題未提出以前先使滿洲於名義上自爲一國則封藩是也頗聞一年以前。滿洲分藩說。既偶現鱗爪於北京政論界。雖然以分藩爲滿洲善後策之究竟也不可以分藩爲滿洲善後策之前提也可何謂前提即使彼於名義上自成一國以作將來認爲永久中立國之預備而免屆時爲置君問題別生爭論而已若非爲永久中立之預備。而貿然言分藩。無論其不成也。即成。亦爲日本保護國。如越南之在法而已。問曰以此極短之日月。而欲使滿洲於名義上造成一國。其可能乎。應之曰。比利時昔固荷蘭一領土也其建國置君在一八三〇年七月其認爲永久中立在一八三一年十二月相去不過一年有奇耳比利時以革命建國滿洲以分藩建國其造成國家之原因雖不同然其爲新國家之出現則一也由一舊國而分立新國者。最難爲得舊國之承認。若北京政府分藩滿洲後。而首認其獨立。則滿洲獨立國之資格。十具八九矣。安在其不能也問曰懼日本於事前而阻分藩之議也。應之曰。日本雖懷抱野心但今者其事實上之權力未變爲法律上之權力彼斷不能遽犯名義阻我爲滿洲之處分也即如我政府今派趙爾巽爲駐滿大臣日人欲之與否固未可知然終無詞以拒我勿使派此其已事也夫分藩之不能拒與派員之不能拒等也。凡此皆我政府現時所得自由處置而無論何國皆不能容喙也故吾國若無以滿洲爲永久中立國之心則已耳苟其有之則分藩之舉正今日所宜迅速實行者也。分藩實行。則將來之君位可定。雖然。國不能以一君主而治也。必有政府。滿洲人民果足以自組織政府乎此相緣而起之第三問題也。如其不能。則將以中國人助之。雖然。滿洲如果別自爲國也則中國人固與彼爲異國也以異國人而干涉其政治則他之異國亦將援例而干涉其政治則滿洲亦第二之埃及耳第二之朝鮮耳故欲使滿洲而得永久中立之實（永久中立國。其軍事上有限制。其外交上於攻守同盟條約有限制。其主權雖不如普通國之完全。然於他種內政。固保其獨立也。）必使滿洲政府皆以滿洲人組織之而後可其道何由曰擴充滿洲人民之範圍是也法宜寬定入籍之律令他國人居滿洲若干年者（期限可極短）即得爲滿洲人而與舊有國民得同等之權利義務其本爲中國人日本人歐美人所不問也此議若宣布必可以大獲各國之同情而於助永久中立之成就必有大力歐美人倡滿洲開放說非一日矣。若此。則眞絕對的開放而公滿洲一切權利於世界者也不及十年滿洲人民之程度雖追蹤美國焉可也。難者曰。信如子言。則日本歐美人將紛紛入籍滿洲。而政治實權。漸落其手。如是。則又朝三暮四。引虎以自衛而已。應之曰。凡入籍他國者。必須棄其舊屬之國籍。彼歐美日本之上流社會。自初一二十年間。其甘於下喬入幽者。必希也。而吾中國於其時也。大獎厲入籍滿洲之舉。令民間懷抱利器。鬱鬱不得藉手者。所在而有。其歸之也。將若水就下。不十年而新政府之基礎可以定矣。後此歐美日本之入籍者。雖接踵而來。而以我舊有之勢力。以與彼競。亦安在其必不能勝也。且就令勢力之一部。分移於彼輩之手。然彼既歸化滿洲國。署名滿洲人。則必服滿洲之國法。不易舞文以爲母國利。且使滿洲國之基礎既定。則凡歸化者。自生出一種之新愛國心。賣本國以利母國。非惟不能。亦不欲也。彼美國其已事矣。故歸化之多。必無損於滿洲之獨立。而惟有益於其進步。鰓鰓慮此者。實不達情勢耳。

(5) 外交之次第

綜以上所論。則外交上之方術及其次第。宜分北京政府及滿洲國新政府兩方面。分途赴之。其北京政府方面所當有事者

一 自今即封一藩王於滿洲。認爲中國保護半主權之王國。宣布於世界

二 滿洲王國宣布獨立時（即宣言不受北京政府保護）北京政府即首先承認之

三 既承認其獨立旋即由北京政府提議謂當爲永世中立國自擔保之且求列強之擔保

其滿洲王國新政府所當有事者

一 國王受封之國後即宣言獨立不復受北京政府保護

二 即派遣公使赴中國及各國求其承認

三 定滿洲爲立憲王國制憲法草案宣布之

四 宣布商業上開放門戶之主義

五 宣布入籍之國律

此其章明較著之辦法也。此外尚有暗中運動。其收效最奇而最烈。則當日俄和議未就以前先派一二閱歷多而望實高之外交家以半公半私之資格游歷歐美結其政界之有力者諷以此意而叩其同情一言蔽之則利用列強猜忌心而已而俄法德最易爲吾用者也嗚呼苟國中有加富爾卑士麥其人者。此舉之成。十八九耳。吾前此冏言最反對者必爲日本今請計日本所持以爲反對之口實者何如於事前而反對分藩、不可也。吾固言今日我國無論以若何方法處置滿洲彼日本於法理上無容喙之權利也次則於滿洲宣告獨立時不承認之。此亦不可。國際法上凡交戰團體之進而稱國最難承認者爲舊屬之母國苟母國認之。第三國其必隨之矣滿洲分藩雖與交戰團體殊科要之爲一新國湧現於世界者也其所以成立之次第宜無不同且使我國有人焉能運動五六之列强使皆隨北京政府之後以承認滿洲獨立則日本雖欲自立異亦安可得也苟其立異也則其與滿洲新國之政府既已國交斷絕則惟有占領其地以爲己屬而已如是則與割讓於中國之手何異日本方日以仁慈義俠之門面語自飾其必不肯出此固章章也若是乎。此第一第二著之反對。皆無可慮者。

吾意滿洲苟有宣告獨立之時日本必一面承認之一面運其鼯鼠之技欲使滿洲王國爲第二之朝鮮（即變成日本保護國）於斯時也滿洲王國一宜以强硬手段堅持之凡種種有義務無權利之契約無論若何恫喝皆拒勿納而北京政府即以其時提出永久中立之議以求助於各國以日本之保護說與吾國之中立說兩者並提出

以憑全球輿論之裁判一公一私一直一曲彼各國者其袒我耶袒彼耶此無待蓍龜矣。

日本之反對永久中立。其最有力之論究如何彼將曰永久中立國之性質以限制軍備爲特色今盡撤滿洲之軍備萬一俄人破約捲土重來則軟體動物之滿洲盡粉無論矣而第二次第三次之日俄戰爭且將不免是使我日本盡棄此役之勞養虎以自遺患也且滿洲內地馬賊充斥妨害治安所在而有以絕無軍備之永久中立國統治之抑大悖情勢也我則釋之曰。永久中立國雖限制軍備而非禁絕軍備且所限制者在軍備之使用而非在軍備其物法家言曰。『永久中立國除平時專爲國防之目的外不得與他國啓戰端及關涉他國戰爭之事』(Do not in time of pence enter into any engagements which might lead them into hostilities for other purely defensive purposes) 然則亦不許其濫用軍備耳若當自衞權(Rights of self-preservation)不容已之際猶得用之然則滿洲苟爲永久中立國固得養若干之兵以自守國際法理所未嘗禁也如是則撫敉伏莽輯甯境中固不必他國爲抱杞憂若慮虎狼俄之反覆也則苟爲永久中立彼俄國亦必擔保國之一攖列强之怒食言而肥俄人雖悍亦豈其輕易敢爾（俄人於黑海艦隊限制問題。屢次欲破巴黎條約。且嘗遇數次之特別機會。而終不能大達其志。可見各國公言宣誓之約文。不易蔑棄。）且將來日俄行成日人必將割讓俄屬之沿海州（即烏蘇里一帶。咸豐十年。以北京條約割讓於俄者。海參崴軍港所在地也。）及西伯利亞鐵路之一部分此日本輿論舉國一致之希望也苟能爾爾則俄國之鐵騎永不能復南下以窺滿洲滿洲之饞舍日本外更無能胠之者矣日本而以防俄爲口實也吾可以此折之。

其次起之反對論。必又曰。滿洲人無組織政府之能力。懼不保其治安也夫滿洲人果有此能力與否。今未經試驗。日本人亦安從知之。藉曰無之也苟其內亂不至蔓延以危及日本日本可不必過問也雖然。我既以獨立自由之幸福賚滿洲則爲滿洲計。必希望其得一良政府。此非特日本有此博愛。即我其亦同之也。滿洲果行開放入籍之策。則十年以後。其政府或更良於日本。亦意中事。而最初十年中。未足以語於此。則雇楚材以爲晉用。亦屬彼之自由。苟傭聘契約締結得宜。於其獨立主權。一毫無損也。彼日本維新之始。客卿曷嘗不充滿朝列也。如是則微特中國人可爲滿洲用日本人可爲滿洲用即歐美人亦皆可爲滿洲用然此不過政府與私人之交涉非政府與政府之交涉他國其何必爲代庖之憂也日本而以滿洲乏才爲口實也吾可以此折之舍此二者外。日本所持以爲反對者。容復有更端。但吾今者苦不能得之。耍之其有力之論據。抑亦少矣。夫以吾所策列强中。舍日本外。其反對滿洲永久中立者殆無之。而日本所以反對者。亦不過爾爾。然則吾苟有良外交家。則此舉之成。豈其難哉。豈其難哉、

日本所最願望者。則戰後一切問題、由日俄兩國自行解決。其所最慮者。則第三國參於其間也。我政府而欲實行滿洲永久中立之策也其愼毋首與日本商也首與日本商是與虎謀其皮也彼必將恫喝我曰。、嘻安得此亡國之言。永久中立。必附諸列國會議。列國會議。則列國且紛紛自謀其權利。是引虎自衛而召瓜分也嗚呼我當道其毋爲此言所慴也戰後一切問題之關於中國者無論如何必須經一次之列國會議乃能解決即我不提議而列國豈遂肯噤若寒蟬一任諸兩交戰國之孤行其志也會議既終不可免我先期而預備之見機而首倡之則我爲原動。或有一二焉可達我希望

而不然者純立於被動之地位並發言權亦亡之則坐受宰割而已我國向來外交有一定之方針曰無動為大而不知天下事往往有省事而反以多事好事而反以無事者在當局宜何擇焉雖然列國會議又未始非危險之一途也吾曩昔屢言欲抵制日本。在利用列強之猜忌心。此固現今治標之不二法門。但列國之懷抱野心滔滔者皆日本也非有眼明手快氣高力定之外交家以當其衝恐不能利用彼而反為所利用則其結果或誠有如日本所言者夫庚申之役坐失烏蘇里千里之地甲午之役坐失旅順膠灣威海諸要隘當時外交家曷嘗不曰吾以乙抵制甲以丁抵制丙也而病我者即不在甲丙而在乙丁國無人焉雖有良策幾何不適以自斃也嗚呼嗚呼沅有芷兮澧有蘭思公子兮未敢言吾不敢言吾望當局者自擇而已

問者曰。如子所言。既能利用列強猜忌心以使滿洲永久中立。則何不逕利用列強猜忌心使迫日本將滿洲名實悉還於我。為策不尤得耶。應之曰。不然。永久中立問題則世界之公利公益也列國贊助之是為仗義為本分歸還問題則我之私利私益也列國贊助之是為偏袒為干涉仗義之舉列國慕之干涉之舉列國憚之仗義之舉日本

無詞以相拒干涉之舉日本將宣言曰此我兩家事卿勿預知也則列國雖更欲容喙焉豈可得也故吾欲收還滿洲而求助於列國也此必不可得之數也且使列國中果有忽起而助我者乎則其可畏必更有甚於日本者何也。彼苟非有所利則何必自買怨於日本而爲我謀私益也故苟使列强中有强干涉日本使還我滿洲者則其事後索償於我正未知所終極甲午還遼之役其前車也誠如是也亦以二三滿洲易一滿洲耳而日人所謂列國會議爲亡國之原者果不幸而言中矣若永久中立說則我超然立於事外其助之者不足以市恩於我其事之成就也只能爲前此外交爭端之結果不復能爲後此外交爭端之原因兩者之利害得失不可同日語矣天下事有差毫釐而謬千里者此之謂也

四　永久中立外尚有他策乎

吾策中國今日之處置滿洲。莫有良於永久中立者矣。若不得已而思其次則遷都策是也日本於名義上歸我滿洲而於事實上要求委任統治也。其所藉口者不過曰慮我不能自守俄人將再起而承其敝耳。果爾則吾將受滿洲而還都之集全國之兵力

時局

以自戍以此兵力果足禦俄南下與否。在日本或未肯信之。顧無論如何邦畿之內不容有外國統治權錯於其間章章明甚也日本雖天驕豈其遽敢朝鮮我故我不欲眞收還滿洲則已苟其欲之舍此策末由

雖然此策也吾有以知今主權者之萬不能用也更不得已而思其下則有割讓而已其毋收還紅樓夢名語云。「蚤知擔受虛名。悔不當初打箇主意」使日本而以統任委治之條件還我滿洲此眞永擔虛名千古之遺恨也不如逕割讓焉蠲其大患而冀有所易所易維何旅順是已以萬里厖大膏腴之地賜日本。而乞其以彈丸黑子之旅順歸我。為日本計彼其在本境有良軍港四焉旅順之得失不足為輕重於日本之海軍其所以必爭之者為此地為俄所控而足以病日本耳俄勢既熸於東方日本臥榻側已無復他人鼾睡益一旅順無裨於經濟之競爭徒重守成以增其國民負擔故彼中報館。且有倡塡塞旅順說者。雖一人好奇之私言。而旅順不甚為重於日本則實情也若我中國苟從茲淪亡斯亦已耳若猶未也終必須有重興海軍之一日而舉國無一良軍港則海軍將安麗也故旅順之能恢復與否實吾國生死所由定也雖以萬里

厖大膏腴之滿洲以與之相易爲吾計猶良得耳旅順苟還則威海隨之是我以一滿洲易兩旅順也嗚呼吾亦安忍言棄滿洲顧割讓棄也委任統治亦棄也棄等耳則何如有所易雖然吾又有以知此策之不能用也

## 五　結論

吾刺刺語不休一言蔽之曰無論如何必無予日本以委任統治而已自膠灣開租借之端不及一年而五六之膠灣繼之苟滿洲開委任統治之端不及一年吾見五六之滿洲突兀於吾前也山東第二之滿洲也廣西雲南第三之滿洲也其第四五六之滿洲我不言而人皆同喻也鄭子產不云乎國不競亦陵何國之爲我國今方爲軟體動物的國家苟有老辣之外交家丁此衝厄則其外交方針惟一而已曰

**吾寧割地而必不肯締結棄實取名之條約事實上之權力我力不能禦取携焉可也法律上之權力吾雖死猶靳之君有所欲耶以兵艦來以軍隊來吾撤**

時局

## 吾官吏改吾地圖若以紙來耳以舌來耳其毋望以豚蹄獲篝車也

吾以爲此一方針於今後之外交界事事皆適用路權也礦權也航權也內地之領事裁判權也其他種種不規則之權也客賊並來波譎雲湧我所以對付之者惟此一術惟此一術而現今煎迫眉睫之滿洲問題實此種示威運動最適之試驗場也傳曰牛雖瘠僨於豚上其畏不死吾嘗普觀二十年來我國外交之歷史其以畏葸而失敗者吾習聞之矣其以强硬而失敗者吾未之聞也（近日外省之交涉。亦有以强硬成功者。容詳詢，筆者記其顛末。若粵漢鐵路。又其明效大驗矣。）嗚呼天下事豈遂不可爲顧安所得其人而語之

客曰子之言憤言耳豈其可行我割地彼拜嘉耳君之地則能消幾度割也應之曰今之天下跖其行而堯其言者方占優勢彼方日自號於衆曰吾堯也堯也以是與跖言跖行者相敵以冀收倍蓰什伯之穫吾今咄之曰子言堯則行不可不堯若行跖則言亦不可不跖吾惟裸吾體與子相見耳吾有以知堯之必大窘也嘻吾不必盡吾言國

中當有解人。

他事勿論。今所研究者。滿洲問題也。吾以爲處置此問題。無如造成永久中立國之良也。吾慮吾國人猶沈酣春夢日日倚閭以盼滿洲之歸期也發言盈廷其究也則成有賀氏之名耳時乎時乎不再來國之存亡在於今日哀哉哀哉退靜默而莫余知兮進號呼又莫余聞吾欲瘏吾口以徧告當道有力者吾知其終不吾聽也吾欲訴諸國民之輿論國民其有此決心而輿論得一致耶其庶幾可以動政府吾造此論吾捧一縷血誠敬商搉於我同業諸君子與全國學界諸君子

時局

# 羅馬四論（續第六十七號）

明夷

## 三 論議院之制必發生於西不發生於中

羅馬時舊元老院遺址猶存。意人名爲科羅羅馬那。今存七柱。甚宏巨也。羅馬當漢中葉。廢王而立總統官二人及護民官法官。而一切政權皆在元老院。推舉總統護民官法官。皆由之。其員以羅馬都人充之。雖以愷撒大功。猶謹奉元老院之命。至屋大維立。元老院上尊號爲奧古士多。乃命其部將充元老院議員。增至千人。于是元老院之權望。輕而漸賤。然尼羅之無道。元老院猶能宣令而廢之。其後迭迎立諸武將爲帝。皆由元老院。及西二百年時。親衛軍跋扈專廢弑君者二十五帝。與唐末五代同風。而一切尙假元老院之命。非元老院公許。不得爲帝。選官之權。亦尙在元老院。至西二百十二年。塞維拉帝乃專帝權。令元老院自認無主權。然三十暴君之時。羅馬大亂。置君如奕棋。當西二百七十五年八月無君。一切政權。猶在元老院也。西二百八十三年。地克里生帝乃令行帝政。廢元老院。其舊有之護民官總統官皆从而裁之。于是元老院數百年之事權乃盡。而羅馬亦由分而漸亡。蓋羅馬帝政上半期。尙是君民共主者也。羅馬初葉。即有加侖尼羅之淫暴。此後即迎武帥爲君。賢者得世。絕則復迎君于諸將帥中。其後當衞軍賣二十五帝之時。又當三十暴君之世。羅馬無時不亂。而邊外晏然者。則以民俗尙因民政之舊。帝位可由選舉而來。而元老院爲久遠之權。百變而不改。得以居中坐鎭之也。雖時有竊權之夫。時攘大位。亂離相繼。不若中國帝政之安。而論羅馬之美政。能久保其大一統之國土者。則實元老院爲之。今歐洲各國議院之開。亦由元老院舊事。入人腦中。故得激刺而爲之。然則希臘之議院。可謂爲今大地議院之太祖。羅馬之元老院。可謂爲今大地議院之太宗。所關亦大矣。但羅馬元老院議員。只羅馬都人充之。實同於貴族院。寡人之政治。非全國民心之公體也。意則甚佳。體則未備。今憲政靑出於藍。氷寒於水。過之遠矣。但推念祖所自出。篳路籃縷以啓山林者耳。我昔堯舜咨岳。盤庚進民猶有其旨。而中國亘古乃無議院政體民舉之司者國民非不智也地形實爲之也蓋民政之起必由小國寡民或部族酋長之世君不甚尊去民不遠而貴族爭政君位難久迭代爲君則自有貴族之寡人政治出焉而國太小地太僻者民智不開亦必受治于一雄之下惟歐洲在地中海波羅的海之中港島棋枒山嶺錯雜其險易守故易於分國而難於統一乃歐洲之特形也故遠在希臘區區蕞爾之地不足當中國之一省而已分爲十二國千年莫能一之雖彼雅典之文明亦不過比我今數縣而四面臨海舟船四達其時南若埃及腓尼西亞東若巴比倫叙利亞皆文明久啓商市互通地既不遠希臘人士得以游學探撿虛往實歸採各國之所長以文其國民以通商而富士以遊學而智智民富族既多莫肯相下故其勢必出於公舉賢而衆議之吾嘗經希臘矣。群島延迴。峯巒秀聳。日有海波相激。生其間者民必秀出而又集各國之長有富族智士之多故梭倫以富人四級立會議之法行之二百年此民立議院之必開於希臘者地形爲之也羅馬開于春秋之始人口不過數千蓋以三十族開基羅慕路之王五世僅治羅馬城之一隅手闢草萊迴旋百數十里旁無大國日與近鄰。意大利中諸蠻競爭其爲王雖世及也僅同酋長故其爲治亦同部落諸族分權而治無名義以相統其有不可廢而棄之且鑑君權歸一家一人之弊不若衆族衆人分執之適貴族本自平等孰肯以君權歸一人乎此王權所以永廢之原因也其議會也諸侯充兵者預焉。吾粤鄉族村邑之間凡小族小鄉小邑有一家獨世爲搢紳者則一族一鄉一邑之權世爲一紳家所主。而餘人拱手聽命焉。其鄉族城邑大者富家貴紳甚多。則衆紳相與集議。若都邑中豪族貴家久居其地世柄其政勢力已定。其後來徙居之人。雖有貴勢富力亦必俛首讓之。如順德縣大良城之龍羅二族是也。羅馬之元老會限于羅馬都中之貴族亦若是則已耳雖其後平民與貴族爭權。平民終勝亦以富分五級。各出兵隊共爲百九十四隊以出征他部。然所謂平民者亦羅馬都中之平民於羅馬全國無預焉若夫日耳曼者。當吾漢晉。尙爲森林之野番。開創之始擴闢山林。粗開部落未成國土。未有君王。部落既多群族相鬥。必開會謀之。凡稱戈之卒皆得預議。不能荷戈者不得預會所議者公舉頭目將軍及編兵之事而預會者亦只有贊成可否之權無發言之權熒火射矢以集衆。集於邱陵林叢或神前可者舞蹈不可者擊器以亂之其大不願者投戈於地此類集會只可謂之部落械門會其定年開二次有新月滿月利于舉兵則野番日以殺鄰爲事者今人以後世文明蒙之以國會二字誤謬甚矣蓋日耳曼當彼時代僅爲土番部落雜沓政體不一然各部無論有王無王即有王者亦如今土番之頭目再進則酋長耳不過供戰役之所舉其後或因戰事屢勝舉爲將軍或由將軍而進爲大酋要皆非有大國王者之體制也至西歷四百年時部落戰爭互相吞併積久漸大凡成十餘大部落又與羅馬日通則始有君主漸成酋長之世至法蘭克國興採用羅馬制度立有君主粗具文明乃始爲國則此類集議已息滅矣今吾粵僻處各鄉械門亦必鳴鑼大聚鄉人而公議之其出門者當得預會而公舉統領之人籌糧之人前鋒接應之人若苗猺黎獞各種分據山洞各立酋長至有戰爭亦射矢舉火爲號傳令各洞而公議其事舉其督戰分戰之人至於雲南貴州各土司千年戰爭皆自小部落併吞爲大部落可以宋史土司傳考之日耳曼史開創時乃如一轍卽今瓜哇蘇門答臘各土酋之爭併亦皆各部有會焉此等部落互爭軍事會議人人直預今各野番皆通行之凡此等政體皆由山海崎嶇川嶽錯落部落分据

統一甚難。故各占險要地方數十里十餘里不等。人民自千數百至數萬人。多相識。亦甚平等。日以爭戰爲業。故武士直接而預議兵事。至於國土稍大。至千數百里。人民多至百數十萬。即有君主執權。無復有此等會議之事。至於歐洲中世封建之時。日耳曼帝僅以虛名擁位。其時國會皆豪族、如諸侯大僧之有領地者列席焉。所議爲和戰敎宗嗣王及國際大事。舉既不常。此等會議。猶之春秋時列國諸侯大會。或遣大夫來會。則凡非大一統之世。衆國並立。必有此等會議。固吾國行之二千年矣。惟法國當西一千三百二年顯理布第四時。爲抗敎王。故乃藉民力而開國會。選大學及各郡縣舉人爲之。則有今會議之意。然行之三百年而中絕矣。惟英以條頓種與挪曼人同漂泊於不列顛。傳其舊俗而世行之。至西一千二百六十五年約翰王時。遂定大憲章。日益光大。以至今日。而推行於天下。英固世有王。而國會不廢。久之且全奪王權。而成爲立憲最堅之政體。而大地立憲政體。皆法之。此爲大地最奇特之事。亦絕無而僅有之事。蓋考英當威廉由荷蘭入主英國之時。當我朝康熙二十七年。而是時英全國人口不過五百萬。區區小國寡民。故克林威爾之革命。亦不過如春秋時列國之廢逐其君。晉厲宋殤之弑。晉昭衛輒之出。若是者不可勝數。衛人立晉乃出於衆貴族柄政盖視爲常蘇格蘭阿爾蘭之混一不久。上溯約翰世又四百年。計其時英國僅英倫一隅。當西一千二百六十五年。人民必不過二百餘萬。如威廉第一之世。不過百餘萬耳。立國於宋世亦不過人口數萬或十數萬。名雖有王不過如今滇黔土司之酋長耳盖民數甚少則君不尊大地僻海隅之一島則羅馬及東方之制度亦不廣播故能傳其舊俗而不至滅絕及文明大啓則國會已堅而又有希臘羅馬議會舊事以會合之則國會益堅故日耳曼之分國雖多而獨能傳其舊俗者不屬他國而屬英倫則以邊海之小島寡民故也若在歐洲大陸則早爲羅馬大國之政制所束縛君權久定國會奚从發達焉然歐洲數千年時時有國會者則以地中海形勢使然以其海港汊沍紛歧易于据險而分立國土故也分立故多小國寡民而王權不尊而後民會乃能發生焉若印度則七千里平陸文明已數千年在佛時雖分立多國而皆有王人民繁重君權極尊國體久成非同部落若波斯則自周時已爲一統之大國帝體尤嚴埃及巴比倫亞西里亞更自上古爲廣土衆民之王國至阿剌伯起立更復不獨染于舊制亦其敎理已非合群平等之義益無可言凡此古舊文明之國則必廣土衆民而後能產出文明既有廣土衆民則必君權甚尊而民權國會皆無从孕育矣況我中國之一統已當黃帝堯舜之時蓋古號九州爲中國者在大江以北太行以南曠野數千里地皆平陸無險可守故爲一統帝國之早之遠在萬國之先不止成國體立君權而已既爲數千里之大國衆民則君權必尊無可易者但其時土司舊國千萬至今滇黔未盡改土歸流況在三代以前乎。故有諸侯大夫合議之制。凡黃帝之合宮唐虞之總章。周之明堂皆貴族議院也。故堯咨四岳以舉舜而顓頊帝嚳。皆出一家而非傳子。有類於日耳曼之選舉侯。而桀紂既放殺。則千八百之侯。公舉天子。及厲王被放。周公共和若春秋之大夫。交政於列國，執權於邦內。皆貴族之俗也蓋不待秦漢以後萬里山河純賴帝制而君權之鞏固已自神農黃帝來矣亞洲皆大陸廣海凡有小國無不併吞無从容蕞爾之希臘得有文明而自爲政羅馬都人類於豐沛而漢高五年成業即已淹有百郡大異于羅馬之以千年之力次第平蠻者若湯亳周岐雖起于百里而承先侯業獨以聖武之君定天下此類於亞歷山大之一統歐亞摩訶末之開萬里回疆益以鞏固君權而已尤非羅馬之同類矣故中國之勢無從生產希臘羅馬之議院者實地形爲之也若日耳曼之部落。則西域之胡。及西南部之氐羌蠻夷。乃正相類。凡極小之部落。何嘗不會議乎。而在歐洲之羅馬一經分裂滅亡之後無有能統一之者故諸國競爭相持千年而英人乃得以其故俗延一綫于絕海之小島而又遠播希臘羅馬之文明以强其國得以內平七國外與歐陸諸國相持及遠滅印度國遂驟强而國會之制遂爲大地之師焉若中國既亘古一統即不容四方小夷之苟延壽命其少能自立之國則已廣土衆民探文明之制於中國矣若日本高麗安南是也然是三國者開化皆二千年人民皆久逾千萬安南暹羅緬甸之滅國已甚多矣何从于二百年前尚容四五萬人文明之英國哉假令羅馬而一統至今則英倫三島亦中國之瓊臺耳滇黔耳爲羅馬之郡縣奉羅馬之政法何从而有國會何从而與王爭何从而漸進漸精而成今日之立憲政體乎統全大地論之他地野番之部落會議蓋多但無从得文明以立國亞洲之文明立國已久則以大國衆民君權久尊而堅定無从誕生國會惟歐洲南北兩海山嶺叢雜港汊繁多羅馬昔者僅闢地中海之海邊未啓歐北之地至歐北既啓則無有能統一之者以亞洲之大過歐十倍而蒙古能一之而歐洲之小反無英雄定于一故至今小國林立而意大利日耳曼中自由之市若哩呢士漢堡之類時時存焉即無英國此根不滅必有大生廣生者矣况有怪英者延條頓部落軍議之舊俗伏流千年而發于三島又以三島之國會舊俗伏流萬里而起于美國其反動力則刻觸於法而大播於歐遂爲地球獨一無二之新政體豈非歐洲憑据南北兩海多島港而分立國爲之耶故曰地形使然也非中國人智之不及而地勢實限之也不能爲中國先民責也今大地既必行此政體矣。英得伏流之先。故在大地最先强。歐美得其播種之先。故次强。茲七柱也。其先河也乎。或以爲中國先民責。不論時地形勢。而執一理以責人。妄也。及今移植而用之。人下種而我食之。豈不便易乎。何必怵他人之我先哉。物無兩大有其利者必有其害中國萬里數千年已享一統之樂利歐洲列國分立經黑暗中世千年戰爭慘禍酷矣乃得產此議院以先强則有其害者亦有其利然中國苟移植之則亦讓歐人先穫百年耳何傷乎天道後起者勝也

四　羅馬衰亡之一原因

羅馬共主地克里生，以國土太大。分爲四國，立兩奥古士多兩愷撒以分治。而自統之。君士但周治不列顛及高盧（即法國）以馬西密憐治意大利及亞非利加。以伽勒留統丹牛波河境地。地克里生自領埃穌來斯。此爲西歷三百年前後也。既而地克里生辭帝位而躬耕。又使馬西密憐幷辭帝位。自是君士但周與伽勒留分治羅馬。其後馬西狄嗣其父馬西密憐與古士多之位。馬西密憐之隱非其志也。復羨帝位。與子爭帝權。分爲二帝。馬西密憐父子。攻破伽勒留。遂據羅馬京。既而父子交惡。馬西密憐先以女妻君士但丁。帝遂奔於帝所。既又謀殺君士但丁。帝事覺被殺。馬西狄與帝戰敗。溺於泰擺河。君士但丁遂歸治羅馬。又大破馬西密憐而滅之。時屬地狄西亞國王自立而强大。又虜其王而平定之。以羅馬人民政心重。乃遷都於今君士但丁東都。備極壯麗。毁希臘亞細亞古跡。移之以爲新羅馬。又公認耶蘇教焉。以平定分裂之天下。而首創宏麗之新都。此其才在中國。亦晉武帝之平吳蜀。周世宗之定南北矣。其定都創制雄略亦同。然地克里生分裂一國爲四。兆端既誤。君士但丁之三子復三分天下。各領其一。又互相戰伐。至賽奥德西亞乃統一之。一年復分國與二子。於是羅馬永分東西焉。蓋自西歷二百八十八年地克里生分裂四國後至三百九十五年分東西羅馬中間一百零七年祇有君士但丁統一羅馬十三年耳前後數百年分裂戰爭兵甲相仍而羅馬遂永滅而歐洲遂墮於封建戰爭千年黑暗之世至今歐洲各國尚自分裂爭戰無已誰生厲階至今爲梗則地克里生之至愚分裂四國爲之也夫人民之性有物則必爭平等則必爭至於國土尤爭之甚者故自種族而幷成部落自部落而合成國家自國家而合成一統之大國皆經無量數之血戰僅乃成之故自分而求合者人情之自然亦物理之自然也孔子倡大一統之說孟子發定於一之論蓋目覩爭地以戰殺人盈野故大倡統一以救之李斯紹述荀卿之儒學預聞微言故秦始皇時欲立六國後李斯與始皇乃斷然去之漢高祖時復欲立六國後張良借箸而籌乃斷然不行中國遂以二千年一統民安其生比之歐洲千年黑暗之亂禍其治安多矣或謂人道必以競爭乃能長進。中國之退化危弱。由於一統致然。西歐之政藝日新。由於競爭所致。是則誠然然歐人經千年黑暗戰爭之世苦亦甚矣今讀五代史五十餘年之亂殺尚爲不忍而忍受千年之黑暗亂爭乎今中國遜於歐洲之治強亦不過讓之先數十年耳吾國方今大變即可立取歐人之政藝而自有之豈可以數十年之弱而甘受千年之黑暗乎且使公羊不滅於劉歆。則升平世太平世之說。至六朝已可大昌。而大地亦爲我主又安有必故爲分裂以待競爭而求長進乎且中國亦累經分裂矣三國一時十六國一時五代一時亦見亂殺文明掃地何有所加進乎幸爲時不久耳然禮樂經書銷滅甚多豈得謂競爭而進文明乎中國號有文明皆進於漢唐宋一統久安之世即今西歐學藝之長進日新亦在百年來弭兵息戰之時而德國曩昔廿餘國並立數百年工藝不興貧弱殊甚今統一廿餘年破法之後休兵息民獎勵工商鼓舞學校於是德之學藝驟勝於英法德之學士既詳言之一孔之儒但觀歐洲列國分立政藝驟新遂專歸於競爭豎儒乃不審時勢致欲分中國爲十八國以望競爭之效則與俾士麥相反以自促其亡嗚呼何其愚也方今霸國義昌互相吞滅之世乃由春秋入戰國之時韓趙魏既分晉終爲秦滅況於曹邾杞檜而欲久長乎春秋數百國不過二百餘年而幷爲七國可不鑒哉印度由一統自裂爲二百餘國遂永淪滅而爲奴再無復興之日若欲分裂也嗚呼其爲羅馬印度哉

中國惟北魏之世曾分國爲東西。既篡於周齊而一統於隋焉。李淵使二子世民建成

幷建天子旌旗。中分天下。而世民殺建成。盖自漢高封其子弟分王天下以後。遂有七國之禍。賈誼建策衆建諸侯而小其力。武帝時主父偃力行之。乃分王諸侯之子弟以弱小之國。朝之待蒙古諸藩亦以此法。英法德之創弱封建。亦分封其子弟。弱小其國封建遂衰。故分封裂地之法。皆帝者强幹弱枝之隱權秘術。而未有自行之者也。中國久經變故。似此愚法。不復再行。而羅馬末造乃迭行之以成其亡。此其閱歷之深。立法之妙。皆不如中國遠甚。豈非無孔子一統之經說以持之致然耶。然地克里生去帝位而躬耕。有此盛德。無施不可。故及身能治。馬西密憐爲其友勉强辭帝而復出。則致亂亡矣。苟非其人。道不虛行。凡難爲法之事。不可傳於後世。故地克里生者。子噲之流也。然中國數千年。未有其人。地克里生輕萬乘如敝屣也。眞天下之好也高蹈者夫。或謂國朝世祖。實遠引而非登遐者。吳梅村清涼山讚佛詩曰。房星竟未動。天降白玉棺。又曰道參無生妙。功謝有爲始。言此事甚詳。果爾則地克里生近之矣。然手定大業。既堅既永。以貽將來。豈若地克里生作法不良。邦基永壞哉。故地克里生者。羅馬之賢主。而種分滅羅馬之基。昌盛歐洲之業者也。功罪可以此斷之。每撫羅馬一古蹟。則感慨中西。不能去懷也。

（完）

宗教

# 佛教之無我輪迴論(三)(續第六十七號)

觀雲

佛教之言輪迴也或以謂釋迦所隨順說或以爲釋迦所主持說其言隨順說者以輪迴之言爲印度所固有非始自佛若優波尼沙土言之數論亦言之其萌芽當含於婆羅門經典之中佛爲說法開導愚衆往往擧印度之古事記故凡爲印度所古有之言而非始自釋迦者皆當視爲佛之方便說此爲觀佛書之通例是以輪迴爲佛隨順說之言也其言主持說者以爲輪迴之說雖非創自釋迦然爲釋迦之所承認凡爲教主所承認之說即可視爲教主之說例若舊約之創世記爲耶穌所承認即可視爲耶穌說者是是以輪迴爲佛主持說之言也今按佛教中若去輪迴之說則教旨不能一貫且佛雖屢引印度古事爲方便說然輪迴之有無關繫於教理上之事甚大小事可隨

順說大事不能隨順說且使釋迦而果否認輪迴則於一代說教之中有權有實必有否認之迹今檢無其事以是知判爲佛所主持說者以佛教教義合之其言是也然則謂輪迴之說於實事一無憑證則其言殆屬荒唐而於學理上固毫無價値乎是又不然試畧舉數條之學理言之

(一)宇宙間事必以所能見者爲有不能見者爲無此非合理之論法也於數論派所用之論理以爲天下事不可盡以證量 於佛教爲現量 知也故立爲證量比量聖言量之三量以爲知事理之法證量者外界之事物直接於吾之感覺而知而證量之有所不能知者則歸之於比量比量者於彼方事爲吾所不能見然因此而可以測彼而比量之又有所不能知者則歸之於聖言量聖言量者惟超人之聖方能知之能言之也其舉吾人所不能見之物而不能斷定其必無者立爲八種之例一在最遠距離吾人目力所窮而其物實有二距離最近亦有不能見之物如眼中吹入之細塵是三根壞如盲人不見色是四心不定而緣異境之時 中國所謂心不在焉視而不見聽而不聞 五微細之物 今微生物之種類爲人類所不知者甚多 六覆障如在壁外者是七伏迫如日出而星不見是八相似而聚如粒豆之在豆聚中是

又近世哲學家若康德以爲吾人所能見者萬物之現象而非其本體萬物之現象吾人可得而知萬物之本體吾人不可得而知而心理學上盛行之代表知覺說者亦謂吾人僅能認萬物代表之印象而不能認其本體又斯賓塞爾分哲學爲可知不可知之兩部不可知者即其事不能斷爲無但爲吾人之所不能知耳是則除事物本可經驗之部分外而必欲窮萬有根本之原理則立不見爲無之例固爲學者所不許也

(二)佛教言宇宙萬有之開發也不外一因果連續之體夫有因果則必有三世三世於時間上爲過現未之三境蓋因果之所以成不能不有時間無時間則因果無可成之理如今哲學家論時間之理同然則既以因果爲根本矣而有因果則有三世有三世則有輪迴其理屬相連而起今欲否認輪迴必先否認因果否認因果不能不持因果撥無論若是則言宇宙萬有開發之理可立兩例於此一因果連續而起一現象突然而起主現象突然而起者則人必突然而生山川大地必突然而現問以何故乎不能不答曰無故現象突然而起之理本如是也是說也佛教斥爲無因外道吾人亦覺其說理爲甚淺蓋信現象突起說者毋寧信因果連續說而信因果連續說則輪迴之理

即爲因果連續說中所含有蓋即由因果之理法而得成立者也

（三）今全地球學者所俱不能解答者靈魂有無之一問題是也今若以爲無者勿論若以爲有則將信基督教所謂永存之說而待末日之審判乎抑將信佛教所謂隨其所作之業而輪迴於生死間也以吾人所見宇宙萬象刹那生滅雖刹那生滅而於其中自有一連鎖之體於是生生滅滅其象日出而不窮不變而日有變之事變而又日有不變之事此實宇宙萬有熟演此一境以明示吾人然則除眞如爲無爲永存不變之本體其餘萬有殆無一能免生滅之理法即無一能免生滅輪迴不斷之理法者馬鳴之作起信論也解宇宙之全體立眞如生滅兩門宇宙之實在爲眞如宇宙之現象皆生滅也吾人既不能解脫而與無爲之眞如合體緣何靈魂乃得永存此定靈魂爲有則信基督教永存之說毋寧信佛教輪迴之說也

（四）吾人之見人生也無一不見其生而壯壯而老老而死即萬物亦然萬物之有成住壞滅也與人類之有生壯老死一也然既有死滅之一境胡爲而又有生成之一境其間不能無一聯絡之體不然而萬有不能保其無斷絕之時或曰萬有之所以有死滅而

又能生成者其中間聯絡之一體即所謂遺傳夫遺傳爲聯絡之體固矣然遺傳不過聯絡中一部分之事而非宇宙之永久的聯絡體也何則必有遺傳而後萬有始得相續則當地球之始尚無一物爾時固無所遺傳而胡爲有萬有之一始境也且地球亦萬有之一其究竟亦當有一壞滅之時當夫地球既毁萬物盡喪斯時固無遺傳然則以後便當永無地球耶此必非理若謂地球經一滅刧之後復有地球如是則於遺傳以外不能不更立萬有相續之體小乘立此相續之体爲業謂世界之始即是業成若近時學者其攷慮亦多及此若勢力恒存說若元子論古今元子學說之爭點其最大者一爲元子析至極微之時尚有物質的延長性與否即尚爲有形之体與否或以爲有或以爲無若果爲無即同於空但雖謂之空不能謂之無物此事非獨爲近時學者所爭佛教中亦爲一大論爭之事又其一前者以爲元子之性質同一而其形有大小之差故有疾徐輕重之殊後者以爲元子之運動皆發於其自体之性質即以元子爲有意識者又或以爲無數無限或以爲有數有限而以元子爲充滿於宇宙間萬物之變化生滅不外元子集散離合之一結果一也近時持元子論之有名者爲來布尼士〇佛教謂之極微但歸於色之中極微之極小者名阿拏法苑義林章卷五極微章云眞實極微智慧所析最極小者所謂阿拏又云要析諸色先至極微斷諸煩惱後入空故由是大義故說極微云云意欲論意欲論出近時德國哲學雅賓背氏影響於哲學心理學界甚大其說以爲宇宙萬有之現象不外一大意欲之發現萬物莫不欲生活莫不欲暢發者是即意欲之本性此意欲非獨人與動物有之若植物之作用若礦物結晶之作用若磁電氣之作用亦無非由於其意欲所發之故意欲之形体有時消滅而意欲之本質不能消滅即宇宙所以有生生滅滅而不絕者皆以此意欲爲主體故也意欲論之大畧如此意欲或亦譯作意志等字皆所以補此問難者

若佛之輪迴說。蓋亦可由此而解世界有現滅而無斷絕之理者也

以上僅略舉數義。以證輪迴說。不當屛於學理以外。若夫教中之言輪迴。其說滋多。然論者以爲不當局於一教而言。故不復陳也。（四條中雖有因果之一條本佛教教理而言然因果之說今學界皆用之不當謂限於佛教也）

近人有駁靈魂輪迴說者。其言以爲精神由軀殼而始生。未有軀殼亡而精神獨能存在之理。而肆其嗤笑之論曰。告汝死屍。蠕蛆蛸集者。汝之後身也。汝之轉生也。云云。總其意。不外以死爲斷滅。而謂死後倘有一不斷之物者存。則彼所斥爲謬論而不足信者也。顧欲立是說也。不能不先立有一普關之原理。其原理若何。即凡屬宇宙間所有者。必無一有離軀殼而能存在者。而後可。然果一按此理。則如駁者所言。其根柢已歸於失敗。何則。今科學家。不唱爲物質不滅勢力恒存乎。又若元子論意欲論。又皆以爲有此物而能存在於宇宙者也。且萬物之始。僅有細胞。由細胞漸進而後有軀殼。而細胞不滅。又學者之所唱。是細胞又不待軀殼而能存立者也。且果謂離軀殼而不能有存在之物。則吾人直不解宇宙之始。固無有所謂萬有之軀殼。而何以能開發萬有也。然則所謂精神不能離軀殼云者。不過舉吾人有生之前生理與心理一種相關之現

象若言心理學者不能不言生理是也而欲據此以論斷宇宙之原理則有以知其說之不當矣

或者又謂果有輪迴則吾人必能自知其過去生中之事即所謂有記憶前世之知覺者今以無知覺故則亦可知其無輪迴之理云云爲此論者較之前之駁輪迴說者固進矣然亦未可以爲無輪迴之斷案也夫以吾人爲無兩世之知覺遂謂輪迴說之不足成立此於印度最古言輪迴時已有持此一問難之題者其時優波尼沙土學派之言輪迴欲解答此問難乃以爲當夢之時人之靈無兩世界之隔而兩世界可以貫通此解答固不能予人以滿足而當別有理以證之然固欲求一理以相證蓋亦非甚難事也今夫據宗教之一方而論則謂人之能知前世者甚多今不必過問其言之眞否即謂以吾人普通所經驗決無發見有能知前世之事然仍不能以此爲破輪迴說之一利器何則今吾人所可確鑿攷證者人之必有遺傳性也故凡人之生性於此事或有獨長於彼事或有獨短此或向於爲善彼亦向於爲惡此其受影響於遺傳性者爲甚大心理學分人慾望之發生爲三種一生理上自發性之衝動二由既往之經驗記憶其事而再惹起三或以言說或以何種之方法引起其未來之想像此三種中後二種皆有知覺而前一種則無知覺所謂食

色性也即此一種性不能不歸本於先天所帶來是亦可爲有與生俱來之性而不自覺知之證固盡人之所同認然假令今有赤子於此生而寄於他所而與其父母隔絕及其長也決不能自覺知其父母之容貌及其父母之行事而於不知不識之中固自發現其所有之遺傳性設有知其事而從旁攷察者不難記載而印證其性質之所自來而試問於其自身則固一無覺知也夫遺傳性爲明白可攷之物而尙不自覺知然則更何能以不自覺知之故而據以斷輪迴爲無其事也

（未完）

# 地理教授畧論

定一

夫地理學者記載世界人類之住所而論各處之地勢及其他天然形勢者也與人之生活有種種之關係凡爲國民者皆不可不知之

殖產興業之基何在耶蓋因各地之氣候異地勢異地質及土性異而產物亦異亦或有因河海山谷等之位置而定諸國交通之道總之天然之各狀態全支配人民之生活卽以古今歷史參照之政治上之事件人民之移住外征之成敗國民之氣質宗敎上之思想文學土地之發見開化之進入國之貧富靡有不因于地理而差異者也故講歷史者不可不知地理學（地理非僅補助歷史學）

地理學之重要既如斯也則列于普通敎育之內蓋國民所必須之學也凡國之經濟

殖產興業交易者皆不可不明矣抑人也者住于地上每日觀察天然之事實皆有互相密接之關係尤有影響于人體豈啻可練心開智而已也我國教育伊始而世界形勢素不明晰非研究地理學必無以救之

(1) 地理之學校授業

地理之教課(第一)高等學校(或地理專修所)(第二)中學校及以下各校今先就第二者言之

(一)教課材料之選擇及其講述之順序教員之學識

(二)教科用物品及說明用品

教地理學決不可以教課書中章句之說明爲難文難句之暗記必先使幼生見平生所居學校之講堂庭園郊外之地理專說天然雜事之關係養成幼生自已觀察之能力且必記憶地理上一般之事實然後授以鄉土論而延及本國全體而遙及通觀世界萬國更退而入于他國之位置及特質之事又示以我國何者爲優何者爲劣之處以養成愛國心

宇宙萬物之狀態在地上之各小區域者畫其眞相之大要天然萬物相互之關係如何世界一般之狀態如何可先以幼童所住一小村之景物論（"Landschaftsmethode）就實物而說明其大意

地勢地質地方之植物等幼生皆極易了解之若書物文字上非說明事實各自加深注意則難能也

在庭園則可導屋外之實驗在講堂則可示繪畫之地圖在博物館可以說實物之名在郊野外可以言旅行之法故教地理之觀念在學校內多有難言者必以實驗而後能解之（如火山溫泉等）或于讀誦時凡幼生有悟出新意見者可以草記事文或筆之于圖夫如是則地理之教授始可以謂完全活潑若教科書者僅爲授業之補助耳然而今日普通之地理教授法反是教師墨守書籍生徒亦不得不墨守書籍不尙記憶專主謄錄臆、是烏可哉是烏可哉（此言並非不佞所敢虛造確由實驗來）

教課之材料先由各個之事實逐次爲簡單之理論推廣及地方之事更退而考奧妙之理雖重順序然全部之教授不可煩雜多數名稱四拾五入諸國混合之度量衡及

奇異之地名宜量力而行之且不可多採地理上之固有名詞以苦幼生之記憶力因生徒鄉里之關係而補其所缺乏是尤在教師耳故地理學之教師非可以人人而能爲之

說明地理用物以爲教師之預備何者宜用或不宜用均不可不明晰之列于下

第一、地圖者地理教授上最不可欠闕者也暗射圖（僅畫形勢境界經緯度綫者謂之暗射圖以爲生徒默記之用）尤宜具備白圖（不着顏色者因便細檢看）爲說明及練習之用又有因粗密之度而異其着色之體裁者然地圖之上悉寫天然萬物之狀態而幼生之難解者不少故豫練習地圖之實用法必授以地圖了解之道

第二、地圖說明之畫（Geographosche Characterbilder.）有水彩油繪之別景色人種都府之奇觀動植物界之狀示于眼前至平面上顯物之地圖即日本至今尚缺乏惟德國及墺地利亞多發行之

第三寫眞（即照片之謂）用法亦同上項顯出物之輪廓而不以着色了解物形可以明物體之大小遠近之差不須用特別之眼鏡見之若以「帖留士可布」觀寫眞則較肉眼

當稍明瞭。

第四表示地面之凸凹物之形態及其景色者名曰雛形雛形猶言模範也其製造之術姑從略之。

第五因說明地理固不可不具採集品然必宜設地理列品室或小博物館因一種特別之目的陳列物品耳

地理之教科甚廣雜事之混合非一時所能教而說其煩雜事物相互之關係括論地球表面人類之住所者則爲相當之知識又特別之教授法亦不可一定視其教師之適用而已且不可以集數教師而爲地理一課（如關于數學物理者則取之于數學物理之教師關于博物者則取之于博物教師）必須以一種特別之教師一人爲地理講義斷不可假借一派之學者翻譯書苟欲求此種地理教師必設大學地理學實驗室及地理教員傳習所以養成之今述其組織于下方。

(2) 地理學實驗室

德國大學實驗室之設最早地理學之進步及其教授法之改良多由于此日本大學

尙無之。地理學實驗室者有講義有練習有學生之叢談(Collogium.)有討論究地理學各部之細事或考一地方之地理比較各地之狀態推究地理學上一般之理造地理學上記事之源或模範爲列品室或逐次論之或不拘時而記特異之事其所以異于新聞通信者之無規律報告者在于依地理學上之主意而造學問上之記事也

正式地理列品室者即置地理上之採集品及地理說眀用之物品苟其國無之則其國地理敎授法必不善

(3)地理學敎員傳習所

地理之敎員宜一種特別者前已言之矣特其養成之實今日之急務況敎地理者非多少旅行者不可無視察天然實物之力者不可未備地理學之基礎者不可非知多少歷史者不可非讀各地之記事豫用各地之地圖而有諸外國語之知識者不可設地理敎員傳習所必須之諸課今列于下。

一般之地理學與地文學及地質學 依一定之順序之記事授雜事物之因果之關係及地理上觀念之法

不法不情不生宜乎學人不齒也然抑知西洋音樂之所以能現於今世者。亦有大要素在焉

一　樂器（樂器完備則有信有法）

二　樂音（發音清潔則有情矣）

三　樂神（情法相生則精神出矣）

合以上三要素。乃可下一極簡明之定義曰。

音樂者以器爲本以音爲用音器相和是爲神樂

此定義雖對於吾國樂界而發。然內外兼備。自覺安適。世有哲者。論以討之。幸甚。

## 第三章　音樂之功用

定義明矣。苟不知其用。是猶獲明珠而不售積銅帛而待朽也際此新舊交代時期。患不能輸入文明而尤患輸入而不能用今洋樂之輸入僅及於學校然所及之學校能有幾何。學校且不能遍全國。而欲藉學校以發達音樂。是猶杯水之於車薪也。有何濟耶。欲音樂發達。而僅僅經營於教育方面上。則其力殊薄弱也。

海內達者皆以爲知教育上音樂之功用矣。然亦知音樂爲最有普及性之物於何種方面上皆有効用且用焉而其効立見乎。今就吾國時勢。擇其尤要者。特揭於左。

一 音樂於教育上之功用

二 音樂於政治上之功用

三 音樂於軍事上之功用

四 音樂於家族上之功用

(一)幼稚園小學校。非音樂幾若有不成立之勢。於此二者。音樂之要用。固無待予言。至於中學女學大學等。則似非急務矣。雖然。此教育者之大謬也。凡一學生。每日講堂授業六七時。種種用腦。種種困倦。此固然也。而力學者。猶復燈下獨修。幾廢眠食。但爲求學計。雖使活潑青年。殺盡生氣。而不知惜。其遊惰者。則受不良之外感。一及休暇假期。非聽戲則闞酒。在彼不過爲人生休養事耳。然一入迷途。終身墮落矣。以上兩者。乃吾國學生之通病。苟任教育者。一思量之。豈不得其源而治耶。

凡事求中庸耳。過猶不及。前者而過也。以音樂涵養之。后者而不及也。以音樂補助之。

如體操然。於各學校設一專科。每一星期間日教授。亦何至有妨礙耶。嬉戲娛樂。乃動物之性耳。吾國少年何以獨多淫逸。此豈非教育者不得辭之責耶。所謂教育。非使學生徒死讀書也。言行舉動立身之本。嬉戲娛樂治身之末。無一可不注意也。西人於大學高等學校。其運動遊嬉之事最備。若擊劍。若打球。若相撲。若鬬艇。皆備以爲學生遊散之具。若以吾國人觀之。豈非一遊戲學校乎。但此中自寓深意。一以防力學者之過度。一以防好遊者之不及也。

音樂在吾國學校中。可爲遊戲之一具。俾過度者得以休養。不及者得以防閑。豈非兩全其美乎。其功用一。

(二)世界交通。國之成立。雖在內政。而外交實居其半。以吾國政治上行爲較之。外交之失敗。甚於內政。此因雖在外交乏才。然外交之儀式。外交之手法。外交之機密。外交之權術。實與外交的智力。外交的度量相隨。並用音樂者。方今各國外交上不可缺之要具也。聞吾國某外交官諳洋樂。(一時西人重之)有是而儀式不致失禮。有是而手法得以圓美。有是而機密得以探聽。有是而權術得以運用。欲養成外交官。非練習音樂之技術不可欲完全外交方法非於外交地位備用音樂不可予非謂有音樂而外交即得利也。但即今日事實以觀之。實有密切關係焉。其功用二

(三)國不問戰不戰軍事固不可一日不修兵不問戰不戰訓練固不可一日不行一丁少壯一入營伍雖忠義愛國足以亡身然情感規律勇敢自不與家庭相等音樂者

一足以慰軍士之疲勞

二足以忠軍士之規律

三足以鼓軍士之勇敢

軍伍中舍此無鼓舞之具更舍此無娛樂之具故海陸軍軍樂隊之編制。萬不可緩。且設立軍樂學校之豫備。亦萬不可緩。苟此等樂隊告成。於外交典禮上大有裨益於社會俗樂上不無小補也其功用三

(四)吾國最不可設想者。其所謂上等社會之家庭乎。稍能治家者則家主必專制其次則過無規則前者失之太嚴后者失之太寬嚴者必多隔膜寬者必無顧忌非夫妻反目則兄弟鬩牆非奴僕恣淫則父子責善雖有形式之團體然離德離心不若無家庭之自若。嗚呼此等社會。尚可問耶。家族之改良固影響在教育然教育之最易感化者

莫如音樂父則早出暮歸紅塵奔走母則自晨及夕經理家政有此自足慰膝下之劬勞且兄弟姊妹等。歸自學校。晚餐一堂洋洋和氣因愛生感因感生情椿萱並茂侍坐左右以此美妙相與奏和此瞬息間之快樂非人生幸福耶至若爲父壽爲子婚在舊俗上必雇用俗樂然此等淫詞小曲出於下賤藝人之口少一反省試問爲子者願使父聞耶爲父者願使子聞耶反是而壽辰佳節新婚于歸會集數十同志開演奏夜會爲主人進一觴或獨唱或連彈何等高尚何等快美乃徒曰改良家庭家庭改良夫區區形式之事且難改變況其上焉者乎音樂者家庭中一形式亦一精神不知今日之音樂家。亦計及之否。

功効如此。定義如彼。有發達音樂志願者。可以從事矣。

## 第四章　音樂之實修

有名必先求實。不求實而務名。無論何事。不能發達目的不問大小有則必達希望不問淺深求則必得無目的無希望固事不成有目的而目的在名有希望而希望在名則事亦不成吾國人事西學而不得良結果者。其以此乎。

國無音樂不得爲文明國人不知音樂不得爲文明人於是羣相趨步以爲立足音樂會不文明而自文明側身音學校不開化而自開化習得一知半解好爲人師此非特致神聖之音樂於地下其罪不可恕且於引導后進上其罪惡可勝言哉音樂之輸入吾新世界於今三年矣然求一小學校唱歌教師而不可多得此何故耶予得決之曰無實修力也往者不咎來者可追自今以后願各減少名譽心而加增實修力音樂其或有發達日乎。

研究音樂者先定一目的然后下切實工夫此所謂實修也實修之事略揭如左。

有將來幼稚園小學校音樂教師希望者

其實修須二年以下各書須練習一通(下列各書皆日本出版)

幼稚園唱歌集　一冊

小學唱歌集　三冊

重音唱歌集　一冊

風琴教則本　二冊

進行曲　一冊

有將來中學校以上各學校音學教師希望者

其實修須三年以下各書須練習一通

小學唱歌集　三册

女學唱歌集　二册

中學唱歌集　一册

音學唱歌集　二册

風琴教則本　二册

高等風琴教則本　一册

進行曲　一册

有將來音學專門希望者

其實修須入東京音樂學校

豫　科　一年

本　科　三年　入學者須知中國文學及通英德文各一門

研究科　二年

教育

有將來編制軍樂隊希望者

其實修須入陸海軍軍樂學校

修業　四年

研究　二年

自速成二字出。學界大歡迎之。凡百學術。皆事速成。吾不知吾國士夫。何愛慕速成。一至於此。雖曰時勢艱難。不得已而爲此。速成者之苦心。當亦國民所共諒。然速成者固不可少。而專攻者豈可無耶。先鋒已去。后勁未來。此境此情。亦云危矣。有志音樂者。幸勿徒事速成。須知以上年限。乃係極短之期。不可再短縮矣。

凡百事業。下一日工夫。當求一日之進步。習一月者。當有一月之所得。習一年者。當有一年之所得。得必求明。不可暗昧。得必求能。不可假借。吾國學者。往往以不求甚解之良箴。銘諸座右。遂致萬事不能進步。幸音樂家勿蹈此覆轍。

諺云。告化胡琴。半黃昏。其賤薄音樂。可謂極矣。乃今欲習一專門學。而欲求諸數旬間。試問與半黃昏者相去幾何。予不敢刻薄人。特爲同志者作疾呼耳。

諺云拳不離手曲不離口習與恒本學者最要之事蓋非此不得成功也今音樂家之於恆果何如於習果何如予不得知引鄉諺以當忠告想亦君子所許也

## 第五章　音樂之於詩歌

欲發達音樂第一當研究歌學第二當研究曲學何謂歌學即作歌學也何謂曲學即作曲學也不知作歌學而知中國相習自然之歌學則可作歌以吾國歌學素發達也不知作曲學而知中國舊時之旋律則萬不可作曲以歐洲音樂曲之進步駕於吾國也曲與歌不可離歌與曲不可背背與離音樂之大患也

吾國將來音樂豈不欲與歐美齊驅吾國將來音樂家豈不願與歐美人競技然欲達目的則今日之下手宜愼宜堅也

歌之意想歌之體裁歌之材料吾不如人然猶可以自尊以吾舊學猶在也曲之旋法曲之進行曲之調和吾不如人然我決不能自誇以吾雅音不再也有識者於是以洋曲塡國歌明知背離不合然過渡時代不得不借材以用之

一曲有一曲之體式一曲有一曲之情態體式情態萬不可改删添注所患者貽笑人

也。譬有一西人。以我詩歌。譜以洋曲。譜曲者不知我國詩句詩體。而改之或添之。此詩苟令我等見之。彼譜曲者我等能不羞笑之耶。反是而我人患改曲之病。則彼必笑之無疑、

今吾國編歌以惠樂界者日益多。或恐有以上等弊。因特詳列禁例於左。願共參考之。

一　不可改人原曲

凡西洋流行之曲。各國固可翻譯。但譯者不可擅動一音。此慣例也。不知音理。固不可改人原曲。即知音理、亦不可改人原曲。

如以 1 3 5 5 1 之樂句而改作 1 3 2 5 1 之類

一曲之神態。在一曲之頓挫。頓挫一失。全神亦失。設如以

6 5 4 3 2 1 2 1 6 之樂句而改作 6 5 3 1 3 2 1 之類

二　不可斷非樂句

一曲之成。有句。有節。有段。如文之有起承轉合。非句不可讀。非節不可斷。非段不可截。設如

1 1 2 2 | 3 3 2,2 | 5 5,4 3 | 2 2 1 | 此爲一節。∨處爲一句。若於，處斷之。則不可也。

三　不熟讀全曲得其全神不可填歌詞

曲之莊嚴者。當填以莊嚴之詞。曲之靜寂者。當填以靜寂之詞。反是者不類。設如

以英國國歌之曲　填以秋月之詞之類

四　不知樂典不可編歌譯譜

樂典者。樂之法也。不知其法。豈可事其事。即或事之。失一已之名譽猶小。遺后學之誤訛大也。

設如法國革命歌之首句。曰 5 5.5 | 1 1 2 2 | 6.4 2. 此曲 G 調。(Key of G) 以五線譜第二線上爲 1. 不可仍作 G 調 (Key of G) 爲 5. 又此曲第一句第一音。爲十六分音符。第二音爲八分附點音符。第三音爲十六分音符。不可皆作八分音符。如 2 2 2 之類。

樂曲之記號。猶字之點畫。以大作犬。以王作玉。雖曰手民之誤。亦作者之職也。設如

G 調改作 S 調之類。

以上各例。於撰曲寫譜。略述一班。不知作曲學而欲編歌者。亦可從事矣。雖然不知作

歌學。而欲作新體歌。是尤當注意者也。予少不專文學。不能爲國民作標本。因錄東西名作以備參考。后有進步。當再告焉。（完）

# 國聞雜評

## 抵制禁約與中美國交之關係（飲冰）

某月日。東報得北京專電稱直督袁氏示禁天津商民令勿附和上海商會抵制華工禁約之舉。此事信否未可知。若果爾則吾欲爲袁氏進一言。

袁氏此舉吾不知何意也。謂其必欲媚美人而損我國體蔑我人格以爲快。苟非喪心病狂。斷不至是。袁氏蓋無是也。爲之說者則曰今日俄和議之始。其利害關係於中國前途者至重且劇。而美人實調護於其間。今以薄物細故而傷美國之感情。於大局且不利。袁氏之示禁也以此。使果爾爾者。吾毋寧袒袁氏。毋爲養指而失肩背也。雖然以彼我情形鑑之。其結果決不爾爾。請今舉其辭。

一國際法先例本有報復之一義。英語所謂 Retorsion 也。學者釋其界說。謂若甲國對於乙國忽有觸害「友誼」Comity 或「不公平」Jus inquum 之處置。則被害國政府得還以其道對付加害國政府。使其廢棄此不法之行爲然後已。而所謂不公平云者。即反於「最優待國條約」The most favoured nation clause 之本意而待此國人民比於待他國人民特多不利之謂也。今者美之華工禁約其性質正屬此類我政府即實行報復之政策則舉天下之法家猶不能議其非今我政府不肯出此惟用平和手段與之磋商則我對於美之友誼可謂盡矣若夫人民之舉動則與國際法之範圍渺不相屬人民欲購何國之貨不欲購何國之貨全屬其意志之自由非直不能以國際條約束縛之即國內法亦無所容其干涉之餘地也美國而有責言也吾政府但曰『我國法上人民自由權利神聖不可侵犯此非政府所能過問也』即此一語已足關其口而有餘而兩政府公人之交涉。仍可溫其顏而善其詞。而於國際交誼豈能有絲毫之障也。此不必慮者一。

二　兵家言曰。知彼知已豈惟用兵外交亦然我國前此外交坐不知彼而失敗者不知凡幾也故今得言美國對於此案之內容。美國之仇視華人者不過工黨其相仇最甚者又不過太平洋沿岸之數省即加鯙寬尼省爲戎首而柯利近、華盛頓、們天拿、等四五省附和之。美國凡四十五省其全力相仇者僅九之一其他皆吠聲耳不宵惟是今者世界大勢資本家與勞力者之利害常不相容勞力家之所利必資本家之所害也故禁約之舉出於勞力者之妒意而資本家不與焉美之資本家爲彼工黨所窘也亦至矣。操工時刻。則日脅日減。報庸價率。則日索日昂。同盟罷業。一歲數見或數十見。資本家苦之而無術以殺其勢也。故彼之歡迎華工視吾民求工於彼之心加迫切焉此鄙人目擊灼知之實情。即未至美境者。其亦可想像得之也故吾國與他國爭他約容或須與其全國人爲敵若此次爭禁約則彼中有力者皆非我之敵而反爲我之援也夫不見一月以來美國東部南部各省之報紙其議論皆一變援我國抵制之可畏以爲辟而紛紛忠告於其國民使圖變計乎我政府若不審此情而以爲禁約之舉出於美人舉國一致之同情而因以不敢攖其鋒此所謂合九州鑄大錯者也難者曰如吾子言。則今美國政府之實權。工黨尸之乎。抑資本家尸之乎。答曰。今之政府。爲利巴別里根黨。全美資本家之淵藪也。難者曰。然則何以解於今政府之堅持而與我爲難也。答之曰。是又有故。夫兩害相權取其輕。兩利相權取其重。情之常也。美國資本家固歡迎華工也。然不如其壟斷政權之心之爲尤重也。兩者得兼則兼之。否則毋寧稍讓其限制華工之利益於工黨。而取永持政柄之利益於己黨。蓋美有大政黨二。其一即利巴別里根。今在朝者也。其他則底門奇勒。今在野者也。工黨又立於此兩大政黨之外。而常以舉足左右輕重之利。黨純以資本家組織而成。自十餘年來。已占最優之勢。底黨則近者極力媚工黨。謀結爲援以相傾。故利黨常兢兢焉。使彼無端而怨焉自提議以解禁約。則底黨將乘隙相攻。而多數之勞力者。且羣起集矢焉。而政府將不可以一朝居。彼非大愚。安肯出此也。於此時也。則利黨有一苦衷懷抱之。而不敢昌言者。曰。望我政府持之甚力。而彼乃有詞以排擊政黨。以兩收其利而已。兩利而何。一則不失政權之利。二則得華工以潤其資本之利是也。雖然。此彼萬不能昌言者也。豈惟不能昌言。必且貌爲與我極堅持者。以飾工黨之耳目。以明其不得已。故吾謂今美政府之相梗。非其本心也。對內之權術則然也。有太平洋輪船公司總辦名士連者。彼中一有力之實業家也。嘗語余云。「貴國政府若堅持此約。不得則寧撤公使下國旗。以爭之則爭約之效始可覩矣」吾深韙其言。謂最能知美國內部之眞相也，夫今者美政府必不肯緣此薄物細故而與我斷絕國交此事勢之最易見者也故我進一步則彼讓一步我爲彼計則使之有詞以謝工黨而已鄭子產有言。國不競亦陵何國之爲我國今日一切外交事件皆當持此方針以赴之若此次禁約則尤其易成功者也準此以談則雖以我政府之名義實行所謂報復政策者猶斷不至於妨害國交而況乎此次抵制純以國民私人之資格與國際上絲毫無與也此不必慮者又一。

故夫袁氏如有此舉。其過舉也，袁氏苟自知其爲過舉也，則所以暗中調護以圖補牢者其亦有濟也。吾固知天津一隅。非美貨輸入之樞要地袁氏之禁。不足爲輕重也。雖然，當知今日中國之民氣如新蘗焉滋長之則榮摧拉之則絕爲長官者一迎一拒之間消息綦大、嗚呼袁氏其勿徇外人一二甘言。以斲伐百十年甫萌之元氣哉。

抑吾更欲爲爭約諸公進一言。公等以私人之資格以一二月間極短之晷刻而能動世界兩大國國際之關係。使地球諸國咸瞠目結舌相𢍁告曰。中國不可侮中國不可侮。公等之造福於國民者既有其朕矣。而公等或猶未自信其能力如此之宏大也。吾嘗取世界各國之能力而分校之有國焉其政府其國民爲一體而其意嚮其行動能左右世界生出國際之影響者有國焉其政府之意嚮之行動雖無國民爲之後援而亦能左右世界生出國際之影響者有國焉其國民之意嚮之行動雖無政府爲之後援而亦能左右世界生出國際之影響者其具有第一種魔力之國則今世界中立憲之三四强皆是也其具有第二種魔力之國舉世界惟一俄羅斯其具有第三種魔力之國舉世界惟一中國今次爭約之舉主持之者不過國民之一小部分耳未嘗用此魔力之全體也抑不過草創建議耳未嘗覩此魔力之實行也然七月於茲其氣食牛美國在京在滬之外交官爲之動容矣美國東部南部之輿論爲之一變矣誠能實行而堅持之不及半年凱歌之來吾操券以俟也且以此役而使我全國民自知其魔力之偉大實如是如是而後此他役致於利用此力以爲政府之後援以使我國民之資格之位置益見重於世界則公等所以自効於國者豈惟此區區一禁約而已乎不然者以虎始而以蝎終則此後更遇他役國民亦且自疑曰吾之力烏足以動此而其氣一苶不可復振而仇我忌我者亦曰彼其國民之性質固如是如是一閧而已空言

而已則吾之資格之位置亦一落千丈而永不復能以自拔則此舉之禍中國其未知所終極也先民有言君以此始必以此終公等如自初若無聞見焉舉此事而委心任運於政府則亦已耳今既倡之矣舉國屬耳目焉全世界屬耳目焉知公等必不自貽羞以貽國民羞也吾聞美公使今方電告彼政府曰「支那人之性質一鬨而已空言而已不及數月其氣將薾無爲畏彼」嗚呼公等亦思此言即爲彼畏我之實據乎其且畏我而且侮我也彼誠於吾國民之性質方研究焉而未審其眞也嗚呼此役者眞我國民性質之試金石又我國民自捧其性質以賽會於全世界之博覽場也公等其一雪此言哉公等其一雪此言哉

## 評政府對於日俄和議之舉動（飲冰）

五月廿四日時報北京專電云政府有意參預日俄議和事曾以此商諸美國求其贊同現得美政府回答謂中國若於此際遽派專使以參預此事則美國殊不贊成竊爲中國計現下惟當注意和議之進行細察日俄兩國之意見何如而爲臨機應變之舉措耳

六月初一日同報北京專電云。政務處現在會議對付日俄和局事。擬與英美兩國約明願表同情俾得參與會議現已向該兩國公使密商此事。

又云中國先曾運動欲由英美德法各國會議以解決滿洲問題。俄國公使亦賄託各當道暗中煽動。然因各國置之不理。遂作罷論次而有參預和局之議亦因美公使忠告不得已而中止焉。現正決議由皇上致國書於英美德法各君主請共保護滿洲以此與四國公使商議。亦未得其贊助正在躊躇之際適接駐日楊使電稱日本決無占領滿洲之意。請始終與日本協議以決定大計云云。於是太后稍爲安心。廟議似爲之一變。

又初四日同報北京專電云。去月三十日各國公使同至外務部有所會議。於是那尙書於初一日召見後即往訪英日俄三公使陳明中國對于和局之意見。

又初三日同報北京專電云。北洋大臣袁世凱電致政務處謂東三省問題。當與日本協議。切勿請各國干預致生枝節。

評曰。我政府忽欲派專使以參預日俄和議。吾不知其意何在。但和議者。兩交戰國之事非第三國所能容喙也。開戰之始我不宜中立而竟中立。議和之際我不宜參預而欲參預。皆可謂奇事可謂奇想。雖曰日俄和議其關係於我者甚多。然此亦須俟彼兩交戰國之議畢。然後乃能及之。此事理之順序也。故我國對於此事。斷無始終不與聞之理。此奚待言者。惟派正式之使節。則今尚非其時。美公使謂爲尙早。誠哉然也。

至運動英美德法各國會議以解決滿洲問題。此自不易之辦法。惟我國所以待滿洲者。意欲云何。此不可不早定者。如欲使各國勸日本以歸還我滿洲也。則誠如袁氏所云。切勿爾爾致生枝節。蓋俄法德會同還遼之舉。殷鑒不遠。各國而許助我者。則將來外交上之難題。且日起而未有已。而日俄戰爭之結果。卒至中日俄三國俱無利益。而漁人之利。惟第四國獨攫之。此至危極險之道。萬萬不可者也。

至楊公使電稱日本決無占領滿洲之意云云。則吾敢斷言曰。**楊公使爲人所愚也。當易其詞云。日本於名義上決無占領滿洲之事。**若夫名義以外。日本之意云何。則更不待吾之嘵嘵也。中國政府而果從楊氏袁氏之說

始終惟與日本協議也則吾更下一斷語曰滿洲決非復中國人之滿洲而已

吾敢忠告我政府曰滿洲之事必當由我提出以付諸列國會議但當先定處置滿洲之目的舍分藩以造成永久中立國外無他策也我現今即宜派重員往歐美以此目的諷示各國以求同情但其人宜以半官半私之資格如日俄開戰之始日本派末松金子兩氏漫遊歐美之例而必不可派專使尤不宜遽參預日俄和議派使者正式之交涉不過臨時循例而已運動之成功則全在此半官半私之遊歷員當趁今日以第一等人才充遊歷員待諸異日雖以第二等人才充公使可也

日人最畏我將此事提出列國會議旬日以來彼中報紙聞我有此等舉動紛紛笑駡其語甚多今不具述我政府當思滿洲之事日本與我果同一利害否如同一也則我當惟日本言是聽而不然者日本之所害則我之所利也日本所最畏者我所宜亟行者也

雖然若非有以滿洲爲永久中立國之決心而漫然付諸會議則中國必以會議而亡。得失之間不容一髮吾念此蓋股慄。故不惜申申然再三言之。

## 再評政府對於日俄和議之舉動（飲冰）

前評既成，今日（六月十日）見日本時事新報北京特電云，一昨日外務部忽發照會於各國使館云日俄兩國全權在華盛頓者有關於滿洲問題之決議中國政府不認爲有效。

又電云。我公使內田氏見此照會。既爲強硬之警告於中國政府。

又電云。江蘇巡撫陸湖北巡撫端，皆極反對派使歐洲運動列國會議之說謂若有此舉。其結果傷害日本感情，啓瓜分之端云云。督撫中大率皆同此意。

評曰。我政府忽發此照會最強人意，誠可謂得外交上之順序者也日本公使爲強硬之警告。其言不知云何。但其恫喝萬狀。可想見耳。此電一傳。日本各有力之新聞紙紛紛論之。其言之無禮。吾不忍盡述。要之無一能自完其說者也。夫滿洲事實上之權力雖一入於俄再入於日然皆未能變之爲法律上之權力也以法律上之權力論之吾現今固尙有全權處置滿洲者也而日俄兩國私自之決議所以處分我主權所屬之土地者安能强我以必從合地球法家裁判之豈謂中國宜認彼所決議爲有效乎且我云無效云者非惟有損於我我認爲無效即有益於我我亦斷不能認爲有效也甲有妻子乙丙二人商議販鬻之而謂甲有必當承認其有效之義務乎且日本亦烏知我事後之必不從其決議也或者事後而我以好意割贈北京於日本亦未可知此皆我自由也而不然者未嘗以其條件語我則雖割贈東京於我我猶謂之無效也我之照會正天下之公義事理之最淺著者此而出强硬手段以相警告是對於我帝國爲無禮之舉動也是可忍孰不可忍也

諸督撫之反對列國會議也。殆由對於滿洲問題。百思而不得其策也。吾固屢言之矣。苟欲藉列國會議之力以索還滿洲則誠如彼所云爲日本之感情啓瓜分之漸也吾亦期期以爲不可也雖然若竟專倚賴日本乎則委任統治而已或別出一名而總之

與委任統治同物耳苟其如是則割之割之割割割……可也無他言無他言故夫開列國會議者危道也不開列國會議者又待斃之道也故滿洲問題舍吾永世中立說之外無可言者

# 美人手

第廿八回　扼手談心隱行偵探　盤根問柢各具心情

紅葉閣鳳仙女史譯述

却說這個美人。原來不是別人。就是瑪琪拖亞曩夜在趨氷塲兜塔他。送他回去的那個澤瀨阿梅。本來這個澤瀨娘住在上布街同那鬍臉漢本是一道兒瑪琪拖亞先也見過都已曉得何至驚眩到這步田地不知瑪琪拖亞另外別有會心處第一件爲還只手釧之事自己屢次查訪不出無意中今夜得了頭緒大凡心裡時刻記着的事人家一語道着心裡沒有不動的第二件出盡八寶都拿不着蹤影誰知這個蹤影倒也曾經過自己手裡反容易被他漂了過去今一眼見着料不到倒是他轉覺出之意外心裡更自不能不動瑪琪拖亞是時。又是喜。又是恨。又是急。想道前者當面已經錯過今夜斷不可又落個空。我須得設個法兒。挨到他身旁。拉着他的左手驗過挑破他的事情把他着實盤問一頓方不枉此番機會但那個鬼王伴着左右又沒有空座。怎能彀找縫兒入手呢。正躊躇着四吓裡一路相度。忽見美人所坐那一排客座離着第六七位。可巧有一張椅子空着。心裡不禁大喜。趕着想移了過去因借意與嘉喜夫人告別。急忙跑了過來。占了那個座位。是時離隔美人不遠。也無須再用千里鏡。坐了好一會兒。忽然見那個鬍臉漢站起來向美人吹咕了一句便離座去了瑪琪拖亞碰得這個機會。自是歡喜不盡。心中默算道今回還不是我的日子麼。正欲趁勢找個把柄翻座過來。剛好鬍臉漢去後。那美人漸漸抬起頭來不似適纔那麼羞赧赧的一雙俏麗的眼睛東也一瞥西也一瞥漸漸瞥到嘉喜夫人那邊嘉喜夫人噫着嘴正想同他招呼只見那美人絕不留意像是看不見一般眼睛又溜到別處去了秋波所過恰好溜到瑪琪拖亞這邊正正從瑪琪拖亞臉上掠過瑪琪拖亞同他四條視綫正正打了個對點那美人仍舊裝作不知慢慢溜了過去忽自低頭一笑這一笑分明是爲瑪琪拖亞而起瑪琪拖亞得了勢隨即離座跑到美人跟前那美人見了堆着滿臉笑容伸出手來連推帶讓的招呼他坐恰好坐位在左他伸出來的是個左手瑪琪拖亞趁勢便强作見禮之狀把他左手捏着見他帶着一雙雪白手套暗自想道不親肌膚眞贋究也難辨做不得我且使勁捏他兩捏倘不是眞的自然總有點不像因獻出假殷勤的模樣扼着手不放着實捏了兩把覺得纖巧輕弱的是天然生就的玉手心中很覺詫異只見那美人帶笑說道。你這個禮來得很奇怪啊好像捧賊一般捏得人怪酸的瑪琪拖亞支吾道。久不得見芳容心裡切慕得很不覺急起勁來此時我的魂魄好像瀟在夢裡來呢。說着便就鬍臉漢的座位坐下。是時那美人也不知眞的假的含着一種愛悅的情懷說道估不到今天得見你面瑪琪拖亞道。你還有工夫記得我麼那美人放很瞅了他一眼道不記得我還到處望你。你不知到我的難處。幸虧也見得着。我還有好多說話慢慢要講把你聽呢瑪琪拖亞道。我倒要來問你怎麼你要騙我說你去外國要兩禮拜纔回呢美人道。你還怪我我倒不會怪你呢怎麼我告訴你囑你兩禮拜內不要來找我怎麼你今早又跑到我那裡來呢瑪琪拖亞道。啊喲。怎麼你也知到。美人道。怎麼不知到。為你來訪過我倒令我受了人家一頓氣呢瑪琪拖亞道。誰人敢把氣給你受美人道。就是家裡那個主人呢瑪琪拖亞道。啊喲。你也有主人是甚麼的主人嗎。你在他家裡受僱的麼。美人道。那裡有僱工人能彀同着主人到戲院裡聽戲的麼。我是在他家裡作客的。瑪琪拖亞道。原來如此。我又再問你。今天我在氷湖的長隄上碰見你。你可知到嗎。美人道。我沒有留意。你既碰見我。怎麼不邀我呢。哦、我曉得了。你一定有女人家同着來呢。可是嗎。瑪琪拖亞道。就有也是做朋友的。幷不犯甚麼忌諱。我當時見你朝着丁字兒街口轉過去。諒你也不止一個人來的。可是同你那位在行的紳士一隊兒呀。那美人聽說。心裡厭煩起來。陡然面色一轉說道。很不愛聽這個。無端端題起來使人怪懊惱的。瑪琪拖亞道。怎麼解呀。你同他出也一對兒。住也一對兒。他不是你婚姻上的人麼。美人道。我那裡肯要這樣一個判官神。瑪琪拖亞道。若不是。怎麼同在一處呢。美人道。我不過在他家裡住。他是個外國人。手邊倒還有幾個錢。我的爹娘見他有錢。巴結他。要將我嫁把他。我不願意。因此他移家來巴黎。就我。要請我到他家裡住住。彼此習熟習熟。我被爹娘逼勒不過。只得悶着過去做個客。我自從到了他那裡。心裡沒有一天舒服。他時常找事情來哄我開心。今夜到戲院子裡來。也是他要替我散悶兒。强着我來的。我也不解同他好像命裡忌剋似的。見了他。心裏總是鬱鬱不快的要我嫁把他就是死也不能彀呢瑪琪拖亞道我一意估量他是同你訂過婚姻的。故此心裡總有點避嫌。原來是未定的麼。再者我聞嘉喜夫人說。你前時又有一位外國人同你來往很密如今那外國人呢。美人道。那也是主人的朋友。此時已回了國。不在巴黎了。瑪琪拖亞又問道。姑娘你往外國兩禮拜。究竟爲的甚麼事呀。美人道。實在告訴你我不是外國去因爲家裡那人定期這兩禮拜內動身去外國他起程後我一人留在這裡那時候沒有人拘束我任由我的主意你來找我也不至顧顧忌忌故此我把這句話來推宕想你歇兩禮拜纔好來呢瑪琪拖亞道。怎麼當時你不明白告訴我你明白告訴我我今早也不去白跑碰這個釘子了抱着悶葫蘆叫我怎熬得兩個禮拜今早碰着你那個喫了他這一頓嘴臉也彀了我起初還估量他是個甚麼底下人呢美人道是的呢。他身分雖說是個紳士那副嘴臉倒實在像個粗人怪膩煩的要我伴着他寧願死了還乾淨而且他的脾氣又是個大大的醋缸子呢瑪琪拖亞道。他這麼大的醋味兒。此刻我在姑娘身邊。被他撞着。那不是不得了麼。美人道。怕甚麼。你進院裡。他又不曾見着他眼睛是關不到別處的不論到那裡他總是眼巴巴的釘着我呢。瑪琪拖亞道。此時他跑往那裡去呢。美人道。他最愛弄紙牌的。一晚不到牌館裡心裏就癢得熬不過此刻一定又向牌館裡去了這倒好我們感得牌神的照應把他留住纔得大家會會面說說話兒呢瑪琪拖亞道。既是鬥牌時候就長短說不定。只怕要担擱到天亮還不回呢。美人道。那也難說。倘是贏了呢。總會早點。大約三四打鐘是穩當的。瑪琪拖亞道。他是俄羅斯人麼。美人道。他如今入了法國籍。也算是法國人了。瑪琪拖亞道。我聞得上布街的鄰近人說他總沒有一個朋友來往的這是怎麼解呢美人驚道。啊喲。怎麼你到左鄰右里。查起個家宅來麼。你查這個甚麼事呀。瑪琪拖亞道。有甚麼事難道你也不領會得我自從見了你時時兜着心坎兒很記掛着呢美人道。啊、呵呵。你個人原來很靠不住的呢見一個就說愛一個嘴裡蜜糖兒似的你還有那一個呢今又丟過腦後囉嗎瑪琪拖亞見說。知道他指的那個就是爲着手釧而言因想道此地耳目衆多說話不便不如邀他到酒樓找個僻靜的所在慢慢把他試來兼且他左手雖然是揑過究竟帶着手套也未得十分信心倘能彀引到別處只我同他兩人乘機脫掉他手套認眞驗個明白也好想罷。便對着美人道。均之那人門牌去。總有好一會兒未回。不如我們同到那邊館子裡。隨意用些茶點。那邊清靜。比這裡好談些。美人道。我想十二打鐘就要回家裡去呢。瑪琪拖亞道。那人又不在。這早回去做甚麼。大家談談、不好過在家裡冷清清麼。我們去罷。一面說、一面立起來。催促着。於時美人也站起來。說道。既是這麼着。我只得陪陪就是了。說着。便隨了瑪琪拖亞。一同踱出院來。欲知後事如何。且俟下回分解。

小說

# 飲冰室詩話

飲冰

湘僧有笠雲道香筏喩三人者。爲日僧招致東遊。備極歡迎。一二年來。日人由種種方面謀植潛勢力於我國。浙江福建佛教教案。一月屢見。履霜堅氷。念之悚栗。此次驪待湘僧。其意可知耳。留學界聞之。乃公讌齋僧。以大義相厲。亦要著也。笠雲道行頗高。且能詩。席間楊皙子贈以詩。且寄懷寄禪和尙。云寄禪者。當世第一流詩僧。而笠雲之徒也。詩曰。每看大海蒼茫月。却憶空林臥對時。忍別青山爲世苦。醉遊方外更誰期。浮生斷梗皆無著。異國傾杯且莫辭。此地南來鴻雁少。天童消息待君知。」知君隨意駕扁舟。不爲求經只浪遊。大海空煙亡國恨。一湖青草故鄉愁。慈悲戰國誰能信。老病同胞尙未瘳。此地從來非極樂。中原回首衆生憂。

文苑 二

常熟翁公之喪。海內識時之士。同聲哀悼。南海先生在歐洲聞訃。爲哀詞十四章。自序云。戊戌爲中國維新第一大變。翁公爲中國維新第一導師。關繫至重。恐人間不詳。故詳詠之。此雖詩也。以爲翁公之傳。以爲新舊政變之史。皆可也。詩云。

中國維新業誰爲第一人王明資舊學法變出元臣密勿謀帷幄艱難救國民哉哉常熟相鑿空闢乾坤」

仲舒學純懿第一冠賢良賢傳推蕭望公才屬馬光韋平勛再世陳竇黨重傷仙鶴青霄淚霜毛竟不翔」

師弟而臣主甯聞二十年成王新斧扆尚父授經筵堯舜天人聖熊盤啓沃賢痛心喪良傅一老不遺天」

馬江經敗績謬上萬言書遂失臺薪火韓亡慮沼魚審時求變法痛哭輙當車絳灌非公意長沙空里閭」

甲午東和後紓心世變更高軒咨下士長揖對前榮不信徙薪策今爲割地盟豈閗師相貴謝過向鯫生」

考求中外勢救國決更張進御新書本培才大學堂苦心營鐵路鑿空啓銀行十二策猶未經帷遂太忙（乙未公大變法未成而恭邸撓忌那拉后惡之不遺近上遂于十月撤去毓慶宮行走毓慶宮即師傅也」）

金輪久臨御玉扆類潛陽雖割三臺島仍張萬壽觴舞歌扶力士軒醉挾相王憂國驚讒毀沈沈只自傷（乙丙丁三年復行守舊祝壽起園安其危利其灾李聯英恭王執政翁公被讒憂畏甚」）

膠州忽見割。伏闕我陳書。薦士勞推轂追亡特枉車關門咨在下決策變維初廷議終爲梗椒蘭誰爲除鄙人上書不達束裝南歸翁公凌晨下朝來追朝命王大臣見之於總理衙門以上賓相待咨問變法」「恭王憂死日華夏復生年一德君臣合千秋新舊緣恥爲亡國主誓欲復君權。戊戌當初夏。深謀變法全。恭王守舊撓變法三月薨逝四月公與上即決變法」「四月廿三詔維新第一辭大號明國是獨力掃羣疑五日相遂罷千年弊盡披新潮今捲海開幕可忘之公以廿三日請上下定國是詔中國數千年新基本于是定廿七日即革職逐歸永不敘用公以變法救國民罷相之速古今未有」神洲大一統文化五千年守舊盈廷論讒夷舉國傳弓刀經改試經濟特求賢變法身爲導罹災公遂先「痛絕瀛臺變憂深京室墟老臣編禁後聖主幸巡初幾被張華戮徒爲殷浩書七年驚黨禍慘淡謝興居庚子正月榮祿請那拉后殺公軍機大臣王文韶廖壽恒叩頭固請乃令常熟縣監禁七月京師破遂有西幸之事」上相猶居士幽囚現老僧閉門惟讀書遊寺或行幐待死一生樂憂時百憤膺房州未復辟目瞑亦何能公七十無子寡欲絕交榮無懼惟好書或遊山寺耳」他日新中國元功應爾思鑄金范蠡像遺祭曲江碑灑淚隨歐海招魂仗楚詞乾坤何日正生死論交悲

先生復有哭常熟三章。蓋時在瑞典。初得凶問于申堪北海口石上。望海洒淚之作也。

詩云長天黯黯海蕭蕭欲遡淒風賦大招東望江南雲斷處空將老淚灑寒潮」「海山

淒斷冷風酸忽聽山頽最痛辛荐士豈聞才百倍救公直欲贖千身蕭何過擧登壇將王猛曾爲入幕賓豈料七年悲黨錮竟成千古痛維新」昔爲膠州北上書氷河凌曉賦歸歟追亡竟累鄧侯履變法眞成商鞅車黨禍千秋見蘇馬波濤萬里泣靈胥拊心君國慨無救辜負明揚恨有餘

南海先生復以二詩見寄。題云六月夜宿英國寒丁卿公爵仙挖住邸。其先從威廉第一入英受封蓋千年諸侯舊第閎大壯麗。中國所無克林威爾曾住焉。有刻文感慨不寐」詩云千年舊藩邸百頃好林泉床帳金繩麗。風烟玉樹圓通賓門置驛愛客酒爲船樓閣華燈靚憑闌夜不眠」此是克林宅遺蹤三百年。當時起雷電從古發民權遊釣猶能溯亭池自惘然試來摩大樹欝欝聳蒼天

鄉人廖叔度道傳。即前寄詩自署嘉應健生者也。頃以挽黃公度京卿詩見寄。錄之。亞陸漫兵氣乾坤失霸才山河國破後。黨錮網開纔聖主恩非薄。蛾眉詠可哀。墓門飛大鳥空憶棟梁材」卅載文明入唯公鑿禹源思潮歐海水。史筆大和魂有血灑亡種無人省罪言。至今西域士流涕道張騫（琉球之案朝鮮開港及蘇杭開租界先生皆力持强硬手段惜政府不用也其任舊金山領事時於美禁華工事對付尤力云」）

百日乾坤變。三湘事業空。魔爭諸佛妬。天鑒逐臣忠。生死各行志。山河壯幾公。國魂蘇續日。遺像鑄靑銅」一信美東山色。（東山在嘉應城東先生家焉）龍眠七載餘。哀時寄風雅。披髮辱樵漁（聞先生喜短衣楚製獨行山野間）黃禍聲方烈。蒼生望竟虛。夕陽人境外。千古此精廬」一尺書一萬里。肝胆九原期。以我鮮民淚。重爲天下悲。龍蛇傷在巳。儒雅悵無師。泡影觀如是。茫茫末刼思。（猶憶先生及溫慕柳太史皆與先君同歲補博士弟子太史熱心新界前先生一月卒而僕憂居三年矣感此益泫然耳）

文苑

# 瑣瑣錄

◎世界人口增加　據統計學家言。謂世界人口經二百六十年後必加增二倍云。

◎言語統計　世界言語約有五千種。如南美洲之一新開國委那瑟拉者。已有六十種言語云。

◎森林全數　全世界中森林坪數。(一坪約當中國丁方六尺)有二十五億也加。(Acre)一也加。即英國四千八百四十平方碼。

◎鐵道延長　現今世界之鐵道延長有四十五萬四千哩。

◎海底電線　海底電線之延長有二十五萬二千四百三十六哩。

◎貯金總額　舉世界各國人之將銀貯蓄于銀行者。總數約有八億六千六七四萬人。其金額之總數。則有二兆一千億萬元。若只將美國一國計之。貯金者凡七百三十萬五千人。而貯蓄之金額。則有三十億六千十七萬弗。

◎華人在海外數　頃據某日報所載。謂吾華人在海外經營各業者。其數總在七百六十四萬以上。比于日本人之在海外者。則誠有五十倍之差率其天然殖民力之偉大。久爲世界所驚歎。良非無故也。嗚呼。吾爲我國民憤！嗚呼。吾爲我國民勉!!

◎死刑多數　全世界中死刑之多。莫如中國。盡人而知之。每年必有一萬二千人以上云。然自今觀之。恐不止此數。刑法之苛。良可慨歎。

◎美國電話事業　頃據一千九百零二年所調查。美國國內電話交換局。共有一萬三百六十一所。電話使用者。則有二百三十一萬五千二百九十七人即全國平均。凡三十四人中。用一電話器。且其延長距離。較之電線約有四倍長云。

◉燈臺費數　美國全國一年中。只關于燈台之支出費要九百萬元。

◎食品之消費　美國紐約市中食料品。一日所消費牛油須三十六萬磅。鷄卵一千二百七十三萬六千隻。苹菓一萬二千五百磅。鷄一萬六千七百翼。其他種種。尚不能縷述。

◎德皇及美統領之學位　美國異拉鐵異市之兵涉傳二亞大學校。已於去月二十二日。（即華盛頓誕生日）授名譽法學博士於德皇維廉二世及現任大統領盧斯福氏云。夫以皇者身而亦受此等學位。自有歷史以來。恐以此次爲嚆矢矣。

◎同盟罷工　去年一年中。惟以德國一國內。所起之同盟罷工。有一千四百四十四回。悉求雇主增加工價者。

◎俄語複雜　俄國一國內。言語之混雜。夫人而知之。然其總數。曾有幾何。則罕人知者。大約斯拉夫語。波蘭語。土耳其語。韃靼語。及其他小部落語者。合計之。共有六十餘種。可無疑義。因是其教育之不能統一也。聞今日俄兵百人中。不識字者十而九。良非無因。實勢使之然也。

◎收入金數　俄帝一年中有九百六十萬元之收入。

◎劇場保護金　巴黎劇場。因不徵收地代稅金之數。故自國庫年年支出劇場保護金三十二萬元。

◎羅馬法王宮　巴治近宮殿。即羅馬法王所居之殿。內有一萬一千室。其大部分殆不實用也。

◎最有價值之椅　世界中之椅子。其最可貴者莫如羅馬法王之椅。蓋其價值十八萬元。

專件

# 中國各省產物調查錄

高陽駿一郎輯

我國之土產物各地不同。每歲之輸出者其數甚鉅。若不考察完備。亦學者研究實業上之缺點也。玆特調查輯爲一表。以爲現今地理家博物家之一助。然其中不免遺誤。閱者諒之。

## 奉天

奉天府珠玉、人參、松花石、海參、鹽、花、元狐、猞猁猻、獺、海豹、青鼠、銀鼠、熊、虎鹿、石耳、火狐、沙狐、鹿茸、松子、榛子、蘑菇、膃肭、細辛、白附子、香木梨、五味子、

錦州府鹽、桃、香梨、錦州石、荔枝、鰮虷、猞猁猻

昌圖府鶴、棉花、薏米、豆油、線蔴、透骨草、藍靛、防風、麻黃、五味子、車前子、

鳳凰廳野榛子、

## 直隸省

順天府鹽、煤、桃、棗、梨、栗、蘋果、葡萄、棉花、芍藥、豹尾、角弓、鹿膠、

遵化州角弓、栗、白膠、玉田砂、火腿、人參、

保定府綢、黃芽菜、肉蓯蓉、鐵、

易州淶酒、栗子、棉花、淇葉

承德府鹽、氈、羊皮、毯、

永平府玻璃、灤魚、蔓荊子、牛皮、

河間府布、棉花、肅寧桃、梨、蘋果、聞香果、
蓮魚、白菜、
天津府鹽、魚、滄酒、大蝦、海物、
正定府梨、棗、木耳、茯苓、艾、
冀州繭綢、絹、酒、
趙州絲、綿、布、圤、
深州饒陽絹、桃、鹽、石榴、杏仁、
定州眼藥、綾布、
順德府絲、布、磁器、解玉砂、元淸石、南
和酒、
廣平府綿綢、氈、油衣、孩兒魚、梨、地黃、
磁器、蓮子、桃子、
大名府綿綢、長垣綢、綿綢、皮貨、硝紫草、
梨、胡粉紙、
宣化府灰鼠、哈喇明鏡阿敦綢、熊胆、鹿茸、
豹、榛子、番絨氈、



## 江南省

江寧府絲、緞、紗、綢、絨、茅山朮、蒼朮、
鰣魚、雨花台石、
蘇州府紗羅緞、盛澤綢、太湖石、葛布、香
欖、蓆、玉器、扇、草履、四腮魚、
鱠殘魚、雞豆、銀魚、楊梅梨、橘、
枇杷、櫻桃梨、佛手柑、針口魚、
太倉州苧布、棉化、大紅布、細蓆、崇明大
布、凉鞋、太倉石、
松江府綾、三梭布、花氈、鹽、顧繡、鶴、
鱸魚、天花粉、黃雀、繭筍、山査、綿、
常州府緊紗、秈白米、惠泉酒、紫筍、茶、
麻布巾、紫沙壺、宜興壺、
鎭江府紋綾、帽緯、百花酒、魚、線緞、香

艸、薺尼、

淮安府鹽、蝦米、銀魚、

海　州鹽、紫菜米、

揚州府白綾、芍藥、無花果、錫、鯉魚、鶴、

銅鏡、草葛布、車鰲、銀魚、

通　州　乾、銀魚、沙參、鹽、石灰、大戟、

何首烏、棉花

徐　州鐵、何首烏、大麥、陽絹、

## 安徽省

安慶府布、鯉魚、茶、葛粉、茯苓、狐狸、

果子狸、秋石、獺皮、獾皮、鱘魚、

徽州府墨、硯、茶、杉木、漆、玉面狸、榧

子、石耳、白芍、銀、鉛、

寧國府筆、鐵、茶、宣紙、白朮、銅、梨、

栗、

池州府麻、棕、茶、漆、薑、鯉魚、

太平府銅、蓴菜、鰣魚、銀硃、礬、

廬州府礬、白布、白鰷魚、

鳳陽府云母石、金針、石斛、白魚、都梁香、

白礬、紫芝、青礬、

潁州府紅花、靛、茶、

廣德州絲、漆、綿、茶、桐油、

滁　州黃精、銀魚、蝦、長石、

和　州苧布、斑竹、銀魚、元參、淮白魚、

六安州茶、竹筍、石斛、茯苓、

泗　州羅布、錦、蝦、綿花綢、

## 山東省

濟南府絲、綿、繭綢、陽起石、蒼朮、澤瀉、

棉花、梨、棗、橘餅、金針、

泰安府繭綢、阿膠、全蝎、防風、元石、金

專件

針、粉條、
武定府絹、鹽、蒲公英、馬鈴薯、天仙子、
兗州府綾、瓷器、茯苓、尼山石硯、蓍草、
墨、綿綢、
濟寧州絲、金針、繭綢、紅棗、
沂州府蒙山茶、繭綢、霍魚、薑草、
曹州府綿、牡丹、兎絲子、金針、
東昌府臨清綢、毡帽、各種皮貨、棗、梨、
枸杞、黃花菜、棉花、粉皮、粉條、
臨清州土綢、百菜、各種皮貨、
青州府布、綾、、鹽鐵、鹽硝、牛黃、棗、海
帶、石花、鹿角、河魚皮、柿餅、
登州府石膏、茶、茱萸、白蠟、鐵、牛黃、
萊州府海菜、文蛤、白布、烏賊魚、錯石、
海錯、

山西省

太原府鐵、豹、青礬、煤、熊皮、甘草、龍
骨、煎玉粉、屑胰子、五令脂、西瓜、
平定州瓷器、鐵、
忻州石灰、白鵰翎、解玉砂
代州豹尾、蟾酥、天花、地菜、
平陽府鐵、葡萄、紫草、紫參、杏仁、香藥、
霍州鹽、牛皮、杏仁、
蒲州府鹽、絹、梨、棗、
解州銅、鐵、銀、鹽、葡萄、杏仁、
絳州毡毯、棗、梨、棉花、
隰州麝香、鹽
潞安府潞酒、石灰木、紫草、潞綢
汾州府毯、汾酒、甘草、
沁州花毯、羊絨、

澤州府澤綢、石雄黃、禹餘糧、
遼　州遼參、麝、黃蠟、秦艽
大同府花班石、綠礬、羊、馬、皮貨、肉蓯
蓉
寧武府絹、綢、桔梗、葡萄、絲繭、
朔平府白雕、魚、
保德州絹、柴胡、

河南省

開封府汴綾、絹、紅花、石榴、蕪青、遠志、
麻黃、
陳州府蕪青、金針、
許　州大麗山玉、磁器、金針、薏苡仁、毡
子、
歸德府糖酥、枸杞、香附子、爪蔞仁、白布、
金針、

彰德府綿紅、鐵花石、葫蘆、
衞輝府粉、青鐵、砥石、錫、甕器、
懷慶府地黃、牛膝、胡巴、兎絲子、桔[illegible]
瓷器、紫蘇、
河南府銀、錫、麝香、瓷器、大戟、牡丹、[illegible]
棗、羌桃、廣香、
陝　州澄硯、錫、瓷器、鹿茸、柏子仁、
南陽府絹、石青、急靈皮、大麯酒、麻油、
鐵、杜仲、昃風石、牛蒡子、
汝寧府葛布、紅花、茶、榧子、茱萸、
光　州葛布、茶、石斛、固始鵞、
汝　州鐵、錫、綿花、

四川省

成都府羅、綾、綿綢、薛濤箋、竹紙、[illegible]
海棠、刺榆、旌節花、茶、

資州鹽、鐵、錫、
緜州鐵、錦、綿、川芎、
茂州花椒、麝香、狐尾、
甯遠府銀、銅、鐵、石、杉木、建板、
保寗府巴綢、茶、蠟、附子、當歸、金、巴戟、
順慶府鐵、五倍子、丹皮、木耳、香菰、
敘州府苦參、荔枝、花椒、
敘永廳淮山藥、五倍子、棕竹、小川馬、
重慶府鐵、葛、絹、綾、
酉陽州水銀、丹砂、桐油、犀角、
忠州鹽、綿甘竹、茶、蘇蕭蘑、
夔州府川椒、茶、山鷄、元精石、漆、厚朴、黃連、
石硅廳黃連、鉛、

綏定府絲、五倍子、蔴、漆、楓香、
龍安府錫、水銀、羚羊角、茶、附子、天南星、
潼川府銅、鐵、砂糖、紅花、
眉州海棠、水獺、寒水石、斑竹、史君子、青神茶、
嘉定府茶、金、日月竹、楠木、秋海棠、雪蠶蝦蟆、冬虫夏草、
邛州茶、火井鹽、斑竹、細葛、蒲江硯、
瀘州鹽、楠木、石青、豆碌、鯉魚、
雅州蒙山茶、石菖蒲、黃連、黎椒、牛黃、波羅花、丙穴魚、

廣東省

廣州府鐵、錫、銅、鹽、紗綿、梨木、紫檀、五色藤、荔枝、布、龍眼、石髮、香茶、海參、玻璃、玳瑁、水晶、珊瑚、石斛肉、豆蔻、珍珠、丁香、蛇胆、漆、

連　州銀、銅、丹砂、水銀、玳瑁、
韶州府銀、銅、鉛、布、松、蘭桂、甲香、英
石、石斛、
南雄州絹、單竹、敕石、石墨、鍾乳、石斛、
惠州府銀絹、甲香、盧竹、羅浮梅花、藤器、
珠母、五色雀、碧鷄、大睛魚、楊梅、
楊木、
潮州府錫、布、蚺蛇胆、橘、橙、佛手柑、波
羅蜜、蜜、鮫魚皮、荔支、葛布、毡、
嘉應州銅、錫、輿寧扇、
肇慶府端溪硯、金、銀、銅、錫、降香、柑、
乳香、墨、孔雀、雲白鳥、越王鳥、
楠木、蒲扇、古芳茶、何首烏、
高州府樹石屏、銀、珠子、孔雀、牛黃、高
良薑、丁香、化州橘紅、鷓鴣、玳瑁、
珊瑚、益智仁、籐器、
廉州府金、銀、珍珠、玳瑁、珊瑚、孔雀、
速香、沉香、檳榔、
雷州府絲、葛、荔支、龍眼、孔雀、檳榔、
沙魚、
瓊州府金、銀、玳瑁、蜜蠟、紅豆、黃楊木、
沈香、烏猿、波羅蜜、
羅定州錫、婆棠果、石斛、

## 廣西省

桂林府銀、硃砂、玉石、葛、桂心、零陵香
石燕、何首烏、異魚、
柳州府金、銀、降香、命香、蘆甘石、
慶遠府柏皮紙、丹砂、銀、
思恩府金、金蛇、簟、籐器、

專件

泗城府降香、硃砂、黃蠟、烏葯、草果、
平樂府金、銀、焦布、千金藤、鉛粉、
梧州府波羅蜜、白石英、龍眼、荔支、嘉魚、
檳榔木、廣藤、紫烏蛇、
鬱林州檳榔、柳、縮砂、人面子、葛仙米、
猩猩、荀芒米、
潯州府肉桂、黎木、金、銀、布、扇、
南寧府苧蔴、荔枝、橄欖、象、貊猪、秦吉
了、馬、孔雀、倒掛鳥、錦鷄、蚺蛇胆、
鼓公、
太平府烏金、馬、方竹、
鎭安府黃蠟、方竹、

（未完）

# 中國大事月表

## 乙巳四月（補錄）

●初一日 商標註冊因各國公使爭執意見再展期六個月始行開辦

駐滬英商以中國近於幣制礦務稅則航業等事不照馬凱約章辦理因聯電英政府請向中國詰責

練兵處咨行各省督撫通飭各屬州縣照章籌辦武備小學堂

●初二日 電諭閩粵督撫通飭各屬預防內亂實力保護教堂及洋商

電飭岑春煊嚴禁商人運煤接濟俄艦

美公使至外務部聲言美國務必保衛中國之中立

湖南常備軍兩營抵通州開赴溝帮子

英法兩國公使請保護打箭爐教士

●初三日 駐美梁使照覆美政府中國斷不許拘留上海之俄艦私行逃逸

英國兵輪兩艘於去月二十三日忽自駛入鄱陽湖

●初四日 商部侍郎陳璧奏請整頓京師錢荒奉旨依議

俄國代理公使要求外務部在蒙古地方劃定中立地界

練兵處通咨各省一律改用小口毛瑟

紀事

館。

鹿傳霖調補吏部尚書仍兼理工部尚書張百熙調補戶部尚書

趙爾巽補授盛京將軍

劉永慶著加恩賞加兵部侍郎銜署理江北提督所有江北地方鎮道以下均歸節制

刑部奏停止刑審案殊多不便

錫良電奏瞻對土番不肯受撫添派趙爾豐率常備軍三營馳往會勦

胡使電告周生有案犯人已向俄廷商允照奪去一切利益罰作苦工監禁八年之例治罪

錢能訓劉彭年奏請飭令刑部籌給津貼復用刑訊交政務處刑部會議

●初五日

●初六日

兩江總督周馥以江淮撫署爲行轅

俄兵一隊至通化縣迫放囚犯四名並擄縣令北去

德人借獅子山爲德人操場

鄂督張之洞命學務處詳查各學堂經費以便核減充作練兵經費

●初七日

津鎮鐵路議定由英德兩國合造

有華工一千三百名裝赴秦皇島以便開往南非洲

法使又要求廣西路礦利權

禮部以督催所歸併司務廳

貴州巡撫於上月二十六日奏准開鑄銅元

上海各幫商董大會於商務總會籌拒美國華工禁約議定不用美貨辦法以

爲抵制即電外務部商部南北洋大臣及漢口宜昌鎮江天津重慶烟台南京九江蕪湖安慶泗洲廣州福州厦門汕頭梧州長沙沙市香港杭州蘇州二十一埠商務局

●初八日　兩江總督周馥命兵備處始設軍樂隊

南海大殿各工程告竣

錫良奏馬維祺擊敗膽對土番斬獲甚衆

岑春煊奏請裁撤糧道增設欽廉道

出使法國大臣孫寶琦奏請添派各國駐使以重交涉並請特設女科

京師大學堂中東教習率學生至烟台搜羅海草及魚類以資考証

●初九日　寓滬粵商大會於廣肇公所籌議不用美貨抵制華工禁約即電外務部梁星使粵督各大善堂張太僕左京卿

日本政府通告明認趙爾巽爲盛京將軍

長沙市民公電稟請外務部拒絕外國商人在城內開設洋行

●初十日　旅美華商公電外部慶親王請嚴拒華工禁約

法國願借一千萬兩以爲興築廣西柳桂間鐵路之用

●十一日　粵督桂撫請飭戶部照催湖南所欠龍州邊防軍餉

召見沈瑜慶面諭到粵後與岑督商議整頓海軍以重防務

飭福州將軍崇善嚴守船政廠以防俄艦侵犯

紀事 四

吉林將軍報稱俄軍闖入吉林佔都統衙門及各局所至今不肯撤退又縱兵擾害拘禁官員已電胡使向俄廷交涉

駐滬閩商大集於泉漳會館籌議抵制美約辦法即電二十一埠協力照行

●十二日

慶親王代趙爾巽辭盛京將軍之任不允

江督周馥奏開辦賑捐即以江寧修城各工代撫

丁振鐸報稱法國擬在蒙自等處設立民政局請力阻拒

寧波小輪從寧波開往鎮海全船覆沒溺斃三百五十餘人

丁振鐸請將雲南省城自開商埠奉旨允准

電飭新疆伊犁吉林各將軍巡撫厚集兵力以守中立

上諭盧漢鐵路關係緊要着商部袁世凱督飭盛宣懷認眞整頓妥定章程剔除弊竇力袪浮濫嗣後出入欵項事宜均著責成商部嚴切稽查

俄公使要求外務部許其從貝加爾湖上流築一鐵路至庫倫以與東清鐵路聯絡

●十三日

香港華商集議抵制美國華工禁約

劃定南京日本德國租界

河南新野縣因派學堂捐民情不服聚衆拆毀縣署

二月十六日至四月初一日由廈門出口赴斯邏次人數共一萬二千七百三

●十四日 十三人

德國兵艦使至海州外之連島派兵登岸插旗

●十五日 袁世凱購辦軍火二百十三萬

廣東補用道李準以總兵記名 簡放署理水師提督

●十六日 去月廿七日高密車站長德人奥力虐待我道員黄中慧

伍廷芳沈家本會奏擬定變通盜竊條欵奉 旨依議

●十七日 商部外務部戶部遵 旨議覆錫良川漢鐵路籌欵開辦擬請按租抽穀作為入股並酌加土藥釐税酌提鹽當公欵及試鑄銅元提撥盈餘以充經費一摺奉 旨依議

●十八日 兩廣總督岑春煊電請外務部力拒美國華工禁約

上海商務總會再開大會籌議抵制美約辦法

●十九日 山東洋務局委員二名及高密縣巡視員因勘膠濟鐵路地址與德國委員會商於高密與德員衝突被德兵毆擊致有死傷

上海清心書院因抵制美國禁約事全體退學

●二十日 浙省紳士會議拒絕倍次謀築浙粤鐵路

湘紳在長沙設立粤漢鐵路局由鄂督刊發木質關防

●廿一日 德公使照覆外務部罰德艦至海州並

紀事

無占地之意

岑春煊電請開缺奉 旨賞假兩月

岑春煊劾參鹿傳霖與柯逢時多通私電

駐美梁使電覆滬商詢問美約情形謂前遵部示擬稿送美專禁工人優待別項美不全允

上海各洋廠以製造局六廠改爲船政局並承攬修造商輪有背前約因聯倡抗議請各總領事稟開江督咨請商部飭令照舊辦理

俄人暗中資助現在庫倫之達賴喇嘛

裁缺淮撫恩壽奏請開清江浦爲商埠奉 旨交戶部財政處商部會議具奏

余肇康調補江西按察使連甲調補山東按察使

●廿二日

北洋現有常備軍六鎮擬於今年中增爲十二鎮其經費擬向美國借欵充之

上諭著各該督撫等嚴飭地方官遇有奸商倒欠訟案尅期訊結各項商政一律實力興辦出洋華商回籍凜遵迭次諭旨切實保護

俄國運艦六艘駛抵吳淞

商部奏紳商承辦勸業銀行請予獎勵奉 旨前太僕寺卿林維源著賞加侍郎銜

●廿三日

中國與緬甸聯絡電線一事已由那桐與英公使將所議續增條約畫押

俄國代理公使迫我外務部速將劃定蒙古中立地界一事明白回答

湖南全省學堂辦事人電稟外務部請堅持粵漢鐵路廢約之議

桂撫李經羲請揀發知府四員州縣二十員到桂以資委用

上海會審公廨委員屠作倫違章出票拘提體面華商楊允之滬商集議於商務總會爭之

●廿四日

外務部商部因連接各省紳商及海外華商請拒美約公電會議堅持改約辦理俟美新使到京即與磋商

●廿五日

法國公使向外務部要求之事一會勘國界一派兵梭巡租界以外一闢南寧為租界

日本內田公使因中立問題向我外務部為強硬之警告

電飭各省實行欽定陸軍餉制

●廿六日

江西護撫周浩奏請開復戊戌案內故撫陳寶箴及其子三立原官奉旨著照所請

有俄國兵艦二十餘艘泊崇明外銅沙洋面

雲南總督丁振鐸電告永北麗江各處土番仇教倡亂已派兵赴剿

聯芳赴俄國公使館警告俄國當勿侵犯中國中立

●廿七日

駛抵吳淞之俄艦已下旗

又有俄艦兩艘駛抵吳淞

●廿八日

政府因俄艦在江浙海面游弋一面飭江督浙撫認眞防備一面飭出使大臣向各國聲明中立

紀事

政府擬命江北提督兼管兩淮鹽政

雲南留日學生電請外務部峻拒法人要求在蒙自等設立民政廳事

練兵處電飭各省電復改練陸軍情形

●廿九日

兩江總督周馥被人參劾奉　旨交張之洞查辦

外務部電飭丁振鐸錫良勿許英人包辦滇蜀路

袁世凱奏海防餉缺請飭戶部將各省歷欠解直省十萬兩迅籌的款撥補

●三十日

電諭出使大臣照會各國聲明俄國屢次侵害中立

德兵二三千名以操練爲名在沂州登岸